中国畲乡

景宁年鉴

JINGNING YEARBOOK

2021

景宁畲族自治县地方志编纂委员会 编

方志出版社
Publishing House of Local Records

图书在版编目（CIP）数据

景宁年鉴. 2021 / 景宁畲族自治县地方志编纂委员会编. -- 北京：方志出版社，2021.12
ISBN 978-7-5144-5023-1

Ⅰ. ①景… Ⅱ. ①景… Ⅲ. ①景宁畲族自治县-2021-年鉴 Ⅳ. ①Z525.54

中国版本图书馆 CIP 数据核字（2021）第 275699 号

景宁年鉴（2021）

编　　者：景宁畲族自治县地方志编纂委员会
责任编辑：刘方圆

出 版 者：方志出版社
地址　北京市朝阳区潘家园东里 9 号（国家方志馆 4 层）
邮编　100021
网址　http://www.zgfzcb.cn
发　　行：方志出版社图书经销中心
电话（010）67110500
经　　销：各地新华书店
印　　刷：丽水市旺盛印刷有限公司

开　　本：889 × 1194　　1/16
印　　张：29
字　　数：581 千字
版　　次：2021 年 12 月第 1 版　　2021 年 12 月第 1 次印刷
印　　数：0001~1000 册

ISBN 978-7-5144-5023-1　　定价：150.00 元

编辑说明

EXPLAIN

一、《景宁年鉴（2021）》以马克思列宁主义、毛泽东思想、邓小平理论、“三个代表”重要思想、科学发展观、习近平新时代中国特色社会主义思想为指导，坚持辩证唯物主义和历史唯物主义的立场、观点和方法，客观、全面、翔实地记述景宁畲族自治县2020年政治、经济、社会、文化等诸多方面的发展状况，总结2020年景宁发生的大事、要事、新事及面临的新问题、新情况，记载取得的新成就、新进展、新经验，反映景宁各条战线的风貌，为各级党政机关、有关部门和社会各界认识及中外投资者了解景宁提供较全面、系统的信息资料。

二、本卷年鉴结构由类目、分目、条目组成，部分分目增设次分目。卷首设特载、专辑、大事记、县情概况；正文设中国共产党景宁畲族自治县委员会、景宁畲族自治县人民代表大会、景宁畲族自治县人民政府、中国人民政治协商会议景宁畲族自治县委员会、中国共产党景宁畲族自治县纪律检查委员会·景宁畲族自治县监察委员会、民主党派·群众团体、机构编制·人力资源、法治、军事、农业·农村、自然资源·环境保护、水利·电力、工业经济、商贸业、交通、邮政·通信、住房和城乡建设、旅游、税务·财政、金融·住房公积金、经济管理与监督、教育、科学技术·气象·体育、文化、卫生、社会生活、乡镇·街道；卷末设附录。

三、内文中未标明党派的“省委”“市委”“县委”分别为“中共浙江省委”“中共丽水市委”“中共景宁畲族自治县委”；“党员”均为“中共党员”；“党建”工作均为“中国共产党建设”工作；凡未冠以行政区划专名的省、市、县分别指浙江省、丽水市、景宁畲族自治县。

四、所载信息资料由县直单位、各乡镇（街道）和国家、省、市驻景企事业单位提供，经《景宁年鉴》编辑部编辑后返回原单位复审确认，报县人民政府批准，插图由撰稿单位提供，主要数据以县统计局公布数据为准。

2020年12月9日，全国人大华侨委员会委员王辉忠（前排右二）到景宁调研人大工作
（县人大常委会办公室 提供）

2020年10月25日，全国政协教科卫体委员会委员、教育部原副部长林蕙青（前排左二）到景宁考察调研
（县教育局 提供）

2020年11月4日，中国人与生物圈国家委员会主席、中科院院士许智宏（右二）到景宁考察

（县融媒体中心　提供）

2020年7月1日，中共浙江省委副书记、省长袁家军（前排右二）到景宁考察生态工业工作

（县融媒体中心　提供）

2020年6月3日，中共浙江省人大常委会党组书记、副主任梁黎明（左二）到景宁考察调研
（县人大常委会办公室 提供）

2020年6月9日，浙江省人大常委会副主任史济锡（右二）到景宁调研乡村振兴、粮食安全、畜牧业发展、全域旅游等工作
（县人大常委会办公室 提供）

2020年7月23日，浙江省人大常委会副主任姒健敏（前排右四）到景宁调研医共体建设和文旅融合工作

（县人大常委会办公室 提供）

2020年10月27日，浙江省人大常委会副主任赵光君（左二）到景宁督查有关人大工作文件落实情况，并开展“三服务”活动

（县人大常委会办公室 提供）

2020年8月4日，浙江省政协副主席孙景森（前排右二）到景宁调研县域经济发展工作

（县政协办公室 提供）

2020年1月6日，中共丽水市委副书记、市长吴晓东到景宁调研重大项目建设情况

（县融媒体中心 提供）

2020年10月12日，2020国家扶贫日浙江主场活动在景宁启动　　（县融媒体中心　提供）

2020年9月21日，浙江省民族乡村振兴示范建设推进现场会在景宁召开

（县融媒体中心　提供）

2020年4月27日，景宁畲族自治县第九届人民代表大会第四次会议召开

（县人大常委会办公室 提供）

2020年4月26日，中国人民政治协商会议第九届景宁畲族自治县委员会第四次会议召开

（县政协办公室 提供）

2020年1月9日，全县"不忘初心、牢记使命"主题教育总结大会召开

（县融媒体中心　提供）

2020年6月16日，景宁惠明禅茶文化产业园项目开工仪式

（景宁畲族风情省级旅游度假区发展中心　提供）

2020年7月1日，中共景宁畲族自治县委党校迁建工程开工仪式　　　（县委党校 提供）

2020年8月13日，景宁畲族自治县人民医院（浙大一院民族分院）新院区启用仪式
（县卫生健康局 提供）

2020年1月24日，云景高速景宁站出口新冠肺炎疫情防控临时体温检测点

（县卫生健康局 提供）

2020年1月19日，丽水市首个5G生态产品价值实现示范乡镇开通暨首笔“生态贷”发放仪式在景宁大均乡举行

（大均乡政府 提供）

目　录

特　载

专　辑

大事记

县情概况

中国共产党景宁畲族自治县委员会

景宁畲族自治县人民代表大会

景宁畲族自治县人民政府

中国人民政治协商会议景宁畲族自治县委员会

中国共产党景宁畲族自治县纪律检查委员会·景宁畲族自治县监察委员会

民主党派·群众团体

机构编制·人力资源

法　　治

军　　事

农业·农村

自然资源·环境保护

水利·电力

工业经济

商贸业

交　通

邮政·通信

住房和城乡建设

旅　　游

税务·财政

金融 · 住房公积金

经济管理与监督

教　育

科学技术·气象·体育

文　化

卫　　生

社会生活

乡镇·街道

附　　录

特　载

坚定两手抓两手硬两战赢 统筹推进新冠肺炎疫情防控和经济社会发展工作

——在全县工作会议上的讲话

中共景宁畲族自治县委书记　陈　重

（2020 年 2 月 28 日）

同志们：

受新冠肺炎疫情影响，原定于正月初八的全县工作会议，延迟到今天以视频会议形式召开。今天会议的主要任务是：认真贯彻总书记习近平在中央统筹推进新冠肺炎疫情防控和经济社会发展工作部署会议、中央政治局常委会会议上的重要讲话精神，中央、省委、市委关于疫情防控和经济社会发展工作的部署要求，分析我县当前疫情防控形势，部署下阶段疫情防控和全年经济社会发展工作。下面，我讲三方面意见。

一、关于前阶段疫情防控工作

新冠肺炎疫情发生后，县委县政府高度重视，迅速进入战时状态，把人民群众生命安全和身体健康放在第一位，采取切实有效措施，坚决打赢疫情防控阻击战，取得阶段性成效。主要体现在以下五个方面：

（一）组织部署及时有力。疫情就是命令、防控就是责任。我们坚决贯彻“坚定信心、同舟共济、科学防治、精准施策”的总要求，坚持全县“一盘棋”，靠前指挥、周密部署、扎实推进，确保疫情防控各项任务高效落实。农历十二月二十七成立疫情防控工作领导小组后，逐日逐一贯彻落实各项防控举措；大年初二召开县委常委会扩大会议，对全县疫情防控作出全面部署；大年初三，组建疫情防控指挥部，下设县领导任组长的 8 个工作组，卫健、公安、交通等关键部门能到岗干部全员到岗，抽调优秀年轻干部充实防控关键岗位。防控工作启动以来，我们以打大战、打恶战、打硬战的标准来落实防控要求，召开县委常委会（扩大）会议5次，县委县政府主要领导召集的指挥部工作例会17次，专题研究部署防控工作。下发相关文件47个、通告14个，制定标准化防控流程，建立信息数据日报告、每日分析研判会商等机制，防控工作赢得主动。我和海燕县长以及其他县领导纷纷带队到乡镇（街道）、村社、企业、医院、卡口、隔离点等防控一线调研指导督查，以身作则、以上率下抓好防控工作。县人大、县政协闻令而动、主动作为，班子齐上阵，坚决扛起城区防控责任。卫健、公安、交通、发改、建设、经商科技、农业农村、应急、电力、通信、财政、金融、教育、市场监管、执法、民政等部门和纪检监察、组织、宣传、统战、政法、人武、群团等战线，以及乡镇（街道）、村社各司其职，全县3800余名机关企事业单位党员干部和2300余名农村（社区）党员干部冲锋在前，构筑了强大战斗堡垒，形成了共克时艰的生动局面。

（二）联防联控严实紧密。我们以控制传染源、切断传播途径作为关键着力点，积极动员一切力量，联防联控、群防群控，紧盯重点人群，严防输入扩散，织密织牢防控网络。通过实行“网格化+大数据”排查，设立卡口轮值专班，严格执行小区（城中村）管理“十禁止”，开展全方位防控宣传，真正做到不留死角、不留盲区、见底穷尽，筑牢“战疫”防线。我县累计报告新冠肺炎确诊病例1例，连续31天无新增病例。很多村社党员干部连续一个多月坚守防控一线，每天挨家挨户的转，排查外地返乡人员、宣传防疫知识、参与卡点执勤，尽忠职守当好村庄社区的安全守护者。

（三）隔离救治迅速有效。在疫情面前，时间就是生命。我们坚持生命健康首位原则，未雨绸缪，第一时间设立定点医院，设置隔离病房，储备医疗物资，加大设备投入，调配组建最精干的医疗救治队伍，设立草鱼塘、白云尖等7个集中隔离点。在我县出现确诊病例后，密切关注病程发展，依托浙大一院帮扶优势，给予患者最优救治条件。提早介入可疑对象的流行病学调查和检测，追根溯源查找密切接触者，提早落实防控隔离措施。我们按照县级集中管控和属地管理原则，对集中隔离的97人和居家隔离的5036人实行精准管控，做好生活和心理疏导服务。昨天，我县仅有的1例确诊病例已经治愈出院，前些天草鱼塘和白云尖两个集中隔离点顺利撤点，截至2月27日，累计解除居家隔离5017人，仍在居家隔离19人。广大医务人员、疾控工作人员舍小家为大家，为我县疫情防控救治工作辛勤付出、默默奉献。县人民医院王国嗣、许娟两位医护人员积极响应号召，驰援湖北，诠释了畲乡景宁的大爱和担当。

（四）复工复产有序推进。我们根据疫情防控形势变化，及时调整防控措施，安全有序推进复工复产。出台扶企助企10条意见，开展“三全三联三服务”，全面落实“一企一策一专班”，推出党员“红色代跑”、选派213名科级干部和优秀年轻干部担任驻企服务员、成立21个助农帮帮团等系列精准服务措施，安全有序恢复生产生活秩序。丽景园不等不靠、勇于担当、守土尽责，通过成立专班、严格管控、跟踪服务，在抓实疫情防控的基础上，迅速实现企业和工程项目全部复工复产。通过县内县外全情投入、精准服务，目前全县23个省市重点项目和1490家企业已全面复工，个体商铺逐步恢复营业。

（五）社会大局平安稳定。我们主动排摸、妥善处理疫情防控中可能出现的各类问题。切实抓好群众生活必需品储备供应，全力保障群众日常生活运转，坚决维护医疗秩序、市场秩序，严厉打击涉疫违法犯罪，治安拘留3人。全县出动警力设卡1100余人次、社会面巡查1400余人次，发动700余名专兼职网格员摸底排查，及时有效调处各类矛盾纠纷、整治各类风险隐患。牢牢掌握舆论主动权，及时发布权威信息，广泛宣传疫情防控知识，讲好畲乡抗疫故事，中央、省级媒体宣传报道我县经验做法64篇（条）。坚决打击制止造谣生事言行，处置发布不实涉疫信息15起，为疫情防控营造良好的舆论氛围。

在这场突如其来的疫情防控战役中，广大医务人员、公安干警、乡镇和村社干部日夜奋战在疫情防控第一线、最前沿，各级各条战线广大党员干部挺身而出、主动担当，新闻工作者不辞辛劳、一线采访报道，广大志愿者、社会各界爱心人士无私奉献、援助捐助，广大群众支持配合，全县上下齐心协力筑牢疫情防控的“铜墙铁壁”，疫情防控的阻击战取得了阶段性胜利。在此，我代表县委县政府向奋战在疫情防控一线的广大党员干部、工作人员和志愿者致以亲切的问候和崇高的敬意！向支持我县防控工作的社会组织和各界人士表示衷心的感谢！

二、关于统筹做好疫情防控和复工复产工作

在党中央的坚强领导下，经过全国上下艰苦努力，遏制了疫情蔓延势头，好的态势正在拓展。近一个星期，中央、省委、市委相继召开会议，部署统筹推进疫情防控和经济社会发展工作。习近平总书记强调，湖北省和武汉市疫情形势依然复杂严峻，其他有关地区疫情反弹风险不可忽视，越是在这个时候，越要加强正确引导，加强疫情防控这根弦不能松，经济社会发展各项工作要抓紧；要继续毫不放松抓紧抓实抓细各项防控工作，变压力为动力、善于化危为机，有序恢复生产生活秩序，努力实现今年经济社会发展目标任务。省委提出要以更大力度更加精准做到“两手都要硬、两战都要赢”，交出浙江统筹推进疫情防控和经济社会发展高分答卷。我们要坚决把思想和行动统一到中央和省委市委决策部署上来，守好疫情防控“安全线”，按下复工复产“快进键”，确保两手抓、两手硬、两战赢。

（一）切实抓好疫情防输入防聚集工作。根据中央关于低风险地区要尽快将防控策略调整到外防输入上来的要求，我们的防控举措也要做相应的调整，进一步抓好精准防控、精密智控。

一要守好“有形之门”和“无形之门”。当前部分党员干部群众出现了“思想拐点”，认为道路卡口撤销就意味着风险解除，不少群众不戴口罩出门溜达、集聚，村社“大门敞开”，象征性检查的现象不同程度存在，要引起高度重视。一方面，要坚持守牢“有形之门”。随着省际卡口撤销，省际大门打开，我们更要守

好入景通道“中门”和村、社区(小区)、单位、园区、楼宇、企业等人员密集场所“小门”,重点关注医院、养老院、复学后学校等人员集聚场所,密切关注疫区返景和外来务工人员、老年人、儿童、有基础性疾病患者等重点人群,确保不留死角、不漏一人。另一方面,要努力管好“无形之门”。运用大数据手段,强化人员风险管理和关口审查,用好“健康码”,管住重点人,放开健康人。企业、单位要担起主体责任,村社要担起属地责任,个人要履行公民责任,对故意隐瞒、管控不严的要进行严肃处理。

二要加强物资保障和激励保障。统筹抓好医用物资和生产生活物资调配,畅通物资保障“绿色通道”。抓好生产、流通、供应等环节组织工作,保障口罩、测温枪、消毒液等防疫物资和农副产品等各类生活物资供应稳定。要关心关爱一线医务人员、工作人员,落实防护举措和相关政策待遇,统筹安排轮休、年休、体检,加强心理疏导,完善激励机制,帮助他们解除后顾之忧,让他们心无旁骛、精神抖擞投入疫情防控工作中。

三要做好宣传教育和舆论引导。统筹把好疫情、舆情、社情的关系,加强对疫情防控最新政策宣传解读,及时发布权威信息,及时回应社会和群众关切,主动掌握好社情舆情。要继续加大宣传力度,教育引导广大群众少出门、不集聚、勤洗手、戴口罩。要广泛宣传一线医务人员、公安干警、基层干部、志愿者等抗疫先进事迹,选树一批在疫情防控一线担当作为的党员干部,传递畲乡正能量。

四要抓好隐患排查和风险整治。充分发扬新时代“枫桥经验”,发挥“全科网格+域外网格”作用,用好“最多跑一次”改革举措,进一步织密风险防控网。依法严惩各类扰乱疫情防控的违法犯罪行为,主动做好隔离人员、受冲击行业从业人员、弱势群体等心理疏导和教育引导,积极预防化解疫情防控中出现的各类矛盾,排查整治各类安全隐患,确保社会大局和谐稳定。

(二)精准稳妥推进复工复产。当前我县企业复工率高、复产率相对低的现象还比较突出,产能恢复不足。一方面,受疫情冲击影响,大部分企业原材料和市场“两头在外”,核心管理和技术人员在外,用工、物流运输等成本上升,订单下滑,企业发展面临重重困难。这也充分暴露出我县产业结构单一、基础薄弱、产业链低端、技术人才缺乏、数字经济企业缺失等短板。另一方面,企业对政策吃不透,思想上有顾虑,不敢甩开包袱,创业创新劲头相对不足。这也说明我们的政策宣传和服务还没有做到家做到位。要针对企业的痛点难点和“卡脖子”堵点,对症下药,开好良方。不仅要关注疫情图和复工图的匹配度,更要高度关注复工复产的匹配率,鼓励帮扶企业尽快恢复产能,防止出现形式复工。

一要加大企业扶持力度。要把支持复工复产、恢复和稳定就业、畅通物流、保障市场供给等各项工作做细做扎实,积极帮助企业协调解决口罩、消毒用品等防护物资不足问题,指导制定符合企业自身特点的防控规范。进一步推进“三全三联三服务”,深化驻企服务员机制,落实“一企一专班”“一企一策”的滴灌式帮扶,提高复工复产服务便利度,取消不合理审批。要聚焦企业反映的政策看得见、摸不着的问题，梳理好省市县各项惠企政策，加快建设惠企政策兑现“直通车”，推动企业找政策向给企业送政策转变，确保相关政策应享尽享。要坚持政策保障、资源整合、部门联动、考核督促，有的放矢解决企业需求和困难，帮助企业扩生产、拓市场，合力形成扶企助企活企强企的浓厚氛围。

二要加快农业生产恢复。一年之计在于春，春耕备耕至关重要、耽误不得。要紧盯农资供应、春播春种、农产品销售等突出短板，抓紧组织好种子、化肥、饲料等农资供应，落实好春管春种措施，夯实农业生产基础。当前，我县正处于春茶采摘的关键期，要切实解决采茶工短缺问题，积极抓好春茶的采摘、加工和销售。要重视粮食安全生产，加强非洲猪瘟、松材线虫病等防治工作，确保牢牢守住农业生产安全底线。

三要着力解决用工难返工慢问题。针对部分企业缺工严重、返工慢和重点岗位招工难等突出矛盾，因企施策，分类帮扶。要充分借鉴“返岗直通车”“线上云招聘”等其他地区好的经验做法，解决企业复工复产技术人员缺乏的问题。要抢抓劳务资源空窗期，通过加大东西部劳务协作对接、开展劳动技能培训、完善就业政策激励、搭建就业服务平台、推进数字化经济等方式，逐步解决企业长期用工需求。

四要抓紧开展疫情影响综合分析。开展疫情影响综合分析是指导赶工赶产和完成全年经济社会发展目标任务的重要前提。要以分管口为单位，按行业、领域逐一进行梳理，从时间、产值、对 GDP 影响等三方面作分析，量化补偿方式、增量目标、具体举措，按时间节点形成具体工作清单，科学制定各单位、企业赶工赶产方案和举措。

三、坚定信心、赶考奋进，确保完成全年经济社会发展目标任务

习近平总书记指出，新冠肺炎疫情不可避免会对经济社会造成较大冲击，但我国经济长期向好的基本面没有改变，疫情的冲击是短期的、总体上是可控的。我们要坚定信心，强化“六稳”举措，把疫情影响降到最小，如期实现全年经济社会发展目标任务。全年经济社会发展具体数据指标将在县两会的政府工作报告中予以明确。

在今年县委县政府工作务虚会上，我们确定了“聚力产业培育，决胜全面小康，创新县域治理”工作主基调。聚力产业培育，核心是解决好竞争力问题。坚持把全域旅游作为第一战略支柱产业，做强“景宁 600”品牌，抓牢丽景民族工业园电工电气（器）产业和澄照创业园幼教木玩产业两大生态工业主攻方向，全面提升实体经济的规模和水平。决胜全面小康，关键是解决好高水平问题。坚持“全面小康一个都不能少”的底线和“与全省同步高水平全面建成小康社会”的高线，结合在疫情防控中发现的问题，集中力量把短板补得再扎实一些、把基础打得再牢靠一些，以优异成绩、过硬质量夺取收官战的全面胜利。创新县域治理，重点是解决好现代化问题。围绕县委九届七次全会提出的“高水平推进县域治理现代化”目标任务，抓紧补短板、堵漏洞、强弱项，从体制机制上创新和完善县域治理体系，构筑城乡社会治理生态保护网、平安建设网、民生服务网。

围绕全年工作主基调，县委县政府决定在四月底五月初召开“大赶考”陈述会之前，开展以“聚力赋能 增色提效”为主题的八百攻坚行动，聚焦八个领域，攻坚克难、赶考奋进，为企业赋能、为群众赋能、为基层赋能，待会由海燕县长作具体部署。针对全年工作，我重点强调六方面：

一是培育壮大生态产业。始终坚定高质量发展方向不动摇，按照既定工作目标，努力培育壮大生态产业，以产业发展、项目建设拉动经济发展。三产上，县委坚定把全域旅游作为第一战略支柱产业来培育。全县上下要统一认识、解放思想，以更大力度、更广视野、更实举措、更强合力，加快推进东弄畲家田园综合体二期、那云•天空之城、惠明禅茶文化产业园、余山“百鸟朝凤”、千年山哈宫等重大旅游项目建设，招引洽谈一批有意向的旅游项目，统筹抓好政策优化、资源整合、市场营销、区域合作，全力抓好全域旅游这一“牵一发而动全身”的重要产业。在项目建设基础上，要做到五个进一步：进一步营造全域全员抓旅游的浓厚氛围，与浙旅院开展战略合作，强化培训，全面提升领导干部和从业人员抓旅游、谋旅游、促旅游的能力和水平。巩固省AAAA级景区城创建成果，适时启动省AAAAA级景区城创建。进一步加大政策扶持力度，建立县委常委和副县长联系旅游企业制度，优化扶持旅游发展政策，实行超常规奖励，切实增强涉旅企业信心。进一步加强战略营销，在长三角重点城市建立联络处，加强市场开发和市场对接，让更多游客来景休闲观光。进一步整合开发资源，以城市旅游带动乡村休闲旅游，组织开发两日三夜不同时长旅游线路，加快凤凰古镇业态培育，着力打造夜游项目，让游客进得来，留得下，玩得好，能消费。进一步加强区域合作，与周边县（市、区）在旅游资源共享、产品开发、市场营销、活动策划等加强对接合作，更好推进全域旅游发展。二产上，坚持“北电工、南幼教”发展定位，落实好领导干部联系企业、“一企一策一专班”等机制，精准高效服务企业，夯实生态工业基础。利用好疫情防控低风险区域窗口期，不断招大引强，完善生态工业产业链，促进企业转型升级。一产上，坚持供需两端协同发力，不失时机推进春季农业生产，抓好“茶叶、果蔬、中药材”等三大龙头产品，做好科技进乡村、资金进乡村、青年回农村、乡贤回农村的“两进两回”文章，做大做强“景宁600”品牌，持续深化“飞柜”经济，积极拓展长三角市场。此外，要加快培育“总部经济、平台经济、超市经济、飞地经济”等四大景宁特色经济，进一步提升产业能级。

二是深入推进改革开放。改革要有力。要放眼长远，总结经验、吸取教训，用改革手段尽快把疫情防控和经济社会发展中发现的问题短板补齐，不断提升县域治理现代化水平。重点推进“最多跑一次”改革向公共场所延伸，加快推进全国民族地区城乡融合发展改革试点建设，积极争取更多省级以上改革试点。结合“十四五”规划制定，谋划好一批重大产业、重大平台、重大项目、重大政策和重大改革举措，用改革借力发展。开放要加码。去年我们积极主动融入大上海，率先在全市打开融入长三角一体化国家战略工作格局。今年我们要抓住疫情防控总体平稳的窗口期，深入开展“百名干部入沪借力”行动，深化与上海静安区合作，推动全方位多层次开放。积极采取网上招商、线上签约等方式，抢占先机，扩大成果，以更优的营商环境、更实的开放举措，打造抢滩上海2.0版。

三是全力保持社会稳定。要增强风险意识，突出抓好新问题新矛盾，及时化解疫情防控和经济社会发展中出现的苗头性、趋势性问题，逐一研判、高效化解，坚决防止矛盾升级成为大的风险隐患。要强化安全意识，深刻认识到随着疫情变化，安全形势也不断在变，紧紧盯住“物的不安全状态”和“人的不安全行为”，坚决抓好道路交通、食品安全、森林防火、消防安全等安全隐患的排查整治，坚决遏制各类安全事故发生，不断提升安全生产基础保障水平。树立“平时平安”理念，坚持矛盾纠纷“化”在平时，社会治安“防”在实处，突出问题“治”在关键，平安景宁“建”在长效。

四是努力抓实民生补短。要处理好疫情防控和保障民生需求的关系，紧盯高水平全面建成小康社会存在的短板问题，从人民群众最关心最直接最现实的教育、就业、收入、出行、社会保障、医疗卫生等方面入手，力所能及地一件件办好办实。要关心关爱孤寡老人、留守儿童和残疾人等弱势群体，避免出现“关爱孤岛”，坚决防止发生冲击社会道德底线事件。要加快民族医院搬迁工作，提高医疗水平和服务质量。要不断健全公共卫生应急管理体系，提高应对突发重大公共卫生事件的能力水平。要落实“停课不停学”要求，科学安排网络教育，进一步深化与学军中学、天长小学等名校合作，不断提升我县教育水平。

五是不断强化党建引领。要紧密结合当前防控工作，加快基层党建组织融合、资源整合、力量结合，及时补齐社区、农村、两新等领域基层党建工作短板。要建立“不忘初心、牢记使命”长效机制，常态化抓好党员干部学习教育，在疫情防控和经济发展工作实践中锤炼党性，提升能力。要始终把提升组织力、引领“大赶考”作为抓基层党建工作的主要任务和主攻方向，全面推进责任传导机制化、组织覆盖网格化、思想教育有形化、党内关爱具体化、履职考评指数化，深入开展村级班子整固提升、集体经济“消薄”攻坚提升、村级组织活动场所（党群服务中心）建设提升等三大行动，不断增强基层党组织的战斗力、向心力和凝聚力。要加快“清廉畲乡”建设，深化开展县委巡察工作，持续推动扶贫领域腐败和作风问题专项整治，一体推进清廉机关、清廉村居、清廉学校、清廉医院、清廉企业，切实维护风清气正政治生态。

六是持续深化“大赶考”。三年来的实践充分证明，大赶考是景宁奋发赶超的重要一招。推进景宁加快发展，这样的导向机制，这样的精神状态必须有。受疫情影响，今年的“大赶考”陈述预计将推迟到4月底至5月初。各级各单位要摒弃等一等、看一看，喘口气、歇歇脚的思想，始终保持赶考状态，按照“跳起来摘桃子”要求，提前谋划制定赶考目标，结合八百攻坚行动，找准新一年工作的增长点和突破口，做到早谋划、早部署、早行动，打好主动战。要深化全域全员“大赶考”机制，强化过程监测和结果运用，建立健全“干部为事业担当、组织为干部担当”良性互动机制，形成“能者上、庸者下”的赶考导向，营造人人皆考生、个个勇争先的浓厚氛围。各乡镇（街道）联系领导和县直机关单位分管领导要加强赶考工作指导和督促，县赶考办要加强对赶考目标完成情况的动态监测。

各级党委（党组）、各级领导班子和领导干部、基层党组织和广大党员要不忘初心、牢记使命，团结带领广大人民群众坚定不移把中央和省市县决策部署落到实处，坚决打赢疫情防控人民战争、总体战、阻击战。要充分发挥基层党组织战斗堡垒和党员干部先锋模范作用，主动适应统筹疫情防控和经济社会发展工作新要求，全力防范疫情输入，全面推动复工复产。要压实疫情防控属地责任，深化网格化管理机制，充分调动群众自我管理、自我服务的积极性，统筹发动机关干部、村社干部、党员、志愿者、人民团体等队伍力量，共同构筑起群防群治的严密防线。要注重在疫情防控和经济社会发展一线考察识别干部，对表现突出的党员干部提拔重用。近期，我们选拔了疫情防控中表现突出的5名村后备干部进入村级班子和3名一线医务工作者“火线入党”，接下来还将选树一批先进基层党组织和优秀党员。在村级组织换届中，要结合疫情防控、产业发展、县域治理等重点工作表现，选拔出关键时刻“站得出来、顶得起来”的村党支部书记。对不担当不作为，在疫情防控和经济社会发展中出现严重不良后果的单位和个人，要予以严肃问责、通报曝光。

同志们，我相信，在以习近平同志为核心的党中央坚强领导下，全县上下万众一心、众志成城，必将夺取疫情防控斗争的全面胜利，打赢经济社会发展总体战役，努力把疫情影响降到最低，确保实现全年经济社会发展目标任务，确保与全省同步高水平全面建成小康社会和“十三五”圆满收官。

高水平推进县域治理现代化
争当全省模范生和全国自治县排头兵

——在县委九届七次全体(扩大)会议上的报告

中共景宁畲族自治县委书记　陈　重

(2020年1月6日)

各位委员,同志们:

这次县委全会的主要任务是:深入学习贯彻党的十九届四中全会、省委十四届六次全会和市委四届七次全会精神,研究部署高水平推进县域治理现代化,争当推进县域治理现代化的全省模范生和全国自治县排头兵。

下面,我代表县委常委会,讲两个方面内容。

一、近年来,县委常委会围绕提升县域治理水平和效能,集中精力谋划、部署、实施的重大工作

县委常委会始终坚持以习近平新时代中国特色社会主义思想为指导,深入学习贯彻习近平总书记对景宁的重要指示精神,坚定不移推进“八八战略”再深化,改革开放再出发,大力弘扬浙西南革命精神,深入贯彻全市“两山”大会精神,按照“诗画畲乡·和美景宁”的县域定位,打开“两山”新通道,富民兴县再赶超,加快建设美丽幸福新景宁,不断提升县域治理水平和效能。

第一,认真学习习近平新时代中国特色社会主义思想,把“两个维护”落细落实、见诸行动。始终坚持思想建党、理论强党,不断筑牢信仰之基、补足精神之钙、把稳思想之舵。县委常委会以上率下,带领全县党员干部开展“大学习大调研大抓落实”,严格落实“三会一课”制度,及时传达学习、宣传贯彻习近平总书记重要讲话、重要指示,深刻理解其精神实质、实践要求,引领全县广大党员干部学深悟透、真信笃行。“不忘初心、牢记使命”主题教育开展以来,县委常委会带头读原著、学原文、悟原理,高质量一体推进学习教育、调查研究、检视问题、整改落实,带动全县举办专题研讨366次、专题党课1160场次、“送学上门”1242次,实现学习教育全覆盖无死角。始终牢记习近平总书记对景宁提出的“跟上时代步伐”“三个走在前列”“志不求易、事不避难”等重要指示精神,一张蓝图绘到底,一任接着一任干,一以贯之、不折不扣地抓好贯彻落实。

第二，坚决护好绿水青山“金饭碗”，推动生态环境好中更优。坚持最顶格的生态标准，像保护眼睛一样保护生态环境，不以牺牲环境为代价换取一时的经济利益。扎实推进国家重点生态功能区建设，高标准打好蓝天、碧水、净土、清废“四大战役”，积极创建“美丽河湖”，全面推进城乡垃圾分类，创成国家级生态县和省级生态文明建设示范县，生态环境质量持续实现好中更优。生态环境质量和五水共治公众满意度连续三年位列全省第二，连续两年以全市第一夺取五水共治“大禹鼎”。2017 年以来，共获得省绿色发展财政奖补资金 7.35 亿元。2019 年以来，全域断面水质实现 4 个 100%；全县空气环境质量优良率达到 100%，位列全省第一；PM2.5 平均浓度为 20 微克/立方米，位列全省第三。景宁正以全省生态环境综合指标最优县享誉长三角和华东地区。

第三，把“两山”理念作为加快发展的重要遵循，推动高质量绿色发展行稳致远。始终保持生态优先、绿色发展的战略定力，全面贯彻新发展理念，积极探索生态产品价值实现机制，加速推进一、二、三产转型升级、融合发展，探索 GDP（地区生产总值）和 GEP（生态系统生产总值）规模总量协同较快增长，不断加快建设现代化生态经济体系。把全域旅游作为第一战略支柱产业来培育。创成全省首批 AAAA 级景区城和东坑镇 AAAA 级景区镇，打造东弄畲家田园综合体，谋划推进千年山哈宫、“云上天池”“那云•天空之城”“李宝洞宫畲王寨”“惠明禅茶文化产业园”等重点旅游项目，持续推动“中国畲乡之窗”“云中大漈”两个 AAAA 景区品质提升，实现 A 级景区村所有乡镇（街道）全覆盖，通过美丽乡村风景线串珠成链，形成寨寨有畲风、村村有古韵、处处能体验的“畲族风情大花园”。积极构建以“景宁 600”为引领的生态品牌农业体系。深入推进农业供给侧结构性改革，充分发挥山地海拔优势，打造“景宁 600”生态产品区域公共品牌。高标准建成海拔 600 米以上生态基地 9.53 万亩，基本完成主要农业产业农合联全覆盖，成立有机耕作者联盟，打造“金奖惠明”“深山野蜜”“畲五味”等“景宁 600”系列生态农产品，创新推出“山海协作飞柜联盟”“邮乐购”等销售平台，“景宁 600”生态农产品持续畅销杭州、上海等地，累计销售额达 15.33 亿元。聚力打造丽景民族工业园和澄照创业园两大生态工业平台。全力推进澄照创业园“产业链”集聚建设，引进宇海幼教木玩等实体企业 15 家。扎实推进丽景民族工业园“二次创业”，引进娃哈哈、飞科、青风环境等 35 家实体企业，累计完成企业投资 23 亿元，工业产值超 10 亿元，其中飞科电器产业园成为 2019 年全省第一批重大产业项目。发挥民族政策优势，累计注册总部经济企业 397 家，实现税收 9.12 亿元。抢抓《中华人民共和国电子商务法》出台机遇，大力发展平台经济，成功招引爱用科技、健康 724 等平台经济企业，已注册个体工商户 2000 余户，个人独资企业 188 家。全面打响民营企业纾困解难攻坚战，出台企业减负“十二条”，为企业减税降费 2.46 亿元，发放贷款 14 亿元。

第四，坚持把改革开放作为后发赶超的关键一招，着力再创体制机制新优势。坚持向改革要动力，向开放要活力，协同推进自治县加快发展。以“最多跑一次”改革为牵引，持续加大各领域改革攻坚力度。扎实推进群众、企业全生命周期一件事改革，1378个事项实现一窗受理、全域通办。设立18个域外服务中心，为近7万在外就业创业景宁人提供办事便利。全面铺开“标准地”制度供地和省级以上平台“区域评估”，实现一般企业投资项目审批“最多80天”，在全市率先推进政府投资项目审批“最多90天”。大力推进政府数字化转型，全面推进“一证简化办”“无证刷脸办”“掌上移动办”，扎实推进机关内部“最多跑一次”改革。推进“最多跑一次”改革向公共服务、司法服务、中介服务、公共场所延伸，“警务集市”、智慧法院等做法分别在省委《领跑者》《竞跑者》改革专刊刊登。主动请缨先试先行，全面推进全国民族地区城乡融合发展试点建设。高质量完成县乡两级机构改革。探索推进“政银保”小额扶贫信贷、农村学校小班化教学、库区渡运公交化、农村产权流转交易服务标准化等改革，形成了一批可推广可复制的改革经验，在全省县委书记工作交流会上围绕改革专题作典型发言。做深做实“问海借力”文章，全方位扩大对外开放。与温岭、上虞、海盐、宁海构建“五县联盟”协作新模式，“景宁—温岭生态旅游文化产业园”等“飞地”项目有序推进，聚力打造山海协作升级版，在全省山海协作工程推进会上作交流发言。主动对接大上海，与静安区签订十方面战略合作协议，推动惠明禅茶文化产业园、百鸟朝凤旅游度假区、畲族风情康养度假综合体等项目合作建设。充分利用静安区“朋友圈”，促成长三角企业在景投资设立企业51家，总投资额达31.1亿元。景宁主动问海借力，谋求开放发展的做法得到车俊书记和袁家军省长的充分肯定。

第五，坚守“安暖和”的民生情怀，着力提高畲乡群众的生活水平。围绕与全省同步实现“两个高水平”目标，注重加强普惠性、基础性、兜底性民生建设，办好民生实事，让发展成果更多惠及畲乡人民。统筹推进各类民生实事和“关键小事”，不断提高民生保障水平。深入实施乡村振兴战略，大力实施地质灾害“大搬快治”“大搬快聚”富民安居工程，累计整治地质灾害隐患点188个，搬迁高山远山群众30165人。城乡居民养老保险、医疗保险参保率分别达96.07%和99.2%。高质量推进“两不愁三保障”，完成村集体经济“消薄”任务。全面完成小城镇环境综合整治工作，沙湾、东坑、景南、家地、梅岐、郑坑被评为省级样板乡镇。承办全省“福彩暖万家•焕新乐园”幸福分享会，部署开展“真情暖万家•关爱365”行动，构建农村留守儿童和困境儿童365天关爱服务体系。不断完善公共服务体系，着力提升公共服务水平。高标准建设“四好农村路”，景文高速、322国道、金钟大桥、交叶公路二期等交通项目提质加速，积极谋划推进温武吉铁路、通用机场等重大交通项目。以一年一所新学校的力度推进基础教育发展，先后创成全国义务教育基本均衡县、省教育基本现代化县，持续深化与杭州学军中学、天长小学等名校合作办学，民办和公办教育齐头并进，景宁中学高考成绩实现“八连增”，职业高中高考上线率逐步提升，小班化教育研究成果荣获国家级基础教育教学成果二等奖。深入推进“双下沉、两提升”，引进浙大一院开展合作办医，新建民族医院，成立县域医共体，连续11年实现孕产妇“零死亡”，县域内就诊率达到85.6%。

第六，坚持以社会主义核心价值观引领文化建设，持续增强文化自信、文化活力、文化软实力。坚持以马克思主义为指导，在守正创新中弘扬民族文化、传承革命文化，夯实县域治理的思想文化基础。以社会主义核心价值观引领推进意识形态工作。旗帜鲜明坚持党管宣传、党管意识形态，建立健全培育和践行社会主义核心价值观的领导体制和工作机制，全面推进县乡村新时代文明实践中心建设，做好核心价值观进机关、进企业、进学校、进医院、进社区、进家庭，持续开展“畲乡好人”评选宣传活动，进一步教育和引导畲汉群众牢固树立正确的祖国观、历史观、民族观。大力弘扬践行浙西南革命精神和畲族忠勇精神。深刻领会“忠诚使命、求是挺进、植根人民”内涵，在全县上下掀起全面提炼、挖掘、总结、弘扬、发扬、传承浙西南革命精神活动热潮，深入挖掘本土革命精神，建成县烈士纪念馆、浙南•闽东红军纪念馆、毛垟红色教育基地、畲族革命历史展览馆、九龙革命遗址陈列馆，梅岐、毛垟、家地、九龙四个乡镇被评为丽水市爱国主义教育基地，加快推动“红绿”融合发展。加强畲族文化传承保护和创新发展。注重从本地风俗、生活习惯中挖掘文化符号和文化素材，持续培育畲族三月三、畲族民歌等国家非遗项目，推出“中国好畲居”“畲家十大碗”“畲乡十小碟”等特色旅游产品，致力打造“全国畲族文化总部”。荣获2018—2020年度“中国民间文化艺术之乡”称号，景宁畲族彩带展演亮相首届联合国世界地理信息大会文艺晚会。

第七，坚持和完善人民当家作主制度体系，充分发挥党委议事协调机构职能作用。充分发挥县人大及其常委会职能作用，认真行使宪法赋予的立法权、自治权，先后制定《景宁畲族自治县促进惠明茶产业发展条例》等自治法规和民族工作“新十条”等政策文件，依法推动自治进程。全面加强代表意见建议办理工作，不断加强和改进监督工作，切实把人大制度优势转化为治理效能。不断完善人民政协专门协商机构制度，聚力打造“请你来协商”平台、“民情速递”窗口、“浙政钉+”网络议政等工作载体，深入推进政治协商、民主监督、参政议政，助推党委政府各项工作更好落地落实。有效巩固和发展最广泛的爱国统一战线，统筹推进统战平台建设，成立民进景宁支部、香港景宁同乡会以及县留联会、网联会、新联会、民促会、乡贤联谊总会等组织，举行“同心”系列活动，持续强化大统战格局，进一步激发统一战线各领域活力。紧紧围绕“共同团结奋斗、共同繁荣发展”民族工作主题，深化民族团结进步教育和创建，不断铸牢中华民族共同体意识。全国民族自治县全面建成小康社会经验交流现场会在景宁召开，景宁的经验做法在全国民族自治地区推广。景宁县委荣获全国民族团结进步模范集体，并在全国表彰大会上发言。高标准推进国防教育，落实拥军优属政策，积极做好退役军人安置服务、民兵调整改革、新兵征集等工作，成功创建省级双拥模范县。持续增强总工会、共青团、妇联、工商联、残联、科协等群团组织团结教育、维护权益、服务群众功能，形成推进县域治理的强大合力。

第八，积极构建共建共治共享的社会综合治理新模式，不断把平安景宁、法治景宁建设引向深入。着力抓好民安民乐，统筹推进共治共享，在利益协调中守住公平正义底线。坚持发展新时代“枫桥经验”。深化平安景宁建设，全力统筹构建县级一个中心指挥、乡镇四个平台运行、村社全科网格管理、域外综治网络延伸的“四级融合、多元一体”社会治理新模式，深入开展“枫桥式派出所”创建活动，建成县社会矛盾纠纷调处化解中心，打造全省首个诉调业务立体衔接、矛盾纠纷一站调处、诉源治理协同推进的“和美景宁•平安小巷”，推进群众诉求解决“只进一扇门”“最多跑一地”。稳步推进法治景宁建设。深入推进民主法治村(社区)、诚信守法企业、普法农家院等创建活动，建成全市首家刑事诉讼涉案财物管理中心，致力打造“畲乡助合团”、陈瑞田调解室等人民调解优质品牌，建立少数民族案件审理新架构、开创外出人群诉讼新模式，不断满足畲乡群众多元化司法需求。坚决打赢防范化解重大风险攻坚战。深入开展平安隐患排查整治攻坚，全面打赢护航十九大、G20杭州峰会、新中国成立70周年等维稳安保硬仗，不断完善安全生产、社会应急、防灾减灾、食品安全等管理体系，切实抓好金融风险防范化解。深入开展扫黑除恶专项斗争，共立案涉恶类刑事案件56起，成功打掉涉恶团伙11个。连续14年获评浙江省“平安县”并夺得全省首批“平安金鼎”，获评“全国社会治安综合治理创新优秀县”。

第九，坚持加强党的建设，着力营造干事创业、风清气正的良好政治生态。牢牢把握新时代党的建设总要求，把党的领导贯彻落实到县域治理全过程各方面。全面提升基层党组织组织力。以“整乡推进、整县提升”工作为抓手，创新推出“县委书记面对面点评、责任一对一传导”基层党建季度考评、乡镇党委书记党建政绩评审，统筹推进机关、企业、学校、社区、两新组织等各领域基层党建工作，不断提高基层党组织的战斗力、向心力和凝聚力。深入推进“志不求易、事不避难”创新实干大赶考。连续三年深入开展创新实干大赶考，实现全域全员全覆盖，通过明标兵、定标杆，比执行、赛绩效，比学赶超，赛场选马，营造“让躺着的站起来，站着的跑起来，跑着的争第一”的干事创业氛围，用“大赶考”的实际成效推动干部作风转变、效能提升，进一步助推经济社会发展。“大赶考”经验做法得到各级领导充分肯定，在新华社内参、中组部《组工信息》、省组部《组工情况》上刊发。从严推进党风廉政建设，建设“清廉畲乡”。全面履行党风廉政建设主体责任，全面抓好省委巡视反馈问题整改，加强县委政治巡察，落实好监督执纪“四种形态”，认真开展主体责任点评质询、主体责任半年督查和扶贫民生领域专项整治、重点领域廉政风险防控等工作，创新推出并不断完善“清廉指数”考评制度，严肃查处违反中央八项规定精神，形式主义、官僚主义突出问题，侵害群众利益不正之风和腐败问题，健全权力运行制约监督机制，加快形成不敢腐、不能腐、不想腐的体制机制。

这些年来，全县各级党委、政府和广大基层群众扎实推进“八八战略”再深化、改革开放再出发，志不求易、事不避难，在推进县域治理上进行了积极探索和实践，为高水平推进县域治理现代化奠定了坚实基础，为我县争当全省模范生和全国自治县排头兵提供了有益启示。具体来说，有七方面的经验做法：

一是坚持把习近平总书记对景宁的重要指示精神作为推进县域治理现代化的基本遵循。习近平总书记在浙江工作期间，对景宁的发展十分关心，多次调研，多次作出重要批示，勉励景宁“跟上时代步伐”“三个走在前列”“志不求易、事不避难”。这是我们统揽一切工作、指导今后发展的总方略。这些年，我们始终牢记习近平总书记对景宁的殷切嘱托，立足山区县和民族自治县实际，发挥优势、改革创新，接续奋斗，砥砺前行，坚决扛起景宁发展的新使命，在增进民族团结、不断改善民生、促进高质量发展上，奋力走在全国自治县前列。

二是坚持把加强党的全面领导作为推进县域治理现代化的根本保证。实践证明，党的领导是治理的根本所在、关键所在、优势所在。这些年，我们把党领导一切的原则贯彻到县域治理各领域各方面，深入贯彻党的民族政策和民族区域自治制度，进一步坚定“四个自信”、增强“四个意识”、坚决做到“两个维护”，自觉用习近平新时代中国特色社会主义思想武装头脑、指导实践、推动工作，切实把党的政治优势、思想优势、制度优势、组织优势和群众优势转化为县域治理现代化的治理效能。

三是坚持把践行以人民为中心的发展思想作为推进县域治理现代化的出发点和落脚点。我们党始终坚持以人民为中心的发展思想，把人民对美好生活的向往作为奋斗目标，把最广大人民的根本利益作为一切工作的出发点和落脚点。这些年，我们紧扣民心这个最大的政治，认真落实为民办实事机制，以群众需求为工作导向、群众参与为工作方法、群众满意为工作追求，用县域治理手段解决发展中的矛盾和问题，积极解决群众关心的平安、教育、医疗等民生问题，不断提升畲乡群众的获得感幸福感安全感。

四是坚持把以问题导向抓治理、因地制宜谋创新作为推进县域治理现代化的关键之举。景宁是典型的山区民族县，九山半水半分田，大量人员外出创业就业。这些年，我们坚持问题导向、目标导向，做好“共性+个性”结合文章，大胆试、大胆闯、大胆改，积极构建“四级融合、多元一体”社会治理模式，探索“平安小巷”“域外网格”“民情速递”“警务集市”“检察网格化”“智慧法院”等经验做法，加快走出一条具有自身特色优势、符合景宁发展实际的县域治理之路。

五是坚持把抓紧抓实法治景宁建设作为推进县域治理现代化的强大支撑。做好改革发展稳定各项工作离不开法治，经济社会建设需要法治保护，百姓平安福祉要靠法治守卫。这些年，我们坚定不移推进全面依法治县，认真贯彻民族区域自治有关法律法规，行使好立法权，在依法治县、依法执政、依法行政中推动各民族和睦相处、和谐发展，进一步发挥好法治固根本、稳预期、利长远的保障作用，为改革发展稳定提供强有力的法治保证。

六是把抓好县域“大治理”体系建设作为推进县域治理现代化的重中之重。经济、政治、文化、社会、生态五位一体治理和基层政权、党的建设及全面从严治党治理水平，决定当地经济社会发展水平。这些年，我们坚持系统治理、依法治理、综合治理、源头治理，统筹推进“五位一体”总体布局和协调推进“四个全面”战略布局，多措并举、协同发力，一体化推进县域大治理工作，扎实推动经济发展和社会建设同步，民生保障和改善事业与平安景宁建设共抓，真正做到经济社会发展和群众感知感受同频共振。

七是把坚定不移全面深化改革作为推进县域治理现代化的有效抓手。党的十八届三中全会明确全面深化改革的总目标是完善和发展中国特色社会主义制度，推进国家治理体系和治理能力现代化。这些年，我们牢牢抓住全面深化改革这个“牛鼻子”，以“最多跑一次”改革为撬动，既抓重要领域、重要任务、重要试点，又抓关键主体、关键环节、关键节点，努力破解各领域体制机制壁垒，探索社会治理领域向基层延伸、向域外延伸，努力实现“最多跑一地”“零次跑”，把改革拓展到社会治理各领域全过程。

以上七方面经验是历届党委接续奋斗、努力付出，在推进县域治理上积累的宝贵经验，构建了我县高水平推进县域治理现代化的重要原则，必须不断深化规律性认识，长期坚持并不断发展。

二、聚焦关键处、打开突破口，切实把制度优势转化为治理效能

坚持和完善中国特色社会主义制度、推进国家治理体系和治理能力现代化，是全党的一项重大战略任务。县域治理是推进国家治理体系和治理能力现代化的重要一环，是党和国家全局工作坚实的基础。我们要以这次全会为新起点，持续深入学习贯彻党的十九届四中全会、省委十四届六次全会和市委四届七次全会精神，自觉把思想和行动统一到中央、省委、市委决策部署上来，把智慧和力量凝聚到落实全会提出的重大任务上来。

当前，我县推进高水平县域治理现代化的挑战依然很大、任务依然繁重，我们必须有清醒的谋划和充分的准备，既要坚持系统性、全局性、关联性、协同性思维，也要自觉从全局出发找定位、看问题、办事情、作决策、抓落实，因地制宜找准县域治理的突破口，努力把实践成果转化为制度优势、进而转化为治理效能。下面，我围绕抓好县域治理的关键处和突破口，再讲六方面内容。

一是把“最多跑一次”改革所蕴含的理念、方法、作风运用到县域治理各方面全过程，深入推进社会治理领域“最多跑一地”。推进“最多跑一次”改革是推动县域治理的牵动性举措，是加快实现市场有效、政府有为、企业有利、百姓受益的重要路径。秉持“最多跑一次”的治理理念。一方面要全面推进“最多跑一次”延伸扩面，对标“跑一次是底线、一次不用跑是常态、跑多次是例外”等要求，加快全面实施个人和企业全生命周期“一件事”全流程“最多跑一次”，积极推动“最多跑一次”

改革向机关内部、公共服务、司法服务、中介服务、公共场所等各个领域拓展，着力打造服务、信息、扩面、效率等“四个升级版”。另一方面要把“最多跑一次”改革所蕴含的理念、方法、作风运用到县域治理的各方面全过程，强化体制机制建设，大胆探索矛盾纠纷多元化解的新方式、新载体，推进服务关口前移，实现矛盾纠纷化解从碎片治理向集成治理、被动治理向主动治理、突击治理向长效治理、单向治理向多元治理转变。推进“最多跑一地”的治理实践。坚持为民导向、治理导向，强化资源整合、力量协同，进一步推动县域社会矛盾纠纷调处化解中心从空间整合向机制集成融合深化，推进矛盾纠纷一窗受理、一体调处、全链条解决，致力在提升质效、优化服务上下功夫，着力打造调处化解矛盾纠纷的关键枢纽和引导群众、教育群众、服务群众的重要平台，努力实现矛盾纠纷化解“只进一扇门”“最多跑一地”。

二是以全国民族地区城乡融合发展试点为契机，全面推动县域治理县乡村三级联动，增强治理的系统性整体性协同性。城乡融合发展是与全省同步实现“两个高水平”的内在要求，也是高水平推进县域治理现代化的必由路径。聚焦打破城乡制度和观念的二元结构，致力形成城市与乡村共生共荣的新格局，着力推进三个新：一是健全城乡联动新机制。紧紧围绕促进城乡要素配置合理化、基本公共服务均等化、基础设施联通化、产业发展融合化、居民收入均衡化等目标要求，积极构建城乡社会事业和基础设施共同发展、城乡经济良性互动、协调发展的保障机制，着力在资源要素、特色产业、民族文化、规划建设、公共服务、居民收入、生态价值、数字治理等八大领域构建城乡互利共赢、融合发展的体制机制，力争通过三年试点，形成一批符合新发展理念、具有景宁特色、适合在全国推广的“景宁样本”“景宁经验”。二是构建城乡共治新格局。把城乡作为一个整体进行通盘谋划，进一步强化城乡社区治理网格化建设，以打造“共建共治共享”城乡社区治理新格局为目标，构筑城乡社会治理生态保护网、平安建设网、民生服务网，推进“自治、法治、德治”三治融合，推动“村风、民风、家风”三风自治，共建美好家园、共创美好未来。积极做好“两进两回”“双招双引”的要素重组文章，充分发挥乡贤、青年、在外创业景商等力量，让全社会力量广泛参与县域治理的全过程。三是实现城乡共美新面貌。坚持城乡面貌更新并重，高标准打好蓝天、碧水、净土、清废“四大战役”，创建省AAAAA级景区城、国家文明县城，抓好城乡景区提升、乡村景区化建设，纵深推进“六边三化三美”“三改一拆”“五水共治”“美丽城镇”建设，不断提升城乡人居环境。

三是以法治景宁建设、政府数字化转型为支撑，坚决打赢防范化解风险攻坚战，不断优化治理环境。良好的治理环境是治理现代化的重要基础。把治理体系、治理能力和治理环境有机结合起来，突出抓好“三个关键”：一是抓好法治保障这一关键。全面贯彻民族区域自治有关法律法规，每年有计划地对民族区域自治法律法规和自治条例实施情况进行检查，增强群众法治意识，推进科学、民主、依法决策，充分发挥好法治固根本、稳预期、利长远的保障作用，努力实现在社会主义法治框架下解决新时代发展中出现的各类问题。二是抓好数字技术支撑这一关键。坚持以数字化治理为支撑，把智慧治理、智慧服务的理念应用到县域治理的各方面全过程，统筹抓好“浙里办”“浙政钉”“四个平台”及县全域旅游大数据中心、智慧交通系统等数据系统的数据共享和服务协同，建设全方位、全要素、全链条、立体式的政府数字化服务体系，把数字技术化红利融入畲乡群众工作生活的方方面面。三是抓好防范化解重大风险这一关键。把防范化解重大风险贯穿治理始终，聚焦“物的不安全状态”和“人的不安全行为”，传承发展“枫桥经验”这一重要法宝，全面构建重大风险识别、监测管控和化解处置体系，牢牢守住政治安全、经济安全、生态安全、公共安全等底线。有效应对互联网环境下的新问题，重点抓好涉网贷平台投资受损引发的问题和网络赌博、电信网络诈骗等问题，做到防范在早、控制在小。持续用力深入开展扫黑除恶专项斗争，突出“打伞破网”“打财断血”，坚持打击、宣传、普法三位一体，始终保持对黑恶势力违法犯罪的严打高压态势。

四是建立健全不忘初心、牢记使命长效机制，常态化开展“三全三联三服务”，以问题导向提升县域治理精准度。把“不忘初心、牢记使命”作为永恒课题和终身课题，以高度的政治责任感构建不忘初心、牢记使命的长效机制，不断巩固深化主题教育成果。完善党委（党组）理论学习中心组学习制度，常态化针对重难点课题开展调研，发挥新时代文明实践中心、浙江（景宁）民族干部教育培训中心、红色教育基地等平台作用，持续推进党的理论创新、实践创新、制度创新，引导广大党员干部切实增强“四个意识”、坚定“四个自信”、做到“两个维护”。持续开展全域全员全覆盖、联村联户联民心的“三全三联三服务”，把解决问题作为落脚点，做到力度再加大、方式再优化、质量再提高，坚持立行立改解难题，健全问题分类归纳、会议交办落实、快速受理落实、限期整改反馈等机制，通过办好一件件具体事情、解决一个个实际问题，形成一批社会认可、群众欢迎的成效。

五是大力弘扬践行浙西南革命精神，保护和传承畲族文化，增强治理软实力。文化是一个国家、一个民族的灵魂，也是推进县域治理的智慧之源。把坚定文化自信作为发挥制度优势、推进治理现代化的重要课题。坚持马克思主义在意识形态领域指导地位。强化各级党委（党组）意识形态工作主体责任，制定完善意识形态责任制任务清单。建立健全培育和践行社会主义核心价值观的领导体制和工作机制，加强社会主义核心价值观教育和爱国主义教育，推动先进文化进生活、润人心，教育和引导畲汉群众牢固树立正确的祖国观、历史观、民族观。大力弘扬践行浙西南革命精神。深入贯彻落实《中共景宁畲族自治县委关于大力弘扬践行浙西南革命精神的决定》，完善浙西南革命精神常态化教育、红色资源创新保护、红色基地软硬件提升等长效机制，用浙西南革命精神为推动县域治理现代化注魂赋能立根，引领激励畲乡广大党员干部群众不忘初心、牢记使命，团结一心、接续奋斗。聚焦畲族文化传承与弘扬，健全现代化公共文化服务体系。因地制宜、与时俱进完善现代公共文化服务体系，做深做实民族文化内部挖潜文章，稳步推进国家级畲族文化生态保护实验区创建，加快打造“全国畲族文化总部”，创新和丰富文化服务内容，抓好文化项目建设和农村文化礼堂提升，弘扬畲族、农耕等优秀传统文化，进一步增强文化自信和文化认同。

六是坚持提升组织力、引领“大赶考”，深入推进全面从严治党，提升政治引领能力。推动基层党组织在基层治理领域有效覆盖、发挥引领作用，真正把基层党组织建设成为推动县域治理的坚强战斗堡垒，统筹抓好“三个进一步”：进一步发挥基层党组织的引领作用。把提升组织力、引领“大赶考”作为抓基层党建工作的主要任务和主攻方向，深化“县委书记面对面点评、责任一对一传导”基层党建季度考评、乡镇党委书记党建政绩评审等有效抓手，串珠成链打造党建特色品牌。以提升组织力为核心和关键，在责任传导、组织覆盖、思想教育、党内关爱、职责考评等方面建立健全科学系统机制，推进责任传导机制化、组织覆盖网格化、思想教育有形化、党内关爱具体化、履职考评指数化，不断提高基层党组织的战斗力、向心力和凝聚力。进一步深化创新实干大赶考。建立健全“大赶考”常态化机制，围绕目标设定准不准、工作成效实不实、压力传导够不够、激励机制有没有效等方面进一步深化完善，努力在争先创优目标化、服务群众长效化、实绩晾赛平台化、选贤任能公开化上下功夫求实效，全力提升“大赶考”科学性、实效性和可操作性。进一步深入推进“清廉畲乡”建设。坚持全面从严治党，深化“清廉畲乡”建设，把党内监督同国家机关监督、民主监督、司法监督、群众监督、舆论监督有机贯通，层层压实主体责任，全面落实监督职责，着力构建党统一领导、全面覆盖、权威高效的监督体系。深化监督执纪“四种形态”，持续抓好省委巡视整改和县委巡察工作，一体建设清廉机关、清廉村（居）、清廉医院、清廉学校、清廉企业、清廉文化、清廉家风，确保基层权力规范运行，全面筑牢不敢腐、不能腐、不想腐的清廉防线。

同志们，让我们紧紧团结在以习近平同志为核心的党中央周围，充分发扬“志不求易、事不避难”精神，与时俱进、携手共进、砥砺奋进，高水平推进县域治理现代化，争当全省模范生和全国自治县排头兵，为加快建设美丽幸福新景宁、与全省同步实现“两个高水平”而努力奋斗！

担起窗口使命　发挥独特作用
以“两手硬、两战赢”的信心决心奋力完成全年目标任务

——在县委九届八次全体(扩大)会议上的报告

中共景宁畲族自治县委书记　陈　重

(2020年8月17日)

同志们:

在疫情防控转入常态化新阶段，奋力完成全年目标任务的关键时期，我们在这里召开县委九届八次全体(扩大)会议，主要任务是：高举习近平新时代中国特色社会主义思想伟大旗帜，全面贯彻党的十九大和十九届二中、三中、四中全会精神，深入贯彻习近平总书记考察浙江重要讲话精神，全面落实省委十四届七次全会和市委四届八次全会精神，牢记嘱托、担纲使命，总结今年以来工作，部署下半年工作，接续赶考、争先创优，加快推动习近平总书记重要讲话精神在景宁落地生根，努力在浙江建设“重要窗口”进程中发挥民族自治县独特作用，以“两手硬、两战赢”的信心决心奋力完成全年目标任务，确保与全省同步高水平全面建成小康社会。

一、充分肯定成绩，进一步坚定“两手硬、两战赢”的必胜信心

今年以来，面对突如其来的新冠肺炎疫情，县委县政府坚决贯彻习近平总书记重要指示精神和党中央、省委、市委决策部署，针对疫情防控形势变化，分阶段统筹推进疫情防控和经济社会发展，做好“六稳”工作，落实“六保”任务(稳就业、稳金融、稳外贸、稳外资、稳投资、稳预期工作。保居民就业、保基本民生、保市场主体、保粮食能源安全、保产业链供应稳定、保基层运转)，紧扣“聚力产业培育、决胜全面小康、创新县域治理”工作主基调，深入推进“志不求易、事不避难”创新实干大赶考，部署开展八百攻坚行动，全面掀起争先创优热潮，快节奏、高效率推动各项工作任务落地落实，“两手硬、两战赢”取得明显成效，经济社会发展形成企稳向好态势，突出体现在以下五个方面:

一是统筹推进疫情防控和经济社会发展。新冠肺炎疫情发生后，我们坚决贯彻落实省委、市委部署要求，全面落实“精密智控”，坚决守住“大中小门”，有效阻断疫情输入和传播，全县仅报告1例输入性确诊病例。在疫情稳定后，于2月底部署开展百家企业助力

赋能、百亿产业项目提速、百村万户增收富民、百名干部入沪借力、百分小康对标补短、百街千巷美丽提升、百个社会矛盾化解、百处隐患排查整治等八百攻坚行动，第一时间抢抓发展先机，统筹推进经济社会发展，在全省复工复产考核中排名全市第2，全省第4。聚焦企业经营难题，深入开展“三服务”，为企业纾困解难，兑现减税减费减租减息减支“五减”扶持资金1.75亿元。大力发展“夜间经济”“地摊经济”“直播经济”，发放“畅游景宁”电子消费券500万元，拉动消费近9000万元。深入开展争先创优行动，推动经济不断企稳向好，上半年全县生产总会同比增长1.0%，高于全国全省全市，经济实现“半年正”。

二是生态产业基础不断夯实。把绿色作为生态产业发展的鲜明底色，高标准推进蓝天、碧水、净土行动，全面启动污水零直排县创建和“无废城市”建设，一体推进美丽城市、美丽城镇、美丽乡村建设，生态环境质量持续巩固。今年上半年，全域断面水质实现4个“100%”；全县空气环境质量优良率达到100%，位列全省第一；PM2.5平均浓度为20微克/立方米，位列全省第二。大力推进“景宁600”扩面提质，完成粮食播种面积10.03万亩，新增“景宁600”加盟主体3家，实现品牌销售额3.53亿元。东方卫视《我们在行动》栏目走进景宁，主播明星直播带货销售金奖惠明茶、九龙地瓜面等“景宁600”农产品6130万元。坚决守牢“菜篮子”“米袋子”，粮食、生猪供销实现稳产保供。加快推进工业平台“二次创业”，丽景民族创业园通过“线上+线下”招商，引进总部经济企业86家、实体项目3个，在建企业项目14个，竣工企业项目6个，工业产值4.82亿元，同比增长50.84%；入库税收3.5亿元，同比增长682%，占全县税收收入26%，反哺能力持续增强。开发区引进总部企业56家、入园实体企业3家，澄照创业园产城融合加速推进，创业园二期工程基础设施项目有序推进，首批8家小微企业入驻小微孵化园，宇海幼教装备有限公司顺利投产，更多群众实现在家门口就业。全域旅游加码发力，积极推出旅游复苏“五大举措”，设立长三角重点区域六大联络处，大力推动那云•天空之城、千年山哈宫、东弄畲家田园综合体二期、李宝畲王寨等重大旅游项目建设，加快“畲乡之窗”“云中大漈”“AAAA级景区城”内涵挖掘，建成全域旅游服务中心，创成省级全域旅游示范县和“诗画浙江•百县千碗”工程示范县，景宁畲族博物馆获评全省最佳文旅融合项目。

三是改革开放步伐加快。“最多跑一次”改革持续深化，推动“一件事”集成改革迭代升级、延伸扩面，加快政府数字化转型，推进政务服务“就近办”“网上办”“集成办”，深化机关内部“最多跑一次”改革，深入开展公共服务领域改革和公共场所服务大提升。全面推进全国民族地区城乡融合发展改革试点。高标准建设“畲乡幸福河”，完成全国水系连通及农村水系综合治理试点县项目投资1.51亿元。高质量推进生态产品价值实现机制试点建设，完成全县及东坑镇2018年度GEP核算报告，推进“两山金融”“生态贷”“绿谷分”等生态金融服务，积极探索生态价值转换实现路径。扎实推进百山祖国家公园创建工作。持续用好“问海借力”金钥匙，加大与静安区合作，积极融入长三角一体化国家战略，累计招引长三角地区企业、项目97家（个），总投资11.5亿元的惠明禅茶文化产业园项目开工建设，百鸟朝凤旅游度假区和畲族风情康养度假综合体等项目前期全力推进。全面启动山海协作“五县联盟”，加快“飞地”“飞柜”建设，结对销售“景宁600”农产品超千万元。

*四是民生民本保障有力。*坚持“安暖和”民生情怀，扎实推进省市县民生实事，不断改善民生保障水平。狠抓教育教学质量，景宁中学高考一段上线151人，一段上线率高出全省8.9个百分点，实现“九连增”；景宁职高本科首批上线24人，取得历史性突破。全面推进县域医共体建设，正式启用县人民医院暨浙大一院民族分院新院区，持续推进“双下沉、两提升”，不断提升重大疾病防控和卫生应急能力，有效推进健康景宁建设。部署开展低收入农户高水平全面小康攻坚行动，严格落实“两不愁三保障”任务，开展“一户一策一干部”结对帮扶、低收入农户创业联盟等行动，全县4283户8102名建档立卡低收入农户实现稳定增收，全县低收入农户人均可支配收入同比增长14.3%，低收入农户高水平全面小康计划工作获得2019年度省政府督查激励事项奖励。坚持交通先行，大力推动景文高速、235国道景宁溪口至澄照段、322国道改建工程、金钟大桥、农村班线客运中心站等项目建设，有序推进温武吉铁路、庆景青公路、通用机场等前期。深入抓好民生保障，全面推进农村饮用水达标提标工程，“大搬快治”“大搬快聚”富民安居工程有序推进，持续深化“真情暖万家•关爱365”行动，在全省率先建成县级儿童公益中心，全面完成低保儿童家庭“焕新乐园”项目。深入推进民族团结进步创建工作，赴西藏墨脱与门巴族、珞巴族、藏族等开展民族团结进步合作交流活动，县文广旅体局和雷应江同志分别荣获“浙江省民族团结进步模范集体”“浙江省民族团结进步模范个人”称号。

*五是党的建设不断加强。*深化拓展不忘初心、牢记使命长效机制，有序推进村社组织换届、“包乡走村”、模范机关创建、城市基层党建统领城市基层治理等各项工作，进一步夯实基层党建基础。启动新一轮“志不求易、事不避难”创新实干大赶考，全县制定“大赶考”目标1148个，标杆131个。强化高素质干部队伍建设，开工建设浙江（景宁）民族干部培训中心，选派优秀年轻干部赴“经济一线”挂职提能。深化“清廉畲乡”建设，大力推进政治监督，认真做好省委巡视回访检查反馈意见整改工作，推动第七轮县委巡察反馈意见整改，启动第八轮进点巡察工作，高质量完成扶贫开发和扶贫协作等专项监督整治，深入整治涉黑涉恶腐败及其“保护伞”，完成全面从严治党主体责任落实情况督察。上半年，处置问题线索287条，给予党纪政务立案82人，运用监督执纪“四种形态”处理255人次。总的来说，在今年疫情防控和外部风险增多的严峻形势下，全县上下深入贯彻中央和省、市各项决策部署，志不求易、事不避难，用拼搏的汗水、破浪的勇气、果敢的行动应对形势的不确定性，取得了阶段性胜利。成绩来之不易，值得充分肯定。我们必须始终牢记习近平总书记的重要嘱托，进一步坚定信心、夯实举

措，扎实推进经济持续回升向好和高质量发展，以实实在在的一流业绩和实际成效夺取“两手硬、两战赢”的全面胜利。

二、关于对《中共景宁畲族自治县委关于努力在浙江建设“重要窗口”进程中发挥民族自治县独特作用的决议》稿的说明

2020年3月29日至4月1日，在统筹推进疫情防控和经济社会发展的特殊时期，习近平总书记到浙江考察调研并发表重要讲话，给予浙江工作充分肯定、特别指引，赋予浙江“努力成为新时代全面展示中国特色社会主义制度优越性的重要窗口”的新目标新定位。省委十四届七次全会深入贯彻习近平总书记考察浙江重要讲话精神，审议通过《中共浙江省委关于深入学习贯彻习近平总书记考察浙江重要讲话精神，努力建设新时代全面展示中国特色社会主义制度优越性重要窗口的决议》。市委四届八次全会对深入贯彻落实习近平总书记考察浙江重要讲话精神，坚定不移走创新实践“两山”理念发展道路，努力打造全面展示浙江高水平生态文明建设和高质量绿色发展两方面成果和经验的重要窗口作出具体部署。

习近平同志在浙江工作期间把景宁作为县级调研的第一站和工作的联系点，两次深入景宁调研指导，先后三次对景宁发展作出“跟上时代步伐”“三个走在前列”“志不求易、事不避难”等重要指示批示，亲自为景宁的发展谋篇布局。景宁是全国唯一的畲族自治县和华东地区唯一的民族自治县，是习近平总书记特别关心关爱的地方。作为浙江建设“重要窗口”不可或缺的有机组成部分，景宁必须提高站位，自觉融入大局找准定位，拉高标杆走在前列，扛起“重要窗口”的建设者、维护者、展示者的使命担当，努力在浙江建设“重要窗口”进程中发挥民族自治县独特作用。为此，县委决定把这次全会的总成果以《中共景宁畲族自治县委关于努力在浙江建设“重要窗口”进程中发挥民族自治县独特作用的决议》的形式固定下来。决议稿总体定位是一个既着眼当前，又管长远的县域发展政治纲领，重点围绕景宁在浙江建设“重要窗口”进程中如何发挥民族自治县独特作用，从政治方向、重大意义、具体举措、组织保障等方面作出部署安排，凸显决议政治方向旗帜鲜明、工作部署重点突出、贯彻落实符合实际的特点，具有政治纲领性、战略引领性作用。

三、牢记嘱托、担纲使命，奋力高质量完成全年目标任务

面对疫情反弹、中美贸易脱钩、全球市场萎缩、经济下行压力加大以及防汛抗台等各类风险和挑战，推动经济高质量发展、实现稳中有进还有很大的不确定性。接下来，全县上下要按照省委提出的“提质提速，奋力实现全年目标任务”的工作要求，做好“六稳”工作，落实“六保”任务，紧紧围绕“聚力产业培育、决胜全面小康、创新县域治理”工作主基调，在常态化疫情防控的条件下，打好稳中求进和高质量发展组合拳，一以贯之稳住基本盘，以超常规手段创新工作方式方法、找准工作发力点突破口，不断把握新机遇、焕发新活力、构筑新格局。

（一）毫不放松抓好疫情防控。新冠疫情防控是一项持久战，要继续做到常态化防控、精密防控、科学防控，结合当前国内外形势动态调整疫情防控措施，将阶段性防疫重点由“防人为主”转为“人物并防”，做到既不麻痹松懈、放任自流，也不能面对疫情简单化处置，推动科学防控。要强化应急保障能力，加大资金、资源、技术、人员保障，提高新冠病毒检测水平，做好应对疫情反弹的充足准备。要完善精密智控机制，加强对重点人员、重点区域和重点环节的排查管控，织密筑牢防护网，确保疫情防控持续向好形势不出现逆转。

（二）千方百计增添发展动能。坚持稳中求进工作总基调，深入开展争先创优行动，以更大力度培育新的增长点增长极，在“二季红、半年正”的基础上，确保实现“三季进、全年胜”。把稳企业摆在经济工作的首要位置，深化“三全三联三服务”，强化部门协同作战，积极落实“一企一策一专班”滴灌式帮扶，深化“惠企政策直通车”，精准落实市场主体帮扶政策，积极主动为企业纾困解难。大力弘扬企业家精神，积极引导企业家们摒弃急功近利的短视行为，放眼国内国际两个循环，勇于推动生产组织创新、技术创新、市场创新，以创新实干积极应对形势的不确定性，全方位投身景宁发展。坚持“大抓项目、抓大项目”，用项目拉动投资、撬动发展，抢抓新型城镇化建设、土地审批权下放试点、新开工项目用能、全省交通强省建设、全省制造业发展和全市生态工业发展等重要窗口期，加快谋划一批战略性、标志性、引领性的“两新一重”项目，加快推进景文高速、322 国道、千年山哈宫等在建项目建设，以更大力度确保东弄畲家田园综合体二期、体育场复建工程等在建项目完工。全力激活消费，从市场需求侧出发，抢抓电影娱乐市场开放、职工疗休养、假期消费旺季等消费机遇，尽快研究出台更有力度的消费新政，通过优化消费环境、丰富消费载体、创新消费方式，进一步提升消费能级。

（三）凝心聚力发展生态产业。坚定不移抓好全域旅游这一“牵一发而动全身”的战略支柱产业。发挥生态、民族原真性优势，做好景区景点、旅游线路、旅游产品的打造提升，串珠成链推动旅游产业提档升级。坚持旅游项目拉动，千方百计加快推进东弄畲家田园综合体二期、那云•天空之城、惠明禅茶文化产业园、余山“百鸟朝凤”、千年山哈宫等重大旅游项目建设，精心设计景区城旅游线路，启动省 AAAAA 景区城创建，力争在 2—3 年内打造出 1—2 个核心景区景点。做深内涵挖掘文章，加大旅游市场营销力度，组织开展“四季游景宁”系列活动，致力打造生态最优、畲味最浓、风情最足的诗画畲乡，提升景宁旅游竞争力、吸引力。抓实“景宁 600”生态农业。坚持供需两端协同发力，着力做大做强“景宁600”品牌，抓好“茶叶、果蔬、中药材”等三大龙头产品，深入实施农药化肥“两制两减”行动，大力发展生态有机茶园，加大粮食蔬菜种植，打造一批优势产业、优势产品、示范基地。做好科技进乡村、资金进乡村、青年回农村、乡贤回农村的“两进两回”文章，持续深化“飞柜”经济，积极拓展长三角市场，加快推进农民增收、村集体经济增收。做强生态工业平台。牢牢扭住平台这个工业发展的“牛鼻子”，围绕“北电工，南幼教”的产业布局，紧紧抓牢丽景民族创业园和澄照创业园两大工业平台

“二次创业”，加大创新链、产业链、价值链招引力度，落实好《关于推进科技创新引领高质量绿色发展的若干意见》，加快重点区块小微企业整治，引导企业入园提升，推动传统产业升级改造，高质量招引总部经济，加快重点项目、重点企业落地投产，着力推进制造业集群化、智能化、品质化、服务化发展。丽景民族创业园要持续在提升园区形象、推动企业转型升级、增强企业凝聚力等方面下硬功夫，加大优质企业招引力度，全面提升园区整体效益，不断在产业发展、税收收入等方面为全县经济社会发展作出更大贡献。澄照创业园要大力推进幼教木玩产业“链长制”试点工作，推动 HAPE 控股集团、木玩小微企业落户投产，全面完成创业园二期工程基础设施建设，启动谋划创业园三期，不断提升平台促进就业、拉动经济作用。

（四）坚定信心厚植发展优势。牢牢把握保护生态环境这一高质量绿色发展的命脉，在生态治理上求长效、机制上强协同、宣传上入人心、效果上听民意，以零容忍的态度抓在日常、严在经常。坚决有力打好污染防治攻坚战，全面推进监测监控能力提升，抓好污水零直排县和“无废城市”创建工作，扎实推进民族风情特色园和国家公园建设，推动各项生态环境指标好中更优，进一步扩大生态比较优势。以走在前列的意识当好民族团结进步模范，全面贯彻落实党的民族政策，坚持和完善民族区域自治制度，紧紧围绕“共同团结奋斗、共同繁荣发展”这一主题，大力弘扬浙西南革命精神，一以贯之落实“三个不能忘、四个要清醒、五个做表率”要求，在促进各民族群众交往交流交融、推动文化传承发展和创新交融、提升民族事务治理能力和水平上再上新台阶。

（五）对标对表补齐短板弱项。对照全省“两个高水平”目标要求，对照人民群众的期待和切身感受，我们还有一些薄弱领域、薄弱区域和薄弱环节。发力冲刺决胜全面小康，持续增强“安暖和”的民生情怀，认真对标对表《浙江省高水平全面建成小康社会补短板工作清单》，持续推进八个万元富民增收行动和低收入农户高水平全面小康攻坚行动，加快补齐城乡居民增收和社会保障、基础设施、教育医疗、产业发展等短板弱项。巩固提升脱贫攻坚成果，确保“两不愁三保障”突出问题清零、年家庭人均收入 8000 元以下情况清零、集体经济薄弱村清零，争取做到无就业家庭清零，进一步提高全面小康成色。加快推进县域治理现代化，强化平台、区域、服务、力量、责任五个统筹，推进县域社会治理创新，健全一个中心、四个平台、一网格上下贯通、左右协调的基层社会治理模式，深化“和美景宁·平安小巷”建设，扎实推进“最多跑一巷”，把更多矛盾纠纷解决在萌芽状态、化解在基层。坚持平时平安理念，加强应急管理能力建设，扎实做好防汛防台工作，加大安全生产监管、自然灾害防治、交通安全隐患排查、危旧房治理等方面力度，从源头上预防安全事故发生，牢牢守住平安底线。

（六）聚力聚焦全面深化改革。深化“最多跑一次”改革，加大机关内部“最多跑一次”改革力度，持续抓好惠企便民“一件事”集成改革，全力推进景区、医院、车站、码头、商圈、社区等公共场所服务大提升。深入推进“放管服”改革，积极推广浙江政务服务2.0平台，全面深化政务服务“就近办”“网上办”“集成办”。以“最多跑一次”改革撬动各领域改革，加快推动生态文明、城乡融合、脱贫减贫、农村产权制度、民生保障、城市治理等领域改革，扎实推进全国民族地区城乡融合发展、全国水系连通及农村水系综合整治、生态产品价值实现机制、百山祖国家公园创建等各项重大改革试点任务，创造一些拿得出、叫得响、能推广的景宁经验、景宁做法。

（七）加大步伐促进开放合作。加快接轨上海融入长三角步伐，深化百名干部入沪借力行动，利用好上海静安区“朋友圈”，发挥驻沪办作用，全力推动两地在项目建设、产业发展、人才招引、服务共享、基础设施建设等多个方面实质性合作，让畲乡景宁更充分更有效接轨大上海、融入长三角。聚力“山海协作”升级版，深化与温岭、上虞、海盐、宁海的五县发展联盟新格局，加快推进“飞地”“飞柜”、疗休养、人才招引等合作，有序推进山海协作乡村振兴示范点建设。持续优化营商环境，出台扶持新兴行业发展优惠政策，提高惠企政策兑现效率，努力创建综合最优政策环境，积极为投资者提供全方位、全过程服务，让投资者安心、放心。

（八）全力以赴推动赶考奋进。坚持把提升组织力、引领“大赶考”作为抓基层党建工作的主要任务和主攻方向，以党的政治建设为统领，深入推进全面从严治党，激发干部干事创业热情，巩固发展山清水秀的政治生态。深入推进“志不求易、事不避难”创新实干大赶考，紧盯年初制定的具体目标和工作标杆，结合全省争先创优行动，深化全域全员“大赶考”，发扬“跳起来摘桃子”精神，全力以赴保障目标完成和标杆创建。加强过程监督和结果运用，杜绝在目标完成上搞形式主义、在统计上玩数字游戏文字游戏，做到工作扎实、导向务实、数据真实，确保赶考取得实际成效。夯实基层党建基础，深入实施村级班子整固提升、村集体经济“消薄”攻坚提升、村级组织活动场所（党群服务中心）建设提升等“三大提升行动”，尤其要高度重视村社组织换届工作，精准把握“届期延长，行政村规模调整，‘一肩挑’全覆盖”等新形势新要求，选出一批政治强、过得硬、能带富、善治理的领头雁队伍。全力抓好《中国共产党宣传工作条例》贯彻落实，创新意识形态工作责任制落实机制，推动责任落细落实。全面深化“清廉畲乡”建设，抓好“清廉指数”评估体系运用，全面推进清廉村居、清廉机关、清廉医院、清廉学校、清廉企业等示范点建设。巩固提升巡视整改成果，加大专项巡察、“机动式”巡察、全市提级（交叉）巡察力度，深入开展“清淤护航”专项行动，持续抓好基层“四风”突出问题整治，让人民群众真切感受到全面从严治党带来的新变化新成效新气象。

同志们！积极参与全省“重要窗口”建设是我们不忘初心、牢记使命的必然要求，是全体畲乡党员干部的历史担当和时代使命，也是展示畲乡风采、景宁作为的舞台。让我们更加紧密地团结在以习近平同志为核心的党中央周围，志不求易、事不避难，深入探索、干出成效，努力在浙江建设“重要窗口”进程中发挥民族自治县独特作用，奋力谱写景宁高质量绿色发展的壮丽篇章！

政府工作报告

——在景宁畲族自治县第九届人民代表大会第四次会议上

景宁畲族自治县人民政府县长　钟海燕

（2020年4月27日）

一、2019年工作回顾

2019年是新中国成立70周年，是自治县设立35周年，是全面建成小康社会关键之年。一年来，我们在上级党委、政府和中共景宁畲族自治县委的坚强领导下，在自治县人大、政协和社会各界的监督支持下，深入学习贯彻习近平新时代中国特色社会主义思想和党的十九届四中全会精神，坚持“八八战略”再深化、改革开放再出发，发扬浙西南革命精神，志不求易、事不避难，以克难攻坚抓项目、凝神聚力大赶考为工作主线，打开“两山”新通道，富民兴县再赶超，加快建设美丽幸福新景宁，经济社会保持良好的发展态势，较好地完成了县九届人大三次会议确定的各项工作目标。实现地区生产总值69亿元，同比增长9.2%；一般公共预算收入6.98亿元；全社会固定资产投资增长13.1%；实现全社会消费品零售总额37.38亿元，同比增长12.2%；城乡常住居民人均可支配收入40014元和20005元，分别比上年增长8.8%和10.1%；三次产业结构调整为9.3:24.7:66。

一年来，我们主要做了以下五方面工作：

（一）经济发展更具高质量。

特色农业迈上新台阶。严格落实耕地保护机制，全面实施粮食稳面增产绿色增效行动，建成高标准农田1240公顷，改造粮食功能区206.67公顷，完成粮食播种6240公顷。充分利用生态高地优势，推进农业产业高质量、高标准发展，发挥科技特派员作用，农业标准化覆盖率达67.92%。新建提升毛竹、惠明茶、高山蔬菜、“畲五味”等标准化基地1433.33公顷，提升木本油料347.8公顷，新增中蜂5100箱。稳步推进34公顷大径材培育试点，硬化林区道路40.26千米，建成“一亩山万元钱”林下经济基地141.33公顷、示范基地5个。景宁“600”准入机制进一步完善，新增“景宁600”生态示范引领基地9个、示范乡镇4个、先行村19个，加盟主体达52家，成功打造系列品牌产品105款。强化有机耕作者联盟等景宁“600”产销服务平台建设，推动小农户有机衔接大市场，“飞柜”经济再升温，惠明茶香飘上海。实现品牌大幅溢价，农产品销售额达5.8亿元。非洲猪瘟防控得力，市场供应平稳有序。强力推进药肥双控，减少施用量

204 吨，“三品一标”新认证面积 264.93 公顷，农产品质量安全省级以上抽检连续七年实现合格率 100%。

生态工业步入新征程。丽景民族工业园发展形势喜人，盘活低效土地 17.33 公顷，飞科项目一期主体工程完工，网营物联等 10 个项目开工建设，天造环保等 6 家企业投产，工业产值突破 10 亿元大关，税收收入突破亿元大关。澄照创业园基础设施日趋完善，二期项目平整土地 47.33 公顷，实体企业入驻 18 家，成功招引全球知名木玩经营商——Hape 国际控股集团，宇海幼教木玩产业园、亚资科技实现投产。城北工业区转型升级不断加快，10 家竹木企业开展“机器换人”，大东景竹木孵化园入驻企业顺利投产。制造业投入 6.82 亿元，创历史新高。新增高新技术企业 3 家、规上工业企业 6 家。深入开展民营企业纾困解难工作，出台企业减负“十二条”，为企业减轻税费 2.46 亿元，搭建银企合作平台，新增中小企业贷款 2.22 亿元。“亩均论英雄”改革稳步推进，完成 46 家工业企业评价。

现代服务业开辟新境界。全域旅游规划编制完成，全域旅游服务中心投入使用，东弄畲家田园综合体二期顺利推进，产业投资运营正式签约，那云·天空之城破土动工，李宝洞宫畲王寨、惠明禅茶文化产业园等项目蓄势待发。毛垟、封金山 AAA 级景区创建加快推进，东坑创成 AAAA 级景区镇，建成 A 级景区村 25 个。“畲山居”集体商标成功注册，清泉石上居获评省金级民宿，石上溪、春江花月获评省银级民宿。畲乡小吃标准化、品牌化、市场化加快推进，“畲乡粉皮”入选浙江十大农家小吃。完成旅游地商品转化 20 个。“四季景宁”文化旅游节庆活动异彩纷呈，红旅、农旅、体旅加快融合发展，长三角等客源市场断开拓巩固。实现旅游总收入 79.3 亿元，同比增长 20.6%，创成省级全域旅游示范县，全域旅游起势成局。房地产市场健康发展，商品房供应平稳，完成商品房销售 9.12 万平方米。新增来料加工点 12 个，发放来料加工费 1.5 亿元。出台新一轮电商发展扶持政策，实现网络销售额 21 亿元，同比增长 20%。积极应对中美贸易摩擦，实现外贸出口 17.97 亿元，同比增长 41.47%。调整出台现代服务业政策，服务业强县试点建设深入推进，形成山区试点模式，服务业增加值增速排名全市第一。

（二）特色优势更具竞争力。

民族事业再创辉煌。环敕木山畲族特色村寨示范带、金山垟畲族特色小区、千年山哈宫、畲族博物馆提升工程、惠明禅茶工坊等项目加快推进，伏叶获评全国少数民族特色村寨，农村少数民族居民人均收入增幅连续 14 年高于全县平均水平。畲族服饰馆、畲族革命历史展览馆、传师学师馆顺利开馆，“非遗薪传”浙江省传统舞蹈展演展评系列活动成功举办，《风物中国志·景宁》《重返敕木山》等民俗文化专著编印出版。中国畲族服饰设计展演活动举办地、浙江民族干部培训中心落户景宁。文化保护弘扬更具成效，再度获评“中国民间文化艺术之乡”“浙江省民间文化艺术之乡”。文化走出去战略深入实施，“民族+好畲系列”“非遗+旅游”等做法分别入选国家民委、文旅部专题培训班典型案例，参加全国少数民族运动会，获奖数再创新高。借力上海国际茶文化旅游节、丽水(上海)周，畲乡风情惊艳亮相上海。铸牢中华民族共同体意识，牢牢守住民族团结“生命线”，畲汉各族同胞共同团结奋斗、共同繁荣发展，民族青少年宫入列全国民族团结进步教育基地，全国民族团结进步模范集体、模范个人花落畲乡。

生态质量再创新高。扎实推进省级大花园典型示范县培育，建立生态环境保护工作联席会议制度，全面开展生态环境风险隐患排查整治，持续推进国家生态文明建设示范县创建。扎实推进“碧水行动”，严格落实“河(湖)长制”，小溪流域综合治理项目(一期)开工建设，创成美丽河湖3个，上标湖、毛垟港被评为省级美丽河湖，建成“污水零直排”建制镇1个、生活小区1个。推进长江经济带小水电清理整改，完成整改96座。全域断面水质达标率100%，饮用水源地水质达标率100%，岭根交接断面水质全年保持Ⅱ类以上，Ⅰ类水天数203天，较上年增加35天，“五水共治”公众满意度全省第一。纵深推进蓝天保卫战，县城空气质量优良率100%，PM2.5平均浓度22微克/立方米，排名全省第四。建成区垃圾分类收集覆盖面达65.1%，生活垃圾分类处理建制村覆盖率达74%，亲亲家园建成垃圾分类省级高标准示范小区。强化危废管理，实现危废清零。完成“三改”8.56万平方米、拆违33.87万平方米，拆后土地利用率97.86%。积极推进全域土地整治与生态修复工程，深化山水林田湖草系统治理。实施生态保育区复绿工程，完成绿化造林253公顷、美丽林相建设92.33公顷，新植珍贵彩色树种28.47万株，松材线虫病疫情有效防控。百山祖国家公园创建扎实推进，草鱼塘森林康养基地获评国际森林疗养示范基地，创成浙江畲乡草鱼塘国家森林公园。

改革开放再添活力。成功争取并启动全国唯一的民族地区城乡融合发展国家级改革试点。农村产权流转交易标准化服务试点通过国家级验收。“最多跑一次”改革持续深化，“12345”政务咨询热线作用日渐凸显，非涉密政务服务事项全面实现网上办理，完成群众和企业“一件事”梳理41件，实现“一窗受理”1342件，“全域一证通办”系统调用证明量7.8万次。“跑”入基层，梳理乡镇可直接受理全域通办事项1500项。“跑”向域外，建成域外行政服务中心18个。“跑”进机关，持续深化机关内部“最多跑一次”改革，梳理办事事项75项，办事时间平均压缩50%。一般企业投资项目、政府投资项目审批分别实现“最多80天”“最多90天”。企业事项代办实现全覆盖，营商环境持续优化。“警务集市”工作模式登上省委《领跑者》专刊。社保“综合柜员制”服务项目入选市级标准化试点。开展农村宅基地三权分置改革，农村宅基地及住房确权登记发证1.21万本。启动国企改革，推进城市投融资体制建设。积极推进社会信用体系建设，落实公平竞争审查制度。大均乡、东坑镇入列生态产品价值实现示范乡镇，大均乡成为全国首个乡级GEP核算评估试点。主动融入长三角一体化发展，与静安区全面开展战略合作，率全市之先牵手大上海。设立驻沪联络处，建立两地交流互访机制，实现双向驻点招商。招引总部经济企业166家、产业项目25个，总投资91.8亿元。同海盐、上虞、温岭、宁海四地创新构建"五县联盟"发展格局，打造山海协作工程升级版，实现"飞地""飞柜"全覆盖，全年增加村集体收入885万元。

（三）区域发展更具现代化。

城市能级逐步提升。成功创建全省首批AAAA级景区城和省级园林城市，公共设施更加完善，城市管理更加有效，人居环境更加优美。鹤溪老城风貌更具特色，浮丘路延伸工程开工建设，城南棚户区改造、包凤示范小区建设扎实推进，完成老旧小区改造3个，建成AAA旅游厕所1座，钟楼路拓宽工程、人民南路延伸工程建成通车。外舍新区功能加快完善，千熙桥、千俟崖景观工程、凤鸣公园、外舍污水处理厂（二期）项目前期不断深化，菖蒲湾道路网启动建设，山哈大剧院、新区人防工程、新区管网建设工程加快推进，江滨景观带、三月三东路、素瓷南路完成建设。澄照副城框架基本形成，园区主要道路工程建成通车，第三污水处理厂建成并通过竣工验收，澄照幼儿园、残疾人托养中心、县福利中心投入使用。完成过渡气源站建设，建成天然气中压管道8.9千米。智慧城市管理指挥平台作用进一步发挥，城区治堵继续推进，智慧停车诱导系统投入使用，新建公共停车位242个、公交站亭10个，新增新能源公交车8辆、便民巴士10辆，投放共享电单车300辆。加快"五化"进程，城市管理水平进一步提升。

乡村振兴深入推进。大地、郑坑小城镇环境综合整治通过省级验收，郑坑乡获评省级样板，小城镇环境综合整治完美收官，乡容镇貌实现美丽蝶变，撬动乡村发展迭代升级。"大搬快聚"富民安居工程有序推进，完成搬迁安置3259人。山区"幸福河"建设成功入选首批全国水系连通及农村水系综合整治试点。农村饮用水达标提标工程有序推进，完成9个乡镇43个供水工程，建立县级统管长效机制，实现专业化管护。农村公厕新建改造36座，全面实现常态化运维管理。开展古村保护行动，统筹推进9个历史文化古村落、10个传统村落保护提升，启动50个传统村落规划编制。建成市级"三美融合示范村"3个、"善治村"18个。新建文化礼堂16个。县乡农村集体经济公共服务平台高效运作，"消薄"工作全面完成。低收入农户高水平全面小康计划精准落地，收入增长14.5%。

基础设施日趋完善。启动县域国土空间规划编制和生态保护红线评估调整，国土空间规划管控进一步强化。金钟大桥连接线、交叶公路二期开工建设，景文高速、322国道、235国道溪口至澄照段等重大项目加快推进，金钟大桥顺利合龙。青景庆公路九龙至红星段项目前期进一步深化，大均至庆元段完成设计招标。温武吉铁路、通用机场前期工作顺利推进。加快高水平建设"四好农村路"，改造提升农村公路733千米，打通断头路4条，新建美丽渡口6个、农村物流服务点36个，农村班线客运中心站、澄照创业园客运站等项目顺利结顶，安保工程三年任务两年完成，城乡交通环境进一步改善，创成省级美丽经济交通走廊达标县。金村水库及供水工程有序推进。实施瓯江大花园绿道建设三年行动计划，完成江滨景观带等绿道建设89千米，鹤溪河环线绿道荣获首届"丽水最美绿道"。

(四)群众生活更具获得感。

社会保障更加健全。新增城镇就业3563人，开发公益性就业岗位66个，月失业金标准调高至1328元，同比增长10.7%，城镇失业率控制在1.7%以内。推行“企业下单、群众选单、政府买单”培训机制，完成专业职业技能培训2023人次。基本养老保险、医疗保险参保率分别达97.5%和99.4%。创成省级“无欠薪”县。发放城乡低保补助2778.75万元，惠及6207人。发放残疾人两项补贴2307万元。深化实施“脱贫保”和“防贫保”，帮扶困难群众969人次，发放补助资金297.2万元。发放“政银保”3.0版小额贴息贷款1933笔、1.4亿元。“焕新乐园”公益项目创成省级样板，启动“真情暖万家•关爱365”儿童关爱保护行动计划，进一步完善困境儿童保护机制。建成红星、英川、澄照、景南等4个示范型居家养老服务中心。8个乡镇建成公益性公墓。健全退役军人服务保障体系，建成烈士纪念馆，发放抚恤优待金830.58万元，创成省级“双拥”模范县。

社会事业不断进步。新增城市书房2个、特色书房5个，县图书馆获评省社会科学普及基地。文化服务进一步提升，在全市率先实现基本公共文化服务标准化。体育场复建有序推进，全国少年儿童国际跳棋棋王棋后赛、全省生态运动会、跑进大花园10K联赛等品牌赛事精彩纷呈。运动员吴巧珍斩获亚洲青年跆拳道锦标赛铜牌。坚持德智体美劳“五育”并举，全力办好畲乡人民满意教育。景宁中学一段上线138人，实现八连增，职业高中高考上线率99.7%，本科上线20人。开办第二高中，凤凰学校、鹤溪幼儿园投入使用，等级园比例达到96%。全面实行小学放学后校内托管，开展校外培训机构专项整治，规范校外培训机构管理。教育部部长莅景专题调研小规模学校办学经验，并给予充分肯定。深化医药卫生体制改革，推进健康景宁建设。成立县域医共体，不断提升基层医疗服务能力，基层医疗机构标准化率达100%。深化“双下沉、两提升”，创伤救治院士工作站落户景宁，高血压远程咨询中心正式揭牌。完成民族医院项目建设，搬迁工作有序开展。压实责任，强化全程管控，食品药品安全保障水平再提升。深化“放心消费在景宁”行动，创成放心消费示范单位219家。

社会环境和谐稳定。圆满完成系列重大活动平安护航，平安建设持续走在省市前列。启动“枫桥式公安派出所”创建，开展扫黑除恶攻坚年行动，累计打掉恶势力犯罪团伙10个。深化“四级融合、多元一体”社会综合治理，在全省率先出台县域社会治理操作规程，推动社会治理工作制度化、具体化、实用化。深化资源整合，推动治理契合，在全市率先启用县社会矛盾纠纷调处化解中心，推动矛盾纠纷调处化解“最多跑一地”。提升基层社会治理体系和治理能力，建成红星、渤海、梧桐等5个乡镇“平安综合体”。应急管理体系基本形成，在全省率先开展县级安全生产巡查。深化社会风险防范化解，保持社会和谐稳定。连续15年被命名为省“平安县”，夺得全省首批一星平安金鼎。国防动员、宗教、外侨、统计、档案、公积金、慈善、工会、红十字、移民等各项工作取得新成效。

(五)政府建设更具满意度。

法治政府建设持续深化。大力弘扬宪法精神,自觉维护宪法权威,严格落实宪法宣誓制度。健全依法行政制度体系,推进行政决策科学化、民主化、法治化,不断完善依法决策机制,全面推进法律顾问和公职律师制度,在全市率先实现党政机关法律顾问全覆盖。加大合法性审查和备案审查力度,进一步规范权力运行。严格规范公正文明执法,深化综合行政执法改革,深入落实行政执法“三项制度”,强化执法监督。认真实施“七五”普法规划,强化公共法律服务体系建设,增强全民法治意识,获评全省法治县创建先进单位。强化民营经济执法司法保护,成立全省首个涉企法律服务咨询平台,为民营企业发展提供法治保障。

实干政府建设加快推进。全面完成政府机构改革,推动机构职能优化协同高效。大力推进政府数字化转型,实现掌上办公、浙政钉系统(OA)全覆盖,网上办率、掌上办率实现100%,“双随机一公开”掌上执法全面铺开。扎实推进政府信息公开。严格落实基层减负要求,精简文件43%、会议30.36%,实现减负增效。实行目标“清单式”管理、进度“红绿表”跟进、问题“销号制”办结、结果“亮灯台”比晒的工作推进机制,政府“抓落实”工作体系持续完善。承办市人大代表建议11件,县党代表提议26件、县人大代表建议125件、县政协委员提案117件,办复率100%。

清廉政府建设继续加强。严格落实中央八项规定及实施细则精神、省委“36条办法”,坚决防止“四风”问题反弹回潮。认真落实政府系统党风廉政建设主体责任,压紧压实“一岗双责”,深入开展警示教育月活动,推进廉政风险防控体系更加健全。集中治理形式主义、官僚主义,大力整治不作为、慢作为、乱作为等问题。健全行政权力监督机制,构建政策跟踪、财政资金、经济责任三大审计平台,推进审计监督全覆盖。实施集中财力办大事财政政策,推进部门整体绩效预算改革,深化实施财政支出绩效评价,严格执行公款竞争性存放制度和公务接待管理规定,“三公”经费同比下降6.29%。支持纪检监察机关开展工作,扎实推进清廉政府建设。

各位代表,过去的一年,我们深入开展“不忘初心、牢记使命”主题教育,守初心、担使命,找差距、抓落实,锤炼忠诚干净担当的政治品格,信念更加坚定,干劲更加充足。我们凝神聚力大赶考,补短板、强弱项,争前列、创标杆,扛起发展和安全两件大事,经济加快发展,社会和谐稳定。我们克难攻坚抓项目,深谋划、强推进,重保障、优服务,干大项目,大干项目,完成项目总投资45.95亿元,“4+1”投资结构持续优化。我们扎实开展“三全三联三服务”,面对面、心连心,想实策、出硬招,解决了一批群众关切的关键小事,展现精神风貌,拉近干群关系,巩固了畲汉各族同胞一家亲的安定幸福局面。令人振奋鼓舞的是,在全国民族团结进步表彰大会上,习近平总书记亲自为景宁颁奖,景宁作为全国唯一的模范集体代表在大会上作了典型发言,历史性地走到了全国民族团结进步的最前列。成绩来之不易,我们十分珍视,这是在中共景宁畲族自治县委统揽全局、坚强领导下的结果,是在自治县人大、政协鼎力支持、有效监督下的结果，是在全县人民团结拼搏、不懈奋斗下的结果。在此，我代表县人民政府，向全体县人大代表、政协委员，向全县广大干部群众，向驻景部队官兵，向所有关心和支持景宁经济社会发展的朋友们，表示衷心的感谢并致以崇高的敬意！

各位代表，凡是过往，皆为序章，在看到成绩的同时，我们也清醒地认识到，经济总量处于全省末端，内生动力不强，政府工作仍面临诸多困难和挑战。主要表现在：产业支撑不强，发展质量不高，三产融合有待提升；一些民生项目推进速度较慢，交通基础历史欠账较多；创新观念不强，科技引领作用不足；城市功能有待完善，管理不够精细；农村人口外流，空心化得不到扭转；县域治理体系和治理能力现代化还有待深化；政府自身建设还需加强，一些干部不善担当、不敢担当，主动作为不够，服务意识不强。对此，我们将坚持问题导向，靶向发力，采取有效措施，切实加以解决。

二、2020 年工作总体要求和主要目标

2020 年是高水平全面建成小康社会和“十三五”规划收官之年，是实现“第一个百年”奋斗目标的冲刺之年。当前和今后一个时期，外部环境依然复杂严峻，经济面临下行压力，我国经济运行稳中有变、变中有忧，但稳中向好、长期向好的基本趋势没有变。我省聚焦聚力高质量发展、竞争力提升、现代化建设，经济社会发展再上新台阶，“两个高水平”建设取得新进展。我市以“丽水之干”创新实践“两山”理念，保持了较快速度的高质量绿色发展。综合研判形势，我们必须保持战略定力，坚定不移贯彻新发展理念，围绕两个坐标轴，牢牢守住民族和生态两大优势，持续用好跨山统筹、创新引领、问海借力三把“金钥匙”，奋力书写畲乡高质量绿色发展新篇章。

2020 年政府工作的总体要求是：以习近平新时代中国特色社会主义思想为指导，全面贯彻党的十九大和历次全会及中央、省委、市委经济工作会议精神，紧扣高水平全面建成小康社会目标任务，按照省委全面对标“努力成为新时代全面展示中国特色社会主义制度优越性的重要窗口”新目标新定位，坚持“八八战略”再深化、改革开放再出发，弘扬践行浙西南革命精神，坚持赶考突围、奋发赶超，坚持“聚力产业培育、决胜全面小康、创新县域治理”工作主基调，坚定两手抓、两手硬、两战赢，统筹推进新冠肺炎疫情防控和经济社会发展，扎实开展“三全三联三服务”，全面做好“六稳”工作，落实“六保”任务，全力抓好稳增长、促改革、调结构、惠民生、防风险、保稳定，保持经济运行在合理区间，确保高水平全面建成小康社会和“十三五”规划圆满收官，加快建设美丽幸福新景宁。

综合考虑各方面因素，建议今年全县经济社会发展主要预期目标为：地区生产总值力争增长 7.5%左右，一般公共预算收入增长 7.5%以上，固定资产投资增长 12%左右，社会消费品零售总额增长 9%，城乡常住居民人均可支配收入分别增长 8.5%左右和 10%左右，城镇登记失业率控制在 2.5%以内，节能减排完成省市下达的目标任务。

今年，新冠肺炎疫情突如其来，成为畲乡景宁应对风险挑战的一场大考。在县委的坚强领导下，全县上下众志成城、忠勇担当、共

克时艰，保持了经济社会的总体稳定，疫情防控阻击战和经济发展总体战取得了阶段性成效。畲乡干群展现出的不畏艰难、携手战疫、共渡难关的昂扬斗志，正成为厉行“丽水之干”、持续深化赶考的强大精神动力。不获全胜决不轻言成功，随着国外疫情加速蔓延，我们必须迎难而上、慎终如始、全力以赴，巩固疫情防控良好形势，面对错综复杂的国际环境，我们必须主动求变、科学应变、化危为机，坚持“两手都要硬、两战都要赢”，努力把疫情影响降到最低，全力实现疫情防控阻击战和经济社会发展目标任务的双胜利。要坚持问题导向、目标导向、结果导向，主动应对困难风险挑战，发扬斗争精神，增强斗争本领，坚定不移贯彻新发展理念，“稳”字当头，“进”字为要，以稳促进，以进固稳，聚焦聚力高质量竞争力现代化，全面开展“聚力赋能　增色提效”八百攻坚行动，切实提升人民群众获得感幸福感安全感。

一是聚焦聚力高质量，全力攻坚项目建设。牢牢扭住项目建设牛鼻子，优化项目结构，实行动态更新，坚持大干项目、干大项目，着力抓项目、扩投资，优化项目保障，健全推进机制，积极谋划一批、加快建设一批、早日完工一批，为经济高质量发展提供有力支撑。

二是聚焦聚力竞争力，倾力推动产业培育。始终坚持“市场有效、政府有为、企业有利、百姓受益”这一基本原则，搭平台、创品牌、招项目、壮主体、优政策、强服务，全力打造全域旅游第一战略支柱产业，奋力推进生态工业高质量发展，积极构建以景宁“600”为主导的现代农业体系，培育壮大总部经济、平台经济、超市经济、飞地经济，加快实现产业生态化、特色化、数字化、融合化、体系化。

三是聚焦聚力现代化，积极探索县域治理。把“最多跑一次”的理念方法作风运用到县域治理各方面，把数字化转型贯穿于政府工作各领域，在疫情防控中提升县域治理能力。立足县情实际，探索建立域内域外联动、城市乡村并进的治理格局，构建系统完备、科学规范、运行有效的制度体系，统筹推进系统治理、依法治理、综合治理、源头治理，争当全国民族地区县域治理现代化的排头兵。

四是聚焦聚力高水平，决战决胜全面小康。坚持“全面建成小康社会，一个都不能少”的理念，坚守“安暖和”民生情怀，坚决打赢三大攻坚战，全力开展对标补短，推进乡村振兴，扎实做好返贫人口和新发生贫困人口的监测和帮扶，注重普惠性、基础性、兜底性，做好关键时点、困难人群的基本生活保障，确保高水平全面建成小康社会，开启现代化建设新征程。

五是聚焦聚力新理念，奋力开拓开放融合。积极投身长三角一体化发展，深化山海协作，依托沿海发达地区的技术、品牌、人才和市场等优质资源，发挥比较优势，实现联动发展。积极探索民族地区城乡融合发展新路径，促进综合竞争力和转型升级成效提升。

三、2020年主要工作任务

根据上述要求和目标，2020年，我们必须着重抓好以下五个方面的主要工作：

（一）着眼统筹兼顾，确保疫情防控和经济社会发展实现两战赢。

全力抓好疫情防控。主动适应疫情防控

常态化新要求，把准疫情防控态势，积极研究新情况新问题，突出重点抓好精准防控，继续做好境外疫情输入防控，坚决防止疫情反弹，切实做好后半篇文章。加强疫情防控风险点研判，做好无症状感染者筛查管理，用好“一码一库一平台一指数”，强化精密型智控和网格化自控，坚持和完善“健康码+测体温”准入管理，切实守牢农村社区商区厂区等“小门”防线。全面准确摸排紧盯到人，平稳有序推进开学复课，实行错峰上放学，切实守牢校园关口。查找加固防控薄弱环节，加强公共卫生风险排查整治，完善公共卫生事件应急处置预案，进一步健全传染病疫情科学防控机制。

全力扩大有效投资。坚持“抢时间、补增量”，抢抓“窗口期”机遇，加快谋划“新基建”，力争一批重大项目列入省“2+6”项目清单，全力争取中央专项债、预算内资金。交通投资，生态环保、城市更新和水利设施投资，高新技术产业投资，民间项目投资均增长12%以上。确保达到正式签约阶段的省市县长备选项目不少于3个、落地2个以上。全年安排项目131个，其中亿元以上项目43个，年度计划投资51.56亿元。全力推进温武吉铁路、通用机场、青景庆公路、景宁二中、职业高中等70个项目前期。开工建设洞宫畲王寨旅游景区、千熙桥、县委党校迁建等83个项目。加快推进景文高速、322国道、金村水库及供水工程等48个项目建设。完成235国道溪口至澄照段、金钟大桥及连接线、体育场复建、城乡生活垃圾环卫一体化、惠明禅茶工坊等53个项目。全面启动电力生态“两网”建设工程。全力争取新增建设用地指标，消化转而未供土地26.67公顷，盘活存量建设用地18.67公顷。完善重点项目建设推进机制，实施重点项目“健康指数”管理。持续优化领导领衔负责、专人专班攻坚、重大项目破难争先“亮灯台”等工作机制，确保项目审批、推进“零障碍”。

全力扶企稳企兴企。持续深化“三服务”活动，贯彻执行全省民营企业发展促进条例，开展百家企业注力赋能行动，支持企业化危为机，做大做强。修订生态工业政策性文件，出台工业与信息化发展财政专项资金管理办法，优化政策服务体系。落实落细企业减负“十二条”及“服企助企·共克难关”十条意见等政策措施，做好“五减”工作，力争为企业减负2.75亿元以上。进一步加大困难企业帮扶纾困力度，全面落实领导干部联系企业制度，深化“一车一码一员”“一企一策一专班”服企机制，实现“滴灌式”精准帮扶。建立完善企业需求快速响应机制，切实解决企业难点、痛点、堵点。深入实施“融资畅通”工程，发挥政策性融资担保公司作用，破解企业融资难题。

（二）着眼内外兼修，力求发展动能实现再增强。

全面深化改革。扎实推进民族地区城乡融合发展国家级试点，持续深化“亩均论英雄”、“多规合一”、户籍制度配套政策、农村集体经营性建设用地入市交易、宅基地三权分置、“证照分离”等重点领域改革。推进县属国有企业市场化改革，全面构建“1+X”体系。深化机关内部“最多跑一次”改革，实现90%以上非涉密事项“一窗受理、一网通办”。全面实现群众、企业全生命周期“一件事”全流程“最多跑一次”，推出更多基于场景化模式的多业务协同“一件事”。深化企业、政府投资项目审批改革，全面应用投资项目在线平台3.0、“标准地”数字地图，推进惠企便民政策梳理上线，力争企业开办环节压缩至2个、注册登记时间压缩到1小时内。加快推进“最多跑一次”改革向景区、医院、商圈、绿道等公共场所延伸覆盖，实施8个点位提升。推动“最多跑一地”改革，努力实现矛盾纠纷“一地调解”“定纷止争”。

聚力开放发展。立足“山”的特色，借助“海”的优势，继续做大“朋友圈”，提升开放发展水平。依托上海龙头带动作用，进一步解放思想，提高工作本领，拓展对接渠道，开展百名干部入沪借力行动，形成全民、全员、全领域对接融入新格局。建立县领导牵头推进制度，健全驻沪联络处工作机制，启动干部入沪培训计划，充分借力大上海高端信息流、资金流、技术流，聚焦优质农产品、生态制造、养生养老、现代服务业等领域，全力推动一批合作项目落地。深入推动“五县联盟”打造，持续抓好“飞地”项目建设，提升园区合作层次，加快打造山海协作升级版。

狠抓招商引资。坚持招商引资“一号工程”，注重亩均效益，持续深化招大引强、选商引优。高标准落实优化营商环境十大行动，大力度推动信用体系建设，加快推进信用修复和联合惩戒工作，打造营商环境最优县。优化招商政策，整合招商力量，健全服务机制，发挥驻沪联络处“桥头堡”作用，不断深化驻点招商、产业招商、以企引企。充分借力知名事务所等平台资源，加强与世界500强、国内知名企业等对接联系。大力拓展新经济招商、总部经济招商新路径，全力打造新经济发展先行区、总部经济发展试验区。实行招商项目库动态更新。完善重大非工项目招商落地决策机制，搭建闭环工作体系，全年引进超亿元项目8个以上，实际利用内资增长20%以上。

（三）着眼提质扩面，力求生态产业实现再升级。

做精做亮生态服务业。围绕“古老风情的奇妙体验”形象定位，加快发展全域旅游第一战略支柱产业。建立健全县领导联系重点旅游企业和重点旅游项目制度，成立文旅投资集团，完善支持全域旅游发展政策体系。以更大力度抓好惠明禅茶文化产业园、那云·天空之城等一批全域旅游引领性项目，谋划推进金垟畲族风情康养旅游度假综合体、百鸟朝凤等项目。深入推进“百城千镇万村景区化”工程，建成A级景区村庄10个。以更实举措强化景区管理，提升“中国畲乡之窗”“云中大漈”两个AAAA级景区品质。全力推进畲乡古城业态培育，加快东弄畲家田园综合体投入运营，打造北游“古城”、南游“东弄”的景区城精品线路。深化农家乐民宿增量提质，打造主题突出、特色鲜明的“畲山居”品牌，建成2个农家乐民宿集聚区、3家精品民宿。成立畲乡小吃产品研发中心，做强“畲乡粉皮”等拳头产品，统一制作标准，强化技能培训，新建样板店、星级示范店12家。坚持跳出景宁看景宁，做深内涵挖掘，深化文旅、农旅、养旅、体旅、红旅融合，整合精品线路，丰富产品供给，强化宣传营销，在长三角等重点区域设立旅游市场联络处，深耕长三角、甬台温等客源地市场，用好全域旅游服务中心，强化旅游服务和监管，加快打造“中国畲族风情旅游目的地”。扎实推进服务业强县试点工作，推动县域发展核心带5G网络全覆盖，培育壮大电商产业，加快发展数字经济。大力发展来料加工，新增来料加工点10个，实现加工费1.6亿元。强化知识产权保护，争创省级知识产权示范县。深化农村金融改革，加快林权抵押贷款扩面增量，保持林权抵押贷款余额5.8亿元以上。

做大做强生态工业。紧扣“整合、转型、赋能、开放、改制”十字方针，积极融入全市“五大产业集群”，全面启动平台“二次创业”。围绕打造特色优势产业集群，突出抓好建链、补链、延链、强链工作。加快飞科电器丽景园产业基地项目建设，启动一期项目试生产。发挥宇海产业园产业集聚效应，努力形成产业链竞争优势。实现天明智能、首信电器以及宇海产业园二期6家企业开工建设，推进网营物联、一元电气等项目建设，实现华企正邦、百盛食品、江南花坞、华威教具等企业投产。力争企业上规5家，新增省级隐形冠军（培育）企业1家、“专精特新”企业30家以上。积极申报省级小微企业园，建设标准厂房2万平方米以上，整治“低散乱”企业10家以上，推动企业入园15家。抢抓数字经济发展机遇，出台科技新政，积极创建产业创新服务综合体，引导企业加大技术投入，提升产业竞争力。打好“四换三名”“两化融合”组合拳，新增上云企业40家，不断提高企业智能化水平。

做优做特生态农业。切实做好内涵挖掘、要素重组、强企富民“三篇文章”，走好生态农业高质量发展新路子。做好“海拔经济”、品质农业内涵挖掘，深入研究“景宁600”品质特点，总结提炼优质属性，不断健全准入机制，提升品牌认知度，建成示范乡镇3个、先行村12个。出台惠明茶产业发展条例实施细则。大力发展生态循环农业，新建茶园养羊、茭田养鸭等互利共生基地5个。优化政策体系，加快土地、资金、技术等资源要素重组，发挥产业农合联和科技特派员作用，新建提升“景宁600”生态示范基地667公顷，建成林下经济基地100公顷，硬化林区道路60千米，新增林地流转面积667公顷以上。强化融合创新、服务赋能，推动强企富民。加强新型农业主体培育，建成“景宁600”综合服务中心。推进药肥双控，对标欧盟标准，完成绿色食品认证67公顷。加快农产品仓储冷链设施建设，念好“山海经”，推进“飞柜”经济提质扩量，深化小农户对接大市场长效机制。严守耕地红线和粮食安全底线，建成高标准基本农田333.33公顷，提标改造粮食生产功能区200公顷。把牢“菜篮子”供给安全关，积极落实稳产保供措施，实现生猪稳定供应。

（四）着眼和美并进，力求城乡融合实现深一度。

继续建设品位县城。高标准推进城市品质提升“五个一”项目，推动城市有机更新，集中开展街巷环境整治，巩固景区城创建成果，建立健全长效运管机制，启动AAAA级景区城创建。在鹤溪老城，加快环城南路、敕木山路等项目前期，启动环城东路延伸工程等项目，加快实施包凤示范小区、金山垟畲族特色小区、城中村改造、老旧小区改造等项目，完成人民南路白改黑、浮丘路延伸工程，城市商业综合体投入运营。在外舍新区，加快推进千山桥、凤凰隧道、千侯崖景观工程等项目前期，启动外舍污水处理厂（二期）、城区供水管网延伸、团结小区等项目建设，继续实施山哈大剧院、翡翠湾、菖蒲湾道路网、外舍新区管网建设，完成外舍新区人防工程，王金垟幼儿园投入使用。在澄照副城，持续完善基础设施建设与管理，完成创业园二期基础设施项目，继续推进生态工业区片路网建设，建成澄照卫生院并投入使用。深入实施社区优化调整。加强城市网格化、精细化、智慧化管理，扎实开展治脏、治乱、治违、治堵专项行动，促进县城净化、序化、绿化、美化，切实提升县城品味。

大力推进乡村振兴。深化“千万工程”，加快“局部美”迈向“全域美”，争创省级新时代美丽乡村示范县。加强农村人居环境整治，统筹推进28个历史文化古村落、6个美丽宜居示范村、10个传统村落的保护和提升。积极推进“两进两回”，激发乡村发展活力，培育孵化农创客。完成东坑、渤海、大均、梧桐、毛垟、秋炉、鸬鹚等7个美丽城镇建设，推动小城镇高质量发展。加快大雁公路、交叶公路二期等项目建设，打通断头路4条，实施农村公路改造提升190千米，打赢高水平建设“四好农村路”三年行动收官战，“溪杉线”创成省级精品示范道路，“东童线”“交叶线”创成市级风景线。增强基层治理能力，倡导乡风文明，新建文化礼堂13个，实现公益性公墓乡镇全覆盖。开工建设水系连通及农村水系综合整治工程。完成47个行政村的农饮水达标提标工程，力争实现饮用水“城乡同质”。深入实施“大搬快聚”富民安居工程，加快搬迁安置。发展壮大村集体经济，巩固“消薄”成果。深化千万农民素质培训工程，加强本土特色人才培育，继续培训新型农民300人。决胜精准脱贫攻坚战，落实落细扶贫措施，低收入农户收入增长12%以上。

全面提升优质生态。全力推进百山祖国家公园创建，做好自然资源资产本底调查和确权登记、生态移民搬迁、小水电退出等工作，加快谋划“国家公园+”系列项目和产品，带动全域联动发展。决胜污染防治攻坚战，持续做好“五水共治”，深入实施“碧水行动”，巩固“河（湖）长制”，开展“污水零直排县”创建，确保全域断面水质达标率100%。启动英川港、毛垟港、标溪港等3个中小流域综合治理，继续实施小溪流域综合治理项目（一期）。打赢蓝天保卫战，深入实施三年行动计划，确保城区空气质量达到国家二级标准。完成餐厨垃圾处理中心建设，全面实施危废清零，保障土壤安全。深入推进全域土地整治与生态修复工程。坚持“凡土必绿”，高质量实施绿化造林1106.67公顷、美丽林相建设4166.67公顷，强化公益林（天然林）规范化管护，加快推进国有林场高质量发展，扎实做好森林防火和松材线虫病防控。深化山水林田湖草系统治理，争创国家生态文明建设示范县。

（五）着眼普惠高效，力求民生福祉实现新收获。

发挥特色打造风情景宁。坚定民族文化自信，巩固民族团结进步创建，铸牢中华民族共同体意识。强化文化活态保护，传承文化根脉，弘扬忠勇精神，加快打造畲族文化总部。加强传承队伍建设，完善非遗传承体系。挖掘弘扬马氏天仙、汤夫人、菇民戏等传统民俗文化。用足用好民族政策，整合资源，着力打造魅力畲寨。加快建设千年山哈宫，实施文化馆改造和畲族博物馆布展提升，完善民族文化展示平台。办好中国(浙江)畲族服饰设计展演、中国畲族民歌节、全国“民体杯”独竹漂邀请赛，组织参加全国少数民族文艺会演，创新举办“四季景宁”系列文化旅游节庆活动。优化文化发展体制，积极搭建文创平台，培育文创团队，全力推进文化文物单位文创产品开发试点工作，探索摄影、写生、影视、工艺品等文化产业新路子，力争文化产业增加值占GDP比重6.35%以上。丰富公共文化供给，加大文化惠民力度，做优“文化下乡”“文化走亲”“文化物流”等服务，建设24小时畲乡书房2个、畲乡特色书房5个。

夯实基础打造平安景宁。增强忧患意识，做到居安思危，聚焦金融、安全生产、社会治安、地质灾害、交通安全、公共卫生等方面的重大风险，打赢重大风险防范化解攻坚战。强化县级抓统筹、部门担主业、乡村强管理、全县一盘棋的治理格局，优化“四级融合、多元一体”社会治理模式，深化基层治理“四个平台”，纵深推进社会治理。加强县社会矛盾纠纷调处化解中心建设，完善群众诉求表达和矛盾纠纷调处化解机制。积极探索社会团体参与社会治理新机制，加快构建社会治理共同体。加强应急预案管理，健全应急预案体系，实施应急管理提升工程，探索“互联网+”管理模式，实现有人管、懂监管、能管好的目标。加快“枫桥式公安派出所”创建，开工建设鹤溪派出所、红星派出所和交警中队技术业务用房。抓打击、强攻坚、建机制，决胜扫黑除恶专项斗争。

多措并举打造幸福景宁。激发人才服务动力，精准对接需求，开展技能人才提升行动，新增就业950人以上。推进社保扩面，确保基本养老保险参保率稳定在97.5%以上、医疗保险参保率99%以上。加强低保低边人员动态管理，加大困难群众、残疾人等弱势群体的帮扶力度，实现应保尽保。全面落实“政银保”“脱贫保”“防贫保”，实现低收入农户全覆盖。深入实施“真情暖万家•关爱365”儿童关爱保护行动计划。推进老年医养综合服务中心建设。积极推进全国义务教育优质均衡县、省级“互联网+义务教育”示范区建设，启动第四轮学前教育三年行动计划，开展幼儿园放学后托管，实现有放学后刚性托管需求的幼儿园全覆盖，新增3岁以下婴幼儿照护服务机构1家。落实提质减负机制，大力推进素质教育。深入实施初中“壮腰工程”，积极探索“初高一体化”和“普职融通”办学体制。持续加强医保基金监管，加快推进医保支付方式改革，有序发展“互联网+医疗健康”服务。继续推进县域医共体建设，深化公立医院综合改革，提高县乡两级医疗服务能力。确保民族医院投入使用。与浙大一院共建医联体，加快打造健康景宁。实施食品安全放心工程，强化药品监管，争创省级放心消费示范县。推进千峡湖环湖绿道、大沙古道、云景公路骑行道等绿道项目，建成绿道157千米。坚持民生优先，用心用情办好省市县民生实事。继续抓好国防动员、宗教、外侨、统计、档案、地方志、公积金、慈善、工会、红十字、气象、通信、移民、质量强县等各项工作。

四、全面加强政府自身建设

牢固树立宗旨意识。以习近平新时代中国特色社会主义思想为指引，全面贯彻落实党的十九大和十九届四中全会精神，坚决贯彻党的基本理论、基本路线、基本方略，增强“四个意识”、坚定“四个自信”、做到“两个维护”，始终在政治立场、政治方向、政治原则、政治道路上同以习近平同志为核心的党中央保持高度一致。建立健全“不忘初心、牢记使命”主题教育长效机制，常态化制度化开展“两学一做”学习教育，始终做到信念过硬、政治过硬、责任过硬、能力过硬、作风过硬，为高水平全面建成小康社会，实现新时代党的历史使命不懈奋斗。

提升政府治理效能。全面实施“两强三提高”行动计划，强化政务督查，建立健全“抓落实”的工作机制，形成比学赶超、奋勇争先的干事创业氛围。推进涵盖政务服务全流程的政务公开标准化规范化工作，做到凡应公开的全部公开。履行好立法工作职责。深化政府数字化转型，大力推进“浙里办”“浙政钉”功能集成优化，提升“互联网+”政务服务监管成效，拓展深化经济调节、市场监管、公共服务、社会治理、生态环境保护等领域数字化应用，推进线上可办、线上好办，着力打造网上办公、掌上办公之县。

始终坚持依法依规。大力推进放管服改革，不断提高行政效能和服务水平。严格落实重大行政决策公众参与、专家论证、风险评估、合法性审查、集体讨论决定等法定程序。强化行政规范性文件合法性审核。自觉接受人大依法监督、政协民主监督和审计监督、舆论监督，广泛听取意见建议，抓好人大代表建议和政协委员提案办理。大力推动综合行政执法体制改革，加大执法能力建设。全面落实行政执法责任制，坚决整治不公正不文明执法现象。

时刻保持清正廉洁。持之以恒落实全面从严治党主体责任，落实中央八项规定精神，集中整治形式主义、官僚主义问题，深化拓展整治群众身边的腐败和作风问题，巩固发展反腐败斗争压倒性胜利。严格按照清廉畲乡的要求，坚持“严”字主基调，强化廉政风险防控，加强重点领域和关键岗位监督，抓好审计问题整改，进一步提高审计监督效能。倡俭戒奢，节用裕民，坚决取消不必要支出，压减一般性支出。积极营造政治生态的“绿水青山”，建设忠诚干净担当政府。各位代表，民族团结的花朵绽放新的光彩，畲乡发展的步伐踏上新的征程。让我们更加紧密地团结在以习近平同志为核心的党中央周围，在县委的坚强领导下，在县人大、县政协的监督支持下，以敢为人先的闯劲，以咬定青山的韧劲，以闯关夺隘的干劲，以争创一流的拼劲，志不求易、事不避难，只争朝夕、不负韶华，努力成为民族地区展示中国特色社会主义制度优越性的重要窗口，为加快建设“诗画畲乡·和美景宁”，谱写高质量绿色发展新篇章，决胜高水平全面建成小康社会而不懈奋斗！

名词解释

1. **综合柜员制**：以数字化为依托，以完善的内部控制制度和较高的人员素质为基础，按照“分段操作、分工运作、相互制衡”的原则，变“多口分散受理”为“一口通收通办”，打破地域和机构限制，打通数据壁垒，打造集市县乡一体、域外域内一体、线上线下一体的人力社保集成服务模式。

2. **幸福河**：习近平总书记在黄河流域生态保护和高质量发展座谈会上首次向全国发出了“建设幸福河”的号召，浙江省委提出了“大力推进‘幸福河’建设”的要求。幸福河是“美丽河湖”升级版，是新时代浙江治水的新目标，幸福河涵盖了平安、健康、宜居、富民四个层次的内容。

3. **真情暖万家·关爱365**：在全面深化“福彩暖万家·焕新乐园”公益项目的基础上，围绕保障留守儿童和困境儿童的“安全、健康、教育”三个重点，汇聚六方面力量，落实五项举措，为孩子们创造物质满足、心灵富足、幸福无忧的童年。让少年儿童在“爱的陪护”下立志读书、读书励志，快乐健康成长。

4. **枫桥式公安派出所**：公安部决定命名的先进公安派出所。旨在深入贯彻落实习近平总书记关于“把‘枫桥经验’坚持好、发展好，把党的群众路线坚持好、贯彻好”的重要指示精神，大力发展新时代“枫桥经验”，忠实践行人民公安为人民的初心使命，创造安全稳定的政治社会环境。

5. **行政执法“三项制度”**：行政执法公示制度、执法全过程记录制度、重大执法决定法制审核制度。

6. **双随机一公开**：在监管过程中随机抽取检查对象，随机选派执法检查人员，抽查情况及查处结果及时向社会公开。

7. **一码一库一平台一指数**：浙江省严防境外疫情输入推出的“组合拳”，“一码”即健康码，“一库”即重点人员和联系人数据库，“一平台”即海外侨胞回国健康信息预申报平台，“一指数”即精密智控指数。

8. **省“2+6”项目清单**：抢抓窗口期争取国家支持重大项目清单、抢抓实物量提速推进重点项目清单；中央预算内投资项目清单、专项债券项目清单、企业债发行项目清单、重大产业项目清单、数字浙江基础设施建设项目清单、央企合作重大项目清单。

9. **重点项目“健康指数”**：判断招引项目、重大前期项目推进是否顺利的评价体系，涵盖规划、选址地类、审批程序、风险评估、政策导向、资金保障等11项评价指标，将目标项目纳入体系中逐项比对，即可判断出该项目是否健康成熟。

10. 电力生态“两网”建设工程：城乡一体的高可靠城市电网和简洁高效的农村电网，旨在构建适应民族地区城乡融合发展的能源保障体系、生态产品价值实现的支撑体系和服务体系。

11. 五减：减税、减费、减租、减息、减支。

12. 一车一码一员：丽水市助力企业复工复产推出的服务机制，“一车”即助企直通车，“一码”即惠企一码通，“一员”即驻企服务员。

13. 一企一策一专班：景宁畲族自治县助企发展的长效工作机制，即一家企业对应一个定制政策套餐和一个政府服务专班。

14. 城市品质提升“五个一”建设项目：一个商业综合体、一条文化街区、一条高品质步行街、一家五星级酒店、一个未来社区。

15. 两进两回：科技进乡村、资金进乡村，青年回农村、乡贤回农村。

景宁畲族自治县人大常委会工作报告

——在景宁畲族自治县第九届人民代表大会第四次会议上

景宁畲族自治县人大常委会主任　严轶华

（2020年4月27日）

过去一年主要工作回顾

2019年是新中国成立70周年，地方人大设立常委会40周年，自治县设立35周年。县人大常委会高举习近平新时代中国特色社会主义思想伟大旗帜，按照上级人大工作要求和县委决策部署，紧紧围绕“依法履职、为民尽责、务实高效、走在前列”总目标，以“志不求易、事不避难，实干担当、提质增效”为主基调，认真履行宪法法律赋予的职责，为打开“两山”新通道，富民兴县再赶超，加快建设美丽幸福新景宁作出了积极的贡献。

一年来，在认真做好日常工作的基础上，召开常委会会议12次、党组会议33次、主任会议19次，听取审议专项工作报告22项，作出决议决定7项，任免国家机关工作人员55人次，圆满完成县九届人大三次会议确定的各项目标任务。

一、坚持党的领导，坚定制度自信，推动人大制度完善发展

人民代表大会制度作为国家根本政治制度，承载着中国共产党的初心和使命。常委会始终坚持党的领导、人民当家作主和依法治国有机统一，坚定人民代表大会制度自信，不断推动制度完善发展。

把党的领导贯穿人大工作全过程。全面贯彻落实中央和各级党委的重要会议文件精神，通过法定程序把党的主张转化为全县人民的共同意志和自觉行动。坚持重大事项及时向县委请示报告，确保常委会工作在县委领导下开展。根据县委筹备召开人大工作会议的部署要求，协助做好督查调研、沟通协调、文件起草等工作。县委人大工作会议和出台的《关于高水平推进新时代人大工作和建设的意见》，明确了我县人大工作继续走在前列的方向、重点、任务和举措，充分体现了县委对人大工作的高度重视，为人大工作提供了重要指导，注入了强大动力。第一时间召开党组会议和乡镇（街道）人大工作例会，及时研究分解任务责任，推动会议精神落地落实。

以新思想引领新时代人大工作。认真贯彻落实习近平总书记对地方人大及其常委会工作的重要指示精神，进一步增强政治定力，强化政治担当，精心组织地方人大设立常委会40周年座谈会、知识竞赛等系列纪念活动，充分展示人大制度的巨大优越性和强大生命力。扎实开展“不忘初心、牢记使命”主题教育，进一步把思想和行动统一到习近平新时代中国特色社会主义思想和党的十九大精神上来，做到思想上高度统一、政治上清醒坚定、行动上坚决有力。结合“三服务”活动，深入开展蹲点调研，推动企业、基层和群众反映的56个问题得到有效解决。同时，主题教育专题民主生活会得到市委巡回指导组“开展批评很真诚也很有‘辣味’，是一次高质量的民主生活会”的充分肯定。

依法任免监督国家机关工作人员。坚持党管干部和依法任免的有机统一，确保党组织推荐的人选经过法定程序成为国家机关工作人员。做好任前法律知识考试、任职表态发言、颁发任命书和宪法宣誓等工作，并推动“一府一委两院”及政府部门落实宪法宣誓制度。在深入相关部门和乡镇(街道)全面调研、广泛听取意见的基础上，依法对22位县政府组成部门局长进行年度履职满意度测评，进一步督促领导干部依法行政，提高国家机关运转效率。

积极主动服务全县中心工作。按照县委的工作部署，千方百计攻坚克难，有效协调解决那云•天空之城政策处理等相关难题，推进项目顺利建设。精心服务企业，为健康企业保驾护航，帮困难企业纾困解难，进一步强化风险化解和依法处置工作。全面完成城南棚户区(城中村)改造及人民南路延伸工程，为城南区块发展奠定基础。继续稳步推进城市综合体工程后续工作，积极做好九届县委巡察、主题教育巡回指导、高等级景区城创建以及联系乡镇、村(社区)、企业的帮扶指导等工作。

二、坚持依法立法，强化执法检查，推动社会治理效能提升

法治是治国理政的基本方式，是国家治理体系和治理能力的重要依托。常委会牢固树立法治思维，弘扬法治精神，提高立法质效，发挥执法检查的“法律巡视”利剑作用，把制度优势更好转化为社会治理效能。

高效推进法规制定修改工作。立良法保善治，为高质量绿色发展和社会治理提供优质法律制度供给，是新时代人大工作的重要着力点。完善立法工作机制。制定《自治法规起草小组“双组长”制度实施办法》《立法评估办法》，进一步合理配置立法资源，促进法规起草务实高效。根据栗战书委员长提出的“五个立法”新理念新部署新要求，及时调整完善项目库。全面完成《促进惠明茶产业发展条例》制定实施。条例于2019年5月31日经省人大常委会批准，8月1日起正式施行，使“百年金奖、千年惠明”景宁绿色农业主导产业可持续发展有了法治保障。扎实有序推进《自治条例》修改。对《自治条例》修改涉及的11个重大问题专题调查研究后，及时提请县立法领导小组研究解决。启动《荣誉市民授予规定》起草和《水资源管理条例》修改工作。

扎实开展法律实施检查工作。执法检查是推动法律法规有效实施，推进法治国家建设的重要抓手。开展《浙江省社会养老服务促进条例》执法检查，推动县政府完成“老年医养综合服务中心”建设项目选址立项和社区嵌入式养老服务发展等工作，进一步促进社会养老服务事业健康发展。开展《浙江省学前教育条例》执法检查，推动县政府制定学前教育城乡发展一体化措施，完善县城幼儿园建设布局，进一步促进学前教育高质量发展。制定《关于加强检察建议工作的规定》，保障检察机关发挥法律监督职能作用，促进相关单位严格执法和公正司法。

全面做好规范性文件备案审查工作。规范性文件备案审查是保证宪法法律有效实施和法制统一的重要制度。坚持主动审查和被动审查相结合，促进规范性文件备案审查工作规范化、制度化。共备案审查规范性文件93件，切实维护法制统一。认真受理、转办人民群众来信来访56件次，加强综合分析，及时督办解决，推动人民群众依法理性表达诉求，维护人民群众合法权益。

三、坚持问题导向，依法履职尽责，推动监督实效不断增强

围绕中心、服务大局，是开展人大工作的基本原则。常委会紧紧围绕县委的决策部署、全县改革发展稳定的重大问题、人民群众关切的难点问题，精选监督议题，综合运用监督手段，不断增强监督实效。

聚焦经济社会发展。牢固树立和自觉践行高质量绿色发展理念，推进经济社会持续健康发展，为加快建设美丽幸福新景宁奠定坚实的经济基础。依法监督计划和预算执行、财政决算、审计查出问题整改等工作，作出《关于批准2019年地方政府债务限额和预算调整的决议》等决议决定，推动审计发现的“预算执行监管不到位”等六方面37个问题得到有效整改。把准民营企业发展“症结”，推动民营经济高质量发展。针对民营企业发展存在的“融资渠道有限，融资贵问题突出”等四方面问题，推动县政府加快组建政策性融资担保公司，破解民营企业融资难融资贵问题。协助县委制定《关于建立县人民政府向县人大常委会报告国有资产管理情况制度的意见》，进一步完善监管制度，提高国有资产使用效率。

聚焦民生福祉改善。坚持以人民为中心的发展思想，围绕民生事业履行职责，回应人民群众关切，不断增进民生福祉。听取和审议农村饮用水安全工作情况报告，推动县政府加快农村饮用水达标提标工程建设，使我县农村饮用水水质抽查达标率从全市排名落后提升到全市前列，有效保障人民群众饮水安全。听取和审议“健康景宁”工作情况报告，推动县政府加快《健康景宁2030行动纲要》实施和医共体建设，加强健康服务人才培养，培育升级健康产业，不断满足人民群众日益增长的健康需求。听取和审议残疾人保障工作情况报告，督促县政府切实解决存在的问题和不足，进一步维护残疾人的合法权益和发展残疾人事业。听取和审议少数民族群众增收的调研报告，提出“扶持举措上管总，完善少数民族群众增收的农业产业扶持体系；补助措施上扶小，健全少数民族小农户农业项目扶持政策；增收项目上抓主，精准推进民族群众增收主导产业的发展”等建议意见，转交县政府研究落实。加强民生实事项目督办工作，成立项目监督小组并进行实地视察，监督推动116件县乡民生实事项目顺利实施。同时以“多谋民生之利，多解民生之忧”为工作导向，积极主动督导2020年民生实事项目征集初定工作，为代表票决奠定基础。

聚焦环境优化改善。紧扣“诗画畲乡·和美景宁”县域定位，督促县政府着力优化社会环境，进一步顺应人民群众对美好生活的向往。关注出行环境改善，推动“四好农村路”高质量发展。通过听取和审议专项报告及实地视察，推动张山岙至张村公路部分路段政策处理不到位、溪口至大赤坑路段施工进展缓慢、县城至大均未开通公交专线等问题得到有效解决，进一步改善人民群众出行。关注生活环境优化，推动小城镇环境综合整治成效巩固提升。结合专项审计报告，听取和审议小城镇环境综合整治完成情况报告，推动县政府加快建立小城镇环境综合整治长效机制，巩固提升整治成效，进一步促进生活环境改善和乡村振兴。关注社会环境提升，推动扫黑除恶斗争取得实效。听取和审议公检法司等机关专项报告，推动制定刑事案件质量标准等规定，建立健全资源共享、配合密切的工作机制，加大对黑恶犯罪打击力度，进一步维护人民群众的生命财产安全和社会和谐稳定。

聚焦持续跟踪问效。综合运用专项调研、听取和审议报告、满意度测评等监督手段，推动县政府采取“完善易地搬迁政策，加快建设特色安置小区；补齐基础设施短板，推进城中村融合发展”等系列举措，落实畲族自然村发展、毛竹产业培育等报告的审议意见，有效推动监督成果转化落实。

四、坚持优化服务，完善保障机制，推动代表作用有效发挥

代表是人大的主体，代表工作是人大工作的希望所在、潜力所在、根本所在。常委会正确把握“代表机关”职能定位，不断拓展代表工作的广度和深度，以更加完善的工作机制，充分发挥代表主体作用，做到民有所呼、我有所应。

抓紧抓实代表履职服务。深入走访联系50多位基层一线的市县人大代表，帮助解决80多个履职活动和生产生活中的实际困难，进一步服务保障代表依法履职。常态化邀请代表列席常委会会议、参加调研视察等活动，不断拓宽代表知情知政渠道。组织147位县乡（镇）人大代表参加第三期履职能力培训班，实现县乡人大代表培训全覆盖。依法接受17位县人大代表辞去代表职务和补选22位县人大代表，并做好资格审查等工作。首次表彰15位优秀县人大代表，进一步激发代表履职的积极性。继续做好在景省市人大代表的学习培训、视察调研等保障工作。

丰富闭会期间代表活动。指导21个代表联络站开展规范化创建工作，经市人大考评，红星等10个联络站被评为规范化联络站，大均等4个联络站被评为示范联络站，推进联络站运行更加规范，开展工作更具活力。出台《关于人大代表参与乡镇（街道）民事纠纷协商工作的实施意见》等制度，总结完善以民生实事代表票决、民事纠纷代表协商、乡风民情代表恳谈为抓手的“三民工作”，得到省人大常委会主要领导“这是更好发挥代表作用，加强乡镇（街道）人大工作创新实践”的批示肯定，并在《浙江人大信息》宣传推广。

提升代表建议办理质效。优化代表建议和审议报告发言意见的提出、交办、承办、督办等工作机制，进一步促进办理工作更加规范、更富成效。县九届人大三次会议期间代表提出的125件建议和177条审议报告发言意见全部答复完毕，满意率分别为93.5%和96.8%。如代表提出的《关于要求加快推进“景宁600”发展的建议》，推进相关部门加快开发“景宁600”产品，实现年销售额5.8亿元。同时，表彰8件优秀代表建议和5个建议办理先进单位，不断增强代表履职的使命感和建议承办单位的责任感。

指导乡镇（街道）人大工作。进一步落实常委会领导班子成员分片联系乡镇（街道）人大，举办全县人大常委会主任（主席）学习会和乡镇（街道）人大工作例会，坚持邀请乡镇（街道）人大主席（主任）列席常委会会议和有关调研视察活动，从工作程序、制度建设、职责履行等方面加强指导，及时帮助解决存在的突出问题。同时，制定《关于建立街道居民议事会议制度的意见（试行）》《街道工作委员会工作规则（试行）》，配齐配强人大街道工委委员，推进工作规范化、常态化开展。

五、坚持能力提升，夯实履职基础，推动人大工作与时俱进

打铁还需自身硬。常委会主动适应新时代人大工作要求，以提高履职能力、增强工作实效为重点，不断夯实履职基础，推动人大工作与时俱进、创新发展。

持续加强党的建设。坚持加强理论学习，站稳政治立场，自觉在思想上政治上行动上同以习近平同志为核心的党中央保持高度一致。以党的政治建设为统领，压紧压实管党治党主体责任，持之以恒落实中央八项规定精神和省市县相关规定，驰而不息纠“四风”、正作风，推动全面从严治党向纵深发展。强化常委会党组在人大工作中把方向、管大局、保落实作用，及时研究解决常委会及机关建设中的重大事项。成立机关党组和机关党总支，完成党支部换届，不断健全完善领导体制和工作机制。

稳步提升履职能力。积极组织机关干部参加省市人大和组织部门举办的业务知识、综合能力培训班，打造敢于担当、求真务实、严格自律的人大队伍，不断提升履职能力。制定《进一步提高县人大常委会会议审议质量的办法》，科学确定监督议题，规范审议意见的提出和督办，进一步提升监督实效。精心编印四期《景宁人大》，在全国、省、市新闻媒体和刊物上发表宣传信息230余篇，荣获省市人大宣传信息工作成绩突出单位的称号，宣传信息工作持续走在前列。

不断扩大景宁影响力。加强与静安、鄞州、海盐、上虞、宁海、温岭等县（市、区）人大对接联系，助推山海协作和长三角一体化发展战略实施。充分发挥全国部分少数民族自治县（旗）人大工作联席会常务理事主要成员单位作用，积极向全国人大民委汇报对接，促成联席会活动内容列入全国人大民委年度工作计划。全面总结梳理联席会运行存在的问题和不足，提出有效解决的举措和办法，并在第20和21次联席会上作人大工作经验交流发言，得到全国人大民委领导和联席会成员单位的高度肯定，不断扩大和提升景宁在全国120个民族自治县（旗）中的影响力和知名度。认真做好50多批次省市和全国兄弟县（市、区）人大莅景调研考察服务保障工作，互相学习借鉴先进经验和做法，推动人大制度完善发展和人大工作与时俱进。

各位代表，一年来，常委会各项工作取得的成绩，是县委正确领导的结果，是常委会组成人员和全体代表共同努力的结果，是县人民政府、县政协、县监察委员会、县人民法院、县人民检察院及相关单位支持配合的结果，离不开全县人民、乡镇(街道)以及社会各方面的大力支持。在此，我谨代表县人大常委会，表示衷心的感谢！

在看到成绩的同时，我们也清醒认识到存在的问题和不足，主要是：自治法规制定与加强法规宣传、监督法规实施同步推进的力度有待加大，精准监督和有效监督有待进一步加强，讨论决定重大事项常态化机制还不够健全，上下级人大之间沟通联系机制还需完善。我们要高度重视，切实研究解决。

2020 年的主要工作

2020 年，是我县与全省同步高水平全面建成小康社会和“十三五”规划的收官之年，既是决胜年，又是攻坚年，也是为现代化长远打基础的关键之年。站在“两个一百年”奋斗目标的交汇点上，做好特殊重要年份的人大工作，使命光荣，意义深远。县人大常委会工作总体要求是：高举习近平新时代中国特色社会主义思想伟大旗帜，深入学习贯彻习近平总书记关于坚持和完善人民代表大会制度的重要思想，以全面贯彻落实中央和省委、市委、县委人大工作会议精神为主基调，以新要求、新作为、新举措、新突破、新合力、新提升为工作目标，更加注重坚持和完善人民代表大会制度，更加注重宪法法律的实施，更加注重监督方式方法的优化与实效的提升，更加注重代表主体作用的发挥，更加注重“两个机关”建设，为高水平推进县域治理体系和治理能力现代化，与全省同步实现“两个高水平”提供法治保障。

全面建成小康社会，是我们党向人民、向历史作出的庄严承诺。紧扣与全省同步实现高水平全面建成小康社会的目标任务依法履职，是今年县人大及其常委会围绕中心、服务大局的重中之重。助力与全省同步全面建成小康社会和县域治理现代化，必须着力彰显人大制度优势，依托国家根本政治制度在景宁的生动实践，支持和保证人民行使国家权力；必须着力发挥人大职能作用，依法全面有效履行法定职权，提高各项工作法治化水平；必须着力维护代表主体地位，切实发挥代表主体作用，强化治理现代化的民意支撑；必须着力夯实人大工作基础，丰富民主形式，维护社会稳定。

岁末年初，面对突如其来的新冠肺炎疫情，在县委的坚强领导和统一指挥下，县人大常委会党组闻令而动，1 月 27 日成立疫情防控工作领导小组并发出通知，要求县乡人大全面落实党中央、国务院和省委、市委、县委各项决策部署，认真学习宣传贯彻省市人大新冠肺炎防控工作的决定，依法及时对 38 份新冠肺炎疫情防控规范性文件进行备案审查。认真督导鹤溪街道 14 个网格疫情防控工作，安排 195 班 417 人次做好商业网格疫情防控工作，协调解决疫情防控中遇到的困难和问题。编写15期工作简报，宣传报道代表和群众参与疫情防控等工作，营造人人支持参与疫情防控的浓厚氛围。听取政府疫情防控和复工复产专题报告，开展相关工作调研督导，为推进疫情防控和经济社会发展贡献人大的智慧和力量。1000多位各级人大代表充分发挥行业优势、职业优势、资源优势，自觉投身战“疫”一线，勇于担当作为，积极献计献策，践行“人民选我当代表，我当代表为人民”的庄严承诺，展现无私无畏、履职为民的形象风采，为全面打赢疫情防控人民战争、阻击战、总体战作出了积极努力。全县人大要继续按照“两手硬、两战赢”目标要求，围绕中心，服务大局，依法履职，为民尽责，助力实现全年经济社会发展目标任务。重点做好以下工作：

一要在坚持党对人大工作领导上把握新要求。人民代表大会制度是坚持党的领导、人民当家作主、依法治国有机统一的根本政治制度，是支撑国家治理体系和治理能力现代化的根本政治制度。要深刻领会习近平总书记关于坚持和完善人民代表大会制度的重要思想，深入学习贯彻中央和省委、市委、县委人大工作会议文件精神，不断推动人大制度和人大工作与时俱进、完善发展。进一步健全向县委请示报告制度，加强常委会党组、机关各级党组织及党员干部队伍建设，充分发挥党组织战斗堡垒和党员先锋模范作用，切实增强“四个意识”、坚定“四个自信”、做到“两个维护”，确保中央和省委、市委、县委决策部署在人大及其常委会得到全面贯彻落实。

二要在发挥立法引领推动作用上展现新作为。法律是治国之重器，良法是善治之前提。认真贯彻落实栗战书委员长提出的“五个立法”新理念新部署新要求，进一步强化“五个坚持”工作举措，推动县政府及相关部门履行好立法工作各环节工作职责，构建党委领导、人大主导、政府依托、各方参与的立法工作格局，不断完善法规立项、调研、起草、论证、审议、评估等相关工作机制，切实提高立法质量，努力使每一项立法都符合宪法精神、反映人民意愿、得到人民拥护。高质量完成《自治条例》《水资源管理条例》修改和《荣誉市民授予规定》起草工作，提请县九届人大五次会议审议。深化规范性文件备案审查工作，切实维护国家法制统一。配合省市人大做好立法调研和法规草案征求意见工作。

三要在增强监督的刚性和实效上谋求新举措。坚持正确监督、有效监督，用好用实人大监督职权，切实把制度优势转化为治理效能。在依法做好计划、预算、决算、审计查出问题整改和国有资产管理等法定监督工作的基础上，以“盯住法”“管好钱”“把牢图”为重点，进一步增强监督的刚性和实效。围绕推动经济高质量发展，听取和审议关于数字经济发展情况报告，推进数字经济“一号工程”深入实施。开展重点区块小微企业专项整治、促进转型升级专题询问，进一步增强我县经济发展活力。监督“十三五”规划纲要执行情况和“十四五”规划纲要、国土空间总体规划编制工作。围绕高水平推进县域治理现代化，开展深化“最多跑一次改革”、推动矛盾纠纷调处“最多跑一地”专项监督，提高社会治理法治化、智能化、专业化水平。全面贯彻落实习近平总书记在浙江考察时的重要讲话精神，统筹助推疫情防控和经济社会发展，为景宁成为全国民族自治地方新时代全面展示中国特色社会主义制度优越性的重要窗口贡献人大力量、展现人大担当。围绕法律法规有效实施，听取和审议“七五”普法决议贯彻实施情况报告，继续推动“一府一委两院”落实宪法宣誓制度。开展公共文化服务保障法律法规执法检查，不断满足群众日益增长的文化需求。开展大气污染防治法律法规执法检查，进一步推进大气污染治理，巩固蓝天保卫战成果。开展宗教事务法律法规执法检查，进一步建立健全宗教工作管理长效机制，提高宗教工作法治化水平，切实维护我县宗教领域和谐稳定。开展动物防疫法律法规执法检查，进一步推动动物防疫检疫和畜产品安全工作。围绕人民群众关注的民生事业，开展水库移民后期扶持政策落实情况专项监督，进一步促进移民群众增收致富。开展民族团结进步创建工作监督，进一步助推民族融合发展。开展民族医院搬迁、县域医共体和体育中心建设监督，进一步加快民生事业项目建设步伐。开展野生动物保护专项监督，进一步保护野生动物，维护生物多样性和生态平衡，推进生态文明建设。围绕任命干部依法履职工作，开展政府组成部门局长和员额检察官履职评议，进一步促进“一府一委两院”依法行政、公正司法。围绕持续跟踪监督问效，跟踪监督“健康景宁”、农村饮用水安全、小城镇环境综合整治、扫黑除恶、偏远民族群众大搬快聚等工作报告审议意见落实情况，进一步提升审议意见办理实效。

四要在科学民主依法决策上取得新突破。讨论决定重大事项是宪法法律赋予人大的一项重要职权，是推动解决重点难点问题的重要方式。认真贯彻落实县委《关于建立提请人大及其常委会讨论决定重大事项清单制度的意见(试行)》，进一步转变工作理念，对经济社会亟需和人民群众高度关注的事项，在立法条件不具备时，发挥决议决定“短平快”优势，及时作出决议决定，争取使该项工作成为我县人大工作的新亮点。继续推动民生实事项目代表票决制工作，监督落实乡镇民族发展专项资金优先保障代表票决的民生实事项目。

五要在密切代表和群众的联系上凝聚新合力。人民代表大会制度之所以具有强大生命力和显著优越性，关键在于它深深植根于人民之中。全面完成所有代表联络站规范化创建工作，在县城建立联络总站，安排县领导干部的人大代表和政府组成部门局长进联络站接待群众，进一步提升联络站运行实效。在继续加强代表建议督办工作的基础上，探索建立常委会各工委督办对口联系部门办理代表建议意见工作，进一步提高建议意见办理实效。进一步深入总结完善民生实事代表票决、民事纠纷代表协商、乡风民情代表恳谈为抓手的“三民工作”，助推县域治理体系和治理能力现代化。

六要在加强履职能力和服务水平建设上实现新提升。推进新时代人大工作高质量高水平发展，关键是要提高依法履职的能力和水平。坚持党对人大工作的全面领导，把纪律和规矩挺在前面，进一步营造风清气正、干净干事的良好政治生态和工作氛围。通过举办人大常委会（主席团）主任（主席）学习会和培训班等载体，做到政治理论和业务知识学习往心里走、往深里走、往实里走。以正视问题的勇气和刀刃向内的自觉，不断推进“不忘初心、牢记使命”主题教育检视问题整改落实，巩固和深化主题教育成果，进一步健全完善人大守初心担使命长效机制。认真贯彻全省人大宣传工作会议精神，用足用好《景宁人大》、融媒体等宣传阵地，进一步宣传好人大制度和讲好人大故事。继续加强对乡镇（街道）人大工作的指导，提升人大工作整体水平。持续发挥全国部分少数民族自治县（旗）人大工作联席会常务理事主要成员单位作用，加强与全国人大民委的汇报对接，进一步促进民族之间交流交往交融。探索与静安、鄞州、宁海、海盐、上虞、温岭等县（市、区）人大建立协作机制，助推山海协作和长三角一体化发展战略实施。按照县委的决策部署，继续做好那云•天空之城、携企服企振企、城南棚户区(城中村)改造及人民南路延伸工程、联系乡镇、村（社区）、企业等中心工作。

各位代表，坚持和完善中国特色社会主义制度，人大肩负着重大使命；推进治理体系和治理能力现代化，人大承担着重要职责。让我们更加紧密地团结在以习近平同志为核心的党中央周围，在县委的坚强领导下，以永不懈怠的精神状态、舍我其谁的使命担当、建功有我的心胸格局，志不求易、事不避难，为景宁成为全国民族自治地方新时代全面展示中国特色社会主义制度优越性的重要窗口，与全省同步高水平全面建成小康社会，加快建设美丽幸福新景宁作出更大的贡献！

中国人民政治协商会议
第九届景宁畲族自治县委员会常务委员会工作报告

——在政协第九届景宁畲族自治县委员会第四次会议上

政协景宁畲族自治县委员会主席　张　峰

（2020 年 4 月 26）

2019 年以来工作回顾

2019 年，是人民政协发展史上具有里程碑意义的一年。中共中央首次召开政协工作会议，总书记习近平发表重要讲话，省、市、县委相继召开政协工作会议，出台关于新时代加强和改进人民政协工作的文件，为新时代人民政协定性赋能、指明方向，开辟了人民政协事业发展的新境界。一年来，常委会在中共景宁畲族自治县委的坚强领导下，认真学习贯彻中共十九大和十九届二中、三中、四中全会精神，坚决贯彻县委决策部署，以“不忘初心、牢记使命”主题教育和“树立人民政协新样子”专题讨论为抓手，主动投身创新实干大赶考，积极参与疫情防控和复工复产，为推动景宁高质量绿色发展作出了积极贡献。

一年以来，我们以党建引领为“主轴”，思想政治基础不断巩固，展现了新时代忠诚政协的新样子。

常委会始终把坚持中国共产党的领导作为履职保证，自觉以党的大政方针和省、市、县委决策部署统一思想，确保人民政协事业沿着正确方向前进。

（一）在真学真悟中坚定政治方向。坚持旗帜鲜明讲政治，综合运用党组会议、主席会议、常委会会议等专题学习制度，专委活动、界别活动、支部党员活动等学习平台，深入学习贯彻习近平新时代中国特色社会主义思想特别是习近平总书记关于加强和改进人民政协工作的重要思想，深入学习党中央和省、市、县委政协工作会议精神。坚持在学习中研讨交流、撰写体会，做到学思用贯通、知信行统一，不断增强“四个意识”、坚定“四个自信”、做到“两个维护”，增进政治认同、思想认同、理论认同、道路认同，始终在思想上政治上行动上同以习近平同志为核心的党中央保持高度一致，确保政协工作始终坚定正确的政治方向。

（二）在主题教育中加强党性修养。按照“守初心、担使命，找差距、抓落实”的总要求，高站位、高标准、高质量推进“不忘初心、牢记使命”主题教育。坚持把“学习教育、调查研究、检视问题、整改落实”贯穿主题教育全过程，聚焦主题主线主旨，读原著、学原文、悟原理，认真对照党章党规开展8个专题研讨，讲好专题党课。坚持把主题教育同服务改革发展稳定各项任务结合起来、同提升政协履职能力现代化水平结合起来、同弘扬践行“浙西南革命精神”结合起来，积极投身“走乡入村三服务”“三全三联大走访”等活动，共走访基层154人次，现场解决问题68个，办好事干实事58件，有效助推村集体经济消薄和后进村整顿转化。高质量召开专题民主生活会，制定问题清单，扎实推进整改，确保主题教育增强党性、改进作风、推动工作。

（三）在党的建设中强化政治引领。主动把政协工作置于县委的坚强领导之下，坚持重要工作主动向县委报告、重点事项及时请示原则，坚持与县委、县政府共同制定年度协商计划机制，坚持提请县委、县政府领导领办重点提案制度。加强新时代人民政协党的建设，认真落实全面从严治党主体责任，着力发挥政协党组把方向、管大局、保落实作用，切实把全面从严治党要求落实到政协工作全过程。健全党的组织体系，及时成立机关党组、机关党总支，分设2个党支部，积极探索建立党员委员联系党外委员制度，努力实现“两个全覆盖”，全面提高政协党建工作质量和水平。

一年以来，我们以服务发展为“主线”，协商议政成效更加明显，体现了新时代有为政协的新担当。

常委会紧紧围绕打开“两山”新通道，富民兴县再赶超工作主线，坚持把调查研究、协商议政、民主监督融为一体，用好“请你来协商”平台，努力发挥专门协商机构作用，助力党政增强决策科学性和施政有效性。

（一）聚焦发展重点，双向发力实实在在。围绕经济高质量绿色发展，精心选题，深入调研、平等协商、汇智献策。聚焦“绿水青山就是金山银山”理念，借助“请你来协商”平台，邀请陈重书记、钟海燕县长就“惠明茶产业发展”课题，与茶企代表、各界人士展开面对面的深度交流，促成了惠明茶再成“国礼”、荣耀澳门回归、广告闪亮登上长江三角洲6万辆出租车等“组合拳”的落实。聚焦“景宁人经济转换为景宁经济”热点，就“小超市转型升级”课题，深入3个省5个市，走访30多家企业，总结各地经验做法，创新运用“浙政钉”远程在线协商模式，与县委、县政府展开充分协商，推动了小超市发展基金筹集、小超市发展促进会筹备等工作。聚焦“新型工业园区”建设，根据陈重书记点题，针对“破解农民创业园用工难”课题，展开深入而具体的探讨协商，达成广泛共识，相关意见建议被县政府采纳后专门出台含金量十足的政策，吸引大量在外务工人员回乡就业。聚焦“畲乡小吃产业化发展”课题，邀请行业代表在“请你来协商”专题协商会上畅所欲言，深入协商交流，为畲乡粉皮荣获“浙江十大农家特色小吃”贡献了民间智慧，做法荣登《中国食品报》和“学习强国”平台。同时，主席会议成员当好“带头人”，引领广大委员和机关干部投身一线，积极参与惠明禅茶文化产业园筹建、“云上天池”景区前期、景区城创建、“畲乡小吃”产业提升，以及主题教育巡回指导、景文高速政策处理、畲乡特色小镇建设等全县重点工作，为助推经济社会高质量发展贡献政协力量。

（二）聚焦发展难点，建言有力真真切切。深入贯彻党的十九届四中全会精神，抓住社会治理领域重要问题资政建言。着眼民主监督重点领域，常委会首次专题听取县纪委（监委）、县人民法院、县人民检察院年度工作情况通报，努力为委员知情明政和建言献策创造条件、搭建平台；支持12名政协委员担任公、检、法、司等部门单位的民主监督员，先后参与案件旁听8次、开展专题监督6次；创新出台《关于新时代下进一步加强对检察机关法律监督工作的民主监督意见》，强化对检察机关的民主监督工作，助力提高社会治理现代化水平。着眼参与社会治理，延伸履职触角，积极引导鼓励各地委员参与"域外网格"治理工作，共同为破解在外景宁人管理难问题献计出力。着眼回应群众利益诉求，针对群众反映较强烈的"城区公共停车设施效能提升"问题，利用"请你来协商"平台，与县委、县政府及相关部门坦诚交流，共探解决措施。着眼扫黑除恶、社会风险防范化解等社会各界普遍关心、关注的热点难点问题，组织委员与职能部门互动交流，达成广泛共识，助力"法治畲乡""清廉畲乡""平安景宁"建设。

（三）聚焦改革热点，献计出力兢兢业业。紧跟"改革开放再出发"战略部署，围绕我县重大改革政策出台和实施献计出力。紧扣跨山统筹，打造云景特色风情聚落区的重要部署，以"云景古道建设"为切入点，搭建云和、景宁两地政协跨区域"请你来协商"平台，在推动两县民间交流交往、共促特色文化发展等方面发声发力。紧扣创新引领，加快新旧动能转换的战略思维，组织委员围绕"推动美丽环境向美丽经济价值转换""抢抓机遇发展平台经济""助推民营经济高质量发展""搭乘数字经济快车为畲乡发展注入新动能""小县大教•学在畲乡""建设国家公园促进乡村振兴"等课题，深入调研，通过专题协商、大会发言等提出前瞻性意见建议。紧扣问海借力，推动长三角一体化的重大决策，主动发挥政协联系广泛的渠道优势，积极协助我县企业对接上海静安寺，促成佛教百寺基金投资的惠明禅茶产业园项目落地，做好我县与上海静安区开展战略合作的服务工作。紧扣"最多跑一次"改革，完善"民情速递"窗口运行机制，全年收集各类社情民意260余条，现场解决50余件，成功打造我省政协系统"最多跑一次"改革景宁样板，经验做法在全省政协主席读书会交流，得到省、市政协领导充分肯定和社会各界好评。

一年以来，我们以汇聚力量为"主导"，团结民主氛围日益浓厚，呈现了新时代和谐政协的新气象。

常委会坚持团结民主两大主题，搭建平台载体，延伸工作手臂，拓展履职触角，用心用情做好民族团结进步工作，更好地凝聚人心共识、汇聚智慧力量。

（一）致力团结进步，为活力畲乡凝心聚力。重视发挥人民团体、无党派代表人士和新社会阶层人士的作用，积极为他们参与协商议政创造条件。加强与民主党派的沟通联络，支持县级民主促进会开展各类党派活动。密切关注全县民族宗教事业发展，主动走访慰问民族宗教界人士，努力促进民族团结、宗教和睦。成功创办“景宁畲乡政协委员会客厅”，开展“让民族乡村畲味更浓”专题议事、“话文明素养提升 促景区城创建”廊桥议事、民族团结进步大家谈等活动，积极影响有影响力的人，不断扩大朋友圈。其中，廊桥议事获《人民日报》刊登图文报道点赞。

（二）致力出彩政协，为魅力畲乡增色添彩。注重政协宣传工作，积极挖掘提炼亮点，全年通过中央、省、市级媒体进行了168次宣传报道，多维度丰富政协履职，多角度宣传推介景宁。成功举办“弘扬践行浙西南革命精神，树立新时代人民政协新样子”主题朗诵比赛、积极参与“我和我的祖国”庆祝新中国成立70周年合唱比赛、带领省市县三级政协委员开展弘扬践行浙西南革命精神活动，宣传人民政协在发挥职能作用方面的成就。积极组织委员撰写“树立新时代人民政协新样子”笔谈和金点子，多篇稿件并相继在《联谊报》和浙江政协同心苑公众号上刊登。

（三）致力深耕文化，为自信畲乡助力喝彩。严格把关按时保质完成“浙江文化印记”和“浙江文化金名片”征集工作，主动配合省政协编撰《70年·70人》文史图书，全力配合市政协完成《丽水教育印记》《丽水卫生印记》出版。积极选送书画作品参加丽水市政协系统第十三次书画作品联展活动，充分发挥了县政协诗书画摄之友社的优势作用。与《中国国家地理》杂志合作编辑出版《风物中国志·景宁》，在新华书店、当当网、中国图书网等主流书籍类网店同步销售，作为礼品在世界丽水人大会上赠送贵宾，成为我县入住各大宾馆酒店游客的“必读之书”，纳入景宁中学乡土教材，有效宣传推介景宁。

一年以来，我们以民生改善为“主题”，履职为民情怀更加饱满，彰显了新时代为民政协的新情怀。

常委会坚持将增进民生福祉作为履职出发点和落脚点，积极当好改善民生“好帮手”，协助党委政府把民生德政工程抓实抓好，不断走深走实群众路线，履职为民富有成效。

（一）认准问题紧盯不放，抓实成果转化。继续将开展民主监督工作作为政协解决民生热点难点问题的有效着力点。结合省市县政协三级联动民主监督活动、专委活动、界别活动及委员工作站活动等形式，组织发动广大委员深入乡镇、社区开展城乡生活垃圾分类处理、物业管理等专项民主监督活动，取得较好反响。继续以市政协创新推出的主题式民主监督为样板，组织委员围绕“乡村振兴”“大搬块聚”“四个平台建设”等主题开展民主监督，活动参与267人次，提出建议23条，供县委、县政府决策参考，有效助推党政中心工作开展。把提案作为政协倾听群众呼声、关心百姓疾苦、反映民众诉求的主渠道，鼓励和引导委员多写事关民生的提案、多提利于民生的建议。全年提案115件，其中民生类57件，占总数的50%。继续开展提案办理双向民主评议、提案办理回头看工作，确保提案“提”“办”双方共同提升，助力提案工作更好关注民意、贴近民情、服务民生。

（二）发现问题深挖严思，精准传导民意。为更好发挥政协社情民意信息“直通车”作用，尽最大努力去呼吁、去帮助群众解决烦心事。积极畅通反映渠道，发动政协各参加单位、党派团体及界别委员踊跃反映社情民意。注重将政协提案、调研报告、视察活动中发现的建议和意见转化为社情民意，收到了良好效果。全年撰写社情民意信息179篇，向省市政协报送信息21期，其中多篇信息得到省市政协的录用和转报；编发《社情反映》32期，其中7篇获县委、县政府领导批示，及时交由相关部门办理，助推了一系列群众关心关注的热点难点问题得以解决。

（三）关切问题用心服务，真情扶贫解困。进一步增强履职为民理念，坚持把维护人民群众的根本利益作为工作的出发点和落脚点。围绕基层治理、医疗、教育、交通、养老等课题开展专题视察8个，形成视察报告6篇、社情民意信息13篇，多条意见建议转化为相关部门的工作措施。争取市政协到东坑开展“五下乡”活动，发动专委会、团体界别和政协诗书画摄之友社利用节假日开展送文化书籍、诗词对联、暖心物资等活动，用心服务基层群众。实施“千名委员帮扶计划”活动，组织政协委员和机关干部为困难群众捐资赠物，其中政协机关干部为工作联系村捐款7700元，以实际行动展现人民政协新样子、新担当、新作为。

一年以来，我们以从严要求为“主调”，自身建设水平有效提升，展示了新时代严实政协的新风貌。

常委会主动适应新形势新任务新要求，大力推进委员履职能力现代化建设，着力提高政治把握能力、调查研究能力、联系群众能力、合作共事能力。

（一）委员履职能力进一步提升。继续推进委员“高端培训”，组织常委、委员及机关干部赴深圳大学开展履职能力提升培训，致力打造“懂政协、会协商、善议政，守纪律、讲规矩、重品行”的队伍。加强委员履职监督考核管理，完善《委员履职考评办法》等制度，实行委员履职量化考核管理，对履职低分的委员及时通报警示，切实增强履职的责任感和使命感。结合委员履职“五个一”活动，制定“履职赶考清单”，引导委员比学赶超，全年累计开展活动51场，参与委员约500人次。

（二）委站基础作用进一步发挥。高度重视专门委员会、委员工作站建设，主动发挥其作为联系委员重要纽带和载体作用。增强专委会力量，由原来的6个专委会增设为8个，有效缓解了“基础薄弱”问题，有效激发专门委员会履职热情。各专委会结合自身特点开展专委活动70余次、对口协商20余次、提案办理协商30余次。其中经济委围绕“百日攻坚”行动落实，及时组织委员就我县项目投资建设情况开展专题调研，助推项目攻坚克难。突出界别优势，全年结合各界别委员专业特色开展了形式多样的履职活动，其中农业界委员在界别活动中积极助推乡村振兴，努力为华润集团投资1.5亿元的梧桐乡太阳能光伏项目牵线搭桥。建强委员工作站，把乡镇委员工作站作为政协联系基层的重要阵地，配齐配优工作站力量，指导其独立开展工作。

（三）机关作风建设进一步深化。扎实开展“新时代人民政协的新样子”专题讨论活动，紧扣省政协“五个如何”要求，认真组织开展“六个一”活动，进一步锤炼了过硬的履职本领和工作作风。严格贯彻中央八项规定，落实“基层减负年”要求，精简会议、文件和简报，厉行勤俭节约，机关工作作风持续好转，服务委员、服务基层、服务社会的意识和能力进一步提高。深入贯彻全面从严治党新要求，积极落实党风廉政主体责任制，支持县纪委派驻机关纪检组监督执纪。支持工会开展集体活动，关心关爱离退休老同志的身心健康。

大“疫”面前见担当,危难时刻显本色。年初，面对突如其来的新冠肺炎疫情,县政协坚决贯彻落实县委疫情防控各项决策部署,扛起红星街道网格防疫巡察督导和卡点支援工作，第一时间向全体委员发出倡议书，引领全体委员和机关干部团结一心、迎难而上，踊跃投身疫情防控、物资捐赠、后勤保障、复工复产等工作中。据不完全统计，委员们通过个人捐款、商会发动、企业筹资等途径捐款达49余万元，捐赠口罩3000多只，防护眼罩100多个；政协机关33名专委主任、副主任全部下沉网格支援卡点，办公室同志坚守岗位做好巡察督导服务和后勤保障工作，编发《每日疫情》15期，防疫前期采购一次性手套2000余双、口罩400余只，及温度计、消毒液若干；政协党组班子和主席会议成员坐镇统筹指挥、一线巡察督导，共召开各类网格疫情防控大小会议48个，巡察督导网格160余人次，走访指导企业24家(次)，助力企业一手抓疫情防控，一手抓复工复产，为“两手硬两战赢”贡献政协智慧和力量。

各位委员，成绩来之不易，经验弥足珍贵。这些成绩的取得，是县委坚强领导、精心指导的结果，是县人大、县政府和社会各界鼎力支持、热情帮助的结果，也是全体政协委员精诚协作、共同努力的结果。在此，我代表县政协常委会，向关心、支持政协工作的各级领导和社会各界人士，表示衷心的感谢！向辛勤奋战在各条战线，为人民政协事业无私奉献的广大政协委员，致以崇高的敬意!

在肯定成绩的同时，我们也清醒地认识到工作中存在的问题和不足，主要表现为：协商民主的机制有待进一步完善；团结联谊功能有待进一步提升；委员主体作用有待进一步发挥等。对此，常委会将高度重视并在今后工作中认真研究，加以改进。

2020年工作建议

2020年是全面建成小康社会和“十三五”规划的收官之年，是实现高质量绿色发展的关键之年，也是贯彻落实中央、省委、市委、县委政协工作会议精神的深化之年，做好全年工作意义重大。新冠肺炎疫情对经济社会发展带来的影响不可避免，但越是发展的艰难时期越要发扬畲乡铁军“志不求易、事不避难”精神，进一步坚定向前信心、鼓足发展干劲、迈出坚实步伐。新一年县政协常委会工作总体要求是：以习近平新时代中国特色社会主义思想为指导，深入贯彻落实习近平总书记在视察浙江时的重要讲话和对景宁工作的重要指示精神，按照县委的决策部署，围绕“聚力产业培育、决胜全面小康、创新县域治理”主基调，“志不求易、事不避难”创新实干大赶考，在建言资政和凝聚共识上双向发力，积极推进县域治理现代化，助力打好疫情防控阻击战和经济社会发展总体战，更好发挥专门协商机构的作用，奋力干出新时代人民政协的新样子，推动我县政协工作再上新台阶。

围绕上述工作思路和目标，突出做好五个方面工作。

一、坚持政治引领，在思想建设上促深化。要始终牢记政协是一个政治机关、政治共同体，坚持把加强政治建设摆在首位，旗帜鲜明讲政治，坚定不移走中国特色社会主义发展道路，始终在政治立场、政治方向、政治原则、政治道路上同以习近平同志为核心的党中央保持高度一致。要持续强化理论武装，把学习习近平新时代中国特色社会主义思想作为重中之重，持续深入学习贯彻党的十九届四中全会和中央、省委、市委、县委政协工作会议精神，以最鲜明的政治立场、最自觉的责任担当、最扎实的工作措施，推动习近平总书记重要讲话精神在景宁政协落地见效，以实际行动体现和落实增强“四个意识”、坚定“四个自信”、做到“两个维护”，切实促进“四个认同”，夯实团结奋斗的共同思想基础，确保政协工作沿着正确的政治方向前进。

二、坚持服务中心，在议政建言上多作为。聚焦县域治理现代化这一主线，以“聚力赋能、增色提效”八百攻坚行动为抓手。围绕“十四五”规划编制、乡村振兴战略实施、全域旅游发展、数字经济发展、生态产品价值实现机制探索、民族地区城乡融合发展试点县建设等经济社会发展重大问题，找准角度和切口，筛选精品课题，开展协商议政活动，形成一批具有新视角、新思路的意见建议，为县委、县政府科学决策当好参谋助手。围绕畲族文化传承弘扬、“景宁600”做大做强、人民医院“三融合两中心”打造提升、留守儿童健康成长和教育创新发展等民生课题，着力开展调查研究、咨政建言，力促提出更加符合客观实际、更加符合群众意愿、更有操作性的对策建议。围绕景区城创建后续管理、公共文化场馆建设、工业园区建设、融入长三角接轨大上海等热点课题，通过专题视察调研、反映社情民意等方式，积极发声发力。

三、坚持开拓创新，在履职尽责上求实效。要充分发挥人民政协专门协商机构作用，深化“请你来协商”平台建设。打造智慧协商平台。丰富微信公众号内容，在政协App上开通“微建言”，推动网络议政活动更加广泛多层、更加灵活多样。打造政协监督品牌。持续优化“民情速递”窗口常态化机制，健全落实领导领办重点提案制度，鼓励支持委员受邀担任部门监督员，促使县政协的协商式监督更加精准有效。尝试建立智库平台。由专委会牵头，根据委员职业特点和专业特长，分门别类建立富有界别特色和专业特色的应用型智库，为高质量资政建言提供智力支撑。深化多级政协联动。结合市政协计划开展的生态产品价值实现机制、金融支持乡村振兴、社会事业跨山统筹等方面课题，积极参与省市政协开展的重大课题协同调研、联动协商活动，努力使更多反映景宁的建议被采纳。

四、坚持团结联谊，在凝心聚力上下功夫。着力发挥统一战线组织功能，坚持以共同的事业感召人、以广泛的协商团结人、以紧密的联系凝聚人。拓展“景宁畲乡政协委员会客厅”外延，密切与非公经济人士、新的社会阶层人士联系交流，加强同少数民族、宗教界代表人士和港澳台侨各界人士的联系，求同存异、聚同化异，做团结的黏合剂、界别的连心桥，把更多有志之士、有识之士和新生力量团结凝聚在县委周围。进一步加强与上级政协、外地政协的沟通联系、联谊交往，讲好景宁故事，唱响畲乡好声音，努力为我县赶超发展营造良好的外部环境。进一步加大文史资料的编撰力度，把畲乡的文化瑰宝传承下去，以文化人、以史资政，提升文化自信，蓄积经济社会发展的精神动力。

五、坚持严格标准，在能力素质上抓提升。 以党的政治建设统领政协工作，充分发挥政协党组作用，贯彻落实中办《关于加强新时代人民政协党的建设工作的若干意见》和省市县《实施意见》精神，全面落实管党治党政治责任，以党的建设新成效带动政协自身建设取得新进展。加强专委会、界别和委员队伍建设，落实“懂政协、会协商、善议政”和“守纪律、讲规矩、重品行”的要求，强化委员责任担当，为政协高效履职提供坚实保障。健全完善权责清晰、程序规范、关系顺畅、运行有效的制度体系，不断提升机关服务能力和水平。认真贯彻执行中央八项规定精神，持续纠正“四风”，从严从实树“新风”，努力营造政协廉洁从政、干事创业的良好政治生态环境。

各位委员，新思想引领新时代，新使命开启新征程。让我们更加紧密地团结在以习近平同志为核心的党中央周围，高举习近平新时代中国特色社会主义思想伟大旗帜，在中共景宁畲族自治县委坚强领导下，不忘初心、砥砺前行，凝心聚力、开拓奋进，为高水平推进县域治理现代化、推动高质量绿色发展、冲刺高水平全面建成小康社会，加快建设美丽幸福新景宁而团结奋斗！

专　辑

新冠肺炎疫情防控

【概况】 面对突如其来的新型冠状病毒肺炎疫情，中共景宁畲族自治县委县政府以打大战、打恶战、打硬战的标准来落实防控要求，召开县委常委会（扩大）会议5次，县委、县政府主要领导召集指挥部工作例会17次，专题研究部署防控工作。下发相关文件47个、通告14个，制定标准化防控流程，建立信息数据日报告、每日分析研判会商等机制，防控工作赢得主动。

疫情就是命令、防控就是责任。2020年1月21日，景宁畲族自治县成立以县长钟海燕为组长的新冠肺炎疫情防控工作领导小组。同月23日，启动突发公共卫生事件一级响应，24日启用草鱼塘森林公园集中医学观察隔离点。同月27日，建立完善联防联控体系，组建由市委常委、县委书记陈重，县委副书记、县长钟海燕任“双组长”，各有关副县领导任副组长，各相关部门和21个乡镇（街道）主要负责人为成员的新冠肺炎疫情防控指挥部。全县3800余名机关企事业单位党员干部和2300余名农村（社区）党员干部冲锋在前，构筑起强大战斗堡垒，有效遏制新冠肺炎疫情在景宁蔓延。

2月2日起，全面实施网格化硬管控。对人员流动实施“一律不准进”“一律不准出”要求。依托全县310个全科网格，通过实行“网格化+大数据”排查，全县小区（城中村）设卡口67个，严格执行小区（城中村）管理“十禁止”（禁止人员无特殊情况外出；禁止未佩戴口罩外出；禁止小区外人员进入；禁止小区外车辆入内；禁止所有的外卖、快递进入小区；禁止小区集体活动；禁止小区内人员闲逛；禁止在小区内遛宠物；禁止小区内串门、访友、聚餐；禁止瞒报、漏报、迟报疫情信息；禁止垃圾乱扔）。县域边界、高速、国道设卡口6个，采用交通数据采集系统，实现入境人员信息即时应用、统计分析和预测预警。开展全方位防控宣传，真正做到不留死角、不留盲区、见底穷尽，筑牢“战疫”防线。

2月14日，景宁畲族自治县制定出台重点项目、工业企业、农业企业、建筑企业等五大领域开复工审批指导意见，助推企业安全稳定复工复产。同月19日起，根据省、市部署撤除县际公路防疫检查点，恢复开放高速公路出入口，为复工复产和市民出行创造良好条件。同月27日，为全面贯彻浙江省委办公厅、省卫生健康委关于深化“三服务”活动，推进“两手抓”确保“两战赢”的工作要求，县卫生健康局第一时间成立“三服务”活动助力企业复工复产疫情防控专项行动领导小组，县卫生健康局党委书记、局长任组长。从县卫生健康局机关、疾病预防控制中心、卫生监督所、妇幼保健计划生育服务中心、医疗卫生服务中心、健康促进和爱国卫生服务中心、县域医共体鹤溪院区等单位抽调党员干部和业务骨干62人，组成“疫情防控助企指导组”+1名“省级驻企健康指导员”队伍。共现场指导企业135家，入企服务813人次，发放宣传资料4272份，培训员工3648人次，指导率100%。

同月，抽调60名专业技术骨干，开展驻校助学健康指导服务，复学工作全面开启。组建4支驻校助学健康指导服务队伍和4支巡回指导服务队伍，与41家学校（幼儿园）建立“定人定点”联系机制；组建2支公共卫生疫情应急处置小分队，指导学校制定应急预案。累计驻校指导293次，巡回指导190次，发放宣传资料11355份，培训学校师生11220人次。

在县“两会”期间，成立“两会”疫情防控和医疗保障工作领导小组，全面负责“两会”疫情防控和医疗保障工作，领导小组下设疫情防控现场指挥部（以下简称现场指挥部），由徐瑛任指挥长，吴卫忠、蓝建忠任副指挥长。现场指挥部设综合协调、现场管理和医疗保障、疫情防控、应急处置、物资保障、监督检查等6个工作小组。负责“两会”参会人员疫情防控和医疗保障工作，实行全程驻会和24小时应急值班制度，全力保障景宁县“两会”胜利闭幕。

3月2日，景宁疫情防控调整为突发公共卫生事件二级响应。国内疫情得到有效控制，疫情防控工作重点转为“外防输入、内防反弹”，草鱼塘森林公园隔离点继续承担景宁籍入境人员集中医学观察任务。3月20日，按照丽水市统筹，启用景宁欣和华侨大酒店、景宁天元大酒店集中医学观察点，承担青田华侨入境人员333人的集中医学观察任务，至4月9日结束医学观察。3月22日，景宁疫情防控调整为突发公共卫生事件三级响应，全县进入新冠肺炎疫情常态化管控。4月8日，设立景宁东方酒店综合服务点，开展“应检尽检”服务，对境外入境人员到景宁第一时间进行新冠病毒核酸检测。6月23日，成立冷链食品“物防”工作专班。对重点场所、重点环节、重点人群等进行常规监测。8月18日起，县疫情防控指挥部综合协调组抽调5人实行集中办公、实体化运行，会同卫健、统战、公安、市场监管、大数据等部门，履行常态化疫情防控工作协调、疫情研判、政策研究、方案制定、督导考核、工作指导等职能，并协调落实秋冬季疫情防控举措。建立健全秋冬季新冠肺炎疫情防控保障机制，指挥部各专班后备人员所在单位通过落实非必须不出省或专班后备人员AB岗制度等措施，一旦启动应急响应，根据响应级别和工作要求，相关后备人员立即转入指挥部相应工作专班，专职履行战时疫情防控职责。

2020年，建立健全秋冬季新冠肺炎疫情

防控方案预案，制定印发《景宁畲族自治县秋冬季新冠肺炎疫情防控工作方案》《景宁畲族自治县秋冬季新冠肺炎疫情防控应急预案》《景宁畲族自治县秋冬季新冠肺炎疫情防控监测预警方案》《景宁县畲族自治县大规模人群新冠病毒核酸筛查工作方案》《景宁畲族自治县2020年秋冬季新冠肺炎疫情防控宣传工作方案》《景宁畲族自治县开展爱国卫生运动助力秋冬季疫情防控专项行动实施方案》等政策性文件，同时转发上级重要指令性政策性文件30余个，为疫情防控构建良好的制度保障。

实行秋冬季新冠肺炎疫情防控工作例会制度，指挥部定期召开疫情研判分析会，多次召集大数据发展中心、公安局、宣传部、市场监管局、经济商务科技局、卫生健康局、人民医院、疾控中心等部门单位，协同解决省、市下发的大数据核查排查、境外新娘非法入境、后备医院建设、发热门诊改建、冷链食品监测、大规模核酸检测、多部门综合演练等实际问题。副县长马盈定期听取汇报、实地调研、召集县疫情防控常态化工作专班会议，研究协调推进秋冬季疫情防控工作。

10月22日，召开秋冬季疫情防控工作部署推进会。县长钟海燕亲自部署，要求各单位部门要坚持问题导向、目标导向，进一步深化秋冬季疫情防控各项工作措施落细落实，为当好浙江建设“重要窗口”模范生提供坚强健康保障。

全县设综合服务点1个(东方酒店15间)，隔离点3个(草鱼塘森林公园25间、欣华华侨大酒店85间，畲乡鸿宾大酒店100间)，后备隔离点1个(白云尖度假山庄27间)。先后抽调124名医护人员赴隔离点开展防控工作。隔离点配备3个梯队工作人员共45人。每梯队15人，分别由公安4人、机关事务保障中心3人、防疫1人、消杀1人、医疗组6人组成。配备流行病学调查联动小组65人，流调协查53人。社区(村)配备消毒人员476人，心理危机干预队人员14人，社区(村)防控队伍人员813人，闭环转运服务队人员12人。

确定景宁畲族自治县人民医院为新冠肺炎定点医院，共设隔离病房床位32张，重症监护床位28张。明确县人民医院老院区为后备医院，共设床位数100张。做好方舱医院建设，选址老年人活动中心的气排球场为方舱医院，面积约为1800平方米(不计附属用房)，预设床位100张。同时，将县体育馆列为后备方舱医院后备点(在建，预计2021年1月完成)，预设床位90张。全县共建设2个洗消站，严格落实闭环转运，建立发热病人就诊全流程管控机制，组建县级、基层以及可疑新冠肺炎人员救治的3个闭环转运服务队，配备6辆转运车，专、兼职工作人员12人。

全县具备新型冠状病毒核酸检测资质的机构2家，分别为县疾病预防控制中心和县人民医院实验室。全县共有核酸检测PCR仪3台，在10:1混采检测的情况下，2天检测量能满足县域常住人口全覆盖。持有核酸检测上岗证人员26人，核酸检测采样人员318人。全县按照每2.8万人次/日核酸检测任务匹配100名采样人员，每个社区、行政村可在1—2天内完成全员采样。

2020年，派出援鄂医护人员2名、援疆医护人员2名。全年，景宁发现并确诊新型冠状病毒肺炎病例2例(其中:本地1例,归属杭州市桐庐县1例),无症状感染者2例(均为青田籍华侨),无医务人员感染,无二代病例发生。处置新冠肺炎疫情防控可疑(包括确诊疫情)事件7起。全年,对上级函告及县人民医院、乡镇报告的可疑病例展开流行病学调查,累计开展流行病学调查219人。全年,集中隔离469人,居家硬隔离5080人;重点人群核酸检测24576人次,环境检测850份,食品检测250份。2020年10月16日起,开展重点人群新冠肺炎疫苗应急接种工作,至年底共接种1955针剂,其中第一针已接种1116人。根据市防控办文件要求,制定印发《景宁畲族自治县关于做好新冠肺炎疫苗接种对象摸排工作的通知》,扩大新冠疫苗接种重点人群摸排对象范围,排摸上报接种对象2767人。全年,排摸华人华侨、境外旅居人员、留学生等共1997人(含青田在景隔离302人),联络对接闭环管理回国人员170人。其中,华侨127人、留学人员20人,外籍华人1人、境外旅居16人、外籍新娘6人;累计排摸核查来景返景人员信息5000余条。全年开展疫情防控应急演练8次,出动警力设卡1100余人次,开展社会面巡查1400余人次,发动700余名专、兼职网格员摸底排查,及时有效调处各类矛盾纠纷、整治各类风险隐患。2020年12月9日,调整成立由副县长吴海东任组长的疫情防控高风险冷链食品"物防"工作专班。

将心理危机干预纳入疫情防控整体部署,组建心理干预志愿者专班,实行隔离观察人员心理健康日报告制度,公布心理咨询热线,实施点对点和社会大众免费心理援助。全年,心理干预志愿者专班累计现场心理咨询16人、现场心理干预35人,电话随访491人、电话心理干预40人。为防控一线工作人员人身保险,累计投保9980人。

全年,中央及省级媒体宣传报道景宁抗疫故事、经验做法81篇(条)。全县创作防疫歌、舞、剧各类作品8个,拍摄疫情防控知识短视频33个,发布疫情相关信息1000余篇,处置发布不实涉疫信息15起。

【王国嗣医生援鄂抗疫】 2020年1月28日,景宁畲族自治县人民医院在医院广场举行急诊科医师王国嗣参加浙江省卫健委组建的第二批抗击新冠肺炎紧急医疗队驰援武汉的欢送仪式。王国嗣是景宁第一位驰援武汉的医生。在武汉经过短期专业培训后,被分配到武汉天佑医院(第四批传染病隔离征用点)隔离病房。他所在隔离病区收住的主要是重症患者,共收住30余人。2020年4月3日,王国嗣顺利完成援助任务,回到景宁。2020年11月,王国嗣被评为浙江省抗击新冠肺炎疫情先进个人。

2020年4月3日,景宁县人民医院举行欢迎仪式,欢迎援鄂英雄王国嗣回景宁

(县卫生健康局 提供)

【许娟护士援鄂抗疫】 2020年2月9日，景宁畲族自治县人民医院在医院广场举行重症医学科副护士长许娟加入丽水第四批驰援武汉医疗队的欢送仪式。许娟被分配在武汉黄陂区体育馆方舱医院，任护理组小组长。她所在的医院主要收治18—65岁的轻症患者。护理组主要的工作是观察患者的病情、抽取血标本、取咽拭子，发放口服药和患者的生活用品、一日三餐等，遇到情绪不安的患者，他们也会及时给予安抚。2020年4月12日，许娟顺利完成援鄂任务，回到景宁。2020年11月，许娟被评为浙江省抗击新冠肺炎疫情先进个人。

2020年4月12日，景宁县人民医院举行欢迎仪式，欢迎援鄂英雄许娟回景宁

（县卫生健康局 提供）

【检验技师朱芝娟援疆抗疫】 2020年8月8日，新疆新和县向丽水市发出求援信号，丽水市卫生健康委组建丽水核酸检测支援队对口支援。8月10日，景宁畲族自治县疾病预防控制中心党支部副书记朱芝娟成为丽水核酸检测支援队队员，赴新和县支援抗疫。在援疆期间，朱芝娟入驻新和县疾病预防控制中心办公室，主要负责检测设备安装调试、核酸检测、生物安全和规范操作培训等工作。支援队每天在实验室工作时间6—16小时不等，保持实验室24小时高效率运转。使新和县核酸检测能力从4小时检测93人份提升到558人份，日最高检测量41785人份。支援队援疆22天，新和县共完成全员核酸检测18万余人份的任务。中共新和县委、新和县人民政府授予朱芝娟等十位支援队员“最美援疆医师”称号。

【占伟海医生援疆抗疫】 2020年10月26日，景宁畲族自治县人民医院检验科副主任占伟海，参加浙江支援新疆喀什检测国家医疗队。在喀什的19个日日夜夜，队员们克服困难、日夜轮班、埋头苦干，整建制接管新疆喀什地区第一人民医院检验科两个PCR实验室，累计完成新冠核酸检测176113管，共701228人份。占伟海被评为丽水市抗击新冠肺炎疫情先进个人。

【2020年新冠肺炎疫情防控联合演练】 2020年12月25日，景宁畲族自治县开展2020年新冠肺炎疫情防控联合演练。演练活动由景宁畲族自治县人民政府主办，景宁畲族自治县卫生健康局、市场监督管理局承办，景宁畲族自治县卫生健康局、市场监管局、公安局、红星街道办事处、人民医院、疾控中心等部门的人员参加演练。演练内容为模拟景宁畲族自治县红星街道发生一起因接触新冠病毒污染的冷冻食品而导致感染的聚集性疫情。共分为冷链食品“物防”工作应急处置演练、穿戴防护服演示、大规模人群核酸筛查三个部分。通过演练，检验了景宁应对突发公共卫生事件的能力，验证新冠肺炎疫情防控应急预案的科学性和实用性。（县新冠肺炎疫情防控指挥部）

畲乡景宁“志不求易、事不避难”创新实干大赶考

【概况】 2020年，是畲乡景宁“志不求易、事不避难”创新实干大赶考的第四个周期。全县103个赶考单位围绕省、市重要考核任务、县委县政府重点工作任务和自身主要工作职能开展调研，找准上级精神与本地实际的最佳结合点，在此基础上拉高标杆精准谋划赶考目标。是年，全县各单位共制定赶考目标1148个，树立标杆131个。其中，国家级标杆21个、省级标杆40个、市级标杆48个。

2020年，“大赶考”考核办法中，部门的个性工作分值从以往的60分提高到110分(经济管理、社会管理部门)和120分(党群部门)，并对乡镇和部门争先创新工作的考核细则作了相应的调整，使“赶考”更加回归初心、更加突出以往传统的大赶考核心内容。同时，考核指标数量比上年度削减了30%，不再实行年终实地考核，坚持“考平时、平时考”。新组建大赶考督导组，从赶考目标制定过程、问题协调各个环节及省、市指标落实情况等全方位、全过程督导各单位。全年开展专项督查2次。同时，综合运用监测、通报、点评、交办、督查等手段，形成科学、高效的大赶考推进机制。赶考办对重点工作、重点指标实行每周、月、季监测通报。在年初“聚力赋能 增色提效”八百攻坚(百分小康对标补短行动、百村万户增收富民行动、百家企业注力赋能行动、百名干部入沪借力行动、百亿产业项目提速行动、百街千巷美丽提升行动、百个社会矛盾化解行动、百处隐患排查整治行动)期间，每周在行政中心一楼公布攻坚战情况；每周制作1份监测专报呈报县领导(共编报9期)。定期公示乡镇(街道)和部门“大赶考”目标完成情况(共8期)。每季度对十大经济指标进行公示，并标注全市排名情况、本县排名浮动情况、加扣分情况。继续实行重点任务交办销号制，掌握动态工作进展情况，及时发现问题并对症下药补短板，有效地推动各项工作的落实。全年落实大赶考任务交办单58份，召开大赶考分序列季度点评会2次，全县大赶考点评会1次。

2020年，畲乡铁军“志不求易、事不避难”创新实干大赶考，向村(社)延伸。在年初全县“我的团队我的题”陈述会上创新陈述方式，邀请29个村(社区)的“三委”班子参加统一陈述，切实将压力和责任传导到每一个乡、村干部身上，使村级组织更具活力，村(社)赶考成效进一步凸显。在赶考结果运用上，将考核结果与编制使用、事业单位职称评定聘用相挂钩。在赶考氛围营造上，利用微信公众号每日发布各单位赶考动态(红蓝榜)，年底编发

“标杆之路”专刊，制作“赶考这一年”专题片，全面介绍赶考经验做法，形成比学赶的浓厚氛围。全年编辑赶考红榜52期，蓝榜219期。是年，景宁在全省新时代推进山区26县高质量发展座谈会上作交流发言；在全国自治州、自治县脱贫攻坚奔小康经验交流现场会上作典型发言。其经验做法在国家级、省级和市级主流媒体上多次报道，松阳等兄弟县市到景宁开展“大赶考”调研学习10余次。

2020年，景宁有47项工作获省级以上表彰，19项工作经验在全省全国推广，“清廉指数”评价体系、“关爱365”儿童关爱保护、乡村振兴等21项工作得到省领导批示，承办全省全国经验交流会、现场会10场。景宁入围2020—2021年全国水系连通及农村水系综合整治试点县，获评国家卫生县城、民族地区“智能教育实验区”，域内百山祖国家公园创建任务全面完成。生态环境状况指数(EI值)连续10年居全省前十，农村生活污水处理设施运维管理工作连续4年获评省级考核优秀县，获准转为省级大花园典型示范建设单位。

【“我的努力我的分”陈述会】 2020年1月13日至1月14日，2天时间分4场，在文化中心小剧院，用全新的方式召开“我的努力我的分”大赶考陈述会。按照各单位大赶考目标总体完成情况、特色亮点打造情况及问题短板分析情况等方面进行综合评分。进一步扩大了评委与观摩人员的范围，展示了各单位2019年度的赶考风采。

【“我的团队我的题”目标陈述会】 2020年5月12日至14日，用2.5天时间分5场召开“我的团队我的题”大赶考目标陈述会。首次邀请29个村(社区)的“三委”班子参加统一陈述。县领导、部分“两代表一委员”、部分乡镇(街道)与部门代表参加会议。根据赶考目标是否符合“志不求易、事不避难”的核心要义、是否符合创新实干的核心要求、完成难度、标杆意义等因素，客观公正地评定各单位赶考目标难度系数分。　(陈丽花)

大 事 记

1月

2日至3日 省委常委、统战部部长熊建平一行到景宁调研。

2日 2019大摩尼宝•冬天里的温暖佛教百寺基金•景宁惠明寺冬衣捐赠仪式在县福利中心举行。

6日 县委九届七次全体(扩大)会议召开,县委常委会主持会议。市委常委、县委书记陈重代表县委常委会作工作报告,并作总结讲话,县委常委出席会议。

同日 市人民政府市长吴晓东到景宁调研重大项目建设。

7日 全市政协委员工作会议在景宁召开。市政协副主席朱山华,景宁畲族自治县政协主席张峰、副主席叶金堂参加会议。

同日 缙云县委常委、常务副县长朱芝贵带领考察组一行到景宁,考察交流"融入长三角一体化、全面接轨上海"工作。

8日 省总工会常委、省教育工会主席赵祖地带领省、市工会和教育系统慰问团,到景宁开展送温暖走访慰问活动。

9日 全县"不忘初心、牢记使命"主题教育总结大会召开。市委常委、县委书记陈重出席并讲话,市委第十四巡回指导组组长姜波及指导组成员到会指导,严轶华、张峰、潘伟等副县以上领导出席会议。

10日 市委常委、县委书记陈重带队到上海对接工作,参加2020全国惠明禅茶博览会吉祥物发布会暨百名大师创作邀请展启动仪式。

13日至14日 畲乡景宁"志不求易、事不避难"创新实干大赶考陈述会召开。市委常委、县委书记陈重出席陈述会,副市长楼志坚、市委组织部常务副部长何卫宁列席会议。

16日 由省发改委组织召开的新一轮扶贫结对景宁工作推进会暨山海协作"五县联盟"启动仪式在景宁举行。省发改委副主任陈伟,省财政厅副厅长沈磊,县委副书记、县长钟海燕,县领导王益、陈荣世等出席。

同日 市委常委赵存志到景宁对景宁籍现役军师职干部家庭进行春节走访慰问,并看望慰问抗美援朝老兵。

19日 全市首个5G生态产品价值实现示范乡镇开通暨首笔"生态贷"发放仪式在景

宁大均乡举行。景宁农商银行宣布对大均乡“生态贷”授信5亿元，并向大均两山生态发展公司发放首笔50万元贷款。县人大常委会主任严铁华出席并致辞。

28日 丽水市委副书记、市长吴晓东到景宁督查疫情防控工作。

2月

17日 市委副书记、政法委书记李锋到景宁实地走访了丽水一山绿色实业有限公司、奇尔茶叶有限公司、县社会矛盾纠纷调处化解中心、澄照乡三石村等地，详细了解疫情防控、企业复工复产和社会稳定等情况，并看望慰问一线工作人员。

20日 景宁与“世界500强”企业——普华永道咨询（深圳）有限公司上海分公司通过“云签约”的方式，完成在线签约。

21日 县小水电协会筹集的31.6万元善款转交丽水市慈善总会，支持奋战在抗击疫情一线的医务工作者和工作人员以及重度疫情区域群众。

3 月

3日 景宁召开“百亿产业项目提速行动”动员部署会。县委常委、常务副县长王益出席并讲话。

27日 浙江万里学院与梧桐乡举行战略合作协议签约仪式。

30日 县纪委九届六次全体（扩大）会议召开。市委常委、县委书记陈重出席并讲话，县委副书记、县长钟海燕主持，市纪委、市监委第三监督检查室主任胡建峰到会指导，严铁华、张峰、潘伟等副县以上领导参加会议。县委常委、纪委书记、监委主任叶龙标代表县纪委常委会作工作报告。

4月

1日 景宁百山祖国家公园创建推进会召开。县领导钟海燕、雷应江、严伟华、叶金堂参加会议。

1日至2日 省体育局副局长吕林一行到景宁开展“三服务”活动。

3日 举行援鄂医疗队队员王国嗣凯旋欢迎仪式，县长钟海燕参加。

14日 从全省建设平安浙江工作会议上传来喜讯，景宁畲族自治县被评为浙江省首批一星“平安金鼎”县。

14日至15日 市人大常委会副主任邹培书到景宁开展数字经济发展专项调研。

16日 景宁召开油茶产业农民合作经济组织联合会成立大会暨第一次会员大会。副县长毛华庆出席。

19日 省委政法委二级巡视员郑曙鸣率调研组在景宁蹲点调研县级社会矛盾纠纷调处化解中心建设工作。

21日 娃哈哈集团董事长宗庆后到丽景园考察。

23日至24日 市百山祖国家公园创建工作调研组到景宁调研指导百山祖国家公园创建工作。

同日 丽水—绍兴山海协作工作对接会

在景宁召开。

26日至29日 景宁畲族自治县第九届人民代表大会第四次会议和中国人民政治协商会议第九届景宁畲族自治县委员会第四次会议召开，陈重、钟海燕、潘伟等县领导参加。

29日 景宁—莱西尼亚友好交流主题活动暨抗“疫”主题画展开幕式在县城市展览馆举行。县领导陈重、钟海燕、王益、季建标、雷应江、徐瑛参加。参加启动仪式的嘉宾还有浙江工业大学教授张立彬、著名大写意花鸟画家何水法。

5月

7日 省委常委、省纪委书记、省监委主任许罗德到景宁调研。

同日 景宁畲族自治县“畲乡幸福河”全国水系连通及农村水系综合整治试点县工程项目建设正式启动。

8日 景宁举行“千年惠明·百年名茶”2020斗茶大会暨首届全国茶商畲乡行活动。县委副书记、县长钟海燕出席2020金奖惠明茶富民行动启动仪式，并走进直播间“带货”，为惠明茶代言。

12日 省钱塘江流域中心党委书记、主任周红卫带领调研组到景宁郑坑乡吴布村开展乡村振兴水利工作驻村蹲点调研活动。

13日 浙江日报报业集团县级融媒体中心共享联盟景宁工作站在县融媒体中心挂牌成立，县委常委、宣传部部长季建标，浙江日报报业集团丽水分社社长、总编辑施晓义参加并为工作站揭牌。

14日 市委副书记李锋到景宁开展“三服务”活动。

15日 景宁畲族自治县政策性融资担保有限公司正式揭牌成立，并举办银担合作签约会。

18日 省人大常委会委员、社会委主任委员林天宁到景宁调研养老服务体系建设工作。市人大常委会副主任朱继坤陪同。

19日 浙江日报报业集团党委书记、社长唐中祥带领考察团一行到景宁考察调研。市委常委、县委书记陈重陪同调研。

同日 省农业农村厅二级巡视员徐建华带队省政府“除险安居”三年行动专项督查组到景宁，对地质灾害隐患综合治理工作进行督查。

同日 全国人大代表钟海燕在北京参加第十三届全国人民代表大会第三次会议。

20日 以“‘蜂’‘宇’同舟，中国力量”为主题的2020“5·20”世界蜜蜂日浙江景宁家地乡分会场活动举行。

22日 省人大环资委主任委员林健东带领调研组到景宁开展践行“两山”发展理念专题调研，市人大常委会副主任戚永远陪同调研。

同日 国家林草局国家公园办副主任褚卫东一行到景宁调研。

26日 2020“诗画畲乡·清爽景宁”启动仪式暨长三角联络处签约发布会在景宁天元名都大酒店举行。浙江旅游职业学院党委委员、副院长王忠林，浙江电视台教育科技频道副总监陈毓，浙江省文化和旅游发展研究院执行院长毛水根等嘉宾应邀出席。县领导陈重、严轶华、张峰、雷应江、严伟华出席。

30日 景宁举行城乡生活垃圾环卫一体化项目资源化处置中心开工仪式。

6月

1日 浙江省科协助力乡村振兴活动暨大均乡科技助推生态经济试点启动仪式在大均乡文化礼堂举行。省科协二级巡视员戴力，县委常委、副县长陈荣世出席。

3日 省人大常委会党组书记、副主任梁黎明，带领省人大常委会相关部门、省农业农村厅、省林业局、省市场监管局等负责人一行到景宁开展动物防疫和野生动物保护“两法两条例两决定”执法检查工作。

3日至4日 省咨询委副主任夏阿国带领调研组到景宁调研乡村旅游发展情况。

4日 国务院发展研究中心资源与环境政策研究所一行到景宁调研。

9日 省人大常委会副主任史济锡到景宁调研。市委常委、县委书记陈重，市人大常委会副主任杜光旻陪同调研。

10日 市人大常委会副主任邹培书带领调研组到景宁开展《丽水市烟花爆竹销售燃放管理规定(草案)》初审调研，并召开座谈会。

15日 推动长江经济带发展领导小组办公室综合协调组组长王善成带队到景宁调研生态产品价值实现机制试点工作。市委常委、常务副市长杜兴林，市委常委、县委书记陈重陪同。

16日 景宁举行惠明禅茶文化产业园项目开工仪式。上海市静安区委常委、统战部部长凌惠康，全国政协委员、上海市佛教协会会长、静安寺住持慧明大和尚，丽水市委常委、统战部部长王小荣，浙江省民宗委二级巡视员高成锋，泛长三角城市工艺美术产业发展战略联盟主席陈跃华，上海现代服务业联合会副会长兼秘书长李关德，上海茶叶协会副会长刘秋萍等嘉宾应邀出席。县领导陈重、钟海燕、严轶华、张峰等出席。

18日 2020“爱心圆梦·保亿萤火虫助学”活动景宁发放仪式在红星小学举行。

19日至20日 上海东方卫视《我们在行动》栏目组走进美丽畲乡景宁，为景宁的好山好水、原生态优质农产品吆喝助力。

21日 丽水市第七次人口普查市级综合试点工作在景宁启动。

29日 市委常委、县委书记陈重，县委副书记、县长钟海燕带领景宁代表团赴上海市静安区对接山海协作有关事宜。

同日 景宁与上海市静安区在上海召开景宁旅游上海联络处暨上海市场推广联盟工作会议。副县长严伟华参加会议并致辞。上海市静安区对口单位领导，上海市各区旅游协会、各大旅行社、旅游企业负责人共70余人参加。

7月

1日 浙江(景宁)民族干部培训中心建设项目暨中共景宁畲族自治县委党校迁建工程开工仪式举行。市委常委、县委书记陈重宣布开工。省民宗委副主任钟新章，市委党校党委书记周显荣，县领导钟海燕、严轶华、张峰等出席开工仪式。

同日 省委副书记、省长袁家军到景宁调研。

2日 景宁畲乡政协委员会客厅在“景宁600”展销体验中心举办第7次委员会客厅活动，省政协副主席陈小平，市政协副主席高波，县政协主席张峰、副县长毛华庆参加活动。

3日 由云和、景宁、庆元三地联合举办的2020年“奇思妙想 创赢绿谷”创业创新大赛云景庆赛区选拔赛暨第四届“中国创翼”创业创新大赛选拔赛在景宁举行。

同日 景宁与中国移动丽水分公司新基建(5G)签约仪式举行。

同日 丽水市交通运输普法宣传现场会暨“法治护航强国路•走进山哈”专项普法活动启动仪式在景宁客运中心广场举行。

7日 景宁举行千熙桥项目开工仪式。县委副书记、县长钟海燕出席并宣布开工，县领导吴昌亮、严伟华、吴海东、沈秀慧参加仪式。

13日至14日 嘉兴市卫生健康系统领导专家一行到景宁开展“山海协作”工程结对帮扶系列活动，并召开座谈会。

15日至16日 国家林草局上海专员办专员苏宗海带领专员办相关人员到景宁调研指导林业工作，并听取基层对国家林草局工作的意见和建议。

15日 中共杭州市人大常委会党组书记、主任于跃敏带领杭州市人大考察团一行到景宁考察调研。市人大常委会主任虞红鸣陪同。

16日 “运一车书去墨脱”浙江景宁、西藏墨脱民族团结一家亲活动启动仪式举行。省民宗委副主任莫幸福，市委常委、县委书记陈重，央视浙江记者站站长何盈出席。

同日 市政协副主席韦铁民带领督查组到景宁，就市委政协工作会议精神落实情况进行督查。

20日至21日 市委常委、县委书记陈重带队赴温岭对接山海协作工作。台州市委常委、温岭市委书记徐仁标，温岭市委副书记、市长王宗明等分别陪同。

21日至22日 省残疾人联合会党组书记、理事长蔡国春一行到景宁开展“走转改、三服务”活动，调研基层残疾人工作。

22日至23日 全市山海协作工作部署会暨山海协作产业园(乡村振兴示范点)现场推进会在景宁召开。

23日至24日 省人大常委会副主任姒健敏率调研组到景宁，就县域医共体建设和文旅融合等工作开展调研。市人大常委会副主任戚永远陪同调研。

24日 景宁畲族自治县台胞台属联谊会第五次代表大会召开。大会审议通过了《景宁畲族自治县台胞台属联谊会第四届理事会工作报告》《景宁畲族自治县台胞台属联谊会章程》，选举产生景宁畲族自治县台胞台属联谊会第五届理事会会长、副会长、秘书长及理事。

28日 景文高速公路狮子岗隧道右洞顺利贯通。

同日 景宁举行2020年干部关爱十条启动仪式暨景宁首次干部荣誉退休仪式。

8月

4日 省政协副主席孙景淼带领调研组

到景宁，就县域经济社会发展、美丽乡村建设和委员会客厅建设等工作开展调研。市政协副主席高波陪同调研。

同日 景宁举行严振林烈士墓迁入寨山烈士陵园迁葬仪式。

7日 景宁举行第二届职业人群“科学吃动·健康体重”激励大赛暨2020年全民健身活动启动仪式，共有来自县人民法院、县总工会、县农业农村局等单位的21个团队、260余名选手参加。

同日 景宁—墨脱民族团结进步合作交流框架协议签约仪式。“运一车书去墨脱”接书仪式在西藏自治区墨脱县举行，浙江省民宗委副主任钟新章，丽水市委常委、景宁县委书记陈重，林芝市政协副主席、墨脱县委书记旺东，央视驻浙江记者站站长何盈等出席签约仪式和接书仪式。

10日 景宁县低收入农户高水平全面小康攻坚推进会召开。

11日 省总工会党组书记、副主席张才方带领相关处室负责人一行到景宁开展高温慰问活动，向困难职工、一线工作人员送去慰问金和慰问品。市人大常委会副主任、市总工会主席郑力平陪同。

13日 景宁举行景宁畲族自治县人民医院（浙江大学附属第一医院民族分院）新院区启用仪式。中共浙江大学医学院附属第一医院党委书记梁廷波出席并致辞，市委常委、县委书记陈重宣布景宁畲族自治县人民医院新院区启用。

17日 市政协副主席高波带领市验收调研组到景宁开展“七五”普法总结验收和“八五”普法规划编制调研。

18日 2020年省科协科技助力乡村振兴行动暨景宁畲族自治县人才引进签约仪式在畲乡党群服务中心举行。省科协副主席陆锦，县领导王乐、陈荣世、夏培玲、沈秀慧参加。

18日至22日 县委副书记、县长钟海燕带队到陵水黎族自治县等地考察全域旅游、古镇业态培育、自治县产业发展工作。

19日至20日 省农科院丽水组科技特派员工作交流会在景宁召开。县委常委、副县长陈荣世致辞，40余名省农科院派驻丽水各县（市、区）的科技特派员参加。

19日 市人大常委会副主任邹培书带领调研组到景宁，就生态产品价值实现机制国家试点建设推进情况和国有资产管理情况开展调研。

同日 市委常委、组织部部长方健忠到景宁调研。

20日至21日 上海市政协副主席李逸平带领考察团到景宁考察。上海静安区政协主席丁宝定一同参加考察，省政协办公厅二级巡视员陈宁，丽水市政协主席陈瑞商，中共丽水市委常委、景宁畲族自治县委书记陈重陪同。

20日 中共杭州市江干区委常委、统战部长王卫安一行到景宁开展民族乡村“双百村结对”活动。

同日 静安—景宁人力资源合作交流座谈会暨签约仪式举行，两地人社部门正式建立起友好合作关系。

24日 景宁召开全国学前教育普及普惠

县创建工作培训会。会议邀请省教育厅督学李卫文作《浙江省学前教育普及普惠县督导评估指标》解读。

25日 鸬鹚乡举办主题为"弘扬马仙文化、传承忠孝精神"的中国畲乡第八届马仙非遗文化节。

同日 2020景宁(上海)文旅推介会在上海市长宁区来福士广场拉开帷幕，为上海市民和游客献上了一场充满了畲乡风情的文旅盛宴。

27日 景宁畲族自治县创建省AAAAA级景区城动员部署会在县文化中心小剧场召开。省文化和旅游厅党组成员、副厅长杨建武到会指导并讲话，县领导陈重、钟海燕、严铁华、张峰等参加会议。

同日 华东师范大学副校长孙真荣带领由上海市百名将军活动中心、教育部中学校长培训中心、上海市百将公益基金会、上海交通大学卫生政策与医务管理研究所相关负责人组成的调研组一行到景宁调研，进一步深入对接景宁融入长江三角洲一体化有关工作和合作事宜。

31日 景宁县首家普惠性质的公立性托育机构"景宁畲族自治县民生托育园"落成仪式在红星街道王金垟幼儿园举行。

9月

1日 景宁畲族自治县首个建筑垃圾消纳场投入使用。

2日 由市人大常委会主任虞红鸣带队的省人大代表丽水中心组一行到景宁开展专题调研活动。市人大常委会副主任郑力平参加。

3日至4日 《浙江日报》丽水县级融媒体中心共享联盟研讨会在大漈乡举行。中共浙江日报报业集团委员会委员、专职副书记金炳雄出席。

8日 由中国国际工程咨询有限公司研究员何平带领的专家组一行到景宁，对钱江源—百山祖国家公园百山祖园区景宁分区工作开展评估验收。

11日 《景宁畲族自治县革命老区发展史》新书发布会举行。

13日至15日 县委副书记、县长钟海燕带队赴上海对接融入长江三角洲一体化工作，与多家企业进行深入对接，推介景宁招商引资政策和营商环境，并成功与毕马威(中国)建立投资招引战略合作关系。

14日 景宁畲族自治县首座综合供能服务站正式投入运行。

15日至16日 上海市静安区人大常委会副主任吴丽萍、严俊瑛带领考察团一行到景宁，就景宁文旅融合、宗教和民族工作等相关工作情况进行考察调研。

16日 省教育厅二级巡视员张其宏带领省评估组一行到景宁开展全国学前教育普及普惠县创建省级督导评估。

18日 云和、景宁政协"请你来协商"——"做优云景流动人口服务管理　助力云景特色风情聚落区建设"专题协商会在景宁召开。

19日至22日 由省应急厅、省总工会、团省委、省红十字会、省地震局联合主办的浙江省首届社会应急力量技能竞赛在大均乡举行。

19日 “诗画畲乡·和美景宁”2020环敕木山越野赛系列活动开幕式在畲寨东弄举行。

同日 “寻味畲乡”2020第三届中国农民丰收节启动仪式举行。

21日至22日 浙江省民族乡村振兴示范建设推进现场会在景宁召开。省委常委、统战部部长熊建平参加会议并讲话，省委统战部副部长、省民宗委主任楼炳文主持会议，市委书记胡海峰致辞，省工商联副主席元成茂出席会议。王小荣、陈重、钟海燕、潘伟等市、县领导出席会议。与会代表就景宁民族乡村振兴建设情况先后实地考察了畲乡党群服务中心、中国畲族博物馆、大均乡等地。

21日 2020第五届中国(浙江)畲族服饰设计展演活动在畲乡古城凤凰广场举行。省委常委、统战部部长熊建平宣布活动开幕。国家民委文宣司副司长钟廷雄，省委统战部副部长、省民宗委主任楼炳文，省民宗委副主任钟新章，市委常委、统战部部长王小荣，市委常委、县委书记陈重出席活动。县委副书记、县长钟海燕主持。

22日 省民族乡村振兴示范建设培训班在景宁开班，省委统战部副部长、省民宗委主任楼炳文主持并讲话。

23日 县澄照创业园二期工程基础设施项目通过竣工验收。

25日至26日 景宁举行2020年浙江省全民健身运动汇“景宁农商银行杯”景宁站活动开幕仪式。

26日 梅岐乡第五届红色文化旅游节举行。

同日 家地乡“庆丰收·迎小康”2020年中国农民丰收节庆祝活动暨“探‘蜜’之旅·‘蜂’舞家地”第四届割蜜节活动举行。

29日 “洞宫畲王寨·悬空寨”项目开工仪式举行。

30日 云景特色风情聚落区合作备忘录签约仪式在云和举行。市委常委、县委书记陈重，中共云和县委书记叶伯军出席签约仪式并代表双方在合作备忘录上签字。

同日 中国“好畲画”畲族民间绘画成果展在畲乡景宁党群服务中心展出。

10月

10日 中共海盐县委副书记、县长王碎社带领考察团一行到景宁，考察对接山海协作工作。县委副书记、县长钟海燕，副县长吴海东陪同或参加座谈会。

11日 大地乡“庆丰收·迎小康”暨首届“安暖”文化节举行。

12日 2020国家扶贫日浙江主场活动在景宁启动。省人大常委会副主任史济锡宣布启动。国务院扶贫办综合司司长苏国霞，丽水市委书记胡海峰，省扶贫办主任、省农业农村厅厅长王通林出席启动仪式并讲话，省扶贫办副主任、省农业农村厅副厅长刘嫔珺出席，丽水市委常委、景宁县委书记陈重致辞。市领导杜光旻、杨秀清、丁岳清，县领导钟海燕、严铁华、张峰、潘伟等出席。

14日 全县村(社区)组织换届工作动员

部署会召开。市委常委、县委书记陈重参加会议并讲话，县领导叶龙标、王乐、夏培玲、饶伟贞、叶金堂参加会议。

同日 大型民族歌舞剧《畲山黎明》首演仪式在丽水大剧院举行。省民宗委二级巡视员莫幸福出席，市委常委、统战部部长王小荣，市委常委、景宁县委书记陈重分别致辞，市人大常委会副主任邹培书、副市长戴邦和、市政协副主席高波出席，县委副书记、县长钟海燕主持。

17日 2020年秋炉乡第七届浙闽两省三县登山文化节暨首届民族体育运动会举行。

19日 2020年景宁融入长三角一体化高质量发展专题研讨班在上海静安区开班。丽水市委常委、景宁县委书记陈重围绕“打造一支清正廉洁、干净干事的新时代畲乡干部队伍”为来自乡镇干部、县直机关单位的50名党政正职领导干部上了生动一课。上海市静安区委常委、组织部部长顾春源出席开班仪式并讲话。

20日 “景宁畲族惠明茶”石碑揭幕仪式暨惠明禅茶工坊开馆仪式举行。市政协副主席高波，县领导钟海燕、张峰等出席仪式。

同日 县人民医院（浙大一院民族分院）携手中国联通丽水市分公司，启动“未来医院”实践基地战略合作。

21日 中国社会科学院乡村振兴调研组在景宁调研。

23日 上海市文化和旅游局局长于秀芬带领调研组到景宁开展调研。

同日 省自然资源厅厅长黄志平到景宁督查垦造耕地项目。

24日至27日 山西省第二十五期创业致富带头人电商赋能新媒体专项提升会议在景宁召开，450名创业致富带头人走进畲乡，看举措、学方法，考察学习景宁乡村振兴工作开展情况。

25日 全国政协委员、教科卫体委员会委员、教育部原副部长林蕙青一行到景宁考察调研。

同日 首届民族地区乡村振兴景宁论坛在东弄畲家田园综合体接待中心会议厅召开。浙江清华长三角研究院产城融合研究中心主任陈伟，县领导潘伟、叶玉琪、毛华庆、沈秀慧参加。

同日 “才聚畲乡”首届民族地区乡村振兴景宁论坛——第九届“智汇丽水”人才科技峰会景宁分会场开幕式举行。崔宝善、张立彬、吴炯、韦学明、白仲虎、施炜星、张凯、陈伟、柳景青、全英汇等专家出席本次峰会开幕式。县领导陈重、钟海燕、王乐、陈荣世、夏培玲、刘德灵出席。

27日至28日 省人大常委会副主任赵光君带领督查组到景宁，就省委人大常委会工作会议和浙委发〔2019〕21号文件精神贯彻落实情况开展督查，并开展“三服务”活动。省人大常委会委员、监察和司法委副主任委员朱恒毅，省人大常委会法工委副主任田梦海等陪同督查调研。市人大常委会主任虞红鸣、副主任沈根花陪同。

29日 省机电集团有限公司考察组到景宁开展职业教育结对帮扶活动。

30日 G235景宁溪口至澄照段改建工程通车。县委副书记、县长钟海燕参加通车仪式并讲话，县领导潘伟、雷应江等参加。

11月

1日至4日 第13届中国义乌国际森林产品博览会在义乌国际博览中心举行，以“诗画畲乡和美景宁，两山转换走在前列”为主题的“畲族风情馆”在义务国际森博会上精彩亮相。

2日 中共绍兴市上虞区委副书记、代区长金进富带领考察团一行到景宁开展考察，对接山海协作工作并举行签约仪式。县领导钟海燕、王益陪同或参加工作座谈会。

3日 中国林业产业联合会森林康养分会会长刘拓带领调研组到景宁调研森林康养工作。

4日 中国人与生物圈国家委员会主席、中科院院士许智宏带领专家组一行到景宁考察。省林业局副局长、钱江源国家公园管理局党组书记王章明陪同。

7日至8日 “我要上全运”浙江省少儿国际跳棋棋王棋后赛在景宁举行。

7日 鹤溪街道第四届“非遗”节暨“寻梦鹤溪 玩趣东弄”畲文化体验游活动在东弄畲家田园综合体举行。

9日 由丽水市委宣传部、丽水市文化和广电旅游体育局主办的丽水市第十五届原创歌曲大赛在县文化中心小剧场举行，共有来自丽水各县（市、区）文化馆等单位选送的21件原创歌曲参加。

11日 上海市静安区委常委、宣传部部长姜鸣带领调研组到景宁开展调研。

同日 中国银保监会定点扶贫旗县干部培训——扶贫交流会在景宁举行。

15日 景宁举行以“畲语共话新畲乡·争做真善美好少年”为主题的第四届青少年畲语大赛。

16日 澄照乡第五届金坵蓝氏文化节暨蓝氏文化体验基地、彩虹滑道开园仪式在澄照乡金坵村举行。

20日 景宁县人民医院（浙大一院民族分院）与浙江工业大学之江学院举行签约仪式。

21日至22日 丽水市“畲乡小吃杯”象棋邀请赛暨景宁全民象棋比赛举行。

22日 以“世界文明、中国文化”为主题的2020全国惠明茶禅博览会在上海开幕。十二届全国政协文化文史和学习委员会副主任、浙江省政协原主席、中国国际茶研究会会长周国富，文旅部原副部长、国家文物局局长、党组书记、中国文物保护基金会理事长励小捷，全国政协委员、上海市佛教协会会长、静安寺住持慧明出席。县领导陈重、张峰、叶玉琪、毛华庆，上海百寺公益基金会理事长定慈出席开幕式。

同日 “禅茶会友·意游畲乡”2020金奖惠明茶（上海）推介会圆满举办。上海百寺公益基金会理事长定慈等百余位嘉宾参加。

26日 省高级人民法院副院长何鑑伟带领调研组到景宁专题调研县级社会矛盾纠纷调处化解中心建设工作。

27日 以“全民智学，助力‘双战双赢’”为主题的2020年丽水市暨景宁全民终身学习活动周启动仪式在景宁举行。

同日 景宁文学艺术界联合会第三次代

表大会召开。

28日 毛垟乡第九届带溪红色文化节举行。

同日 景宁畲族自治县旅游行业协会与上海市静安区旅游协会旅游战略合作联盟成立。

29日 雁溪乡第十四届雁溪康养古风摄影节暨“雁溪十三韵”征集评选活动举行。

同日 渤海镇第六届“千峡情·渤海垂钓渔乐”休闲文化节暨首届千峡湖户外帐篷节举行。

同日 浙江省第七届畲族风情旅游文化节“九月九”浙里畲民庆丰收暨大漈非遗抢猪节在大漈乡大漈村举行。

12月

1日 中共宁海县委书记林坚带领考察团到景宁考察山海协作工作。

4日 丽水市秋季中青年干部培训班“书记论坛”在景宁举行。市委常委、县委书记陈重进行了现场授课，作题为《在浙江建设“重要窗口”的进程中发挥民族自治县独特作用》主题报告。

8日 市政协副主席汤家友带领调研组到景宁，就教育提质行动计划落实情况开展调研。

9日 全国人大华侨委委员、省十二届人大常委会党组书记、副主任王辉忠带领省人大常委会调研组到景宁调研人大工作。省人大常委会委员、民宗侨外委副主任委员朱绍平，省咨询委发展战略部部长、浙江立法研究院院长谢力群参加，市人大常委会党组书记、主任虞红鸣陪同。

10日 中铁一局集团有限公司华东地区指挥部副指挥长苏皓率考察组一行到景宁开展投资考察。

同日 景宁畲族自治县老年综合服务中心项目开工建设。

11日 市人民法院党组书记、院长蒋卫宇以市人大代表身份，到梧桐乡人大代表联络站开展关于助推矛盾纠纷调研化解“最多跑一次”改革暨民生实事项目“听取群众意见建议活动月”主题活动。

同日 共青团嘉兴市委员会考察团到景宁考察新时期党团队建设、青少年实践基地等工作。

16日 景宁与台州温岭市在山海协作工程推进中创新推出的消费帮扶模式被列入全省山海协作升级版实践案例。

17日到18日 丽水市人大城建环资工作座谈会在景宁召开。市人大常委会党组副书记、副主任朱继坤出席会议并讲话，县人大常委会副主任吴昌亮参加会议。

22日 市人民政府市长吴晓东到景宁调研土地开发整改工作。

26日至28日 市委常委、县委书记陈重赴湖南参加全国自治州自治县脱贫攻坚奔小康经验交流现场会。

28日 景宁山哈凤凰谷项目全面完工。

30日 浙江（景宁）民族干部培训中心和省文化浙江建设研究中心签订战略合作协议，并在浙江（景宁）民族干部培训中心设立（授牌）浙江省哲学社会科学重点研究基地——文化浙江研究中心民族学研究所。

县情概况

地理环境

【地理位置】 景宁畲族自治县位于浙江省南部，介于北纬27°39′—28°11′和东经119°14′—119°58′之间。东邻青田县和文成县，南接泰顺县和福建省寿宁县，西连庆元县和龙泉市，北毗云和县，东北靠莲都区。境域东西直线距离73.3千米，南北直线距离58.8千米，面积1938.84平方千米。县人民政府驻红星街道府前西路19号。县城距杭州259千米、距丽水市区75千米。

【地形地貌】 景宁地域为洞宫山脉中段，地貌以深切割山地为主。发源于洞宫山脉的瓯江支流小溪，自西南向东北贯穿，将县境分为南北两半，形成狭长的溪谷叠峰峦绵地带，构成“两山夹一水，众壑闹飞流”的地貌格局。有山地、台地和谷地3种类型。山地面积19.11万公顷，占全县总面积98.56%。全县海拔1000米以上山峰779座。 (县史志办)

【气候特征】 景宁地处浙江省南端，地属中亚热带季风气候，温暖湿润，雨量充沛，四季分明，冬夏长，春秋短，山清水秀，气候宜人，热量资源丰富。冬季主要受干冷的极地冷高压控制，夏季主要受副热带高压控制，因此冬季多干冷、晴朗少雨天气，夏季湿热，多雷暴、阵雨天气。据气象史料记载，截至2020年，景宁曾出现过以下极端天气：县城极端最高气温41.6℃，出现在2003年7月25日；县城极端最低气温-7.6℃，出现在1999年12月23日；年降水量最多2163.5毫米，出现在2010年；最大月降水量583毫米，出现在2016年9月；最大积雪深度11厘米，出现在2010年。景宁因地形复杂，海拔高低悬殊，气候随海拔高度呈垂直分布。2020年，全县平均日照时数1339.1小时。 (吴耀健)

自然资源

【土地资源】 2020年，全县土地总面积1938.84平方千米。其中，耕地面积15268.32公顷，占全县总面积的7.87%；园地面积3594.31公顷，占全县总面积的1.85%；林地面积159877.91公顷，占全县总面积的82.46%；草地面积806.5公顷，占全县总面积的0.42%；城镇村及工矿用地2438.06公顷，占全县总面积的1.26%；交通运输用地1627.77公顷，占全县总面积的0.84%；水域及水利设施用地5788.35公顷，占全县总面积的2.99%；其他土地4435.46公顷，占全县土地总面积的2.29%。 （林 坚 李 桥）

【矿产资源】 境内矿产资源较为丰富，现已探明的矿产有铁、钼、铅锌、铜、金、银、叶蜡石、萤石、高岭土、大理石等20余种。矿产地近百处，以矿种多但矿产规模小为特点。主要矿产为铁、钼、铅锌、叶蜡石、花岗岩等。2020年，全县持有效采矿权证（矿山）1家，为梧桐萤石矿；持有效探矿权一家，为鹤溪街道王木坑地区钼矿详查。梧桐萤石矿山规模为小型，从业人员约20人，2020年度为基建期。砂石加工场3家，年产量约80万吨。 （林 坚 李 桥）

【森林资源】 景宁地处浙南山区，是浙江省重点林区县之一，也是全国重要集体林区。景宁县林地面积16.45万公顷，其中森林面积15.72万公顷；活立木蓄积1244.93万立方米，其中森林蓄积1211.43万立方米；毛竹总株数5369.7万株。全县乔木林单位面积蓄积量6.14立方米/亩，其中：天然乔木林5.6立方米/亩，人工乔木林7.22立方米/亩。乔木林分平均郁闭度0.71，毛竹林每公顷立竹量2931株。全县森林覆盖率为81.08%。共有古树名木9159株。其中，一级保护252株，二级保护1112株，三级保护7795株。 （候建花）

【动植物资源】 景宁动植物资源丰富，已知无脊椎动物昆虫纲19目186科1520种；脊椎动物20目105科272种，其中鱼类21科100种、两栖类8科29种、爬行类11科40种、鸟类47科162种、哺乳类18科43种。列入国家一级保护动物有黑麂、云豹、金钱豹、黄腹角雉、白颈长尾雉、金雕、东方白鹳、鼋等10种。植物以苔藓、蕨类、种子类为主体，木本占主导地位，种类丰富，起源古老，并有复杂多样的地域特点。已知苔藓类58科253种，蕨类41科305种，种子植物166科2163种，中草药68科124属356种。国家濒危植物有水杉、鹅掌楸、金钱松等22种，国家和省级重点保护植物有南方红豆杉、伯乐树、香果树、福建柏、银杏、长叶榧、浙江樟、短萼黄连、八角莲、银钟树、天目木兰、凹叶厚朴、南方铁杉、黄山木兰、景宁木兰。其中，景宁木兰是1984年在景宁畲族自治县草鱼塘林场发现的木兰科新种，为濒危物种，于1989年在《植物分类学报》上发表并命名，2012年被列入浙江省人民政府第一批重点保护植物名录。 （候建花）

【水资源】 景宁县雨量充沛，水资源极其丰富，属瓯江、飞云江两大水系。据2020年丽水市水利局编制的《丽水市水资源公报》表明：县域多年平均降水量1824.7毫米，约为35.56亿立方米，多年平均总水资源量为22.34亿立方米，人均拥有水资源量20125.14立方米（采用2020年常住人口计算），属水资源丰富地区。但县域内径流量年际变化大，年内季节分配不均。全县水力资源理论蕴藏量为66.6万千瓦，理论蕴藏量年电能58.4亿千瓦，居丽水市首位。至2020年年底，累计开

发 33.33 万千瓦。（练梅霞）

【溪流湖泊】 景宁地处飞云江源头、瓯江上游，有大小河道 662 条（其中县级河道 54 条），总长 1863 千米，水域面积 7133.33 公顷（含千峡湖）。

瓯江最大支流——小溪，发源于庆元县大毛峰山麓，自西向东北流经景宁县的毛垟、沙湾、标溪、梧桐、大均，汇入滩坑水库，贯穿景宁全县，在九龙乡岳口村进入青田县，在景宁县境内干流长 124.6 千米，流域面积1725.56 平方千米，占全县总面积的 88.5%。小溪在沙湾以上交见圩分为两支，主支为毛垟港，其中景宁县境内面积 227.2 平方千米，港长 30 千米；另一支为英川港，境内流域面积 391.4 平方千米，港长 54.4 千米。主要支流有英川溪、标溪、梧桐坑、大赤坑、鹤溪、炉西坑、大顺源等。

飞云江发源于景宁景南乡境内海拔 1611 米高的白云尖西北坡，流经景南、白鹤、东坑等乡镇进入泰顺县，景宁境内流长 31.9 千米，流域面积 224.44 平方千米，占全县总面积的 11.5%。（县水利局）

千峡湖（滩坑电站水库）位于景宁小溪下游，库区横跨景宁、青田两县，是浙江省第二大人工湖，正常蓄水位 160 米，相应水域面积 70.93 平方千米，其中景宁县境内 36.11 平方千米。于 2008 年 4 月 29 日下闸蓄水。因其近 80 千米长的干线两旁有着无数个形态各异的大小峡湾而得名，是一个典型的峡湾型景区，湖区水质良好，水体清澈、波光粼粼，具有很强的观赏性。（县移民办）

建置沿革

景宁县在西周以前属古扬州之域。西周、春秋时期属越。战国时越亡属楚。秦属闽中郡。汉初属东瓯国，隶会稽郡。西汉昭帝始元二年（前 85 年）属回浦县。东汉章和元年（87 年）属章安县（回浦县改称）。自建安八年（203 年）章安县析置松阳县后，属松阳县，历三国（吴）、东晋、南朝近 400 年未变。隋开皇九年（589年）置处州及括苍县，属括苍县。唐景云二年（711 年）置青田县，历五代、两宋及元，均属青田县。

明景泰三年（1452 年）兵部尚书孙原贞，以“青田县治西南五百余里，山谷险远，矿徒啸聚”为由，奏析青田县柔远乡之仙上里、仙下里、连云里和鸣鹤乡之曳练里、真固里、在下里、在上里、升天东里、升天西里置景宁县，属处州府，隶浙江承宣布政使司。清顺治元年（1644 年），属处州府、隶浙江省；宣统三年（1911 年）辛亥革命后，属处州军政分府，隶浙江军政府。民国元年（1912 年），直属浙江省都督府；民国 3 年（1914 年）属瓯海道；民国 16 年（1927 年）直属浙江省；民国 21 年（1932 年）6 月属第十二行政督察区；同年 10 月改属第三特区；民国 24 年（1935 年）6 月改属丽水行政督察区；民国 25 年（1936 年）4 月属第九行政督察区；民国 37 年（1948 年）4 月属第六行政督察区，7 月属第七行政督察区。

1949 年 5 月 11 日，景宁属第七专区；中华人民共和国成立后，景宁县属丽水专区；1960 年 1 月，撤销景宁县建制，并入丽水县，属温州专区；1962 年 6 月，划云和县，景宁县地复置云和县，属温州专区；1963年5月，属丽水专区；1978年9月，改属丽水地区。1984年6月30日，国务院批准以原景宁县地域建景宁畲族自治县，仍属丽水地区。2000年10月，丽水地区改丽水市，随属丽水市。（县史志办）

行政区划

【概况】景宁畲族自治县于1984年6月30日经国务院批准成立，全县下辖5个区，1个镇，35个乡。1992年5月，根据浙江省人民政府部署，进行撤区扩镇并乡，全县下辖5个镇，19个乡，283个行政村。2007年6月，经省政府批准，对滩坑电站库区乡镇区划进行调整，撤销外舍、金钟2个乡，并入鹤溪镇；撤销大顺、陈村2个乡，建立九龙乡。2008年，设立外舍社区居委会。2011年10月，撤销鹤溪镇，设立红星、鹤溪2个街道。2012年，将原城西社区居委会分设，增设金仙寺社区居委会。2013年9月，撤销葛山乡建制，葛山村、印章村、金岱村、西山村、林胡村、坳根村划至鸬鹚乡管辖；岭头村、岗头村、粗垄村划至英川镇管辖。2019年2月至3月，根据中共景宁畲族自治县委、景宁畲族自治县人民政府印发《关于开展行政村规模调整工作的实施意见》的通知（景委发〔2019〕4号），对全县行政村规模进行调整。调整后，全县下辖4个镇，2个街道，15个乡，6个社区，5个居委会，136个行政村。行政村数比2018年的254个减少118个。2020年，根据中共景宁畲族自治县委、景宁畲族自治县人民政府印发《关于进一步加强城市社区建设的实施方案》的通知（景委发〔2019〕34号），将城南社区划分为城南社区和百岁社区，将红星社区划分为红星社区和团结社区，并新增设澄照乡澄和社区，城市社区由6个调整为9个。（严霖鑫）

2020年社区调整一览表

表1

街道（乡镇）	调整前社区	调整后社区
鹤溪街道	城南社区	百岁社区
		城南社区
	城西社区	城西社区
红星街道	红星社区	红星社区
		团结社区
	仙童社区	仙童社区
	金仙寺社区	金仙寺社区
	外舍社区	外舍社区
澄照乡	—	澄和社区

2020年景宁畲族自治县行政区划一览表

表2　单位：个

乡镇（街道）	行政村	社区/居委会	村民小组	行政村、社区、居委会名称
全县总计	136	10	1724	—
红星街道	10	5	164	红星、仙童、外舍、金仙寺、团结5个社区；城北、小金州、金包山、杨绿湖、岗石、岭北、王金垟、和兴、岚山、金钟源10个行政村

续表 2

乡镇（街道）	行政村	社区／居委会	村民小组	行政村、社区、居委会名称
鹤溪街道	8	3	76	城西、城南、百岁 3 个社区；鹤溪、浮丘、东弄、包凤、张村、三枝树、敕木山、鹤木岭 8 个行政村
渤海镇	6	—	67	安亭、东湖、后砻、旦水、石塘山、渤海 6 个行政村
东坑镇	10	—	91	东坑、深垟、桃源、茗源、北溪、白鹤、心田、新和、儒章、杨斜 10 个行政村
英川镇	10	—	209	英川、三川、董坪、黄垟口、隆川、凤凰寨、岗粗岭、莲湖、黄鲍石、榅茶口 10 个行政村
沙湾镇	13	—	178	沙湾、道化、小地、上处垟、七里、仙姑、张庄、叶桥、何处、莲川、旺水、坑头、季庄 13 个行政村
大均乡	5	—	70	大均、伏叶、泉坑、李宝、新庄 5 个行政村
澄照乡	5	—	99	三石、金坵、东升、漈头、东畔 5 个行政村
梅岐乡	5	—	49	梅岐、竹山、岳崇、东文楼、桂远 5 个行政村
郑坑乡	4	—	45	郑坑、柳山、吴布、张坑下 4 个行政村
大漈乡	4	—	35	潘宅、彭岑、茶林、大漈 4 个行政村
景南乡	5	—	56	忠溪、东塘、渔际、缪程、上标 5 个行政村
雁溪乡	5	—	43	雁溪、浮亭岗、石梯、大垭塆、梅坞 5 个行政村
鸬鹚乡	8	—	114	山下村、印章村、驮戥、葛山、西林、徐茶、鸬鹚、南坑源 8 个行政村
梧桐乡	6	—	80	梧桐、角耳湾、高演、凤凰、金林、同兴 6 个行政村
标溪乡	4	—	48	标章、溪港、东叶庄、处基 4 个行政村
毛垟乡	4	—	57	毛垟、库头、沙垟、炉西 4 个行政村
秋炉乡	4	—	50	秋炉、半山、新塘垟、下圩 4 个行政村
大地乡	6	—	70	大地、驮垟、柳叶垟、仙湖、张溪、净垟 6 个行政村
家地乡	3	—	25	家地、坪坑、苪岱 3 个行政村
九龙乡	11	1	102	龙湾 1 个居委会；高沈、王湾、岭里、田坑、金山、徐垟、库坪、后坪、岳口、高岭、和顺 11 个行政村

（严霖鑫）

人口与民族

【人口概况】 2020 年年末，全县户籍人口 169502 人。其中，城镇人口 35992 人，农村人口 133510 人；男性 88636 人，女性 80866 人。全年出生人口 1291 人，出生率 7.6‰。死亡人口 1062 人，死亡率 6.3‰。人口自然增长率 1.3‰。在总人口中，少数民族人口 20219 人（其中畲族 18570 人）。总户数 68127 户，平均每户

家庭人口 2.49 人。年末全县常住人口为 11.1 万人，城镇化率为 58.21%。（县统计局）

【民族概况】 2020 年年底，全县有汉族、畲族、苗族、水族、侗族、布依族、拉祜族、佤族、土家族、彝族、壮族、哈尼族、蒙古族、傣族、满族、仫佬族、瑶族、白族、回族、黎族、藏族、纳西族、维吾尔族、朝鲜族、傈僳族、羌族、布朗族、京族、高山族 29 个民族，总人口 169502 人。其中，少数民族人口 20219 人，占全县总人口的 11.93%。全县少数民族干部 506 人（公务员与事业编制干部），占全县干部总数的 9.94%；实职副科级以上少数民族干部 67 人，占全县科级以上领导干部的 10.06%。少数民族人均收入 21555 元，同比增长 8.8%。全县有鹤溪街道、红星街道、大均乡、东坑镇、澄照乡、梧桐乡、郑坑乡 7 个民族工作重点乡镇（街道），32 个民族村。（雷伟燕）

国民经济和社会发展

【概况】 2020 年，全县生产总值 74.76 亿元，按可比价格计算，同比增长 3.5%。其中，第一产业增加值 6.8 亿元，同比增长 2.7%；第二产业增加值 16.86 亿元，同比增长 0.1%；第三产业增加值 51.1 亿元，同比增长 4.8%。三次产业结构为 9.1:22.6:68.3。在第三产业中，批发和零售业增长 7.6%，交通运输、仓储和邮政业增长 11%，房地产业增长 12.5%，非营利性服务业增长 3.5%。全县人均生产总值（按常住人口计算）为 67999 元，同比增长 1.3%。

2020 年，财政总收入 202063 万元，同比增长 35.2%。其中，一般公共预算收入 89586 万元，同比增长 28.4%。在一般公共预算收入中，国内增值税 16952 万元，改征增值税 27360 万元，企业所得税 7449 万元，个人所得税 13811 万元。一般公共预算支出 438107 万元，同比下降 7.8%。

2020 年，全县粮食播种面积 6401.13 公顷，总产量 34644 吨（含马铃薯）。其中，谷物播种面积 4119.8 公顷，产量 27797 吨。食用菌产量 1994 吨（其中香菇 1382 吨）。蔬菜播种面积 4031 公顷，总产量 82509 吨。水果总产量 9695 吨（其中柑橘 2196 吨）。茶叶生产规模扩大，绝大部分是春茶，并向名、优、高方向发展，总产量 2175 吨。油料总产量 354 吨。药材产业结构在调整，药材种植面积 775 公顷。

年末生猪存栏 2.14 万头，年内出栏 3.23 万头，同比增长 7.67%。牛存栏 2848 头，出栏 1434 头。羊存栏 0.28 万只，出栏 0.3 万只。家禽存栏 17.57 万只，出栏 25.71 万只。兔出栏 3.57 万只。全年肉类总产量 3200 吨（其中猪肉 2624 吨）。养蜂 16420 箱，天然蜂蜜产量 155 吨。水产品产量 1815 吨。

全年农业化肥施用量（折纯）4057 吨，同比下降 1.5%。

2020 年，实现工业增加值 9.25 亿元，增长 0.7%。其中，规模以上工业增加值 3.92 亿元，同比下降 1.6%；规模以下工业增加值 5.33 亿元，同比增长 2.5%。规模以上工业中，高新技术产业增加值 14659 万元，装备制造业增加值 11136 万元，战略性新兴产业 6991 万元。全年发电量 6.01 亿千瓦时，其中光伏发电量 0.28 亿千瓦时。

据30家规模以上工业企业统计，全年规模以上工业总产值14.88亿元，实现利税总额15846.3万元（其中利润总额10914.5万元）。从业人员年平均人数1998人。

全年建筑业增加值76164万元，同比下降0.8%。

全县固定资产投资同比增长8.1%。其中，民间投资同比增长0.8%，交通投资同比下降2.9%，生态环保和公共设施投资同比增长32.6%，高新技术产业同比下降39.7%。从构成上看，项目投资同比增长4.2%，房地产开发投资同比增长33.1%，工业投资同比下降39%（其中工业技改投资同比增长78.6%）。从投资主体上看，国有投资同比增长12.5%，民间投资同比增长0.8%。从产业情况来看，第一产业投资同比增长760.3%，第二产业投资同比下降39%，第三产业投资同比增长16.9%。全县商品房销售面积9.26万平方米，同比增长409.2%；商品房销售额8.83亿元，同比增长523%。

全年交通运输、仓储和邮政业完成增加值1.77亿元，同比增长11%。各种运输方式货物周转37401万吨千米（其中公路货物周转37401万吨千米）。各种运输方式旅客周转2583万人千米（其中公路运输旅客周转2583万人千米）。境内公路总里程1977.99千米。其中，高速1条12千米，国省道公路2条72千米，县道公路16条共367.56千米，乡道19条共227.18千米，村道274条共1298.91千米。

全年邮政行业业务收入4257万元，同比增长3.1%。电信业务收入10054万元，同比增长0.9%。年末全县有固定电话用户10208户，比上年末减少437户。其中，城市固定电话用户8269户，农村固定电话用户1601户。住宅固定电话用户3435户。移动电话用户132703户。固定互联网宽带用户47912户，比上年末增加2515户。移动互联网用户115521户，比上年末增加943户。订销报纸杂志累计299.7万份。

2020年，旅游总收入67.46亿元，同比下降14.9%。其中，国内旅游收入67.46亿元，同比下降14.9%。接待入境游客18人次，旅游外汇收入0.77万美元。

全年社会消费品零售总额38.3亿元，同比增长3.9%。分地区看，城镇消费品零售总额27.4亿元，同比增长3.2%；乡村消费品零售总额10.93亿元，同比增长5.9%。按消费形态分，商品零售额33.12亿元，同比增长3.9%；餐饮收入5.21亿元，同比增长4.3%。年末有超亿元商品交易市场3个。

全年外贸进出口413649万元，同比增长22.3%。其中，自营出口162641万元，同比下降9.5%。

年末全县金融机构人民币各项存款余额1258392万元，比年初增加52065万元，同比增长4.32%。其中，住户存款余额671356万元，比年初增加72093万元，同比增长12.03%。年末金融机构人民币各项贷款余额1062785万元，比年初增加129986万元，同比增长13.94%。其中，住户贷款864425万元，比年初增加70602万元，同比增长8.89%；非金融企业及机关团体贷款余额198360万元，比年初增加59389万元，同比增长42.73%。

全年保险业保费收入17926万元，同比增长9.2%。其中，财产险7440万元，同比增长16%；人寿险10486万元，同比增长4.8%。保险业赔款、给付5681万元，同比增长21.7%。

全县普通高中1所，在校学生1806人。职业高中1所，在校学生1764人。普通初中6所，在校学生4859人，初中毕业升入高中阶段的比例98.85%。小学14所，在校学生7584人。幼儿园25所，在园幼儿3016人。学校教职工1879人，其中专任教师1464人。

全年R&D人员数137，R&D内部经费支出3544万元，专利申请411件，专利授权257件(其中发明授权15件)。

年末，剧场、影剧院3家。公共图书馆1家，藏书167500册。有线电视台1座，数字电视用户4.39万户。电视人口覆盖率100%，广播人口覆盖率100%，有线电视用户率64.9%。

全县医疗卫生机构102家。其中，县级3家(县综合医院2家，专科医院1家)，专业公共卫生机构3家，基层医疗卫生机构94家(其中社区卫生服务中心、分中心2家，乡镇卫生院19家，村卫生室45个，门诊部、个体诊所、学校卫生室28个)，其他机构2家。卫生机构床位650张。卫生技术人员940人。其中，医生(执业医师+执业助理医师)422人，注册护士335人，其他183人。

一手抓“防疫”，一手抓“经济”，获评“浙江省民族团结进步模范集体”，修订出台《关于加快全域旅游发展的若干意见》，落细落实惠企政策，加快推动文旅产业复苏发展。发放百万“文旅消费券”，促进文旅消费回补和潜力释放。重大项目加紧建设。全年完成涉旅项目投资22亿元以上。“天空之城”项目完成投资1.53亿元，新策划十大“世界首创”旅游业态，投资额从5亿元增加至15亿元；省、市、县长工程李宝畲王寨、惠明禅茶文化产业园等超10亿元的重大项目相继落地开工；百鸟朝凤、畲族风情康养度假等项目前期有效推进；体育场复建项目基本完成两个主体工程和室外老年气排球场建设。旅游创建成果丰硕。红色毛垟、封金山创成国家AAA级旅游景区；大均乡创成省级旅游风情小镇；大均乡和大漈乡创成AAAA级景区镇；大漈村、上标村、渤海村创成浙江省AAA级景区村庄，新增18个A级景区村庄；新增三星级旅游饭店1家、三星级品质旅行社1家、金宿1家、银宿2家。精准营销成效显著。设立七大旅游联络处和推广联盟，精准发力，举办参加推介会32场，实现引客5.14万余人次。举办旅游精品线路发布会等云上推介活动，市民朋友足不出户畅游诗画畲乡，累计在线观看超5000万人次，收获粉丝无数。通过“线上+线下”全渠道加码，实现“客源地”与“目的地”联动，助力景宁文化旅游品牌打造和市场拓展。对接上海走向深入。静安、景宁文旅局双向对接40余人次，两局建立良好的人员互访机制。成立上海联络处、市场推广联盟、旅游战略合作联盟，举办参加“长三角云推介会”“上海国际茶文化旅游节”“丽水(上海)周”等活动，景宁被列入丽水高铁专列游线。非遗工作活力绽放。畲族彩带编织技艺成功入选国家级非遗项目，全县国家级非遗项目达到四项。非遗保护发展指数位列全省第八。“非遗进校园”案例入选全国十大优秀实践案例，为全国唯一县级入选单位和浙江唯一入选案例。文旅精品持续涌现。引进专业人才，提升大均景区婚嫁演艺；浙西南畲乡非遗技艺体验游入选全国非遗主题旅游线路；获“2019浙江百县千碗工程示范县（区）”“第四届全省博物馆免费开放最佳做法”称号；“文创产品畲卡通”“会友茶”等旅游商品、伴手礼斩获一批省级大奖。原创防疫歌曲、小品等作品获市级以上奖项，并通过主流媒体传播正能量。文化旅游深度融合。正式启动“文化基因解码工程”，制定《景宁县文化基因解码工作方案》，成立专家团队，完成300余项“一张清单”普查，100余项系统录入，启动15项重点元素解码工作。市场化运作“四季景宁”系列文旅节庆活动21场，文化节庆转化为旅游产品，有效助推乡村旅游发展。文化服务精准供给。省级示范项目“文化物流”成功通过验收。通过“文化物流”数字平台点单，全年完成向基层送戏140场、送书22839册、送电影1600场；送服务363场次，围绕“我们的节日”举办群众性活动80余场，开展文化走亲22场次，文化服务更加精准。文化阵地提质升级。完成大均和东坑文化站提升，实现功能拓展。创新“图书馆+”模式，完成大均民族分馆、城南社区24小时自助书房及7个特色书房建设并对外开放。在县城，完成了文化馆场馆提升改造工程，新增2个排练厅和1个多媒体教室，并成功通过国家一级馆复评。建成移动图书馆、数字文化馆等智慧文化服务平台。

2020年，空气质量优良以上天数361天，污水处理厂集中处理率97.81%，生活垃圾无害化处理率100%。建成区绿化覆盖面积238.65公顷，公园绿地面积96.64公顷。省级自然保护区2个，面积3326公顷。全县累计发生各类生产安全事故6起，死亡4人。其中，道路交通领域发生事故5起、死亡4人；火灾1起，直接经济损失476万元。

全社会用电28672万千瓦时，同比增长22.6%。其中，工业用电5608万千瓦时，同比下降10.1%；农村用电2799万千瓦时，同比增长1.38%。

据城乡一体化住户调查，全县常住居民人均可支配收入31130元，同比增长6.5%，扣除价格因素实际增长4.4%。按常住地分，城镇常住居民人均可支配收入41735元，同比增长4.3%，扣除价格因素实际增长2.3%；农村常住居民人均可支配收入21625元，同比增长8.1%，扣除价格因素实际增长6%。城乡比1.93:1。全县常住居民人均生活消费支出20778元。其中城镇常住居民人均生活消费支出26818元，农村常住居民人均生活消费支出15364元。年末城镇实有登记失业人员503人，失业率1.41%。

年末企业职工基本养老保险参保40219人（退休9816人），机关事业基本养老保险参保8234人（退休2782人），城乡居民养老保险参保71980人。城镇职工基本医疗保险参保26922人，城乡居民基本医疗保险参保123839人。失业保险参保16621人。工伤保险参保44012人。生育保险参保18683人。

年末，全县社会福利院11家，床位1276张，社区服务设施133个。城乡居民最低生活保障5210人。其中，城镇居民226人。五保供养人员366人。

注：生产总值及各行业增加值绝对数按现价计算，增长速度按可比价计算。

（县统计局）

2016—2020 年景宁畲族自治县国民经济主要指标一览表

表 3

指标	单位	2016 年	2017 年	2018 年	2019 年	2020 年
地区生产总值(GDP)	万元	508852	562154	624097	716514	747647
第一产业	万元	61081	62062	61524	64152	68049
第二产业	万元	139421	149499	165574	170291	168594
第三产业	万元	308350	350593	396999	482071	511004
GDP 比重:第一产业	%	12	11	9.9	8.9	9.1
第二产业	%	27.4	26.6	26.5	23.8	22.6
第三产业	%	60.6	62.4	63.6	67.3	68.3
常住人口人均生产总值	元	48462	53083	58656	66529	67999
农业总产值	万元	95864	98497	99133	104602	111632
工业总产值	万元	269721	236820	274424	215131	—
# 规模以上工业	万元	129344	89220	102505	138874	148772
固定资产投资额	万元	529796	582833	6.80%	13.10%	8.1%
# 基础设施投资	万元	317502	371062	24.90%	78.60%	14.1%
# 工业投资	万元	45657	39621	145.90%	20.50%	-39.0%
# 房地产开发投资	万元	91844	125353	-6.40%	-47.50%	33.1%
# 民间投资	万元	231870	237954	15.90%	-17.50%	0.8%
社会消费品零售总额	万元	265910	294498	328005	364926	382565
进出口总额	万元	60433	92551	170238	338316	413649
# 自营出口	万元	58682	90879	127044	179723	162641
实际利用外资金额	万美元	850	938	—	—	945
财政总收入	万元	115422	130688	153020	149499	202063
# 一般公共预算收入	万元	62265	70087	77418	69756	89586
一般公共预算支出	万元	345066	367433	423285	475397	438107
金融机构年末存款余额	万元	936845	925650	1061627	1206327	1258392
# 住户存款余额	万元	419994	463838	520779	599263	671400
金融机构年末贷款余额	万元	694663	750364	817853	932799	1062785
保险业务收入	万元	14432	15368	15767	16422	17925.87
旅游总收入	亿元	42.23	54.08	65.74	79.3	67.46
全社会用电量	万千瓦时	17978	19402	22756	23380	28672
# 工业用电量	万千瓦时	4728	5262	6413	6235	5608
城镇常住居民人均可支配收入	元	30899	33618	36778	40014	41735
农村常住居民人均可支配收入	元	14989	16503	18170	20005	21625
年末户籍人口	人	172224	171545	170954	170209	169502

续表 3

指标	单位	2016 年	2017 年	2018 年	2019 年	2020 年
# 少数民族人口	人	19877	20054	20191	20177	20219
年末常住人口	万人	10.55	10.63	10.65	10.89	11.10
城市化率	%	50.49	52.09	54.21	56.30	58.21

体制改革

【概况】 2020 年,景宁县坚持“绿水青山就是金山银山”的科学发展理念,围绕“中国畲乡·和美景宁”发展定位,运用民族和生态两张金名片,以“一新一老一副一环”城市组团建设和全域景区化布局,有序推进各项重大改革试点工作,取得初步成效。

2020 年,景宁统筹抓好“两大”领域改革,编制出台《经济体制和社会事业改革年度工作要点》,重点改革任务全面完成。民族地区城乡融合试点、省级大花园典型示范创建、小城市培育和特色小镇创建、服务业强县试点等工作有序推进。开展一般企业投资项目“最多跑一次”和“最多 80 天”审批改革。省级以上工业平台(丽景园、景宁澄照创业园)全面铺开“区域评估”(在特定区域范围内,由政府负责完成项目建设涉及的评审审批事项的评估工作,形成整体性、区域性评估成果,提供给入驻该区域的建设项目免费共享使用)和“标准地”制度(在完成相关区域评估基础上,带着固定资产投资强度、容积率、单位能耗标准、单位排放标准、亩均税收等至少五项基本指标出让的国有建设用地)供地。企业登记全程应用电子化平台 3.0。建立健全“亩产效益”综合评价体系,完善差别化资源要素价格机制,全面推进产业结构调整创新机制,推动惠企政策落地。在全市率先探索中小企业人才集合年金试点。聚焦事业单位工作人员职业生涯全周期管理“一件事”改革。持续深化公立医院综合改革,推动县域医共体建设深度融合。是年,景宁在“两大”领域改革中有 2 项做法上了央视《新闻联播》,8 项做法在《人民日报》和人民网刊登,15 项做法在《丽水改革先锋》刊登。

制定出台《优化营商环境和深化“最多跑一次”改革 推进“放管服”工作要点》,分解出 142 项改革任务、725 项具体举措,各项改革任务基本按时完成。委托编制《2019 年度浙江省营商环境评价景宁县专题分析报告》,督促指导各责任单位找准问题,对症下药。推广企业码平台应用,实现企业端实时查看最新惠企政策,为企业量身定做“一企一策”。在全市率先出台政商交往“亲·清”清单,浙江在线、丽水电视台等媒体相继报道该做法。

整合要素,立足优势,聚力产业融入长三角。开展“百名干部入沪借力”行动,全年上海、景宁两地各层面交流互访 230 余批次。与普华永道、毕马威等一批上海高端服务业平台达成合作,对接浙江省照明电器协会、复旦大学光源与照明工程等产学研全平台,携手上海新三板上市企业爱用科技联合开发“筑商”平台。先后举办或组织参加全国惠明茶禅博览会、上海国际茶文化旅游节、惠明茶歌创作大赛等系列活动。通过“静扶中心”开设“景宁600”销售“飞柜”，实现“景宁600”农产品在沪销售额破千万元。设立上海旅游市场联络处，组建景宁旅游上海市场推广联盟。坚持实体和总部并重，全年引进企业134家，总投资近40亿元。惠明禅茶文化产业园、飞科电器等一批总投资过亿元的重大项目相继开工投产。相关经验和做法先后得到副省长王文序、朱从玖等领导的批示肯定，并入选2020年度全省三季度争先创优“最佳实践”项目（系全市唯一）。

继续完善部门分工合作联席会议机制、投资融资体制机制和行政审批制度，出台畲乡古城产业发展扶持政策，县长钟海燕亲自代言畲乡小镇招商视频。引进中国畲族收藏第一人阮晓东、中国工程院院士付小兵等高端人才。引进企业96家，产生税收8992万元；畲乡小镇有效投资突破60亿元大关。

推进信用体系建设，实现信用数据共享，成功创建省级信用县。构建联合奖惩体系，信用查询成为评先评优、人事录用、资金补助等工作的必查事项。全年，通过信用平台查询企业行政奖励2325家，协助确认返还社保费企业697家、两直补助企业1069家，完成信用修复15例，红黑名单案例4580个。推广“信易+”场景应用，上报7个场景方案（其中浙里办APP上线3个），覆盖信易游、信易贷、信易阅、信易住等多个领域。2020年，景宁畲族自治县综合信用在全市9个县（市、区）总体信用排名第五。

根据《丽水市长江办长江经济带生态环境隐患大排查工作方案》和相关会议文件要求，印发《景宁畲族自治县长江经济带生态环境隐患大排查工作责任分工实施方案》。分解落实责任，重点针对城镇污水垃圾、化工污染、农业面源污染、船舶污染、尾矿库污染及侵占岸线、建坝占湖、违规倾倒固体废物等行为进行全面排查整改。根据《景宁畲族自治县生态环境保护联席会议制度》“10+X”运作模式，做好环境风险隐患排查，督促环境风险源单位自查自纠，制定整改方案。实行挂牌制、交办制、销号制，完成中央环保督查、垦造耕地整改等生态环境隐患大排查整改工作。是年，申报了2个长江经济带生态环境保护修复建设投资三年滚动计划项目。注重规划引领，将生态文明类指标列入地方国民经济和社会发展年度计划，将生态环境和公共设施投资等环保类项目列入基本建设项目计划表。

【城乡融合试点入围省政府2020年度改革创新项目奖候选】 2020年，景宁畲族自治县全国民族地区城乡融合发展试点得到省市大力支持。《省委全面深化改革委员会2020年工作要点》明确提出“推动景宁民族地区城乡融合发展试点取得新成效”；《市委市政府关于加快城乡融合发展的实施意见》明确提出“支持景宁全国民族地区城乡融合发展试点建设”；景宁畲族自治县全国民族地区城乡融合发展试点被列入丽水市高质量绿色发展二十大创新样本。是年8月，《丽水日报》专版以《城乡融合发展的深度试水》为题进行报道。9月，《中国民族报》记者深入景宁采访城乡融合发展试点，并报道试点阶段性成效。12月下旬，该试点入围省政府2020年度改革创新项目奖候选。

（梅毅伟）

中国共产党
景宁畲族自治县委员会

重要会议

【县委全体会议】 2020年1月6日，县委九届七次全体(扩大)会议召开。全会以习近平新时代中国特色社会主义思想为指导，深入学习贯彻中国共产党第十九届四中全会、省委十四届六次全会和市委四届七次全会精神，听取和讨论了工作报告，审议通过《中共景宁畲族自治县委关于高水平推进县域治理现代化的决定》，研究部署高水平推进县域治理现代化工作。

8月17日，县委九届八次全体(扩大)会议暨县政府九届五次全体会议召开。全会高举习近平新时代中国特色社会主义思想伟大旗帜，全面贯彻中共十九大和十九届二中、三中、四中全会精神，深入贯彻习近平总书记考察浙江重要讲话精神，全面落实省委十四届七次全会和市委四届八次全会精神，牢记嘱托、担纲使命，总结2020年以来工作，部署下半年工作。动员全县上下接续赶考、争先创优，加快推动习近平总书记重要讲话精神在景宁落地生根，努力在浙江建设“重要窗口”进程中发挥民族自治县独特作用，以“两手硬、两战赢”的信心决心奋力完成全年目标任务，确保与全省同步高水平全面建成小康社会。

【全县工作会议】 2020年2月28日，全县工作会议召开。会议认真贯彻习近平总书记在中央统筹推进新冠肺炎疫情防控和经济社会发展工作部署会议、中央政治局常委会会议上的重要讲话精神，中央、省委、市委关于疫情防控和经济社会发展工作的部署要求。市委常委、县委书记陈重指出，要加强疫情防控这根弦不能松，毫不放松抓紧抓实各项防控工作，统筹做好疫情防控和复工复产工作。围绕“聚力产业培育，决胜全面小康，创新县域治理”工作主基调，确保完成全年经济社会发展目标任务，要培育壮大生态产业，深入推进改革开放，全力保持社会稳定，努力抓实民生补短，不断强化党建引领，持续深化“大赶考”。钟海燕部署“八百攻坚”行动。

她强调，要聚焦高质量，为发展聚力；聚焦竞争力，为企业赋能；聚焦高水平，为小康增色；聚焦现代化，为治理提效。

【全县“不忘初心、牢记使命”主题教育总结大会】 2020年1月9日，景宁畲族自治县“不忘初心、牢记使命”主题教育总结大会召开。大会深入学习贯彻中共中央总书记习近平在全国“不忘初心、牢记使命”主题教育总结大会上的重要讲话精神，认真贯彻落实中央、省委和市委“不忘初心、牢记使命”主题教育总结大会精神，全面总结景宁畲族自治县“不忘初心、牢记使命”主题教育工作成效和经验做法，固化成果、健全机制，进一步推动主题教育成果转化为工作成效。市委常委、县委书记陈重出席并讲话。中共丽水市委第十四巡回指导组组长姜波及指导组成员到会指导。

【县委常委会会议】 2020年1月20日，县委常委会会议召开。会议传达学习中共中央总书记习近平在十九届中央纪委四次全会上的讲话精神，省纪委十四届五次全会精神，市委经济工作会议精神；听取县“两会”筹备工作情况汇报，讨论审议了拟提交县“两会”的有关报告。市委常委、县委书记陈重主持会议。会议强调，要根据中央和省市委决策部署以及本次会议提出的相关要求精心组织筹备“两会”，确保会议开出高质量高水平，进一步展示景宁经济社会发展成就，激发全县干部群众干事创业的“精气神”。要继续深化提案建议办理，建立问题交办的“不忘初心、牢记使命”长效机制，让代表委员声音得到最快落实，不断提升群众的获得感、幸福感、安全感。

2020年1月26日，县委常委会扩大会议召开。会议传达学习习近平总书记在中共中央政治局常务委员会会议上关于疫情防控工作的重要讲话精神，听取全县新型冠状病毒感染的肺炎疫情联防联控工作情况、疫情防控志愿者招募情况、湖北籍人员摸排情况、企业务工的湖北籍人员摸排情况等相关汇报，并研究部署下阶段疫情防控工作。会议强调，要提高政治站位，把思想和行动统一到党中央和习近平对疫情的战略判断和战略部署上来；要把做好疫情防控工作作为巩固“不忘初心、牢记使命”主题教育成果的生动实践，把人民群众生命安全和身体健康放在第一位，全力以赴、积极稳妥地做好应对工作；要坚定信心决心，把各方面工作举措想得全而又全，落得实而又实，及时掌握研判最新动态，积极回应群众关切，全面抓防控、全力抗疫情，坚决维护社会大局稳定。

2020年2月4日，县委常委会会议暨新型冠状病毒感染的肺炎疫情防控指挥部例会召开。会议传达学习习近平总书记在中共中央政治局常务委员会会议上的讲话精神，省委常委扩大会议精神，市委常委会会议精神，听取全县新型冠状病毒感染的肺炎疫情防控工作情况汇报，研究部署下一步工作。会议强调，全县上下务必要提高政治站位，深化思想认识，以战斗状态全面落实县委各项部署要求，以最严厉最果断措施打好这场特殊战役，努力以管控的确定性应对疫情的不确定性，筑牢遏制疫情最坚实防线，全力争取早日迎来疫情拐点。

2020年2月11日，县委常委会会议暨县疫情防控指挥部工作例会召开。会议传达学习习近平总书记在北京市调研指导新型冠状病毒感染的肺炎疫情防控工作精神，省委常委会扩大会议、市委常委会会议精神；听取关于推迟召开县九届人大四次会议、县政协九届四次会议的情况汇报；研究部署全县新型冠状病毒感染的肺炎疫情防控工作和企业复工复产工作。会议强调，各级各部门要高度警惕不放松、持续发力打硬仗、统筹兼顾稳发展，时刻保持作战姿态，全面增强战斗力，不折不扣贯彻中央、省委、市委的部署要求，团结一致、齐心协力，坚决打赢疫情防控这场特殊战役。

2020年2月18日，县委常委会扩大会议暨县疫情防控指挥部工作例会召开。会议传达学习习近平总书记在中央全面深化改革委员会第十二次会议上的讲话精神，省委常委会扩大会议精神，市委常委会扩大会议精神；听取全县疫情防控、企业和项目复工复产情况汇报，部署下阶段工作。会议强调，要深刻领会新精神、牢牢咬定新目标、高度关注新动态、及时掌握新需求、聚力破解新问题、快速进入新节奏、掀起赶考新高潮。

2020年3月9日，县委常委会会议召开。会议传达学习习近平总书记在中共中央政治局常务委员会会议和决战决胜脱贫攻坚座谈会上的重要讲话精神，省委常委会会议精神；听取全县疫情防控、复工复产工作和八百攻坚行动开展情况汇报；审议县纪委九届六次全会方案和工作报告。会议强调，当前疫情防控和经济社会发展面临的形势依然严峻，全县各级各部门仍然要提高警惕、科学应对、抓好落实，要坚持目标导向和问题导向相统一、创新思维和底线思维相统一，要对标对表抓落实、统筹兼顾抓落实、从严从实抓落实。

2020年3月31日，县委常委会扩大会议召开。会议专题研究分析2019年度市对县综合考核排名靠后指标，剖析原因、查补短板、明确举措，推进全县工作实现全方位争先进位。会议强调，就如何补短板、强弱项，扎实推进新一年工作，要进一步提高政治站位，进一步鲜明发展导向，进一步弘扬“大赶考”精神，进一步增强统筹意识，进一步提高执行力，进一步提高协同水平。

2020年4月3日，县委常委会扩大会议召开。传达学习习近平总书记在浙江考察时的重要讲话精神，省委常委会扩大会议、市委常委会扩大会议精神，研究贯彻落实意见。会议强调，要坚定不移沿着习近平指引的方向奋勇前进；要继续毫不动摇抓好疫情防控；要统筹推进全年经济社会发展各项任务；要持续拓宽“两山”转化通道；要努力争当县域治理现代化排头兵；要纵深推进全面从严治党。

2020年4月10日，县委常委会会议召开。会议传达学习近期中共中央政治局会议和中共中央政治局常务委员会会议精神，研究贯彻落实意见；传达省委巡视组回访检查反馈意见，研究贯彻落实意见；听取县九届人大四次会议、县政协九届四次会议有关事项汇报。会议要求，要牢牢把握“外防输入、内防反弹”两个关键，不断巩固和拓展疫情防控成效；要推动全产业链复工复产，加快恢复生产生活秩序；要决战决胜高水平全面建成小康社会，加快补短板强弱项。

2020年5月8日，县委常委会会议暨县委财经委员会第三次会议召开。传达学习中央、省委、市委相关会议精神，听取一季度经济运行分析汇报，分析当前经济形势，研究部署下一阶段工作。会议强调，要理性看待变化、危和机、稳和进，科学研判，把问题找得更准、信心鼓得更足；要靠前指挥、专班运行，把士气提得更高，把措施落得更实；要充分发挥县委在领导经济工作中把方向、管大局、做决策、保落实的作用，全面履行领导责任；要深化“志不求易、事不避难”创新实干大赶考，以赶考状态的确定性应对形势的不确定性，以过硬作风确保完成全年各项目标任务。

2020年6月15日，县委常委会会议召开。会议传达贯彻习近平总书记在十九届中共中央政治局第二十次集体学习时的重要讲话精神，审议通过《关于推进新时代民政事业高质量发展的实施意见》。会议强调，2020年是决胜全面小康、决战脱贫攻坚的收官之年，也是实现“两个一百年”奋斗目标的历史交汇之年，要更好地发挥民政在保障和改善民生中的兜底保障作用；要提升养老服务发展质量；要发挥社会救助在脱贫攻坚中的兜底作用，提升基本民生保障水平；要大力开展困境儿童关爱保护工作；要全面加强村规模调整优化后的村级组织建设，扎实推进撤村建居、村（社区）组织换届选举工作；要提升社会服务水平和新时代民政工作能力，努力交出全面建成小康社会的民政高分答卷。

2020年7月2日，县委常委会扩大会议召开。会议传达学习习近平总书记对防汛救灾工作作出的重要批示精神和全省民族团结进步表彰大会精神、省长袁家军到景宁调研时的指示精神，并研究贯彻落实意见。会议强调，要提高站位、强化担当，坚决扛起建设“重要窗口”的职责使命；要锚定目标、大干快上，奋力夺取经济社会发展高分报表；要以民为本、为民服务，确保与全省同步高水平全面建成小康社会；要志不求易、事不避难，锻造与建设“重要窗口”相匹配的干部队伍。

2020年7月7日，县委常委会会议召开。会议传达学习习近平总书记在中共中央政治局第二十一次集体学习会上的讲话精神，并研究贯彻落实意见；审议通过《关于加强城市基层党建统领城市基层治理的实施意见》《关于创建“模范机关”深化“清廉畲乡”建设的实施意见》《2020年度乡镇（街道）和部门“大赶考”综合考核办法》《中共景宁畲族自治县委关于市委2019年度落实意识形态工作责任制情况重点检查反馈意见的整改方案》；研究部署党政领导包案化解信访积案工作。会议强调，加强城市基层党建统领城市基层治理，是切实强化党对城市工作的领导，推进基层治理能力治理体系现代化的重要抓手。要加强组织领导，理顺工作体制机制；要着眼作用发挥，推动功能有效覆盖；要强化待遇保障，全力夯实工作基础。

2020年8月3日，县委常委会会议暨县委财经委员会第四次会议召开。会议传达学习中央、省委、市委相关会议精神，听取上半年经济运行分析汇报，分析当前经济形势，研究部署下半年工作。会议指出，要坚定发展信心，凝聚奋进力量，一要做好普遍性和特殊性的有机结合，二要做好战术性和战略性的有机结合，三要做好开放性和内生性的有机结合。要坚持“干”字当头,奋力实现全年目标。要在产业培育、优化营商环境、弘扬企业家精神、改革开放、民生保障、改进作风上下功夫，坚决担负起建设全国民族地区全面展示中国特色社会主义制度优越性“重要窗口”的担当使命。

2020年8月13日，县委常委会会议召开。会议传达学习习近平总书记对制止餐饮浪费行为作出的重要指示精神，并研究贯彻落实意见；听取全面从严治党半年主体责任督查情况汇报；审议通过《中共景宁畲族自治县委关于加强和改进新时代党校工作的实施意见》。会议强调，要强化责任担当，以上率下全面落实主体责任；要坚持纲举目张，推动全面从严治党向纵深发展；要狠抓整改落实，确保监督检查取得实效；要坚持党校姓党原则，加强和改进新时代党校工作；要全力推进浙江（景宁）民族干部培训中心建设；要加大保障力度，汇聚起支持党校的建设和发展强大的合力。

2020年8月27日，县委常委会召开会议。会议传达学习习近平总书记在经济社会领域专家座谈会上的重要讲话精神和扎实推进长江三角洲一体化发展座谈会上的重要讲话精神，省委常委会会议暨省推进长江三角洲一体化发展工作领导小组会议精神；听取景宁职业高级中学搬迁工作方案汇报；观看了《长江经济带生态环境警示片》。会议强调，全县上下要把社会期盼、群众智慧、专家意见、基层经验充分吸收到“十四五”规划中，确保“十四五”规划真正成为引领景宁县未来高质量绿色发展的高水平规划；全面掀起融入长江三角洲一体化发展国家战略工作的热潮。会议要求各级各部门增强大局意识，高度重视景宁职高迁建工作。

2020年10月15日，县委常委会会议召开。会议传达学习习近平总书记在广东考察和深圳经济特区建立40周年庆祝大会上的重要讲话精神，并研究贯彻落实意见。会议强调，要聚力聚焦全面深化改革，以“最多跑一次”改革撬动各领域改革，加快推动生态文明、城乡融合、脱贫减贫、民生保障、县域治理等重点领域改革；以更大力度推进开放合作，紧抓和借力“一带一路”、长三角一体化发展、全省“四大建设”、山海协作升级版等契机，全力推动项目建设、产业发展、人才招引、服务共享、基础设施建设等经济社会事业发展；持续赶考奋进，继续发扬“志不求易、事不避难”精神，乘势而上开启现代化建设新征程。

10月23日，县委常委会会议召开。会议传达学习袁家军在丽水调研时的讲话精神，并研究贯彻落实意见。会议强调，要提高站位、统一思想，在深刻把握新阶段新使命新定位中锚定目标方向；主动作为、创新实践，全力以赴推进畲乡景宁高质量绿色发展；实干当先、锐意进取，奋力书写创新实干大赶考的精彩答卷。

2020年11月10日，县委常委会会议召开。会议传达学习省委常委会会议精神，听取全县前三季度经济运行情况，分析当前经济形势，研究部署下阶段工作。会议强调，要坚定信心，把握经济形势长期向好的态势，从全局和战略的高度看清认准大势，全力抢抓发展新机遇，在全省建设“重要窗口”进程中发挥民族自治县独特作用，在新发展格局中努力展现更大作为；冷静分析，看到当前发展面临的困难挑战，深入思考谋划，积极探索实践在高质量发展前提下保持适度快速增长的实现路径，精准施策，对标补短，以更加奋发的赶考状态推进赶超发展；沉着应对，辩证把握危与机，积势蓄势开新局，继续保持“志不求易、事不避难”赶考状态，紧跟节奏抓工作，主动作为抓落实，保质保量抓进度，精益求精抓成效，积小胜为大胜，顺利圆满完成全年经济社会发展目标任务，推动畲乡景宁实现新发展。

2020年12月11日，县委常委会会议召开。会议传达学习推动长江经济带发展领导小组会议精神，并研究部署贯彻落实意见。会议强调，要从践行“两个维护”的政治高度，深入学习贯彻习近平总书记关于长江经济带发展的重要论述，深刻领会把握推动长江经济带高质量发展的主要任务，结合景宁实际对标对表抓好落实，把新发展理念贯穿到景宁高质量绿色发展全过程。主动作为，提高标准，深谋细研下阶段发展思路，结合“十四五”规划编制，坚持生态优先、绿色发展，推动生态产品价值实现，不断提升统筹经济社会发展和生态环境保护的能力和水平，进一步打造人与自然和谐共生的山区现代化样本。

【全县领导干部会议】 2020年1月9日，全县领导干部会议暨年度考核工作会议召开。会间，开展县级领导班子和领导干部年度考核，以及干部选拔任用“一报告两评议”工作。市委常委、县委书记陈重代表县委常委班子作总结报告并作个人述职。市委第十四巡回指导组组长姜波到会指导。

2020年5月29日，全县领导干部会议召开。会议传达学习全国“两会”精神，对全县学习贯彻工作作出部署。会议强调，要慎终如始、持续用力，精准施策抓好疫情防控；抢抓时机、赢得主动，全力以赴推动经济社会发展；改进作风、植根人民，突出重点，坚持保障和改善民生；以干为要、狠抓落实，铆足干劲拼出赶考新作为。

2020年6月19日，全县领导干部会议召开。会议传达贯彻省委十四届七次全体（扩大）会议精神。会议强调，要深入学习贯彻省委全会精神，坚决扛起建设“重要窗口”的使命担当；统筹推进疫情防控和经济社会发展，确保“两手硬、两战赢”；牢固树立宗旨意识，切实维护社会大局和谐稳定；全面加强基层组织建设，不断提升基层党组织的凝聚力、向心力、战斗力。

2020年11月2日，全县领导干部会议召开，会议传达学习中共十九届五中全会精神。

会议强调，学习好、宣传好、贯彻好中共十九届五中全会精神，是当前和今后一个时期的首要政治任务，全县上下要认真学习领会，统筹抓好“十四五”规划编制以及各项重点工作，确保全会确定的各项目标任务在景宁落实落细，汇聚起奋斗“十四五”，奋进新征程的强大合力。要学深悟透、抓好宣传，深入学习贯彻中共十九届五中全会精神；提高站位、深谋细研，高质量抓好“十四五”规划编制；对标对表、务实高效，全面做好年底收官各项工作。

2020年11月20日，全县领导干部会议召开。会议学习传达贯彻省委十四届八次全体（扩大）会议精神，并研究部署贯彻落实意见。会议强调，要学深悟透，迅速掀起学习宣传热潮，把学习宣传贯彻省委全会精神作为当前和今后一个时期的重大政治任务；拉高标杆，全面对标对表贯彻落实，对标对表省委作出的一系列新判断、新要求、新部署，紧密结合景宁实际抓好落实，确保省委各项决策部署在景宁县落地生根；立说立行，全力以赴抓好当前工作，确保如期与全省高水平全面建成小康社会，奋力实现“十三五”圆满收官、“十四五”良好开局。

2020年12月29日，全县领导干部会议召开。会议传达学习中央经济工作会议、全国自治州自治县脱贫攻坚奔小康经验交流现场会、省委经济工作会议和市委四届九次全体（扩大）会议精神，并研究贯彻落实意见。会议强调，要结合景宁实际，深入谋划“十四五”发展和2021年工作；全面做好年末收官各项工作，认真抓好疫情防控、年度考核、村社换届后续工作、民生保障、平安稳定等落实，确保“十三五”圆满收官；当前最重要的是做好防御强寒潮工作，要坚持人民至上、生命至上，加强组织领导、强化协同联动、做好值班值守和信息报送，按照省市部署要求，抓实抓细抓好各项防范措施，确保人民生命财产安全。

【全县党建工作会议】 2020年7月17日，全县城市基层党建统领城市基层治理暨机关党建工作会议召开。会议强调，要认真贯彻落实新时代党的组织路线，全面落实中央、省委、市委关于加强城市基层党建基层治理的新部署新要求，以“志不求易、事不避难”精神推进城市基层党建统领城市基层治理，不断把党的政治优势和组织优势转化为基层治理优势，为把景宁建设成为新时代全国民族地区全面展示中国特色社会主义制度优越性的重要窗口提供坚强保障。（雷心仪）

县委办工作

【概况】 2020年，中共景宁畲族自治县委办公室坚决贯彻落实中央和省委、市委、县委决策部署，紧紧围绕省委建设“重要窗口”新目标新定位，全面厉行“丽水之干”，志不求易、事不避难，扎实履行“服务决策、服务发展、服务落实”职能，全力做好政策研究、办文办会、深化改革、信息宣传、督查督导、档案执法、对台事务等方面工作，为推进县委各项工作落实、助推“诗画畲乡·和美景宁”建设作出应有的努力。

加强信息收集和整理报送，全年共向上报送各类信息1000余条，被省委办公厅录用信息60余条，被市委办公室录用信息700余条，月均在《浙江信息（每日简报）》上刊发一则简讯，2020年度信息录用考核排名、省级采用信息数量均居全市第一。

严把办文办会流程，推行文件分发、传阅、发文、转办等各环节跟踪登记制度。全年发文390件，印发《县委常委、副县长一周工作活动安排》45期，转入文件4800多件。

全年接待各级领导调研考察56批次。办理县委全会、全县工作会议、常委会、常委扩大会议等各类大小会议事务312次。保障党政高清视频会议技术服务88次。

坚持围绕县委中心工作，始终坚持“事事有落实、件件有回音”工作原则，全程跟踪督查督办县委领导批示、媒体曝光和领导调研交办重点问题，有序开展“三服务”活动，持续深入推进基层减负，确保各项督查重点落地落实，切实提升群众整体满意度。2020年，办理县委领导批示228件，交办办理一般公文301件，其中群众来信38件，完成县委主要领导调研交办事项21件；办结“三服务”事项883条，办结率99.09%。

深化“三服务”，以包乡走村、网格走访、结对帮扶、服务破难为举措，做实做好低收入群众增收、村集体经济“消薄”等工作；通过开展调研、帮助群众办实事好事、到联系村购买农产品、认领群众“微心愿”“运一车书去墨脱”捐书活动等形式，画出服务群众最大“同心圆”。

协调全面深化改革，坚持创新引领、改革破难、数字赋能，以数字化改革持续深化“最多跑一次”改革，撬动全领域各方面改革。制定出台《中共景宁畲族自治县委全面深化改革委员会2020年工作要点》《2020年景宁畲族自治县深化“最多跑一次”改革推进“放管服”工作要点》，分解制定111项工作任务、725项具体举措和20项县领导领衔重点改革项目，并抓好协调督促、重点改革、总结推广，推动全县改革工作取得阶段性进展和实质性成效。

严把规范性文件制定关，制定《景宁县党的规范性文件合法例规性审查意见表》，严格做好规范性文件备案审查工作；严格落实责任，制定《2020年度全县党内法规工作考核评价实施方案》，把党内法规工作情况纳入党政领导干部实绩考核范围。

圆满完成新冠肺炎疫情防控、百山祖国家公园创建（景宁区域）、中央环保督查、村（社区）换届选举等重要专题档案的整理和归档工作；成功创建数字档案室75家，积极推动档案数字化转型工作；实现重点档案和“双随机一公开”监管覆盖率100%。

进一步加强涉台文化交流活动。在疫情影响大背景下，采用线上交流等方式与台湾基层组织及相关重点人士开展两岸少数民族文化交流，确保疫情期间交流不间断；完成台联换届工作，选举产生新一届台联会理事，修订并出台《涉台突发公共事件应急预案》《保密制度》《对台工作领导小组及办公室规则》等相关文件。

加强与县新冠肺炎疫情防控指挥部、统战部等部门的沟通衔接，精准监控，做好涉外人员疫情防控工作；全县深化改革委员会第四次会议审议通过《景宁畲族自治县人民对外友好协会改革实施方案》；积极主动开展外事交流活动，为意大利莱西尼亚山区捐赠2万只口罩，成功举办景宁—莱西尼亚友好交流主题活动暨抗疫主题画展和视频连线讲座，推进友城结好。（雷心仪）

组织工作

【概况】 2020年年底，全县有党的基层组织658个。其中，党委56个（直属工委6个，机关党委20个），党总支65个，党支部537个。有党员12392名。其中，乡（镇）、建制村党员7407名，占党员总数的59.78%；机关单位党员4314名，占党员总数的34.81%；女党员2799名，占党员总数的22.59%；少数民族党员1184名，占党员总数的9.56%；研究生学历党员61名，占党员总数的0.49%；大学本科学历党员2696名，占党员总数的21.76%；大学专科学历党员1913名，占党员总数的15.44%；中专学历党员779名，占党员总数的6.29%；高中、中技学历党员1536名，占党员总数的12.40%；初中及以下学历党员5407名，占党员总数的43.63%；35岁及以下的党员2507名，占党员总数的20.23%；36—40岁的党员918名，占党员总数的7.41%；41—50岁党员2712名，占党员总数的21.89%；51—60岁党员2741名，占党员总数的22.12%；61岁以上党员3514名，占党员总数的28.36%。

2020年，制定出台《关于加快集聚人才推动高质量绿色发展的意见》，加大景宁人才培养力度、积极吸引大学生到景宁创业就业、加快引进集聚高层次人才、建强人才集聚平台、优化人才服务保障。同时，制定《科技特派员工作考核办法》，建立与考核评价挂钩的差异化国有企业薪酬分配激励机制，全面整合人才计划、人才项目，有序推动“云上评审”（专业技术职务任职资格申报线上办理）。与中共上海静安区委组织部、上海寰球人力资源有限公司、上海突出贡献专家协会、浙江清华长三院产城融合中心、浙江文化建设研究中心等30余家机构建立战略合作关系。通过创新组建“畲乡智库”和建立“助力畲乡·人才工作室”等措施，全年引进院士2名，国家级人才5名，省级人才16名，博士及以上人才36名。推动企业和各类人才入沪交流500余人，入沪培训3个班次150余人次；促成教育、文化等领域人才到景宁交流、辅导80余人次。景宁接轨上海打通长三角地区人才双向流动工作，得到副省长王文序、市委组织部部长方健忠的肯定，并在全市推广。

举办丽水人才科技峰会景宁分会场活动，开展人才科技项目路演展示、民族地区乡村振兴论坛等系列活动，聚集县内外嘉宾和人才400多人。首次聘请10名高层次人才担任“畲乡智库”成员，签订合作协议3个，引进“绿谷精英”人才项目3个。全面实施“绿谷精英550引才计划”（市级重点推荐的人才项目），全年对接洽谈候选人15名，引进创业类项目1个、创新类项目2个。系统化推进“鸿雁归巢”行动计划（针对景宁籍大学生开展的系列人才招引活动），创新建立长三角地区景宁青年鸿雁联盟、聘请乡贤入选“畲乡智库”，全年引进青年大学生1500多人。其中，硕士

15名,博士2名。整体提升创新平台,创建省级重点农业企业研究院1家;创成畲药产业科技创新服务平台1个,并通过验收;乡镇(街道)建立各类院地合作基地(站点)12个;新增国家级高新技术企业4家、省级科技型中小企业11家。

持续提升人才服务,做好技能人才培训。推进"畲乡英才""畲居管家""畲乡月嫂""畲乡工匠"等本土人才队伍建设。评选出3家畲乡技能大师工作室和3名畲乡首席技师,新建5个省、市名师名医工作室和3个国家非遗大师工作馆。创新推出"云招引""云专家""云培训"(线上招引、线上专家指导、线上培训)助力企业复工复产。举办各类人才培训班近100期,培训人员6000多人次。丰富人才服务活动,全年开展人才沙龙、人才论坛等各类活动28场次。推出"畲乡人才之家"微信小程序,实行评定职称、人才津贴等网上办理。大幅增加人才经费投入,全年累计保障人才工作经费1000多万元,比2019年增加200万元,同比增长25%。组织开展大学生村官(村干部)满6年转事业编制干部考核招聘,完成村干部分流工作。

2020年,继续实行"全域全员大赶考"。制定《全面落实激励关爱一线党员干部和医务工作者在疫情防控中担当作为的十条举措》《关于在新型冠状病毒疫情防控一线考察识别干部的实施方案》,激励干部和医务工作者敢于担当作为。坚持有为才有位,凭实绩用干部。先后提拔重用64名实绩突出干部,将20名年轻干部纳入县管后备干部库。全县选派213名科级领导、优秀年轻干部担任助企服务员,94名离退休干部担任党建指导员,45名卫健人员担任健康指导员,深入重点企业、规模以上企业、重点工程、小微企业,贯彻"助企八条",实施"激励关爱十条",助力疫情防控和复工复产。持续推进复合型青年人才孵化计划。择优选派21名年轻专业人才到乡镇担任乡村振兴专员,15名优秀年轻干部到经济一线部门担任"争先创优"专员;选派34名干部到国家部委、省、市机关部门挂职锻炼;抽调200余名干部到重点项目、信访维稳、招商引资、乡镇基层一线锻炼。实行挂职期满考核,全面提升干部综合素质。

持续推进村社大赶考,按照乡镇(街道)点题和村(社)自主出题相结合的方式,每个村(社)制定3—5个目标,共制定大赶考目标1300多个。村、社大赶考的成绩,作为年度党组织书记"堡垒指数"和村干部"规矩指数"的重要依据。年终评出10个综合工作先进村、9个后进党组织。年度综合工作先进村主职干部的报酬给予2倍标准发放;对后进党组织开展集中整顿。不断完善乡镇党委"责任指数"、村社组织"堡垒指数"、村干部"规矩指数"、基层党员"先锋指数"等"四大考评"体系。合理规范设置指标内容和标准,同时强化结果运用。

创新干部培养模式,举办重点精品班5个、基础轮训班20个。疫情期间,创新推出"云模式"(学员通过网络学习线上课程,之后采用钉钉召开会议的形式),分组开展三次网上学习研讨,结合工作分享学习体会和收获。大胆尝试大班制、组团式教学方法,将270余名优秀年轻干部全员纳入一轮培训,以"大学习”“大调研”“大抓落实”为载体统筹分步培养。紧抓山海协作和融入长三角一体化发展战略契机，开展“百名干部入沪借力”行动。加强与中共上海市委党校、上海静安区合作交流，联合举办景宁融入长三角一体化高质量发展专题研讨班和景宁干部融入长三角一体化能力提升重点精品培训班。制定出台《浙江（景宁）民族干部培训中心现场教学基地管理办法》，深入挖掘资源，打造1个县级党群服务中心、15个县内现场教学基地、若干个县外教学点的“1+15+X”民族干部培训中心基地教学体系。

干部监督工作稳中求进，制定出台《景宁畲族自治县股级干部选拔任用工作实施意见》，进一步规范股级干部任免程序，从严审核把关各乡镇（街道）、机关部门单位的中层干部任免。创新监督方式，建立全年“一月一督查”工作机制，定期落实重点监督内容、监督任务，确保监督事项、监督对象全覆盖，有针对性地开展提醒、函询、诫勉工作。全年开展违规兼职取酬、“吃空饷”问题“回头看”、选人用人等7次专项检查，发现问题13个，谈话提醒5人次。加强党政“一把手”的经济责任审计和干部选拔任用离任检查工作，完成23个单位离任党委（党组）书记的检查，26个单位的离任经济事项交接工作。建立县委巡察机构与县委组织部协作配合机制，制定《关于建立县委巡察机构与县委组织部协作配合机制的意见（试行）》，做到巡前沟通、巡中协作、巡后督办，实现巡察监督与组织监督相互融合、相互监督、共同促进。

持续深化公务员“阳光考录”机制。全年招录54名公务员（包含6名选调生）。有序推进公务员职务与职级并行制度，审核审批综合管理类公务员晋升700余人次。全面推进领导干部数字档案信息化工作，完成第一期科级领导631卷档案数字化。开展国有企事业单位人事档案专项审核全覆盖工作。

全面深化党建绩效评审，通过优化考评指标、深化探索离任审计和离任交接，实现操作更加规范、制度更加健全、体系更加完善的要求，形成党建责任闭环。针对城市基层党建基础薄弱、历史欠账过多等问题，县委组织部牵头协调各部门合力攻坚。在两新领域，新成立实体党组织4个，工作支部转实体支部2个；新组建工作支部2个。全县144个村和社区组织换届选举，实现人选得票历届最高、群众参选历届最多、班子结构历届最优、换届过程历届最稳。突出党员队伍建设，严把党员入口关，制定出台《关于进一步提高发展党员质量的指导意见》，建成入党申请人储备库。2020年，新发展党员中，35岁以下的占比从上年的39.1%优化提升到66.4%；大专以上学历从上年的43%提升至70.1%；初中以下学历从上年的68人降至0人。

2020年，畲乡景宁党群服务中心紧紧围绕“精神家园、学习阵地、党建平台、服务窗口”的定位，打造廉政典型案例警示教育展厅、升级“景宁600”农产品展示区、开设青春直播间，使“服务中心”更加多元化，逐步构建起“党建大平台、城市会客厅、小景宁大窗口”的格局。是年，在原有机关工委入驻办公的基础上，政协委员会客厅、人大代表联络总站、统战之家、民营经济人士之家等先后入驻办公。全年,“服务中心”接待县内外团队910个2.65万余人次,提供会务服务820余场。

2020年,持续发展壮大村级集体经济,盘活闲置资产、资源,GEP(生态产品总值)高质量向GDP转换。毛垟乡苔藓产业助力“消薄”、澄照乡四任书记接力“消薄”、村集体自筹资金入股农商行推进“消薄”、大均乡生态价值转化带动“消薄”。创新运作强村公司,推出“入股金融”消薄项目,16个乡镇26个行政村筹集资金956万元,入股景宁畲族自治县农商银行,助力村级集体经济发展。县兴村富农公司总收入1371万元,分红1084万元,总收入和分红比上年分别增长96%、85%。是年,全县村集体经济总收入达到6172.96万元。其中,经营性收入2833.91万元。全县年总收入达到20万元(经营性收入10万元)的行政村有120个;年总收入超过100万元的行政村有10个;经营性收入超过50万元的村有5个。景宁做活农村闲置三产,推动村级集体经济发展,得到省、市领导的肯定和批示。

【新冠肺炎疫情防控】 2020年,在新冠肺炎疫情防控中,坚持全县一盘棋,积极主动履职,第一时间下发《关于充分发挥战斗堡垒作用和先锋模范作用,坚决打赢疫情防控攻坚战的通知》。并向全县党员干部发布志愿者招募令,统筹调配全县3800余名机关企事业单位干部和2300余名农村党员干部到重要卡口、社区网格、乡村一线开展疫情防控工作;动员流动在外的党员积极发挥先锋模范作用,为家乡捐款捐物。将村干部在疫情防控中的表现,作为考察“一肩挑”人选的重要标准,疫情期间共掌握134名表现优秀的村干部和村后备干部。

【两新党建】 2020年年底,全县有新经济组织(非公有制企业)456家,新社会组织128家。全县两新党组织61个,党员585人。其中,综合党委3个、党总支1个、党支部57个(33个非公企业党支部,24个社会组织党支部)。41个工作支部(13个非公企业工作支部,28个社会组织工作支部)。健全两新工委工作机制。调整6名兼职书记、委员,队伍更趋专业化、年轻化。建立两新组织动态数据库16个,摸排出有员工80人以上的企业适合建党支部的12家。单独新建党支部1个,联合党支部2个,工作支部转实体支部2个。通过改编畲歌、改装“宣传车”、经典影视配音、《比一比,谁是新型肺炎疫情预防知识小达人》小程序测试等创新方式,宣传贯彻疫情防控知识。依托两新组织的行业特点和资源优势,用实际举措支援抗疫一线。组织两新党员、干部参加卡点值守、物资运输、病毒消杀等疫情防控一线工作。激发组织活力,助力复工复产。通过“一名县领导联系+一个联系部门”的结对方式,划定助企责任“包干区”,组建6支人才技能队伍定期下沉走访,助力企业复工复产。做好全县“两新党建”工作指导员选派工作。从经济商务科技、教育、卫健、市场监管、丽景园、街道等部门精心挑选134名部门科级领导及优秀年轻党员干部担任新一轮党建指导员,覆盖非公企业456家、社会组织128家。创新推出驻企“第一书记”。以县经济商务科技局为试点，优选14名局中层干部和优秀党员派往下属两新支部担任“第一书记”。组织部分两新党组织书记（党务干部）赴丽水职业技术学院开展为期4天的培训。完成10个好故事、6个品牌的撰写提炼和讲演。《疫情一线的“深夜食堂”》被评为“最具人气的两新党建好故事”，《打造域外服务品牌 凝聚驻外党员合力》被评为“丽水市两新党建工作品牌”，《“红色微基金”激活党建内动力》被评为“丽水市两新党组织品牌”。5名党员参加“两新好故事”演讲，均获三等奖。按照“双强六好”（发展强、党建强，生产经营好、企业文化好、劳动关系好、党组织班子好、党员队伍好、社会反映好）要求，培育驻云和支部等6个两新组织党建示范点。完成鹤溪街道非公企业联合党支部等2个后进党支部的整改工作。

【机关党建】 2020年，景宁畲族自治县机关党建紧扣“围绕中心、建设队伍、服务群众”的指导思想，建设“清廉畲乡”，创建“模范机关”。持续推进县委机关工委做好机构改革后半篇文章，配齐配强班子成员，着力构建“大党建”格局。2020年年底，县委机关工委下辖5个部门党委，21个机关党委，3个党总支，37个党支部。共有党员4080人。全年发展党员60人，确定入党积极分子120人，组织培训3期180人次。在新冠肺炎疫情背景下，以打好打赢“两战”为重点，第一时间建立工作制度、成立各类突击队。全县4200余名机关单位党员参与村（社区）联防联控，有15个机关基层党组织和125人次分别受到省、市、县表彰。复工复产时期，选派320余名机关党员干部下沉一线担任驻企指导员。7月，县委下发《关于创建“模范机关”深化“清廉畲乡”建设的实施意见》，推动“模范机关”创建向纵深推进。结合全县机构改革和行政村规模调整，进一步深化结对共建工作。机关基层党组织与全县136个村级党组织全覆盖结对共建，创造性开展“三服务”工作。机关单位在职党员、干部、职工5000余人到居住地社区报到，结合个人特长加入特定志愿服务队，为社区治理注入新鲜血液。

2020年，每月开展“互看互学互比互促”活动，抽调部分党务干部组成督查组，对机关党组织开展党建业务“把脉会诊”。每季度开展基层党建工作通报点评，各单位现场贴牌，县委书记面对面点评，倒逼党委（党组）落实主体责任。是年，评出优胜党组织12个，落后党组织6个。升级“小支部联盟”模式，探索推出“党建方阵”。把党员数20人以内的党组织按照地域相近、职责相似、归口管理等原则组建党支部，有效提升小支部的党建工作。

【城市基层党建】 2020年，景宁畲族自治县城市基层党建以疫情防控为契机，着眼“补短板、强弱项、攻难题、创品牌”的目标定位，制定出台《关于加强城市基层党建统领城市基层治理的实施意见》，搭建“街道大工委—社区大党委—网格或小区党支部—楼栋或片区党小组”四级组织体系。建立网格服务党支部42个、楼栋党小组150个、志愿服务队64个，推选楼栋长642名。深入开展城市基层党建“补短攻坚季”行动，对8个社区党群服务中心进行改造提升，全面落实社区工作经费和服务群众专项经费。着力充实社区力量，按照“6+1”（6个专职社区工作者，1个专职党务工作者）的标准配齐社区专职工作者，参照机关单位职工标准落实带薪年休假、职工疗休养等待遇。全面推行县直机关党员、干部、职工进社区报到服务制度。深入打造“一社区一品牌”“社区大妈有话说”“老叶工作室”“楼栋老娘舅”“爱心裁缝铺”等志愿服务队伍。

出台《关于建立干部荣誉退休制度的通知》，为13名曾经担任过县管领导的退休干部举办荣退仪式。提出“五统一融”（党的建设统一指导、政治学习统一安排、活动阵地统一使用、发挥作用统一平台、待遇落实统一督查，积极主动融入城市基层党建等县委、县政府中心工作）工作模式，具体做法先后在省委老干部局公众号“经验介绍”栏目和《共产党员离退休党建》杂志“亮点”栏目刊发，并在全市老干部工作会议上作典型发言。做细做实关心下一代工作，全年资助困难大学生182人，困难中小学生236人，筹集社会爱心资金150万元和爱心物资约35万元。一山绿色实业有限公司总经理苏子牛荣获“浙江省青少年英才‘双带’农村青年人才”称号。

【村（社）组织换届】 2020年，又稳又好完成村、社组织换届。紧扣“五好两确保”（选出忠诚担当好头雁、堪当重任好班子、创业奋进好气象、风清气正好生态、干群齐心好局面，确保换届过程平稳、确保换届后高效运转）目标，按照“五上五下”把好“一肩挑”人选质量关。全县136个村和8个社区选举产生新一届村社“两委”班子成员916人。村社党组织和村（居）委会选举平均参选率分别为99.71%、97.61%，“一肩挑”人选，在选党组织委员和村委会主任时平均得票率达到95.78%、94.74%，新一届村“两委”班子平均年龄46.3岁，大专以上学历占28.9%。其中，村党组织书记平均年龄48.9岁，大专及以上学历占47.6%。在换届工作中，坚持“干中换、换中干”，全面推行“张榜招贤”，探索开展揭榜人“胜任指数”考评。引导外出创业人员、产业带头人和青年大学生进村级班子497人。同时，聚焦“开门一件事”，全县累计领办147件；毛垟乡毛垟村入选省级“开门一件事”最佳实践案例。

【党建宣传工作】 2020年，景宁畲族自治县党建工作在中央、省委党建电视栏目新闻及专题播出35期。其中，《绿色发展立榜样 畲乡人民奔小康》在中组部《共产党员》栏目上专题报道；电教片《大山里的接力》作为《“消薄”路上》系列片荣获微视频二等奖和“最佳策划”作品，供全省党员教育电视片观摩交流；《行走在云顶塔尖》作为《一个人、一辈子、一件事》系列片荣获微视频三等奖。（县委组织部）

宣传工作

【概况】 2020年，县委宣传部精心策划，开展中国共产党第十九届五中全会精神、《习近平谈治国理政》第三卷、中共中央总书记习近平在浙江考察时重要讲话精神等专题学习研讨会5场，举办县委理论中心组学习会24场。举办人文大讲堂6场，受众达8.8万人次。深入开展智库课题研究。其中,《民族山区易地扶贫开发模式的实践探索》入选浙江省"县域'高质量绿色发展'十大提名案例"。组建"畲青年"宣讲团,开展线上线下宣讲200余场,在中国畲乡App、学习强国推送理论宣讲短视频、H5(广告的一种表现形式)等52个,受众10万余人,让青年成为新时代"堂前燕"(将青年比喻成家中的燕子,把党的理论传播到家家户户)。做法得到省委宣传部肯定和点赞。

2020年,策划决胜全面小康、决战脱贫攻坚,"两手硬、两战赢"等重大主题宣传。下发新闻宣传提示55期,指导推出宣传专栏100余个,筑起"战疫""战贫"最大同心圆。全年,在《人民日报》、新华社等中央、省级主流媒体宣传报道600余篇。其中,6次上央视《新闻联播》,创历史新高。2020年宣传工作信息、舆情信息位列全市前三。"学习强国"录用160篇,较上年增长400%,走在全市前列。

实施主流移动传播平台,优化提升县级媒体移动矩阵,全面开启公益直播助农助企新模式。指导"畲视频"品牌建设,产生一批刷屏融媒体产品。其中,畲视频《别让水花溅"湿"你的文明》在抖音平台播放量1.4亿次,创历史新高。牵头开展"助农助企、促进消费"公益直播工作;开展公益带货直播12场。东方卫视《我们在行动》走进景宁。借助明星和直播间超大流量,打造"综艺+电商直播"新模式,直播带货销售农产品,销售额8000多万元。

围绕省委巡视回头看、市委意识形态督查反馈和提级交叉巡察反馈的问题建议,逐条逐项抓好整改落实。2020年7月,由县委常委亲自带队,开展全县全面从严治党主体责任落实情况专项督查,共梳理反馈问题150个。加快推进"瞭望哨"工程建设。在重点县直部门和21个乡镇(街道)建立"哨所",构建纵向"县、乡、村"三级"瞭望哨"网格,设置"网络哨兵"100余人,形成一体化治理、源头治理、系统治理、协同治理的网络治理新格局。坚持24小时网络值守,全年监测涉疫负面舆情200多条,处理负面舆情80余起,确保网络信息安全事件"零"发生。

推出云享"中国畲乡三月三"活动,网络直播总播放量3000万次。推进畲族文化总部建设,挖掘、保护、传承畲族传统民族文化,起草畲族文化发展五年行动计划。大型民族歌舞剧《畲山黎明》成功首演,并代表浙江省参加第六届全国少数民族文艺会演。2020年,"三月三"广场、山哈大剧院、东弄畲家田园综合体等重点畲族文化项目的建设有序推进。加强对澄照蓝氏文化体验中心展陈布置、畲乡古城业植入畲族文化体验项目、环敕木山畲族风情旅游观光带等项目的指导,推动各类畲族特色文化项目落地,赋予畲族文化总部更多元、更丰富的文化内涵。

编制完成《景宁县城文明程度测评体系(2020版)》。召开全县创建"全国文明城市"动员会。撬动全县创建力量,推进全县创建文明县城活动。全县新建农村文化礼堂15家。开展"垃圾分类、文明就餐、文明出行"大型宣传推广活动15场。开展"春泥计划""关爱小候鸟"等活动,全面推进未成年人思想道德建设。

【云享"中国畲乡三月三"】 2020年,面对突如其来的新冠肺炎疫情,及时调整举办畲族节日“三月三”的思路和模式。通过“云上”歌会,“云享”畲味、“云游”畲景、“云赏”畲艺、“云购”畲品等形式开展“三月三”活动。利用互联网信息技术,搭建“云平台”,实现“可享、可观、可玩、可购”的目的,共享诗画畲乡的风土人情。确保在疫情期间满足群众对精神文化生活的需求,足不出户体验畲族“三月三”的独特魅力。线上直播浏览量高达1242万次,点击人数近30万人次。

【新时代文明实践智慧管理云时代开启】 2020年,景宁畲族自治县全速推进“大数据+新时代文明实践”建设。制定《景宁畲族自治县新时代文明实践智慧化管理平台建设方案》,并完成“大数据”项目招投标工作;委托景宁华数开展四级工作体系(县实践中心、乡镇实践所、村社实践站 、城乡实践点)实体化建设和中心管控平台设计。完成21个实践所、34个文化礼堂设备提升,借力电视端、电脑端、手机端、大屏端、应急广播、触摸屏终端平台,形成“中心—所—站”(县文明实践中心、乡镇实践所、村社实践站)三级体系“24小时”在线调控,资源一键跨区域共享。可视端中,县域范围内五星级文化礼堂、社区活动中心、慢直播书屋、文化广场尽收眼底。手机端以“中国畲乡”App(景宁融媒)为载体,设计规划新时代文明实践界面,下设三大功能版面,全方位展示畲乡风采,直接链接“志愿汇”(在共青团中央指导下建设,为契合青年使用习惯而升级推出的“志愿中国”信息系统移动客户端)平台,为畲乡小园丁志愿服务(景宁志愿者服务活动)注册、打卡开通“绿色通道”。 (刘 鸿)

统战工作

【概况】 2020年,中共景宁畲族自治县委统战部(以下简称县委统战部)推出“党建+”社团活动工作机制,县委统战部机关党支部牵手9个统战社团,通过每月“牵手一个社团、组织一次学习、开展一场交流、举办一项活动、团结一批骨干”的“五个一”工作机制,增进统战社团的向心力。举办2020年统一战线读书会和少数民族干部、党外干部培训班,开展“学习提升年、作风转变年、工作规范年、履职担当年”活动。

加强党外干部队伍建设,对党外干部开展走访调研、谈心谈话。民进景宁支部新发展会员8人,会员人数增加到30人,民进景宁支部升格为民进景宁总支部。在道化村推进民进支部和党外知识分子思想教育基地打造,在县人民医院开展党外知识分子实践创新基地建设,充分利用阵地平台开展学习宣讲、社会公益、联络联谊等活动,不断扩大“同心”工作站品牌影响力。围绕“以制度治理现代化推进县域治理现代化”开展专项民主监督,召开党外人士情况通报会,促进党外人士履职尽责。

加强乡贤联络,助力乡村振兴。积极开展“五好”组织创建,创建英川镇、渤海镇、大地乡等一批“五好”乡贤联谊组织。2020年全县新增乡贤回归项目6个,总投资额8100万元。完善乡贤数据库,开展新乡贤典型宣传。召开乡情恳谈会、乡贤工作推进会,发出乡贤回乡倡议,吸引乡贤回乡,积极引导乡贤参与基层社会治理，乡贤在村（社）换届等工作中发挥积极作用。景宁乡贤工作的做法在浙江电视台播出。

以“强信心、保增长”和“生态健康发展”为主题连续开展两期“政企恳谈会”。深化开展民营经济人士教育培训活动，举办超市实务培训班，开通“向企”法律服务平台，提升司法咨询、维权保护、案件办理等方面的服务质量。开展“调研破解难题、深化三服务”活动，走访民营企业75家、商会组织15家，召开企业座谈会7场，发放调研问卷105份，宣传解读惠企政策6批次。认真开展“浙商青蓝接力”工程，9名企业家（新的社会阶层人士）到县直部门挂职，与海宁、海盐两地的新生代企业家相互走访交流。

【新冠肺炎疫情防控】 2020年，新冠肺炎疫情防控期间，全县统一战线成员积极行动，一手抓网格疫情防控和防疫物资筹集，一手抓侨情排摸和侨胞安抚工作。认真开展乡情、侨情数据排摸，在预申报平台录入境外人员数据1991条。建立涉侨重点人士资料库10个，涉侨企业资料库7个，海外华文学校1家。2020年，统战系统共筹集各类防护物资65万件（只），捐款167万余元。开展“同心抗疫情、全力助发展”联企复工复产工作，筹集口罩等物资捐赠企业，助力企业复工复产。开展劝侨安侨助侨，做好境外人员入丽入景预先知等智控工作。

【“党派社团服务月”启动仪式】 2020年6月12日，全县统战系统在党群服务中心举行“党派社团服务月”启动仪式，统战系统全体干部和党派社团负责人参加。

【“中国直播达人·同心荟”直播培训实践基地落户景宁】 2020年，县委统战部在抓好全省民族乡村振兴“双百村结对行动”基础上，用好杭州市江干区、滨江区等发达地区资源，经过前期对接，“中国直播达人·同心荟”直播培训实践基地于8月20日落户景宁。筹集资金10万元，在县党群服务中心建立直播间，开展网红培训；利用网红直播等方式，加大对景宁资源、农特产品的推介。中国新闻网、浙江新闻客户端、杭州网等媒体进行报道。（沈才来）

信访工作

【概况】 2020年，全县受理群众信访事项4377件次，同比下降9%。其中，受理来访150批526人次，同比下降15.8%；受理来信213件，同比下降19%；受理12345来电2971件，同比增长38%；受理网上投诉1043件，同比下降51%。完成全国和地方各级“两会”、国家扶贫日浙江主场活动、浙江省民族乡村振兴示范建设推进现场会、世界互联网大会等26场国家、省、市、县重大活动期间的护航任务。实现无进京扰序、无群体性事件发生、无因工作不到位引发的新矛盾。县信访局周伟明获省一星“平安金鼎”荣誉。

2020年，开展“百名领导干部下访接访化积案行动”，每天安排1名县领导到矛盾调解中心坐班接访，及时化解群众急、难、愁、盼问题。县领导共接待群众来访56批128人次。全年,信访局召开各类信访问题协调会96次,召开信访工作联席会议12次,化解各类积案119件,化解率79.3%。

2020年,整合县级综治中心、人民来访接待中心、诉讼服务中心、公共法律服务中心等8个线下线上工作平台集中于县社会矛盾纠纷调处化解中心办公,建立无差别(群众来访统一登记)受理窗口、品牌调解室、诉调对接室、心理服务室等20余个职能工作室,推进社会矛盾纠纷化解"最多跑一地"。县社会矛盾纠纷调处化解中心全年受理各类群众诉求3198件,办结率99.6%。其中,来访化解323件,同比下降54.3%;法院诉前调解1653件,同比增长179.7%;人民调解446件,同比增长23%;法律咨询613件,同比增长16%;劳动人事争议调解163件,同比增长36.7%。 (张阿滨)

巡察工作

【概况】 2020年,县委巡察机构按照全覆盖要求,综合运用常规、专项、提级、交叉等巡察方式开展巡察工作。4月初至5月底,开展九届县委第七轮巡察,共派出4个巡察组,对县信访局、县交通运输局、县医疗保障局、县综合行政执法局、县交通发展投资有限公司、鹤溪街道、大漈乡等7家单位党组织开展巡察。7月下旬至9月下旬,开展九届县委第八轮巡察,共派出4个巡察组,对县档案馆、县自然资源和规划局、县文化和广电旅游体育局、县交通运输发展中心、县旅游开发有限公司、大均乡、家地乡等7家单位党组织开展常规巡察。11月中旬至2021年1月中旬,开展九届县委第九轮巡察,共派出4个巡察组对县老干部服务中心、县人力资源和社会保障局、千峡湖景宁县保护与开发管理中心、县行政服务中心、县红十字会、丽水市住房公积金管理中心景宁分中心、县国有资产投资经营有限公司等7家单位党组织开展巡察。4月20日至5月19日,交叉(提级)巡察组对县委统战部开展巡察。7月27日至8月26日,市委提级(交叉)第九巡察组对县委宣传部开展巡察。11月20日至12月20日,交叉(提级)巡察组对县审计局开展巡察。县委第一巡察组赴松阳提级交叉巡察松阳县委宣传部,县委第四巡察组赴莲都区提级交叉巡察莲都区委统战部,县委第四巡察组赴庆元县提级交叉巡察庆元县经济合作中心。8月,县委巡察办副主任袁奕林抽调参加为期半个月的十四届省委第十轮巡视工作。9月至12月,县委巡察办主任严家远抽调参加十九届中央第六轮巡视工作。

在"一体化"监督体系构建中凝聚巡察监督合力。5月11日,与县委审计委员会办公室联合发布《景宁畲族自治县巡察监督与审计监督联动工作机制(试行)》。11月19日,与县委组织部联合发布《关于建立县委巡察机构与县委组织部协作配合机制的意见(试行)》。通过推动巡察监督、纪律监督、监察监督、派驻监督、审计监督等贯通联动,提升发现问题的能力。

落实"三反馈、一约谈、两报告"巡察整改责任机制,做实巡察整改后半篇文章。5月,县委书记专题会议成员分别约谈提级（交叉）及第六轮巡察的9家单位党组织负责人；9月，县委书记专题会议成员分别约谈提级（交叉）及第七轮巡察的8家单位党组织负责人；11月下旬，县委书记专题会议成员分别约谈提级（交叉）及第八轮巡察的8家单位党组织负责人。严格落实《丽水市巡察整改全过程监督责任清单（试行）》（丽委办发〔2020〕23号）文件精神，从巡察整改方案开始，组织五方联审，落实清单要求，在县委巡察工作领导小组统一领导下，形成纪检监察机关、组织部、派驻机构、巡察办、巡察组的整改日常监督合力，提升巡察整改成效，全年共开展“五方联审”2次。

3月，4个县委巡察组对九届县委第四轮巡察的县财政局、县文联、毛垟乡、县民宗局、县住建局、县城发公司、红星街道办事处、县工商联共8家单位的巡察整改落实情况开展回访检查和量化评估，通过责任再压实，督促落实整改主体责任，充分发挥政治巡察推动改革、促进发展作用。

2020年，九届县委共对72家乡镇（部门）党委（党组）、140家村（居）党组织开展政治巡察，累计完成规划任务数的78.26%和97.22%。前八轮共发现问题5694个，移交问题线索144条，完成核实132条，立案103人，给予党纪政务处分99人，留置4人，直接移送司法机关审查起诉3人，充分彰显了巡察利剑作用。

【第六轮巡察共性问题交办】 2020年3月11日，召开九届县委第六轮巡察共性问题交办会。县委常委、纪委书记、监委主任、县委巡察工作领导小组常务副组长叶龙标对九届县委第六轮巡察发现的21个共性问题向11家责任单位进行逐一交办，11家责任单位现场签收交办单。县委副书记、县长钟海燕就抓好共性问题整改工作强调三点意见：准确把握巡察问题整改落实的严肃性和重要性，切实抓好巡察问题整改落实，强化监督确保巡察问题整改落实到位。

【农民专业合作社（家庭农场）专项巡察】 2020年4月至7月，县委第五巡察组对全县农民专业合作社（家庭农场）开展专项巡察。本次专项巡察以乡镇（街道）合作社（家庭农场）自查自纠工作成果为基础，乡镇（街道）填报自查自纠情况表并形成自查自纠工作报告，巡察组与巡察办共同听取21个乡镇（街道）对享受过补助的合作社（家庭农场）的情况汇报，最终确定143家（合作社85家，家庭农场56家，其他2家）为重点巡察对象。此次专项巡察，共发现问题19个，退回补助资金18.83万元，协调注销“空壳社”139家、“空壳家庭农场”62家，并形成了全县农民专业合作社（家庭农场）专项巡察调研报告。（刘马华）

党校工作

【概况】 2020年，中共景宁畲族自治县委出台《中共景宁畲族自治县委关于加强和改进新时代党校工作的实施意见》（景委发〔2020〕17号），进一步明确党校办学目标和任务要求，为党校事业发展描绘新蓝图、提供根本保障。县委领导班子成员以专题调研、与学员座谈交流、召开党校工作专题会等多种形式参与党校办学。市委常委、县委书记陈重,县委副书记、县长钟海燕,县委常委潘伟、王益等领导先后到县委党校为学员授课。

2020年,县委党校以习近平新时代中国特色社会主义思想和习近平关于党校办学治校系列重要指示为指引,认真贯彻落实《中国共产党党校(行政学院)工作条例》《中共景宁畲族自治县委关于加强和改进新时代党校工作的实施意见》,多措并举推动新时代党校事业发展。紧紧围绕新时代干部培训教育重大课题,全面创新干部教育培训工作,打磨7个精品班次,进一步增强中青年干部培训力度,精心搭建学习、锻炼和成长平台。通过专题教学、实地调研、社会实践等多种形式相结合的方式,增强学习效果,系统推进优秀中青年干部成长。同时,向浙江省委党校、上海市委党校、上海静安区委党校选送干部参加异地培训。全年,举办各类班次26期,培训学员3179人次。

严格落实"在主体班次中安排足够时间开展理论教育和党性教育"的要求,把党建理论、党史知识和党风廉政建设要求等党性理论教育融入全课程,全年党性教育和理论教育课时数占总课时的70%以上。着力构建畲乡专属课程新体系。依托省市县师资资源,结合浙江(景宁)民族干部培训中心,着力开发以"浙西南革命精神""畲族忠勇精神传承与发展""景宁600""创新实干大赶考"等为主要内容的红色党性教育课程、民生统筹发展课程、绿色生态发展课程、改革创新发展课程和民族文化传承课程。加强教学模式创新,采取专题教学、体验式教学、现场教学、访谈式教学、情景式教学等灵活多样的教学模式,着力构建具有鲜明马克思主义理论阵地优势、畲乡特色、党校(行政学校)属性的课程体系。着力打造干部现场教学新阵地。通过组建工作专班,优化和完善教学方案和服务保障体系,推动教学基地建设不断提升,形成干部教育现场教学基地体系。先后创建市级以上干部现场教学基地6个、县级10个。全年,各现场教学基地累计接待学员797批次,33833人次。

2020年,县委党校紧扣县委、县政府中心工作、重大决策部署、经济社会发展的热点难点问题开展调查研究。完成调研、学术文章25篇。省、市、县课题立项、结题39项,获各类科研奖励36项。其中,获省级奖4项。围绕县委、县政府中心工作积极建言献策。编辑送阅件17篇;通过"两代表一委员"、《社科要报》等平台建言咨政11篇次。组织教师参与编写《新时代"大赶考"——浙江景宁的干部动员与治理实践》和《智库报告—浙江省社会科学决策咨询成果汇编》。《景宁县:民族山区异地"造血式"扶贫开发模式》成为丽水市唯一入选浙江省第二届高质量发展智库论坛的案例,并入选中央党校精编案例。

出台《关于实施科研调研月和科研调研日制度的决定》《中共景宁县委党校科研工作年度考核办法》《关于专业技术人才政府岗位津贴推荐对象量化考核的指导意见》等多项制度,并严格落实相关激励奖励制度,形成系统的科研工作管理办法。出台《景宁县委党校教职工全员培训制度》，并通过比学赶超，锤炼“名师名课”等教学活动，健全青年教师培养机制，帮助年轻教师迅速成长。全年选派教师外出参加培训 23 人次，培训率 100%；利用跟班培训的学习机会，选派教师外出学习考察 16 人次。壮大兼职教师队伍，聘请 20 名领导干部、专家为兼职教师。同时，根据实际需求，邀请省、市、各行业的知名专家授课。通过多种方式集体备课，从课程主体、内容板块，到宣讲逻辑、展开方式，以及具体观点、案例数据等，反复研讨、修改、打磨，最终形成标准课程。通过“进机关、进企业、进农村、进社区、进学校”等形式，深入基层开展党课理论宣讲活动。全年宣讲 55 场次，听众 3895 人次。

2020 年，县委党校每个教室均配多媒体设备，每个办公室配备信息化办公设备，所有教师配备笔记本电脑。门户网站“景宁党校网”运行正常。同时积极参与省委党校“红色学府网”、市委党校智慧党校平台建设，实现信息资源共建共享。完成网站程序功能升级 2 次，新增、改进、修复网站前后台功能 7 项，完成网站备案工作 2 次，处理病毒感染 2 次，参加全市网络安全演练活动 1 次。及时更新党校网站内容，全年刊发网文 190 篇、工作图片130 余张、视频 7 个；微信公众号发布信息 130 余条，市委党校网站刊发信息 34 篇。按照景宁新冠疫情防控指挥部要求，任务到岗、责任到人，做好单位小门值守，做好结对网格区块（沐鹤小区）的防疫工作，制定培训班次的疫情防控制度，及时购置防疫物资，定时对办公楼教学楼进行消毒，全力做好常态化疫情防控各项工作。2020 年，县委党校被评为丽水市党校工作考核综合先进单位。

【县委党校新校区建设】 中共景宁畲族自治县委党校新校区建设含教学综合楼、报告厅、图书信息中心、学员公寓、学员餐厅等项目建设，总投资 1.65 亿元，占地面积 2.2 公顷，建筑面积 22600 平方米。2020 年，完成投资 4400 万元。（刘晓云）

老干部工作

【概况】 2020 年，县老干部服务中心守正创新，开拓进取，在推行“离退统管”改革的基础上，整合县关工委事业职能，在全市率先构建“离退统管”“老少共建”新格局。探索“五统一融”（党的建设统一指导、政治学习统一安排、活动阵地统一使用、发挥作用统一平台、待遇落实统一督查，推进离退休干部党建融入城市基层党建中心工作）老干部工作新模式省级标杆。该做法先后在《共产党员离退休党建》第 9 期杂志板块上和浙江省老干部微信公众号《经验介绍》栏目上发表，得到省委老干部局副局长施建荣的点赞肯定，被评为全省老干部系统十佳信息。同时，作为典型在丽水市老干部工作会议上进行经验交流发言。

2020 年，通过开展“一读三谈”（读习近平在浙江考察时重要讲话，谈学习体会、谈永葆初心、谈作用发挥）主题党日、“辉煌久久，为党庆生”、党性教育等活动和举办老干部读书会、退休党支部书记培训班等形式，探索“银廉”品牌，选育示范党支部，加强离退休干部思想政治教育，强化离退休干部意识形态工作。7月，成立银耀畲乡志愿服务总队，引导老干部在抗击新冠肺炎疫情、助力"聚力产业培育、决胜全面小康、创新县域治理"中，树立有价值的养老理念。2020年，全面推行"七个一"(组织一次专题谈话、举办一场退休仪式、安排一次服务对接、推荐一批服务平台、举办一次研习培训、开展一次初心教育、建立一项沟通机制)干部荣退制度，温馨暖心传递组织对干部的关心、爱护和尊重，健全干部管理闭环体系(省委老干部局提出干部在工作和退休之间要做好衔接工作)，增强干部退休的荣誉感、归属感和使命感，得到干部广泛好评。

坚持立德树人，彰显老少和谐融入特色。开展"五老"(老干部、老战士、老专家、老教师、老模范)进国学基地、青年发展中心(景宁青少年事务发展中心，简称青发中心)等地开展公益普法教育活动，干部进社区帮扶留守儿童，进培智学校送温暖，组织"五老"进油茶、多肉等基地面对面指导，助力复工复产。疫情期间送手机助力困难学生"停课不停学"；全年争取对接爱心企业10家、爱心人士52人。筹集助学资金(物资)185万元，资助困难学生418人。2020年，成功推选全国关心下一代先进工作者雷木森、全国离退休干部先进个人任启年、"浙江省青少年英才·'双带'农村青年人才"(带头致富、带领群众共同致富)苏子牛等一批国家级或省级先进人物。

老年大学加装电梯、更新教学设施、扩建室外活动场所、调整总体布局，打造"文化养老"窗口。疫情期间，坚持"停课不停学"。联合中国老年大学协会，设立"空中课堂"；与县职高合作开设"第二课堂"。编发《畲乡老干部》季刊，展示学习活动成果，每期录用老干部稿件80余篇。开展"抗疫""清廉"等主题书画摄影展、红石展。展出书画摄影作品230余幅、奇石100余块；创作诗词文赋作品1500余篇幅。举办全县老干部门球、地掷球、气排球等体育竞技赛；开展百名老干部"走基层、看变化、促发展"活动、离休干部秋游活动、红色基地研学活动。（潘明义）

景宁畲族自治县人民代表大会

综　述

【概况】 2020年，县人大及其常委会依据宪法和法律赋予的职责，认真贯彻落实上级人大和县委文件精神及决策部署，依法对“一府一委两院”工作开展监督。一年来，召开常委会会议10次、党组会议15次、主任会议15次；听取和审议专项工作报告18项，作出决议决定5项；任免国家机关工作人员89人次，年度履职满意度测评局长22名，履职评议检察官3名，拟任人员任前法律知识考试17名，新任命国家工作人员宪法宣誓42名；办理人民群众来信来访24件69人次；备案审查规范性文件36件、疫情防控行政管理措施51件，规范性文件备案审查工作首次列入县人代会议程；编印《景宁人大》4期，赠阅2200份；依法辞去和自行终止县人大代表资格11名，补选县人大代表11名；办理县代表书面建议139件，审议发言意见161条，代表对建议答复满意率100%；完成19个乡镇（街道）代表联络站规范化建设并在县党群服务中心设立人大代表联络“总站”；在全国、省、市新闻媒体和刊物上发表宣传信息260余篇，宣传信息工作获全市一等奖。

2020年，县人大常委会围绕全县中心工作和人民群众普遍关心的问题，先后对全县新型冠状病毒感染的肺炎疫情防控和复工复产情况、移民后期扶持政策落实工作、“十三五”规划纲要执行及“十四五”规划纲要编制情况、民族工作、野生动物保护工作、“最多跑一地”改革工作、国有资产管理、数字经济发展情况等工作开展调研；对动物防疫和野生动物保护“两法两条例两决定”、大气污染防治“一法一条例”、公共文化服务保障“一法一条例”、宗教事务法规在景宁贯彻落实情况进行执法检查；依法对2019年度国民经济和社会发展计划、财政预算执行情况，2020年计划、预算编制情况审查；2020年上半年国民经济和社会发展计划、2019年财政决算及2020年上半年财政预算执行情况开展审查监督；专题视察体育中心项目建设、民族医院搬迁、县域医共体建设等重点项目和民生实事完成情况。全面完成《浙江省景宁畲族自治县自治条例》《景宁畲族自治县水资源管理条例》修改和《景宁畲族自治县荣誉市民条例》起草工作；出台景宁畲族自治县《街道工作委员会工作规则》《街道居民议事会议事规则》。“高质量立法赋能高质量绿色发展”的实践入选《法治浙江“重要窗口”实践100例》；《促进惠明茶产业发展条例》入选丽水市首届“十大法治事件”；“人大代表三民工作”（民生实事代表票决、民事纠纷代表协商、乡风民情代表恳谈）获第二届浙江人大工作与时俱进奖；景宁代表“审议发言意见”办理的做法在《丽水人大》关注栏目专题播出。县人大常委会在全国少数民族自治县（旗）人大工作联席会第二十二次会议上被确定为联席会秘书长单位。

【新冠肺炎疫情防控】 2020年，面对新冠肺炎疫情的严峻考验，县人大常委会统筹推进疫情防控和经济社会发展，成立疫情防控领导小组，建立疫情防控专班，做好鹤溪街道14个网格的疫情防控督导和商业网格疫情防控工作。对县政府报备的51件关于疫情防控方面的临时性应急行政管理措施进行审查，与县政府及疫情防控指挥部等部门沟通协调20多次，连续54天向县防指办上报县人大常委会机关每日健康监测表和相关任务反馈单，精心编印15期疫情防控工作简报。同时，深入调研疫情防控和复工复产情况，走访服务联系企业和重点项目，推动惠企帮扶政策落地落实落细，有效推动复工复产和企稳回升。号召和发动1000多名各级人大代表发挥自身优势、深入战疫一线、积极献计献策，投身疫情防控和复工复产工作。

【复工复产情况调研】 根据市、县联动监督计划安排，2020年2月至3月，县人大常委会副主任夏培玲、余晓军分别带领调研组，深入相关部门、乡镇（街道）、企业、网格等，通过实地走访、现场检查、个别交谈等方式，较为全面地了解全县复工复产情况。梳理出新冠肺炎疫情防控形势不断变化中和复工复产过程中出现的问题及公共卫生防疫体系存在的薄弱环节，提出加强宣传引导、提高公共卫生服务水平、深入推进复工复产等三方面建议，助推全年经济社会发展目标任务顺利完成。

【数字经济发展情况调研】 2020年4月至5月，根据省、市、县三级联动监督要求，县人大常委会副主任余晓军带领调研组，通过实地调研和座谈，了解景宁数字经济发展状况。根据调研中发现的全县数字经济发展步伐不够快、缺乏高端行业支撑、发展基础较为薄弱、部门职责不够明确等问题，提出落实“一号工程”，实现数字经济跨越发展；强化创新领引，推进数字经济高质量发展；加强项目谋划，推进数字基础设施建设；提升政务服务，优化数字经济发展环境等建议。推动政府加快实施数字经济“一号工程”，出台《景宁畲族自治县通讯基站专项计划（2019—2025）》，推进实施5G网络建设，壮大数字经济产业，努力打造民族地区数字化应用先行区。

【促成出台自治法规实施办法】 为保障《景宁畲族自治县促进惠明茶产业发展条例》的有效实施，县人大常委会督促县人民政府于2020

年5月9日出台《景宁畲族自治县促进惠明茶产业发展条例实施办法》。该实施办法是景宁第一份针对自治法规的配套规范性文件，共八章三十九条，对条例的内容进行了具体化，规定大力实施惠明茶种植质量和加工品质提升工程，拉长茶产业链，赋予惠明茶“高山云雾茶+有机茶+禅茶”的品质内涵，让其成为“景宁600”区域的龙头品牌和拳头产品。县政府成立惠明茶产业发展领导小组，下设惠明茶产业发展办公室。

【野生动物保护工作情况专题调研】 2020年5月，县人大常委会副主任吴昌亮带领调研组，对全县野生动物保护工作情况进行专题调研。针对调研中发现的问题，建议政府有关部门在贯彻落实“一法一条例两决定”中务必进一步提高全民保护意识；进一步完善监管执法机制；进一步健全落实保障机制。同时根据景宁实际情况，县人大常委会调研组还对非法从事盗猎和经营野生动物及其产品的行为、县野生动物救助中心工作、保护野生动物致害补偿等三项具体工作的落实情况开展重点跟踪监督。是年，县政府出台《景宁畲族自治县全面禁止非法交易和滥食野生动物妥善处置在养野生动物工作方案》。

【矛盾纠纷调处化解“最多跑一地”改革工作调研】 2020年3月至6月，省、市、县三级联动开展矛盾纠纷调处化解“最多跑一地”改革工作调研。县人大常委会副主任吴昌亮和杨唐珠分别带领调研组，通过实地走访、召开座谈会等方式开展调研并形成《关于推动矛盾纠纷调处化解“最多跑一地”改革工作情况报告》。针对全县矛盾纠纷调处化解“最多跑一地”改革工作存在的缺乏专职协调力量、矛调中心的保障工作、制度机制还不够健全、调解队伍综合能力不足、宣传部署还不够到位、群众知晓率不高等问题，建议县人民政府进一步加强对矛盾纠纷调处化解工作的组织领导；进一步建立健全矛盾纠纷调处化解工作机制；进一步加强调解队伍建设；进一步加强宣传部署，提高群众认知率。县九届人大常委会第31次会议听取并审议了该报告。会后，将审议意见交县人民政府办理，并与县人民政府及相关单位多次协调，促成了县矛调中心工作领导小组的成立和《关于建立景宁县社会矛盾纠纷调处化解中心相关工作机制》等十余个工作机制的建立。

【国有资产专项调研】 2020年7月至9月，县人大常委会副主任余晓军带领调研组，开展国有资产管理专项调研，重点对行政事业性国有资产管理情况调研。针对调研中发现的全县行政事业性国有资产存在资产清单不够明细、管理制度执行不到位、资产闲置浪费明显、资产处置困难等方面问题，提出了提升管理水平、严格制度执行、加强管理创新等三方面意见建议，努力推动全县国有资产管理工作更加规范有序，减少国有资产流失。

【大气污染防治执法检查】 2020年7月，县人大常委会副主任吴昌亮任带领执法检查组，通过座谈会、查找资料等形式，先后听取县人民政府及环保、建设、交通等部门和乡镇街道相关工作情况的汇报；有针对性地对全县重点工业企业挥发性有机物治理进展情况、建筑工地和主要道路的扬尘防治情况整治情况进行实地检查。同时，县乡两级人大联动，广泛听取村（社区）干部、群众和人大代表的意见建议，了解大气污染防治法律法规在景宁的贯彻执行情况，形成执法检查报告。经县人大常委会组成人员审议后将审议意见提交给县政府研究落实。通过这次执法检查，进一步推动大气污染防治“一法一条例”的贯彻落实。是年，空气优良率达到100%，居全省首位（并列），环境质量持续向好。

【水库移民后期扶持政策落实情况专项调研】 2020年7月至8月，县人大常委会副主任叶玉琪带领调研组，到县审计局、红星街道和渤海、九龙、景南等乡镇（街道）实地走访调研，听取县移民工作中心及相关部门水库移民后期扶持工作开展情况汇报。调研中发现库区新农村建设滞后、交通出行不便、产业培育力度不够、群众和移民收入偏低、滩坑库区遗留问题较多、库区基金执收不到位、扶持项目绩效管理不严等问题。经县人大常委会会议审议后，建议县人民政府及其有关部门要切实解决库区群众出行难问题；重视水库影响村和移民生产生活条件的改善；培育产业，拓宽移民增收渠道；加强大中型水库库区基金的执收工作；提高移民后扶专项资金使用效益等。

【公共文化服务保障法律法规执法检查】 2020年7月至8月，县人大常委会副主任夏培玲带领调研组，对景宁贯彻实施《中华人民共和国公共文化服务保障法》《浙江省公共文化服务保障条例》的情况进行执法检查。根据“一法一条例”规定和执法检查四方面逐一对照检查，条目式列举17条不符合法律法规规定的问题，建议县政府和有关部门深化认识、统筹规划、优化供给、夯实基础，推动公共文化服务保障工作更好地满足人民群众需求。

【民生实事项目监督】 2020年8月，县人大常委会成立10个民生实事项目监督小组，通过实地视察、听取汇报、座谈交流等方式进行督查，组织代表定期监督检查，形成监督检查报告，提交县政府落实。是年，各乡镇（街道）制订本级民生实事项目实施情况监督工作方案，全县上下联动，共同推进县乡两级民生实事项目实施。

【重点区块小微企业转型升级专题询问】 2020年9月28日，县人大常委会召开重点区块小微企业转型升级专题询问会。会上，县人大常委会组成人员和人大代表听取了三个调研组对县内三老区块（老造纸厂区块、老钢铁厂区块、老电影院区块）小微企业的发展现状及制约企业转型发展问题调研情况的汇报后，就小微企业转型升级的安全生产、政策扶持、工业用地规划等9个方面内容进行提问，相关单位负责人当场应询，县政府就整改落实常委会组成人员和人大代表的提问作表态发言。会后，县政府出台了《景宁畲族自治县重点区块整治小微企业提升方案》。

【员额检察官履职评议】 2020年6月至10月，县人大常委会开展员额检察官履职评议工作。其间，先后经过成立领导机构、动员部署，确定被评议对象，调查走访，征询意见，组织旁听观摩被评议检察官庭审，调取查阅被评议检察官承办案件的案卷，形成评议意见等方式和程序，最后形成员额检察官履职评议报告。在11月召开的县九届人大常委会第33次会议上，听取被评议检察官的自评报告和调研组的评议报告，对三位检察官进行满意度测评并将测评结果向本人及有关部门反馈。

【宗教法规执法检查】 2020年6月至10月，县人大常委会副主任钟利海带领执法检查组，对《宗教事务条例》《浙江省宗教事务条例》在景宁的贯彻落实情况开展执法检查。检查组走访了城关教堂、惠明寺，以及东坑、梧桐、澄照等乡镇的教堂和民间信仰场所。通过检查条例实施情况，学习文成等地经验，形成执法检查报告，经县九届人大常委会第33次会议审议，要求县政府及相关部门全面贯彻中国共产党的宗教工作基本方针，把宗教作为促进经济社会发展的平台来打造，引导宗教为促进经济社会发展、社会和谐、文化繁荣、民族团结服务。提出“落实宗教场所建设、保障宗教活动安全、抓好宗教队伍建设、加强工作力量配置”等建议。

【“十三五”规划纲要执行及“十四五”规划纲要编制情况调研】 2020年9月至11月，县人大常委会副主任余晓军带领调研组，深入相关部门及乡镇开展“十三五”规划纲要执行及“十四五”规划纲要编制情况调研。其间，听取重点部门“十四五”规划编制现场汇报，在肯定景宁“十三五”期间取得成效的同时，指出制约景宁经济社会发展的问题瓶颈，提出意见建议，努力推动政府提高站位，超前谋划，使编制的“十四五”规划真正成为引领景宁今后五年甚至更长时间经济社会发展的纲领。

【民族团结进步创建工作调研】 2020年，县人大常委会副主任钟利海带领调研组，到部分机关单位和7个民族重点乡镇实地调研，对实施中办发〔2018〕65号文件情况、新时代民族团结进步创建工作保障措施、民族团结进步宣传教育开展情况、民族交往交流交融情况、示范单位创建情况进行重点了解。查找出民族团结进步创建机制、民族氛围、融合发展、基础工作等方面存在的问题，提出以推动产业发展为核心，完善配套制度建设、把民族团结进步创建作为推动自治县高质量绿色发展的有效平台等建议，经审议通过后送交县人民政府办理。县政府于11月13日向县人大常委会会议汇报了落实情况。县政府启动《景宁畲族自治县关于全面深入开展民族团结进步创建工作铸牢中华民族共同体意识实施方案》制定工作。

【三部条例（修正案）起草工作完成】 2020年，县人大常委会完成《浙江省景宁畲族自治县自治条例》《景宁畲族自治县水资源管理条例》《景宁畲族自治县荣誉市民条例》修正草案稿。其间，先后召开10多次不同类型的专家研讨会、征求意见会，举行3次向上级人大征询意见会，征集、征询到480多条次的书面或者口头修改意见；两次将草案呈送县委、县政府领导审阅。县委、县政府领导就专门问题、重要事项与省市进行多次对接、研究，作出决定，并送省、市人大常委会法工委征询意见。

【“人大代表三民工作”获第二届浙江人大工作与时俱进奖】 景宁畲族自治县人大常委会推出的做优民生实事代表票决制工作、做实民事纠纷代表协商工作、做深乡风民情代表恳谈工作的“人大代表三民工作”机制于2020年8月获第二届“浙江人大工作与时俱进奖”。该项工作有效拓宽代表履职途径，切实发挥人大代表作用，推动群众关注的热点难点堵点问题得到有效解决。

【景宁畲族自治县人大常委会被确定为联席会秘书长单位】 2020年11月23—26日，在广西壮族自治区巴马瑶族自治县召开的全国少数民族自治县(旗)人大工作联席会第二十二次会议上，正式确定浙江省景宁畲族自治县人大常委会为全国少数民族自治县(旗)人大工作联席会秘书长单位。发挥景宁作为全国少数民族自治县(旗)人大工作联席会常务理事主要成员单位和联席会秘书长作用，有效提升景宁影响力。

重要会议

【县九届人大四次会议】 2020年4月26—29日，景宁畲族自治县第九届人民代表大会第四次会议召开，大会应出席代表168名，实际出席156名，列席会议40名。大会听取和审查县人民政府县长钟海燕所作的《政府工作报告》、县人大常委会主任严轶华所作的《县人大常委会工作报告》、县人民法院院长陈雪平所作的《县人民法院工作报告》、县人民检察院检察长瞿承健所作的《县人民检察院工作报告》；审查、批准《景宁畲族自治县2019年国民经济和社会发展计划执行情况及2020年国民经济和社会发展计划草案的报告》《景宁畲族自治县2019年预算执行情况和2020年预算草案的报告》并通过上述工作报告决议。大会对2019年10件民生实事完成情况进行满意度测评，票决确定2020年县人民政府10件民生实事。大会通过县第九届人民代表大会法制(监察和司法)委员会、财政经济委员会、社会建设委员会组成人员名单，补选余晓军为县九届人大常委会副主任，兰利忠、严伟荣、杨小兵、沈才忠、张纪恩、陈勇、陈丽成、陈建峰、林荣、林明可、林晓洪、柳晓杰、施顺民、钱江、徐敏、梅振清等16人为县九届人大常委会委员。大会收到代表署名的建议、批评和意见139件、审议发言意见161条。

【县九届人大常委会第二十四次会议】 于2020年1月21日召开。县人大常委会组成人员应出席17人，实际出席17人。会议听取县人大常委会工作报告和备案审查工作报告、县人民政府工作报告和2019年环境状况和环境保护目标完成情况报告、县人民法院工作报告、县人民检察院工作报告、县发展和改革局关于2019年国民经济和社会发展计划执行情况和2020年国民经济和社会发展计划报告、县财政局关于2019年预算执行情况和2020年预算报告、2020年民生实事候选项目征集确定情况报告（草案）的起草情况说明；听取县人民政府关于2019年民生实事项目完成情况；听取和审议县人民政府关于2018年财政决算报告、2018年财政预算执行和其他财政收支情况审计工作报告的审议意见落实情况报告、关于县九届人大三次会议代表建议办理情况的报告；审议县人大常委会代表工委关于县九届人大三次会议代表建议督办工作情况的报告；审议作出关于召开景宁畲族自治县第九届人民代表大会第四次会议的决定；审议提出景宁畲族自治县第九届人民代表大会第四次会议议程、日程、议案截止日期的决定，关于通过表决议案、决定办法、主席团和秘书长名单、主席团常务主席名单、执行主席分组名单、副秘书长名单、各代表团团长和副团长建议名单、2020年民生实事项目代表票决办法的草案；审议通过景宁畲族自治县第九届人民代表大会第四次会议列席人员名单。会议接受罗德伟、江灵娟辞去景宁畲族自治县第九届人民代表大会代表职务。会议学习贯彻省十三届人大三次会议精神。会议以无记名投票方式表决通过县人大常委会主任会议、县人民检察院提出的人事任免议案。

【县九届人大常委会第二十五次会议】 于2020年2月12日召开，县人大常委会组成人员应出席16人，实际出席16人。会议决定推迟召开景宁畲族自治县第九届人民代表大会第四次会议，具体时间另行决定。会议就全力做好当前新型冠状病毒肺炎疫情防控工作作出部署。

【县九届人大常委会第二十六次会议】 于2020年3月30日召开。县人大常委会组成人员应出席16人，实际出席14人。会议听取和审议县人民政府关于新冠肺炎疫情防控和复工复产工作报告；审议县人大常委会关于新冠肺炎疫情防控和复工复产工作调研报告；表决通过县人大常委会代表资格审查委员会关于代表资格审查情况的报告和《关于提高县人大常委会会议审议质量的办法》。会议就统筹做好疫情防控和复工复产作出指导。会议接受余晓军辞去县人民政府副县长职务。

【县九届人大常委会第二十七次会议】 于2020年4月15日召开。县人大常委会组成人员应出席16人，实际出席14人。会议决定县九届人大四次会议于2020年4月27日在县城召开。

【县九届人大常委会第二十八次会议】 于2020年4月25日召开，县人大常委会组成人员应出席16人，实际出席16人。会议审议并表决通过县人大常委会关于代表变动及补选代表的代表资格审查情况报告。

【县九届人大常委会第二十九次会议】 于2020年5月29日召开，县人大常委会组成人员应出席33人，实际出席31人。会议听取和审议县人民政府关于数字经济发展情况报告、关于修改水资源管理条例议案；审议县人大常委会关于数字经济发展情况调研报告和县人民政府关于小城镇环境综合整治工作报告审议意见落实情况报告；审议县人民政府关于“健康景宁”、农村饮用水安全和县公检法司四机关扫黑除恶等六个工作报告的审议意见落实情况报告并进行满意度票决。会议接受徐瑛和孙寒星辞去景宁畲族自治县人民政府副县长职务，补选马盈和吴海东为景宁畲族自治县人民政府副县长。会议接受陈丽海、范光明、潘正平、李加兴、潘昌德、叶金海、陈孟嘉辞去景宁畲族自治县第九届人民代表大会代表职务。会议以无记名投票方式表决通过县人大常委会主任会议、县人民政府、县监委提出的人事任免议案并进行宪法宣誓。

【县九届人大常委会第三十次会议】 于2020年6月4日召开，县人大常委会组成人员应出席33人，实际出席32人。会议听取和审议县人大常委会关于《景宁畲族自治县自治条例》修改情况的报告。

【县九届人大常委会第三十一次会议】 于2020年8月25日召开，县人大常委会组成人员应出席32人，实际出席28人。会议听取和审议县人民政府关于2020年上半年国民经济和社会发展计划执行情况的报告、关于2019年财政决算草案和2020年上半年预算执行情况的报告、关于2019年度预算执行和其他财政收支的审计工作报告、关于2020年全县重点项目实施情况的报告、关于景宁推动矛盾纠纷调处化解“最多跑一地”改革工作的报告；听取和审议县人大常委会《水资源管理条例（修正草案）》和《荣誉市民授予规定（草案）》；审议县人大常委会关于景宁推动矛盾纠纷调处化解“最多跑一地”改革工作的调研报告；审查县人大财政经济委员会关于景宁畲族自治县2019年财政决算草案的审查报告；批准景宁畲族自治县2019年财政决算的决议。会议接受吴海东辞去景宁畲族自治县第九届人民代表大会代表职务，终止钱江的景宁畲族自治县第九届人民代表大会代表资格。会议以无记名投票方式表决通过县人大常委会主任会议、县人民政府提出的人事任免议案并进行宪法宣誓。会议辞去县九届人大常委会代表与选任工作委员会等相关委员8人，任命县九届人大社会建设委员会等相关委员21人。

【县九届人大常委会第三十二次会议】 于2020年9月28—29日召开，县人大常委会组成人员应出席32人，实际出席28人。会议听取和审议县人民政府关于2019年度全县行政事业性国有资产管理情况、关于重点区块小微企业转型升级情况的报告、关于水库移民后期扶持政策落实情况的报告、关于大气污染防治“一法一条例”实施情况的报告、关于公共文化服务保障“一法一条例”实施情况的报告；听取和审议县人大常委会关于检查大气污染防治“一法一条例”实施情况的报告、关于检查公共文化服务保障“一法一条例”实施情况的报告；听取和审议县审计局关于水库移民后期扶持政策落实情况的审计报告；审议全县国有资产管理情况的报告、2019 年度全县行政事业性国有资产管理情况的调研报告、县人大常委会关于重点区块小微企业转型升级情况的调研报告、关于水库移民后期扶持政策落实情况的调研报告。会议任命孔德泉为景宁畲族自治县人民政府副县长。

【县九届人大常委会第三十三次会议】 于 2020 年 10 月 30 日召开，县人大常委会组成人员应出席 32 人，实际出席 30 人。会议听取和审议县人民政府关于“十三五”规划纲要执行情况和“十四五”规划编制情况的报告、关于宗教事务法律法规执行情况报告、关于数字经济发展情况报告的审议意见落实情况的报告；听取和审议县人民检察院被评议检察官履职情况自评报告并进行满意度测评；听取和审议县人大常委会关于宗教事务法律法规执法检查情况报告。审议县人大常委会关于“十三五”规划纲要执行情况和“十四五”规划编制情况的调研报告、关于检察官履职评议工作报告。会议对县人民政府关于数字经济发展情况报告的审议意见落实情况的报告进行满意度测评。会议决定批准县人民政府 2020 年度地方政府债务限额和预算调整方案。会议以无记名投票方式表决通过县人民法院、县人民检察院提出的人事任免议案并进行宪法宣誓。（潘建军）

景宁畲族自治县人民政府

县政府会议

【县政府九届五次全体会议】 2020年8月17日下午，县委九届八次全体（扩大）会议暨县政府九届五次全体会议召开。全会高举习近平新时代中国特色社会主义思想伟大旗帜，全面贯彻中共十九大和十九届二中、三中、四中全会精神，深入贯彻中共中央总书记习近平考察浙江重要讲话精神，全面落实中共浙江省委十四届七次全会和中共丽水市委四届八次全会精神，牢记嘱托、担纲使命，总结2020年以来工作，部署下半年工作。动员全县上下接续赶考、争先创优，加快推动习近平重要讲话精神在景宁落地生根，努力在浙江建设“重要窗口”进程中发挥民族自治县独特作用，以“两手硬、两战赢”的信心决心奋力完成全年目标任务，确保与全省同步高水平全面建成小康社会。

县委常委会主持会议，市委常委、县委书记陈重代表县委常委会作工作报告并作总结讲话。县委副书记、县长钟海燕作下阶段工作部署。县委全委会审议通过了《中共景宁畲族自治县委关于努力在浙江建设“重要窗口”进程中发挥民族自治县独特作用的决议》。

会议指出，2020年以来，面对突如其来的新冠肺炎疫情，县委县政府坚决贯彻习近平总书记重要指示精神和党中央、省委、市委决策部署，落实“六稳”“六保”，紧扣“聚力产业培育、决胜全面小康、创新县域治理”工作主基调，志不求易、事不避难，全面掀起争先创优热潮，快节奏、高效率推动各项工作任务落地落实，统筹推进疫情防控和经济社会发展、生态产业基础不断夯实，改革开放步伐加快、民生民本保障有力，党的建设不断加强，“两手抓、两战赢”取得明显成效。要进一步坚定信心、夯实举措，扎实推进经济持续回升向好和高质量发展，一以贯之稳住基本盘，以实实在在的一流业绩和实际成效夺取“两手硬、两战赢”的全面胜利。

会议强调，全县上下要牢记嘱托、担纲使命，奋力高质量完成全年目标任务。毫不放松抓好疫情防控。继续做到常态化防控、精密防控、科学防控，强化应急保障能力，完善精密智控机制，确保疫情防控持续向好形势不出现逆转。千方百计增添发展动能。把稳企业摆在经济工作的首要位置，坚持“大抓项目、抓大项目”，全力激活消费，确保实现“三季进、全年胜”。凝心聚力发展生态产业。坚定不移抓好全域旅游这一“牵一发而动全身”的战略支柱产业，抓实“景宁600”生态农业，做强生态工业平台，在生态基础上发展生态产业，转化为生态经济。坚定信心厚植发展优势。牢牢把握保护生态环境这一高质量绿色发展的命脉，以走在前列的意识当好民族团结进步模范，促进新时代民族工作再上新台阶。对标对表补齐短板弱项。对照全省“两个高水平”目标要求，对照人民群众的期待和切身感受，发力冲刺决胜全面小康，加快推进县域治理现代化。聚力聚焦全面深化改革。深化“最多跑一次”改革，以“最多跑一次”改革撬动各领域改革，创造一些拿得出、叫得响、能推广的景宁经验、景宁做法。加大步伐促进开放合作。加快接轨上海融入长三角步伐，聚力“山海协作”升级版，持续优化营商环境，进一步实现更高质量的区域协调发展。全力以赴推动赶考奋进。深入推进“志不求易、事不避难”创新实干大赶考，夯实基层党建基础，全面深化“清廉畲乡”建设，提升组织力，巩固发展山清水秀的政治生态。

会议强调，各级各部门要牢记嘱托，担当作为，坚决扛起在浙江建设“重要窗口”进程中发挥民族自治县独特作用的职责使命；要蹄疾步稳，真抓实干，奋力完成全年经济社会发展目标任务，当前还要突出抓好强化全面从严治党主体责任，坚决遏制餐饮浪费行为，着力解决“两不愁三保障”突出问题，扎实推进村社组织换届，毫不放松地抓好防汛防台风以及安全生产、道路交通、消防等安全工作；要加强领导，凝聚合力，大力营造赶考奋进、争先创优的浓厚氛围。

会议要求，要姿态高昂勇担当，坚决扛起建设“重要窗口”的崇高使命，以更高站位把准前进方向、更大视野看清发展形势、更严要求凝聚攻坚合力。争先创优拼实绩，统筹超常举措，奋力夺取经济社会发展高分报表，集中力量，全力巩固向上向好基本面，加快推动县域高质量发展。以稳促进守底线，全面夯实高水平全面小康的底色成色，坚持底线思维，把落实“六稳”“六保”任务作为当前最重要的大事来抓，牢牢把握主动权。旗帜鲜明讲政治，切实强化政府政治建设、全面加强政府专业建设、系统推进政府数字建设，全力推动政府治理体系和治理能力现代化。

县委委员、候补委员；县纪委委员；副县以上领导干部；担任过副县级以上实职的退休老干部、离休老干部代表；各乡镇（街道）党政正职；县委办副主任，县人大常委会办公室主任、副主任、各（专）工委主任，县府办主任、副主任，县政协正副秘书长、办公室主任、各专委会主任；县直机关各单位主要负责人；县委各巡察组组长；相关临时机构负责人等参加会议。 （陈晶晶）

【县政府常务会议】 2020年，共召开县政府常务会议13次。

2020年1月17日，县政府第30次常务会议召开。会议审议《景宁畲族自治县老余山区块旅游度假村项目招商方案、投资意向协议(送审稿)》《景宁畲族自治县关于鼓励澄照创业园创业带动就业的若干意见(送审稿)》《景宁畲族自治县2019年国民经济和社会发展计划执行情况、2020年国民经济和社会发展计划草案的报告(送审稿)》《2019年度财政预算执行情况、2020年县级财政预算收支建议方案(送审稿)》《2020年政府工作报告(送审稿)》《景宁畲族自治县公益林(天然林)管护工作实施方案(送审稿)》。研究江滨景观带工程调整变更情况相关事宜和景宁畲族自治县澄照创业园学校工程建设相关事宜。听取小城镇环境综合整治项目相关情况汇报和关于民族自治县高质量发展样板指标体系(试行)情况、全县道路交通安全工作情况(书面)、全县禁毒工作情况(书面)汇报。开展常务会议学法活动,书面学习《保障农民工工资支付条例》。

2020年3月24日,县政府第31次常务会议召开。会议学习《农产品质量安全法解析》;审议《景宁畲族自治县高质量推进国土绿化五年行动实施方案(送审稿)》《景宁畲族自治县促进惠明茶产业发展条例实施办法(送审稿)》《景宁畲族自治县人民政府重大行政决策程序规则(试行)》。听取景宁畲族自治县2020年基本建设和重大前期项目计划安排建议的汇报和2020年一季度主要经济指标预测分析情况汇报。

2020年5月6日,县政府第32次常务会议召开。会议听取景宁畲族自治县2020年一季度经济运行情况分析汇报和违建别墅整治工作、森林消防、道路交通安全专项整治行动进展情况汇报。审议《关于全域旅游发展的若干意见(修订版)(送审稿)》《关于推进科技创新引领高质量绿色发展的若干意见》;研究景宁县佃源万人下山移民小区自来水厂工程变更相关事宜和参加第六届全国少数民族文艺会演剧目排演相关事宜。开展常务会议学法活动,书面学习《中华人民共和国政府信息公开条例》。

2020年6月12日,县政府第33次常务会议召开。会议审议《景宁畲族自治县房屋征收补偿安置规定期限内签订协议和搬迁奖励标准等四个标准(送审稿)》《景宁畲族自治县政府投资项目审计监督办法(送审稿)》《景宁畲族自治县关于推进新时代民政事业高质量发展的十条实施意见(送审稿)》《关于加快推动制造业企业达产满产的补助办法(送审稿)》《景宁畲族自治县创建全国法治政府建设示范县实施方案(送审稿)》《景宁畲族自治县2020年法治政府工作要点(送审稿)》。研究核心城区电力管线入地工程分期实施工作相关事宜和关于给予网营物联项目纾困解难财政扶持的有关事宜、畲族博物馆提升工程采购方式相关事宜。听取2019年度法治政府建设(依法行政)考核情况的汇报(书面)。开展常务会议学法活动,书面学习《中华人民共和国社区矫正法》。

2020年7月20日,县政府第34次常务会议召开。会议开展常务会议学法,学习《防范和惩治统计造假弄虚作假重要文件选编》;传达学习省委、省政府领导重要批示精神、国家统计局约谈会精神和关于4个县(市)统计执法检查情况的通报,研究贯彻落实意见;审议《景宁畲族自治县创新区(大花园)建设工作2020年实施计划(送审稿)》《景宁畲族自治县"十四五"专项规划和2020年度规划编制计划(送审稿)》《景宁畲族自治县"安暖万家"行动实施方案(送审稿)》《关于2019年度考核奖等有关问题的建议方案(送审稿)》《G235(原52省道)景宁溪口至澄照段改建工程提前完工以奖代补方案(送审稿)》;研究惠明禅茶文化产业园(惠明寺扩建项目)土地行政划拨费用相关事宜;研究景宁畲族自治县农村生活污水治理设施维护管理相关事宜;听取景宁畲族自治县惠明茶文化推广展示中心项目纾困解难工作情况汇报和景宁畲族自治县第二轮安全生产综合治理三年行动计划的汇报(书面)。

2020年7月31日,县政府第35次常务会议召开。会议审议《景宁畲族自治县征地补偿安置标准暂行规定(送审稿)》《景宁畲族自治县被征地农民基本生活保障实施办法(送审稿)》《景宁畲族自治县城乡危险住宅房屋治理改造实施办法(修订)(送审稿)》《景宁畲族自治县困难群众高额医疗费补助实施意见(试行)(送审稿)》。

2020年8月26日,县政府第36次常务会议召开。会议分析研究全县行政复议应诉情况;审议《2020年景宁县深化"最多跑一次"改革推进政府数字化转型工作实施方案(送审稿)》《景宁畲族自治县创建浙江省AAAAA级景区城实施方案(送审稿)》;听取景宁职业高级中学搬迁工作方案的汇报;开展常务会议学法活动,学习《浙江省教育督导条例解读》。

2020年9月27日,县政府第37次常务会议召开。会议审议《畲族风情康养度假综合体项目(丽景山居)招商方案和项目投资协议(送审稿)》;听取《2020年基本建设项目计划调整情况汇报》、《关于加快集聚人才推动高质量绿色发展的意见(送审稿)》起草情况汇报、景宁畲族自治县重点区块整治提升方案相关情况的汇报、景宁畲族自治县职业高级中学整体迁建项目设计招投标方式汇报;开展常务会议学法活动,书面学习《中华人民共和国固体废物污染环境防治法》。

2020年10月28日,县政府第38次常务会议暨三季度经济运行分析会召开。会上,县发改局围绕整体经济运行情况作分析汇报;县统计局作重点经济指标分析,并提出下步工作建议;县经济商务科技局、财政局、人力社保局、建设局、农业农村局、文广旅体局、税务局、赶考办等相关单位围绕重点经济指标情况分析分别发言。

2020年11月6日,县政府第39次常务会议召开。会议开展常务会议学法活动,学习《中华人民共和国预算法实施条例》;审议《景宁畲族自治县"三线一单"生态环境分区管控方案(送审稿)》《景宁畲族自治县政府投资信息化项目管理办法(送审稿)》《景宁畲族自治县国有土地上房屋征收与补偿暂行办法(修订送审稿)》《景宁畲族自治县征收集体所有土地房屋补偿暂行管理办法(修订送审稿)》;听取澄照乡叶八弄澄阳安置点建设情况汇报、关于对叶建伟见义勇为行为表彰奖励情况汇报、景宁畲族自治县惠明茶产业发展中心项目情况汇报、景宁畲族自治县2021年度城乡居民基本医疗保险筹资财政补助标准情况汇报、景宁畲族自治县食品安全工作汇报（书面）；研究县人民医院专家楼优化建设相关事宜。

2020年11月30日，县政府第40次常务会议召开。会议研究修订《加快生态工业发展的若干意见》部分条款的相关事宜；审议《景宁畲族自治县公共租赁住房管理办法（修订）（送审稿）》《景宁畲族自治县综合行政执法事项划转方案（送审稿）》；听取“五水共治”工作情况的汇报（书面）、健康景宁工作情况的汇报（书面）；开展常务会议学法活动，书面学习《最高法院判例：对禁养区内关闭或搬迁畜禽养殖场的补偿》。

2020年12月14日，县政府第41次常务会议召开。会议审议《做好被征地农民参加基本养老保险工作的实施方案（送审稿）》。

2020年12月23日，县政府第42次常务会议召开。会议组织学习《浙江省审计整改责任追究办法（试行）》文件精神，并研究贯彻落实意见；审议《景宁畲族自治县土地出让委员会议事规则（送审稿）》《景宁畲族自治县生态保护红线评估调整方案（送审稿）》《景宁畲族自治县政府投资项目概算管理暂行办法（送审稿）》；研究关于解决部分政府投资项目存在不规范问题举措的建议；开展常务会议学法活动，书面学习《法院判例：既有住宅增设电梯许可不得法外增设无违建条件》。

【全县安全生产、应急管理、消防安全工作会议召开】 2020年3月27日，景宁县召开安全生产、应急管理、消防安全工作会议。会议贯彻落实中央、省、市相关会议精神，并对全县下阶段工作作具体部署。县委副书记、县长钟海燕出席并讲话。

钟海燕指出，安全生产事关人民福祉，事关经济社会发展全局。当前，正是统筹推进疫情防控和经济社会发展的关键时期，各乡镇（街道）、部门要强化底线思维、保持清醒认识，切实增强安全发展的意识，担负起“促一方发展、保一方平安”的政治责任，找准问题差距，补齐安全发展短板，着力健全完善机制，全力抓责任落实，重点抓“老大难”问题解决，加快提升安全治理能力，筑牢防灾减灾救灾的人民防线；奋力攻坚克难，实现安全发展保障，严管“人的不安全行为”，严控“物的不安全状态”，全面护航经济社会安全有序发展。

钟海燕强调，要紧盯目标、突出重点，抓实抓细抓好安全发展各项任务。重点抓好企业生产安全，加大隐患排查力度摸清底子，并切实做到隐患清零；坚决抓好消防安全综合整治，突出抓农村火灾防控体系建设、抓群众身边消防安全、抓森林消防工作，巩固好全县安全生产形势；切实抓好道路交通安全整治，通过实施常态化严管、工作触角向乡镇延伸、切实抓重点领域、强化安全警示教育等，从源头抓管理，确保安全；全力抓好自然灾害隐患整治，加强风险评估和监测预警，健全自然灾害防控识别一张图、研判一张单、管控一张表、应急一指南、案例一个库“六个一”体系，实现风险隐患动态分析管理；加大问题排查、责任落实监督，进一步健全地质灾害群测群防体系，确保做到防汛防台风响应期间责任人100%进岗履职、危险区域人员100%撤离、危旧房屋和户外施工人员100%转移。

钟海燕要求，要强化责任担当，健全体制机制，确保筑牢安全生产防线。进一步完善应急体系建设，坚持以体系化思维抓好工作落实，健全机制、强化队伍、配齐硬件设施，不断夯实应急基层基础；进一步健全协同落实机制，落实“党政同责、一岗双责、齐抓共管、失职追责”机制，健全完善“1+8”安全生产组织体系，切实形成责任闭环；进一步加大督查督责力度，做到安全生产巡查工作乡镇(街道)、部门巡查全覆盖，充分开展问题自查自纠并全面落实问题整改，对抓工作不力，发生重大安全生产事故的要从严惩处、绝不姑息，通过齐抓共管确保全县安全生产形势稳定，努力为和美景宁建设创造更加安全、和谐、稳定的发展环境。

【全县公安工作会议】 2020年4月20日上午，全县公安工作会议召开。会议指出，2019年，全县公安机关以中华人民共和国成立70周年大庆安保为主线，在维护政治安全、打击违法犯罪、促进社会稳定、保障民生民本、全面从严治警等方面取得了明显成绩。

会议要求，要坚决打赢防范化解重大风险攻坚战，全力维护国家政治安全和社会稳定；聚焦主责主业，深化完善打击犯罪新机制；坚持和发展新时代“枫桥经验”，争创民族山区特色样板；要牢牢把握公安工作现代化方向，高水平推进现代警务体系建设；严格落实全面从严管党治警要求，努力锻造“四化三能”和“四个铁一般”畲乡公安铁军；构建适应实战化要求的长效练兵机制和教育训练体系，进一步提升全警职业素养和实战本领。

【全县民政工作会议】 2020年5月15日，景宁县召开全县民政工作会议，会上深入学习领会习近平总书记关于民政工作的重要论述和指示精神，贯彻落实第十四次全国民政会议、第十八次全省民政会议精神、全市民政工作会议精神。

会议指出，过去的一年，全县民政系统志不求易、事不避难，聚焦脱贫攻坚、聚焦特殊群体、聚焦群众关切问题，积极履行基本民生保障、基层社会治理、基本社会服务等职责，大胆实践、务实创新，民政事业取得了新进展、新成效。

会议强调，民政工作一头连着民，一头连着政，处在为民解困、为民谋利、为民服务的最前沿，是党和国家一项重要的民生社会事业，习近平总书记始终高度重视。习近平总书记对民政工作的重要论述和指示精神，为做好新时代民政工作指明了前进方向、提供了根本遵循，全县民政系统干部要深刻学习领会、认真贯彻落实。

会议要求，2020年是高水平全面建成小康社会的决胜之年，是脱贫攻坚决战年，也是“十三五”规划收官之年，更是全面贯彻第十八次全省民政会议精神、抓好省“民政30条”、市“民政22条”政策的落地之年。全体干部要深入贯彻习近平总书记对民政工作的重要指示和全国、全省、全市民政会议精神，紧扣高水平全面建成小康社会和决战决胜脱贫攻坚目标任务，以贯彻落实省“民政30条”、市“民政22条”为主线，以大赶考为抓手，聚焦脱贫攻坚、聚焦特殊群体、聚焦群众关切问题，着力提升基本民生保障、基层社会治理、基本社会服务水平，全面助力全省实现打造精准保障、和谐自治、幸福颐养、暖心服务“四个标杆区”的目标，推进新时代景宁民政事业高质量发展。

【全县食品安全暨质量强县与“放心消费在景宁”工作会议】 2020年9月10日，景宁县召开食品安全暨质量强县与“放心消费在景宁”工作会议。县委副书记、县长钟海燕出席并讲话。

钟海燕指出，在高水平全面建成小康社会的决战决胜年，统筹做好三项工作面临更大挑战，意义更加重大，是满足人民群众美好期盼的必然要求，是护航经济社会发展的基础条件。要提高站位、深化认识，全面领会食品安全、质量强县和放心消费工作的重要意义，必须坚持“质量发展”“安全监管”双轮驱动，让老百姓买得放心、用得放心、吃得放心、过得放心，切切实实增强人民群众的获得感、安全感和幸福感。

钟海燕强调，要拉高标杆、强化举措，确保食品安全、质量强县和放心消费工作落细落实。以高水平食品安全建设夯实民生事业基础，扎实推进基层食安创建，创新推进数字化建设，优化推进农产品源头管理，合力防控食安风险，强化食安执法整治，确保全县食安形势持续稳定向好。以高标准质量强县建设助推县域高质量发展，构建形成市场主体自治、行业自律、社会监督、政府监管的质量共治格局，切实抓好各领域标准化工作，确保不发生负有直接监管责任的区域性质量安全事故、质量安全事件和环境污染事件。以高品质放心消费创建加快提升人民群众生活水平，把“放心消费在景宁”的品牌打响打好，把消费环境打造得更优，确保消费维权有力有序有保障，营造形成“处处争创放心店，家家都可退换货”的放心消费创建氛围。

钟海燕要求，各相关部门、乡镇（街道）要转变思维、系统推进，科学推动食品安全、质量强县和放心消费工作全面升级。主动打破传统的思维惯例，主动适应新形势新要求，向治理思维、数字监管、综合监管、重事中事后监管转变。在严格对标对表、抓好落实基础上，深入折长补短、提炼优化，形成一套规范化、常态化的抓落实工作机制。 （陈晶晶）

县政府重大活动

【2020斗茶大会暨首届全国茶商畲乡行活动】 2020年5月8日，2020斗茶大会暨首届全国茶商畲乡行活动在景宁举行。该活动分为斗茶大会、茶商畲乡行、金奖惠明茶富民行动启动仪式、茶商交流座谈会、线上直播间等6项子活动。来自全国各地的茶商、茶企、媒体代表共百余人应邀参加2020金奖惠明茶富民行动启动仪式，上海大宁国际茶城市场经营管理有限公司与景宁畲族自治县惠明茶行业协会等6家公司现场签订惠明茶合作意向协议，签约金额1200万元。县长钟海燕

在直播间"云端"代言惠明茶，全网累计在线收看超过394万人次，微博话题阅读达5600万人次。

【惠明禅茶文化产业园项目开工仪式】 2020年6月16日，惠明禅茶文化产业园项目开工仪式举行。该项目为"省市县长工程"，立足农旅、文旅融合发展，辐射带动乡村振兴，核心区规划面积5平方千米，规划建设项目7个(其中精品茶园1333.33公顷)，总投资约11.5亿元。

【东方卫视《我们在行动5》在景宁进行精准扶贫公益纪实节目录制】 2020年6月19日至20日，东方卫视《我们在行动5》节目组走进景宁，录制精准扶贫公益纪实节目，以明星下乡选品、产品研发包装、订货会推广等方式，挖掘景宁特色优质农产品，以线上线下联动推广的模式，帮助打通产业链，寻找脱贫致富新路。节目邀请明星嘉宾体验村民生活、品尝特色美食、感受畲族文化，打造"综艺+电商直播"新模式，全力助推生态旅游资源、原生态优质农产品上行。当天，上海、杭州等省内外企业、机构网上当场认购金奖惠明茶、地瓜面、土鸡、土蜂蜜等"景宁600"优质农产品6130万元；直播吸引观众超2100万人次，带货销售金额达1893万元，订单数量突破87万单。

【《我们在行动》浙江景宁站"幸福乡村推荐会"活动】 6月20日，举行东方卫视《我们在行动》浙江景宁站"幸福乡村推荐会"活动。

【浙江(景宁)民族干部培训中心建设项目开工仪式】 2020年7月1日，浙江(景宁)民族干部培训中心建设项目暨中共景宁畲族自治县委党校迁建工程举行开工仪式。该项目由省委编办、省民宗委批复成立，总投资额1.65亿元，规划总用地面积约2.2公顷，总建筑面积2.26万平方米，新建教学综合楼、报告厅、图书信息中心、学员公寓、学员餐厅等设施，能同时满足300名学员的学习培训和食宿。建成之后，将立足本县，面向全省、全国承担干部培训的任务，逐步建设成为全国县级民族示范党校。

【千熙桥项目开工仪式】 2020年7月7日，景宁畲族自治县举行千熙桥项目开工仪式。该桥位于外舍区块，采用景观廊桥设计，横跨千峡湖两岸，总投资1.19亿元，总长242.08米，宽32米，计划工期720天，采用三跨上承式钢筋混凝土连续拱桥结构，主要建设内容包括桥梁主体、上部景观廊桥、施工钢便桥平台，以及临时道路、绿化修复及其他附属配套设施等。建设完成后，通往大桥两岸的路程将从5千米缩短至不到300米，通行时间缩短80%以上。

【县人民医院(浙江大学附属第一医院民族分院)新院区启用仪式】 2020年8月13日，景宁县人民医院(浙江大学附属第一医院民族分院)新院区启用仪式举行。新院区位于该县红星街道凤凰大道18号，占地面积13.33公顷，总投资5.6亿元，核定床位800张。其中，一期占地6.8公顷，投资3.87亿元，核定床位

550张，拥有医疗用房5.4万平方米。新院区设有急诊医技楼、住院部、国医馆、健康管理中心、感染楼等，同时引进高端1.5T磁共振、最新型配16排螺旋CT、数字一体化手术室系统、检验流水线、德国全自动发药机、导诊机器人等智能化、现代化、科技化配套设备，是一座符合三级乙等医院建设标准的现代化医院。

【全省首届社会应急力量技能竞赛】 2020年9月19日，全省首届社会应急力量技能竞赛在景宁畲族自治县大均乡急流水域救援基地举行。来自全省11个地市24支社会应急队伍192名队员参赛。根据安排，9月14日至17日为赛前集训，9月18日至22日为正式比赛。竞赛内容分为理论考试、综合体能和技能竞赛三部分。其中，综合体能设置搬运重物折返跑、搬运与心肺复苏2个竞赛项目；技能设置安全破拆、顶撑及狭小空间救援、河中沙洲救援、水中翻船自救、高空悬吊向下救援等5个竞赛项目。

【“诗画畲乡·和美景宁”2020环敕木山越野赛】 2020年9月19日，“诗画畲乡·和美景宁”2020环敕木山越野赛在畲寨东弄开赛，共有543名户外越野活动爱好者参赛，并吸引2000余名长三角地区游客前来观赏游玩。本次赛事赛道位于环敕木山带，平均海拔750米，最高海拔1519米。分15千米、35千米、45千米3个组别，每组分别设男女奖项5名。线路串联特色畲寨、千年古寺、禅茶工坊、草鱼塘国家森林公园、华东醉美防火道等自然人文景点，路面主要以砂石步道、落叶步道、岩石步道和木栈道等构成，设计了休憩补给、医疗急救、接待咨询、垃圾处理等辅助设施，是景宁县以节为媒、以节促旅，推动节庆赛事加快走向市场化的新举措。

【浙江省民族乡村振兴示范建设推进现场会】 2020年9月21日，浙江省民族乡村振兴示范建设推进现场会在景宁举行。国家民委、省市县统战民宗部门、省直相关单位，以及全省民族乡镇200余名代表参加。会议围绕深入学习贯彻总书记习近平在浙江考察时的重要讲话精神，全国、全省民族团结进步表彰大会精神，中共浙江省委书记袁家军在省委党校2020年秋季学期开学典礼上的讲话精神，立足民族乡村振兴示范建设，扛起建设“重要窗口”使命担当，为民族团结进步事业贡献力量这一主题，总结交流民族乡村振兴示范建设的经验做法，系统部署下一步工作的举措和任务，扎实推进民族乡村振兴示范建设，确保如期完成民族乡村振兴目标任务。会议设置了实地考察、第五届中国(浙江)畲族服饰设计展赛、省民族乡村振兴示范建设推进现场交流会、省民族乡村振兴示范建设培训班等内容。

【云景特色风情聚落区合作备忘录签约仪式】 2020年9月30日，景宁畲族自治县与云和县举行云景特色风情聚落区合作备忘录签约仪式，市委常委、县委书记陈重，云和县委书记叶伯军出席签约仪式并代表双方在合作备忘录上签字。仪式上，双方围绕如何做好跨山统筹、实现协同发展，从规划编制、优势互补、产业共建、文旅融合、民生事业等12个方面交流意见。促进紧密协作、共同发展，加快打造云景特色风情聚落区，为全市大力推进跨山统筹、全面加快区域协调发展打造样板、作出示范。

【2020年国家扶贫日浙江主场活动启动仪式】 2020年10月12日至13日，国家扶贫日浙江主场活动启动仪式在景宁举行。国务院扶贫办，浙江省人大常委会、扶贫开发领导小组成员单位、各县（市、区）扶贫办负责人、各市扶贫办业务处室主要负责人、省农业农村厅扶贫开发领导小组成员单位主要负责人等269名嘉宾参加。活动以“勇担重要窗口使命，谱写共同富裕新篇”为主题。启动仪式现场发布《浙江精准扶贫报告》、浙江精准扶贫十大案例、《解决相对贫困——浙江样本》等，同时举行“三联三送三落实”活动深化帮扶、“传化•农创帮扶”项目合作签约仪式，并为浙江省乡村振兴远教专家团授旗，“‘景宁600’区域公共品牌助农增收”获评浙江精准扶贫十大案例。此外，与会嘉宾及省内外媒体记者还前往“景宁600”展示展销中心、宇海幼教木玩产业园、大均村、伏叶村等进行现场考察。

【“才聚畲乡”首届民族地区乡村振兴景宁论坛暨丽水人才科技峰会景宁分会场活动】 2020年10月25日，景宁畲族自治县举行“才聚畲乡”首届民族地区乡村振兴景宁论坛暨丽水人才科技峰会景宁分会场活动。来自国内知名专家学者、创业创新人才和媒体嘉宾们齐聚景宁，围绕创新引领、产业培育发展、助力打造中国民族地区乡村振兴样板进行研讨交流。活动现场举行畲乡智库成员聘任仪式，10位专家学者受聘为首批畲乡智库成员，并设立中国乡村规划•设计•创意服务联盟乡村耕心基地，正式发布推介景宁人才新政18条，明确各类人才补贴标准。此外，还组织与会人员到乡村振兴示范点考察，并开展“人才•科技”项目路演、“畲乡工匠”技能展示等活动。

【G235景宁溪口至澄照段改建工程通车仪式】 2020年10月30日，举行G235景宁溪口至澄照段改建工程通车仪式。该项目起点位于溪口，经掌岸、白锄渡船头、滩树岭脚电站、石灰炉，终点位于澄照乡三石村接52省道，概算投资4.2亿元，路线全长9.56千米，采用双向4车道，设计速度60千米/小时，新建长隧道2座，大中桥11座。该项目是完善景宁城市功能、优化交通出行网格，缓解城区拥堵、方便群众出行的省重点基础设施建设项目。

【2020全国惠明茶禅博览会】 2020年11月22日至28日，景宁畲族自治县“2020全国惠明茶禅博览会”在上海举行。博览会以“世界文明，中国文化”为主题。其间，举行了全国惠明茶禅博览会“山宝”限量纪念币首发式、“百狮杯”全国惠明茶禅器具原创大赛颁奖仪式、上海惠明茶禅美术馆揭牌仪式等活动。

（陈晶晶）

2020年十件民生实事及完成情况

第一件：公交出行便民惠民再提升。新增新能源公交车12辆，优化城区公交班线设置，增加县城至澄照副城班次并延长运营时间，进一步方便群众出行。（责任单位：县交通运输局）

完成情况：新增新能源公交车12辆并投入运营；开通1路金都小区C区—东弄田园综合体公交夜班车（每20分钟一班，末班车时间21:40）；延伸2路、7路公交线路，将终点站从天境小区延伸至海事码头，实现城区公交与库区水运交通无缝衔接；实施澄照城乡公交票价优惠政策，60岁至70岁老年人1元/人次，70岁以上老年人免费。

第二件：完善医疗救助体系，落实困难群众高额医药费补助政策。对全县困难群众因患大病发生的高额医药费自付部分，经认定符合补助条件的给予适当比例补助，有效防止因病致贫或返贫。（责任单位：县医疗保障局）

完成情况：2020年，受理困难群众医疗补助申请140人，补助医疗资金97.89万元。2020年度医疗补助申请截至2021年6月底，医疗补助工作仍在经办中。

第三件：实施关爱老人行动。建设1家床位数20张以上的社区嵌入式养老护理机构，采取全托、日托和居家上门等方式，重点为社区内失能、失智和高龄独居老人提供长期照护服务；建设一批设计床位数10张且具备“生活服务、康复护理、托养服务、家庭支持服务”等功能的农村居家养老设施，实现全县50%以上乡镇（街道）都拥有1家示范型居家养老服务中心。（责任单位：县民政局）

完成情况：完成百岁社区养老照护中心建设，拥有床位22张，可实现全托、日托和居家上门等服务，重点为社区内失能、失智和高龄独居老人提供长期照护服务；累计完成17个乡镇（街道）示范型居家养老服务中心建设，乡镇（街道）覆盖率达81%。

第四件：完成农村老旧住宅电气线路改造。完成全县有常住人员农村老旧住宅电气线路改造工程，实现隐患消除全覆盖，切实提升农村地区老旧住宅消防安全环境。（责任单位：县消防救援大队）

完成情况：累计投入资金299万元，对全县3743家木结构老旧居住房屋进行了电气线路改造，切实提升农村地区老旧住宅消防安全环境，基本消除了农村木结构老旧居住房屋的消防安全隐患，2021年将继续推进此项工作。

第五件：实施中小学身心健康提升工程。实现全县中小学校校医、心理辅导室和中学专职心理辅导老师配备率均达100%，建立县级心理辅导中心，切实维护广大学生身心健康；配备专业营养师进行配餐指导和营养知识的普及。（责任单位：县教育局）

完成情况：招聘校医5人、心理健康教师1人，配备驻校医生12人、专职营养师1人，实现600人以上学校校医、驻校医生全覆盖，初中以上学校心理健康教师全覆盖；投入200余万元升级卫生保健室17个、省级心理健康教育示范校12个，建设县心理健康发展中心 1 个，为全县广大学生身心健康提供坚强保障。

第六件：开展儿童眼健康筛查。开展 0—6 岁儿童眼保健健康教育、视力筛查、高危新生儿眼底筛查，及时对可疑或异常儿童给予干预指导或转诊，实现儿童早期健康成长。（责任单位：县卫生健康局）

完成情况：完成 0—2 岁儿童视力、斜视筛查 3209 例，3—6 岁儿童视力筛查 5241 例，婴幼儿眼底筛查 51 例，三项筛查合计完成 8501 人，对查出屈光不正、斜视可疑的均转到上级医疗保健单位进一步诊治，有效保障了全县儿童的眼健康。

第七件：实施“真情暖万家•关爱 365”儿童关爱保护工作行动计划。构建多层次、复合型儿童关爱体系，实施“焕新乐园”公益项目，实现低保儿童家庭全覆盖，并延伸至低边儿童家庭。在各乡镇所在地、各城市社区建设 1 个规范型的“儿童之家”，实现乡镇和城市社区活动阵地全覆盖。（责任单位：县民政局）

完成情况：完成 355 户家庭的“焕新乐园”项目建设，在全省率先实现了低保、低边和孤困儿童家庭“焕新乐园”项目全覆盖；建成“儿童之家”34 个，实现乡镇（街道）、城市社区、重点村和学校示范型“儿童之家”全覆盖。

第八件：完成沈北线路段（双坑至殡仪馆、垃圾填埋场公路）改造提升，进一步改善该路段交通通行条件。（责任单位：县交通运输局）

完成情况：累计投入资金 2394 万元，完成沈北线路段（双坑至殡仪馆、垃圾填埋场公路共计 7 千米）改造提升，较好完善了区域路网，极大改善现有道路服务水平，提高行车安全性和舒适性。

第九件：实施林区道路硬化提标。启动林区道路硬化三年行动计划，2020 年完成林区道路硬化 60 千米以上，进一步改善林区生产生活条件、降低林业经营成本、减少路面水土流失。（责任单位：县自然资源和规划局）

完成情况：投资 2333 万元实施林区道路硬化项目 39 个，完成林区道路硬化提标 60.5 千米，有效改善林区生产条件，抑制林区道路水土流失，降低毛竹、木材等林产品运输成本，助力农民增收。

第十件：全面完成农村饮用水达标提标三年行动计划。完成 2020 年度农村饮用水达标提标工程，新增提升 2 万名农村居民饮用水标准；全县三年累计完成提升 5.3 万名农村居民饮用水标准，农村自来水普及率稳定在 99%以上、供水保证率达到 95%以上。（责任单位：县水利局）

完成情况：2020 年，投资 1.038 亿元提升 3.5 万农村居民饮用水标准（其中城市管网延伸 1 万人）；2018—2020 年农村饮用水达标提标三年行动计划期间，累计投入资金 1.49 亿元，完成了 6.8 万名农村居民饮用水标准提升工作，自来水普及率达到 99%、供水保证率达到95%，基本实现城乡居民同质饮水。

（陈晶晶）

综合政务

【概况】 2020 年，县政府办公室坚持县政府坚强“前哨”、巩固“后院”和“重要窗口”的定位不动摇，聚焦为政府决策“参”在点子上、“谋”在关键处的工作目标，为政府决策献智、为政府工作分忧、为领导谋事出力。全年共撰写起草各类讲话材料700余篇。其中，县政府主要领导讲话、报告200余篇，经稿文字近35万字。出台县政府常务会议纪要11期、专题会议纪要12期。全年上报各类政务信息865条。其中，关于景宁典型经验的专报被省政务信息录用11条，获省领导批示8件，均位列全市第一；市政府办公室录用325条，获市领导批示7条，位于全市前列。全年收文9505份，制发公文4494份，未出现文件漏登、漏发和泄密等情况。规范办文程序，重点精简的三类文件发文26份，同比下降3.7%；规范办会程序，切实提升法治思维，全年承办疫情防控、争先创优等各类大型会议22次，同比下降20%。组织开展政府常务会议13次，研究重大事项69项；政府党组会议15次，传达学习各类议题87个；县长办公会议11次，传达学习研究各类议题58个。全年共开展各类专题督查32次，下发《重要事项交办单》26期、交办事项319条，编写《督查反馈》32期；承办市“两会”议案提案5件，县“两会”议案提案255件、发言意见173条。（陈晶晶）

行政服务

【概况】 景宁畲族自治县行政服务中心（以下简称县行政服务中心）围绕“线上线下相融，域内域外相通”的目标，坚持群众第一、服务至上的原则。打造“数智”政务（数字化、智慧化）服务新模式。构建“咨询导办、自助网办、综合受理、休闲等候”的新型综合政务服务大厅。推行“A”级服务大厅、优秀窗口季度考评、年度总评，通过“比一比、赛一赛”模式，营造更加温馨的办事环境、更加优化的办事流程、更加贴心的服务体验，形成“人有工作标准、物有管理标准、事有质量标准”的政务服务体系。

2020年，全县“零次跑”实现率99.29%，即办率95.4%，许可事项承诺时限压缩比98.89%。政务服务2.0平台收件比99.31%，网上办事率89.99%，办事指南信息和材料正确率均实现100%。完成公共资源进场交易项目388个，成交金额16.22亿元，节约率8.45%。其中，完成小额交易项目217个，发布10万—50万元直接委托发包结果公告601条。投资项目代办246个，其中企业投资项目78个，政府投资项目168个，全年便民服务事项代办17.2万件。成交中介服务网上竞价项目1947个，成交金额4252.8万元，节约费用871.37万元，平均下浮率21.11%。

2020年，新冠肺炎疫情防控期间，根据中心工作实际，迅速作出应对方案，全面实行“办事预约”服务机制，全面推广“网上办”“自助办”“掌上办”等办理方式。每个办事大厅开放一个出入口，设置健康检查区，对进入服务中心所有人员进行体温测量和身份信息登记，全力打好打赢疫情防控攻坚战。2月19日，中心恢复窗口线下服务，在此后的3个多月精密智控指数考核中，办事恢复率稳定在100%，亮码测温守小门从未间断。3月1日起，设立企业开办专窗，为企业提供全流程服务，并以政府买单形式，向新开办企业赠送印章和税控盘，实现企业开办“减环节、零成本”。

【智慧政务】 2020年，以移动端为主，PC端为辅，自助端补充，大厅端兜底，四端协同，集“网办、掌办、秒办”于一体的“互联网+政务服务”2.0平台在县行政服务中心落地。21个乡镇（街道）自助终端机改版升级，2.0功能全部上线，推进数字赋能县域社会治理现代化。（李芬芳）

重点项目服务

【概况】 2020年，景宁畲族自治县重点项目服务中心始终围绕服务重点项目及重大前期项目、土地和房屋征收、大花园建设等方面展开工作。发挥重点项目“服务员”作用，创新项目服务机制，破解制约要素，推进重点项目建设；发挥土地征收“指导员”作用，补充完善征收政策，制定阳光征收工作流程，规范土地征收；发挥大花园建设“宣传员”作用，强化工作体系建设，深入实施重大改革，开展“人人成园丁、处处成花园”系列活动，推进大花园建设。2020年12月7日，《浙江日报》专版全版从创新模式、城乡融合、“畲风”拂面三个方面，生动描述景宁欣欣向荣的“海拔经济”、县域发展机制、全域旅游概貌，宣传景宁良好的生态、浓厚的畲族文化以及大花园建设成效。开展调查研究，确定5月和8月分别为重点项目走访月、重点前期项目走访月，走访了金村水库及供水工程、东弄田园综合体、外舍新区人防工程等重点项目和景宁二中、百鸟朝凤、未来社区、畲族风情康养度假综合体等重大前期项目。通过走访深入了解项目推进情况和存在的问题，与相关部门对接，开好“解决方子”，排除影响项目推进的不利因素和问题。召开全县土地与房屋征收政策解读培训会，来自乡镇（街道）的相关负责人、业务骨干共60余人参加，从政策和操作实务角度，深度解读土地和房屋征收“两个办法”，相互交流经验，规范征收程序，保障全县重点项目建设有序推进。

2020年，县重点项目服务中心全程参与惠明禅茶文化产业园前期的政策处理，保障该项目如期开工。参与景文高速、322国道政策处置协调和二中迁建、职业高中迁建前期政策拟定。完成百鸟朝凤、澄照康养中心、凤栖云境等项目的征地成本前期测算。整合国土、环保、林业、水利等部门红线图，升级“项目建设绿线图”平台。通过平台，为中国大唐集团太阳能产业有限公司的光伏项目用地提供地块数据信息，大幅度提高项目前期用地筛选的准确性，助推项目及时落地（于9月6日开工建设，至12月底完成项目投资18539万元）。依据《国务院办公厅关于全面推进城镇老旧小区改造工作的指导意见》等文件精神，采用“政府引导+社会参与+市场运作”模式，积极推进城市有机更新工作，努力构建“城市功能优化、环境质量改善、治理能力提升”的品质社区。完成对城南老城区块、叶府前区块、商业局区块、造纸厂区块约700户的征迁数据录入整合。完成2015—2019年全县拆迁总面积、总户数及每种安置方式户数的统计工作。

【景宁大花园建设宣传视频登上复兴号高铁】 2020年7月1日起，景宁大花园建设宣传视频《诗画浙江·美丽大花园之景宁篇》在128组动车8386块屏上滚动播放。年覆盖客流量约7800万人次，覆盖广州、北京、香港等122个车站。视频通过介绍大漈、大均、东弄田园综合体、千峡湖等主要景点，宣传景宁优美的生态环境和独特的民族风情以及大花园建设成效。

【"畲乡项目掌上通"建成启用】 景宁畲族自治县智能化重点项目手机终端服务系统——"畲乡项目掌上通"，于2020年12月9日建成启用。"畲乡项目掌上通"依托浙政钉政务服务体系，利用云计算、移动互联网等技术手段，为各类项目管理提供现场实情反馈、管理人员审核、专班领导阅批等功能，同时提供项目管理可视化报表，有效提升重点项目建设服务效率。

【《景宁畲族自治县征地补偿安置标准暂行规定》发布】 《景宁畲族自治县征地补偿安置标准暂行规定》经县人民政府第35次常务会议审议通过，由县人民政府于2020年12月31日发布，发布即日起施行。该规定分总则、征地区片划分与征地区片综合地价标准、青苗补偿和地上附着物补偿标准、其他等4章，共16条，附表4个。 （王 婷 刘文婷）

机关事务保障

【概况】 2020年，景宁畲族自治县机关事务保障中心（以下简称县机关事务保障中心）为全县各类会议（活动）提供后勤保障服务3241次，服务参会人员12.7万人次，接待国内外重要来宾285批次，完成了包括"国家扶贫日浙江主场活动""浙江省民族乡村振兴示范建设推进现场会"等在内的重要会议活动的后勤保障任务。

全年保障全县公务用车1.02万辆次，安全行驶134万千米，在全市率先把应急救护融入"车技大比武"中。

组织开展全县92家机关单位办公用房自查自纠和36家单位"回头看"工作，并对县行政中心及部分县直机关单位开展房屋安全鉴定，确保全县安全办公。

针对"一年一创新、一年一特色"目标，聚焦"畲医畲药"挖掘，坚持县外企业"请进来"和本地名厨"走出去"相结合，助力推出"畲乡十药膳"菜谱，并全面运用到公务接待当中，打造标准化、特色化接待的畲乡新品牌，诠释"舌尖上的畲族文化"。

运用智慧赋能，让机关食堂实现安全支付、新冠肺炎疫情防控和阳光食堂"三位一体"。2020年8月，多次举办"制止餐饮浪费、崇尚勤俭节约"系列主题活动，把"半份菜""小碗饭""拼盘组合""公勺公筷"等措施融入公务接待和机关食堂运营中，不断激发"讲节约就是讲政治"的行动自觉。

围绕AAAAA级景区城创建任务，按照功能区域和建筑风格，对县行政中心进行再美化再文化，2020年12月，在全县率先完成"美丽单位"创建，使行政中心"旧的可爱、老的温馨"。

通过精心组织、推敲方案、完善设施、督查回访，于2020年9月开始，13家单位的230个停车泊位实现错时开放，提前3个月完成县机关事务保障中心办民生实事的全年目标，切实提升群众获得感。

在新冠肺炎疫情期间，县机关事务保障中心全天候保障打赢疫情防控攻坚仗、持久战。全体干部职工24小时轮流值班坚守疫情防控一线，为136个值守卡点开办“深夜食堂”，向6个隔离点输送防疫物资，接收转运境外返景人员37人。同时，开通“助企直通车”10辆为全县企业排忧解难。

【县行政中心创建为“国家级节能示范单位”】 2020年，县机关事务保障中心通过对县行政中心开展用能评估、节能改造，建章立制等举措，创建“国家级节能示范单位”。是年，共建立完善节能规章制度16项，并付诸实施，全年县行政中心人均综合能耗为130.47千克标准煤/吨、单位面积综合能耗为3.1千克标准煤/平方米、人均综合水耗为31.99立方米（均小于浙江省同类型单位能耗平均值的0.9倍），达到国家考核指标要求。经国家、省、市主管部门层层审核后，于12月17日，为县行政中心捧回“国家级节能示范单位”的牌匾，成为引领全县党政机关绿色办公的“领头雁”“排头兵”。（叶滨锋）

法治政府建设

【概况】 2020年，景宁畲族自治县坚持以习近平新时代中国特色社会主义思想为指导，深入贯彻中共十九大及十九届五中全会精神，开展法治政府建设示范县创建活动。聚焦重点、精准施策、协同发力，深入推进政府及部门依法行政，景宁法治政府建设取得新进展。

2020年，大力推广政务服务2.0版，政务服务事项网办率99.28%，“零次跑”实现率99.41%，承诺时限压缩比98.64%。全面推广机关内部协同办事平台，持续开展事项梳理上线，非涉密机关内部办事事项100%实现网上办，“零次跑”实现率90%，全年累计办件5183件。深化“全域一证通办”等重点领域改革，设置长江三角洲“一网通办”专窗。实行投资项目承诺制，28个项目审批100%实现“最多80天”。持续精简行政许可事项，全面推行行政许可告知承诺制度，实行“证照分离”（指工商部门颁发的营业执照和各相关行业主管部门颁发的经营许可证审批的改革），全年告知承诺882项。依法统筹推进新冠肺炎疫情防控的严防死守和经济社会发展的复工复产工作，积极开展“法治化营商环境优化年”十大专项行动，深入实施“10+N”（企业开办、企业注销、不动产登记“一件事”、跨境贸易、纳税、提升执行合同质效、用水用气报装、用电报装、获得信贷、办理破产便利化行动方案10项主要政策，以及“N”项配套措施）便利化行动。依托“向企”法律服务平台，共清理涉企行政规范性文件2件，开展法治宣传79场次，发布法律服务助力企业复工复产典型案例46个，开展“法治体检”195次，接受咨询、解决涉企法律问题780个。

2020年，县政府（办公室）共出台行政规范性文件31件，提出合法性审核意见128条，全县行政规范性文件100%实现合法性审核，清理行政规范性文件11件。在各乡镇（街道）、县直部门均建立重大行政决策目录清单，实现重大行政决策目录化管理全覆盖。严格开展重大行政决策风险评估，全年，完成重大决策社会风险评估备案83件。落实对标的额为200万元以上的行政机关经济合同实行备案审查制度，并加强管理。各乡镇（街道）建立“党政办+司法所+法律顾问”的合法性审查队伍，开展合法性审查工作，并制定审查事项范围清单、内容清单及流程图，在全市率先开展村规民约合法性审查工作。

2020年，由县委、县政府牵头成立县综合行政执法改革领导小组，整合归并执法队伍，进一步理清事项、细化清单、明确机制，完成12个部门20个方面300项综合行政执法事项职权交接，有效解决多头执法、违规执法等问题，提高行政执法公信力。全面落实行政执法公示制度，多渠道开展执法信息公示。严格执行行政执法全过程记录制度，并做好各环节文字、音像等记录的归档工作，发挥其记录资料在解决行政争议中的重要作用。严格实行法制审核，重大行政执法决定法制审核率100%。全面推进行政执法监督“正法直度”（严明法律制度）专项行动，开展“证照分离”改革事项审批监管情况专项监督、行政执法案卷集中评查等系列活动，持续推进行政执法监督规范化建设，全年共开展专项监督2次，检查执法卷宗240件，发现问题16个。开展大范围实用型基层行政执法人员规范具体行政行为专题业务培训，落实行政执法人员持证上岗和资格管理制度，规范行政执法辅助人员执法行为，全年，共开展各类执法培训160余次，全县应持证人数1303人，实持证1280人，持证率98.23%。

始终坚持把非诉讼纠纷解决机制挺在前面，完善行政调解、人民调解、司法调解的衔接机制，充分发挥人民调解基础性作用，强化诉前化解、诉中调解，严格落实化解责任，最大限度减少和避免矛盾纠纷的发生。深入推进行政诉讼发案量和败诉率“双下降”百日攻坚专项行动，加强行政诉讼多发领域和败诉案件集中领域的形势研判，全年，共发生一审行政诉讼案件21件，结案21件，败诉2件，败诉率为9.5%，同比下降37.54%。切实发挥行政复议化解行政争议的主渠道作用，成立景宁畲族自治县行政复议咨询专家库，出台《行政复议专家咨询制度》，全年，共办理行政复议案件7件，受理前调解1件，审结6件（调解结案3件），协调调解率66.7%。7月，中共景宁畲族自治县委全面依法治县委员会守法普法协调小组出台《关于构建社会大普法格局的实施意见》（景委法普〔2020〕3号），健全法治宣传教育机制。推出“鹤溪亭说法”，打造宪法主题公园；以“地摊宣法”“律师坐诊”“微视频讲故事”等形式，深挖畲乡法治文化特色品牌，推动社会矛盾纠纷有效化解，其做法三度登上“学习强国”栏目，并在《丽水日报》头版头条刊登。积极开展基层民主法治村（社区）、善治村创建工作，不断夯实基层依法治理工作基础。继续深化县级矛调中心建设，是年，县矛调中心累计受理各类群众诉求3018件，办结率99.6%，实现矛盾纠纷调处“最多跑一巷”。

2020年，法治政府建设“景宁做法”在全省县级社会矛盾纠纷调处化解中心建设交流会上做典型经验交流；法律顾问参与法治政府建设山区样板项目入选全省“县乡法治政府建设”最佳实践项目；转化立法优势为发展优势项目被列入“法治浙江”实践100例；“向企”法律服务平台入围全省政法系统创新引导候选项目；出台《景宁畲族自治县促进惠明茶产业发展条例》获评丽水市首届“十大法治事件”。（县司法局）

应急管理

【概况】 2020年，景宁畲族自治县应急管理局着力于“防风险、保稳定、建制度、补短板”工作，推进县域应急管理体系和应急治理能力现代化建设。

制定《2020年景宁县应急管理、安全生产和消防工作目标管理责任书》《2020年度景宁县人民政府副县长安全生产目标管理责任书》。与21个乡镇（街道）、27个单位签订《2020年度目标管理责任书》。落实《第二轮安全生产综合治理三年行动计划》。实施集中办公制度，制定各类方案、任务分工及进度表，每月如期收集报送“两情况一清单”（三年行动工作开展情况、问题隐患清单、制度措施清单），完善安全生产责任体系。成立督导检查组40个，查出隐患1190处，完成整改1119处，行政处罚19起，罚款16万余元。

组织召开“八百攻坚”安全风险隐患排查整治行动部署会，对各牵头单位进行任务交办，要求各牵头单位制定行动方案、计划表，绘制作战图，进行“挂图作战”。攻坚组全面排查小微企业安全隐患197处，当场整改104处，限期整改93处，全部整改到位。地质灾害领域累计安排60个组180人次，对21个乡镇（街道）101个风险隐患区和1个在建地质灾害治理项目进行隐患排查和汛前检查。开展森林消防演练25次，累计参加人数600余人次。各乡镇（街道）延伸排查安全隐患171处，全部得到整改。累计排查交通道路隐患点位14处（其中事故多发点段2处，桥梁隧道安全隐患11处，“三高”路段1处），经过实地考察、数据测量、方案评审，14处隐患点均已整改到位。

开展“百镇千村万户”应急入村专项行动。由县应急管理局牵头开展防汛地质灾害实战情景模拟演练。建成一支由民兵、护林员、志愿消防员、乡村干部组成的综合应急救援队伍。21个乡镇（街道）、所有行政村（社区）组织观看丽水市“应急入心•安全万家”警示教育片。完成签字背书1.3万余人次。

加强安全生产巡查工作。印发《2020年景宁畲族自治县安全生产巡查工作方案》。从9月1日起分成3个巡查组，邀请丽水市安全生产专家和消防队工作人员助力，按照实施方案对14个单位、16个乡镇开展安全巡查工作。共实地检查100多家单位，发现各类问题246个（处），发出交办单25份。巡查单位积极整改，消除隐患。

对辖区内21家烟花爆竹零售企业开展烟花爆竹临时销售店(点)经营布点节前、节后检查,发现隐患42处,督促及时整改;检查季节性烟花爆竹零售店(点)21家,督促烟花爆竹批发企业回收零售点剩余存货800箱,交由公安部门进行销毁。

【浙江省首届社会应急力量技能竞赛】 2020年9月18日至22日,浙江省首届社会应急力量技能竞赛在景宁大均举行。全省24支社会应急队伍192名队员参加竞赛。该竞赛活动由省应急管理厅、省总工会、团省委、省红十字会、省地震局5家单位联合主办,丽水市应急管理局、景宁畲族自治县人民政府承办,景宁畲族自治县应急管理局、大均乡人民政府协办。省应急管理厅应急救援和预案管理处二级调研员杨建年、副处长詹萍,丽水市应急管理局副局长潘新雄出席竞赛启动仪式,县委常委、县政府常务副县长王益在启动仪式上致辞。竞赛分理论考试、综合体能、技能三部分。其中,综合体能设置搬运重物折返跑、搬运与心肺复苏2个项目;技能设置安全破拆、顶撑及狭小空间救援、河中沙洲救援、水中翻船自救、高空悬吊向下救援等5个竞赛项目。景宁畲族自治县应急管理局被评为“优秀组织单位”。景宁户外应急救援队获“团体优胜单位”第一名。

【全县森林防灭火技能竞赛】 2020年12月24日,景宁畲族自治县应急管理局在大均乡举办全县森林防灭火技能竞赛。全县共有24支队伍240名队员参加。 (叶丽菁)

大数据服务管理

【概况】 2020年,景宁畲族自治县大数据发展中心始终围绕大数据服务经济发展和政务服务理念,积极谋划数字产业化和产业数字化发展,全面推进政府数字化转型,狠抓信息化项目建设,整合建设“12345”咨询投诉举报平台,加快数据归集共享,提升城市治理现代化水平。2020年,完成全县459个信息系统普查、录入;编制数据目录855个,数据项11294项。其中,开放数据目录30个,开放数据目录平均容量1862万个。“掌上办事”“掌上办公”全面到位。政务服务2.0事项改造完成3批次1369个事项,20个自建系统接入市级基础库;浙政钉2.0完成升级改造,迁移并激活5519个政务用户。政府门户网站和电子政务网运维良好。政府门户网站在全市率先迁移至省政务云上。全年,审核发布政府门户网站信息1998条,向市政府门户网站报送信息512篇,向“丽水发布”报送信息1258篇。政府门户网站普查整改32次。

全年,“12345”咨询投诉举报热线总接线21157条,转后台2971条。丽水市基层治理综合信息平台共受理案件44372件,办结44369件,办结率99.99%。智慧城管平台有效立案2655件,交办处置2655件,处置2622件,处置率98.75%。全县公共安全视频监控接入7813路,完成率143%。

完成智能化系统、视联网智慧城市指挥系统等信息化项目20个,总投资867万元,资金执行率达100%。拓宽思路,全力谋划,为县委、县政府当好“十四五”数字化规划的参谋者和参与者。

在新冠疫情攻坚战中，疫情精密智控发挥了重要作用。完成境内境外71342人录入，排摸3821人，完成省、市疫情指挥部下发的3201条数据排摸工作，每条数据无遗漏无差错。

2020年12月6日，浙江省城市建设管理协会发文公布协会成员抗疫工作突出集体82个，突出个人78名。景宁县大数据发展中心获突出集体称号，一名干部获突出个人称号。

【县大数据发展中心揭牌成立】 2020年3月5日，景宁畲族自治县大数据发展中心举行揭牌仪式。县委副书记、政法委书记潘伟等县领导出席仪式并为中心揭牌。该中心全面承担政府数字化转型、智慧城市管理、信息化项目规划建设、社会治理平台运维等多项职能。

【《景宁县政府投资信息化项目管理办法》发布实施】 《景宁县政府投资信息化项目管理办法》，由县大数据发展中心起草，在线上线下广泛征求意见，形成送审稿后经县政府第39次常务会议审议通过，由县政府办公室于2020年12月10日发文公布，2021年1月1日起实施。 （李　瑶）

中国人民政治协商会议景宁畲族自治县委员会

综　述

【概况】 2020年，中国人民政治协商会议景宁畲族自治县委员会坚持以习近平新时代中国特色社会主义思想为指导，坚定贯彻落实中共景宁畲族自治县委的决策部署，自觉践行“重要窗口”新期望和“人民政协新样子”要求。发扬民主与增进团结双向贯通，建言资政与凝聚共识双向发力，在抗疫大战和全员大考中，书写“打开两山新通道、富民兴县再赶超”政协新篇章。

深入学习贯彻中央和各级党委政协工作会议精神，对照落实中央、省委、市委和县委政协工作会议要求，努力破解基层政协“两薄弱”(基础工作薄弱、人员力量薄弱)。持续推进“民情速递”窗口和“委员会客厅”两个平台建设，探索政协工作向基层延伸新途径。“民情速递”窗口不断完善运行机制，推动委员联系群众常态化、实效化。全年，安排委员窗口轮值96人次，收集民情民意34条，经综合归纳向有关部门反映16条，现场协商解决红星小学临时停车场等5个热点问题，《联谊报》头版报道该做法和经验。“委员会客厅”定期组织主题活动，把工作触角延伸到“网红”、非遗传承人、新生代民营企业家等特定群体中。围绕“两会”宣讲、“三月三”云上歌会、少数民族产业发展等课题，开展议事活动6场。其中两场在《人民日报》报道，省政协副主席陈小平专门批示点赞。

推出富有景宁特色的三大协商品牌。“即提即办”微协商见实效，对县政协全会期间委员提出的18个方面64条意见建议，在“两会”结束后2天内全部完成面对面协商办理，该做法得到省、市政协领导一致肯定。“跨县合作”组团协商见真诚，完善与云和县政协开展组团式协商机制，围绕“在云和的景宁籍人员服务平台建设”课题共同协商，为打造“云景特色风情聚落区”、推动一体化发展献计出力。“线上运行”智慧协商见能量，与联谊报社深度合作，共同开发微信公众号、App等线上平台，运用网络议政、远程协商等形式，推动数字政协建设。

旗帜鲜明讲政治，坚定不移跟党走，把政

治学习摆在首位。建立班子成员联系界别、党员委员联系党外委员制度，发挥党员委员模范作用。严格落实党的领导制度，坚持在县委领导下主动负责、协调一致抓好政协工作，自觉把政协工作置于中心大局中谋划。勠力同心投身新冠肺炎疫情防控战，连续2次向全体委员发出倡议书，引领广大委员各展所长、各尽所能倾情奉献，以实际行动展现爱党爱国、爱县爱家的大爱情怀。疫情得到稳控后，围绕“六稳”“六保”助力复工复产，有力助推“两手硬、两战赢”。

综合运用“请你来协商”、提案督办、大会发言、会客厅议事、民主评议等履职方式，多维度聚力产业培育。围绕“确保全面小康路上一个不少”目标，抓住民生领域重要问题资政建言。围绕平安景宁、法治景宁建设，安排委员担任政法系统民主监督员。围绕“十四五”规划开展专题调研、召开座谈会，主动为编制“十四五”规划献智献策。加强与各民主党派、工商联、人民团体合作共事，听取意见建议并及时反馈采纳。与上海静安区政协缔结友好单位，将“朋友圈”扩到上海。做好省内外政协交流联谊，寻找“双招双引”机会，助推乡村振兴“两进两回”。

县政协重要会议

【九届四次会议】 县政协九届四次全体会议于2020年4月26日至28日举行。此次大会应到委员159名，实到委员143名。市委常委、县委书记陈重出席会议并讲话。会议同意县政协张峰代表县政协常委会所作的工作报告和县政协副主席沈秀慧所做的提案工作报告。

政协全体与会人员列席县第九届人民代表大会第四次全体会议，听取并讨论县长钟海燕所做的《政府工作报告》和其他有关报告。通过小组讨论、大会发言和提案等形式，提出许多建设性意见和建议。8位委员作口头发言，10位委员作书面发言。其中，13篇发言稿得到县领导批示。提案审查委员会共收到提案125件，经审查，立案116件，并案处理3件，不予立案6件转为意见建议。

会议表彰了县政协九届三次会议优秀大会发言、2019年度县政协先进专门委员会、委员工作站、先进委员、优秀提案、优秀社情民意信息、优秀信息员。

【九届常委会第十五次会议】 县政协九届常委会第十五次会议于2020年1月6日召开。会议学习传达市委政协工作会议和县委政协工作会议精神；听取县纪检监察委、县人民法院、县人民检察院年度工作情况通报；听取县政协各参加单位年度工作情况汇报；听取县政府相关建议案办理落实情况通报；审议通过“请你来协商”相关建议案；讨论研究《关于新时代加强和改进人民政协工作的实施意见（草案）》；学习传达中共中央总书记习近平在全国政协新年茶话会上的讲话精神。

【九届常委会第十六次会议】 县政协九届常委会第十六次会议于2020年1月21日召开。会议传达学习省政协十二届三次会议精神；听取县政府相关建议案办理落实情况通报；听取县政府关于2019年度政协提案办理落实情况通报；协商讨论《政府工作报告(讨论稿)》《县人民法院工作报告（讨论稿)》《检察院工作报告(讨论稿)》；听取县政协九届四次会议筹备情况汇报；审议通过县政协九届四次会议议程(草案)、日程；审议通过常委会工作报告(草案)及报告人；审议通过提案工作报告(草案)及报告人；审议通过先进集体和先进个人；有关人事事项；研究决定县政协九届四次会议有关事宜。

【九届常委会第十七次会议】 县政协九届常委会第十七次会议于2020年4月25日召开。会议通报部分专门委员会副主任职务任免名单；审议通过叶长过请辞九届县政协常委及委员职务的决定；审议通过吴卫忠任九届县政协委员的决定。

【九届常委会第十八次会议】 县政协九届常委会第十八次会议于2020年4月26日召开。会议审议常务委员候选人建议名单；审议县政协九届四次会议选举办法(草案)；审议县政协九届四次会议决议(草案)。

【九届常委会第十九次会议】 县政协九届常委会第十九次会议于2020年4月28日召开。会议审议通过县政协九届四次会议选举办法(草案)；审议通过人事事项；审议通过大会选举总监票人、副总监票人、监票人名单(草案)；审议通过政协第九届景宁畲族自治县委员会提案委员会关于县政协九届四次会议提案审查情况的报告(草案)；审议通过县政协九届四次会议决议(草案)。

【九届常委会第二十次会议】 县政协九届常委会第二十次会议于2020年6月24日召开。会议传达学习中共浙江省委十四届七次全体(扩大)会议精神；听取相关部门情况通报(县发改局通报上半年重点项目开展情况、县文广旅体局通报上半年旅游工作开展情况、县农业农村局通报上半年茶产业发展情况)；审议通过“请你来协商”之新医院打造“三融合两中心”课题协商纪要；部署2020年度重点课题调研工作；通报县政协“景宁县政协主席会议成员联系界别名单”“景宁县政协中共党员委员联系非中共党员委员名单”。

【九届常委会第二十一次会议】 县政协九届常委会第二十一次会议于2020年11月27日召开。会议围绕科学编制景宁县“十四五”规划开展协商建言；传达学习中共十九届五中全会精神；传达学习中共浙江省委十四届八次全会精神；传达学习中共丽水市委书记胡海峰在市政协和莲都区政协联合举办的“请你来协商——厚植社会主义协商民主文化”重点提案办理协商会上的讲话精神；审议通过《中国人民政治协商会议景宁畲族自治县委员会专门委员会通则》；通报《中国人民政治协商会议景宁县委员会提案工作条例》《县政协专门委员会、委员工作站及委员年度履职考核办法》。

2020 年县政协重要提案一览表

表 4

职 级	会 议	案 由
2020 年1 月 6 日	县政协九届常委会第十五次会议	关于加快畲乡小吃产业发展的建议案
2020 年 1 月 6 日	县政协九届常委会第十五次会议	关于解决澄照创业园投产后可能面临“用工难”问题的建议案
2020 年 1 月 6 日	县政协九届常委会第十五次会议	关于提升公共停车设施使用效能的建议案
2020 年 6 月 10 日	“关于新医院打造‘三融合 两中心’”“请你来协商”专题协商会	关于新医院打造 “三融合 两中心”的建议
2020 年 8 月 13 日	“关于弘扬马仙文化 助推全域旅游发展” “请你来协商”专题协商会	关于弘扬马仙文化 助推全域旅游发展的建议
2020 年 9 月 4 日	“关于实施‘小县大教’ 教育战略” “请你来协商”专题协商会	关于实施“小县大教”教育战略的建议
2020 年 9 月 18 日	“关于做优云景流动人口服务管理 助力云景特色风情聚落区建设”“请你来协商”专题协商会	关于做优云景流动人口服务管理 助力云景特色风情聚落区建设的建议
2020 年 9 月 26 日	“关于助推中蜂产业发展”“请你来协商”专题协商会	关于助推中蜂产业发展的建议
2020 年 10 月 26 日	“关于做大做强电商产业,促进景宁经济高质量发展”“请你来协商”专题协商会	关于做大做强电商产业,促进景宁县经济高质量发展的建议
2020 年 10 月 28 日	“关于景宁县中药材(草)发展”“请你来协商”专题协商会	关于景宁县中药材(草)发展的建议
2020 年 11 月 26 日	“关于健全关爱服务体系,助推留守儿童健康成长”“请你来协商”专题协商会	关于健全关爱服务体系,助推留守儿童健康成长的建议
2020 年 12 月 24 日	“关于城区住宅小区品位提升” “请你来协商”专题协商会	关于城区住宅小区品位提升的建议

中国共产党景宁畲族自治县纪律检查委员会·景宁畲族自治县监察委员会

综　　述

【概况】 2020年，是高水平全面建成小康社会决胜之年、实施“十三五”规划收官之年、脱贫攻坚决战之年。面对突如其来的新冠肺炎疫情和艰巨复杂的改革发展稳定任务，景宁畲族自治县各级纪检监察机关认真履行党章和宪法赋予的职责，围绕中心、服务大局，始终坚持稳中求进总基调，牢牢把握高质量发展主题，忠诚履职、敢于斗争，纪检监察工作呈现高质量发展的良好态势。

强化政治监督，忠诚履职护航发展。制定出台《2020年度政治监督工作计划》。围绕疫情防控、脱贫攻坚、村社组织换届等重点任务，全年开展监督检查896批次，出动2394人次，发现并督促整改问题696个，发布督查通报16期。全力护航脱贫攻坚决战决胜，走访低收入农户8635人，查看扶贫资金项目265个，解决问题127个，查处典型问题8起，通报2期，给予党纪政务处分9人、组织处理7人。坚持疫情防控不放松，以严明的纪律推动疫情防控工作落到实处，查处履职不力问题6起，通报曝光2批次，给予党内严重警告3人，组织处理15人。严明村社换届纪律，审查候选人资格4批次2945人次，严肃查处违纪案件7起，通报2期。

监督落实中央八项规定及其实施细则精神，驰而不息纠治“四风”（形式主义、官僚主义、享乐主义和奢靡之风）。创新推行“点题派单”式监督，聚焦12项易发多发的四风问题，制定实施《正风肃纪“1+X”年度任务清单》，坚持“一月一主题”，常态化开展正风肃纪明察暗访。全年共查处“四风”问题123起，处理204人（其中党纪政务处分10人）。部署开展违规发放津补贴或福利、吃喝问题、违规参与“两局”（酒局、牌局）等专项整治，围绕餐饮浪费、减税降费等问题开展专项督查46次，检查场所362家，核查问题225个，给予约谈提醒70人。加大点名道姓通报曝光力度，全面梳理违反中央八项规定精神的典型案例，共通报典型问题3批次7起16人。

坚持巡改并重，巡察利剑震慑常在。牢牢把握政治巡察定位，推进巡察提质增效。全年共开展三轮（第七轮至第九轮）24家单位的巡察，发现问题721个，移交问题线索19条；共完成三轮（第六轮至第八轮）25家单位的巡察整改工作，整改问题854个，收缴违规资金307.52万元。组织开展全县农民专业合作社（家庭农场）专项巡察，发现共性问题19个，推动注销“空壳社”（无实质性生产经营活动、因经营不善停止运行的合作社）139家、“空壳家庭农场”（无实质性生产经营活动、因经营不善停止运行的家庭农场）62家，有力助推“三农”（农业、农村和农民）建设和脱贫攻坚。扎实做好整改后半篇文章，落实巡察整改全过程监督责任清单制度，建立“五方联审”督促机制（根据巡察整改全过程监督责任清单，县纪委监委、县委组织部、派驻纪检组、县委巡察办、县委巡察组五方联合对巡察整改方案、整改报告进行“联审”，指导督促被巡察单位明确整改方向、理清整改思路、细化整改措施，有效把好巡察整改问题质量关），有效形成整改监督合力。

推动改革创新，治理效能充分释放。积极探索微权智治机制，推出微权治理“阳光十法”（涵盖张榜公布、廉情专递、电视点播、“抖音”直播、廉情备案、码上村务、智慧村居、指尖微程序、阳光问廉、农经E阳光等十种方法的村级“三务”公开办法）。创新推行信访件办理质量“四色评估”体系（对信访件办理质量从程序和实体两个方面16个指标进行综合考评，以“红黄蓝绿”四色对应不合格、合格、良好、优秀等次，根据考评结果采取预警提醒、约谈等相应措施），荣获浙江省首届基层清廉建设创新经验优秀奖。领办全市纪检监察系统“规范案件审理标准体系”任务，全县乡镇（街道）纪检监察案件质量评查实现全覆盖。坚持“三个区分开来”，对42名受处分干部开展暖心回访教育，为7名受到不实举报的党员干部澄清正名，对11名在疫情防控中工作不到位但敢于担当的干部容错免责。用好村级监督力量，完成全县21个乡镇（街道）145个村（社区）监察工作联络站建设。

推进“三不”机制（不敢腐、不能腐、不想腐），标本兼治提升效能。强化不敢腐的震慑。全年共接待来访群众156批次215人次，受理群众信访举报117件，信访总量同比下降26.4%，实现2018年以来全县信访总量和检控量（纪检监察机关受理的反映党组织、党员违反“六大纪律”等党的纪律行为；监察对象职务违法、职务犯罪行为；其他依照规定应当由纪检监察机关处理的违纪违法行为的检举控告数量）“三连降”。全年共处置问题线索469条次，其中运用“第一种形态”处置问题线索345人次。全县纪检监察机关党纪政务立案120件，处分122人，采取留置措施6人，移送司法机关6人。健全不能腐的机制。坚持以案促改，全年发出纪检监察建议书12份、督促整改问题49个。建立“三色预警、五环联控”（根据廉政风险程度，按黄橙红三色进行实时预警，加强廉政风险“源头把控”“重点管控”“动态监控”“精准智控”“内外联控”）廉政风险防控机制。

评选出6家优秀典型样本建设单位，指导县财政局创建的《创新构建民族资金“立体式”廉政“防火墙”》入选全市示范样本。增强不想腐的自觉。创新打造4+X“清风套餐”，编制典型案例警示录2本，拍摄《以案为鉴 警钟长鸣》等警示教育片2部。在警示教育强大震慑和政策感召下，4名干部主动投案自首，“廉政账户”收到主动退缴款项34笔共64.16万元。

制订出台《清廉畲乡建设2020年行动计划》，持续深化清廉机关、清廉村居、清廉学校、清廉医院、清廉企业等清廉单位指导标准。创成示范型清廉单位30家、规范型清廉单位55家，择优评出“十佳清廉村居”。澄照乡、毛垟乡列全市乡镇(街道)政治生态排行榜20强。创作编排清廉文化音乐情景剧《畲歌传唱颂清廉》，该剧荣获全市首届“清廉文化进村晚”文艺会演一等奖。

升级“清廉指数”政治生态分析研判机制，做深做实政治生态评价工作。按照省委常委、省纪委书记、省监委主任许罗德在景宁调研期间对“清廉指数”评价机制作出的“予以肯定、继续推进、不断完善”12字批示精神，持续优化提升“清廉指数”评价机制，配套制定并实施《政治生态评价质量控制体系》《领导干部离任政治生态责任评审办法》，推行差异化评价，指标更加科学、打分更加客观、评价更加精准。坚持以评促改、以评促建，深化运用“清廉指数”评价体系。全年共发布“清廉指数”排行榜2期，发出预警通知书7份、问题反馈单83份，对1名领导干部开展离任政治生态责任评审，对排名靠后的6家单位党组织负责人进行了约谈。

创新推行村干部履职红线“二十条”。把理清职权作为规范村级微权力运行的核心工作，聚焦人、财、物、事等村务管理重点，提炼出村居干部在工作、生活中易触碰“雷区”的廉政风险点，明确“政治纪律、中央八项规定精神落实、民生服务、集体资金使用、项目管理、个人生活作风”六大方面二十条“红线”。村干部履职红线“二十条”获评全市“十佳工作品牌”，得到省纪委领导批示肯定，并在全省推广。

重拳出击惩治腐败。严肃查处群众身边的涉黑涉恶腐败、充当黑恶势力“保护伞”等问题，全年给予党纪政务处分5人，开除党籍2人，开除公职5人，组织处理15人。紧盯重点领域和关键岗位腐败问题，严肃查办了交通运输局原党组书记、局长童某平严重违纪违法案件。严厉惩治扶贫领域虚报冒领、贪污挪用问题，查办了沙湾镇道化敬老院原副院长夏某菊等7起基层站所负责人侵害群众利益案件。高度关注关键岗位廉政风险，先后查处了住房公积金管理中心原工作人员叶某之、县综合行政执法局原出纳张某等5起财务人员贪污、挪用公款案件。

【县纪委九届六次全会】 县纪委九届六次会议于2020年3月30日召开。会议深入学习贯彻习近平新时代中国特色社会主义思想，全面贯彻落实中共十九大及十九届二中、三中、四中全会精神。按照十九届中央纪委四次全会、省纪委十四届五次全会、市纪委四届五次全会和县委九届七次全会的部署要求，回顾总结2019年纪检监察工作，研究部署2020年任务。全会审议通过叶龙标代表县纪委常委会所做的《强化政治担当忠诚履职尽责全力推动我县纪检监察工作高质量发展》工作报告。

全县副县以上领导，县纪委委员、县监委委员，各乡镇（街道）党政正职、纪（工）委书记，县直机关各单位党政正职，县委巡察办副主任，各巡察组组长，县纪委监委机关各科室负责人，县纪委监委各派驻纪检监察组组长，条管单位纪检组长（纪委书记），部分第九届县党代会代表和特约监察员参加会议。市委常委、县委书记陈重出席全会并讲话。（杨必军　徐菲菲）

民主党派·群众团体

民进景宁总支部

【概况】 民进景宁支部是景宁县内唯一的民主党派组织。2020年，经民进市委会批准，共有8人入会，会员人数达到30人，民进景宁支部成功升格为民进景宁总支，并被丽水市委会评为“2020年先进基层组织”。2020年，民进景宁总支部围绕全县中心工作，发挥自身特色和整体优势，自觉践行职责使命，认真履行参政议政、民主监督职能，助推美丽幸福新景宁建设，为“重要窗口”建设增色添彩。

2020年，民进景宁总支部主委蓝利明在市“两会”上做《绿谷大道之痛要痛到何时》的发言，为丽水发展建言献策。在县“两会”上，总支部会员以政协委员身份向大会提交提案8篇，内容涉及全域旅游、疫情防控、交通发展、教育等方面，总支部代表在县政协全会开幕式上作大会发言。总支部与沙湾镇党委政府就道化村“湘师故里”打造开展座谈，并提出意见建议。委员陈战耕获评“丽水市民族团结进步模范个人”，受邀到北京参加民进中央基础教育改革座谈会。

疫情防控期间，民进景宁总支部会员共向县红十字会、省慈善总会捐资2700元、消毒药品24千克(价值3840元)。7月25日，民进景宁总支部与民进丽水科技支部一道，到东坑镇、澄照乡开展疫情防控服务活动。12月11日，民进景宁总支会员送农技下乡，为雁溪乡黄精基地送去种植技术。

2020年，民进景宁总支部以中国民主促进会成立75周年为契机，加强自身建设。组织参加统战系统2020年学习会，听取《践行“两山”理念 建设美丽大花园》《民法典解析》专题讲座，提升“两山”理论素养和法律意识。委员陈战耕为会员讲授民进会史和民进先贤金海观事迹，弘扬民进优良传统。组织会员赴大张坑畲族革命历史展览馆接受革命传统教育，弘扬践行浙西南革命精神。组织会员听取县纪委、法院、检察院、疫情防控指挥部工作情况通报，并围绕“以制度建设现代化推进县域治理现代化”主题，到县社会矛盾纠纷调处化解中心开展专项民主监督活动。11月，组织全体会员观看中国民主促进会会史宣传片，重温会章会史，组织会员到丽水科技支部会

员企业考察学习。（董　亮）

景宁畲族自治县总工会

【概况】 2020年，景宁畲族自治县总工会(以下简称县总工会)对列入考核的组织人才、县域治理现代化、全域旅游、美丽景宁、宣传等工作，根据各主管部门部署的工作任务，按要求完成。信息工作全面提升，全年共计赶考信息15篇、《畲乡报》刊发24篇、《浙江工人日报》刊发14篇。

职工疗休养工作取得新突破。多次召集旅行社、民宿(农家乐)、餐饮业、零售业等开展职工疗休养工作座谈会，研判疗休养经济形势，在深入调研的基础上制定出台了2020年景宁畲族自治县职工疗休养专项政策。整合疗休养资源，推进职工疗休养接待站点建设。培育创建省级疗休养基地1家(大漈乡大漈村)，市级5家(红畲公社、尚礼居民宿客栈、畲耕公社民宿、书隐客栈、云曦山民宿)，县级17家；推出疗休养精品线路4条，并在市级疗休养大会上向近千名省内外参会人员作典型推介。主动对接长江三角洲和山海协作地区。与上海静安、温岭、海宁等签订合作协议8项；赴温岭、海宁、静安等地举办专场推介会，宣传畲乡疗休养特色。全年，县外职工到景宁疗休养1.2万人次，全县有6900名职工参加疗休养。

推进职工文化阵地建设。建成集教育培训、工运展馆、职工书屋、文体演艺、休闲健身活动等功能于一体的工人文化宫。根据职工需求推出“菜单式”公益培训，设置不同层次、不同时长的硬笔书法、茶艺、瑜伽、舞蹈、葫芦丝、古筝、摄影等13个课程群；全年共组织各类培训服务180余场，惠及职工5000余人次。创建“自选课程、自助预约、自主评价”等智慧网络平台，构建“展示、培训、交流、传承”的立体融合样态，建立送安全、送文艺、送健康、送技能的“上门式”四送服务机制。率先将工人文化宫打造成职工文化阵地建设市级样板。

在新冠肺炎疫情防控期间，为县人民医院、两个隔离点、景宁高速路口和县际各监测点运送慰问物资5批次，慰问交警、一线医护人员、志愿者、社区工作人员501人，发放疫情防控慰问款物总额16万余元。为308家企业减免工会经费180万元。组织80名抗疫一线干部职工、劳模降压减负疗休养。组织开展高温慰问“送清凉”活动，深入景文高速1标、2标、交警执勤一线、环卫所、企业车间等7家单位开展送清凉活动，为1900名一线职工送上17万元慰问物资。按照全国总工会、省总工会帮扶建档标准，入户走访100多户职工家庭，经浙江省家庭经济状况核对平台比对，为53户困难职工建档。其中，金秋助学16户，生活救助37户，共发放救助金26.37万元。开展大病(癌症)专项救助，救助干部职工10名，合计金额3.9万元。2020年，全县有205家单位8768名职工通过平台线上参保医疗互助，合计报销1215人次84.87万元。

推进“八大群体”建会入会，扩大工会新经济、新业态、新领域的组织覆盖和工作覆盖。全县新建13家非公企业工会，8个社区成立工会，发展会员532人。开展“职工之家”创建。

成功创建1个市级“职工书屋”(县税务局),1个市级五星级妈咪暖心小屋(县电力局),妈咪暖心小屋获市“十大女职工特色工作品牌”称号。举办“助力全民阅读·共建书香景宁”图书巡展共享阅读活动,向基层工会捐赠价值1.25万元的书籍。开展“送书进企业、进社区,阅读在基层”活动,推进职工书屋建设。加强宣传示范引领,弘扬社会正能量。选送抗疫手语舞蹈《让平凡不平凡》参与市总工会女职工抗疫微视频征集展播活动;推荐县劳模吴小玲“畲乡原生态优选食材家庭农场”短视频参加市总工会“讲扶贫故事,展工会风采”展播活动;开展“最美劳动者”摄影作品征集评选、“健康体重、科学吃动”全民营养周等活动。

深入走访娃哈哈、青风环境、洁净钢管、浩南、创岳金属、浙江隆尚等企业,开展复工复产和职工队伍稳定情况调研,落实“六稳”“六保”工作任务。开展“安康杯”竞赛和“安全生产月”等活动,通过广场咨询服务、企业走访、隐患排查、安全知识竞赛、下车间下工地等形式,宣传安全生产知识,增强职工的安全意识,督促企业安全生产。开展“立功竞赛”活动,成功创建3个市级立功竞赛项目(322国道、千年山哈宫和景文高速)。其中,景文高速荣获“两美”浙江重点立功竞赛项目,景宁凤凰学校项目负责人张玉弟获评2018—2019年度立功竞赛先进个人。深化工资集体协商机制,指导137家企业全部签订集体合同。建立工会和谐劳动关系工作室,积极参与根治欠薪行动,维护职工合法权益。

建立党员干部联系企业机制,开展“当一周工人,体工会初心”等活动,让党员干部下沉基层,与困难企业进行结对帮扶,共深入企业153人次,破解难题76个。重视思想文化建设,开设“工会大讲堂”,推进职工素质提升。举办国学、健康卫生、经济等系列讲座,参与人数800余人。开展“中国梦·劳动美·工会情”送文艺下基层活动,丰富职工业余生活,参与职工300余人。通过系列活动,增强工会组织的凝聚力、吸引力。 (柳伟锋)

共青团景宁县委员会

【概况】 2020年年末,景宁县共有基层团委42个,团工委4个,团总支12个,团支部698个,团员3363名。有14—28周岁青年2.07万人;14—35周岁青年3.4万人。2020年,共青团景宁县委以习近平新时代中国特色社会主义思想为指导,以“基础夯实年、短板补齐年、工作落实年”为总基调,践行“服务青年、服务社会、服务大局”职能;以努力成为民族地区展示中国特色社会主义制度优越性的“重要窗口”和做一名有“重要窗口”辨识度团干部的新要求和新定位,进一步解放思想、开拓创新,不断深化团的各项工作。

2020年,开展青少年畲语大赛、红歌大赛、少年非遗说、主题征文、青少年中华经典诵读大赛、“珍爱生命 远离毒品”主题活动、文明礼仪宣讲等活动120场次,参与人数6000余人次。组织“绽放战疫青春·坚定制度自信”五四系列活动,乡镇(街道)、学校和机关企事业单位团组织共开展活动50余场次。组织全县23所中小学开展“从小学先锋·长大做先锋”主题教育活动,积极参与防疫抗疫宣传。

制定《景宁少先队红色研学手册》，修订县级“红领巾争章”实施方案，开发线上课程，以“红色研学”为主导，以红色、绿色、古色为方向建立中国畲族博物馆、毛垟乡、梅岐乡、寨山烈士墓等12个红领巾e站1013研学点。开展“新时代好少年”评比活动，评选出热爱公益、自强自立、尊师孝亲等六类县级“新时代好少年”100名。“六一”期间，各学校少工委组织开展“让红领巾更加鲜艳”主题队日活动，1184名小学生加入少先队。

深化“关爱365”行动，走访慰问困境青少年100余人，发放“精实助学”资金5万元，推荐5人参加光华科技基金会阳光自强学业“爱心包”申领。开展“青护童心”关爱青少年公益活动，为青少年解决网课学习问题。启动“请你微笑2020”青少年心理健康关护项目，征集“微烦恼”1000余条、“微心愿”1500余个。指导青少年事务发展中心、凤凰爱心协会等社会组织开展“焕新乐园”“希望小书房”项目。联合县教育局、县公安局、县检察院、县法院、县司法局等相关部门开展青少年普法、禁毒、暑期安全、防溺水、防诈骗等专题宣传350余场次，受益青少年1.2万人次。

推进“亲青筹”“亲青恋”“亲青创”“亲青帮”四大平台应用，深化“三服务”，走访联系青企协、青农协会员企业和新兴青年群体100余人，助力复工复产。开展“致敬疫线青春”等亲青恋团建活动4场，120余名青年参与互动交流。与公检法司等部门合作，举办“共青团与人大代表、政协委员面对面”活动2期。组织全县26所学校5000余名学生开展“青春护苗 法治同行”未成年人保护宣传月暨秋季“开学法治第一课”活动。开通“12355”心理咨询热线，助力中高考。

组织开展“青年大学习”。2020年，在全县团员中开展线上和线下主题团课学习活动，8000余名团员、青年在线学习。以景宁脱贫攻坚为蓝本摄制的共青团中央“青年大学习”主题团课《贫穷不是社会主义》上线推出，全网学习量7000万+人次。整合畲乡读书会力量，营造爱读书、善读书、读好书的书香氛围，坚持每周三在畲乡景宁党群服务中心举行公益读书日活动，全年举办36期，吸引1000余人次参与。搭建青年展示平台，举办景宁首届“畲青年”新时代理论宣讲大赛，组建“畲青年”宣讲团开展宣讲60余场，让党的创新理论飞入寻常百姓家。

推进“鸿雁归巢”行动常态化，组建景宁青年鸿雁联盟，来自北京大学、浙江大学、上海复旦大学、上海交通大学、北京师范大学等“211”、“985”、双一流高校的16名同学成为联盟首批成员；牵线120名大学生走上带薪实习岗位。积极融入长江三角洲，赴团静安区委交流学习，就青年发展、青春社区建设等方面达成合作协议，“景宁600”产品亮相“静安青年严选”新媒体矩阵。在鹤溪街道城南社区打造全市首个“青春社区”，制定青春社区创建手册和规划方案，选出青年楼栋长，成立青年服务队、雏鹰少年实践队和开展美丽景宁建设、AAAAA级景区城创建专题“青春议事会”。制定《景宁畲族自治县共青团基层组织改革省级专项试点实施方案》，出台3个方面10条改革举措，建立共青团工作经费保障机制，按照县域14—35周岁常住青年人口规模

10 元/人，保障青年工作经费。推进“青雁工程”，向党组织输送青年政治骨干，全县行政村两委换届后，两委班子成员中 35 周岁以下的青年占 96.32%。

承接“环敕木山越野赛”“全省社会应急力量竞赛”“‘寻味畲乡’中国农民丰收节”等 6 场大型活动志愿者服务工作，选派招募志愿者 100 余人服务赛事活动。在浙江省民族乡村振兴现场会、国家扶贫日浙江主会场活动中，“青春助力团”200 余人参加保障服务，全面负责领导嘉宾联络、考察线路、现场讲解等工作。动员青年积极参与学雷锋服务月、国家公园创建、垃圾分类等志愿服务活动 20 余场次。防疫期间，组建青年突击队 25 支, 400 余名团员青年冲在驰援武汉、卡口执勤、复工复产最前线，各级团组织在微信、微博、抖音等媒体平台传递疫情防控正能量。组织志愿者培训会和沙龙活动 5 场。成立畲家阿哥阿姐志愿服务队。

2020 年，团县委实施“青春圈粉”计划和“四季网红”项目，成立网红经济和直播电商工作领导小组，编制《景宁直播经济发展三年行动计划》。搭建主播达人培训平台，开展主播培训 3 期，培育“畲里云集”“彩云吃茶去”“兵哥哥”等一批具有代表性的主播达人，挖掘一批网红爆款产品、网红村镇和网红游线。为青年主播搭线组团，青春主播 IP 成团出道，开展公益助农、带货和节庆直播活动 20 余场，《丽水日报》整版刊发相关经验做法。青春主播团公益助农直播活动登上“国家扶贫日”当日的浙江新闻 App 开屏封面。与杭州江干区达成合作，挂牌成立“中国直播达人同心荟景宁直播培训实践基地”。在党群服务中心建成公共直播间，主播达人可通过预约方式走进直播间开展直播活动。分别与浙江经济职业技术学院和浙江机电技师学院就本土网红培育孵化和直播电商工作签订合作协议。牵头开展网红餐厅打造，青春主播与网红店铺有效互动，助力 AAAAA 级景区城创建。

发挥青少年宫校外教育主阵地优势，实施“真善美”种子工程。将蕴含着中华民族思想观念、人文精神、道德规范的非遗项目引入红领巾学院课程教学大纲，开设畲歌、畲族彩带编织、畲族银饰制作等非遗课程，非遗传承人进驻青少年宫，开展非遗教学和非遗实践 30 余期，3000 余人次参与，培养各类小小传承人 100 余名。总结提炼的“银杏树下共成长 畲乡红领巾永传承”非遗走进青少年宫案例，入选中国青年报主办的全国“非遗进校园”十大优秀实践案例（全国唯一县级入选单位和浙江省唯一入选案例）。举办“传承浙西南革命精神 争做新时代好少年”“红领巾心向党•争做畲乡好少年”等主题活动 30 余场，参与青少年 6000 余人次。围绕青少年需求，突出公益属性，聚焦弱势群体，开展流动少年宫、“情暖童心”暨“圆梦蒲公英”公益夏（冬）令营、安全自护讲座等品牌项目服务近 50 场次，服务青少年1.3 万人次。 （梅　敏）

景宁畲族自治县妇女联合会

【概况】 2020 年，景宁畲族自治县妇女联合会（以下简称县妇联）围绕县委、县政府中心工作，充分发挥女性在景宁各项建设中的“半边天”作用，在全县“大赶考”综合考核中获良好等次。

2020年，县妇联依托新时代畲乡党群服务中心，举办惠民家教沙龙和亲子沟通专题讲座30余场；开设线上畲乡亲子微课堂，累计开播微课18次，参加微课5000余人次，并定期推送“幸福丽水”平台的精品文章和名师视频；举办舒心课堂、丽人沙龙、美丽课堂、“相约美丽”健身活动共41期。联合家地乡、县人民检察院、团县委，举办“共享阳光 快乐成长”留守儿童爱心生日会，丰富孩子的童年生活。联合县纪委监委举办“家有清风 幸福常在”家庭助廉沙龙活动，倡导廉政家庭文化，筑牢家庭廉政防线。

推进“畲乡美丽营”建设，发挥“美丽团队”示范引领作用。深化文明家庭创建，是年，许娟家庭获“省级最美抗疫家庭”称号；毛荣利家庭获“创业创新类省级最美家庭”称号；孙利平家庭获“省级绿色家庭”称号；有20户家庭获“市级绿色家庭”称号。联合县教育局创建“学习型家庭”100户。开展“国际家庭日 建设精神家园”系列活动，征集“好家风好家训好家规”稿件100余条。开展礼遇“最美家庭”活动，6家爱心联盟单位为上年度省级以上“最美家庭”提供旅游、文化、休闲、农产品等多元化的礼遇服务，树立“让有德者更有得”的价值导向。

组织全县妇女及家庭主动融入大花园建设、AAAAA景区城创建、新时代美丽乡村示范县创建和“百街千巷美丽提升行动”。聘请资深园艺专家结对大漈乡农户，一对一进行庭院设计指导，打造美丽庭院示范点。评选出“样板庭院”10户、“最美庭院”100个、“最美阳台”100个、“美丽庭院”2065个。

深入实施“真情暖万家 关爱365”行动计划。开展关爱“三留守”人员试点工作，组建村社儿童主任队伍，完成城南、金仙寺、外舍3个社区省级“儿童之家”规范性建设。实施“相伴同行 阅来悦好”童心守护计划，开展仙童等4个留守儿童之家“小候鸟图书角”建设工作。传统节日，开展“把爱带回家”“我们的节日”等系列关爱服务，为“三留守”人员送上节日温暖，提供假日陪伴和帮助。“守护儿童•牵手共成长”，以“妇联组织+社会组织+专业服务+志愿服务”的模式，围绕爱国、安全、感恩、环保、礼仪五大主题，举办绘画音乐指导、亲子阅读等辅导活动。联合绍兴文理学院深入9个村社“儿童之家”开展11次暑假关爱陪伴活动，惠及500余名暑期返乡儿童。启动“慈善助力弱势留守妇女”项目，帮扶600名留守妇女和留守老人，为414名低保妇女购买健康险。筹集资金在仙童、外舍等5个社区“儿童之家”开展暖冬关爱活动，为41位留守困境儿童实现微心愿。组织全县162个队3000余名巾帼志愿者、“畲乡美丽营”团队，到“儿童之家”“妇女之家”“老年活动中心”等活动场所，开展应急救护培训、健康服务、安全教育、文娱等系列活动，陪伴照顾“三留守”人员。组建“爱心洗衣房”为行动困难人员洗衣服、打扫卫生。定期为村里60岁以上老人免费量血压、修剪指甲、理发。组织开展手工制作并进行义卖，所得收入用于留守老人和儿童关爱活动。是年，景宁“三留守”人员关爱工作经验，分别在全市妇联执委扩大会议和全省26县妇联助力加快发展现场交流会上交流。

2020年，新增来料加工点11个，累计培育加工人员近1.4万人，发放加工费1.59亿元，加工费同比增长5.9%，从业人员收入同比增长8.3%。建立"一人一专班"制度，做好来料加工企业疫情防控和复工复产指导，引导亿行来料加工厂、星天地电子商务有限公司、畲艺坊服饰有限公司等企业转型生产民用口罩。举办来料加工平车技能比赛和消防安全培训演练活动，进一步提升来料加工从业人员的职业技能、消防安全意识和自防自救能力。与上海静安区妇联交流对接，促成5家具有畲族特色的来料加工企业(加工点)32件产品进入上海静扶中心。建立景宁"巾帼云创客"培育基地，训练一支优质"带货网红"团队，打造"云妇联""云集市"，开展巾帼带货直播活动，走进直播间"花式推销"。

面对突如其来的新冠肺炎疫情，县妇联第一时间发出"畲乡妇女行动起来，防控疫情从我做起！"的号召。组建"巾帼送暖"服务队，每晚定时定点把姜汤、煎饼等暖心宵夜送到坚守在各检查卡口工作人员手上，设卡期间从未间断。组建"巾帼代办"服务队，开展"你下单、我跑腿"志愿服务，累计为600多个家庭代购，派送5000余件近8万元的生活必需品，让百姓安心宅家。专门制定危机干预方案，组建专家志愿者服务队，开通24小时心理咨询热线，为广大"疫"线干部及孕产妇提供专业的心理辅导。组织开展特殊时期纪念"三八"国际妇女节110周年线上系列活动，录制"致敬战'疫'中的畲乡巾帼英雄""巾帼抗疫最美瞬间"等党课视频，开展居家抗疫系列亲子活动。

打造"妈妈的味道"畲乡小吃品牌，为乡村美食产业发展注入内生动力。举办"寻味畲乡"2020第三届中国农民丰收节"妈妈的味道"厨娘秀活动，充分展示49种畲乡小吃的制作技艺和畲乡厨娘风采，同时举行"妈妈的味道"进民宿(农家乐)签约仪式。"畲乡菇包"获"妈妈的味道"浙江省第四届民间巧女秀比赛最高荣誉奖——巧手美食奖。"畲乡十小碟"获丽水味道小吃创意推荐一等奖。"阿妈豆腐饼"获全市"妈妈的味道"巧女美食奖。

2020年，全县144个村社(136个村、8个社区)全面完成妇联组织换届工作。共计推选出妇女代表4357人，选举产生村(社区)妇联执委1023人，妇联副主席214人，妇联主席144人(其中新任主席106人)。引导优秀女性参选村民代表、村社"两委"和村监委班子，参与基层民主管理。144位妇联主席均进村两委。其中，进支部33人，进村委132人(有21人交叉任职)。

【中国妇女社会地位调查】 2020年，景宁畲族自治县红星社区、城西社区、外舍社区、浮丘村、东畔村等5个村(社区)列为第四期中国妇女社会地位调查国家级样本点(丽水市两个试点，莲都为省级试点，景宁为国家级试点)。于8月下旬圆满完成75份个人问卷和5份社区问卷的调查任务，完成率100%。城西社区调查员王应丹被全国妇联授予第四期中国妇女社会地位调查优秀个人称号。 (刘金花)

景宁畲族自治县科学技术协会

【概况】 2020年，景宁畲族自治县科学技术协会以做实三篇“大”文章，做好两篇“融”文章，做优一篇“特”文章为主线，完善科技服务大组团，推进科技普及大行动，实施科技场馆大建设；科技经济“融”合发展，科技平台“融”合建设；实施“双百工程”，推进新型职业农民培育，助力乡村振兴。深化学（协）会治理改革，创新科普形式，推动科普旅游。举办畲乡科普大讲堂，开展院士专家工作站建设。开展科技（普）周活动、全国科普日活动、全国会员日活动、线上线下科普活动。是年，县科学技术协会被认定为丽水市十佳创新驱动先进集体，“科普宣传大行动” 被评为全国科普日优秀活动。

实施全民科学素质提升计划和科技下乡、科普进乡村（社区）工程。整合D类人才、“三长”（卫生院院长、各校校长、农技站站长）、学（协）会等资源，搭建技术专长转化服务平台，提高科技服务能力；搭建技术专长转化应用平台，促进技术专长落地应用。建立应急科普机制，开展新冠肺炎科普宣传，发放宣传材料8000余册。承办全国科普日系列活动和“5•30”科技工作者日活动。开展“畲乡小园丁”科技科普志愿服务直属支队活动，举办畲乡科普大讲堂等特色科普体验活动7期。组织县级学（协）会送科技服务20余次。依托畲乡少数民族科普队伍、科技志愿者队伍，送科技下乡、进校园、进社区等20余次。

组织参加第35届国家级、省级、市级、县级青少年科技创新大赛，其中121名学生、8名老师获县级奖项，23名学生、2名老师获市级奖项，实验一小获市级优秀组织单位，4名学生获省级奖项。

深入推进景宁“双百”工程，实现百名专家、科技人员精准结对百家示范户（村、企业、合作社、农场）。全年完成接对17家，有效破解椎栗种植营养过剩、香榧品种单一、茭白低质提升等技术难题20余项。大力培育乡土实用人才，搭建畲乡本土专家人才资源库。培育省级高级农民技师5名，市级农民技师10名，县级农民技术员30人，新型职业农民90人。认定市级农村科技示范户11家、县级农村科技示范户63家，奖补科技发展资金31.5万元。

2020年，引进D类以上专家5名。其中，B类2名，C类2名，D类1名。邀请中国科学院院士付小兵，中国工程院院士李百炼、俞梦孙、毛景文及团队到景宁实地考察指导。邀请省科协“希望之光”专家团队、博士生科技志愿者团队到景宁服务8次。邀请省农林科学院专家为毛竹、油茶企业定期服务3次。县级专家充实到丽水科技服务乡村振兴专家团7人。新建“畲乡科技之家”微信小程序。入驻“智慧农技协”，在全国平台发布景宁稻米、蜂蜜等特色“景宁600”农产品10余项。推选博士园生物技术有限公司成功入选浙江省 “百佳企业科协”。

畲乡特色科普馆建设走在全省前列。改造提升国家公园景宁中学生物馆，新建英川国家公园科普馆和大均水域救援科普馆（全国仅四家、全省唯一)，建成梧桐石斑鱼，葛山黄桃、油茶等科普示范基地3个，毛垟、大均、梅坑等科普乡村3个。一条以景宁中学生物馆为中心，环澄照食用菌、望东垟高山湿地、雁溪天文望远、毛垟苔藓的科普教育体验线路逐步形成，实现国家公园特色元素和全域旅游亮点相结合。（梅　翼）

景宁畲族自治县工商业联合会

【概况】 2020年，景宁畲族自治县工商业联合会(以下简称县工商联)围绕“志不求易、事不避难”大赶考既定目标开展“三服务”活动，搭建“三小经济”(小超市、小宾馆、小水电)赋能平台，引领景商创业创新发展。开展各类民营经济人士教育培训活动，培养非公有制经济人士健康成长。持续引导景商反哺家乡，推动景宁人经济转化为景宁经济，助力“乡村振兴”。2020年，县工商联被丽水市工商联推荐为浙江省工商联系统2020年度综合工作先进单位；再次复评为全省工商联系统“五优”县级工商联；在全省“奔跑的工商联”互学互促交流活动中作为丽水市唯一代表作经验交流发言。

提升景商群体参与社会治理服务能力，形成“县内+县外”“线上+线下”参与社会治理新格局。全年调解矛盾纠纷78起，挽回经济损失1190万元。发动域外党员积极主动投身社会公益事业。在抗击新冠疫情期间，域外党员、商会会员捐款114万元，捐赠物资46万元；景宁驻杭州党支部、景宁驻天津党支部等域外支部相继开展“与爱同行捐资助学”活动，资助景宁籍贫困生230余人，发放助学金200余万元；景宁驻四川党支部、景宁驻重庆党支部捐助受灾老乡10余万元。

深化银商合作，完善机制，全年引导景商资金回流超10亿元。与保险公司联合推出景宁商会会员综合保险服务，新增保费近20万元。走访各地景商回归项目，了解进展，帮助协调解决困难。组织召开域外超市与“景宁600”产销对接座谈会，促成天津景宁商会与惠明茶行业协会达成产销合作意向。召开商会会长、业界代表，围绕超市转型发展研讨会5次，群策群议形成《关于推动景宁“三小经济”之“小超市”转型发展路径的调研报告》，报送县委、县政府。向国家商标局申请“畲超联盟”集体商标，并经受理进入复审阶段。设计微信小程序，开展景宁人超市在线调查，有近500家超市参与情况填报。对接丽水信时信息科技、浙江国技互联信息技术公司，为景宁“三小经济”商业网开发提供项目计划书，取得预期3年创建标杆总体目标阶段性成果。

推进“千企结百村 消灭薄弱村”专项行动。加强与海宁、海盐两地工商联协同联动，走访16个“薄弱村”，协调推进畲鸿农业发展有限公司项目2项。海宁市8家结对企业采购景宁县域农产品总价176万元，2020年5月在英川镇举行分红发放仪式，将35万元农产品销售利润款返回结对的8个薄弱村。

【云和县景宁商会二届一次会员大会暨换届大会】 于2020年8月28日，在云和华威国际大酒店召开。景宁畲族自治县政协主席张峰、副主席尤建平，县工商联主席吴卫忠出席大会。大会选举产生由42人组成的云和县景宁商会第二届理事会，云和云泰酒店董事长刘汉明当选为理事会会长。

【宁波景宁商会三届一次会员大会】 于2020年11月30日，在宁波南苑酒店召开。县委常委、县统战部长蓝跃军，县工商联主席吴卫忠出席大会。大会选举产生由39人组成的宁波景宁商会第三届理事会，浙江宁波洋洋海购商贸有限公司董事长梅明伟当选为理事会会长。同时，举行宁波市国内投资与合作交流协会甬峻协作分会成立仪式，梅明伟兼任该分会会长。

【县工商联（总商会）五届四次执委会议】 于2020年10月10日，在景宁召开。会议调整充实执委会班子：免去叶长过县工商联（总商会）主席（会长）职务，免去刘铮副主席（副会长）职务，免去吴启伟总商会秘书长职务；增选吴卫忠为县工商联（总商会）主席（会长），吴华彬（挂职）为县工商联（总商会）副主席（副会长）兼秘书长。免去蓝礼华、许云庆、陈光平、沈伟峰县工商联（总商会）副会长职务，免去柳扬、叶少华县工商联（总商会）执委职务。增选王子军、刘汉明、严小光、张福兴为县工商联（总商会）副会长，毛明斌、王巧虹为县工商联（总商会）执委。会议邀请丽水市司法局四级调研员兰丙二作《中华人民共和国民法典》专题讲座，县工商联全体执委及列席人员、县工商联机关干部等80余人参加。 （兰　澜　叶丽英）

景宁畲族自治县文学艺术界联合会

【概况】 2020年，景宁畲族自治县文学艺术界联合会（以下简称县文联）完成机构编制改革，制定新的三定方案，完善文联机关主要职责，增加内设科室办公室和外联部。

2020年1月3日，组织市、县文艺骨干联合开展“深化‘三服务’助推开门红”暨“2020年新春送欢乐下基层”活动；春节前期，组织县书法、诗词等协会的骨干成员，分别在县城银行门口、梅岐、英川等乡镇、街道、社区的11个点开展“写春联送福”及拍摄“全家福”等活动。2020年，县文联丰富公益培训班课程，涵盖二胡、葫芦丝、花鸟画、书法、油画、古筝、摄影等多个文艺层面，培训学员由2019年的500余人增加至1000余人，有效扩大受益面和提高影响力。10月13日，组织景宁宏顺木偶剧团开展木偶戏进校园（大均乡校）专场演出，推进传统文化进校园进基层活动。12月26日至27日，举办2020丽水知名作家“走进千峡湖”采风创作活动。12月14日至12月18日，举办“牵手沪上知名画家走进大均”创作活动。

9月19日，县文联在郑坑乡中心小学建立文艺创作基地，鼓励小学生们围绕“廉洁”元素，创作出“廉洁”“廉生花”样式的剪纸，并用学习用品与学生的剪纸作品进行兑换，以此鼓励学生发扬剪纸这一传统文化并在创作过程中树立正确的道德意识和法律意识。9月30日，中国“好畲画”——畲族民间绘画成果展展出，共展出畲族绘画作品23幅。9月，与家地乡联合举办“记录甜蜜小康新生”摄影大赛，共评出一等奖1名，二等奖4名，三等奖8名，优秀奖若干名。12月10日，联合县纪委县监委、县总工会举办“清廉畲乡”书画精品作品展，共展出硬笔、国画、油画、软笔书法等到各类廉政书画作品96幅。同年，为纪念“绿水青山就是金山银山”理念提出15周年，助力百山祖国家公园生态环境宣传工作，联合县生态环境局举办“2020年‘6•5’世界环境日”征文活动，共征集各类作品220余件。

2020年疫情期间，县文联组织各文艺家开展抗击新冠肺炎疫情文学、诗词、舞蹈、音乐、木偶戏剧本等创作，创作“又到黄粿飘香时”、《暖阳》等各类作品210余个。4月，《光明日报》专题刊登《在希望的田野上——农民画家笔下的2020年春天》农民画，该次刊登作品全国共10幅，景宁《畲茶飘香》《摘茶》《春耕割锄》等4幅作品入选，占据了专题大篇幅，社会反响强烈，得到广泛好评。9月，《和美畲乡》《冷水茭白丰收季》等5幅畲族民间绘画作品入选第二届全国农民画作品展，作品内容表现了农民生活场景，多角度记录农民生活、农村变化，进一步打响“畲族民间绘画品牌”知名度和影响力。同时，县美术协会陈俊、商庆平获中国美术家协会入会资格，陈俊作品被选用《人民日报》文艺专刊。景宁油画公益班学员作品进入“2020第八届丽水油画双年展”初评。10月，《晒场》等3幅作品入选《中国艺术报》。

【周末课堂开通】 2020年6月6日，由县委组织部和县文联联合举办的“周末课堂”乡镇干部书法公益培训班正式开班。“周末课堂”是以干部需求为导向，根据乡镇干部的现实情况而开设的，旨在落实关心关爱干部举措，丰富干部精神生活，提升干部文艺素养，扩大公益培训覆盖面。

【首个乡村美术馆建成】 2020年3月25日，县文联联合大均乡人民政府，在大均乡创建了首个乡村美术——大均“畲乡之窗”乡村美术馆，主要展出畲族民间绘画，有效提升了乡村旅游的文化氛围。

【“庆七一”油画公益成果展】 2020年6月28日，县文联“庆七一”机关干部油画公益培训成果展在县政府大院展出。共展出作品70余幅，皆为县文联公益培训班学员课堂练习作品及业余之作，以花卉、风景为主，色彩绚丽，充分展示油画学习成果，体现广大党员干部艺术素养，并为油画公益班学员搭建一个展示、交流的平台。

【与上海师范大学美术学院建立合作关系】 2020年11月16日，县文联与上海师范大学美术学院签订合作协议，发挥双方优势，实现资源优化整合，在写生教学活动、文艺人才培养、校外教育实践基地等领域开展多种形式合作，共同繁荣发展文艺事业。

【第三届文代会】 2020年11月27日，县文联召开了第三次代表大会。大会听取了县文联第二届委员会工作报告和关于修改章程的报告;选举产生第三届执行委员会主席、副主席(含挂职副主席、兼职副主席)、秘书长。

【助力百山祖国家公园创建】 配合完成丽水市《走进百山祖国家公园(科学与人文)》创作文章修改完善工作。围绕百山祖国家公园建设理念,编写《走进丽水国家公园》(景宁部分)文稿。协助市里举办"百山祖国家公园"主题摄影大赛活动和文艺作品展示活动,相继推出"畲乡仙境里的邂逅"等10余组作品,有21幅作品获百山祖国家公园摄影比赛奖次。

【《景宁古诗》核准出版】 2020年,根据"中国版本图书馆CIP数据核字〔2020〕第265837号"《景宁古诗》核准出版。

《景宁古诗》是由景宁畲族自治县诗词学会编辑人员分别从《处州府志》、《丽水文学》、《景宁县志》、景宁境内姓氏宗谱、古籍藏书及《浙江民间故事·景宁卷》等渠道挖掘搜集的古诗词。由叶明德主编,全书编入景宁山水、名胜古迹的古诗词1099首,畲族歌言98首,共1182首。其中古诗词分年代:秦朝1首、晋朝1首、唐朝4首、宋朝110首、清朝924首、民国29首。畲族传统民歌是口口相传的唱本,所以既无作者又无年代记载。

【公益培训会演晚会】 2020年12月29日,县文联举办"文艺宣讲党的十九届五中全会精神——2020文联公益培训学员会演晚会"。晚会有二胡、古筝、葫芦丝等乐器演奏和红色诗歌朗诵,同时穿插中共十九届五中全会知识有奖问答,形式多样,内容丰富,为畲乡景宁决胜全面小康、决战脱贫攻坚提供强有力的精神支撑。 (张亚华)

景宁畲族自治县残疾人联合会

【概况】 2020年,全县有持证残疾人7928人。其中,视力残疾1281人,肢体残疾3354人,智力残疾437人,听力残疾1678人,言语残疾54人,多重残疾577人,精神残疾547人。全县财政投入残疾人事业(含省级转移支付资金)2209万元。

2020年,全县累计有1634名残疾人享受生活困难补贴,2797名残疾人享受重度护理补贴,累计发放资金1321.08万元。在护理补贴指标扩面的基础上,继续落实两项补贴制度,并逐步完善发放资格定期复核制度,对接民政部门,将两补发放对象标准与低保低边户标准"两线合一",实行动态管理。出台《残疾人农户就业创业补助(试行)办法》,在县域范围内发展"短、平、快"产业项目的残疾人农户,由县残联在扶持资金中按以奖代补方式予以300—7000元的补助;低保和低边残疾人农户,在农业主管部门的补助基础上叠加补助50%。全年累计补助资金183.79万元。全年开设残疾人职业技能培训班3期,投入就业培训资金9.76万元,辅助153位残疾人就业创业。

全县助学补助549人,补助资金97.27万元。为11名残疾大学生提供学费和住宿费减免,减免资金11.86万元。

为全县6588名景宁籍持证残疾人购买人身意外伤害保险每人每年60元，共计保费39.53万元。为全县7982名残疾人投保重大疾病医疗保险每人30元，共计保费23.94万元，残疾人发生重大疾病医疗最高可赔付16000元，将有效减轻残疾人医疗负担。加大康复帮扶力度，残疾人基本康复服务率99.86%，辅助器具适配率100%。38名0—7岁儿童接受康复训练，543名精神残疾人纳入免费服药全额保障系统。全县0—8周岁有康复需求的残疾儿童，给予一年最高2.4万元康复补助。全年残疾儿童康复补贴41人次，共补助资金58万元。

进一步改善残疾人家庭居家生活质量，完成省慈善助残危房改造项目第四批5户，危旧房修缮17户，完成22户残疾人“净居亮居”项目改进工程。投入24万元改造50户残疾人家庭无障碍设施。投入20万元创建云中大漈无障碍景区、外舍无障碍社区、渤海镇梅坑无障碍村。投入34万元向县强村公司捐赠无障碍观光车2辆。

2020年，红星社区“残疾人之家”在完善无障碍设施的基础上，新增台球桌、多功能健身车等设备，通过市残联四星级评定验收。全年组织技能培训2期，开展竞赛3次、康复训练8次，安全教育和户外活动各1次。新增入住残疾人5人。（梁 燕）

景宁畲族自治县红十字会

【概况】 2020年，景宁畲族自治县红十字会（以下简称县红十字会）深化改革，聚集人道力量、奉献博爱真情，深度参与疫情防控，服务中心担当有为、紧抓主业跨越赶超，依法履职尽责，推动畲乡红十字事业高质量发展。

为加强党对红十字事业的领导，深化群团改革工作。2020年4月10日，县委决定设立红十字会党组，毛黎珍任党组书记，张多金、周德伍任党组成员。同年，县委全面深化改革委员会在全市率先出台景宁畲族自治县红十字会改革方案，有序推进红十字会改革，取得既定成果。

2020年，县红十字会依法动员社会力量筹集救灾、救助物资、资金共306.24万元。完成红十字应急救护知识普及培训5129人次，完成红十字应急救护员培训1207人，普及培训率与救护员取证率继续位列全市第一。持续打造“教师全员学急救、人人成为救护员”的职高毕业生“双证毕业”等品牌，并在全省被复制推广。同时面向学校保安、民宿农家乐经营者等特定群体开设专班，创办“电视学急救”栏目，做到普惠性和针对性的有机结合。吸纳省级社会应急救援强队景宁畲族自治县户外救援队加盟。2020年12月15日，县红十字会以《坚守“三心”，远离“伤心”》为题，在全省红十字应急救护工作会议上作典型发言，介绍景宁经验，展示景宁样板。

2020年，有登记入库造血干细胞捐献志愿者21人、人体器官（遗体、组织）捐献志愿者43人；实现造血干细胞捐献1例、人体器官（组织）捐献2例。发挥省红会结对帮扶和温岭—景宁山海协作优势，为66名贫困学生牵线搭桥与爱心人士结对助学，年助学金10.8万元。组织前往21个乡镇(街道)的22个行政村开展“关爱老人,从头做起”系列服务活动和“博爱百村行”活动。

开展新冠肺炎疫情专项募捐活动，全年累计接收捐赠资金66.8万元、物资价值198.59万元,所有款物均按捐赠人意愿和县新冠肺炎疫情防控指挥部意见依法使用完毕。履行防疫指挥部物资采购组成员单位职责,做好募捐物资发放补给;牵头爱心协会进行“爱心粥”配送等一系列志愿服务活动,参与社区网格管理工作;组织培训师、志愿者深入学校、企业开展防疫教育。红十字蓝天救援队组织队员义务为县内28所中小学、幼儿园及12所教育培训机构和部分企业复学复工做好环境消杀工作,累计消杀面积22万多平方米。

2020年,县红十字会被评为“丽水市红十字系统综合先进单位”(连续四年蝉联),并首次获评“浙江省红十字工作进步单位”。

【景宁第二例造血干细胞捐献者】 2020年4月28日,景宁畲族自治县青少年事务发展中心副主任吴加松,经前期初配、高分辨检测和体检合格后，在杭州成功捐献造血干细胞悬混液，拯救了远方一名年轻的白血病妈妈的生命。吴加松成为景宁第二例、全省第560例造血干细胞捐献者。

【景宁首例人体器官捐献者】 2020年8月6日,四川省乐山籍年仅25岁在景宁工作的工人刘毅因车祸医治无望，家人毅然捐献了其部分器官以拯救他人生命。捐献者的一肝两肾拯救了远方三位陌生人的生命。刘毅成为景宁首例器官捐献者，并实现景宁人体器官捐献“零”的突破。

【景宁第二例人体器官及组织捐献者】 2020年12月7日,衢州市江山籍徐某某在景宁因病治疗无效,家人捐献了其“一肝两肾两眼角膜”,拯救了远方三位陌生人的生命,帮助二人复明。徐某某成为景宁第二例人体器官及第三例组织捐献者。

【首批县级红十字达标学校创建】 2020年12月10日,县红十字会、县教育局联合授予县职业高中、城北中学、鹤溪小学三所学校为县级红十字达标学校(首批)。

2020年，县红十字会指导该三所学校开展应急救护培训、征文、手抄报、知识竞赛及抗疫志愿服务等具有红十字辨识度和畲乡特色的系列活动,分享红会故事、弘扬红会精神,成功创建为首批县级红十字达标学校。

【全省首个水域救援培训基地创建】 2020年9月,根据《浙江省红十字会关于命名首批浙江省红十字救援队培训基地的通知》(浙红〔2020〕26号)、《丽水市红十字会关于同意在景宁大均设立丽水红十字水域救援培训基地的批复》(丽红〔2020〕7号)文件精神,在大均设立红十字水域救援队培训基地,使之成为全省红十字系统首个水域救援培训基地。

2020年，县红十字会参与大均水域救援培训基地的提升，以浙江省首届社会应急力量技能竞赛为契机，落实各项创建举措，以大赶考"标杆"的形式，成功将大均水域救援培训基地提升创建为全省红十字系统首个水域救援培训基地，促进景宁社会应急力量和地方经济发展。

【AED机投入使用】 2020年12月30日，县红十字会在县党群服务中心举行公共场所(AAAA景区)自动体外除颤器(AED)投放仪式暨使用培训活动，标志着景宁红十字会首批集中采购的18台自动体外除颤器(AED)正式投入使用。

2020年，县红十字会根据景区城创建、"丽水山居"民宿旅游景区"五分钟社会应急救护圈"建设等工作需求，在东方广场、三月三广场、大均AAAA级景区等公共场所(景区)部署AED机18台，以累计23台的数量在全市率先实现《健康浙江2030行动纲要》要求的每万人1—2台AED机的初步目标。

(雷陈嵘)

机构编制·人力资源

机构编制

【概况】 2020年，全县党政群行政机关63家，编制1319名，在职人员1264人；事业单位303家，编制3986名，在职人员3754人；备案编制220名，在职人员129人。

新设立景宁畲族自治县人大常委会社会建设工作委员会和钱江源—百山祖国家公园景宁保护中心，完成县森林公安、县工商联机关、计划生育协会机关、县文联机关、县归国华侨联合会机关、县残疾人联合会机关、县红十字会机关、县社会科学界联合会机关机构改革。体制改革等。

2020年，全县共核准下达机关事业编制使用计划369名。其中，公务员用编123名(考录44名)、事业用编246名(招录65)，教育、卫生117名，人才引进29名，县外调入4名，转业士官及历年女兵安置12名，村干部转事业9名。核准社区工作者编制使用计划26名，机关事业单位编外用工计划167名，国企用工编制使用计划26名。全县各单位进出编登记240人次。其中，出编508人次，进编526人次。机关公务员职务职级变动后续经办业务审核579人次，股级职数任前审核625人次。

完成全县140家事业单位法人年度报告公示工作，合格率100%。简化中文域名注册管理流程，提供“一站式”管理服务，实行注册、管理、缴费三统一。2020年，全县中文域名注册及续费275家，实现党政机关、事业单位中文域名注册全覆盖。全年事业单位法人设立登记4家，变更登记110家，注销登记20家。县级机关、编办直接管理机构编制的党政机关类统一社会信用代码赋码1家，信息变更20家；群团类统一社会信用代码信息变更3家。对全县事业单位法人进行了“双随机、一公开”抽查，随机抽查4家事业单位，并对抽查结果进行了公示。对县蓝天幼儿园、县摇篮幼儿园、县启文中学三家民办事业单位的公益指数进行评价，得分均在90分以上，评价等级均为A级。

2020年11月，对140项乡镇(街道)权力清单目录进行动态调整印发并督促认领。

【机构调整】 2020年1月，经中共丽水市委机构编制委员会研究决定，设立景宁畲族自治县人大常委会社会建设工作委员会，与景宁畲族自治县人大社会建设委员会合署办公。经中共景宁畲族自治县委机构编制委员会同意，将县关心下一代工作委员会机关设在县委组织部，行政职能由县委组织部老干部科承担。

2020年3月，县文学艺术界联合会设立办公室和组联处2个内设机构。

2020年10月，根据《中共浙江省委办公厅浙江省人民政府办公厅关于印发浙江省森林公安机关管理体制调整工作实施方案的通知》（厅字〔2020〕15号）、《中共浙江省委机构编制委员会办公室关于森林公安机关管理体制调整后丽水市编制调整有关事宜的通知》（浙编办函〔2020〕163号）文件要求，县森林公安局划转县公安局直接领导管理，县自然资源和规划局不再领导管理。县森林公安局转设为县公安局内设机构森林警察大队，机构级别为股级，划转政法专项编制26名至县公安局。县自然资源和规划局增设内设机构森林防火科，承担森林防火有关职责，同时承担指导林业行政执法工作职责，核增行政编制1名，用于加强森林防火行政力量。核增事业编制2名至县自然资源和规划局下属事业单位县森林资源管理中心，用于加强森林防火和行政执法的辅助性、技术性工作。

2020年12月，根据《关于钱江源—百山祖国家公园管理机构编制事项的通知》（浙编〔2020〕40号）文件精神，下设龙泉、庆元、景宁3个保护中心和百山祖科研监测中心，核定景宁保护中心事业编制10名，其中科级领导职数1正1副。为做好编制调整和人员转隶工作，市委编委下发了《关于贯彻落实〈省委编委关于钱江源—百山祖国家公园管理机构编制事项的通知〉的通知》（丽编委〔2020〕54号）文件，要求景宁畲族自治县上划行政编制1名、事业编制10名至钱江源—百山祖国家公园百山祖管理局及下属景宁保护中心。结合景宁编制情况及机构性质，从县自然资源和规划局划转行政编制1名，从县自然资源和规划局划转事业编制6名，从英川镇划转事业编制2名，从沙湾镇划转事业编制1名，从秋炉乡划转事业编制1名，共计划转事业编制10名。

【机构增挂牌子和更名】 2020年1月，经中共景宁畲族自治县委机构编制委员会同意，在县老干部服务中心加挂县关心下一代工作委员会服务中心牌子。

2020年11月，县公安局内设机构国内安全保卫大队（挂反恐怖大队、反邪教大队牌子）更名为政治安全保卫大队（挂反恐怖大队、反邪教大队牌子）。12月，县公安局内设机构情指联勤中心（挂科技信息化科牌子）更名为情报指挥中心（挂科技信息化科牌子）。

【五大领域综合行政执法改革】 根据《省委编办关于综合行政执法机构“局挂队牌子”有关问题的复函》，“五大领域”综合行政执法改革实行“局队合一”“局挂队牌子”，局长兼任队长。2020年1月，完成县属的交通运输、农业、市场监管、文化市场等四个领域综合行政执法队伍的职能配置、内设机构和人员编制规定的印发。县交通运输综合行政执法队锁定事业编制37名，设专职副队长1名(副科级)、副队长3名(正股级)，中层股级职数10名(含正、副股级)。县农业综合行政执法队锁定参照公务员法管理事业编制18名，事业编制7名，设专职副队长(副科级)1名，副队长(正股级)2名，内设机构股级职数(副股级)4名。县市场监管综合行政执法队锁定参照公务员法管理事业编制17名，设专职副队长(副科级)1名，副队长(正股级)2名；内设机构股级职数(副股级)4名。县文化市场综合行政执法队锁定参照公务员法管理事业编制9名，事业编制1名，设专职副队长(副科级)1名，副队长(正股级)1名；中层股级职数(副股级)3名。

【人员编制调整】 2020年1月，将县关心下一代工作委员会参照公务员法管理的4名事业编制划转至县委组织部，同时将县委组织部下属事业单位党群服务中心的2名事业编制划转至县老干部服务中心，并增加县老干部服务中心编外用工2名，划转后县老干部服务中心共9名事业编制，增设关心下一代工作委员会服务中心专职副主任(副科级)1名。

2020年3月，核增县工商联1名专职副主席职数。

2020年6月，核增城市社区专职社区工作者4名，核增后全县社区专职社区工作者共62名。核增县人力资源和社会保障局下属事业单位人力资源和社会保障信息中心(社会保障市民卡管理服务中心)事业编制2名，核增后县人力资源和社会保障信息中心事业编制8名。同时核减县教育局下属事业单位幼特教指导中心事业编制1名，核减后幼特教指导中心事业编制5名；核减景宁畲族自治县鹤溪街道社区卫生服务中心(景宁畲族自治县人民医院医共体鹤溪院区)事业编制1名，核减后景宁畲族自治县鹤溪街道社区卫生服务中心事业编制67名。核增县司法局红星司法所股级职数1名。县纪委监委从派驻机构调剂股级职数4名到县纪委监委机关，调剂后，县纪委监委机关股级职数20名，派驻机构股级职数19名(其中股级副组长7名，股级纪检监察员12名)。核增县财政局副局长领导职数1名，专职负责国有资产监督管理工作。

2020年8月，配备县委、县政府信访督查专员1名(副科)，人员编制由县里统筹，负责重要信访事项的督查督办等工作。

2020年12月，核增县人力资源和社会保障局下属事业单位县人力资源和社会保障信息中心股级职数1名，核增后，县人力资源和社会保障信息中心股级职数共3名。

【规范乡镇(街道)“属地管理”】 2020年12月，聚焦市场监管、综合执法、应急管理、公共卫生、生态环境、自然资源、城乡建设等领域，梳理景宁畲族自治县乡镇(街道)“属地管理”事项责任清单67条，并通过县委、县政府印发《景宁畲族自治县关于规范乡镇(街道)“属地管理”的实施意见》(景委办发〔2020〕29号)。

【事业单位清理规范】 2020年，全县纳入清理范围的事业单位234家，精简事业单位数

64家(其中整合小弱散事业单位58家),精简率27%,比省定精简比例高12%。完成了24家副科级以上事业单位、146家股级事业单位“三定”“二定”规定的印发,“委、办、局”事业单位更名43家,统筹调剂用于加强重点工作、中心工作和民生保障编制72名。清理整合规范后,全县事业单位数共303家(含使用事业编制的执法队伍),其中清理范围内事业单位数170家。9月和11月,中共景宁畲族自治县机构编制委员会办公室对清理规范整合范围内的事业单位机构规范名称予以印发通知。 (刘奕平)

人力资源和劳动就业

【概况】 2020年,面对突如其来的新冠肺炎疫情,景宁畲族自治县人力资源和社会保障局(以下简称县人力社保局)勠力同心,迎难而上,加强疫情防控和助力企业复工复产。年初,通过包专列、包大巴接回员工复工复产;开设专场招聘,解决用工缺口3300个,为697家企业返还社保费1589万元;开展“畲乡经理”等职业技能培训62期3065人,支出经费910万元。县内外10余万名劳动力得到充分就业。景宁县复工复产工作得到浙江省人社厅表扬和点赞。

全年招引各类人才1727名。其中,硕士研究生13人,创历史新高。以平台培育、技能竞赛等多元方式壮大人才队伍,充分发挥高级人才联合本土人才的作用,全力服务乡村振兴,其做法和经验获《浙江日报》整版报道。景宁县人才工作获副省长王文序批示肯定。

推进企业养老省级统筹,提前完成984名失地农民参加养老保险政策调整任务。培育“工伤预防导师”260人,工伤死亡率同比下降74%,工伤发生率全市最低。全年“减免缓降”社保费1.1亿元,社保基金支出7.7亿元。县社保扶贫事迹成为全省唯一入选全国城乡居民保险扶贫工作纪实的典型案例。

在全市率先建立农民工工资支付监管平台,构筑全方位、立体式防欠网络,为823名农民工讨回被拖欠薪酬1328万元。根治欠薪工作深入推进。全年未发生一起因欠薪引发的群体性事件和越级上访事件。

全面完成城乡居民基本养老基金省级统筹、工资统发、职业生涯一件事、就业创业码等4项省、市级改革试点。改革试点任务全市最重,其中职业生涯一件事和就业创业码两项被评为“全省优秀项目”,机关内部“跑改”工作深入推进,网上办件率全市领先。

通过创建星级制“阳光考务”,搭建“案件联审平台”,全面构建社保基金监管体系,“人社系统风险防控景宁样板”被评为县级优秀样本。县人力社保局获评县“示范型清廉机关”称号。景宁人力社保局的经验和做法在浙江省人社厅内刊刊发推广,并两次获《中国组织人事报》专题报道。

县人力社保局开展“家·人社智慧大厅”建设,打造综合柜员制升级版(分两年完成)。是年,完成省政务2.0窗口建设,实现窗口办件量减少40%,减窗30%,发放电子社保卡7.8万张,为全面打造智慧型优秀窗口夯实基础。“人社代办”“打包快办”等创新做法被《中国劳动保障报》多次专题报道。

·人力资源管理(人事、人才)·

【概况】 2020年,“阳光考录”机制更加完善,各类人事招考始终坚持疫情防控在前，全程严管、规范透明,综合事业公开招聘面试继续采用现场亮分的形式。年底,全县有事业单位工作人员4464人,正式在编人员3520人(其中专业技术人员3280人,管理人员139人,工勤101人),编外944人。

以服务考生“零堵塞”、服务“零距离”、考生“零投诉”为工作目标,打造人事考试线上线下一体化服务平台，为广大应试人员提供更加优质、高效、便捷的考试公共服务。全年,共组织各类人事考试10场次,共计报名参考3955人,招聘事业单位工作人员61人,编外人员128人,社保员6人,专职社区工作者30人,共计招聘225人。全年未收到一份关于考试的投诉举报。

共接收流动人员人事档案1309份,累计存档7281份。完成439份事业中层干部人事档案全覆盖审查服务工作，接收来自29家企业,共计609卷国企退休干部人事档案。

全年共8次组团外出开展系列引才活动，先后组织县教育局、县自然资源和规划局、浙江宏鑫电力工程公司等企事业单位,赴杭州、西安、宁夏、兰州、哈尔滨、佳木斯等地的院校参加各类大型高层次人才、高技能人才招聘会。全年引进大学生1706人。

2020年,县高级人才联合会开展以“乡村振兴、产业发展、全域旅游”等为主题的各类人才活动28场次,在澄照乡、梧桐乡、大漈乡、毛垟乡、沙湾镇、景南乡、梧桐卫生院、华寅工艺品有限公司8个人才服务基地的基础上,新增畲家田园综合体为高级人才联合会人才服务基地。建立《高级人才联合会专报》制度,全年共刊发《高级人才联合会专报》4期。 (陈岩平　梅红霞　刘　益)

【各类人事招考】 2020年，全县综合类事业单位面向社会公开招聘工作人员采取现场网上报名方式,抽调乡镇人员直接参与考察,提前做好需求对接,达到“人岗匹配”。计划面向社会公开招聘综合类事业单位工作人员岗位48个,首次设置面向应届高校毕业生(含择业期内未落实工作单位的高校毕业生)岗位5个。其中,少数民族岗位7个,面向选聘到农村和社区工作两年以上的大学生村干部岗位2个，面向社保员岗位1个。共有1693人报考,根据报名情况核减招聘计划岗位4个,最终聘用44人。全县计划公开招聘中小学(幼儿园)教师17人。其中,少数民族岗位2人,面向应届高校毕业生（含择业期内未落实工作单位的高校毕业生)2个。共计265人报考,最终聘用17人。

【完成新一轮事业单位岗位设置】 2020年,针对机构改革后的事业单位进行岗位设置,并对在“大赶考”考核中表现优异、承担工作职能多、任务艰巨的单位给予适度倾斜,发挥岗位设置的“指挥棒”作用。至年底,全县共设置管理岗位749个，专业技术岗位3341个(其中正高级岗位63个、副高级岗位554个、中级岗位1623个、初级岗位1101个),

工勤岗位76个。

【事业单位工作人员档案管理】 2020年，新建人事档案室114平方米（办公室、阅档室、库房），并于同年11月投入使用。该人事档案室配备铁皮档案柜72个（容纳7200卷档案）。配备了灭火器、空调、摄像头等设施，具备防火、防潮、防蛀、防盗、防光、防高温等条件。是年，在库人事档案1873卷。其中，事业干部档案1805卷（其中教育系统585卷、卫生系统435卷），退休事业干部、国企职工等人员人事档案68卷。全年，完成全县661卷事业单位中层干部人事档案专项审核工作。

（陈济帮　梅红霞）

【公务员职务与职级并行工资制度改革】 2020年5月，根据《公务员职务与职级并行制度职级序列工资政策》（组通字〔2019〕33号）文件精神，组织实施公务员职级工资套改，制定实施职级规范津贴补贴、通讯补贴、公务交通补贴标准。共完成全县878名公务员职级工资套改。

【完善综合绩效考核奖金政策】 2020年3月，经县规范津贴补贴领导小组研究决定，调整受处分人员综合绩效考核奖金发放办法。办法规定：机关工作人员因受处分等个人原因，当年年度考核结果为称职以下的按比例扣发综合绩效考核奖，“基本称职”扣发5%，“不定等次”扣发10%，“不称职”或长期病假不参加考核人员扣发15%。考虑到机关人员考核结果为称职以下人员不发放年终一次性奖金，为平衡机关事业单位，事业工作人员在同类人员的基础上加扣5%。

表5　公务员职级序列职级工资标准情况表

单位：元/月

职 级	工资标准
一级巡视员、一级总监及相当层次职级	3150
二级巡视员、二级总监、督办及相当层次职级	2530
一级调研员、一级高级主管、一级高级主办及相当层次职级	2220
二级调研员、二级高级主管、二级高级主办及相当层次职级	1950
三级调研员、三级高级主管、三级高级主办及相当层次职级	1730
四级调研员、四级高级主管、四级高级主办及相当层次职级	1510
一级主任科员、一级主管、一级主办及相当层次职级	1330
二级主任科员、二级主管、二级主办及相当层次职级	1170
三级主任科员、三级主管、三级主办及相当层次职级	1050
四级主任科员、四级主管、四级主办及相当层次职级	940
一级科员、专业技术员、一级行政执法员及相当层次职级	780
二级科员、二级行政执法员及相当层次职级	640

公务员职级序列级别工资标准情况表

表 6 单位:元/月

级别	工资标准													
	1	2	3	4	5	6	7	8	9	10	11	12	13	14
八	3982	4264	4546	4828	5110	5392	5674	5956	6238	6520	6802			
九	3705	3959	4213	4467	4721	4975	5229	5483	5737	5991	6245			
十	3453	3682	3911	4140	4369	4598	4827	5056	5285	5514	5743			
十一	3219	3430	3641	3852	4063	4274	4485	4696	4907	5118	5329	5540		
十二	3000	3197	3394	3591	3788	3985	4182	4379	4576	4773	4970	5167	5364	
十三	2795	2980	3165	3350	3535	3720	3905	4090	4275	4460	4645	4830	5015	5200
十四	2603	2777	2951	3125	3299	3473	3647	3821	3995	4169	4343	4517	4691	4865
十五	2424	2588	2752	2916	3080	3244	3408	3572	3736	3900	4064	4228	4392	4556
十六	2257	2411	2565	2719	2873	3027	3181	3335	3489	3643	3797	3951	4105	4259
十七	2102	2246	2390	2534	2678	2822	2966	3110	3254	3398	3542	3686	3830	
十八	1959	2093	2227	2361	2495	2629	2763	2897	3031	3165	3299	3433	3567	
十九	1827	1951	2075	2199	2323	2447	2571	2695	2819	2943	3067	3191		
二十	1706	1820	1934	2048	2162	2276	2390	2504	2618	2732	2846			
二十一	1595	1699	1803	1907	2011	2115	2219	2323	2427	2531				
二十二	1494	1588	1682	1776	1870	1964	2058	2152	2246					
二十三	1403	1487	1571	1655	1739	1823	1907	1991						
二十四	1322	1396	1470	1544	1618	1692	1766	1840						
二十五	1250	1315	1380	1445	1510	1575	1640							
二十六	1186	1244	1302	1360	1418	1476								
二十七	1130	1181	1232	1283	1334	1385								

公务员职级津贴补贴标准情况表

表 7 单位:元/月

<table>
<tr><th>综合管理类公务员</th><th>行政执法类公务员</th><th>专业技术类公务员</th><th>执法警务警员</th><th>警务技术人民警察</th><th>员额法官
员额检察官</th><th>规范津贴补贴标准</th><th>通信补贴标准</th><th>公务用车补贴标准</th></tr>
<tr><td>一级巡视员</td><td>—</td><td>一级总监</td><td>一级警务专员</td><td>一级总监</td><td>一级高级法官
一级高级检察官</td><td>6315</td><td>300</td><td rowspan="2">1690</td></tr>
<tr><td>二级巡视员</td><td>督办</td><td>二级总监</td><td>二级警务专员</td><td>二级总监</td><td>二级高级法官
二级高级检察官</td><td>5800</td><td>250</td></tr>
<tr><td>一级调研员</td><td>一级高级主办</td><td>一级高级主管</td><td>一级高级警长</td><td>一级主任</td><td>三级高级法官
三级高级检察官</td><td>5611</td><td rowspan="2">200</td><td rowspan="2">1040</td></tr>
<tr><td>二级调研员</td><td>二级高级主办</td><td>二级高级主管</td><td>二级高级警长</td><td>二级主任</td><td>—</td><td>5285</td></tr>
</table>

续表 7

<table>
<tr><th>综合管理类公务员</th><th>行政执法类公务员</th><th>专业技术类公务员</th><th>执法警务警员</th><th>警务技术人民警察</th><th>员额法官
员额检察官</th><th>规范津贴补贴标准</th><th>通信补贴标准</th><th>公务用车补贴标准</th></tr>
<tr><td>三级调研员</td><td>三级高级主办</td><td>三级高级主管</td><td>三级高级警长</td><td>三级主任</td><td rowspan="2">四级高级法官
四级高级检察官</td><td>5093</td><td rowspan="2">150</td><td rowspan="2">1040</td></tr>
<tr><td>四级调研员</td><td>四级高级主办</td><td>四级高级主管</td><td>四级高级警长</td><td>四级主任</td><td>4765</td></tr>
<tr><td>一级主任科员</td><td>一级主办</td><td>一级主管</td><td>一级警长</td><td>一级主管</td><td>一级法官
一级检察官</td><td>4573</td><td rowspan="2">100</td><td rowspan="2">650</td></tr>
<tr><td>二级主任科员</td><td>二级主办</td><td>二级主管</td><td>二级警长</td><td>二级主管</td><td>二级法官
二级检察官</td><td>4245</td></tr>
<tr><td>三级主任科员</td><td>三级主办</td><td>三级主管</td><td>三级警长</td><td>三级主管</td><td>三级法官
三级检察官</td><td>4167</td><td rowspan="2">50</td><td rowspan="2">650</td></tr>
<tr><td>四级主任科员</td><td>四级主办</td><td>四级主管</td><td>四级警长</td><td>四级主管</td><td>四级法官
四级检察官</td><td>3715</td></tr>
<tr><td>一级科员</td><td>一级行政执法员</td><td>专业技术员</td><td>一级警员</td><td>技术员</td><td>五级法官
五级检察官</td><td>3185</td><td rowspan="2">30</td><td rowspan="2">550</td></tr>
<tr><td>二级科员</td><td>二级行政执法员</td><td>—</td><td>二级警员</td><td>—</td><td>—</td><td>3035</td></tr>
</table>

【工资统发“一件事”改革】 2020 年 9 月，制定出台《景宁畲族自治县机关事业单位工资统发“一件事”改革实施方案》（景改办发〔2020〕1 号）。11 月，组织各机关单位完成工资统发信息采集、数据维护和系统测试。12 月，全县机关工资统发“一件事”上线运行，实现机关单位工资统发“一件事”全流程线上办理。

【劳动工资考核指标】 2020 年，新增劳动工资增速作为 GDP 考核的一项子指标，县人力社保局牵头负总责，全年召集统计、财政等相关部门召开 7 次会商研判会。采取调存量、挖增量、补空位等措施，做实机关事业单位劳动工资总量。根据统计部门数据，该县 2020 年度劳动工资增速 15.4%，全市排名第四，拉动 GDP 增长 0.7 个百分点。（潘昌宝）

【专业技术人才队伍建设】 2020 年，各系列职称申报首次采用浙江省专业技术职务任职资格申报系统进行网上申报。全年取得高级资格 27 人，中级 127 人，初级 131 人。积极开展中小学教师、卫生专业技术人员职称自主评聘工作。是年，2 家单位入选省级自主评聘改革试点单位，12 家单位入选市级自主评聘改革试点单位。整理汇总 2007—2019 年中高级考试取得专业技术资格人员数据 3516 条，上传生成 2012—2019 年初级专业技术职务电子证书数据 1509 条。落实新冠肺炎疫情防控一线专技人员优先评聘晋升政策，突破岗位职数推荐 2 名优秀一线卫生专业技术人员参加高级职称评审。

【高技能人才队伍建设】 2020 年，出台《景宁畲族自治县职业技能提升行动实施方案（2019—

2021年)》(景人社〔2020〕30号),推进职业技能提升行动。全年举办电商直播、畲乡小吃、茶艺等各类培训班62期3065人次。开展以工代训补贴工作,全县共有660家企业完成线上申报,涉及补贴人员9328人,支出补贴资金699.6万元。组织开展第二届畲乡首席技师、畲乡技能大师工作室评审活动,评选产生3位首席技师,3家技能大师工作室。全年,共组织评茶员、畲乡小吃、电工等技能大赛5场,参赛选手146人,30人获"畲乡工匠"荣誉称号,5人获"畲乡技术能手"称号。推荐优秀技能人才参加省市职业技能竞赛,1人在省乡村振兴职业技能大赛中取得三等奖,3人在"绿谷工匠"技能大赛中取得二等奖,获"丽水市技术能手"荣誉称号,3人取得三等奖,获"绿谷工匠"荣誉称号。

【人才开发】 2020年,开展"百名干部入沪借力行动",促成与上海突出贡献专家协会、上海瑞金医院、上海寰球人才服务中心等单位的交流合作。与上海静安人力社保局签订《上海静安——浙江景宁人力资源合作框架协议》,构建常态化的对接平台及日常工作交流机制。全年11家企事业单位利用省"博士后工作站"、市"双百引领计划"和"助力畲乡·人才工作室"等平台,实现精准柔性引进高层次人才23人次,落实合作项目11个。开展"双百引领计划"第三批挂职人才期满综合考核工作,景宁畲草堂畲药发展有限公司获考核优秀,另5家企业考核合格。申报的"3D打印技术在骨科精准治疗中的应用进展"入选省高级研修班计划,获得省级一般项目资助5万元;"民族地区深入融入长三角发展"项目被列入市级资助高研班,"'互联网+'紧密型医共体中的推广及运行"项目被列入省级自筹经费高研班。为参加疫情防控一线的2名援鄂对象开通职称聘任"绿色通道",并将2人纳入政府岗位津贴享受对象,每人每月享受500元政府岗位津贴,可享受3年。援鄂对象许娟入选市"138人才工程"第二层次培养人员。开发"畲乡人才之家"微信小程序,优化人才服务。全年先后兑现人才岗位津贴、成长基金、培养平台资助等各项人才奖励资金570.98万元(其中767人次获412.36万元高层次人才政府岗位津贴,28人获高层次人才专项奖励22.5万元,23人获人才发展资助26.3万元,4人获购房补贴20万元,8家单位获培养平台资助47万元,50人获畲乡人才成长基金42.82万元)。 (章牡蓉)

【职业技能培训和鉴定】 2020年,县人力社保局组织职业技能鉴定22期,共计鉴定1256人次。鉴定工种涉及电工、中式面点师、西式面点师、中式烹调师、保安员、焊工、钳工、汽车维修工、茶艺师9项。日常鉴定紧扣乡村振兴蓝图,提升技能知识储备,进一步提升各行各业技能人才的业务水平,提供从业资格保障促进就业。与县职业高中搭档,合作开展学生职业资格考试,顺利完成一年一度的"双证制"学生职业资格考试工作。通过"一体化平台"完成226名考生的鉴定业务流程。完成技能等级认定备案企业1家。完成《畲乡粉皮制作专项职业能力考核规范》的评审及公示,助推景宁特色品牌发展。 (王光明)

【新世纪人力资源开发】 2020年，景宁畲族自治县新世纪人力资源开发有限公司（全县唯一一家管理行政企事业单位编外工作人员的国有独资企业）共有劳务派遣和事务代理人员1389人。其中，新纳入编外工作人员191人。通过与各用工单位沟通协调，调整97家用工单位481名编外人员工资，调整公积金736人次。共与532人签订劳动合同。（其中，新纳入编外用工签订合同159人，合同期满续签373人，办理离职手续101人）。调解劳动人事争议2起，涉案金额3万元。制定公司制度及办事流程并上墙，为编外人员更直观地展示办事流程，同时让新接手的工作人员尽快熟悉业务。完善派遣业务相关材料，邀请专业律师对公司各类派遣材料进行逐条分析、把关，细化完善，明确条款的法律依据，增强派遣工作的可操作性。开展编外人员“在编在岗”情况抽查工作，完成对全县12家机关事业单位和4个乡镇共计89名编外工作人员的督查工作，基本掌握全县编外工作人员的整体布局和工资发放情况。为规范全县编外人员薪酬管理，公司将编外人员工资、年度考核奖和其他补贴统一纳入公司发放，规范编外薪酬发放途径。据统计，全年共代发工资近6000万元。 （柳文俏）

·劳动与就业·

【概况】 2020年，县就业管理服务处贯彻中央、省、市、县各级关于统筹推进新冠肺炎疫情防控和经济社会发展决策部署，落实“六稳”“六保”工作要求，全年城镇新增就业3066人，失业人员再就业1617人，就业困难人员再就业77人，城镇登记失业率为1.41%；全年城镇常住居民人均可支配收入41735元，同比增长4.3%，增幅排名全市第六。

2020年，全力以赴保障企业用工，助力企业复工复产。通过“专列+专车”“点对点”服务，免费接返113名外省务工人员；印发《关于新型冠状病毒肺炎疫情防控期间复工企业就业创业服务补贴的通知》（景人社〔2020〕12号），为18家企业发放复工复产返岗人员交通补贴11.37万元；通过部门联动协作，实行“不见面”审批，为全县697家企业返还社保费1589万元，惠及职工10848人；为22家企业发放吸纳高校毕业生就业社保补贴19.19万元。加大对60家样本企业监测力度，根据省、市“保就业、防风险”工作要求，对全县26家规上企业和21家外贸企业实行每周用工监测，为调控就业形势提供决策依据，确保就业稳定，并获省人劳社保厅的表扬点赞。

2020年，对全县159个公益性岗位和132个公益性岗位在岗人员实行动态跟踪管理，支出岗位补贴75.76万元。鼓励青年参加就业见习，推荐162名见习生上岗，期末在岗见习生177人，支出见习补贴111.12万元。开展就业援助，帮扶就业困难人员实现就业，为277名就业困难人员发放灵活就业社保补贴128.51万元。对5户“零就业”家庭实施精准帮扶，实现“零就业”家庭动态清零。全年新建县级高质量就业村（社区）24个。

全年新增发放创业担保贷款769万元，贴息35.45万元，发放高校毕业生从事现代农业财政补助资金5万元，营造良好的创业环境，以创业带动就业。

全年累计发放失业保险金1240人次164.67万元；代缴职工医疗保险1240人次35.61万元；发放价格临时补贴1061人次10.13万元；发放技能提升补贴47人次7万元。积极落实失业保险扩围政策，累计发放失业补助金466人次28.99万元。

依托各级公共招聘服务平台开展“云招聘”服务，全年累计推送招聘信息2万余条，为企业解决用工缺口3000余个。

结合职业技能提升行动，大规模开展电子商务、电工、保安员等紧俏工种培训。7月，到四川成都开展“畲乡经理”创业创新能力提升培训65人；9月，到海盐开展“山海协作”创业就业服务能力提升培训30人；10月，到上海举办“畲乡经理”创业创新带头人能力提升高级研修班培训46人。全年累计组织开展各类培训23期1253人，切实提升求职者的就业创业能力。

【“就业创业”码】 2020年，县就业管理服务处创建“就业创业码”，打造服务就业创业者的生态闭环，通过微信传播、现场宣传等形式积极推广“就业创业码”。景宁成为丽水市“就业创业码”应用试点县。该项目被浙江省人力社保厅评为“全省人力社保系统的优秀项目”。

【“畲乡云就业”微信小程序】 2020年，县就业管理服务处开发了集政策宣传、招聘信息、创业风采、技能培训、“最多跑一次”业务指南等五大功能于一体的“畲乡云就业”微信小程序，打造属于畲乡人自己的“云服务”，给广大群众提供更加精准、高效、便捷的就业服务。

【就业“宣传窗口”】 2020年，县就业管理服务处依托LED大屏幕在劳动力密集的澄照农民创业园设立“宣传窗口”，全天候滚动播出招聘信息和就业相关政策，把就业服务送到劳动者的家门口。

【“奇思妙想·创赢绿谷”创业创新大赛云景庆赛区选拔赛】 2020年7月3日，由云和县、庆元县、景宁畲族自治县联合举办的第四届“中国创翼”创业创新大赛选拔赛暨2020年“奇思妙想·创赢绿谷”创业创新大赛云景庆赛区选拔赛在景宁民族青少年宫开赛。大赛以“创响新时代 共圆中国梦”为主题，采取VCR展示1分钟、路演5分钟及答辩6分钟的综合评审模式，评委根据项目核心竞争力、创业可行性与选手表现力等多角度进行评分，最终角逐出一等奖2名、二等奖3名、三等奖5名、优胜奖4名，发放奖金19.4万元。其中，景宁参赛的“景宁畲之语茶艺馆茶生活体验馆”和“一兔生百仔联盟助增收”两个项目获三等奖；“秋炉乡运动俱乐部”和“养‘生’”两个项目获优胜奖。选送“景宁畲之语茶艺馆茶生活体验馆”“养‘生’”2个项目参加市级决赛，其中“景宁畲之语茶艺馆茶生活体验馆”项目获“优胜奖”和“最佳人气奖”，奖金5000元。

【联合举办招聘夜市】 2020年12月18日，由县人力资源和社会保障局、县残疾人联合会、丽景民族工业园管委会、县开发区管理委员会、景宁退役军人事务局联合举办的2020年景宁畲族自治县"'鼠'冬送暖、'职'等你来"冬季人力资源招聘夜市在东方江泰广场举行。招聘活动组织了38家企业进场招聘，主要涉及机械制造、竹木制品、电商、服务等行业，共计500余个岗位。其中，大学生岗位120余个，农民工岗位300余个。（叶　巧）

法　　治

政法综治

【概况】 2020 年，中共景宁畲族自治县委政法委员会（以下简称县委政法委）紧紧围绕习近平总书记对景宁提出的“三个走在前列”目标要求，深化探索“山区民族县”社会治理新路子，赶考建设“丽水最平安县”，抓治理、促和谐、保平安、护发展，扎实做好新时代政法平安工作，全县政法平安领域改革持续深化，社会治理“景宁模式”持续提升，矛盾纠纷调处化解“最多跑一巷”创成省级样板。全年，景宁未发生“平安县”创建考核“一票否决”的重特大事件；未发生影响社会稳定的案事件和重大事故；全省平安建设考核排名靠前，连续 16 年被省委、省政府评为“省平安县”，实现平安县“十六连创”，成功夺得全省首批一星“平安金鼎”。

2020 年，景宁持续深化完善“县级一个中心指挥、乡镇四个平台运行、村社全科网格管理、域外综治网络延伸”的“四级融合、多元一体”县域社会治理模式，完全符合省委提出的县域社会治理体系，完全符合省委提出的县域社会治理“一中心四平台一网格”的模式定位。县委政法委聚焦“一巷四区”县级矛调中心建设，实现县级综治中心、群众来访接待中心等 8 个平台全面整合，推动县法院、县司法局、县信访局等 10 个重点部门常驻，县建设局、县教育局等 16 个部门轮驻随驻，县人民调解委员会、银行业调解委员会等 6 个重点行业性专业性调解组织成建制入驻，使景宁“三类中心”具备“一类中心”基本功能，同时将平安办、维稳办、信访联席办等实体化运行机制融入中心，进一步发挥矛调中心实质性作用，有力将其打造成为集信访和矛盾纠纷调处化解平台、社会事件处置平台、社会风险研判平台于一体的社会治理共同体。景宁“一巷四区”县级矛调中心建设模式被列为全省县级矛调中心建设 11 个样板之一。2020 年 6 月 30 日，景宁作为丽水唯一代表，在全省县级矛调中心第一次互学互比视频会议上作典型经验交流。持续强化“基层治理四平台”及全科网格建设，完成“基层治理四平台”迭代升级，全面实行网格事件准入，实现域外网格事件全程在线流转交办反馈，依托渤海镇、东坑镇等乡镇综治中心示范点推进县级治理功能及服务向乡村延伸。

2020年，县委政法委坚持“开年即攻坚、平时即战时”工作理念，巩固深化运用“平时平安”工作机制，年初牵头开展“百个社会矛盾化解专项行动”，在此基础上，同步组织开展贯穿全年的“百个三无村（社）创建、百个网格提能力强效能、百个项目工程平安保障、百个社会微治理创新、百名政法干警深化‘三全三联三服务’、百名干部接访下访化积案、百个社会组织（志愿服务队）参与社会治理”等县域社会治理“八百专项行动”，充分利用平安小巷“法治宣传长廊”“鹤溪亭说法”“村社广播”及城乡公交停靠站点宣传橱窗等阵地广泛开展平安宣传；充分发挥政法机关职能作用，全面保障村社组织换届选举等重点重大工作；在全市率先出台《百山祖国家公园（景宁片区）生态保护联合司法保障实施意见》，不断提升执法司法办案质效及服务质量；建立健全“横向到边、纵向到底”调解工作体系，统筹推进各行业专业性调解组织及县乡村三级人民调解组织建设，建立健全调解人才库，制定修订专（兼）职调解员待遇保障制度，调整完善调解员选拔、培训、保障、激励各项机制；持续推进“三无村（社）”“无讼乡镇”创建活动，不断深化源头治理，有力将社会风险隐患及矛盾纠纷解决在基层、化解在萌芽，进一步固根基、扬优势、补短板、强弱项，着力提升基层社会治理能力，为新冠肺炎疫情防控和经济社会发展“两战都要赢”提供坚实保障，为高水平全面建成小康社会营造平安稳定和谐的社会环境。

2020年，扫黑除恶专项斗争进入决胜之年，全县扫黑除恶工作保持人员不减、力度不降，以有黑必扫、除恶务尽的坚定决心和顽强定力，强势推进扫黑除恶“六清行动”“十大专项行动”，全县基层组织建设环境明显优化，基层社会治理能力明显提升，涉黑涉恶违法犯罪防范打击长效机制更加健全，黑恶势力滋生土壤得到有效铲除，实现扫黑除恶专项斗争圆满收官。全年，县公安机关累计打击黑恶团伙4个（其中恶势力犯罪集团2个），查扣非法资产3525万元，给予涉黑涉恶腐败、充当黑恶势力“保护伞”等人员党纪政务处分5人，开除党籍2人，开除公职5人，组织处理8人，先后建立有景宁畲族自治县自然资源领域开发利用等领域源头防控机制、全县校园及周边安全综合治理联防联动工作机制、住房和城乡建设局扫黑除恶专项斗争行业乱象整治等长效工作机制。2020年，县域群众安全满意率为98.06%，位居全市前列。2018—2020年，全县扫黑除恶斗争三年工作成效明显，县公安局被评为“全省扫黑除恶专项斗争先进集体”。

2020年，县委政法委积极开展“党建统领基层治理”，根据党支部分布情况因地制宜调整网格分布，全县网格数量由310个增加至340个；严格村社换届选举候选人资格审查，对不适任的情况作出全面说明，严把审核关，为换届选举营造良好氛围。（柳　美）

司法行政

【概况】 2020年，景宁畲族自治县司法局（以下简称县司法局）落实市委书记胡海峰关于行政诉讼工作的重要批示精神，开展“双下降”（行政诉讼案发量下降、行政诉讼败诉率下降）专项行动。全年，一审行政诉讼案件21件（结案21件），败诉2件，败诉率从2019年的47.06%降低至9.52%，下降37.54%。全市降幅最明显。2020年，县司法局全面启动全国法治政府示范县创建工作，深挖民族法治特色优势，紧扣重点工作有序开展。是年，“景宁开展全国民族地区城乡整合发展试点建设”“法律顾问参与法治建设工作”“突出民族特色　实施精准立法”入选法治丽水（法治政府）改革创新培育项目。“一个平台、两大机制、三项覆盖”被省委、省政府评为县乡法治政府建设“最佳实践”项目。《景宁转化立法优势为发展优势》入选法治浙江“重要窗口”实践100例。

坚持“县级一个中心指挥、乡镇四个平台运行、村社全科网格管理、域外综治网络延伸”的“四级融合、多元一体”县域社会治理新模式。将“公共法律服务中心”作为集司法公证、司法鉴定、法律援助、行政复议、劳动仲裁等十二大职能整体入驻县矛调中心，让群众办事“只进一扇门、最多跑一地”。全年，各级人民调解委员会调处矛盾纠纷1126起，调处成功率99.64%，涉及金额9227.46万元。其中，专职调解员调处534起。对标小康社会短板清单，落实省、市有关部署，在全市率先完成全县65名专职调解员配备。优化考核管理，将调解员待遇与等级相挂钩，探索分档定酬，根据考评发放绩效工资。同时，通过单位推荐方式选拔81名各领域骨干、“两代表一委员”、律师组成人民调解专家库，推动“一般矛盾，现场调处；复杂纠纷，专家会诊”。发挥“陈瑞田”“商确”等个人调解品牌效应，积极参与百山祖国家公园创建、疫情防控、招商引资等中心工作。同时，注重区域联盟，与庆元县荷地镇、左溪镇、贤良镇等6个乡镇以及福建省寿宁县坑底乡、大安乡2个乡镇，共建两省三县“区域大联盟”，并签订合作协议，定期召开联席会议，对跨区域的纠纷矛盾问题进行分析研判。依托该平台，累计化解纠纷14起。

出台《中共景宁畲族自治县委全面依法治县委员会关于推进乡镇（街道）合法性审查全覆盖工作的实施意见》，建立“党政办+司法所+法律顾问”审查模式。指导督促开展实质性审查工作，召开乡镇（街道）合法性审查培训会及法律顾问培训会，全面提升乡镇（街道）各项工作的法治化水平。全年，全县21个乡镇、街道均落实合法性审查力量，确定审查机构，明确分管负责人和具体审查人员；均制定合法性审查事项范围清单、内容清单和审查流程图。同时，拓宽范围，将“村规民约”纳入合法性审查范围。

深化行政复议体制改革，对标对表行政复议规范化建设评估要求，健全和印发《景宁畲族自治县行政复议调解制度》《景宁畲族自治县行政复议答复情况通报制度》等10余个制度。同时，推进行政争议实质化解，整合熟悉行政法律法规的律师、法律工作者及各行政机关专业素质强的业务骨干，成立“景宁畲族自治县行政复议咨询专家库”，在涉及专业性较强或重大、复杂的案件时，一起参与听证、论证。全年，共办理行政复议案件7件，受理前调解1件，审结6件（调解成功3件），调解协调率66.66%。

2020年，审查《景宁畲族自治县公共租赁住房管理办法》等行政规范性文件23件，已备案36件；提出合法性审核意见165余条，实现行政规范性文件合法性审核100%覆盖。开展野生动物保护领域规范性文件专项清理、涉及优化营商环境的行政规范性文件清理工作，清理与《中华人民共和国民法典》《浙江省民营企业发展促进条例》等不符合、不衔接、不适应的行政规范性文件11件。深入实施“三项制度”（行政执法的公示制度，行政执法全过程的记录制度、重大执法决定的法制审核制度），在政务服务网等平台公示行政处罚事项435项，有效保障行政执法透明、规范、合法、公开。采取“一案一表一评”交叉评查的方式对全县18家行政执法机关240件执法卷宗进行集中“体检”，发现各类问题13处，制发《行政执法监督通知书》3份，全县案卷合格率为98.75%。完善行政执法体制机制，立足机构改革后职能调整，完成对46家行政执法单位行政执法主体确认公告工作，梳理行政处罚、行政许可、行政强制事项63项。推进“无证明城市”改革工作，持续深化“减证便民、优化服务”和“最多跑一次”改革，全县完成4897项政务服务事项梳理和分类，16388项证明材料横向整合规范后减少到1067项，减少93.4%。

以《中华人民共和国社区矫正法》的出台为契机，开展学法用法主题月系列活动，通过社区矫正大讲堂、媒体开放日、研讨会、有奖竞答等活动，学习领会和贯彻实施《中华人民共和国社区矫正法》。将矫正对象按照犯罪类型分成10个小组，实现入矫教育全过程评价。全县有社区矫正对象142人。其中，缓刑128人，假释8人，暂予监外执行6人。开展审前社会调查评估29件，办理居住地变更手续5人，无一脱管、漏管，再犯罪率历年来均控制在指标以内。在疫情期间，破解亲属前往监狱探视存在“距离远、费用大、耗时长、身体不便”等困难，第一时间启用浙江省司法行政远程视频探视系统，与省第三监狱、十里丰监狱、十里坪监狱等15所监狱开展“互联网+亲情会见”，帮助会见罪犯140人次，会见家属392人次，会见成功率100%。协助法院、检察、公安、纪委提审15件，协助公证办理3起，远程化解婚姻家庭纠纷1件，取得良好的社会效果。

积极探索法律顾问参与法治政府建设工作，以政府统一采购的形式，综合考虑实际需要和律师专业领域，坚持双向选择原则，为全县90家党政机关和企事业单位、144个村（社区）聘请法律顾问。以资源统筹、绩效考评、组团服务为其提供机制保障，充分发挥法律顾问在村社换届、疫情防控、招商引资等重点工作的参谋作用。全年，法律顾问开展“村务法律体检”238次，协助修订、完善村规民约、合同、协议等169份，开展法治讲座13场，接待解答法律咨询330个。充分发挥律师在扫黑除恶专项斗争中宣传、咨询、代理、辩护的职能作用。2020年，完成黑恶案件报备36件，派员参听庭审共16人次。

紧扣“大搬快聚”“阳光招生”等中心工作，持续推进公证机构参与司法辅助改革。全年，共办理各类公证293件，其中国内民事174件、国内经济41件，涉外35件，公证参与司法辅助事务43件。

深入推进刑事案件律师辩护全覆盖、值班律师法律帮助和认罪认罚从宽工作。全年，共办理法律援助案件205件。其中，刑事79件，民事案件116件，行政案件10件。指派律师完成认罪认罚案件136件。

顺利完成“七五”普法总结验收，科学规划“八五”普法。探索普法新模式，推出“地摊宣法”“上门普法”“微视频宣传”等多种载体，不断增强普法实效性。全年，拍摄8期普法微视频累计阅读量25万人次。其中，《依法战役 人人行动》获中国普法转载，《漏水的房屋》《离婚冷静期》《公证遗嘱》《鹤溪亭说法》登上“学习强国”。《企业复工复产面临融资难》首期阅读量5.8万人次。《景宁“鹤溪亭说法”有效化解社会矛盾》有关经验做法登上《丽水日报》头版头条。

全县交通主干道沿线的民主法治村连接成“普法景观带”，联合县交通运输局开展“法治护航强国路 走进山哈”普法专项活动。至2020年年底，全县累计建成全国民主法治示范村1个，省级民主法治村(社区)16个(是年新增4个)，市级民主法治村(社区)69个(是年新增6个)，县级民主法治村(社区)全覆盖。累计创成市级诚信守法企业共12家、市级普法农家院共13家；省级法治宣传教育基地1个、市级法治宣传教育基地5个。“景宁五老志愿者工作室”获评浙江省优秀普法工作室。“畲族山歌普法宣传队”获评浙江省优秀普法宣传队。开展“六优”申报工作，共申报优秀普法工作室1个；优秀普法公益性组织1个；优秀普法讲师团2个；优秀普法文创产品4个；优秀普法项目3个；优秀普法志愿者2个。同时，开展“法治带头人”“法律明白人”评选活动，全县共评出“法治带头人”145人，“法律明白人”286人。

【“向企”民营企业法律服务咨询平台服务升级】 县司法局于2019年借力“山海协作”推出“向企”民营企业法律服务咨询平台，为100家民营企业免费提供法律服务。2020年，“向企”民营企业法律服务咨询平台扩大服务对象，对全县中小微企业免费开放；创新运行模式，开启“网格化”法律服务；研发线上程序，开通企业申请、法律咨询、普法课堂等六大模块。全年，完成“法治体检”195次，建立健康档案100份；解答法律咨询850余次，解决法律问题780余个，涉及合同金额1.6亿元。（何宇蔚）

公 安

【概况】 2020年，景宁畲族自治县公安局(以下简称县公安局)强化底线思维，紧盯各类风险，加强预测预警预防，高效稳妥处置涉政谣言事件，捣毁宗教异端组织1个，查获人员9人，谈话教育32人，行政处罚2人。全力护航青景庆公路、景文高速、山哈大剧院等重点工程，圆满完成互联网大会、扶贫日活动、“三月三”等安保警卫任务140余场。强力打击违法犯罪，全年共有效接警21620起，刑事立案379起，破获刑事案件121起，抓获刑事犯罪嫌疑人215人;查处行政案件518起,行政处罚351人。全力推进扫黑除恶专项斗争,全年共破九类涉恶刑事案件73起,打掉涉恶团伙4个,抓获39人。扫黑除恶专项斗争开展以来,3年累计排摸涉黑涉恶线索182条,立九类涉恶刑事案件126起,抓获326人,查封冻结1.1亿元,打掉涉恶团伙13个,打击团伙数全市第一。全力打击经济违法犯罪活动,共立经济犯罪类案件17起,扣押、冻结资产1500余万元,挽回经济损失1000余万元。全力清除“黄赌”社会丑恶,对老车站、医院广场周边、寨山桥等黄赌治安乱点进行整治,端掉山头赌博窝点4个,抓获涉黄涉赌人员170余人,移送起诉黄赌犯罪嫌疑人20人。紧盯禁毒“四项指标”,查处全省首例不履行禁毒巡查职责案,查获吸毒人员2人,摧毁贩毒团伙1个,抓获3人,通过循线深挖吸毒案件,查处偷越国(边)境案件8起,抓获犯罪嫌疑人30人。全力守护绿水青山,先后查处非法捕捞案件10起,查处破坏森林资源案件56起,救助国家二级以上野生保护动物36只。全年共抓获逃犯33人,其中抓获潜逃19年和24年的命案逃犯各1名、劝回潜逃境外人员6名,追逃工作成果列全市第二。夯实基层基础,完成全域“一标三实”(标准地址、实有人口、实有房屋、实有单位)采集,先后登记流动人口12270人,出租私房10281处;检查场所“四实”(实名、实数、实情、实时)登记1600余家,下发整改通知书130余份,处罚18家。建成“智安小区”8个,“智安单位”18个。借力开展积案化解,积极创建无积案县公安局,信访工作排名全市第一,矛盾纠纷化解“最多跑一地”做法得到丽水市委改革办《改革先锋》和省公安厅《工作简报》刊发推广。

加强交通安全整治,深入开展“创文明交通、治秩序乱象”整治和“五大交通专项整治”(交通安全机动车不礼让行人整治、电动车违规搭载和未佩戴头盔整治、工程车超载和不按规定行驶整治、道路交通安全秩序整治、酒驾醉驾整治)行动,全年共处罚各类交通违法行为6.05万起,查处饮酒驾驶193起。落实劝导服务站24小时勤务制度,检查货车25250辆,处罚220起,加水16860辆,消除隐患462个。持续推进为民服务,全年零差错办理各类户籍事项件2.21万余件、各类“一件事”事项400余件,公安“云窗”连续37个季度被评为“五星窗口”,8个季度获评AAAAA级大厅,并被市公安局评为“最多跑一次”金牌窗口。以“警务集市”品牌为代表的景宁公安“最多跑一次”改革做法被《领跑者》《浙江省政务信息》刊登,获评丽水市公共管理创新优秀案例,并在浙江省档案馆展览;“90后守望小队”做法被丽水市委改革办《改革先锋》刊登。

2020年,县公安局狠抓新型冠状病毒感染的肺炎疫情防控,深刻认识新冠肺炎疫情形势变化,全力以赴应对疫情防控,配合县疫情防控指挥部、卫健局等部门做好疫情防控工作,主动承担卡口查控、隔离点值守、涉疫人员研判排摸等工作,做到依法防控、科学防控、联防联控。全年共出动警力15.3万余人次,核查排摸涉疫人员1.89万余人、车辆2100余辆,管控境外常住人员720余人次，查处涉疫舆情15起、非法出入境类案件9起。

2020年，县公安局在省公安厅《平安时报》宣传工作考核中获评三等奖；在2020年度全市公安机关全时空全要素动态现场勘查工作中被评为优胜单位；被县委组织部评为“疫情防控期间表现突出先进集体”。县交警大队被丽水市人民政府评为“丽水市抗击新冠肺炎疫情先进集体”。东坑派出所荣立集体二等功；禁毒大队、县看守所分别荣立集体三等功。英川派出所被省公安厅评为全省“百个好故事”派出所。政保大队在“全市公安机关政保实战大练兵比武”中获团体第二名。民警陈百强被省公安厅评为全省“百名好民警”，梅冲被省公安厅评为“全省公安机关‘110’工作成绩突出个人”，蓝晓星被省公安厅通报表扬。民警丁飞虎被丽水市人民政府评为“抗击新冠肺炎疫情先进个人”，叶传金获丽水市委组织部嘉奖，叶文挺、夏勇聪、侯赟、梅擎玛、梅利武、刘传清、陈毛瑞、张镠敏8人荣立个人三等功。民警张梦华、朱元真被评为“2019年度《丽水日报 丽水公安》《处州晚报 瓯江警讯》优秀通讯员”，王锋荣获丽水市公安局三等治安荣誉奖章，陈德在全市公安信访岗位练兵比武中获第一名，陈延环在全市政保实战大练兵比武个人中获第四名。

【两起潜逃20年以上命案积案告破】 2020年，县公安局以“云剑2020”行动为抓手，深入开展命案积案攻坚行动。在丽水市公安局的精心指导和莲都区公安分局协助下，于2020年6月16日，在福建省南平松溪抓获潜逃20年的涉嫌故意伤害致死案犯罪嫌疑人杜某清（2001年杜某清犯案潜逃）。6月19日，在丽水市公安局和广西临桂警方的支持配合下，抓获潜逃24年的命案积案逃犯潘某水（1997年潘某水犯案潜逃）。7月1日，被害人家属将一面印有“排除百万难 廿年终擒凶”的锦旗赠予办案民警致谢。

【一条“超级签”犯罪链斩断】 2020年10月中旬，群众吴某某向县公安局报警称，自己被骗走18万余元。接警后，办案民警循线追踪，发现一条“超级签”犯罪链（“超级签”，即将大量“个人开发者账户”集中起来使用，绕开苹果公司审查和网信部门监管，让无法通过审查的App在更多的IOS设备上自由下载、安装）。通过研判经营，寻线深挖，景宁公安局于12月21日在广西柳州市对该犯罪团伙进行集中收网，一举将刘某某、谢某某等16名犯罪嫌疑人抓获归案。其中，刑事拘留8人，取保候审8人。经查，该公司服务器中涉及色情、诈骗、博彩等功能App近800个，非法获利100余万元。

【县看守所连续19年安全无事故】 2020年，县看守所实现连续19年安全无事故，持续刷新监所安全周期的新纪录。2020年，强力推进“铁桶工程”建设，完成提审讯问室、新医院监管病房建设，智慧水平大幅提升。在新冠肺炎疫情期间，监所防控细致有序，累计提供远程服务450余次，疫情防控检测3.48万余人次，消毒290余次，严密防控投送在押人员16批次63人。主动化解监内矛盾，安全稳定维护能力显著提升，全年共化解矛盾4起，履行金额15万余元。监所挖隐成效明显，共挖潜违法犯罪线索8条，核实4条，助力抓获吸毒人员4人，容留他人吸毒1人。

【开展“入沪借力”行动】 2020年，县公安局为加快融入长江三角洲一体化步伐，全面落实“山海协作”、问海借力各项举措，加快构建现代警务模式。4月28日，县公安局领导前往上海市静安区公安分局对接工作，双方在警务交流、技术共享、人才培养等方面达成合作意向，并签订《上海市公安局静安分局景宁畲族自治县公安局合作框架协议》，建立信息共享、交流学习、常态联络等警务协作机制。

【依托“信访超市”打造公安矛盾纠纷化解“便利店”】 2020年3月25日，县公安局信访室成建制迁入县矛盾纠纷调处化解中心信访超市（矛调中心），实现“部门单访”向“开门联访”转变，被动接访向主动服务转变，彻底解决群众办理信访事项来回跑、盲目跑等问题。同时，借力“最多跑一次”改革服务优势，坚持问题导向，创新信访机制、升级信访载体、拓宽信访渠道，打造集成化、数据化信访模式，推动基层纠纷矛盾化解治理成效有质的提升，实现群众解决利益诉求“只进一扇门”“最多跑一地”，公安信访工作考评排名全市第一。矛盾纠纷化解“最多跑一地”做法被丽水市委改革办《改革先锋》和省公安厅《工作简报》刊登，群众满意度达98.2%，位居全省前列。

（毛华斌）

检　察

【概况】 2020年，景宁畲族自治县人民检察院（以下简称县检察院）严惩涉黑恶势力犯罪，深入开展“六清”（线索清仓、逃犯清零、案件清结、伞网清除、黑财清底、行业清源）行动，案件线索100%办结，在办黑恶案件全部清结。坚持“一个不放过，一个不凑数”底线，严格依法办案，严把案件质量关，审查批准逮捕涉黑涉恶10件26人，受理审查起诉9件40人，提起公诉13件45人，已判决13件45人，其中市级督办案件2件。深挖细查发现、移送黑恶势力犯罪和保护伞线索13件13人。其中，向县监委移送2件2人，向县公安局移送11件11人。探索开展以扫黑除恶专项斗争为主要内容的法律监督年度专项报告制度，围绕综合治理，向行政主管部门发出检察建议3件，协同推进公正司法和县域治理。1份社会治理类检察建议入选全省检察机关扫黑除恶专项斗争白皮书十大优秀检察建议（全市唯一）。1名干警获全省扫黑除恶专项斗争工作先进个人，受到省委、省政府表彰。扫黑除恶考核赋分排名连续三年居全市检察机关之首。

围绕平安景宁、法治景宁建设的要求，依法履行批准逮捕、提起公诉等刑事检察职能。全年批准、决定逮捕各类危害安全稳定犯罪46件70人，提起公诉125件197人。其中，起诉危害公共安全犯罪3件3人，批捕侵犯公民人身权利和民主权利犯罪9件12人、起诉16件35人，批捕侵犯财产权利犯罪9件12人、起诉16件35人。深化落实"监检衔接"机制，全年受理县监委移送的案件6件6人，提起公诉5件5人，相对不起诉1件1人。县检察院获全市创建星级平安金鼎工作突出贡献集体，1名干警被评为工作突出贡献个人并代表全县及全市检察机关在全市先进事迹报告会上作经验发言。

持续强化未成年人司法保护，对侵犯未成年人犯罪坚决严惩，对未成年人犯罪依法从宽处理、全程跟踪帮教。对1件性侵未成年人案件提出抗诉，对7名未成年犯罪嫌疑人作出相对不起诉处理，未成年人犯罪不捕率不诉率分别为76.9%和53.8%；对9名未成年被告建议适用非监禁刑，对涉案的2名未成年人监督撤案。认真落实"一号检察建议"，通过法治进校园、开设网络微课堂等，提高未成年人自我保护意识；向相关职能部门发送检察建议2份，筑牢保护未成年人健康成长的"防火墙"。

主动融入社会综合治理，深化"最多跑一地"改革，"四大检察"（刑事检察、民事检察、行政检察、公益诉讼检察）全面融入诉源治理，"12309"检察服务中心整体入驻县矛盾纠纷调解中心，努力把矛盾纠纷化解贯穿工作始终。用心用情做好信访工作，兑现"群众信访件件有回复"的郑重承诺，全年共接收群众来信来访来电103件，期限内答复率、群众满意率均达100%。其中，涉检类信访息诉息访8件，协同有关部门成功化解刘某某等历史遗留涉法涉诉信访案件，钟某某申请国家司法救助案被评为全省检察机关"群众信访件件有回复"典型案例。联合县民宗局出台《关于检察机关国家司法救助与少数民族贫困当事人帮扶相衔接工作的办法》。全年办理司法救助案件7件，发放国家司法救助金11.3万元，充分彰显司法人文关怀。

面对突如其来的新冠肺炎疫情，县检察院全体干警积极响应，主动担当作为，"检察蓝"化身"志愿红"，在大战大考中践行检察人的初心使命。组织干警奔赴责任网格、路口卡点、成都双流国际机场等疫情防控一线，常态化开展疫情防控工作。组织开展野生动物保护领域及超市商场、餐饮店、看守所等场所疫情防控措施落实专项检察监督，及时消除风险隐患。对涉疫的刑事案件及时提前介入、引导侦查取证，依法快捕快诉。编印发放《新型冠状病毒肺炎疫情普法宣传手册》1000余册，为做好疫情防控提供法律指南。疫情防控工作得到省检察院检察长贾宇的批示肯定，县检察院获全市检察机关疫情防控阻击先进集体，1名干警被评为先进个人。

围绕"六稳""六保"大局，贯彻落实浙江省人民检察院《关于发挥检察职能作用优化营商环境促进民营经济健康发展的意见》精神，深入开展"三服务"活动，调研走访民营企业90余人次，举办专题讲座15场次，提供法律咨询30人次，排查法律风险点29个。积极引导社区矫正人员到本地企业就业，服务经济发展的做法被《检察日报》头版刊登。依法打击侵犯民营企业财产吸收公众存款等犯罪案件9件10人。深化司法服务，开展"护航民企发展"为主题的检察开放日活动，助力民营经济健康发展。

全力保障村社组织换届工作，在村社组织换届期间，开展剥夺政治权利刑罚执行工作专项检察监督活动，向有关部门发出纠正违法通知书2份，把选举风险防范在前。通过优化协作机制、审核内容、工作流程，严把审核内容关，参与村社换届人选资格联审1000余人次。深入乡镇(街道)开展“护航换届选举”现场法律服务指导15次，发放宣传册2000余册，保障换届工作平稳开展。

依法当好犯罪的追诉者和法治进步的引领者，以“求极致”的态度做优刑事检察。依法对刑事立案、侦查、审判活动实行监督，坚决纠正有案不立、有罪未究等问题。全年立案监督1件，撤案监督2件，侦查活动监督4件，提请抗诉2件均已改判。加强刑事执行活动监督，开展超期羁押、财产刑执行、剥夺政治权利执行、暂予监外执行等专项检察监督，对刑期计算错误、政治权利恢复不及时等问题，发出纠正违法通知书8份，检察建议2份。景宁“六合彩”赌博系列案被评为全省、全市检察机关十大法律监督案例。

回应民众呼声，大力加强民事检察监督，全年共办理民事监督案件29件，向审判机关提出检察建议29件，均被采纳。积极推进行政争议实质性化解工作，联合县人民法院、县司法局出台《关于共同推进行政争议实质性化解工作的意见》，加强矛盾纠纷源头化解，全年办结行政争议实质性化解案件3件，其中“刘某某交通事故责任认定行政纠纷案”获评全省第三批行政争议实质性化解典型案例。

强化科技赋能，运用无人机巡航、快速检测、大数据分析等科技手段，助力公益损害案件线索发现、预警研判和调查取证，共同守护国家利益和社会公共利益。自主研发的“公益云”智慧公益诉讼办案辅助平台，成功入选并顺利通过全省首批公益诉讼检察创新实践基地创建验收。全年共收集公益诉讼线索107条，立案81件，启动公益诉讼诉前程序81件，发出行政诉前检察建议58件、诉前磋商意见书23件，回复率整改率100%。针对滥伐林木、非法捕捞等破坏生态的违法当事人提起民事公益诉讼，诉请全部获得支持，恢复林地种植面积35.33公顷，获赔生态损害赔偿金21万余元。弘扬践行“浙西南革命精神”，开展英烈保护公益诉讼专项工作，景宁首例英烈保护领域行政公益诉讼案被《浙江法制报》头版报道。涉国有财产保护系列案入选“丽水市行政公益诉讼三周年”八大精品案例。

以政法办案一体化为牵引，强力推进单轨制运行，实现逮捕、起诉、检察监督等指标协同率100%，增强现代科技应用的主动性和创造性。建成全市首个公益诉快速检测实验室，实现一线取证随时检测。加强检察监督智能研判系统建设，完成升级“检察网格化”智慧监督平台3.0版本建设，相关做法被《改革内参》刊登，获评丽水市改革先锋十佳实践案例，系全县及全市检察机关唯一入选案例。创新“和美检察室”品牌建设，“红星+鹤溪”检察室成为全市唯一入选全省基层检察室联系点，打造“和美检察室”助力基层社会治理成为全省基层检察室典型事例。

拓宽法律监督线索来源渠道，县检察院

与县人武部、县电力工业局开展“军检合作”“检电合作”。共同制定出台《关于建立维护公共利益协作机制的实施意见(试行)》,设立“检察+电力”联络室,开展“法律进军营”活动,聘任人武专干、电力巡线员80余名为兼职网格员。联合庆元县、龙泉市人民检察院制定《关于服务保障百山祖国家公园创建区域协作实施细则》,为百山祖国家公园创建和生态环境保护构建联合司法保障机制。

坚持贯彻少捕慎诉理念,秉持客观公正立场,对证据不足或情节较轻不批捕9人、不起诉30人。深入推进认罪认罚从宽制度,认罪认罚适用率达91.76%。确定刑量刑建议提出率91.47%,法院采纳率98.98%,“案—件比”从上年的1:3.4降低到1:1.53[“案—件比”是最高检2020年提出的全新办案质量评价指标体系概念。“案”,指受理的审查逮捕案件数和扣除采取逮捕强制措施的审查起诉案件数之和。“件”,指检察机关围绕一个“案”开展的十多种节点性业务活动,包括:不捕复议、不捕复核、(不)批捕申诉、延长侦查羁押期限、退回补充侦查、不诉复议、不诉复核、建议法院延期审理、二审上诉、二审抗诉、审判监督程序抗诉、法院自行决定再审、发回重审、不服不起诉申诉、不服法院裁判刑事申诉等],有效节约司法资源,提高诉讼质量效率,增强诉讼参与人获得感。

坚持以“检风检纪值周督查”“一月一反思”“案件办理检务廉政督察”等载体为抓手,推进检察权规范运行;对重大案件实行廉政督察的做法被“学习强国”、《法制日报》报道;在全省派驻检察机关纪检监察会议上作经验交流。严格落实“三个规定”和重大事项填报工作,建立动态廉政风险防控机制和个人廉政档案,积极排查权力风险点,着力打造清廉机关示范点。强化自觉接受监督的理念,重要工作部署、半年工作情况及时向县委、县人大及其常委会报告,向县政协通报,认真落实审议意见。3名检察官接受县人大常委会履职评议,均获优秀。常态化开展检察开放日等活动,邀请社会各界850余人次走进检察机关。及时公布检察业务数据,确保检察权阳光运行。积极配合丽水市人民检察院联合景宁畲族自治县委巡察办开展的巡察工作,不折不扣地抓好整改落实。（吴　景）

法　院

【概况】 2020年,景宁畲族自治县人民法院(以下简称景宁法院)以习近平新时代中国特色社会主义思想为指导,深入学习贯彻习近平法治思想,紧紧围绕“全面发展的现代少数民族基层法院”目标,统筹做好疫情防控、“六稳”“六保”、扫黑除恶专项斗争等工作,以“司法最文明、最高效、最规范、最具公信力”的“四最原则”扛起建设“重要窗口”担当,各项工作取得新进展。全院新收各类案件4177件,同比下降13.07%,收案数连续两年下降。结案4226件(含旧存),员额法官人均办案192件,审判执行运行态势逐步向好。始终坚持以服务大局为主线,贯彻新发展理念,全力护航高质量发展。依法惩治刑事犯罪,深化平安景宁建设。受理刑事案件130件,结案136件(旧存10件),判处罪犯225人。联合县公安局、县检察院探索建立刑事案件规范证据形式、案卷及相互协作的机制，不断提升刑事案件办理全流程的质量和效率。积极推进刑事案件繁简分流，适用简易程序、速裁程序审理108件，平均审理天数为22.18天，比上一年减少35.25天。全面实现政法一体化单轨制办案，认真落实认罪认罚从宽制度，已办结案件中认罪认罚案件123件，占总结案数的90%以上。持续深入开展扫黑除恶专项斗争，严厉打击黑恶势力犯罪，审结涉黑恶案件13件，案件办结率100%。开展“六清”(线索清仓、逃犯清零、案件清结、伞网清除、黑财清底、行业清源)行动。全年，一审财产刑执行到位170.4万余元，执行到位率95.97%；追缴违法所得到位652.76余万元，执行到位率99.50%，成功实现“案件清结、黑财清底”两项工作目标。妥善解决民商事纠纷，有效化解社会矛盾。发挥民商事审判定纷止争功能，共审结民商事案件1494件(含旧存154件)，一审民商事可调撤率80.31%，居全省前列。推动建立民间借贷协同治理工作机制，完善职业放贷人名录制度，同时依法妥善处理涉职业放贷人案件和高利转贷案件。注重修补当事人亲情，维护家庭稳定和谐，推行“法官+耆老”调解模式调解家事案件。2020年3月发出全省首份人身保护令，该案例报道入选中央政法委长安剑官微“法治新闻”，阅读量达10万+人次。开展执行与破产程序衔接推动个人债务集中清理工作，审结首例个人债务重整案件。

全年，集体和个人获得各类先进及荣誉共35项。其中，成功创建全国民族团结进步示范单位；获全国法院“微政府”“微法院”“微服务”卓越奖；全省诉源治理工作突出贡献集体；全省《法治政府》宣传报道工作先进集体；全市创建星级平安鼎工作突出贡献集体。立案庭(诉讼服务中心)荣立全省法院集体二等功，获全市示范诉讼服务中心、“市级青年文明号”称号。民事审判庭荣立全市法院集体三等功。“畲乡巡回审判普法行”获丽水市首批十佳普法项目，“石榴籽”志愿者宣讲团获丽水市首批“亲青帮”优秀服务组织奖。徐飞豹获全国先进个人。梁春海获全省扫黑除恶专项斗争成绩突出个人。林海龙获全省法院优秀通讯员。应治政获全市优质服务群众先进个人。作为省高院确定的全省审判辅助事务“社会化、集约化、智能化”改革唯一试点法院，通过重新构建办案办公模式，推进司法审判辅助性事务统一闭环管理，为全省提供可借鉴、可复制的试点样本。

认真贯彻落实上级关于新冠肺炎疫情防控重要指示精神，做到疫情防控与审执工作两不误。在全民战“疫”的紧要关头，景宁法院组织干警至防疫卡口、社区、隔离点、机场开展抗疫志愿服务工作。积极研判疫情期间的司法审判工作，及时作出调整，借助信息化平台，大力推进网上办案办公，为广大人民群众提供便利、灵活多元的线上诉讼服务，让涉诉企业和群众切实感受到“指尖诉讼、网上解纷”的便利。做好疫情防控常态化，出台保障民营经济健康发展和为企业复工复产提供司法保障的实施意见，其间共审结涉疫民商事案件5件。进一步优化营商环境，积极开展“三服务”，走访企业30余人次，帮助企业解决法律问题12项。

2020年，会同县检察院、县司法局共同出台《关于共同推进行政争议实质性化解工作的意见（试行）》，形成合力化解行政争议的工作格局。积极发挥“行政争议调解中心”作用，实质性化解行政争议15件。尝试行政案件线上开庭模式，为异地管辖当事人提供诉讼便利。进一步促进法治政府建设，审结行政诉讼案件34件，审查行政非诉案件11件，行政机关负责人出庭应诉35次，出庭应诉率100%；强化司法与行政的良性互动，会同县政府召开府院联席会议，发布行政审判白皮书并公布典型案例3件，发送司法建议1件、建议撤销函8份。强化“生态失信行为人名录”机制，将“失信行为人名录”与“绿谷分”评价系统融合，不断营造遵循生态环保司法的理念。全年执行收案累计2271件（含旧存364件），结案2043件，同期结案率超100%。深化执行联动机制，构建综合治理执行难工作大格局，县依法治县办公室出台《关于加强综合治理从源头切实解决执行难问题的实施意见》，将执行工作融入县域治理现代化，形成执行合力。深化执行领域“最多跑一次改革”，打造网上多部门协同办理执行事务线上平台，相关工作在全省执行“一件事”改革现场会上作为典型经验介绍。加大对逃避执行的惩戒力度，执行案件违法制裁率22.55%，向公安机关移送拒执案件9件，判决3件3人。落实“正向激励机制”“执行悬赏”制度，对符合条件的当事人予以信用修复，“自动履行为主、强制执行为辅”的执行工作长效机制逐步建立并完善。同时，以保平安促发展为使命，保障“两手硬、两战赢”。

坚持将非诉讼纠纷解决机制挺在前面，进一步加强与县矛盾纠纷调解中心对接，从“最多跑一次”到“最多跑一地”转变。率先建立金融案件“多案联审”制度和金融风险防范协同机制，高效化解金融纠纷案件，相关工作得到省高院批示肯定。深度参与乡村基层社会治理，推动诉讼服务触角向基层延伸，在畲寨、社区建立“微法庭”，实现纠纷就近化解、矛盾就近解决，打造诉讼“零距离”服务体系。出台机制发挥诉讼费用杠杆作用，鼓励当事人优先选择诉前解决纠纷。全年诉前纠纷化解率67.05%，同比上升36.69%，居全省前列。聚焦“智慧诉讼”，实现“指尖诉讼”智能服务广覆盖。积极推进“无纸化办案”试点，推动审判执行“全流程、全覆盖”的线上办理模式，实现无纸化办案率100%并长期保持。通过“共享法庭”“云间庭审”“移动微法院”等新型办案方式，打破地域、空间限制，实现从“最多跑一次”“最多跑一地”到“一次不用跑”的跨越。

坚持问题导向、立行立改，制定出台类案检索、维护诉讼秩序、律师与法官互评等13份司法规范性操作规程。针对类案检索机制的调研文章获《浙江审判》“三门杯”征文活动三等奖，相关问题反映获省高院领导的批示肯定。落实院庭长办案制度和“四类案件”（涉及群体性纠纷，可能影响社会稳定的案件；疑难、复杂且在社会上有重大影响的案件；可能与类案判决发生冲突的案件；有关单位或个人反映法官有违法审判、执行行为的案件）监管机制，依托在线智能监管平台纳入监管案件73件，全部案件依法妥善审结。围绕丽水市中院提出的全域统筹发展理念，在“1+X”（“1”代表丽水中院，X代表九家基层人民法院）现代化法院建设、“一带三区”（“一带”指莲都、缙云、青田区域；“三区”指云和景宁区、松阳遂昌区、龙泉庆元区）模式组团发展上发力，与云和法院共商两地法院“云景风情集聚区”统筹发展工作，明确资源共享、优势互补、成果共建。同时，依托“静安—景宁”友好合作平台，与上海市静安区法院达成两地司法协作框架协议，实现跨域的司法资源共享和发展互助。积极构建民族地区现代司法诉讼工作模式，创新民族特色司法服务举措，积极回应涉诉少数民族群众的实际需求，首次发布《涉少数民族民商事案件审判白皮书》，介绍景宁法院涉少数民族审判的经验和典型案例。

自觉接受县人大及其常委会的监督，坚决贯彻县人大第九届四次会议决议，认真办理人大代表建议。向县人大常委会报告民商事审判工作，并根据审议意见认真落实整改，推进新时代民商事审判工作健康发展。全年邀请30余名代表委员视察法院、旁听庭审、参与执行和信访接待。主动接受政协民主监督，向县政协通报法院重大工作部署、工作事项及大案审理情况。依法接受检察机关法律监督，支持、配合检察机关履行法律监督职责，邀请检察长列席审判委员会会议4次，认真办理检察机关检察建议16件。2020年4月至6月，接受对院长任职期内应负经济责任履行情况的审计工作，并根据审计报告认真落实整改。广泛接受社会各界监督，不断提高司法透明度，创新开展互联网时代新型媒体工作模式，不断扩大司法信息受众面。同步开展法律进机关、进乡村、进社区、进学校、进企业、进单位的“法律六进”“公众开放日”等活动23次。 （陈晓峰）

军 事

人民武装

【概况】 2020年，景宁畲族自治县人民武装部（以下简称县人武部）面对新冠肺炎疫情，始终保持“政治三力”（判断力、领悟力、执行力），坚持以习近平强军思想为指导，“志不求易，事不避难”，举旗铸魂，聚焦主责主业，大力推进正规化建设，全面建设不断走深、走实、走稳。2020年，县人武部被省政府、省军区联合命名为“征兵工作成绩突出单位”；被省军区评为“全面建设先进人武部”。应急连获评全省“先进民兵分队”。张纪恩获评全省“人武部建设优秀个人”。

2020年，县人武部严格落实首长机关训练“月训三天、季考一次”制度，扎实开展课目训练，全面铺开军职在线教育，6名干部、文职人员共完成12门在线课程学习并取得结业证书。

2020年，县人武部组织参加省军区第三届岗位练兵比武暨应战能力检验评估成绩突出。参加全市专武干部集训考核，获总评第一名。参加全市水上救援项目联演联训，高标准完成“活饵救援”等3个课目演示。

高标准完成防区简介视频制作。组织战备演练，拉动民兵应急连。组织冲锋舟、橡皮艇操作训练，做好防汛防台应急准备。

2020年，带领专武干部和广大民兵积极参加森林灭火、抗洪抢险、搜救失联人员、重大活动安保维稳等各类应急任务行动。动用兵力人员圆满完成沙湾镇岱山垟、红星街道绿草码头山林火灾扑灭等抢险救援任务，得到军地领导和广大群众的点赞。

2020年，在县交通运输局设立武装部。推进基层武装部规范化建设，落实基层武装部“评星挂牌”工作专项经费，红星街道人武部获评五星级基层武装部。用好民兵党员发展专项指标，发展第二批数名优秀民兵骨干入党。各乡镇注重在退役军人和民兵中发展党员，培养村民兵连长队伍后备力量。按最高标准落实民兵连长津贴，在全市率先提高民兵误工补助标准。

2020年，在市级以上媒体发稿218篇，其中省级以上媒体录用25篇，《国防报》刊登5篇，被录用稿件的数量、质量均排在军分区前列。

认真抓好条令、条例和安全常识学习教育，不断强化条令意识、安全意识和安全能力。严格落实疫情防控措施，带领民兵协助地方开展防疫宣传、入户排查、卡点执勤、复工复产、转运物资等，确保“零感染”。扎实开展“百日安全”活动，围绕安全检查“3张负面问题清单”见底清零目标，常态抓落实，推动安全工作落地见效。邀请县交警专业人员进行交通法规安全常识授课，组织交通安全知识测试。围绕17个安全要素，组织10次安全保密形势分析和12次安全隐患检查，纠正存在的问题，消除事故隐患，强化全体人员的安全意识和责任感。

落实党委议军、军事日、绩效考评等党管武装制度，安排3名地方领导大会述职，将县直单位纳入党管武装考核范畴，实现考核“全覆盖”。召开全县党管武装、国防动员和国防教育工作会议，分析形势、明确任务。广泛开展第20个“全民国防教育日”和全省第9个“国防教育宣传周”活动，邀请市委党委赵存志开展《我国当前安全形势的分析与思考》国防形势讲座。高标准完成2所高中1300人的学生军训任务。在景宁中学高标准建成国防教育宣传长廊。参加烈士纪念日活动和庆祝中华人民共和国成立71周年升国旗仪式，增强全民国防意识。

县人武部结对帮扶2个村、105个贫困户、229名贫困群众，帮扶工作成效综合评定100%在“较好”以上，为丽水市创成全国双拥模范城(三连冠)奠定基础。协调县教育局落实现役军人子女入学、现役军人子女中考加分政策。组织开展为三等功臣(11名)、优秀士兵(10余名)送喜报活动，并发布“八一光荣榜”。为义务兵父母提供免费体检，扎实开展军人军属大走访大慰问。安置转业士官到事业单位工作，妥善解决女兵的安置问题(历史遗留)，实现老兵信访工作清零。

深化巡视巡察问题整改“回头看”和“三项”作风整治，对照20个问题清单剖析短板弱项。围绕财务、物资采购等8项重点内容，全面组织清查纠治问题，行业秩序进一步规范。

【浙江省第三届岗位练兵比武暨应战能力检验评估】 2020年12月，县人武部组织应急连代表丽水军分区参加浙江省军区第三届岗位练兵比武暨应战能力检验评估。经过6个项目角逐，共获3个单项第一名，2个单项第三名，为丽水军分区取得总评第二名、获评省军区“应战能力一级单位”贡献景宁力量。 (县人武部)

人民防空

【概况】 2020年，县人防办严格落实人防专项巡察整改工作，提出61项整改措施，落实58项，持续整改3项，通过法律途径收回易地建设费。

2020年，开展人防检查15次，执法范围覆盖全县所有人防工程，发出整改通知书8份，收到1份整改回复单，多个人防地下室通过整改验收。圆满完成4月4日为抗击新冠肺炎疫情斗争牺牲烈士和逝世同胞举行的全国性哀悼活动和“5•12”“9•18”防空防灾警报试鸣任务及人口疏散演练。完成日常短波电台及人防视频会议训练，出勤率 99%。开展“3•1”国际民防日、“5•12”防灾减灾日人防宣传活动，征订中小学人防教材 3200 册。完成人防专业队整组，落实人防应急救援队伍组建、民防救援队伍训练工作。（朱依婧）

农业·农村

农　业

·综述·

【概况】 2020年，县农业农村局以习近平新时代中国特色社会主义思想为引领，紧扣农村同步高水平全面建成小康社会、高水平推进农业农村现代化，全力推进新时代“三农”工作“369”(3大定位、6项要求、9大重点工作)行动，推动形成农业兴、农村美、农民富的良好格局，为“重要窗口”增添靓丽的“三农”底色。农村居民人均可支配收入21625元，同比增长8.1%，增幅全市排名第三位。城乡居民收入比缩小至1.9:1，低收入农户人均可支配收入12857元，同比增长14.5%。

【安全绿色生产】 2020年，全县推广测土配方施肥12466.67公顷，主要农作物测土配方施肥覆盖率93.1%；推广商品有机肥8114吨，推广水肥一体化技术140公顷。开展耕地质量动态监测与评价62个点，将商品有机肥的使用情况纳入全县垦造耕地项目地力培育验收的必备条件。全年减少不合理施用化肥302吨，单位耕地面积化肥使用量(折纯)250.13千克/公顷(目标值<410千克/公顷)。2020年起全力推进全县范围内整乡(镇或街道)制主要作物化肥定额制实施，印发《景宁畲族自治县主要作物化肥定额制施用技术指导意见》。建立农药减量增效示范方15个，示范区面积340公顷，完成农药减量1吨，单位耕地面积农药使用量5.69千克/公顷(目标值<22千克/公顷)。在沙湾叶桥村建立化肥减量增效示范方。在红星街道小金州村小粗自然村建立水稻化肥利用率示范点。完成鹤溪和景南2个综合监测点，红星、沙湾、梧桐、九龙、郑坑等5个乡镇(街道)6个常规监测点的取土检测评价工作。推广病虫害统防统治3866.7公顷、应用绿色防控技术6133公顷，其中绿色防控示范基地面积340公顷。建成郑坑乡省级茶叶绿色防控示范区，示范面积34.67公顷、推广面积80公顷。发出《病虫情报》30期。全年实际回收处置农药废弃包装物8.71吨，完成年度全市回收计划任务的143.93%、处置计划任务的136.73%。

开展亚洲梨火疫病、红火蚁、柑橘黄龙

病、加拿大一枝黄花等重大农业植物疫情(外来有害生物)防控。通过砍(挖)除病株、病枝修剪、化学防除、人工拔除等多种方法,防除面100%。全年,完成亚洲梨火疫病发病防控8.13公顷,防除病株47株。完成红火蚁发生核心区42.33公顷、监测区192.27公顷的防控。挖除柑橘黄龙病病株180株。完成春秋两季防除加拿大一枝黄花1.17公顷。在红星街道岭北村西坑自然村和澄照乡东升村山后自然村建立植物疫情防控示范基地。在澄照乡、红星街道和东坑镇建立省际阻截带疫情监测点3个、县级疫情监测点5个,开展疫情监测。开展全县重大农业植物疫情及外来有害生物普查,普查面100%。在红星街道外舍社区凤凰古镇新发现红火蚁疫情,在东坑镇桃源村、鸬鹚乡鸬鹚村黄桑南自然村、英川镇凤凰寨村张川自然村和三川村金林自然村发现有亚洲梨火疫病发生;在鹤溪、红星、大均、渤海等乡镇(街道)发现有加拿大一枝黄花。未有水稻细菌性条斑病、甘薯茎腐病、黄瓜绿斑驳花叶病毒病、瓜类果斑病等重大外来有害生物侵害事件发生。

【农产品营销】 2020年,县农业农村局组织全县具有地域特色的农产品生产企业和产品参加2020丽水山耕新春农博会、第二十一届中国·青海绿色发展投资贸易洽谈会、2020长三角及对口地区农产品产销对接洽谈会暨浙江省首届消费扶贫节、2020青田侨博会、浙江省农博会、2020全国惠明茶禅博览会、2020上海(丽水山耕)集市活动、北京农博会等各种农业展会8场,参展主体80家次,现场交易额900余万元,订单合同1800余万元。

2020年,成功培育农产品旅游地商品主体11个。新培育农产品旅游地商品18个。建设“丽水山耕”营销网点3个。新培育“丽水山耕”背书产品33个。新培育“丽水山耕”合作主体11家。建成上海“丽水山耕·景宁600”展示展销窗口1个。建成宁海——“丽水山耕·景宁600”农产品专卖店1家、专柜2个。建成“金奖惠明茶”上海、温州专卖店3家。成功举办“千年惠明 百年名茶”2020斗茶大会暨首届全国茶商畲乡行活动、2020国家扶贫浙江主场活动、“景宁600”包装设计大赛等品牌宣传推广活动。连续在北京、南京、杭州、温州等地开展金奖惠明茶推介会5场。11月,在上海举办的千年惠明·百年名茶——2020年全国惠明茶禅博览会上,开展“禅茶会友·意游畲乡”2020金奖惠明茶(上海)推介活动,进一步助推“丽水山耕·景宁600”融入长江三角洲一体化发展,有效扩大“景宁600”农产品的宣传面和知名度。

【农业机械管理】 2020年,全县农机总动力83093千瓦,农机作业面积4486公顷。全县新购置农业机械630台,发放农机购置补贴资金121.40万元。注销报废变形拖拉机13台,排查农机安全隐患15起,整改率100%。开展农机安全服务活动5次,发放资料980份;举办农机操作手、农机安全知识培训班2期,培训75人。

【农业综合开发建设】 2020年,景宁整合农业、自然资源、财政、水利等部门的农田基础设施建设职能和资金，大力推进高标准农田建设工作。全年共立项实施高标准农田建设项目2个，计划建成高标准农田170.5公顷，总投资556.28万元。至年底，完成2019年度续建高标准农田建设项目验收12个，累计建成高标准农田553.8公顷，总投资2458万元。

【农产品质量安全监管】 县农业农村局积极巩固农产品质量安全"双创"(创建省级农产品质量安全放心县、省级农产品质量安全可追溯示范县)成果。全年，全县共抽检蔬菜、水果、茶叶、食用菌等农产品总计7522批次，平均合格率99.02%；农产品定量抽检434批次，合格率99.07%。同时接受省级农产品例行抽检99批次，省级监督抽检15批次，茭白、食用菌等省级专项或应急抽检51批次，合格率均100%。完成农产品市级风险监测43批次，监督抽检20批次；畜禽产品监测12批次；水产品监测6批次，1批次不合格。全县获绿色食品认证5个，新增"三品"(无公害农产品、绿色食品、有机农产品)认证面积110.8公顷，农业绿色优质农产品比率(不含水产品)61.37%。全年未发生重大农产品质量安全事故，从而保障了广大市民舌尖上的安全。

【农业科教生态】 2020年，培育"景宁600"农业创业创新团队项目2个。组织开展丽水"农三师"(农作师、农商师、农匠师)评审、推荐工作，全县获评中级"农三师"21人，其中，高级"农三师"5人。柔性引进D类省、市农业技术专家5名。举办县级农村实用人才培训9个班次，共428人。浙江省农业广播电视学校景宁分校新招学员55人。选送全县农技人员参加知识更新培训99人。推荐列入市丰收项目计划3项("养羊控草肥园"生态种养模式技术集成及示范推广、"景宁600"高山蔬菜提质增效综合技术示范与推广、"高山畲药材"——多花黄精标准化技术示范与推广)；《畲乡高产水果玉米引进示范推广》获省农业丰收三等奖；刘建平获省农业技术推广贡献奖；《景宁耕地地力提升综合技术集成示范》获市农业丰收二等奖、《"景宁600"农产品营销体系构建与应用》获市农业丰收三等奖。完成省级农技推广基金会项目——《稻—螺(鱼)共育生态种养模式试验示范与推广》，完成市级农技推广基金会项目——《有机茶园套种桃树生态茶园建设》。农业职称全程通过网上申报、审核、评审，14人取得助理级职称，1人取得正高级职称，实现景宁农业专业职称正高级"零"的突破。

【农业执法与安全监管】 2020年，全面开展农药购销实名制工作。积极推进绿剑春季、夏季、秋季执法行动。全年共出动执法人员2683人次，检查生产经营场所331个，共查处农业案件43件。其中，农药1件、农产品质量安全1件，动物卫生监督36件，渔业5件。罚没款共计9.2万元。全年，实现农业案件查处率100%，抽检不合格产品查处率100%，投诉举报案件查处率100%。

【全市首个国家良好农业规范认证(GAP)的品牌绿茶落地景宁】 2020年12月，浙江畲山贡茶业有限公司生产的金奖惠明茶绿茶在全市率先通过国家良好农业规范（GAP）认证。

浙江畲山贡茶业有限公司作为景宁首批国家良好农业规范认证试点企业，通过全程质量控管试点主体申报，经国家农业安全中心专家组现场查看品质控制台账资料和茶园环境等程序进行评审后予以认证。

【景宁创成省级农业绿色先行县】 2020年12月，根据省农业农村厅印发的《关于公布2020年度农业绿色发展先行创建认定结果的通知》（浙农科发〔2020〕22号）文件公布，景宁畲族自治县为浙江省省级农业绿色发展先行县以及该县下属的梧桐乡、鸬鹚乡、梅岐乡、渤海镇为绿色发展先行区。

2020年，景宁畲族自治县完成基层农技推广体系改革项目，创建省级高品质农业绿色科技示范基地3个、市级3个，培育农业绿色科技示范主体352家。

【“景宁600”产业体系获评丽水市最佳实践】 2020年，景宁深入贯彻省委书记袁家军在26个县高质量发展座谈会以及在景宁调研时对“景宁600”产业体系建设提出的要求，立足生态资源优势，构建“景宁600”产业体系，探索打造“大循环”“双循环”战略枢纽，奋力打通生态产品“变现”新渠道。通过依托产品价值赋能，提升品牌张力；依托区域发展联动，对接广阔市场；依托线上渠道助推，提振销售动能；依托公共平台支撑，促进利益共享等做法构建的“景宁600”产业体系，连续两年被写入省政府工作报告，并获得2020年三季度市级最佳实践。

·种植业·

【粮食作物】 2020年12月，县政府出台《景宁畲族自治县关于促进粮食产业高质量发展的实施意见》（景政办发〔2020〕42号），成立粮食专班，开展粮食增产保供工作。全年粮食播种面积6401.13公顷，粮食总产量3.46万吨，粮食总产值10398万元。完成粮食生产功能区提标改造206.67公顷。创建省级粮食绿色高产高效千亩示范片1个、百亩示范方1个。全县水稻规模种植（2公顷以上）基地37个，面积282.84公顷；规模旱粮种植基地13个，面积141.09公顷。景宁梅彭春家庭农场选送的“雾中田”牌“中浙优8号”获“2020丽水好稻米”金奖和“2020浙江好稻米”金奖。景宁英川田鱼姑娘家庭农场选送的“畲乡英川”牌“中浙优8号”获“2020丽水好稻米”优质奖。

【经济作物】 2020年，景宁畲族自治县再次获“2020中国茶业百强县”称号。全县新发展惠明茶基地100公顷，茶园总面积4773.3公顷。其中，可采摘茶园面积3800公顷。惠明茶总产量3092吨、产值4.9亿元，分别比上年增长2.6%、3%。其中名优茶产量1500.8吨、产值3.84亿元，分别比上年增长2.31%、2.79%。发布全国团体标准《惠明茶》和《惠明茶技术规程》。

举办2020金奖惠明茶斗茶大会暨首届全国茶商畲乡行和2020全国惠明茶禅博览会。举办线上直播、县长代言等新媒体活动，惠明茶走进主播直播间。2020年，景宁畲族自治县香雨有机茶有限公司和景宁畲族自治县金榜茶业有限公司分别获2020年第十届“中绿杯”全国名茶绿茶产品质量评比活动特金奖；景宁六江源茶业有限公司和景宁凤艳家庭农场分别获2020年第十届“中绿杯”全国名茶绿茶产品质量评比活动金奖和景宁凤艳家庭农场获2020年“浙茶杯”优质红茶金奖。

2020年，全县蔬菜种植面积5356.06公顷（包括果用瓜），总产量13.67万吨，产值3.27亿元。澄照大赤洋蔬菜基地创成浙江省种植业“放心菜园”，并获丽水市“对标欧盟•肥药双控”示范基地称号。大漈乡茶林村“景宁600”生态蔬菜基地建成市级科技示范基地。

2020年，全县新发展水果基地面积14.3公顷，全县果园总面积1565公顷，总产量5421吨，产值3478万元。东坑镇桃源村水果沟葡萄基地被评为省级“精品果园”示范基地。景宁青争家庭农场种植的杨梅获“丽水市十佳杨梅”称号。深垟村陈先清选送的“野生白毛桃02号”、桃源村林方利选送的“野生白毛桃01号”分别被评为“丽水市十佳猕猴桃优良单株”。红星街道城北村山后“红美人柑橘”基地举办采摘节活动，“红美人柑橘”赢得众多回头客，一度成为网红产品，供不应求。

全县花卉基地5.8公顷（其中多肉花卉4.47公顷、苔藓1.33公顷），年产多肉花卉151万盆，产值935万元。

【中药材产业】 2020年，巩固提升“畲五味”和“畲药”等传统品种，以培育发展多花黄精、掌叶覆盆子、三叶青、七叶一枝花等新兴地方特色品种为重点，推行规模化种植、标准化生产、产业化经营，提升景宁草本药材质量安全水平和产业综合竞争力。雁溪乡大坵垮村黄精基地被评为省级“道地药园”。东坑镇深垟村黄山头畲药养生园获“丽水市中药材养生园”称号。景宁春霞家庭农场、景宁梧桐乡高演村瞳囡家庭农场分别获“丽水市级中药材示范基地”称号。全年，草本药材新增种植面积74公顷，总产量6895吨，产值1.16亿元，全县草本药材产业呈现快速健康发展态势。

【食用菌产业】 2020年，稳定香菇生产，示范推广GLP832型标准连栋钢架大棚生产香菇技术，推动产业转型升级。全年，食用菌生产6100万袋，畦栽品种31.33公顷；鲜品总量5.45万吨，产值3.32亿元。引进黑木耳新品种——黑山，在英川镇湖后村试种成功。景南乡东塘村改造提升高品质绿色科技香菇示范基地1.33公顷。

·养殖业·

【畜牧业】 2020年，景宁坚持新发展理念，深化畜牧业供给侧结构性改革，以畜牧业高质量发展为主线，以推进畜牧业转型为目标，以加强动物疫病防疫工作为重点，强化质量安全监管，全力完成生猪增产保供目标任务，畜牧业质量效益和竞争力凸显。全县有生猪规模养殖场22家，生猪存栏2.14万头，年出栏3.23万头，满足全县生猪自给。牛饲养量0.43万头；羊饲养量0.58

万只；家禽饲养量43.28万羽。肉类总产量3200吨，畜牧业总产值1.53亿元，同比增长3.8%。

【水产渔业】 2020年，全县淡水养殖面积812公顷，水产品总产量1815吨，渔业总产值5115万元。新增“景宁600”稻渔生态综合种养示范基地53.33公顷。景宁三艺家庭农场通过省级验收，成为浙江省稻渔综合种养省级示范基地。景宁金澜渔业专业合作社成功创建省级水产健康养殖示范场。扶持建设县级稻渔综合种养示范基地4个，面积13公顷。推广稻鳖共生、稻蟹共生、稻鱼共生等“稻田+”种养技术，巩固推广稻渔综合种养面积896.66公顷（发放鱼苗280万尾），覆盖全县21个乡镇（街道），带动农户2.6万人。完成渤海渔业特色小镇建设项目。通过招投标采购相继在千峡湖水库及县内水域进行增殖放流鲢鱼、鳙鱼、黄尾鲴等苗种1560万尾，累计投入资金136.62万元。（郑慧瑾）

新农村建设

【概况】 2020年，县农业农村局紧紧围绕全面建成小康社会的奋斗目标，高标准严要求完成“两不愁三保障”（不愁吃、不愁穿、住房保障、医疗保障、教育保障）任务，全力推进乡村振兴、脱贫攻坚、美丽乡村建设、农村产权制度改革、农家乐民宿建设等各项工作，加快景宁新农村建设进程。

2020年，全面落实社会救助、产业帮扶、就业帮扶、创业联盟、一户一策一干部等精准帮扶举措。打好低收入百姓增收攻坚战、深入实施低收入农户高水平全面小康计划，首次获得省政府办公厅督查激励事项通报表彰。争取到省级首批扶贫综合试点项目资金3000万元，2020年实际到位1000万元。成功承办2020年中国国家扶贫日浙江主场活动；“‘景宁600’区域公共品牌助农增收”做法入选《浙江省精准扶贫十大案例》，新华社等多家官方媒体报道景宁扶贫做法；景宁减缓相对贫困的系统集成机制走在全国民族地区前列。

2020年，全县共有低收入农户4189户7924人，较上年减少403人，减少幅度4.8%；全县低收入农户人均可支配收入12857元，增幅14.5%，增幅位于全市第7位。全年，下达各级财政扶贫资金计划2656万元，用于完善各村基础设施及产业配套设施，涉及扶贫产业项目49个，有效改善低收入群众生产生活条件；下达产业帮扶补助资金389.64万元，低收入农户户均补助将近2680元，直接带动1452户低收入农户持续增收。深化“政银保”农村金融扶贫改革，共发放扶贫小额贴息信贷2649笔，贷款总额1.25亿元，受益低收入农户1828户。共发放助学补助资金70.8万元，受益低收入家庭学生236人，有效缓解困难学生升学压力，阻断贫困代际传递。继续推进“脱贫保、防贫保”，共受益低收入农户1856人次，落实救助帮扶资金227.26万元。开展省、市、县三级结对帮扶工作，充分发挥各部门自身优势，共落实自有、协调资金6465万元，落实经济项目48个，公益设施项目 26 个。

2020 年，共投入畲家民宿农家乐建设资金 450 万元（其中省级专项资金投入 220 万元、县财政专项投入 230 万元），建成省级农家乐特色村 1 个，新增民宿 12 家，周边环境改造提升项目 1 个。至年底，全县累计建成省级特色乡镇 3 个；省、市级特色点 14 个（其中省级 3 个）；省、市级特色村 15 个（其中省级 9 个）；民宿农家乐经营户 288 户；市级农家乐综合体 6 个，民宿农家乐集聚区 13 个。全年农家乐接待游客 162.6 万人次，直接营业收入约为 9758 万元，分别比上年同期增长 1.75%、0.71%。

2020 年，全力推进农村三资（村级集体的资金、资产、资源）监管，开展村级财务专项整治行动，为村级组织换届助力。通过委托中介审计、减轻农民负担专项检查、清产核资等工作，全力打通全面从严治党“最后一公里”，确保村级集体经济健康有序发展壮大。修订《景宁畲族自治县农村集体资产资源资金管理办法》。

2020 年，是村级集体经济建设承上启下关键年，高站位谋划项目“造血”、高频率对接省市考核、高标准落实创新做法，全力做好村集体经济巩固提升三年行动开局之年的工作。县兴村富农公司完成总收入 1371 万元，分红 1084 万元，总收入和分红同比增长 96%和 85%。年初，全县 21 个乡镇（街道）136 个行政村中有集体经济相对薄弱村 55 个。年末，全县村集体经济总收入 6172.96 万元，其中经营性收入 2833.91 万元。136 个行政村中有 120 个行政村达到年总收入 20 万元且经营性收入 10 万元以上。其中，总收入超 100 万元的行政村有 10 个，经营性收入超 50 万元的村有 5 个。经济相对薄弱村 55 个，完成消薄 39 个村，超额完成省、市消薄目标 30%以上（17 个村）的任务。2020 年度景宁消薄工作进入全市优秀行列。

2020 年，创成省级美丽乡村示范乡镇 2 个（渤海镇、标溪乡）；省级美丽乡村特色精品村 3 个（梅岐乡梅岐村、鹤溪街道东弄村、景南乡忠溪村）。完成第 6 批历史文化村落保护与利用建设项目。其中，景南乡东垟村为重点村、一般村 10 个（大地乡桃垟村、大漈乡小佐村、东坑镇何村村、家地乡家地村、九龙乡高沈村、毛垟乡炉西村、梅岐乡留钱村、雁溪乡柘塆村、英川镇张川村、渤海镇后砻村）。完成新时代美丽乡村达标村 28 个（红星街道王金垟村；鹤溪街道包凤村、敕木山村；东坑镇北溪村、新和村；大漈乡茶林村；景南乡东塘村；雁溪乡大垟塆村；渤海镇石塘山村、后砻村、东湖村、旦水村；九龙乡岭里村、和顺村；标溪乡东叶庄村、溪港村、处基村；大地乡净垟村、张溪村、柳叶垟村；秋炉乡下圩村；英川镇黄洋口村、三川村、董坪村、凤凰寨村、岗粗岭村；鸬鹚乡南坑源村、徐茶村）。其中，精品村 9 个（鹤溪街道包凤村、敕木山村；景南乡东塘村；雁溪乡大垟塆村；渤海镇石塘山村；标溪乡东叶庄村、溪港村；大地乡柳叶垟村；鸬鹚乡南坑源村）。以上村名为 2019 年行政村规模调整前的村名，于 2013 年就在省美丽乡村示范项目库中，因此有差异。农村生活垃圾分类覆盖率 85%。获 2020 年度全省深化“千万工程”建设新时代美丽乡村（农村人居环境提升）和 2020 年度全省提升农村人居环境（农村生活垃圾分类处理）工作考核优秀县称号。

【“‘景宁 600’助农增收”入选《浙江省精准扶贫十大案例》】 2020 年 10 月 12 日至 13 日，中国国家扶贫日浙江主场活动在景宁举行。活动现场以 PPT 形式发布《浙江省精准扶贫十大案例》，“‘景宁 600’区域公共品牌助农增收”案例入选其中。

2020 年，“景宁 600”区域公共品牌带动农产品销售 6.8 亿元，平均溢价率超过 35%，直接带动 1138 户低收入农户增收，户均增收 3000 元以上。“景宁 600”连续两年被写入省政府工作报告。

【“大搬快聚富民安居”工程】 2020 年，出台《景宁畲族自治县“大搬快聚富民安居”工程实施细则的补充意见》（景大搬快聚办〔2020〕21 号）和《景宁畲族自治县大搬快聚富民安居工程规划（2019—2023 年）》（景大搬快聚办〔2020〕25 号）文件。下达搬迁直补资金8127.97 万元（其中省补资金 3767.82 万元、县财政配套 1064.81 万元、县融资资金 3295.34 万元），主要用于补助搬迁农户自建房；安排三批 29 个建设项目资金 5993 万元，用于搬迁安置小区的基础设施、绿化、亮化、美化建设。全县全年组织实施搬迁 923 户 3098 人。其中，整村搬迁 35 个自然村 689 户 2279 人，整村搬迁比例 74%。在搬迁人群中有低收入群众 275 人；有少数民族群众 1517 人。完成老房测绘及拆除 93372.22 平方米，宅基地复垦 9.25 公顷。确保高山远山群众搬得出、住得好、富得起。

【“低收入农户帮扶新措施”出台】 2020 年，景宁畲族自治县实施低收入农户创业联盟行动，搭建“政府+农业主体+低收入农户”创业增收服务平台。县域范围低收入农户经认定后可自动成为创业联盟成员；县域内各类新型农业经营主体、企业及个人，经申请加入创业联盟成为帮扶主体，通过免费向低收入农户提供种苗、笼舍、技术指导、就业岗位等，并统一回购农产品，来帮扶低收入农户实施产业增收项目。2020 年，县财政共下达帮扶资金 152.29 万元，受益低收入农户 1528 户，户均增收 3000 元。

【《“景宁 600”小微创业园省级综合扶贫试点项目实施方案》出台】 2020 年 3 月，根据《浙江省扶贫办公室 浙江省财政厅关于开展综合扶贫项目试点工作的通知》（浙扶贫办〔2020〕2 号）文件精神，组织编制《“景宁 600”小微创业园省级综合扶贫试点项目实施方案》。积极探索扶贫开发项目与低收入农户、重点帮扶村的利益联结机制。实施方案明确：投资 3830 万元（其中省级财政专项扶贫资金 3000 万元），利用两年时间在澄照农民创业园建成 3 栋“景宁 600”厂房，建筑面积 1.98 万平方米，为“景宁 600”农产品搭建仓储、加工、包装、销售等平台；产生的利润折股分配给全县扶贫重点村和低收入农户。

【《农村土地承包经营权流转服务规范》通过丽水市地方标准】 2020年7月，景宁畲族自治县制定出台的《农村土地承包经营权流转服务规范》正式通过丽水市地方标准，填补了全市土地流转服务规范的空白。是年，景宁畲族自治县累计办理土地流转证341本，流转土地3240公顷。

（刘丹洁）

自然资源·环境保护

国土资源

【概况】 2020年10月30日，根据景宁畲族自治县编制委员会办公室《关于我县森林公安机关管理体制调整有关机构编制事项的通知》（景编〔2020〕22号）文件，景宁畲族自治县森林公安局划转县公安局直接领导管理，县自然资源和规划局不再领导管理。调整后，森林公安的职能保持不变，转设为县公安局内设机构森林警察大队，机构级别为股级，业务上接受县自然资源和规划局指导。

2020年11月17日，根据景宁畲族自治县编办《关于印发景宁畲族自治县自然资源和规划局、县生态林业发展中心所属事业单位机构规范名称的通知》（景编办〔2020〕32号）文件，各基层国土所更名为自然资源所。原县国土资源局下属事业单位县国土资源监察大队整合自然资源执法力量，更名为县自然资源行政执法队，按规定重新认定后参照公务员法管理，机构规格不作调整，实行“局队合一”执法体制，以景宁畲族自治县自然资源和规划局的名义统一集中行使行政执法职责。县国土资源信息中心更名为县自然资源信息中心。县土地储备中心更名为县自然资源储备中心。县土地开发整理中心更名为县国土整治中心。新设立国土空间规划中心、森林资源管理中心等2个股级事业单位，撤销县统一征地事务所、国土勘测队、县地质灾害应急中心、县林权管理中心、县人民政府处理山林纠纷工作办公室、县木材检查站。

【土地、矿产资源】 2020年，全县土地总面积1938.84平方千米。其中，耕地面积15268.32公顷，占全县总面积的7.87%；园地面积3594.31公顷，占全县总面积的1.85%；林地面积159877.91公顷，占全县总面积的82.46%；草地面积806.5公顷，占全县总面积的0.42%；城镇村及工矿用地2438.06公顷，占全县总面积的1.26%；交通运输用地1627.77公顷，占全县总面积的0.84%；水域及水利设施用地5788.35公顷，占全县总面积的2.99%；其他土地4435.46公顷，占全县土地总面积的2.29%。

景宁境内矿产资源较为丰富，现已探明的矿产有铁、钼、铅锌、铜、金、银、叶蜡石、萤石、高岭土、大理石等20余种。矿产地近百处，以矿种多但矿产规模小为特点。主要矿产为铁、钼、铅锌、叶蜡石、花岗岩等。2020年，全县持有效采矿权证(矿山)1家，为梧桐萤石矿；持有效探矿权一家，为鹤溪街道王木坑地区钼矿详查。梧桐萤石矿山规模为小型，从业人员约20人，2020年度为基建期。砂石加工场3家，年产量约80万吨。

全县耕地总量实现占补平衡，完成11540公顷永久基本农田划定。完成土地规划调整116.52公顷，确保322国道改建、金村水库及供水工程、职高迁建等27个项目用地。完成建设项目用地审批耕地占补平衡14.35公顷。全年审批设施农用地28宗，总面积4.83公顷。审批临时用地20宗，总面积18.7公顷。光伏用地备案18宗，总面积8.9公顷。全年盘活存量建设用地19公顷；消化转而未供土地29.6公顷；城镇低效用地再开发面积7.23公顷；处置闲置土地1宗1公顷。

全年争取用地额度指标123.65公顷、规划预留指标120.13公顷、新增建设用地年度计划指标67.57公顷。完成金村水库及供水工程和县内25个建设项目用地报批工作，农用地转用审批总面积67.57公顷。编制2020年度景宁畲族自治县国有建设用地供应计划。全年共审批各类建设用地30宗，面积42.48公顷，其中划拨供地20宗，41.29公顷；公开出让供地3宗，用地面积0.95公顷，出让合同价款7967.1万元。集体土地拨用7宗，面积0.24公顷。

2020年，开展不动产交易及电水气联动过户“一人一窗一机一平台”工作。全年办理交易业务822件，其中电、水、气联动过户108件(含网办37件)。实现不动产证书证明数字化，推出并应用不动产电子证书(证明)，全年发放不动产电子证书359本，电子证明1048本。实现不动产抵押线上协同。利用“互联网+不动产登记”，开展不动产登记抵押延伸服务。在各金融机构开设受理点，采用银行受理、登记中心审批的工作模式，实现不动产抵押不见面、无纸化登记。全年办理抵押登记4660件，预告抵押登记763件。“总对总”方式办理抵押1006件，其中抵押登记682件、预告抵押登记324件。推行农房确权登记代办制。依托农房确权登记“一件事”网上办、掌上办平台，以代办的形式为群众办理农房确权登记办件73件。积极推进窗口端政务服务2.0事项的接入，全面推行行政许可事项申请在“浙江政务服务网”和“浙里办”App网上办，网上办和掌上办事项100%、“零次跑”实现率100%、即办率100%、承诺期限压缩比94.49%；实现投资项目在线审批监管平台3.0版应用，实现投资项目全流程网上收件、审批、盖章，出件91件。

结合卫星照片执法图斑开展自然资源动态巡查工作。全年出动土地矿产动态巡查231次，924人次，发放《责令停止土地(矿产)违法行为通知书》14份，及时制止违法占用土地4785平方米。立案查处土地违法案件2宗，涉及占地面积2.13公顷(耕地0.38公顷)；罚没款25.7万元。非立案处置土地违法案件6宗，涉及面积3475平方米；超面积建房按简易程序处罚3宗，罚款金额595元。依法申请法院强制执行土地违法案件4宗，涉及土地面积

0.39 公顷，建（构）筑物面积 3173 平方米，县人民法院均作出裁定由属地乡镇人民政府组织实施。开展农村乱占耕地建房问题专项整治行动，经过内业研判分析，上报图斑 61 宗，0.86 公顷。

2020 年，全域土地综合整治与生态修复工程计划上报 3 个，获得省厅批准 2 个，完成实施方案编制。高标准基本农田项目验收 1 个，建成高标面积 56.22 公顷。补充耕地核查项目 119 个，通过实地踏勘复核，认可储备补充耕地不实指标项目 5 个，整改和举证项目 32 个。城乡建设用地增减挂钩清理检查 17 个项目，核拨增减挂钩指标 35.73 公顷，拆旧复垦农用地面积 40.1 公顷。

完成澄照农民创业园交通劝导站旁地块土石方拍卖，成交价 22.06 万元，山哈宫项目开挖花岗岩资源石料拍卖成交价 485 万元，东坑镇徐垄村南西边高峰尖隧道口弃渣拍卖成交价 71 万元；对全县的矿山和制砂场进行了大排查，累计排查点位 11 处，包括 6 个矿山，3 个制砂场，排查出隐患问题 5 个，责令业主制定整治计划方案，按照时间节点跟踪整治情况。查处英川镇交叶线砂石违法加工场 2 处。

完成地质灾害风险防范区划定，排查出受威胁户籍人数 4505 人，常住人数 962 人；全面完成 180 个风险防范区的野外调查，将各地质灾害风险隐患区信息录入浙江省地质灾害风险隐患“一张图”监管平台；2020 年投入治理经费 50 万元，治理地质灾害险情 6 处。2020 年 8 月 18 日，浙江省人民政府办公厅发文表彰全省地质灾害隐患综合治理“除险安居”三年行动成绩突出集体，景宁畲族自治县自然资源和规划局获得表彰。

【国土空间规划】《景宁畲族自治县国土空间总体规划（2020—2035 年）》初步方案征求乡镇、部门意见后已提交上报市自然资源和规划局。启动乡镇级国土空间总体规划编制工作（分东坑、沙湾、英川、渤海 4 个片区开展），并通过公开招投标方式确定规划编制单位，完成前期的现场调研、资料收集、座谈交流等工作。开展《景宁畲族自治县生态保护红线评估调整》工作，通过多轮的征求、修改、反馈、完善等，已上报调整（报批）方案至自然资源部待批准。启动景宁畲族自治县生态保护红线勘界定标工作，并完成规划项目公开招投标、规划编制单位确定等前期工作。开展零星地块控制性详细规划编制工作，有 17 个地块控规通过县政府批准，解决了项目建设不符合上位规划，无法审批等问题，助推了县委党校迁建工程、那云天空之城等重点项目的顺利落地。

全年，组织召开规划方案征求意见会或审查会 13 次，组织项目设计方案审查会 9 次，共审查 40 余个项目设计方案。协助县政府召开县规划委员会会议 3 次，共审议通过 19 个项目规划设计方案。出具出让地块规划设计条件 10 件。办理建设项目选址意见书 25 件、建设用地规划许可证 19 件、建设工程规划许可证 26 件、乡村建设规划许可证 8 件。开展建设项目竣工规划核实 32 次，出具规划核实确认书 30 件。配合市自然资源和规划局做好景宁畲族自治县国土空间规划“一张图”

实施监督系统建设。

完成市十方面民生实事项目——新增规划配建停车位442个。（游张平）

林业资源

【概况】 景宁地处浙南山区，是全省重点林区县之一。2020年，全县有土地面积1938.84平方千米，活立木总蓄积1244.92万立方米，森林覆盖率为78.92%，乔木林单位面积蓄积为92.1立方米/公顷，净增加4.5立方米/公顷。生态公益林9.9万公顷，占林地面积的61%以上，生态公益林建设规模位列全省第五。

·林业生态保护与建设·

【生态林业保护】 2020年，景宁致力于以松材线虫病防治、森林防火、野生动植物保护和涉林违法打击为主要内容的平安林区建设，松材线虫病经过连续12年综合防控得到有效控制，森林消防全年无重大森林火灾发生，各类涉林违法犯罪活动得到有效遏制。

松材线虫病防控工作，完成国家林草局下达的林木异常核查；完成年度古松和重要区位松树注杆保护作业，用药10万支；全年“无痕化”清理枯死松树6045株；结合“绿盾护林”等专项行动，“日常化”开展检疫执法检查，整合森林公安、木检等执法队伍，重点对建筑工地、电力、通信部门、物流等行业或单位加强监管，全年，开展专项检疫执法13次，查办擅自调运疫木案件2起；完成涉木单位、在建工程等10个批次308件光缆盘、木质包装箱等检疫复检。

2020年，落实村与户签订森林消防责任书4.33万份，开展森林消防隐患督查36次，森林防火消防演练120次，清除重点地段可燃物、易燃物3次，完成森林消防基层基础设施维护85次，制止违章用火70起，处罚违章用火6人次。开展森林防灭火宣传教育50余次，悬挂横幅600余幅，发送手机短信70万余条，媒体宣传1000条，发放宣传单页1万余份，张贴禁火通告3500余张，张贴防火标语5000余条，重点节假日播放防火宣传视频5次。

结合新冠肺炎疫情防控要求，以县自然资源和规划局为专门从事野生动植物监管机构，落实专人负责，建立部门间野生动植物监管联席会议制度，进一步明确落实非洲猪瘟等野生动物疫情防控工作职责；全面贯彻落实全国人大《关于禁止非法野生动物交易、革除滥食野生动物陋习、切实保障人民群众生命健康安全的决定》和省人大《关于全面禁止非法交易和滥食野生动物的决定》，并对两个决定通过悬挂标语、发放宣传材料以及借助新媒体等渠道进行多方位宣传，全面完成县人大野生动物保护调研课题各项工作任务。清理以食用为目的的人工繁育和经营利用从业机构，回收不符合要求的驯养证和经营利用证各4份，按程序移交县农业农村局按照畜禽或水生物种管理的企业5家。处置在养野生动物121只（个），并按有关规定做好补偿工作。此外，积极加大古树名木保护力度，全年完成古树名木保护设计方案16株，落实保护资金43.4万元。

2020年，以“平安林区”建设为目标，组织开展“2020雷霆行动”“禁种铲毒”等行动。出动车辆367台次，出动警用无人机1架，出动警力1521人次，发放宣传单页3000余份，公告500余份，开展普法教育1250人次。累计办理案件60起。其中，刑事案件4起，移送起诉5人；行政案件56起，查处单位12个、人员44人。铲除罂粟22株，收缴罚没款25.03万元。办理涉野生动物案件3起，查处3人，收缴捕猎夹子40余只，救助国家二级野生保护动物猫头鹰等36只。

加强山林纠纷调解，结合国家公园创建工作，通过县、乡镇、村三级联动，调解山林纠纷案件165件。

【生态林业建设】 2020年，全县共完成绿化造林1567.9公顷。全年义务植树20.8万株。四旁（零星）植树20.2万株。森林通道绿化5千米1.87公顷，公路绿化20千米面积6.4公顷，河道绿化5千米面积2公顷。完成“三改一拆”11万平方米，绿化面积9万平方米。

制定出台《2020年景宁畲族自治县“一村万树”行动实施方案》，着力推进“一村万树”行动和国家森林乡村建设。成功创建“一村万树”示范村8个、推进村33个；创建国家森林乡村6个，实现了“一村一品、一树一业”的乡村绿化美化和林业产业发展格局。

全年新增国土绿化造林地块702个，面积1567.9公顷，全市排名第二；完成迹地更新100.8公顷；建设珍贵彩色森林1930公顷；建设美丽林相4546.67公顷。在通道沿线及城镇周边营造出“春日山花烂漫、夏日绿树成荫、秋日色艳果香、冬日绿意依然”的四季皆景、季相分明的森林景观，实现又绿又彩又美的森林生态景观系统。

2020年，结合全省珍贵树种苗木赠送行动，景宁申请调拨珍贵树种苗木7.6万株，自行采购珍贵树种苗木8万余株，建成珍贵树种基地造林26.87公顷，新植珍贵树5.64万株、补植培育232.47公顷，新植珍贵树12.63万株、四旁新植珍贵树8.29万株；建成珍贵树种局长示范林3片、珍贵树种示范点3个、珍贵树种示范单位3个。合计新植浙江楠、南方红豆杉等10余种珍贵树26.56万株，完成平原绿化面积23.33公顷。

2020年，初步建成公益林“一环三带四块”网络体系。全县区划省级以上公益林9.9万公顷，占林地面积的61.3%，建设规模位列全省前五名；全县公益林生态效益高达159.06亿元，生物总量达到1317.38万吨；发放公益林补偿资金5199万元、天然林停伐管护补助资金171万元，惠及689个村组集体3.37万户农户2个国有林场。建立健全公益林（天然林）管护队伍，建立公益林管护组织278个，建立管护队伍24支，组建半专业队伍23支，选聘公益林（天然林）专职护林员75人、兼职护林员163人；完成国家林草局天然林保护情况核查工作；常态化开展天然林停伐管护工作；完成公益林年度变更；完善公益林档案和数据库管理；建立“林地一张图”矢量数据库。加强公益林（天然林）建设与管理的宣传，印制发放《公益林知识宣传手册》1万册，竖立宣传牌311块、成效牌30块，提升社会认知率和百姓知晓率。接待群众来信15件，群众来访102人次；成功调解公益林纠纷积案5起。景宁公益林管护工作经验在2020年全省林业工作会议上作典型交流发言。

·林权制度改革·

【概况】 2020年，深化林业金融服务，加快林权抵押贷款扩面增量。新增发放林权抵押贷款2.12亿元，实现林权抵押贷款余额5.69亿元，惠及农户2549户。

是年，新增林地流转面积682公顷；规模林地流转办证面积215.33公顷；新建3个省级示范家庭林场；培育新型林业经营主体9家；建立林地承包经营权纠纷仲裁机构，并开展仲裁工作。

·林业产业发展·

【概况】 2020年，邀请华东药用植物园科研管理中心专家作为技术指导专家，并签订《景宁畲族自治县林下经济发展合作协议书》，为该项产业发展提供长期稳定的技术支撑。全年，新增林下经济129.07公顷，建立示范点5个。举办林下中药材栽培技术培训1期培训59人次；深入基地开展现场技术指导12次；积极开展林下套种多花黄精示范与推广和多花黄精根茎催芽试验等课题研究。

稳步发展木本油料产业，新增油茶面积22.67公顷；完成油茶低改面积1021.87公顷；油茶产量627.5吨。完成申报森林康养特色小镇2个，森林康养特色村2个，森林康养基地1个。梅岐乡成功入选2020年全国森林康养基地试点单位(全省仅2个乡镇入选)。

专门安排资金开展林道路硬化，全年投入资金2000余万元，硬化林道路60.5千米，惠及20个乡镇（街道)33个村股份合作社、4个林业企业。

组织19家企业参加第十三届义乌国际森林产品博览会，雷成女茶叶专业合作社的茶产品获金奖，浙江九曲茶叶开发有限公司的茶产品和景宁英川田鱼姑娘家庭农场的大米产品获优胜奖。

·林政资源管理·

【概况】 2020年，完成森林督查工作。启用“掌上林业”新软件，举办培训3期，完成279个森林督查图斑的现场核查验证与信息填写，做好每个变化图斑的属性逻辑检查工作，按照省自然资源厅要求按时上报森林督查成果报告。认真开展森林资源动态数据更新，由乡镇林技员实地核查，浙江省林业勘察设计院做技术支撑，按时完成森林资源动态数据更新，上报年度更新工作成果。2020年，全县林地面积16.45万公顷，净增加3.33公顷；森林覆盖率78.92%，净增0.06%。乔木林单位面积蓄积为6.14立方米/每亩，净增加0.3立方米/每亩。省26个县实绩考核中覆盖率存量0.01%，净增长量0.04%。加快推进森林资源“一张图”建设，组织开展野外补充调查300多块未成林造林地地块，及时更新森林资源“一张图”，从人员技术培训、档案收集更新、实地核查补充、兼顾森林督查等措施，切实提高森林资源年度监测质量。景宁“一张图”工作未收到省局督查。

严格执行林地定额管理制度，依法审批建设项目使用林地。全年办理林地审批项目38件，收取植被恢复费1377.518万元。同时，启动新一轮县级林地保护利用规划编制。优化涉林行政许可办理。全年办理木材运输证273件（2020年7月1日起停止办理），森林植物检疫证1件。2020年11月17日，根据景宁畲族自治县编办《关于印发景宁畲族自治县自然资源和规划局、县生态林业发展中心所属事业单位机构规范名称的通知》（景编办〔2020〕32号）文件，撤销县木材检查站。

完成自然保护地整合优化预案编制、上报工作。整合优化后，全县有自然保护地6个，面积1.87万公顷，比调整前增加3820.92公顷，自然保护地占县域面积的9.63%，比调整前增加1.97%。景宁畲族自治县林业总场草鱼塘森林公园（省级）晋升为国家级森林公园，更名为浙江畲乡草鱼塘国家森林公园。预案拟撤销浙江景宁心田省级湿地公园；拟新建百山祖国家公园景宁片区；其他名称不变，范围、面积作适当调整。（林　坚　李　桥）

·湿地保护·

【概况】 2020年11月9日，中共景宁畲族自治县委机构编制委员会印发《景宁畲族自治县生态林业发展中心职能配置、内设机构和人员编制规定》（景编〔2020〕13号），景宁畲族自治县生态林业发展中心为县政府直属公益一类正科级事业单位（以下简称县生态林业发展中心），归口县自然资源和规划局管理，挂望东垟高山湿地自然保护区管理服务中心、大仰湖湿地群省级自然保护区管理服务中心、县林业总场牌子。

县生态林业发展中心主要职责是：负责自然保护区、国有林场、森林公园建设和管理工作；组织开展现代国有林场建设，拟定自然保护区、国有林场、森林公园发展规划，森林经营方案编制等工作；提出自然保护区、国有林场、森林公园等重大改革意见并监督实施。承担全县公益林、天然林、国家储备林的建设和管理等工作。负责全县公益林的区划界定，做好生态公益林补植、套种、改造等各项计划。负责全县公益林、补偿资金的兑现及使用监督，维护公益林所有者、经营者的合法权益；开展公益林森林生态效益动态监测和生态公益林管护工作的检查、监督、考核。负责全县护林员队伍的聘任、考核和管理等工作。负责起草林业产业发展规划，组织开展林业科学研究等工作。组织林业项目的申报，负责林业项目的实施和管理工作。参与拟订林业产业相关标准并监督实施，组织指导林产品质量、林业帮扶、兴林富民等工作。负责林业技术推广体系建设和信息化建设工作。负责林业技术的开发、示范、培训及推广体系建设，开展数据林业信息系统的建设管理。承担起草林木种苗花卉发展规划、计划等工作，并组织实施。负责林木品种（良种）引种的管理工作，指导林木良种基地的建设和管理，组织林木品种（良种）的示范、推广工作。负责股份合作林场编制规划，组织编制并会同资源管理部门审批股份合作林场森林经营方案和森林采伐、抚育作业设计，负责对股份合作林场森林资源资产进行监管、评估等工作，并进行核准或备案；指导和检查考核合作林场生产经营活动，指导乡村林场、家庭林场生产经营活动。协助拟订林业及生态保护修复的政策、规划、标准等工作，并组织实施。根据职责分工做好行业安全生产管理等工作。组织指导自然保护区、国有林场、森林公园开展森林防火宣传教育、监测预警和督促检查等工作。承办县委、县政府、上级部门及县自然资源和规划局交办的其他任务。

2020年，县生态林业发展中心向上级争取各类资金789.83万元。完成动植物监测系统、草鱼塘和上标林场的危旧房改造、保护区野生动物疫源疫病监测点建设项目。

县生态林业发展中心实行“全员防火、全年防火和全域防火”。不断加强森林防火巡察，并将宣传范围进一步延伸至毗邻的10个乡镇街道，在关键节点悬挂森林防火宣传标语60余幅，张贴防火通告200余张，制作宣传彩旗1000面，发放宣传手册、倡议书2000余册，出动宣传车360辆次，出动巡查人员720人次，在互联网微信平台发送防火宣传信息3000余条。统计上报各类日报表550余份。2020年11月9日，望东垟、大仰湖保护区9个卡口全面启用“防火码”，对前往人员进行防火提醒和后台跟踪，营造全民防火的浓厚氛围。注重森林防灭火技能提升。9月23日至25日，召开2020年秋冬季森林防火部署会暨防灭火技能培训演练。通过森林防灭火理论知识培训、森林消防高压水泵实战应用操作、便携式高压接力水泵实地操作对抗演练等，旨在提升全员应急消防实战能力。12月24日，县生态林业发展中心森林消防队伍获全县“森林防灭火技能竞赛”三等奖。严格管控森林火源。为防止人为将火种带入林区，在各进山要道安装了监控，实时监测进山人员。特别是清明等时间节点，全体护林员人员一律佩戴红袖章开展全天候巡逻，守住进山路口，收缴进山火种，杜绝火灾隐患。完成林场防火线铲修。开展288千米防火线路铲修以及冬季森林防火宣传与巡查。县生态林业发展中心实现全年“零”火情，其中望东垟连续62年、大仰湖连续20年保持零火灾纪录。

2020年，县生态林业发展中心继续推进国有林场高质量发展的4个基地建设，为全省提供景宁样板。高质量森林资源培育基地建设，主要是开展大径材前期采伐规划、监测样地、检测样地、珍贵树种抚育方案设计、种植林区美化幼苗、珍贵树种等项目建设以及项目验收等工作。已完成大径材建设17公顷，实施珍贵树种幼林定株抚育52.67公顷，森林康养步道、林区美化用苗木6648株。高标准林业新型产业基地建设，主要是开展草鱼塘森林康养步道数据采集、标识牌设置、音量分贝测量等方面研究、分析，完成森林康养基地地方标准初稿。开展柏、日本冷杉精油提取试验及成分分析各保健功能评价。完成草鱼塘特色的森林康养课程设置，并组织体验者的体验。种植多花黄精17.47公顷。高品质自然教育基地建设，已完成自然教育基地前期资源摸排和自然教育基地选址工作。高水平科研推广基地建设，先后与科技部门签订科技项目合同7份。完成验收项目5个，其中科技项目2个，分别是“景宁600”多花黄精精深加工技术研究、景宁高山湿地大型真菌调查和利用研究项目；专业项目3个，分别是景宁木兰珍稀濒危野生植物保护项目、伯乐树极小种群野生植物保护项目、两栖两爬类调查项目。2020年，共计发表论文19篇。有8人申报职称评审，正高级2人，副高级3人，中级3人，全部通过职称评审。《浙西南大径级珍贵针叶林培育关键技术和示范》项目获浙江省科技兴林三等奖。

2020年，继续开展科普宣传和科研活动。2月2日，举办第24届“湿地与生物多样性——湿地滋润生命”活动。5月22日，举办主题为“我们的解决方案在自然界”的第27届国际生物多样性日宣传活动。5月，浙江省林业局开展“十大名山公园 走进神仙居森林康养”宣传活动，浙江畲乡草鱼塘国家森林公园作为十个代表之一，做重点推荐。12月，在微信上向长江三角洲区域发送推广宣传浙江畲乡草鱼塘国家森林公园的信息4万条。

【县生态林业发展中心获评县疫情防控先进集体】 2020年年初，面对突如其来的新型冠状病毒肺炎疫情，县生态林业发展中心为配合全县的疫情防控密接人员的隔离工作，在草鱼塘和白云尖设立两个医学观察点。是年农历大年初一，县生态林业发展中心就派领导班子成员进入隔离点，全程参与做好两个隔离点的后勤保障工作。动员全体干部职工冲在一线，同时承担鹤溪花园网格、叶府前网格、金惠小区网格疫情防控三个卡口的值守任务，并选派优秀年轻干部职工前往高速路口值班。把疫情防控责任再压实，防控重点再加固，建立疫情防控长效机制，实行每日零报告制度。县生态林业发展获评县级疫情防控先进集体；李光强、王嘉豪获评县级疫情防控先进个人。

【县林业总场获准设立“浙江畲乡草鱼塘国家森林公园”】 2020年1月14日，根据《国家林业和草原局关于准予设立浙江畲乡草鱼塘国家森林公园的行政许可决定》（林场许准〔2020〕4号）文件，县林业总场获准设立“浙江畲乡草鱼塘国家森林公园”。

【县林业总场获评“浙江省生态保护突出贡献集体”】 2020年12月25日，《浙江省林业局关于表扬浙江省森林生态保护突出贡献集体和个人的通报》（浙林资〔2020〕69号）文件公布，县林业总场为“浙江省森林生态保护突出贡献集体”，全省共有48个集体获此称号。

【浙江畲乡草鱼塘国家森林公园宣传片在中央七台播出】 2020年7月29日起，《美丽中国——生态万里行》系列宣传片在中央七台国防军事频道栏目陆续播出，其中有《绿色明珠 康养胜地——浙江畲乡草鱼塘国家森林公园》近一分钟的宣传视频，充分展现浙江畲乡草鱼塘国家森林公园的美丽生态、独特畲族文化以及景宁践行“两山”理念助推绿色发展的成效。通过该宣传片在中央七台的播出，扩大畲乡景宁的知名度和观众的知晓率，有力推动畲乡景宁全域旅游的健康发展。

【两基地获市第四批中小学生社会实践基地称号】 2020年12月28日，根据《丽水市教育局关于公布丽水市第四批中小学生社会实践基地的通知》，草鱼塘康养社会实践基地和望东垟科普馆获丽水市第四批中小学生社会实践基地称号。

【望东垟湿地研学基地入选2020年丽水市中小学生研学实践教育基地】 2020年12月30日，根据《丽水市教育局 丽水市文化和广电旅游体育局关于公布2020年丽水市中小学生研学实践教育基地和营地的通知》，景宁望东垟湿地研学基地获评2020年丽水市中小学生研学实践教育基地。

【景宁生态林业发展中心获创新标杆奖】 2020年5月11日，景宁召开"聚力赋能 增色提效"八百攻坚行动总结暨2019年度"大赶考"综合考核表彰会议。县生态林业发展中心获2019年畲乡铁军"志不求易，事不避难"创新实干大赶考综合考核创新标杆奖。

【科研项目获"浙江省第二十届科技兴林"三等奖】 2020年6月，由县林业总场陈孟广、刘日林、季必浩、徐端妙等联合开展的《浙西南大径级珍贵针叶林培育关键技术和示范》科研项目，获浙江省林业局、浙江省林学会第二十届科技兴林奖三等奖。

县林业总场在草鱼塘建立日本扁柏等示范基地14.73公顷，并实施科研项目，其主要研究内容为日本扁柏等在景宁中山山区的生长特性、林分结构特征、林下群落结构分析、木材性能及大径材培育等关键技术。

【发现浙江蔷薇科悬钩子属一新种——景宁悬钩子】 2020年5月，由县生态林业发展中心赵昌高、徐洪峰合著的论文《浙江蔷薇科悬钩子属一新种——景宁悬钩子》在《杭州师范大学学报（自然科学版）》第19卷第3期2020年5月刊发表。

2019年，县生态林业发展中心的科研人员在景宁大仰湖、上山头等地发现浙江蔷薇科悬钩子属一新种，经浙江省森林资源监测中心陈征海教授等人认定并命名为"景宁悬钩子"。

（张丽珍）

环境保护

【概况】 2020年，丽水市生态环境局景宁分局（以下简称县生态环境局）联合生态环境部南京环科所启动《景宁畲族自治县生态环境保护"十四五"规划》和《景宁畲族自治县水环境"十四五"规划》编制工作。编制完成《美丽景宁建设规划纲要》，明确2020—2035年（15年）美丽景宁建设总体战略、目标指标、任务措施、重大工程、创新制度和实施机制。开展生物多样性保护优先行动。联合生态环境部南京环科所开展生物多样性调查观测，摸清全县生物多样性资源本底情况，编制完成全市首个《景宁畲族自治县生物多样性保护战略与行动计划（2020—2030年）》和《畲族传统文化调查报告》。该行动计划为2020年浙江省实施生物多样性保护战略以来公布的第一个行动计划。争取到2019年度中央水污染防治专项资金1000万元(千峡湖流域水质自动监测站建设),土壤污染防治专项资金10万元。

2020年，县生态环境局深化环评审批制度改革,实施环评审批“代办”制、容缺审批制和“区域环评+环境标准”制等,简化审批手续,提升环评审批管理效能。全年共审批(备案)建设项目72个。其中,环境影响报告书(表)审批10个,区域环评降级项目9个,环境影响登记表备案53个。提供代办服务项目19个,容缺审批项目1个。

继续强化环境监测工作。完成50个地表水断面监测和综合分析工作；推进农村环境质量试点监测,完成梅坑村、鲍山头村和九龙村3个试点村的水、气、土等环境要素监测工作;完成地下水监测井建设与初步调研性监测;开展污染源监测,对外舍污水处理厂、垃圾填埋场、县人民医院等重点污染源进行监督性监测(出水水质达标率100%)；开展农村生活污水处理设施出水水质监督性抽测，全县12家日处理能力20吨及以上的农村生活污水处理设施抽测合格率100%;开展声环境监测点位优化调整,增加14个道路交通噪声监测点位，完成100个区域环境噪声、7个功能区噪声和20个道路交通噪声监测工作。

健全生态环境保护体制机制，实施生态环境损害赔偿制度。全年共完成生态环境损害赔偿案例2个,赔偿金额共计1万元。在全市“三线一单”(生态保护红线、环境质量底线、资源利用上线和生态环境准入清单)生态环境管控体系的基础上，结合景宁畲族自治县城镇开发边界和环境功能区划成果，出台《景宁畲族自治县“三线一单”生态环境分区管控方案》,取代原《景宁畲族自治县环境功能区划》，为今后环境管理提供空间管控依据。牵头开展龙潭桥水源地2019年度生态补偿考核工作,按规定对水源地周边4个乡镇8个行政村应下发补助资金162.3万元（其中,鹤溪街道、红星街道、东坑镇各9.9万元,梅岐乡19.6万元;梅岐、王木坑等8个行政村共补偿113万元)。

按照《丽水市生态环境质量监测网络建设四年行动方案(2019—2022年)》,开展全县生态环境监测网络建设，新建乡镇空气监测站4个、乡镇水质自动监测站2个。建立大气固定式遥感监测点位1个，完成重型柴油车安装远程在线监控并联网30辆,累计建成秸秆禁烧高清监管点位5个。

开展“入沪借力”行动。7月8日至10日,副县长吴海东带队赴生态环境部南京环科所、上海静安区生态环境局进行合作对接,分别与两家单位签订了战略合作协议，在生态创建、生态产品价值实现机制、治理能力提升等方面达成长期战略合作意向，推进环境治理能力和治理体系现代化。

2020年，省委巡视组入驻景宁开展党政主要领导任期经济责任审计和自然资源任中审计，市生态环境局景宁分局共接收省审计组交办的需求单和取证单68件,其中交办需求单57件、取证单11件,列入审计整改问题

7 件，全部完成整改。

2020 年，制成《家园》《带您“走近”环境监测站》2 个宣传片，举办“6•5”世界环境日征文活动、“6•30”浙江生态日有奖知识竞答活动、“7•29”丽水生态文明日红领巾吹起绿色文明风和生态环境公众满意度“进村入户”等系列活动开展生态文明宣教工作。共征收各类作品近 300 件，发放宣传奖品 300 余份、宣传单 10 万份。

2020 年，县生态环境局牵头打好污染防治攻坚战，推进“蓝天”“碧水”“净土”“清废”四大行动。完成废气治理项目 4 个。淘汰生物质锅炉 3 台、2 蒸吨高污染燃料锅炉 1 台、国三及以下标准营运柴油货车 19 辆，淘汰落后产能企业 1 家，整治“低散乱”企业 10 家。开展全域污水零直排区建设，完成沙湾镇、英川镇和老景中、小水电 2 个生活小区污水零直排区建设。新增“十四五”国控断面 1 个，并开展前期监测工作。开展景宁安泰矿业有限公司地块土壤污染详查，完成其土壤和地下水样品采集和检测工作。全县 7 家工业企业共产生工业危险废物 9.48 吨，全部委托有资质的第三方企业进行规范化处置。

开展环境风险隐患排查整治百日攻坚行动。印发《环境风险隐患排查整治行动实施方案》（美丽景宁领〔2020〕1 号），成立以分管县领导为组长的攻坚行动领导小组，领导小组办公室设在县生态环境局，下设综合、督查、宣传和后勤 4 个组，负责攻坚行动日常工作。百日攻坚行动组下设 16 个专项小组，分别由县生态环境局、县发改局、县建设局、县水利局、县农业农村局等 12 个部门牵头负责。行动期间，共排查隐患点位 253 处，排查出隐患问题 152 个。其中，完成整改 125 个，长期坚持整改 27 个（各相关责任部门均制定了“一对一”整改方案）。

开展“风雷”系列专项行动，组织开展污水处理能力提升、饮用水水源地保护、畜禽养殖污染整治、工业废气治理和固体废物安全处置等执法检查。全年共出动执法人员 1212 人次，检查企业 182 家次，下发责令改正违法行为决定书 35 份，立案查处 5 家，行政处罚 5 起，共处罚款 44 万元。受理群众信访投诉 53 件（同比下降 7.5%），处理办结率 100%，群众满意率 100%。实施“先体检、后整改，不到位、再处罚”执法模式。全年共开展企业“体检式”执法 27 次，涉及企业 53 家次，举办“环保咨询日”活动 12 次，共协调解决环保问题 24 个。

2020 年，景宁畲族自治县县城空气质量优良天数 361 天，空气优良率 100%。PM2.5 浓度均值 20 微克/立方米，同比下降 9.09%，综合指数 2.28，同比下降 10.9%。全县 6 个市控及以上断面水质功能区达标率 100%，全部达到Ⅰ、Ⅱ类水体。共有 1 个县级以上集中式饮用水水源地，水质达标率 100%；1 个出境交接断面，实现Ⅰ类水体占比 100%，Ⅰ类水达到 360 天。生态环境质量公众满意度 91.47，全省排名第三。

丽水市下达景宁畲族自治县 2020 年四项污染物减排任务是：化学需氧量（COD）、氨氮（NH_3-N）、二氧化硫（SO_2）和氮氧化物（NOX）排放量分别净削减 1%、1.5%、0.1%和 0.1%。2020 年 9 月，丽水市生态环境局下发的《关于通报2019年各县（市、区）主要污染物总量减排核算结果的函》显示，景宁畲族自治县2019年四项主要污染物指标均完成年度减排目标任务。其中，化学需氧量（COD）完成减排量64.82吨，氨氮（NH_3-N）完成减排量15.33吨。

【新冠肺炎疫情防控】 2020年，县生态环境局成立新冠肺炎疫情防控工作领导小组，配合全县打好新冠肺炎疫情防控阻击战。按照职责分工，加强鹤川网格“卡口”值守、医疗废物监管、废水应急监测和环境执法检查等工作。疫情期间，累计参与“卡口”值守和相关疫情防控行动300余人次；开展医疗废物巡查检查40余次，开展外舍污水处理厂和县城集中式饮用水水源地采样监测28次，达标率100%；对21个乡镇共300个污水处理终端出水水质开两轮应急抽测，达标率100%。

【支持企业复工复产】 2020年3月27日，县生态环境局出台《关于支持企业复工复产、重点项目落地 做好当前环境保护工作的意见》，落实豁免项目环评手续、实施环评告知承诺审批、非现场执法等八大举措。4月30日，印发《关于贯彻实施环评审批正面清单的通知》，对10个大类30个小类行业项目实施环评豁免管理试点；对17个大类共34个小类项目实施环评告知承诺制审批。全年共豁免环评审批项目110个，环评告知承诺审批项目1个，为建设项目提供相关咨询服务80余次。推行“非现场”执法，纳入正面清单信任保护企业9家，通过视频监控、无人机巡查等线上手段开展执法检查，减少企业应付现场检查压力。全年，共开展无人机执法巡查30余次，现场执法次数同比下降30%。

【迎接第二轮中央环保督察】 县生态环境局牵头开展第二轮中央环保督察迎检工作。2020年9月1日，中央第三生态环境保护督察组进驻浙江，对浙江开展为期一个月的生态环境保护督察工作。县委、县政府成立由县委书记和县长任双组长、各单位主要领导为成员的环保督察迎检工作领导小组，并成立由分管县长任组长的协调联络小组，抽调人员组成迎检专班，负责协调推进和督促落实信访件办理及督察整改工作。制定《景宁县迎接第二轮中央环境保护督察协调保障方案》，下设综合、信访、资料、宣传、督责和后勤6个专项组，负责协调推进和督促落实信访件办理及督察整改工作。编制督察迎检工作手册，明确工作流程，召开协调联络组专门培训会，培训干部迎检上岗，实施定岗定人定责。

8月27日和9月1日，县委、县政府两次召开第二轮中央环保督察迎检工作动员部署会。9月7日，市委副书记李峰带队到景宁暗访二轮中央环保督察迎检工作，提出相关整改要求。同日，县委书记陈重召集县长钟海燕、各副县长以及相关部门研究部署市暗访督查问题整改落实工作。9月10日和9月17日，省第三督办小组两次到景宁调研督办，分别走访了景宁岚头岭垃圾焚烧厂、环城西路点位、澄照砂石料厂等地，县长钟海燕、副县长吴海东陪同调研。督察迎检期间，县委、县政府主要领导牵头开展相关调研或会议共计17次，分管县领导牵头开展各类调查核实及会议共计40余次。

督察迎检期间，共收到中央督察组交办信访件16件（重复件4件），无重点信访件。按污染类型分，涉水3件、涉气4件、涉噪声2件、涉生态7件；按属实情况分，属实4件，部分属实9件，不属实3件。2020年，16件交办信访件全部完成办理答复。其中，完成整改14件，正在落实整改2件，整改率87.5%。

9月19日，中央第三生态环境保护督察组第一现场组到景宁开展实地下沉督察。下沉督察组反馈涉林垦造耕地项目相关问题6个。县委、县政府成立以县长为组长的涉林垦造耕地问题整改工作领导小组，抽调精干人员，专班推进涉林垦造耕地问题整改工作。

【机构改革】 2020年7月13日，市委编办印发《丽水市生态环境局县（市、区）分局（生态环境保护综合行政执法队）职能配置、内设机构和人员编制暂行规定》（丽编委〔2020〕41号）。根据规定，市生态环境局县（市、区）分局是市生态环境局的派出机构，县生态环境保护综合行政执法队实行“局队合一”体制，在县（市、区）生态环境分局挂牌，以市生态环境局的名义统一行使行政处罚权与行政处罚相关的行政检查、行政强制权。共核定景宁分局行政编制6名，设局长1名，副局长2名，总工程师1名。市生态环境局县（市、区）分局（生态环境保护综合行政执法队）内设机构及中层职数暂未核定，仍在市、县委编办待批中，其所属事业单位（环境监测站）的设置、职责和编制事项另行规定。（县生态环境局）

水利·电力

水　　利

·重点工程·

【概况】 2020年，景宁畲族自治县水利局（以下简称县水利局）重点围绕水旱灾害防御、水资源管理、水生态建设、水环境提升、水利工程标准化管理等方面加大水利投入，实现水利稳步发展。全县，续建项目2个、新建项目10个，总投资4.1亿元，比上年增长32.26%。2020年，基本完成小溪流域综合治理工程（一期）外舍段和善水桥段主体工程建设，那云堰段和王金垟段全面施工建设，共投资6000万元。综合整治英川溪、标溪、毛垟溪河道7.5千米，投资3396万元。全县农村饮用水达标提标工程三年行动计划圆满收官，425座水厂全部实行县级统管。结合畲族风情特色，努力打造与当地环境相适宜的畲乡美丽水厂，三年改造提升水厂90座，逐步形成城乡同质供水新格局。全景式、高颜值打造“美丽河湖”，成功创建3条（段）省级美丽河湖。城南精品绿道正式投入使用，溪口至汇田大桥滨水绿道建成贯通，畲乡古城至王金洋滨水绿道破土建设，逐步形成贯穿县城、辐射城乡的高标准绿道网络。完成农田灌溉水价改革（7000公顷），补齐农田“最后一公里”管护短板。

【水系连通及农村水系综合整治试点县项目开工建设】 2020年5月7日，农村水系综合整治试点县项目在梧桐乡开工建设，其余五片区[将全县21个乡镇（街道）分为东坑片、英川片、沙湾片、渤海片、城郊片]104个点位于2020年12月，全面开工。水系连通及农村水系综合整治试点县项目（含26个水利项目和5个整合项目）总投资7.26亿元。其中，水利部分投资5.13亿元，治理河湖50条（河道48条、湖泊2个）、河长116.35千米、水域面积55.5万平方米；整合项目（污水处理、城乡生活垃圾分类利用处置、畲族风情产业及惠明禅茶文化产业配套建设）投资2.13亿元。2020年完成投资2.15亿元。

【金村水库及供水工程】 2020年，金村水库及供水工程完成导流洞、交通洞、挡水围堰等基础设施建设并投入使用。大坝左右坝肩开挖完成 50%；输水隧洞爆破完成 650 米；外舍支洞爆破完成 650 米。全年完成投资 1.5 亿元。

·水旱灾害防御·

【概况】 2020 年，景宁县域 122 个站点平均降雨量为 1271.48 毫米。汛期（4 月 15 日至 10月 15 日），平均降雨量为 867.86 毫米，相比 2019 年减少 291.73 毫米。汛期降雨主要集中在英川镇、东坑镇、鹤溪街道、景南乡等地。其中，降雨量最大站点为英川镇龙川雨量站点 2029.5 毫米。梅汛期面雨量为 213.66 毫米，相比 2019 年减少 219.47 毫米。其中，降雨量最大站点为英川镇龙川站点 357.5 毫米。水雨情呈现特点：2020 年降雨主要集中在汛期，出汛后（10 月 15 日至 12 月 31 日）全县平均降雨量仅为 47.83 毫米，相比 2019 年同期的平均雨量减少了 28.86 毫米，多乡镇出现缺水情况；2020 年梅汛期从 6 月 8 日开始入梅，到 7 月 14 日出梅，梅期持续整整 36 天，梅期持续时间比往年平均 22.3 天长两周多的时间。2020 年台风影响全县情况较小。在强降雨及 4 号超强级台风"黑格比"、6 号"米克拉"预警期间，景宁有多座小型水库超警戒水位自溢流，一条河道超警戒水位，大均水文站实测最高洪水位为 158.76 米，最低水位为 154.65 米，最大流量每秒 1030 立方米。县水利局发送预警短信 2.29 万条。截至汛期结束，全县未收到水旱灾害报告。实现连续 14 年人员"零伤亡"。

·水资源管理·

【概况】 2020 年，完成节水型社会建设年度计划工作任务。开展企业水平衡测试 1 家、企业清洁生产审核 2 家，创建节水型企业 1 家、节水型灌区 2 个、节水型居民小区 1 个。根据省、市取用水管理专项行动要求，统一整改 12 家非法取水户。全年，征收水资源费 538.09 万元，征收水土保持补偿费 307.22 万元，水政收缴罚没款 26.8 万元。县水利局窗口全力推行"最多跑一次"改革，通过提升政务服务效率，变"群众跑"为"数据跑"，政务服务事项全部实现"零次跑"；依托企业投资项目在线审批 3.0 平台，推行"标准地""承诺制"改革，投资项目水土保持方案审批由法定期限的 45 天缩短至 5 个工作日。

【农村小水电转型升级】 2020 年底，景宁畲族自治县有农村小水电 151 座，比上年减少 10 座（其中，金坑洋电站位于百山祖国家公园核心区要求退出；峡桥一级半、库下翘、坑洋、华发二级、银龙、屏风岭、后坪、大地水尾、春岱电站因小水电清理整改退出），总装机容量 33.33 万千瓦，年发电 5.73 亿千瓦时。累计发放电站抵押登记证 53 本，抵押贷款 9.78 亿元。

2020 年，打造"农村小水电"转型升级新样板。新增国家级绿色小水电 18 座，总数全省最多，占全国的 6.5%；完成 161 座长江经济带小水电站清理整改，清理整改率、生态流量核定率、在线监测覆盖率均达到 100%。 （练梅霞）

·千峡湖景宁段保护与开发·

【概况】 2020 年，千峡湖景宁畲族自治县保护与开发管理中心持续推进库区资源保护和开发建设工作。开展“十大行动”(生态安全调查行动、湖面清漂行动、环境风险隐患排查行动、三无”船只整治行动、文明垂钓劝导行动、非法捕鱼整治行动、增殖放流行动、水上浮台整治行动、库周污水乱排放排查行动、库周乱搭乱建整治行动），保护库区资源。全年联合公安、检察、水利、渔政等单位执法24次，移交县公安局处理非法捕捞人员8名。护水成效显著，千峡湖断面水质I类水开数实现4连增，2020年岭根断面水质全年为I类水，成功创建市级饮用水源水质标杆。

2020年，引进企业2家，引资1.4亿元。其中，国大集团雷迪森酒店进驻汇龙游艇俱乐部，计划投资9000万元；千峡湾农文旅项目，计划投资5000万元。围绕千峡湖山水休闲体验，开展游客服务中心、康养度假中心、增殖放流与垂钓中心、深水救援培训中心、水上康乐中心、自然生态摄影中心等项目建设。逗岛基础设施建设、旦水半岛上岸景观建设、渔旅垂钓文化产业培育项目、杨绿湖村金钟雪梨基地提升项目、岳口村旅游生态停车场、王湾村老乡校空间整治美化、九龙集镇旅游公厕提升、九龙集镇绿化景观提升8个项目先后竣工。

【打造库区旅游景点】 2020年，成功打造湖区水、陆、空网红景点。建设休憩观景平台，完善岛上旅游基础设施，打造湖心“逗岛”；建造郑坑柳山茶园“悬空玻璃挑台”(挑台高6米，悬挑15米)；引进千峡湾农文旅项目，打造渤海休闲地“望湖”庄园。

【第六届“千峡情”垂钓节、帐篷节】 2020年11月29日，千峡湖景宁畲族自治县保护与开发管理中心联合渤海镇人民政府成功举办第六届“千峡情”垂钓节、首届千峡湖星空帐篷节。其间，开展了垂钓大赛、皮划艇体验、游船休闲等活动，吸引游客3000余人。中央电视台、浙江卫视等新闻栏目播报了活动盛况，直播点击量达300万人次。

（毛莉茗）

电　力

【概况】 2020年，景宁畲族自治县最大用电负荷4.29万千瓦，风电、光电、水电装机容量42万千瓦，电源最大输出功率35万千瓦，是用电负荷的8.14倍。全年用电量2.34亿千瓦时。发电量6.8亿千瓦时，是用电量的2.9倍。全年未发生电力安全考核事故，连续安全生产6771天。至2020年年底，景宁畲族自治县区域内有220千伏变电站1座，变电容量33万千伏安；110千伏变电站1座，变电容量8.15万千伏安；35千伏变电所11座，变电容量13.63万千伏安。35千伏线路25条，线路长度249.47千米；10千伏线路76条，线路长度1476.15千米；配变1243台，容量31.09万千伏安；用电户数6.29万户。

2020年，景宁畲族自治县供电公司助力绿色交通生态圈，加快公共充电设施建设。新建景宁中明家禽养殖专业合作社、景宁旭日家庭农场互补项目3个，并网容量30千瓦。打造东弄等6个村新时代乡村电气化村，鼓励支持农村地区分布式光伏等新能源发展，切实将清洁能源优势高效转化为乡村集体经济发展和农民增收致富的优势。倾力服务现代农业经营体系，打造澄照乡天堂湖茶叶基地等3个综合能源服务示范点和东弄时光民宿等20个全电景区示范点，积极引导生产生活方式向绿色、低碳转型。全面提高低压客户接入容量标准至160千瓦，投资界面延伸到表计，进一步降低用户接电成本。以城乡供电服务同质化、均衡化发展为目标，试点建设三石村“红船·光明电力驿站”，依托片区网格化服务、专属台区经理入驻服务、办电阳光服务，推动实现客户用电“找一个人办所有事”，全面优化农村区域供电服务水平。

（陈　浩）

工业经济

综　　述

【概况】 2020年，景宁工业经济稳中有进，全县规模以上工业总产值14.88亿元，同比增长6.65%；规模以上工业增加值3.92亿元，同比下降1.6%。“十三五”期间规模以上工业总产值从10.9亿元增至14.88亿，同比增长26.75%。景宁体系化推进生态工业高质量绿色发展，以丽景民族工业园和澄照农民创业园为先驱的生态工业平台集聚、链式引领全面发力。

全县工业用地实现“一园一区多块”空间布局扩容，丽景民族工业园形成有效供地286.66公顷，实现供地90.13公顷。澄照农民创业园基础设施日趋完善，一、二期累计平整土地154公顷，用于工业用地60公顷。实现供地26.86公顷。城北工业区彻底完成“低、散、乱”整治，累计供地13.13公顷。王金垟复合产业区块共出让5宗项目建设用地，累计供地13.86公顷。

2020年，全县工业降本减负目标任务3.46亿元，实际完成5.73亿元，连续7个月位居全市第一。

全县小微企业小升规数量创历史新高。是年，新增景宁宇海幼教装备有限公司、浙铜集团浙江电力设备有限公司、丽水州通电气科技有限公司、浙江浩琦机车部件有限公司、浙江宏博汽配有限公司、丽水首信电气科技有限公司、浙江华企正邦自动化科技有限公司、景宁兆福竹木有限公司8家规上企业，新增规模以上工业总产值约2.2亿元。“专精特新”企业入库23家。其中，丽景民族工业园11家，澄照农民创业园3家，县城内9家。“小升规”培育企业入库13家。其中，丽景民族工业园8家，澄照农民创业园2家，东坑镇1家，县城内2家。景宁畲族自治县富利达木制工艺品有限公司被认定为2020年度丽水市“放水养鱼”行动计划培育企业。全县完成39家企业“亩均论英雄”的综合评价工作。丽景园小微企业园通过省级认定，是继城北工业区省级小微园后的第二家。　（严小霞）

景宁经济开发区

【概况】 2020年，景宁经济开发区（以下简称开发区）全体干部职工以“志不求易、事不避难”的铁军精神自我加压，以奔跑者姿态落实赶超，推动开发区高质量发展。园区总部经济全年实现税收收入9.32亿元，销售收入480亿元。开发区总部企业库进一步得到优化，全区税费收入超亿元企业2家(娃哈哈、启力)，超千万元企业11家，超百万元企业22家。销售收入超百亿元企业1家(四邦)、超十亿元企业5家，超亿元企业13家。

在新冠肺炎疫情防控期间，成立开发区企业疫情防控和复工复产工作领导小组，落实18名驻企服务干部对接联系园区内18家企业，及时了解企业在防疫、复工复产、环境保护、安全生产等方面存在的问题及诉求，全程代跑助力企业复工复产，共帮助企业解决用工难等问题26个。开展员工云招聘，以保证企业正常生产用工需求。通过“点对点”“一站式”企业员工返程运输，共接回宇海幼教木玩产业园在河南淮滨、潢川等地员工25人。服务宇海幼教装备有限公司复产达能，全年实现产值5191万元；服务亚资科技股份有限公司全年实现产值5280.5万元，同比增长28.86%。全程代跑企业上规程序，完成企业上规，并兑现上规奖励。积极服务企业兑现科技、用电等惠企政策。先后开展三批次新招引企业入园评价工作，共计14家新企业入驻创业园。借力“百名”干部“入沪”行动，加强与有关部门合作，进一步拓宽高层次人才引进资源和渠道。2020年，引进中国美院章俊杰教授任宇海公司设计总监并成功申报2020“绿谷精英”创新类人才项目。

2020年，创业园计划固定资产总投资5875万元，实际完成固定资产投资5875万元。其中，创业园二期工程基础设施项目10月份竣工，完成场地平整(47.4公顷)、道路管网、边坡防护、渠道桥涵等；生态工业区块支路工程项目于12月竣工，新建园区道路1032米；叶缴区块支路于11月开工建设，是年年底完成地下管网建设；创业园二期工程9号地块市政配套项目(一期)工程完成项目初步设计批复和项目选址，并于12月底完成施工招投标。是年，争取创业园二期基础设施项目发行专项债券5000万元，并于12月底完成县发改局和财政局下达的年度支付任务。

2020年，景宁经济开发区幼教木玩产业链开展全省首批“链长制”试点，是年10月被评为浙江省开发区产业链“链长制”试点示范单位[《浙江省商务厅关于公布浙江省开发区产业链“链长制”试点示范和试点单位的通知》(浙商务发〔2020〕36号)试点示范单位全省仅27家，丽水市2家]。是年12月18日，浙江省商务厅公示公布，景宁经济开发区美丽园区创建入选省第二批试点名单。景宁经济开发区按照产城、城乡、工旅融合，生产、生活、生态“三生融合”，“产、城、人、文”四位一体建设理念，结合实际制订“美丽园区”创建工作方案，全面启动创建浙江省“美丽园区”工作，全力打造全省营商环境最优园区和展示民族地区美丽园区建设的“特色窗口”。

【省长袁家军考察景宁经济开发区】 2020年7月1日，时任浙江省省长袁家军到景宁经济开发区考察生态工业，袁家军在参观了宇海幼教装备有限公司后说：“想不到在这里能见到这么好的企业”，同时特别指出：“景宁不是

不能发展工业，关键是要有好的理念、有好的路子”。（石 超）

丽景民族工业园

【概况】 2020 年，丽水经济开发区景宁民族工业园(以下简称丽景园)内有浩琦机车部件有限公司、宏博汽配有限公司、浙铜集团浙江电力设备有限公司、州通电气科技有限公司、华企正邦自动化科技有限公司、首信电气科技有限公司 6 家企业纳入景宁规上企业。至年底，园区共有规上企业 17 家，占全县规上企业的 50%。2020 年，丽景园继续以“志不求易，事不避难”创新实干大赶考为契机，延续“二次创业”的拼劲闯劲，自我加压、拉高标杆、全员发力，全力推进招商引资、企业服务与管理、平台建设等各项工作。全年实现工业产值 15 亿元，同比增长 50%。其中，完成规模以上工业总产值 8.9 亿元，同比增长 45%，在全县占比约 55%；完成规模以上工业增加值 2.9 亿元；实现税收收入 6.3 亿元，同比增长 400%。

2020 年，丽景园始终坚守在疫情防控一线。自开展疫情防控工作以来，丽景园党工委领导班子带领全体干部，严格落实防控责任，助力企业复工复产。第一时间成立疫情防控工作领导小组，以网格制落实责任，建立信息数据日报告、每日分析研判等机制，累计对接摸排企业和在建工程项目 200 多家（个）、2600 余人；严格落实防控隔离措施，对园区内居家隔离的 41 人实行精准管控，并常态化落实“健康码”使用、重点人员信息排查登记上报、核酸检测“应检尽检”等工作。多方协调解决防疫物资、用工、资金等各方面难题，全力保障企业复工复产，累计帮助企业解决各类问题 100 余件，帮助企业筹备生活物资，向企业发放口罩、额温枪等防疫物资折合人民币 12 余万元。丽景园党工委被评为全市疫情防控事迹突出基层党组织；丽景园网格被评为丽水经济技术开发区“战疫先锋”团队，15 名干部受到通报表扬。

2020 年，丽景园借助疫情防控低风险区域窗口期，全力推进“百名干部入沪借力”行动；借助“互联网+”开展“云招商”“屏对屏”招商。紧盯“以智能电器(气)为主导产业的时尚产业园”定位，坚持“实体经济+总部经济”双轮驱动，继续落实“人人肩上有指标、人人心上有责任”的全员招商机制。通过实地走访、电话微信等方式与上海以及长三角企业进行洽谈、会晤，共对接企业 200 多家，收集上海等目标地招商信息 200 多条，成功引进总部经济企业 161 家(包括九阳股份、雷士照明等多家上市企业)、实体项目 5 个。

2020 年，丽景园不断深化“精专”服企金字品牌。创新推出“总经理助理”服企制度，不断创新服企模式和载体，由总经理助理全权负责企业和政府部门之间的综合协调工作，促使企业把更多的时间和精力集中在自身的经营发展上，营造“园企一家亲”的浓厚氛围，有力促进企业良性发展。全年，以“政策清单+福利清单”为抓手，把各部门出台的惠企政策和企业预计可以享受到的政策以“清单式”呈现，让企业切实享受到真金白银的政策实惠，提高企业获得感和幸福感。据统计，累计兑现疫情惠企政策和其他工业扶持政策资金642.43万元，其中县域生态工业和“小升规”奖励政策等267.4万元。

2020年，组织挂牌出让丽水南城LJ-C-15-3地块、LJ-C-02-1地块两宗国有建设用地使用权，出让面积2.28公顷，收取土地出让价款694万元。行政划拨章巷区块道路网及配套工程和富岭北侧市政配套工程两宗国有建设用地使用权，划拨面积11.3公顷。园区7家企业（娃哈哈、宏博、州通、浩琦、植绒、天造、利鹏）通过土地复核验收，顺利办理了不动产权证。

开展娃哈哈、天造环保、丽景植绒等三宗地块涉嫌土地违约处置工作。娃哈哈宗地用地面积10公顷，合同约定竣工时间为2015年6月27日，该宗地竣工违约，收取竣工违约金730.92万元，并于2020年3月3日签订《收回国有建设用地使用权协议书》，收回丽水南城LJ-C-18地块34071平方米国有建设用地使用权；天造环保宗地用地面积6.65公顷，合同约定竣工时间为2017年8月31日，该宗地竣工违约，收取违约金186.82万元；丽景植绒宗地用地面积2.34公顷，合同约定竣工时间为2018年8月22日，该宗地竣工违约，收取违约金33万元。推进英得利公司的土地使用权处置工作，办理康润有限公司竣工时间延期相关事宜。

2020年，丽景园全力推进园区社会治安综合治理。常态化推进安全生产、环保检查，定期开展“防止渣土乱倾倒”“治理扬尘行动”等各类专项整治。全年组织召开安全生产例会4次、业务培训3次，开展各类安全检查200多次，发放整改通知单150多份。园区有3家企业获县级2020年度安全生产先进单位称号，2名安管员获先进个人称号。

2020年，完成政府投资5000多万元。稳步推进园区政府项目开发建设，全年共有新开工项目4个。其中，浙江首信电力设备有限公司的年产400万只智能式自动监控寿命GFCI（接地故障断路器）系列产品项目，用地1.67公顷，2020年5月开始建设，建设期计划投资1.02亿元；丽水慕辰电子科技公司（原天明电子科技有限公司）的年产50万台LED灯具、2000万台适配器及成套设备项目，用地1公顷，2020年5月开始建设，计划投资1.04亿元；网营物联（丽水）智能供应链运营中心项目，用地10.14公顷，2020年6月开始建设，计划投资10亿元；景宁兴村富农投资发展有限公司的丽景强村小微企业孵化园项目二期，总用地1公顷，2020年7月开始建设，计划投资3083万元。

2020年，竣工验收项目7个。其中，浙江浩琦机车部件有限公司的年产200万只汽车摩托车刹车盘、100万只摩托车轮毂、100万只摩托车CNC件项目于2020年3月完成竣工验收，用地1.4公顷，总投资6778万元；浙江丽景植绒有限公司的年产1200万米水性生态纺织品深加工项目二期于2020年4月完成竣工验收，用地2.33公顷，总投资1.08亿元；浙江宏博汽配有限公司的年产600万只汽车用油水分离器项目于2020年4月完成竣工验收，用地1.57公顷，总投资1.18亿元；丽水州通电气科技有限公司的年产100万套系列电力金具项目于2020年4月完成竣工验收，用地 1 公顷，总投资 1.37 亿元；景宁兴村富农投资发展有限公司的丽景强村小微企业孵化园项目一期于 2020 年 7 月完成竣工验收，总用地 1 公顷，总投资 3083 万元；浙江百盛食品有限公司的年产 1 万吨复合调味料生产建设项目于 2020 年 7 月完成竣工验收，用地 2.43 公顷，总投资 1.2 亿元；东八路支二路北段市政工程于 2020 年 12 月完成竣工验收。完成章巷区块道路网及配套工程项目立项赋码、选址、可研报批、社会风险评估、初步设计方案。完成机场高压迁改通道丽景园段土石方项目的全部前期工作。（雷 琴）

农民创业园

【概况】 景宁畲族自治县澄照农民创业园（以下简称农民创业园）二期工程基础设施项目于 2017 年 8 月 28 日开工建设，该项目属于一期工程的拓展与延伸，分叶缴区块和岩下区块。主要建设内容包括场地平整、道路工程、桥涵工程、给排水工程、渠道工程以及地下综合管网、边坡防护及其他市政附属配套设施等。2020年 10 月 23 日，农民创业园二期工程基础设施项目竣工验收，是年完成投资 5875 万元，累计完成投资 3.11 亿元。2020 年，完成二期工程 9 号地块市政配套项目（一期）工程的设计、选址和施工招投标等前期工作。至 2020 年年底，农民创业园累计为 30 家企业供地 26 公顷；为景宁“下山脱贫”“大搬快聚”等重点安置供地筑巢 20 公顷，累计安置 4200 余人。

【生态工业区片——园区支路工程竣工】 2020 年，农民创业园完成生态工业区片基础设施项目——园区支路工程建设，全长 1032 米，完成项目投资 505 万元，项目建设包括道路工程、给排水工程、电力电讯工程、路灯照明工程等。7 月，完成项目初步验收，12 月 10 日，完成项目竣工验收。累计完成项目投资 855 万元。

【新冠肺炎疫情防控和复工复产】 2020 年，农民创业园区在抓好疫情防控的同时，始终不忘工业经济发展“主战场”的使命责任，超前谋划、精心组织，积极稳妥推进企业复工复产，坚持疫情防控和经济发展“两战”并重，全力争取“两战双胜”。2 月，园区重点工程、重点企业复工复产率达 100%，农民创业园二期工程基础设施工程、小微企业孵化园（标准厂房）、园区支路工程等一批重点项目和宇海幼教装备有限公司、亚资科技股份有限公司等一批产业龙头企业陆续实现复工复产，为推动区域经济平稳较快发展提供了强大动力。5月，农民创业园克服疫情特殊困难，全程代跑助力企业复工复产，服务宇海幼教装备有限公司复产达能，并完成企业上规。全年先后完成三批次新招引企业入园评价工作，共计 14 家新企业入驻创业园。（叶 兵）

招商引资

【概况】 2020 年，全县新引进项目 40 个，其中大项目 14 个，合同投资额 37.9 亿元，完成市外内资到位资金 10.38 亿元。推进山海协作工程，与温岭、上虞、海盐、宁海共建“飞地”4 个，实现消除经济薄弱村收益905万元，占全县的32%；共建"飞柜"10个，实现销售额3885万元；"飞网"线上销售超亿元，该县创新消费帮扶"1+X"(1个飞柜专馆和多项保障措施)模式入选《浙江省山海协作升级版实践案例》。开展百名干部入沪借力行动，入沪借力作战室被评为先进作战室。是年，景宁畲族自治县招商引资工作、山海协作工作经市委、市政府考核均获优秀档次。

【洞宫畲王寨项目获得土地使用权】 2020年4月7日，洞宫畲王寨项目获得土地使用权。该项目总投资约12.5亿元，其中一期投资2.2亿元。项目建设内容为：畲王居、莫徭庄、大明悬空寨、瓯越关津旅游集散中心、守田居、凤凰庄、环悬崖栈道、游步道景观、景区东入口及入口至基地通景道路改造、区块景观风貌及其他旅游基础设施建设等。

【融入长三角一体化发展工作获评全省争先创优行动最佳实践】 2020年，景宁畲族自治县以上海市静安区为融入长三角的桥头堡，精准实施"六个一"工程(构建一个对接上海生态圈、建立一个长三角企业数据库、搭建一个平台、走访一批企业、招引一批企业、开展一批专题学习)，形成了少数民族地区和偏远山区对接上海融入长三角的景宁模式。是年11月，该县融入长三角一体化发展工作获评全省争先创优行动最佳实践（系全市唯一），并获得900万元、6公顷土地指标和4.5万吨能耗指标的奖励。

【景宁一期农光互补项目投资意向协议签订】 2020年5月，景宁县与中国大唐集团太阳能产业有限公司签订中国大唐集团太阳能产业有限公司景宁一期农光互补项目投资意向协议，项目总投资约2.5亿元。2020年，到位资金6249万元。8月，在景宁设立大唐太阳能产业(丽水)有限责任公司，投资开发景宁红星、渤海、沙湾等地光伏发电项目。

【智能式自动监控寿命GFCI系列产品项目签订入园协议】 2020年4月，丽景民族工业园管委会与丽水首信电气科技有限公司签订年产400万只智能式自动监控寿命GFCI(接地故障断路器)系列产品项目入园协议。该项目于2020年4月2日获得土地使用权，项目总投资约1.02亿元。总用地面积1.6万平方米，实际地上总建筑面积2.63万平方米。 （县经济合作交流中心）

商 贸 业

国内贸易

【概况】 2020年，全县社会消费品零售总额38.33亿元，同比增长4.8%。限额以上社会消费品零售总额2.52亿元，同比下降14.9%。受新冠肺炎疫情影响，县内商贸企业受到一定冲击，但整体态势良好。东方•江泰广场正式开业，集聚县内商贸企业，活跃县内商贸氛围，促进县内商贸业发展。

【电子商务】 全县共有各类电子商务网店869家，直接或间接带动就业人员8790人。拥有县级电子商务公共服务中心、中国畲乡电子商务产业园和景宁少数民族电子商务孵化园。城北村、王金垟村、岭北村、东弄村被省商务厅认定为电子商务专业村，红星街道被认定为电商镇。全县实现网络零售额9.3亿元，同比下降3.7%。

【成品油贸易】 2020年，全县有成品油零售加油站点10家。其中，中石化站点4家，浙石油站点2家，民营企业站点4家。新建浙石油城南综合供能服务站和浙石油外舍综合供能服务站。全年销售汽油1.36万吨，柴油6949.12吨。 （夏丽燕）

对外经济贸易

【概况】 2020年，外经贸工作紧紧围绕县委、县政府重大决策部署，继续发扬“志不求易，事不避难”创新实干“大赶考”精神，紧盯目标，深挖潜力，多措并举，全力促进外向型经济健康稳定发展。

全县新批对外贸易经营者备案登记企业14家，实际出口企业38家。实现自营进出口总额41.36亿元，同比增长22.27%，全市排名第七。其中，自营出口16.26亿元，同比下降9.5%，全市排名第七；自营进口25.1亿元，同比增长58.27%，全市排名第四。

【利用外资】 2020年，全县新批景宁怡智文教用品有限公司、景宁凯思凯正生物医药合伙企业（有限合伙）、丽水瑾汇股权投资合伙企业（有限合伙）、浙江永溢实业有限公司、景宁晶殷华企业管理合伙企业（有限合伙）、浙江四联玩具有限公司、景宁云舟共济企业管理咨询合伙企业（有限合伙）、景宁晶殷首华企业管理合伙企业（有限合伙）8个外资项目。实现合同利用外资1026万美元，实际利用外资由浙江永溢实业有限公司分红再投资完成137万美元。（陈妙芳）

供销合作社联合社

【概况】 2020年，根据省、市、县政府要求，景宁畲族自治县供销合作社联合社（以下简称县供销联社）建立淡季化肥储备制度。2020年7月至2021年6月应急救灾储备化肥每月不低于600吨，2020年10月至2021年3月淡季储备化肥1000吨（实际月平均库存1253吨），农药1.5吨。确保春耕备耕期间“质优、货足、价稳”，为全县农业生产提供保障。是年，对县供销合作社和各基层合作社的公共房屋使用进行安全排查和经济审计。落实租赁东坑供销合作社、九龙供销社有限公司各门店。有序推进鹤溪供销合作社东方广场拆迁经营用房、办公用房产权置换工作。积极落实减租政策，助力中小微企业复工复产，对因受新冠肺炎疫情影响的个体商户累计减免租金4.48万元。

县供销联社参加景宁畲族自治县农民合作经济组织联合会（以下简称县农合联），承担县农合联理事会执行委员会职责，围绕生产、供销、信用“三位一体”改革，指导、参与为农服务工作和合作经济发展，完善为农服务体系，提升为农服务能力，助力乡村振兴。

2020年，县农合联（“景宁600”）生态精品农产品营销联盟，创新推出“资源互通、渠道共享、市场共建”的“小主体大联盟抱团取暖”供销合作模式，实现“产业从分散到集中”“主体从个体到联盟”“资源、渠道从单打独斗到共建共享”的蜕变。该模式在全市深化“三位一体”改革现场会上，作典型经验交流。县惠明茶产业农合联规范化建设通过市级评定验收。县农联与县农商银行深度合作，扎实开展四季金融服务活动，累计发放“农合贷”9765万元。“畲乡农合贷”成为全省“三位一体”改革信用合作响亮品牌。同时，在全省率先将会员贷款列入“政银保”扶持项目，设立250万元农合联转贷资金并充实到互助会中，打出惠农资金互助组合拳，共吸收资金互助会会员117人，使用转贷资金186万元，落实“政银保”贴息117.8万元，发放互助资金贷款2939万元，成为全市“政策最优、制度最全、风险最低”的农民资金互助合作模式。

【农信担保创省优】 2020年，浙江省农业信贷担保有限公司景宁代办点，形成了会员5万元（含）以下贷款由互助会直接担保，5万元以上推荐省农信担保公司担保的担保机制，切实解决了会员担保难题；并积极争取加入全省农业担保联盟，为54个农业主体1705万元贷款提供担保，获全省农信担保优秀代办点称号。

【惠明茶产业农合联规范化建设通过市级评定验收】 2020年，县农合联围绕生产、供销、信用“三位一体”服务功能，按照一个产业带头人、一位首席专家、一个发展目标、一个产业政策、一个管理团队、一套管理制度、一场产业活动、一个专业服务平台的"八个一"标准，积极稳步推进县惠明茶产业农合联的规范化建设。年底通过市级评定验收。

【新型庄稼医院正式启用】 2020年12月2日，景宁畲族自治县现代农业综合服务中心暨"新型庄稼医院"正式启用。"新型庄稼医院"由县供销联社依托县惠农农资公司建设而成。该庄稼医院位于鹤溪街道宝石路30号，于2020年5月动工建设，总投资210万元，使用面积近300平方米，内设接待咨询、庄稼医生坐诊、书籍阅览、农资展示等区块，集化肥农药采购、科技服务等多功能于一体。院内安排庄稼医生轮流坐诊，解答农户在种植、生产过程中遇到的疑难杂症，并为"生病作物"对症配药，指导农户科学施肥、合理用药。景宁"新型庄稼医院"被浙江省供销合作社联合社认定为"第四批省级现代农业综合服务中心"。

【景宁红茶获"浙茶杯"一金二银】 2020年8月13日，由浙江省农合联、浙江省茶叶产业协会、浙江省微茶楼文化发展协会共同主办的第八届"浙茶杯"优质红茶评选结果揭晓。景宁县供销联社组织选送的景宁凤艳家庭农场"凤艳"牌红茶获金奖；浙江金榜茶叶有限公司的"蓝师傅"和浙江敕木蓝氏茶叶专业合作社的"敕木蓝氏"牌红茶分别获银奖。

【县农合联第一届理事会、监事会第四次会议】 于2020年6月18日召开。县供销联社主任、县农合联常务副理事长毛锡火主持会议。副县长、县农合联理事长毛华庆讲话。会议对部分理事、监事进行改(补)选。通过举手表决方式，免去蓝礼华、张昌义、蓝翔、徐仕清、吴勇、吴建东、张加德、程家集的理事职务；改(补)选王子军、刘赵康、叶有奇、刘卿、叶荣娟、叶剑飞为理事，王子军、刘赵康为副理事长；免去梁一春、王长根、吴一伟监事职务；改(补)选徐仕清、吴勇、陈思铨、吴建东、程家集为监事，徐仕清为监事长。

【县油茶产业农合联成立】 2020年4月16日，县油茶产业农合联召开成立大会。副县长、县农合联理事长毛华庆为油茶产业农合联授牌并作讲话。大会选举产生第一届理事会理事。叶剑飞当选为理事长，任家第、周大金、蒋文林、潘石明当选为副理事长，潘石明兼秘书长。会上，景宁农商银行为县油茶产业农合联签约授信2000万元。县油茶产业农合联是县辖区内的农民合作经济组织和新型油茶经营主体，由涉农企业以及符合条件的自然人等共同组成，具有生产、供销、信用等服务功能。

【县中蜂产业农合联成立】 2020年4月21日，县中蜂产业农合联召开成立大会。大会选举产生第一届理事会理事。吴明杨当选为理事长，周志伟、梅帮荣当选为副理事长，周志伟兼秘书长。会上，景宁农商银行为中蜂产业农合联签约授信2500万元。中蜂产业农合联是由县农合联牵头，由县域范围内从事中蜂养殖、蜂蜜加工、流通经营的企业、专业合作社、家庭农场、养殖大户等联合组建而成。是按照自愿、民主、平等互利原则，实行自我服务、民主管理的非营利性社会团体分支组织，

属县农合联的派出机构。（杨　莉）

粮食工作

【概况】 2020年，丽水市人民政府与景宁畲族自治县人民政府签订《粮食安全责任书》。县发改局将各项指标分解落实到相关部门，与各部门签订《粮食安全责任书》。接受市政府（市发改委、市农业农村局、市自然资源和规划局、市统计局）对景宁畲族自治县《粮食安全责任书》执行情况的考核。根据上级要求，全县建立粮食价格监测点3个，粮食应急供应点20个，应急粮食加工企业3家。采用公开招投标“本地储备企业包轮换”的方式，与丽水嘉禾粮油公司签订150吨成品粮代储协议，每季定期检查库存总量，确保应急成品粮库存总量不低于150吨。

2020年，地方储备粮、最低应急周转粮、原粮总规模等均符合规定要求。通过网上竞标轮入粮食8400吨（其中，早籼谷2800吨、晚籼谷5600吨），轮出粮食3800吨（其中，早籼谷2800吨、晚籼谷1000吨）。为确保库存粮油安全，县粮食收储公司每月自查，县发改局每季综合检查，省粮食局不定期抽查。做到账账相符、账实相符，储备粮油达到国家规定的质量标准，粮食仓储合格率达到95%以上。

及时掌握区域内粮食供需基本情况，是年调查17户农户、10户居民的粮食生产和消费情况。按上级要求，提升粮食质量安全监控能力，做好品质监测和质量调查监测，及时报送数据，确保粮食质量安全。

2020年，开展全国政策性粮食库存大清查回头看。就粮食库存数量和质量在大清查中发现的问题，及时召开整改小组会议，坚持“谁主管、谁负责，谁清查、谁负责”的原则，压实工作责任，研究具体对策，按照粮食库存大清查的整改方案，逐条对照检查，整理分类并形成问题清单，及时整改，全力保障国家粮食安全。

联合市场监督管理局，对景宁域内粮油经营企业（店）开展检查，符合申报要求，满足创建标准，经相关部门联合考核验收合格的企业（店），授予“放心粮油示范企业（店）”牌匾 。全县共创建放心粮油示范企业（店）4家。

对金仙物资储备站进行修缮，完成应急物资采购和与县供销社交接入库工作。建立健全应急物资管理制度，做好应急物资日常维护保管，并严格按照调拨程序开展应急物资日常调拨回收工作。与浙江华统肉制品股份有限公司签订代储协议，代储冻猪肉25吨，按补贴费用3000元/吨·年价格计算，共计7.5万元/年（若启用储备冻猪肉则按3.1万元/吨的价格购入，共计77.5万元）。（杜丽媛）

烟草专卖

【概况】 2020年，县烟草专卖局（分公司）立足新思路，谋划新举措，积极开拓业务，努力提高效益。全年卷烟销量5066.36箱，比上年增加274.88箱，同比增长5.74%；销售额21548.95万元（含税），同比增长10.88%；毛利6030.27万元，同比增长12.49%；单箱销售额4.25万元，同比增长4.87%。总销量、销售额、毛利增幅列全市第一位，单箱销售额增幅列全市第三位。

共查获烟草违法案件131起，同比增长96.25%；查获违法卷烟共计4212.6条，同比增长10.59%。查获省外流入真烟案件70起，卷烟489.2条，同比增长138.87%。查获假私烟案件17起，同比增长142.86%；查获假私烟1323.8条，比上年增加1299.7条。市场净化率100%，卷烟市场保持稳定有序。

2020年，县烟草专卖局(分公司)《基于数据分析应用 助力信息宣传水平提升》新名片获评丽水烟草新名片二等奖，《探索基于贝叶斯理论的零售户违法预测方法》项目获全市新名片优胜奖。 (李春霞)

石油贸易

【概况】 2020年，中国石化销售股份有限公司浙江丽水景宁石油支公司(以下简称景宁石油支公司)，有加油站4座(畲乡加油站、景宁加油站、东坑加油站和标溪石油商店)，IC卡营业厅1个，配送库1个。全年成品油销售2.77万吨，比上年增加2770吨。其中，柴油销售1.58万吨，比上年增加2707吨；汽油销售1.18万吨，比上年增加360吨。成品油市场竞争激烈，扩销创效难度大。面对严峻的市场环境，景宁石油支公司牢牢把握住本地市场份额。用优质、热忱、周到的服务留住顾客。

2020年，成品油市场秩序混乱，违规销售非标柴油、走私油的情况此起彼伏，存在重大安全隐患。景宁支公司积极配合政府取缔非标油营销点，打击非法经营和走私油品的行为。配合地方政府职能部门开展党员+群众轮班值守社区卡口工作，助力疫情防控。累计参与防控工作289人次，其中党员198人次。

(陈翔鸥)

交　通

综　述

【概况】 2020年年底，全县有公路312条，总里程1978千米。其中，高速公路1条12千米，国省道公路2条72.34千米，县道公路16条367.56千米，乡道公路19条227.18千米，村道公路274条1298.91千米。共有二级客运站1个、三级客运站1个，准四级农村客货运一体站19个，农村物流服务点165个，港湾式停靠站532个。有通航航道77.11千米（主航道58.24千米，支线航道18.87千米），农村渡口17个，渡埠码头41个，在运渡船21艘（632个客位，12个车位）。

2020年，全县共有交通基本建设项目11个，计划投资24.35亿元，实际完成投资18.81亿元，占计划投资的77.2%。其中，续建项目7个，新开工项目4个。续建项目有：G4012溧宁高速公路景宁至文成段工程（景宁段）、322国道景宁段改建工程、G235国道溪口至澄照段改建工程、金钟大桥及连接线、农村班线客运中心站、民族商贸物流产业园、景宁县鹤溪街道水碓坑至惠明寺村连接工程。新建项目有：九龙乡黄村至九龙公路改建工程、沈北线双坑口至岚头村公路改建工程、渤海镇至郑坑乡公路改建工程、景南乡东塘村至童岭头（泰顺界）公路改建工程。

项目前期工作有序推进，省政府商请空军核准通用机场选址，启动有关空域报批工作；235国道东坑至景泰交界段通过省公路与运输管理中心工可调整方案论证，项目建议书赋码上报审批，与景文高速公路项目业主商定涉及景文高速东坑互通右转白鹤方向匝道先行实施段的实施方案和方式；完成庆景青公路景宁段一级、二级技术方案论证和九龙至红星段渤海镇先行实施段的方案设计；国铁集团通过温武吉铁路运量专题评审，专家组总体认可途径龙泉、云和、景宁三县（市）线位方案。

重点工程

【概况】 2020年，全县有续建新建重点工程建设项目11个。其中，续建项目7个，新开工项目4个。全年累计完成投资18.81亿元。

2020年，溧阳至宁德高速公路景宁至文

成段年度计划投资1.68亿元，实际完成1.7亿元，占投资计划的101.1%。322国道景宁段改建工程年度计划投资5亿元，实际完成4.22亿元，占投资计划的84.4%。235国道溪口至澄照段改建工程年度计划投资4356万元，实际完成投资4356万元。金钟大桥年度计划投资8万元，实际完成投资8万元，金钟大桥连接线年度计划投资2000万元，实际完成投资1242万元，占年度投资计划的62.1%。农村班线客运中心站年度计划投资1248万元，实际完成522万元，占投资计划的41.8%。祥源商贸城(原民族商贸物流园)年度计划投资7000万元，实际完成7527万元，占年度计划的107.5%。鹤溪街道水碓坑至惠明寺村连接工程年度计划投资852万元，实际完成849万元，占年度计划的99.7%(工程完工)。九龙乡黄村至九龙公路改建工程年度计划投资1838万元，实际完成881万元，占年度计划的47.9%。沈北线双坑口至岚头村公路改建工程年度计划投资2200万元，实际完成1973万元，占年度计划的89.7%。渤海镇至郑坑乡公路改建工程年度计划投资3004万元，实际完成1159万元，占年度计划的38.6%。景南乡东塘村至童岭头(泰顺界)公路改建工程年度计划投资1000万元，实际完成1000万元(工程完工)。

【金钟大桥工程完工并通过交工质量评定】
2020年，金钟大桥工程完工，并于1月20日通过交工质量评定。该工程于2017年6月20日开工建设，累计投资9210万元。

金钟大桥起点位于滩坑水库南岸的青景庆公路上，起点桩号为K0+000，向滩坑水库北岸布设金钟大桥，跨越滩坑水库VI级航道，终点接入滩坑水库北岸，桩号K0+280，大桥全长0.28千米。桥梁上部结构采用变截面连续钢构桥，桥梁布跨为68+120+68米，桥宽14米。概算总投资9210万元。该项目施工单位为宁波交通工程建设集团有限公司，监理单位为浙江通达工程监理咨询有限公司。

【G235溪口至澄照段改建工程竣工通车】
2020年10月30日，G235溪口至澄照段改建工程竣工通车，12月15日完成交工验收。该工程于2015年12月30日开工建设，累计投资4.27亿元。

该工程是G235新沂—海丰线的组成部分，项目概算总投资4.3亿元。工程起点与溪口2号桥桥头平交，起点桩号为K23+000(接52省道桩号)，路线由北向南沿老路布设，经过掌岸，在白锄渡船头(K26+400)处，路线折向西南方向新建对面山隧道，至大赤水文站附近后往南面新建大赤大桥与黄驮尖隧道，于滩树岭电站附近跨至溪谷南侧往东南方延伸经过石灰炉于澄照乡三石村接上现有S228(原52)省道，终点桩号为K32+560。路线全长9.56千米。其中，老路改建段3.4千米，新建路段6.16千米；大桥5座长1049米，中、小桥5座长365米；涵洞14道，长隧道2座长3410米，(其中对面山隧道长2297米，黄驮尖隧道长1113米)以及其他工程。施工单位为宁波交通工程建设集团有限公司，监理单位为丽水市丽通工程监理有限公司。

【溧阳至宁德高速公路景宁至文成段工程】 2020年，完成项目投资16.99亿元。完成路基挖方284.31万立方米，填方1292.67万立方米、挡墙11.76万立方米；完成桥梁桩基598根、立柱507根、系梁311道，隧道完成21245.5米。

景宁至文成高速公路起点为景宁县城西北侧的鸭卵坑，接已建成的溧宁至宁德国家高速公路云和至景宁段，途经鹤溪、澄照、东坑、西坑、富岙、大㴔，止于文成县东部的樟台，接在建的溧宁至宁德国家高速公路文成至泰顺段。路线全长68.05千米。其中，景宁段33.5千米，另设西坑互通连接线长8.22千米。主线采用双向四车道高速公路标准，设计速度80千米/小时，路基宽25.5米。西坑互通连接线采用二级公路标准建设。项目总投资137.06亿元，其中景宁段65.79亿元。

【322国道景宁段改建工程】 322国道景宁段改建工程总概算投资17.63亿元，2020年，完成项目投资4.22亿元。累计完成项目投资7.11亿元。完成路基挖方67.15万立方米，临建挖方30.26万立方米，桥梁桩基完成施工4483米，挡墙2.35万立方米，隧道完成4072.5米。监理单位为丽水市丽通工程监理有限公司，施工单位为山西路桥建设集团有限公司。

322国道景宁段改建工程是景宁首个采用PPP模式（社会资本和施工总承包）推进公路建设项目。线路起点322国道文成西坑至景宁交界，途经梅岐乡、鹤溪街道、红星街道、至外舍接青景庆公路，止于汇田大桥处与G235平交相接，全长28.68千米。其中，新建里程25.45千米，利用S326青景庆公路3.24千米。采用二级公路技术标准，设计速度60千米/小时（局部困难路段设计速度采用40千米/小时），路基宽10米（局部困难路段路基宽8.5米），隧道净宽10米，净高5米。全线路基土石方145万立方米，共设置桥梁5305.76米/24座，隧道11625米/11座（含特长隧道3785米/1座），涵洞34道，平交口8处。全线设公路养护管理用房和普通公路服务站各1处。项目概算总投资17.63亿元，其中建筑安装工程费12.44亿元。（毛时程）

路政管理

【概况】 2020年，在做好日常巡查工作的同时，依托澄照交通劝导站，集中执法力量开展超限超载专项整治，受理超限超载举报、投诉，开展不定时、不定点检查，形成整治氛围。针对货运车辆绕行、驳载等特点，掌握时间和规律，科学排班，分组执勤，采取岔道堵截、巡查摸排、路面筛查的方式，严密编织治超网络，不给超限车辆可乘之机。深入推进路警联合治超，建立路警非现场治超新模式，非现场设备采集超限数据与县交警部门共享，将严重超限运输车辆，抄告县交警部门，形成交通、交警联合查处高压态势，有效震慑超限运输行为。全年，共出动执法人员2960人次，检查货车3.22万辆次，收缴罚款20.96万元，卸货1539.52吨，超限率由年初的21.55%降至10.03%；非现场查处超限9起，共计罚款9.88万元；查处非法改装灯具车辆63辆，号牌不清晰29辆。

【科技治超】 2020年，景宁畲族自治县交通运输局按照省市要求，完成治超非现场点位技术升级，满足非现治超“三照片一视频”要求，非现场点位实现与市治超信息系统互联互通，于9月启用浙江省综合治超监管平台。2020年，非现场查处超限车辆9辆。 （李 颖）

水上交通

【概况】 2020年，全县共有六级航道104.69千米。其中，通航航道77.11千米（主航道58.24千米，支线航道18.87千米），尚未通航航道27.58千米。共有农村渡口17个，渡埠码头41个；渡工42人，在运渡船21艘（632个客位，12个车位）。辖区涉渡乡镇5个，行政村71个，常住人口4.2万人。本年度完成渡运量67.83万人次，渡运车辆8.35万辆次（包括摩托车、电瓶车等），无水上交通安全伤亡事故。全年出动巡航234人次，出动车（艇）77辆（艘）次，检查船舶（排筏）189艘次，发放“三无”船舶行政告知书200余份，强制拆除无证排筏48艘，驱离和暂扣“三无”船舶6艘次，暂扣发动机1台，拆除简易棚5个，销毁自制船舶5艘。发放隐患整改通知书9份，全部整改到位。2020年，检验营运船舶29艘次，参与建造检验1艘次。

2020年，完成工程项目总投资700万元。创建美丽渡口6道、美丽码头17个、美丽渡船5艘；景宁航区渡运码头应急项目工程通过交（峻）工验收，工程质量为合格（总投资270万元）；应急渡船建造完成，待下水试验后即可交付使用；建成景宁航区古城段美丽航道（10千米）；桃园码头上边坡隐患治理工程通过（峻）工验收；应急救助摩托挺采购到位交付使用（投资55万元）；职工之家设备采购到位（投资20万元）投入使用。 （潘国民）

运 政

【概况】 全年受理道路运输行政许可事项42件，其他行政权力事项2022件。货运许可业户新增30户，新增货车44辆。全县共有营运车辆341辆。其中，营运客车171辆（班车109辆、公交车41辆、出租车21辆），营运货车170辆（含危险品运输车辆）。开通客运中心至惠明寺村城市公交线路1条，购置纯电动新能源公交车12辆，淘汰报废纯油公交车3辆。全县254个行政村（撤并后为136个）于2017年全部通客车，行政村客车通达率100%。

2020年，新建港湾式停靠站8个，设置农村物流服务点86个。全县共有二级客运站1个、三级客运站1个，准四级农村客货运一体站19个、农村物流服务点165个、港湾式停靠站532个。

各类执法检（巡）查，出动执法人员4927人次，检查车辆3.13万辆次，办理处罚案件30件，处罚金额20.63万元；处理赔补偿案件26件，金额5.63万元；办理信访件172件。

驾校共培训学员661人，取得驾照520人，合格率78%。机动车维修行业共维修机动车3.15万辆次，回收废机油1.07万升、废电池2530只、废轮胎4025只、废配件18.5吨、废包装物5.8吨，“五废”全部实行规范回收和

循环再利用。 （何世杰）

运输服务企业

【概况】 2020年，浙江省景宁畲族自治县汽车长途运输公司进行体制改革，并更名为景宁汽车长途运输有限公司。该公司为道路旅客运输、城市（城乡）公交、旅游包车、汽车维修、汽车加油、汽车驾培、客运快件和旅游服务综合性国有三级客运企业。经营客运班线29条（包括康庄小巴线路10条），有营运车辆76辆（含城乡公交3辆，康庄小巴10辆，观光巴士33辆）。全年客运站发车34623班次，运送旅客39.19万人次。

县汇丰汽车有限公司。2020年，拥有客运车辆58辆，其中康庄小巴24辆。客运班线39条，日发车32班次，年客运量12.85万人次。

景宁联运出租汽车服务有限公司。2020年，名下共有出租车21辆，从业人员24人。

县公共交通有限公司。2020年，开通客运中心至惠明寺村城市公交线路1条；购置纯电动新能源公交车12辆，淘汰报废纯油公交车3辆。全县共有公交线路10条，公交车38辆，公共自行车租赁点31个，公共自行车800辆。县公共交通有限公司被浙江省老龄工作委员会评为浙江省第三届“敬老文明号”单位。 （马雄雄 何世杰）

公路养护

【概况】 2020年，景宁畲族自治县交通运输发展中心根据《浙江省公路条例》《浙江省人民政府办公厅关于深化农村公路管理养护体制改革实施意见》等法律法规，建立健全三级“路长制”，初步形成“县道县管、乡村道乡镇统管”的工作机制。指导开展农村公路规范化养护管理站创建工作，全县市级规范化养护管理站创建率100%，省级规范化养护管理站创建率48%（10个）。

2020年，继续开展“美丽公路”建设，全年修补路面700多平方米，绿化补植5000多株，恢复草皮1470平方米，公路沿线文化墙刷新12处、广告牌更新4处，修复隧道车道指示器，进行部分路面提升，累计投资399万元。为全县美丽乡镇创建铺设沥青混凝土路面4.02万平方米，累计投入215万元。全年累计清理边沟1475千米，清扫路面1.01万千米，清理涵洞220处，修补坑洞3800平方米，全线清洗隧道50余次，投入人工550个工作日，设备60台班。国省、县道清理垃圾投入人工4800个工作日，绿化补植4370株、草皮1170平方米。渤郑线线路改造移植小叶蚊母400余株，绿化修剪投入人工1800个工作日。清理冰冻400余立方米，清理塌方1.8万余立方米。应急抢险50余次，投入设备96台班，投入人工700余个工作日。

《普通国省道及县道5G智慧公路建设项目五年规划》编制完成，并通过网上竞价确定了项目一期设计单位、预算审核单位和监理单位。设计方案进入最后完善阶段，并完成“四好农村路”智慧管理平台（路长制）软件设计。

继续实施“四好农村路”三年行动计划，按照“党委领导、政府主导、行业指导、部门联动、全民参与"的体系推进"四好农村路"建设。是年,"四好农村路"提升改造工程完成投资6621万元。建成东弄公路服务站、梅岐公路服务站、岳崇公路服务站、毛垟公路服务站、朝局公路服务站、梧桐公路服务站、吴山头公路服务站7个公路停车休息区。农村公路新、改建319千米,改造提升124.78千米。树立"路况为王"的理念,按照精细化、规范化养护的要求,加强农村公路养护,提升路况质量。定期开展农村公路技术状况监测,路面技术状况评定。全县农村公路列养率100%,路面大中修268千米,平均养护工程比例5%,农村公路中等路率85%,基本实现农村公路养护的周期性良性循环。全面完善农村公路交通安全设施,加大危桥病隧改造力度。全年改造危桥病隧3座,建设完成生命防护工程512千米,基本实现农村公路临水临崖4米以上高度落差路段的交安设施全覆盖,农村公路安全隐患基本排除,农村公路耐久性、抗灾能力得到显著提高。全面推进路域环境治理,结合美丽乡村建设和小城镇综合整治工作,将公路边"三化"工作向农村公路延伸。大力整治公路沿线违法建筑、违法非公路标志、马路市场、"道乱占"等乱象,做好"田路分家""路宅分家",有效改善了乡村人居环境。

2020年,G235新海线景宁段沥青路面中修12.61千米,预防性养护2.45千米,增设生态护栏11.2千米,累计投资2109万元。创建美丽经济交通走廊81.9千米,并完成省政府民生实事督察系统的申报工作,累计投入资金约1438万元。(何梦霞)

邮政·通信

邮　　政

【概况】 2020年，全县共有邮政局（所）22个。其中，邮政支局(所)5个，邮政局所17个。邮政代理储蓄所6个(县城网点3个，农村局所3个)。电子化支局联网网点5个，电子汇兑网点24个（其中18个便民按址汇款)，报刊亭2个，信筒信箱26个。邮路20条，里程(单程)1341千米。投递段道44条（城市16条，农村28条)，总长度(单程)1078千米(城市474千米，农村604千米)。

2020年3月，邮政景宁分公司员工在郑坑柳山村为低保及低保边缘户送农耕物资

（邮政景宁分公司　提供）

新型冠状病毒肺炎疫情防控期间，邮政景宁分公司开展“景宁600”农产品“邮善邮乐”线下慈善义卖地瓜面、红茶、稻米、铁皮石斛、生姜、乳鸽等14种产品，义卖所得款项捐予县慈善总会，用于疫情防控。联合县民政局、县慈善总会，通过防疫物资和生产农资统一采购、统一配送，农产品统一销售的线上线下“零接触”闭环模式，助力低保及低保边缘户战疫情、备春耕。

开展线上“邮善邮乐”助农活动，帮助林山村困难群众销售玉米。与县民政局联合开展“邮善邮乐”敬老暖冬行之葛山站活动，为葛山村居家养老中心老人过“集体生日宴”，安排老人集体就餐，发放食用油等生活用品，切实增强老年人的获得感和幸福感。

【“邮善邮乐”创新冷水茭白销售模式】 2020年8月18日，邮政景宁分公司渠道平台中心工作人员在海拔一千多米的茭白田里，举着手机，跟着茭农为“‘景宁600’精品馆”直播间里的粉丝们现场直播茭白收割全过程，以生吃试吃茭白来直观展示冷水茭白的品质。同时开展抖音直播、“茭”厨争霸赛、“邮”姐姐与你“茭”朋友等活动，以“互联网+”销售模式销售冷水茭白。通过邮乐线上销售、基地直采、金融换购、抖音平台、微信公众号等渠道，招募全省优质邮掌柜和地推人员到基地现场体验，了解产品品质，以批发价格直接采购，邮政景宁分公司负责运输。全年为当地农户新增销量 14 吨，销售额 8 万余元。

2020 年 8 月 18 日，畲土丰家庭农场主林文丰在大漈茭白田边进行抖音直播

（邮政景宁分公司　提供）

【邮政景宁分公司成功创建市级文明单位】 2019 年，邮政景宁分公司向县文明办提出争创市级文明单位申请，县文明办向市文明办推荐，市文明办委托第三方机构以暗访形式

2020 年 6 月 5 日，邮政景宁分公司在全县经常化创建文明县城工作推进会上领奖

（邮政景宁分公司　提供）

从公益宣传、公共环境与秩序、文明素质、市民评价四个方面对邮政景宁分公司文明单位创建工作开展实地测评。2020 年 3 月 24 日，丽水市精神文明建设委员会授予邮政景宁分公司市级安全及服务保障文明单位称号。

（鲍丽丽）

电　信

【概况】 2020 年，中国电信股份有限公司景宁分公司（以下简称景宁电信分公司）有移动用户 2.61 万户（其中 5G 用户 4974 户），年净减 427 户；宽带总量 1.56 万户，年净增 915 户；宽带电视总量 1.18 万户，年净减 618 户；固定电话总量 9310 户。主营业务收入 2923 万元；基本面收入 1833 万元；码号收入 1539 万元。

2020 年年初，新冠疫情突如其来，景宁电信分公司第一时间与疫情防控指挥部对接，制定实施方案。迅速安装居家隔离智能视频管控系统、白云尖和草鱼塘 2 个集中隔离点监控，展现中国电信快速应急保障和信

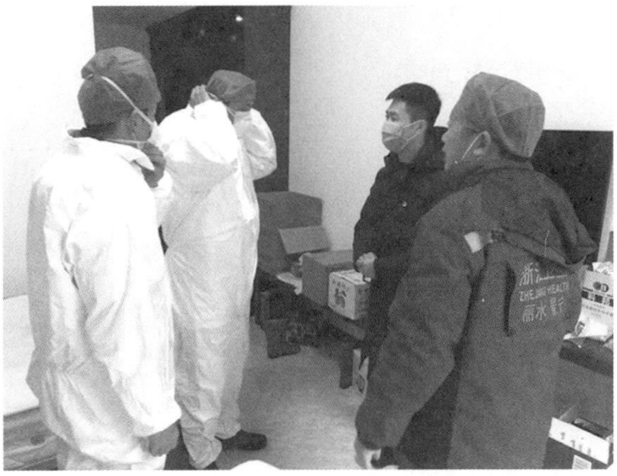

2020 年 2 月 4 日，装维人员在上标白云尖宾馆隔离点安装监控 （景宁电信分公司 提供）

息化支撑能力。全年,通过2B和2H发展天翼看家摄像头534个,覆盖15个乡镇75个行政村。

加快5G建设,在城区建成10个宏站,全部采用SA组网。持续打造云网融合优势,推进云改战略和数字化转型,进一步提升"云为核心、网为基础、网随云动、云网一体"的硬实力,加速全社会信息化、网络化、数字化和智能化进程。2020年,中心局2楼服务器托管机房建成,政务网、教育网、水利等单位托管设备搬迁到新机房。沙湾、东坑等核心网万兆交换机双上联、XGPON万兆OLT设备安装开通。4G信号优化覆盖15个站点。完成中心局112测量中心配线架退网,43个基站侧SDH设备退网。购置并装修外舍综合接入区的房子。投资立项外舍综合服务区三月三街道等道路管道、中继光缆,沙湾至标溪中继光缆等11个子项目。开展节能减排工作,全年节约电费32万元。圆满完成上海东方卫视在景宁开展网络带货直播等县委、县政府交办的应急保障任务。

2020年,景宁电信分公司成立扶贫工作组,结对扶贫红星街道杨绿湖村,助力政府打好精准脱贫攻坚战。公司副主任以上干部每人结对2户,共结对20户贫困户。开展公益扶贫、就业扶贫、网络扶贫、党建扶贫。给贫困户安装天翼看家监控17户。走访送慰问品19户。向贫困户购买板栗390千克,合计人民币2340元。

【省电信公司总经理龚勃到景宁调研】 2020年1月21日,中国电信股份有限公司浙江分公司总经理龚勃、副总经理黄晓鲁一行,在丽水分公司总经理顾健陪同下到景宁分公司调研。龚勃一行走访了支局、营业厅、机房等部门,听取工作汇报后,深入开展座谈。龚勃希望景宁分公司解放思想、开拓思路,做好对市场规律的思考和应对,迎接市场的变化和挑战。

2020年1月21日,省电信公司总经理龚勃(右一)、副总经理黄晓鲁(左二)一行到景宁分公司调研　　(景宁电信分公司 提供)

(叶银香)

移　动

【概况】 2020年年底,景宁移动共建有物理基站249个,逻辑站点921个;2G基站285个,拉远43个;4G基站536个,拉远186个;5G基站102个(其中宏站88个);骨干机房2个,汇聚机房19个。行政村驻地网覆盖率100%,行政村无线覆盖率100%。2020年,公司运营收入7910.45万元。

2020年,景宁移动紧跟政府民生项目建设步伐,积极落实5G基站建设,提升网络质量。投资3000万元用于县域5G建设,建设开通102个5G基站,实现城区、重要风景区、所有乡镇所在地5G基本覆盖。为县重点工程提供通信服务保障，完成金村水库基站建设，322国道、景文高速传输线路迁改等工作，并对重点工程施工区域信号进行优化。推进国家光纤到户项目，助力"宽带中国"战略，加强行政村宽带建设和城区光宽带改造。

积极开展党团志愿者服务活动。景宁移动有注册志愿者40余名，成立"党员志愿者突击队"和"青春5G+"志愿服务队，先后开展"关爱逆行天使 点亮微心愿"、"知5G·防诈骗"宣传、"守护碧水蓝天 共筑美丽家园"世界环境日、"绿水青山 节能增效"节能宣传周、"情暖海外华侨 保障亲情永在线"送温暖、走访慰问抗美援朝退役老党员、"八一送慰问 军企鱼水情"、"城乡结对 共建文明"结对帮扶等系列活动，累计服务12场次。开展"城乡结对·共建文明"帮扶活动，班子成员"一户一策一干部"结对帮扶。向东坑镇茗源村、景南乡上标村共捐助资金4万元，助力美丽乡村建设。

配合相关部门做好重要节庆活动和各乡镇文化节通信保障工作，为冰雪、火灾、防汛抗灾提供应急服务。2020年，共完成通信保障

2020年7月3日，景宁移动分公司与中国移动丽水分公司新基建(5G)签约仪式

(中国移动丽水分公司 提供)

任务15次，包含景宁东坑桃源水果沟亲水节、九龙乡东方卫视《我们在行动》拍摄活动、景宁东弄环敕木山越野赛等，共计出动保障人员92人次，小推车8次。及时有效保障现场通话质量，确保网络不中断。

面对突如其来的新冠肺炎疫情，景宁移动第一时间成立党员志愿者突击队，党支部书记靠前指挥，带头开展24小时值守网格卡口。全面启动应急通信和重点通信保障工作，提供应急通信公共服务。驻地7×24小时值班网络监控，保障县域重点区域通信畅通。对景宁白云尖、草鱼塘、古传三个隔离区域，做好专属通信保障，对龙井隧道、高速出口等体温检测口进行网络优化调整，及时消除通话问题，确保通信生命线畅通。向政府、指挥办公室、医疗机构、交通运输等单位，免费提供固话、"云视讯"远程会议、视频彩铃、信息发送等服务。共计发送疫情预警、交通状态、防控知识等疫情宣传提醒短信305.1万条。为保障畲乡学子在"停课不停学"期间能够使用优质网络服务，景宁移动克服疫情困难，多次远赴偏远山区，上门勘测、制订方案，为滞留在家的畲乡学子送去网络和温情；联合县民政局为单亲留守儿童赠送学习手机、号码及流量；为县中小学提供"和教育"服务，免费开放教学资源和直播课堂。 (毛忠玲)

联　通

【概况】 2020年年底，景宁联通建有物理基站154个，3G基站138个，4G基站59个，5G基站11个。3G、4G网络替代2G网络，县城、

乡镇所在地、省道及主要景区全面覆盖。11个5G基站基本覆盖主城区。县城各个小区实现光纤全覆盖。家庭宽带端口9056个，商务楼宇端口56个。宽带用户2000余户，移动用户5000余户。全年业务收入432.9万元，完成年度预算的112%。

先行先试，推动数字化改革转型。2020年，中国联通丽水市分公司与丽水电信多元化合作，以景宁为试点，在网络上推行“点、面”共享、探讨共维方案、创新试验共享载波聚合等多形式共享，扩增172个基站，推动网运成本、网络投资双下降。7月，与教育局签订高考维保建设项目。10月，浙大一院民族分院（景宁畲族自治县人民医院）与中国联通丽水市分公司启动“未来医院”战略合作，“未来医院”实践基地落户景宁。开发交通路长制软件平台，延伸乡村路长巡路大数据包的使用，通过数字化管理，提升工作效率。在老城区、东坑村、深洋村开展智慧消防业务拓展，助推智慧县城发展。智慧消防物联网的应用成为全市标杆。助力县民政局“真情暖万家·关爱365”平台建设、退役军人管理平台建设，助力交通局、住建局、国土自然资源局、检察院数据舆情分析。

2020年4月，景宁联通获评浙江联通抗击疫情先进集体（全市仅2家）。（雷群玲）

住房和城乡建设

城乡建设

【概况】 景宁畲族自治县住房和城乡建设局（以下简称县建设局）以美丽宜居示范村建设、传统村落保护建设为推手，促进全县乡村建设。2020年，小佐村美丽宜居示范村建设全面完成，并通过浙江省住房和城乡建设厅的验收；章坑村、隆川村、岗石村、印章村、道化村美丽宜居示范村建设分别完成计划工程量的73.2、62.5%、56%、52.5%、36.9%；统筹推进周湖等10个传统村落保护与发展。

2020年，县建设局协助县人民政府先后召开5次城市规划委员会会议，审议《那云·天空之城休闲度假景区规划建筑设计方案》《顺生·翡翠湾规划建筑设计方案》等15个项目规划设计方案。组织相关部门先后召开9次规划方案审查会，共审议《国网浙江丽水景宁畲族自治县供电公司渤海供电所方案设计》《景宁畲族自治县双后岗二期农民安置小区（南区块）规划设计方案》等20余个项目规划设计方案，并根据会议意见出具会议纪要，要求设计单位按照纪要进行修改完善。

县规划展览馆全年接待宾客6236人次。其中，各地政府等重要团体85批1764人，市民4472人次。

2020年，全县基本建设项目28个（其中续建项目12个，新建项目16个），全年完成投资11亿元。续建房地产项目3个，启动房地产项目1个，全年完成房地产投资8.12亿元。

【城南区块老旧小区改造工程】 2020年，有序推进城南区块老旧小区改造工程安置公寓A区块续建工程——一标段一号楼至十一号楼基础及楼面施工；完成城南区块老旧小区改造工程安置公寓B区块二标段招投标工作，并于10月开工建设。

城南区块老旧小区改造工程安置公寓A区块、B区块项目于2019年开工建设。由浙江晟元建筑设计有限公司设计，浙江山口建筑工程有限公司施工，浙江恒广工程管理有限公司监理。A区块：主要包括新建1#地下室、1#—3#、11#住宅楼及室外配套等内容，总建筑面积约2.08万平方米。其中，地下建筑约2853.32平方米，地上建筑约1.8万平方米。B区块：主要包括新建2#地下室、3#—10#住宅楼及室外配套工程等内容，总建筑面积约3.46万平米。其中，地下建筑约7881.53平方米，地上建筑约2.68万平方米。

【外舍三月三广场及地下停车场工程】 2020年，外舍三月三广场及地下停车场(绿化、亮化、给排水等市政配套设施)基本完工。累计完成投资2.8亿元。

项目总用地面积7.38万平方米，建筑占地面积1370平方米，总建筑面积6.58万平方米。其中，地上建筑面积1370平方米，地下建筑面积6.44万平方米。容积率为0.019，建筑密度为1.9%，绿地率为60.2%，机动车停车位1642辆。该项目由苏州田地民防建筑涉及研究院有限公司设计，浙江省建设投资集团股份有限公司施工，浙江荣阳工程建立有限公司监理，并于2017年3月开工建设。

【山哈大剧院工程】 2020年，完成山哈大剧院主体工程建设和80%室内装修工程。项目位于外舍新区，包括剧院主楼、副楼主体建筑、剧院内部装饰装修工程及设备安装工程、红线范围内基础配套设施、景观节点等工程的建设。

该项目总建筑面积1.07万平方米，概算总投资2.8亿元。项目于2017年3月启动建设，由浙江建工建筑设计院有限公司设计，浙江蟠龙工程管理有限公司监理，浙江省建设投资集团股份有限公司施工。

【外舍千熙桥及菖蒲湾路网工程】 2020年7月，启动外舍千熙桥及菖蒲湾路网工程建设，至年底完成总工程20%。完成千熙桥3号桥台24根桩基浇筑、2号桥台6根桩基浇筑、1号桥台桩基平台搭设，0号桥台基础开挖。菖蒲湾路网完成主路一水稳层铺设、边坡客土喷播，主路三肋柱挡墙立模浇筑。全年完成投资5322万元。

外舍千熙桥及菖蒲湾路网工程由桥梁和道路工程两部分组成，外舍千熙桥总长230米，跨越千峡湖，为双向四车道桥梁，桥上设置景观廊架，廊架面积1915平方米，层高8.25米；菖蒲湾路网工程总用地面积9.41万平方米，包主路一、主路二、主路三等3条道路。主路一，起点于菖蒲湾西南侧228省道，终点至菖蒲湾村，设计全长2485.01米，宽6米；主路二，起点于菖蒲湾西侧228省道，终点至主路三0+225.3，设计全长1136.54米，宽6米；主路三，起点于主路一桩号1540.23，终点至菖蒲湾北侧城市道路，设计全1194.29米，宽6米。菖蒲湾路网工程项目设计单位为浙江西城工程设计有限公司，监理单位为浙江蟠龙工程管理有限公司，施工单位为浙江富宇建设有限公司。

2020年7月7日，建设中的景宁千熙桥项目 （县住房和城乡建设局 提供）

【王金垟区块、双坑口区块供水管网延伸工程】 2020年1月,王金垟区块供水管网项目开工建设。项目设计单位为浙江方圆建筑规划设计有限公司,监理单位为浙江恒广工程管理有限公司,施工单位为浙江景源市政园林建设有限公司。该区块给水管道共1.76万米。其中,球墨铸铁管5613.6米,PE管1.19万米,钢管82.5米。增设两座加压泵房。是年7月完工并交付使用。

2020年8月,双坑口区块供水管网开工建设,年底项目基本完成。项目设计单位为天尚设计集团有限公司,监理单位为丽水昌涵工程管理有限公司,施工单位为丽市志城建设工程有限公司。该区块供水管网管道共长1万米。其中,钢管2241.5米,球墨铸铁管1856.6米,钢塑复合管5905米。

【外舍污水处理系统提标扩容工程项目】 2020年,外舍污水处理系统提标扩容工程完成PPP项目实施方案编制及批复,11月完成PPP项目成交,中标单位为杭州朗境环保科技有限公司。从PPP协议正式签署之日起算,合作期28年,其中建设期1年、运营期27年。2020年年底启动污水厂运维交接工作,由杭州朗境环保科技有限公司子公司——景宁畲族自治县朗境水处理有限公司负责运维。

该项目位于景宁汇田大桥至海事码头之间的山谷地块,于2019年启动项目前期,完成可行性研究报告,可研批复等。规划设计在原有1.5万吨/日的日处理规模、出水水质达到一级A标准的基础上,提标扩容至日处理规模3.0万吨/日、出水水质达到浙江省清洁排放标准。主要建设内容为增加处理量1.5万吨/日的曝气生物滤池设备、活性砂滤池设备、鼓风机房和变配电间设备、加药间设备、污泥处置用房设备以及相应的电气设备、自控仪表安防等设备建设;增加城北泵站污水收集系统、外舍泵站污水收集系统等。项目总投资5008万元。

外舍污水处理厂总用地5.09公顷,其中厂区用地面积为4.92公顷。污水管道工程建设泵站3座,污水输送管道5.9千米。污水处理工艺采用二级处理+深度处理工艺,即沉砂+CAST反应+曝气生物滤池+活性砂滤池+消毒,排放;污泥处理工艺采用浓缩、脱水、压滤、填埋。

【城乡生活垃圾环卫一体化PPP项目】 2020年4月28日,该项目中的生活垃圾分类利用处置中心开工建设(位于澄照乡叶缴村靶场以北区块),用地面积2.96万平方米,总建筑面积5133平方米。至年底,完成1#车间建设、2#辅助用房主体工程和厌氧基础工程,沼液池、污水池、储热罐、事故池、双膜气柜基本完工。该项目由浙江城市空间建设规划设计院有限公司设计;丽水市志诚建设工程有限公司施工;浙江处州建设管理有限公司监理。

该项目总投资1.38亿元,建设内容:城市垃圾分类示范小区2个(亲亲家园、正达阳光城)、城区清扫保洁、城乡生活垃圾收集清运和生活垃圾资源化处置。垃圾分类包括垃圾收集设施、智慧垃圾分类平台等。城区清扫保洁包括道路清扫保洁、公厕管理、智慧环卫系统等。实施覆盖全县城区范围内的垃圾清洁直运项目，包括城区垃圾清洁直运体系的建立、车辆 GPS 监管等；农村地区实施清洁转运为主、清洁直运为辅。生活垃圾资源化处置内容为处理景宁全域产生的生活垃圾的资源化利用。中心设置处置能力：生活垃圾机械自动分选 180 吨/天，可腐垃圾（厌氧产沼发电）90 吨/天（可腐垃圾 70 吨/天+20 吨/餐厨垃圾）。项目采取 PPP 运行模式，2019 年 9 月 30 日与浙江万泰环境工程有限公司签订《特许经营合同》，合作期 28 年（建设期 2 年，运营期 26 年）。合同规定运维费用：前端城乡环卫服务费 3818 万元/年；生活垃圾分类利用处置费用按 245 元/吨结算。

公用事业

【概况】 2020 年，新建供水管网 17.59 千米，改造老旧供水管网 7.1 千米。制水 572.02 万吨，售水 517.05 万吨，常规水质合格率 100%。及时处理来电、来信、来访的漏水抢修任务。全年，累计抢修管网 290 多处，消防栓抢修 15 处。管网常规检漏 80 余千米，发现 9 处漏水并及时修理，降低管网漏损率。

全年，新建污水管网 3.6 千米，改造 2.8 千米；排查污水管网 71.5 千米，排水管网清淤 95 千米。处理污水 503.51 万吨。处置污泥 1388.33 吨。保障外舍污水处理厂运行稳定，提升负荷率、减排能力和出水水质合格率，为景宁争创全域“零直排”奠定基础。

县供排水公司制定防恐、次氯酸钠泄漏、水体污染等应急预案，全年组织职工进行 2 次安全演练，提高职工的安全意识和应急能力。加强燃气安全监管，全年开展燃气安全专项检查及部门联动督查 20 次，对景宁域内门市部二维码使用情况、站点的监控设施、来客记录、站区日常管理巡视等常规工作落实到位情况进行检查。瓶装燃气二维码标签使用率 100%。

截至 2020 年年底，景宁畲族自治县天然气有限公司累计完成人民中路天然气中压主管道安装 13.1 千米，投资 800 余万元，基本实现城区天然气中压主管道全线贯通。

城市维护管理

【概况】 2020 年 1 月 1 日，景宁畲族自治县环境卫生管理所（以下简称环卫所）全盘接管景宁县日常生活垃圾综合利用资源化项目。全年处理焚烧厂渗滤液 9500 吨，焚烧处置垃圾 3.25 万吨。对烟气排放参数进行 1200 小时的自行比对和焚烧参数的调试，确保烟气在线监测达标排放。

新冠肺炎疫情期间，县环卫所第一时间投入防疫工作，坚持“预防为主，科学应对、人人在岗”的原则，配足一线工人的防护用具，全方位加强中转站、公厕、网格小区和主要街道、公园、城市家居的消毒工作。增设 104 个“废弃口罩专用投放点”，专人专车负责收运处置；并做好上门收集隔离户生活垃圾服务工作。疫情期间，环卫 375 人全员在岗，共发放口罩 1.1 万余只、防护衣 600 余件、使用消毒液 16 吨、氯片 5000 余颗。

2020 年 9 月 1 日，建筑垃圾消纳场投入使用，并投入 190 万元完成场地挖机、铲车的招标工作，同时完成建筑垃圾资源化利用招标工作。2020年，建筑垃圾消纳场共计消纳建筑垃圾5822.8吨。

多层次推进城区生活垃圾分类工作，亲亲家园、正达阳光城建成省级高标准垃圾分类示范小区，景融时代广场建成省级定时定点垃圾分类投放清运小区，红星街道团结西路建成定时定点垃圾分类投放清运商业街。2020年，实现城镇生活垃圾总量负增长目标（增长率为-3%）；城镇生活垃圾分类覆盖率为91%；生活垃圾无害化处理率100%。

2020年，完成外舍新区园林绿化（三月三公园）建设；鹤溪河环线绿道种植行道树500余株。城区累计新增园林绿地6.1公顷。全年，收取易地绿化补偿费341万余元（改变绿化规划、绿化用地使用性质审批3起，城市绿化补偿增收4起）。采取一月一考核的方式对园林绿化养护工作进行指导和监督。对城区纳入养护范围的40.6万平方米公共绿地、15万平方米山体公园，5444余株行道树的修剪、苗木施肥及除草、绿地日常保洁、春季苗木种植等工作进行考核管理。绿地景观常年处于良好状态。在元旦、春节、“三月三”、国庆节等重大节庆期间选择应季草花，美化、绿化城区重点地段节点。全年共计种植摆放草花30万余株。

2020年，县白蚁防治站在浙江华企正邦自动化科技有限公司、浙江丽景植绒有限公司、景宁畲族自治县民族医院等地安装监控白蚁防治技术设备，监控覆盖面积11.1万余平方米。对已登记备案的新建、改建、扩建房屋采取“预防为主，防治结合”的工作方针，有效开展白蚁防治工作。全年，共计受理新建房屋白蚁预防公共服务13宗，面积17.8万平方米；派单3宗，预防11.1万平方米；5年及10年药物屏障回访38宗，回访面积61.3万平方米；对以往监控装置回访25宗，回访面积58.7万平方米；白蚁灭治4处，传统村落白蚁预防6个村，共计467栋1000多户，合计面积6.7万平方米，蚁害得到有效控制。针对农村房屋受白蚁侵害情况，县白蚁防治站结合工作实际，免费发放白蚁防治药品，并告知产品使用说明，让村民自行防治。全年，共计发放氰戊菊酯150余瓶，杀虫粉剂100余瓶，使用说明书260余份。

2020年，投入市政基础设施维护资金2200余万元，进行城市绿化提升补植、市政设施维护、相关路段及路面综合整治、地下排水排污管网清污、县城公厕改造提升、垃圾房建设维修及其他零星基础设施建设维护。全年，受理“12345”平台市政设施抢修信息366件，受理丽水市基层治理信息平台市政设施抢修信息32件，均做到及时、准确落实和处置，保障了市政设施的完好率。

【环卫体制改革】 2020年4月1日，景宁完成环卫体制改革。景宁县通过政府购买服务的方式，将城区环卫保洁及农村垃圾收运等前端环卫服务工作整体承包给景宁万泰环境工程有限公司运维；县环卫所将350名环卫职工，1辆餐厨垃圾车，2辆洒水车，814只果壳箱，以及前端环卫服务工作整体移交给景宁万泰环境工程有限公司。同年5月1日，正式将21个乡镇（街道）的农村垃圾收运工作纳入项目服务范围。环卫作业实行“运管分离”。县环卫所督察考评科负责协调、组织全县前端城乡环卫服务绩效考核工作。其中，农村生活垃圾收集清运考核由各乡镇组织实施。考核内容由垃圾分类考核、城区清扫保洁清运考核、农村生活垃圾收集清运考核、安全生产和监督管理四大部分组成。遵循“以质量标准为准绳、考核细则为依据”的原则，对该项目前端环卫服务工作运营情况实行全面考核。

建 筑 业

【概况】 2020年，全县有登记在册建筑企业68家。其中，一级总承包企业3家，二级总承包企业15家，三级总承包企业33家，专业承包资质企业6家，施工劳务不分等级11家。全县范围有在建工地52个。其中，新开工项目34个，合同施工总面积55.7万平方米；续建项目18个。全年竣工项目27个，合格率100%。全年，全县建筑企业共实现总产值26.26亿元，同比增长10.46%。其中，省内产值21.4亿元，同比增长13.61%（县统计局快报数据），位列全市第一。

2020年，全县公开招标项目36个，招标金额6.28亿元；小额招标项目146个，招标金额2.3亿元。实现全年零投诉。2020年，审查消防设计项目8个，消防验收项目5个，消防验收备案31个，验收合格率100%。2020年，完成新开工装配式建筑面积3.1万平方米，完成指标的103%。其中，装配式住宅和公共建筑（不含场馆建筑）面积1.13万平方米，完成省市考核指标的113%。

深化工程建设项目审批制度改革，推进施工图审查改革。自2020年2月1日起，在景宁范围内全面启动施工图自审备案制改革，对除装修、改建、扩建以外的建设工程项目取消行政审批阶段的施工图联合审查，改为事中事后监管。建设单位在申请办理施工许可证时应出具设计单位对施工图质量的承诺书，施工图联合审查合格报告书不再作为办理施工许可的前置条件。工程建设项目从先批后建到先建后验，大大缩减施工许可证审批的时间。落实建筑业企业资质审批承诺制，以告知承诺、事后核查为手段，全年共核查建筑业企业资质8批次、23家企业的35项资质，通过率100%。

2020年，全县建筑行业实施“争先创优行动”，聚焦降本减负，以保函代替工程建设保证金。全年，通过保函减负金额848.63万元；发放企业人才补贴2.86万元；兑现建筑业扶持专项资金539.25万元；支付图费用76.48万元。持续优化营商环境，推动建筑业市场回暖起势。景宁的建筑业和房地产专班成绩始终位于全省中等行列，尤其是1—5月专班推进指数位列全省第八位，全市第二名。

2020年，根据县新冠肺炎疫情防控指挥部相关文件要求，为确保全县建筑企业的疫情防控和复工复产两战赢，县建设局建立“一企一策一领导”专班分组一对一联系企业，了解企业开复工困难，全力做好服务工作，帮助解决难题。3月底，全县的建筑业全面复工。

2020年，全县在建项目工地全部落实降尘工作，完成现场7个100%的目标任务（施工现场100%围挡、工地沙土100%覆盖、工地主要道路100%硬化、拆除工程100%洒水、出工地运输车辆100%冲净车轮车身且密闭无泄漏、暂不开发的场地100%绿化、外墙脚手架密目式安全网100%安装)。加强部门联动形成整治合力,严格执法;依托智慧工地建设,推进建筑工地扬尘治理工作,助力打赢"蓝天保卫战"。施工扬尘的投诉率较上年有所下降。

2020年,深入开展建筑领域欠薪问题治理,打击恶意讨薪。在项目推进过程中,做好源头把控,确保项目资金落实到位再开工建设。同时开展建筑工程施工发包与承包违法行为专项整治行动,全面排查违法分包,层层转包行为,排除欠薪隐患。严格落实"六项制度"(建立数据共享、总包直发、农民工工资专用账户、实名制、法律援助、诚信档案和保证金制度),实行农民工工资分账管理,签订四方协议(总承包单位、建设单位、开户银行、县建设局和县人社局),保证农民工工资按月足额支付到位,保障农民工的合法权益。全县城区范围内建设领域在建工程项目,全部落实农民工工资分账管理。全年实现"零越级上访""零群体性事件""零恶性讨薪事件"的"三个零"目标。

全面推进全省住房和城乡建设系统行业乱象治理工作。强力推动扫黑除恶专项斗争向纵深发展。全面彻底整治建筑垃圾清运处置、建筑市场、建筑施工、房地产市场、农村危房改造等重点领域违法违规行业乱象。联合相关部门开展专项治理,采取边检查边规范,边发现边整改的方式,检查项目工地89个次,检查建设单位73个次,检查施工企业78个次。有效落实行业监管责任,切实找准行业监管漏洞,健全长效机制,从根本上有效遏制住房和城乡建设领域行业乱象以及涉黑涉恶问题。

房地产业和住房保障

【概况】 2020年,全县有登记在册房地产开发企业9家。其中,景宁天元房地产有限公司、丽水天申置业有限公司具三级资质;景宁鼎丰置业有限公司、景宁景商房地产开发有限公司、景宁华途置业有限公司、景宁毅龙房地产开发有限公司、浙江景宁顺锦置业有限公司、景宁天寿置业有限公司、景宁外舍古镇旅游投资发展有限公司等7家为暂定资质。全年续建房地产开发楼盘3个,完成房地产开发投资8.1亿元。办理商品房预售许可10件,房产开发企业资质核准9件,出具房改证明78件,商品房预售合同备案1191份,销售商品房14.19万平方米。

以服务民生为落脚点,统筹创新、攻坚克难,高效推动住房保障各项工作。开展新申请公共租赁住房家庭资格审核工作,审核通过31户家庭,实物配租并入住31户,保障率100%。为全县24户在疫情防控一线的医护、环卫、公交、物业等行业公租房保障对象减免公共租赁房租金2.6万余元。开展城镇低保、低边家庭以及环卫、公交行业的住房困难家庭排摸审核工作,给24户(其中低保低边11户,环卫、公交行业13户)住房困难家庭发放租赁补贴9424元。修订《景宁畲族自治县公共租赁住房管理办法》，将公租房续租资格复核及清退纳入“三服务”（服务企业、群众、基层）工作重点。2020年，县检察院、法院、公安局、县府办、建设局、民政局、自然资源和规划局等相关单位成立专项工作组，各司其职，协同推进，清退120余户不符合资格的保障家庭；给符合条件的113名行政事业单位退休人员发放住房补贴202万元。

加强物业行业指导，深入物业小区调查了解物业经营管理情况，督促物业小区完成疫情防控、垃圾分类、平安维稳等各项整治30余次。规范房地产管理秩序，开展房地产不规范行为整治1次，下发疫情防控通知书、整改通知书30余份。（朱依婧）

旅　游

综　述

【概况】 2020年，景宁畲族自治县文化和广电旅游体育局(以下简称"县文广旅体局")一手抓"防疫"，一手抓"经济"，启动编制《"十四五"文化和旅游体育发展规划》，修订出台《关于加快全域旅游发展的若干意见》，推动文旅体事业和产业高质量发展。全系统呈现出"防控有力、落实有方、复苏有劲、安全有序"的良好态势。2020年，实现旅游总收入67.46亿元，同比下降14.9%。

2020年，全县安排涉旅项目18个，完成投资24亿元。其中，洞宫畲王寨旅游景区实际完成投资55万元；惠明禅茶文化产业园实际完成投资3956万元；畲乡古城至梅歧通景公路实际完成投资4.22亿元；那云·天空之城休闲度假景区实际完成投资1.54亿元；东弄田园综合体实际完成投资6756万元；悬崖上的天空之城至云中大漈通景公路实际完成投资4355万元；景宁至东坑旅游风情小镇通景公路实际完成投资11.45亿元；山后天寿养生养老山庄实际完成投资3679万元；畲乡小镇基础设施建设工程实际完成投资4447万元；三月三广场实际完成投资1.16亿元；东方广场实际完成投资2990万元；山哈凤凰谷实际完成投资4467万元；千年山哈宫实际完成投资1.01亿元；畲乡绿廊国家水利风景区提升项目实际完成投资6307万元；大漈至雁溪通景公路工程实际完成投资552万元；山哈大剧院实际完成投资1988万元；畲族集中安置特色小区(金山垟)项目实际完成投资4333万元；体育场复建项目实际完成投资3047万元。由浙江那云文旅有限公司投资建设的"那云天空之城休闲度假景区"项目完成二次业态招商，在工期不变的情况下，促使原定的一、二期项目一次性建设，总投资从5亿元增加到15亿元。策划了"云镜天空泳池，云端西餐厅、矿洞儿童城堡、矿洞睡眠房、矿洞博物馆、矿洞音乐厅、矿洞酒吧、户外无边泳池(150米)、网红云沐温泉区、商业一条街"十大原创型旅游业态。由上海静安寺、佛教百寺基金负责筹资7.5亿元建设的惠明禅茶文化产业园项目，产业园道路工程、引水工程开工建设及子项目惠明寺扩建项目完成土地农转用审批、土地政策处理、规划方案审查、选址意见书办理等前期工作。洞宫畲王寨旅游景区项目在36个工作日内完成“三证”办理等全部审批事项，并开工建设。百鸟朝凤文化旅游度假区项目设计方案通过城市规划委员会审议，启动政策处理和土地招拍挂前期工作和施工图纸设计。体育场和体育馆主体工程基本完成，并开展室内精装修和附属室外场地基础层铺设平整。畲族博物馆提升项目完成扩建工程建设，完成展陈考察、发改赋码和立项及招投标方案编制。景宁鼎丰置业有限公司引进主力餐饮、民宿、文创、民间博物馆等业态，并开展业态招商政策征求部门意见。

2020年，红色毛垟景区、封金山景区创成国家AAA级旅游景区。畲乡之窗景区完成婚嫁基础配套设施及婚嫁演艺产品提升、标识标牌、接待中心旅游厕所、环境整治等项目。全年开展婚嫁表演334场次、接待团队318个，实现婚嫁表演门票收入72万元、漂流门票收入8.4万元。云中大漈景区，“萤光绿道”、景区入口沿线节点打造等项目全面完成并投入运营。

有效推进“百城千镇万村景区化”工程，大漈乡、大均乡创成浙江省AAAA级景区镇。大漈村、上标村、渤海村创成浙江省AAA级景区村庄，新增18个A级景区村庄。全县累计创成5个AAAA级景区镇，89个景区村庄，实现了景区县域全覆盖，乡乡有景区，乡乡有特色。推进旅游风情小镇创建，大均乡创成浙江省旅游风情小镇；东坑镇旅游风情小镇规划编制完成初稿编制；大漈乡旅游风情小镇规划进入竞争性磋商政府采购阶段。推进旅游配套服务设施建设，新增三星级品质旅行社1家（景宁假日旅游有限公司）、三星级旅游饭店1家（景宁凤凰国际大酒店）、金宿1家（景宁朴宿民宿客栈）、银宿2家（景宁结庐农家乐、景宁炉溪小筑民宿），完成10座旅游厕所建设任务，百度地图上线率100%。其中，畲乡之窗景区接待中心旅游厕所成功评为AAA级旅游厕所。

聚焦长江三角洲一体化发展，与上海市静安区的对接工作走向深入。在静景旅游工作专班的推动下，两地文旅局、联络处双向对接考察40余人次，实现合作对接常态化、机制化。总投资11.5亿元的惠明禅茶文化产业园项目开工建设；总投资12.5亿元的百鸟朝凤项目设计方案通过城规委审议，正在全力推进政策处理和土地招拍挂前期工作；总投资3.2亿元的畲族风情康养度假综合体项目前期有序推进。在静安区的牵线搭桥下，《我们在行动》栏目组走进景宁，通过明星效应引发广泛关注，助力山区群众脱贫增收。线下县文广旅体局携各旅行社、企业亮相上海“烟火长三角”亲子美食旅游节、“上海周”活动，举办景宁（上海）文化旅游推介会和夜市集，通过主题推介、文创展示、有奖互动等多种形式，加速推进景宁在沪旅游推广工作。成立景宁旅游上海市场推广联盟、景宁旅游上海联络处和静景旅游战略合作联盟，明确了经济建设、文化交流、产业发展、全域旅游等十个方面的合作内容，积极推动两地旅游协会、景区、行业之间的整体联动，以旅游资源、旅游产品、旅游线路为重点，定期开展旅游市场研讨、旅游信息发布，探索建立“资源共享、活动共办、市场共推、客源共招、声势共造、品牌共创”的旅游合作共享机制。

2020年，县文广旅体局充分发挥旅游业对其他产业的融合、催化和集成作用，加大旅游产业与其他产业的渗透融合，延伸旅游产业链，推动旅游产业向深度和广度空间拓展，逐步形成特色化、多样化、全域化的旅游融合产业体系。浙西南畲乡非遗技艺体验游入选全国非遗主题旅游线路，景宁在“2019浙江文化和旅游总评榜”中获评“2019浙江百县千碗工程示范县（区）”；梅岐乡被列入全国森林康养基地试点建设单位；草鱼塘森林康养基地入选浙江省首批康养基地名单；景宁“古韵畲乡 归园田居”精品线获评浙江省休闲农业和乡村秋冬精品线；三月三公园获评省级优质综合公园。完成浙江省中医药文化养生旅游示范基地、畲银博物馆文化产业示范基地、百县千碗美食示范街区、毛垟乡、梅岐乡红色旅游教育基地培育申报工作。完成乡村文旅能人申报工作，不断提高乡村旅游从业人员技能水平。

加大旅游区域合作营销力度，精准开拓客源市场。县文广旅体局与上海、江苏、杭州、宁波、温州、台州、嘉兴七地签订旅游合作协议，设立七大旅游联络处，通过协调七大联络处以及旅行社行业各方面的客源资源，打开旅游客源市场销售渠道，促进两地旅游资源整合，活跃两地旅游市场，全年实现引客5.14万余人次。联合各大主流媒体和直播平台，先后举办长江三角洲云推介会、旅游精品线路发布会、《我们在行动》景宁站幸福推介会等线上活动，形成多网联播矩阵，累计在线观看人次超5000万。整合传统媒体和新媒体营销体系，通过抖音、小红书、宣传片等进行全方位、多渠道宣传推介，提高精准广告投入比例，加强客源地地铁站、公交媒体广告宣传。发放百万“文旅消费券”，最终核销171.6万元，拉动消费684万元，促进文旅消费回补和潜力释放。巧借各方平台，组织旅游企业参加江南吃货节、2020中国国际旅交会、遂云景抱团推介活动等组团式营销活动，提升营销实效。举办“风情景宁”“清爽景宁”“秋收景宁”“年味景宁”系列活动、百家旅行社踩线活动，吸引众多自驾游、家庭群体前来参观体验，营造全域旅游主客共享的浓厚氛围。对外念好“营销经”，前往重要客源地开展“一月一城一主题”旅游推介活动，通过旅游主题线路宣传短片、民族风情表演、茶文化展示等多种形式，展示景宁新兴业态和文旅产品。完成营销项目答辩会，确定包括联络处在内的12家媒体广告宣传合作，做大景宁旅游形象广告。全年前往16个城市举办参加推介会32场，发放景宁宣传资料8万余份、旅游纪念品7000余份，通过“线上+线下”全渠道加码，实现“客源地”与“目的地”联动，助力景宁文化旅游品牌打造和市场拓展。

强化旅游行业安全监管，确保旅游安全“零事故”。以疫情防控、节假日、重要保障期等时间节点为抓手，结合日常巡查，定期对旅游企业开展安全检查，全年开展各类检查30余次，出动检查人员150余人，检查旅游企业150余家次。全年未接到有效旅游投诉，未发生旅游安全事故。

【红色毛垟、封金山被认定为国家AAA级旅游景区】 2020年12月31日,丽水市旅游景区质量等级评定委员会印发《丽水市旅游景区质量等级评定委员会关于认定景宁红色毛垟景区等5家景区为国家AAA级旅游景区的公告》(丽旅质评〔2020〕2号),认定红色毛垟景区、封金山景区为国家AAA级旅游景区。

【大漈、上标、渤海村被认定为浙江省AAA级景区村庄】 2020年12月31日,丽水市文化和广电旅游体育局印发《丽水市文化和广电旅游体育局 丽水市农业农村局关于公布莲都区黄村乡黄村村等22个村庄为浙江省AAA级景区村庄的通知》(丽文广旅体〔2020〕117号),认定大漈村、上标村、渤海村为2020年度浙江省AAA级景区村庄。

【景宁假日旅游有限公司被评定为浙江省三星级品质旅行社】 2020年11月2日,县文广旅体局邀请评星专家对景宁假日旅游有限公司开展三星级品质旅行社评定工作。专家组严格按照《旅行社品质等级划分与评定》标准,通过听汇报、看台账、问题反馈的方式,对旅行社管理品质、设施品质、产品品质、营销品质、诚信品质、服务质量等方面进行综合打分,并提出整改意见。评定结果认定:景宁假日旅游有限公司基本达到三星级品质旅行社的标准,评定为浙江省三星级品质旅行社。

【景宁凤凰国际大酒店被评定为三星级旅游饭店】 2020年12月1日,市旅游星级饭店评定委员会到景宁凤凰国际大酒店开展三星级旅游饭店评定工作。评定小组通过明察暗访、现场查看、听取汇报、检查台账等环节,对酒店设施设备、运营管理、服务质量等进行全面检查,并提出整改意见和建议。经整改,凤凰国际大酒店达到三星级旅游饭店标准,于2020年12月28日正式被授予三星级旅游饭店称号。

【"浙西南畲乡非遗技艺体验游"入选"全国非遗主题旅游线路"】 2020年10月18日,中国丹寨非遗周在贵州丹寨万达小镇开幕。在各省、区、市文化和旅游厅局推荐以及线路运营实施单位自荐基础上,依据旅游线路非遗占比、非遗体系化开发、市场化运营程度和市场及游客的认可度、市场的前景四个方面进行评审,并组织非遗和旅游领域的专家、学者从全国上报的160多条线路中,最终评选出12条线路,入选"全国非遗主题旅游线路"并正式发布。景宁推荐的"浙西南畲乡非遗技艺体验游"线路名列其中,该线路包含了景宁的"畲乡之窗""云中大漈"两个非遗传承经典景区。

【景宁获评"2019浙江百县千碗工程示范县"】 2020年5月16日,2019浙江文化和旅游总评榜颁奖仪式在余杭举行,景宁获"2019诗画浙江·百县千碗工程示范县"称号。景宁畲族自治县副县长严伟华参加颁奖仪式并上台领奖。

中共景宁畲族自治县委、县政府高度重视百县千碗工程建设,在政府的引导和市场主体的参与下,开展"畲家十大碗"进景区、进校园等活动，畲乡小吃已逐渐成为景宁的一张美食名片。“英川粉皮”成功打开市场，“畲家十小碟”“畲家十药膳”品牌影响不断扩大。畲乡美食文化得到进一步挖掘和演绎，逐步成为助推景宁全域旅游发展和促进城乡群众增收的民生产业。

【景宁“古韵畲乡 归园田居”精品线获评浙江省休闲农业和乡村秋冬精品线】 2020 年 9 月 21 日，浙江省农业农村厅、浙江省文化和旅游厅印发《浙江省农业农村厅、浙江省文化和旅游厅关于公布休闲农业和乡村旅游秋冬精品线推介名单的通知》（浙农产发〔2020〕12 号），发布了 20 条浙江省休闲农业和乡村旅游秋冬精品线，景宁“古韵畲乡 归园田居”精品线成功获评。

景宁“古韵畲乡 归园田居”精品线串联畲乡绿道、望东垟湿地、雁溪古风、白鹤咸菜特色村。沿途畲乡风情浓郁，特色咸菜宴、药膳包更让行程有滋有味。

【2020“诗画畲乡 清爽景宁”启动仪式暨景宁旅游长三角联络处签约发布会】 2020 年 5 月 26 日，2020“诗画畲乡 清爽景宁”启动仪式暨景宁旅游长江三角洲联络处签约发布会在天元名都大酒店举行。中共浙江旅游职业学院党委委员、副院长王忠林，浙江电视台教育科技频道副总监陈毓，浙江省文化和旅游发展研究院执行院长毛水根等嘉宾应邀出席。县领导陈重、严轶华、张峰、雷应江、严伟华出席。出席发布会的还有市级有关部门领导，上海市静安区、温岭市等山海协作对口单位领导，各联络处负责人和联盟旅行社负责人，县内各旅行社负责人、景区代表、酒店代表、民宿代表，营销推广企业负责人。会上，长江三角洲区域六大联络处负责人围绕年度送客目标进行陈述。通过联络处的建立，景宁将加强与上海、江苏、杭州、宁波、温州、台州等地的旅游互动，深化同行间的旅游合作，进一步巩固和拓展长三角市场，实现资源互补、客源共享、友好合作。 （林　丽）

2020 年浙江·景宁文化旅游推介会

表 8

时　间	名　称
4 月 24 日	“诗画畲乡 和美景宁” 景宁文旅长江三角洲云推介会
7 月 24 日	“杭城迎新景·风情数畲乡”景宁文旅杭州推介会
8 月 27 日	“诗画畲乡 和美景宁” 景宁文化旅游江苏推介会
9 月 16 日	“山海一家亲·丰收景宁行” 景宁文旅宁波推介会
10 月 16 日	景宁文旅温州推介会
12 月 4 日	“诗画畲乡 年味景宁”景宁文化旅游推介会
12 月 22 日	“年味景宁”景宁文旅嘉兴推介会

浙江景宁畲族风情旅游度假区

【概况】 2020 年，浙江景宁畲族风情旅游度假区（以下简称度假区）有续建项目 2个，完成年度投资 3.3 亿元（其中，千年山哈宫 1 亿元，景宁畲家田园综合体 2.3 亿元）。新建项目惠明茶文化博物馆建设基本完成，投资 518 万元。景宁—温岭山海协作生态旅游文化产业园，完成投资10.46亿元。建设完成天堂湖茶文化游憩观光平台、景宁畲乡绿道鹤溪河精品线（一期）、环敕木山道路景观工程（一期）、智慧旅游数据中心和全县游客服务（咨询）中心、惠明茶文化推广展示中心等23个子项目。山海协作产业园还主动服务消除经济薄弱村工作，配套落实大均乡新庄村、东坑镇茗源村及度假区环敕木山畲寨等畲寨村基础配套与业态扶持资金共计340万元。全年，山海协作产业园设在温岭、宁海两地的飞柜平台销售景宁农产品近1000万元，促进农民增收致富。

【千年山哈宫项目续建工程】 2020年，千年山哈宫项目续建工程完成投资1.02亿万元。累计完成投资4.9亿元，占总投资额的84%。其中，山哈宫凤凰广场后缘边坡红线外临时截水沟工程、鹤溪河西侧环形廊桥桩基础工程、桥面工程等已完工。边坡支护168个人工挖孔桩已全部完成；锚杆（锚索）格构区已基本完成；景观水渠完成施工380米；山哈飞瀑广场架空层完成80%；仿古建筑构件加工完成60%，并有7栋仿古建筑完成结顶。

千年山哈宫位于鹤溪街道塔堪村，其定位是全世界畲族朝圣问祖的圣地。该项目用地面积约15.47公顷，总建筑面积2.01万平方米，总概算投资约6.63亿元（5.83亿元+边坡防护0.8亿元），采用投资、采购、施工总承包的PC模式建设。其中一期概算投资6.03亿元（5.23亿元+边坡防护0.8亿元），自下而上分“生活习俗体验区”“文化传承展示区”“朝圣问祖祈福区”三个区块。主要建设鹤溪环桥、山哈广场、山哈飞瀑、龙杖广场、水镜广场、清风廊桥、下沉庭院、忠勇广场、朝圣天梯、凤凰雕塑等；二期概算投资0.6亿元，主要建设的是位于项目一期东西两侧的迁徙之路和生态之道，建设目标是中国畲族朝圣问祖殿堂。

【景宁畲家田园综合体项目】 2020年，景宁畲族自治县畲家田园综合体项目续建工程完成投资6000万元，完成项目二期绿道、农村饮用水、给排水管网、农产品展示及游客接待中心、停车场等基础设施工程建设。至年底累计完成投资2.3亿元。该项目成为到景宁旅游、考察必去的一、二、三产融合目的地。

该项目2017年12月开工建设，总投资概算2.47亿，占地约266.67公顷。东弄老村闲置老房共40幢，总建筑面积1.6万平方米。项目一期五大区块（入口迎客区块、茶寮区块、香菇寮区块、稻田养鱼及企业拓展区块、传习所区块）的主体工程建设于2018年7月13日完成。以“农业、文旅、民宿”三个产业为核心，推进农业产业和旅游、文化、康养等产业深度融合，探索出农业农村发展新模式、新业态、新路径。成为展示畲寨品牌文化和畲乡田园风貌的窗口以及民族地区乡村振兴和“两山”建设的样板。

【惠明茶文化博物馆正式开馆对外开放】 2020年6月，惠明茶文化博物馆项目完工，同年10月完成工程竣工验收，10月26日正式开馆对外开放。

惠明茶文化博物馆项目位于鹤溪街道惠明寺村，利用光学原理打造一座集惠明茶传统手工技艺演示、禅茶文化体验为一体的茶文化博物馆。该项目总投资1500万元，总占地面积2000平方米，总建筑面积约884平方米，单层建筑。工坊空间分四部分(惠明茶古法制作区，惠明茶制作体验区，惠明茶品鉴区，屋顶沐浴大自然)。

【景宁惠明禅茶文化产业园前期工作】 2020年3月，完成土地农转用报批。5月9日，规划方案通过城乡规划委员会审查。5月28日，完成项目土地政策处理及房屋征迁工作，6月25日，完成项目选址意见书办理。

景宁畲族自治县惠明禅茶文化产业园项目位于鹤溪街道惠明寺村，计划总投资约11亿元(其中7.5亿元由佛教百寺基金、上海静安寺投资建设)，建设期为5年，规划总用地面积19.92万平方米，总建筑占地面积2.24万平方米，总建筑面积4.68万平方米。该项目按功能分4个区块：寺庙礼佛朝拜区、寺庙生活区、禅茶体验区、寺庙配套服务区。该项目以禅茶养生为主题，展现畲族茶文化脉络、畲族茶文化与禅茶文化的交融。在禅茶文化的基础上，与现有的景宁惠明茶产业有机结合，实现把惠明茶带出景宁，走向国际的目标。

【举办“小节事”助力发展全域旅游】 2020年9月19日，成功举办首届环敕木山越野赛。赛事将东弄至敕木山沿线10个景点串连成线，吸引来自12个省市以及美国、德国的600余名选手参赛，2000余名游客到景宁旅游，直接带动经济收益300余万元。新华网、中国网等30余家媒体对赛事进行宣传报道，新华网当天阅读量超60万人次，极大提升景宁度假区的知名度和美誉度。是年，通过谋划和举办环敕木山越野赛、“非遗”节、畲族才艺大赛等10余个“小节事”，推动文旅与相关产业深度融合，为景宁全域旅游凝聚人气、带财气。

【《敕木山民间故事》通过评审准印】 2020年，《敕木山民间故事》一书通过丽水市新闻出版局评审，并取得内部资料性出版物准印证。该书是以景宁畲族风情省级旅游度假区发展中心、县文学艺术界联合会、县养生养老促进会联合主办，县作家协会承办的“2018丽水知名作家‘走进畲乡’”采风活动成果为史料，由县作家协会改编、创编而成。全书共收集民间传说故事33篇。其中，改编14篇、创编19篇。

(雷靖南)

税务·财政

税　　务

【概况】 2020年，县税务局落实县委、县政府和上级税务部门各项决策部署，充分发挥税收职能作用，全力服务“六稳”“六保”大局，为统筹推进新冠肺炎疫情防控和畲乡经济社会发展作出贡献。2020年，获丽水市税务系统绩效考核优秀单位和县委、县政府“大赶考”年终考核优秀单位。通过复评保留省级文明单位、省级青年文明号荣誉；先后获得市级“职工书屋示范点”、县示范型“清廉机关”、县“职工之家”等荣誉称号。办税服务窗口廉政风险防控典型样本被县纪委树立为全县廉政风险防控典型样本之一。刘晶入选市税务局“纪检人才库”，何君获市级“青年岗位能手”称号；张云燕被评为丽水市“最美税务人”；张仁法、吴丽伟获全市税务系统疫情防控工作先进个人称号；张仁法、吴马仁、梅栋、叶海燕、陈凯获全市税务系统“岗位能手”称号。

全年组织税费收入26.1亿元，同比增长22.3%。其中，税收收入18.4亿元，同比增长29.0%，增速居全省第三位、全市第二位；社会保险费收入7.1亿元，同比增长8.3%，增幅居全市第一位；非税收入5405万元，同比增长13.6%；一般公共预算收入完成8.96亿元，同比增长28.4%，增速全市第一。通过“局长直播间”、青年业务骨干充当“主播”等形式，加大宣传力度，提升减税降费政策知晓度。落实市税务局疫情防控和复工复产的30条意见和县委、县政府“服企助企共克难关”的10条意见，确保企业“应享尽享”，助力企业复工复产复销。全年实现降本减负5.51亿元。

全年召开依法行政工作领导小组季度会议4次。建立完善税务约谈室，行政执法公示制度、执法全过程记录制度、重大执法决定法制审核制度等“三项制度”日趋完善。2020年未发生行政复议、行政诉讼案件，继续保持零复议、零诉讼。继续推行税务事项“最多跑一次”“网上办”“掌上办”服务模式。大力推广“非接触式办税”，持续优化电子税务局等线上办税缴费渠道，进一步优化网上申请邮寄服务举措，全年综合网上办税率达到97.9%，居全市第四位。持续推动纳税便利化改革，建立“留抵退税即日办”机制，将办理时长从4.5个工作日压缩至1个工作日；出口退税办理时间从2个工作日压缩至1个工作日，有效压缩纳税人办税时间，进一步提升纳税人获得感。不断拓展纳税信用增值应用，助力企业获得“银税互动”信用贷款授信。深化税收大数据分析应用，建立“发票数据重构产业链”工作机制，帮助景宁企业开展上下游供应链数据匹配，为企业发展赋能添力。全面助力脱贫攻坚，积极助力“农村第一书记”联系旦水村脱贫致富。组织党员干部开展消费扶贫和结对扶贫，支持扶贫人金额10.9万元。深入澄照乡际头村积极开展低收入农户“一户一策一干部”结对帮扶工作，促进农户增收。相关工作成效被“人民网”“学习强国”“浙江在线”“浙青网”等媒体点赞报道。

【发票电子化改革】 2020年，县税务局推进发票电子化改革，稳步开展增值税专用发票电子化试点。全面推广增值税电子发票，全年增值税发票电子化率79.5%，全市排名第一。

【新冠肺炎疫情防控】 2020年，县税务局累计组织参与抗击疫情志愿服务192人次。其中，党员参加129人次；为战“疫”一线捐款捐物累计8960元；选派18名党员干部担任“驻企联络员”，现场指导企业抓好疫情防控和复工复产工作。

（吴马仁）

财　政

【概况】 2020年，全县财政总收入20.21亿元，同比增长35.2%。一般公共财政预算收入8.96亿元，同比增长28.4%，占财政总收入的44.3%，比上年下降2.4个百分点。一般公共预算收入中，税收收入7.78亿元，同比增长32.9%，占一般公共财政预算收入的86.9%，比上年同期提升了3个百分点。全年一般公共财政预算支出43.81亿元，同比下降7.8%。下降的主要因素是地方政府一般债券比上年度减支4.25亿元，剔除上年同期地方政府一般债券不可比减少支出因素，可比增长1.2%。新增地方政府债券额度9亿元（投入15个重大项目建设），增长8.4%。其中，一般债券3.75亿元，专项债券5.25亿元。

2020年，组织财力化解政府隐性债务3.94亿元，三年累计化债12.3亿元，全面完成政府隐性债务化债任务。加强政府性债务管理，地方政府债务安全可控。经县人大常委会批准，

2020年财政收入执行情况一览表

表9

项　目	收入（万元）	同比增长（%）	项　目	收入（万元）	同比增长（%）
一、一般公共财政预算收入	89586	28.4	4.企业所得税（40%部分）	7449	66.5
（一）税收收入	77809	32.9	5.个人所得税（40%部分）	13811	101.0
1.国内增值税（50%部分）	16952	–17.0	6.城市维护建设税	4210	22.2
2.改征增值税（50%部分）	27360	86.6	7.耕地占用税	589	1032.7
3.营业税（50%部分）	—	—	8.契税	3558	–42.0

续表 9

项　目	收入（万元）	同比增长（%）	项　目	收入（万元）	同比增长（%）
9.其他税收	3880	7.7	7.其他收入	442	-41.1
（二）非税收入	11777	5.0	二、上划中央"六税"收入合计	112477	41.0
1.专项收入	4824	13.9	1.国内消费税	6	-45.5
其中：教育费附加	2390	16.9	2.国内增值税（50%部分）	16952	-17.0
地方教育附加	1594	16.3	3.企业所得税（60%部分）	47442	38.1
残疾人就业保障金	840	3.2	4.个人所得税（60%部分）	20717	101.0
水利建设专项收入	0	-100	5.改征增值税（50%部分）	27360	86.6
2.行政性收费收入	2555	38.9	6.营业税（50%部分）	—	—
3.罚没收入	1019	-1.8	三、财政总收入	202063	35.2
4.国有资源有偿使用收入	2052	-10.1	四、政府性基金收入	101417	1.2
其中：水资源费	944	-0.1	其中：国有土地使用权出让收入	63019	51.2
5.捐赠收入	37	-86.2	五、国有资本经营预算收入	227	-14.7
6.政府住房基金收入	848	6.4	六、社会保险基金收入	64472	8.9

2020 年财政支出执行情况一览表

表 10

项　目	执行数（万元）	比上年（%）	项　目	执行数（万元）	比上年（%）
一、一般公共预算支出合计	438107	-7.8	（十）城乡社区事务	37400	-69.6
（一）一般公共服务	53993	-4.1	（十一）农林水	64056	-3.9
（二）国防	697	55.2	其中：农业	8749	47.9
（三）公共安全	17925	13.7	林业	10070	3.5
其中：公安	11564	21.3	水利	19573	28.2
检察	1608	6.3	扶贫	16039	-41.7
法院	2968	-5.8	（十二）交通运输	27637	55.5
（四）教育	48315	-4.4	（十三）资源勘探电力信息等事务	40943	404.6
其中：进修及培训	529	52.4	其中：支持中小企业发展和管理	40885	410.7
（五）科学技术	5297	2.2	（十四）商业服务业等事务	686	5.9
（六）文化体育与传媒	13590	63.6	（十五）国土资源气象等事务	4093	27.5
（七）社会保障和就业	49667	6.3	（十六）住房保障	9411	5.4
其中：最低生活保障	3113	25.4	（十七）粮食安全物资储备事务	518	33.2
（八）医疗卫生与计划生育	41693	21.0	其中：粮油事务	29	-80.5
其中：计划生育事务	770	7.1	（十八）灾害防治及应急管理	2497	86.6
（九）节能环保	6819	-57.1	（十九）金融		-100.0
其中：污染防治	150	-95.2	（二十）其他支出	586	-5.8

续表 10

项　目	执行数（万元）	比上年（%）	项　目	执行数（万元）	比上年（%）
（二十一）债务付息支出	12243	13.3	债务付息支出	1351	34.3
（二十二）债务发行费支出	41	55.4	债务发行费用支出	56	
（二十）预备费	—	—	三、国有资本经营预算支出	79	-62.4
二、政府性基金支出	173332	204.4	四、社会保险基金支出	64472	8.9
其中：国有土地使用权出让收入安排的支出	61775	192.1	—	—	—

地方政府债务限额 46.33 亿元。其中，一般债务限额 38.2 亿元，专项债务限额 8.13 亿元。加强行政事业单位公款竞争性存放业务指导，县公积金中心等 5 家（次）单位的 1.94 亿元资金和 14 亿元财政专户资金实现竞争性存放。严控一般性支出，在年初压减一般性支出 10%的基础上再压减 6071 万元。继续压减“三公”经费和会议差旅等经费。全县“三公”经费支出 1194 万元，同比下降 15.8%；会议费 351 万元，同比下降 8.3%；培训费 889 万元，同比下降 37.7%。节约资金优先保障“六稳”“六保”支出。

2020 年，在 4.6 亿元“两直”（直达市县、直接惠企利民）资金的基础上，按 1:1.5 配套资金设立资金池，用于支持抗疫、帮扶企业、保障民生。落实新冠肺炎疫情防控资金 1854 万元，确保患者不因担心费用问题而不敢就诊，确保全县不因资金问题而影响医疗救治和疫情防控。安排 837 万元用于疫情防控物资采购；安排小微企业和个体工商户补助资金 1011 万元，惠及企业（工商户）1048 家；安排企业政策扶持资金 2750 万元，用于疫情期间企业复工复产。为 2368 户企业减社保费 1.21 亿元，返还 697 家企业社保费 1589 万元。安排资金 1.7 亿元用于群众生活保障、医疗救助、保险补助、就业补助、职业技能提升，惠及困难群众 3.01 万人。安排转移支付、财力保障等资金 1.36 亿元，提升基层财政保障能力。安排抗疫特别国债 1.62 亿元，用于民族医院专家楼、设备采购安装、智能化系统建设。

全县民生支出 29.42 亿元，同比下降 21.7%，占总支出的 67.1%。实施职业技能提升行动计划，从失业保险基金中提取职业技能提升专项资金 1500 万元，重点支持企业在岗职工、高校毕业生、退役军人、农民工等就业群体职业技能提升。落实 22 家企业的高校毕业生就业社保补贴 19.19 万元，发放灵活就业社保补贴 277 人 128.5 万元。落实培训资金 260 余万元，举办各类培训班 62 期、受训 3065 人次。规范被征地农民参加养老保险政策，及时到位资金 7500 万元，确保被征地农民参加基本养老保险政策落实到位。提升社会救助和福利保障水平，合理调整最低生活保障标准，全年落实各种救助资金 3931 万元。其中，低保补助 2860 万元、孤困儿童救助 150 万元、临时救助 300 万元、农村特困人员救助 600 万元。继续推进实施困难残疾人生活补贴和重度残疾人护理补助制度，落实残疾人两项补贴 1735 万元。出台《困难群众高额医疗费补助实施意见》，贫困人员起付线 1 万元以上按

50%补助；因病致贫人员起付5万元以上按40%补助，最高补助10万元。继续推进实施特困人员供养服务设施（敬老院）改造提升，安排资金1026万元，加强示范型养老服务中心建设。加强退役军人事务保障，落实退役士兵社保接续资金162万元。与教育、发改、人事等部门联合制定《幼儿园放学后园内托管服务实施方案》，组织实施“全面实施幼儿园放学后托管”项目。

全面梳理民族发展资金管理流程，排查出5个流程和6个关键环节可能出现的廉政风险点22个，制定32条防控措施，编制《民族发展资金管理廉政风险防控手册》。被县纪委评为廉政风险防控优秀典型样本，并成为市级典型样本。县财政局被县委、县政府评为规范型清廉机关。

【保障重大战略实施】 2020年，景宁畲族自治县财政局安排资金5.73亿元支持“三大攻坚战”（防范化解重大风险、精准脱贫、污染防治攻坚战），实际拨付10.43亿元；安排20.47亿元支持富民强省十大行动（实施深化“最多跑一次”推动重点领域改革的意见、实施加快培育发展新动能行动计划、实施传统产业改造提升行动计划、实施大湾区大花园大通道大都市区建设行动计划、实施乡村振兴战略行动计划、实施生态文明示范创建行动计划、实施打造“一带一路”建设枢纽行动计划、实施富民惠民安民行动计划、实施传承发展浙江优秀传统文化行动计划、实施政府“两强三提高”建设行动计划）计划实施，根据需要，实际拨付20.68亿元。安排农、林、水事务支出5.83亿元，根据需要，实际支出6.41亿元。根据《2020年政府投资基本建设收支预算方案》，安排政府投资项目资金20.5亿元。

【财政数字化】 2020年，97个采购项目上政采云平台，预算金额7535万元，中标金额6889万元，节约资金646万元，资金节省率9.4%。统一公共支付平台线上线下第三方支付接入执收单位75家，执收项目191项，受理缴款业务29.23万笔，收缴资金20.85亿元（不含土地出让金和土地指标调剂收入）。有100个单位推行电子票据，共开电子票据5.09万份，累计金额3.89亿元。票据管理改革覆盖学校、医院、交通等多个民生行业。通过“资产云”信息平台对独立核算的67家行政单位、112家事业单位的所有国有资产进行全流程进行动态监管。88项涉农补助和民生补贴资金纳入“乡镇公共财政服务平台+一卡通”系统，实现“一卡通”发放，发放补助金额2.37亿元，受益人数4.95万人。（吴向东）

国有资产管理

【概况】 2020年，景宁畲族自治县国有资产投资经营有限公司（简称县国资公司）以创新发展为主线，以项目建设为中心，以打造一流现代企业为目标，全力以赴推进落实各项目标和任务。至2020年年底，县国资公司注册资金9268万元，总资产约10.92亿元，净资产8.52亿元。经营性收入1956余万元（主营业务收入595万元）。下属全资公司10

家，投资参股公司8家（景宁上标水力发电有限公司、浙江浙海水力发电有限公司、浙江景文高速公路有限公司、景宁畲族自治县天然气有限公司、浙江景宁惠宁电力发展有限公司、景宁县浙石油综合能源销售有限公司、景宁大均两山生态发展有限公司、景宁东坑联振生态发展有限公司）。总投资为3.93亿元，全年投资收益1361万元。县国资公司以信用担保等方式为外舍新区人防工程、山哈大剧院工程、包凤示范小区项目、安盛低丘缓坡开发有限公司累计担保11.1亿元。全年修缮办公用房面积6000多平方米，为行政、事业单位提供更好的办公环境。

【国有企业改革】 2020年，继续深入推进国有企业改革。景宁畲族自治县保安服务有限公司改为民营企业；推进县良种场、县生猪定点屠宰场、县农业开发总公司兼并重组；市场开发服务有限公司全民所有制改为国有独资企业。（叶月香）

金融·住房公积金

金　　融

【概况】 2020年，全县有银行业金融机构10家，保险机构3家，证券营业部1家。基本形成层次完备、竞争适度、健康有序的金融组织体系。至年底，全县人民币各项存款余额125.84亿元，比年初增加5.21亿元，同比增长4.32%。各项贷款余额106.28亿元，比年初增加13亿元，同比增长13.94%。其中，中小企业贷款余额19.18亿元，比年初增加5.26亿元；政府类项目贷款余额2.05亿元，比年初减少0.38亿元；住户贷款余额86.44亿元，比年初增加7.06亿元；涉农贷款余额62.13亿元，比年初增加7.02亿元。不良贷款余额0.65亿元，比年初减少0.44亿元，不良贷款率0.61%。全年共处置不良贷款1.02亿元。县域银行业金融机构经营保持平稳发展态势，信贷适度增长。

2020年，人民银行景宁县支行围绕上级行工作会议精神和县委县政府相关工作部署，因地制宜履行基层央行职责。组织召开全县金融机构货币信贷季度例会，及时传导利率市场化政策。及时向地方党委政府汇报，准确传达货币政策意图。积极开展存款保险宣传活动，合理引导社会舆论和市场预期。推动LPR（Loan Prime Rate贷款市场报价利率）运用，督促金融机构加强利率监测和定价管理；充分发挥MPA（Macro Prudential Assessment宏观审慎评估体系）的逆周期调解作用，做好信贷规模调控，推动县域信贷规模平稳增长。

全年县域农商银行和银座村镇银行两家法人银行机构共办理“首贷户”业务119笔，累计金额5754.9万元。县域两家法人银行机构累计向687户普惠小微企业实施阶段性延期还本付息，延期本金金额2.76亿元，延期率96.61%，全市排名第五位；累计向1729户普惠小微市场主体发放符合央行资金支持条件的信用贷款2.81亿元，信用贷款发放额占比39.67%，全市排名第六位。

以推进“生态贷”为契机，成功创建全市首个“两山”转化金融服务站。不断完善生态产品价值实现机制，加强金融支持对优化生态环境的效用，以点带面，拓宽“生态贷”受众面，积极探索一条可复制、可应用的金融助力生态产品价值转换新路径。截至 12 月末，全县建成“两山”转化金融服务站 10 个，生态抵质押贷余额 13.65 亿元，“两山信用贷”余额 3032.35 万元。

指导督促金融机构提高“三权”抵押贷款投放力度。截至 12 月末，全县“三权”抵押贷款余额 10.69 亿元，新增 0.19 亿元，完成任务的 232.12%。其中，发放林权抵押贷款 2549 笔，余额 5.69 亿元，完成任务的 194.57%；发放农房抵押贷款 1070 笔，余额 4.37 亿元，完成任务的 423%；发放土地流转经营权抵押贷款 91 笔，余额 0.63 亿元，完成任务的 132%。

依托农户信用信息系统，在 278 个行政村（行业）继续做好“整体批发、集中授信”小额农贷业务。截至 12 月末，授信额度 11.84 亿元，授信农户 2.54 万户，累计发放贷款 33.71 亿元。全县共建成村级担保组织 14 家，累计服务农户 2525 户，累计担保金额 2.8 亿元。

提升县域农村地区支付结算和小额取现服务水平，保障全县银行助农取款与代理转账业务量。截至 12 月末，全县 180 个助农取款服务点共办理取款业务 1 万笔 1562.41 万元；现金汇款 1566 笔 244.44 万元；转账汇款 2880 笔 592.25 万元；代理缴费 1320 笔 315.09 万元。推进农村电子金融自助交易服务。截至 12 月末，全县加载移动支付比率 85.47%，改造助农自助终端 16 个，放置智能 POS 机 127 个，新建乡村振兴金融服务站 8 个，创建电子支付示范村 2 个。

推进省扶贫联系村结对帮扶工作，指导县农商银行向联系的北溪村定向投放扶贫再贷款 500 万元。激发金融机构运用自有资金向东坑镇（北溪村所在乡镇）发放贷款 1824 笔金额 2.2 亿元。北溪村金融扶贫被评为 2018—2020 年丽水市金融扶贫十大案例。探索第四轮县域特色“政银保”小额信贷贴息项目工程，充分发挥财政资金的杠杆作用，变财政“输血”扶贫为金融“造血”扶贫，帮助低收入农户增收致富。截至 12 月末，累计为低收入农户发放扶贫贴息贷款 1.41 万笔 7.43 亿元。

做好疫情期间金融风险和舆情监测，抓好突发事件应急准备工作，实行重大事项零报告制度，指导金融机构高度重视企业资金链、担保链风险化解和银行不良贷款处置工作，加强对全县不良贷款情况的研判，主动协调相关部门做好金融风险预防措施，强化风险预警提示，遏制不良贷款上升势头，保障县域金融稳定。与地方政府有关部门共同制定《关于“服企助企•共克难关”十条意见》等一系列金融助企政策，为企业纾困。开展金融“三服务”活动和“百地千名行长助企业复工复产”专项行动，指导金融机构出台“三张清单”，降低企业融资成本，优化金融服务，协调解决企业贷款事宜。县域各金融机构累计走访民营和小微企业 302 家，解决融资问题 160 个，累计提供融资 8.67 亿元。指导县域金融机构对 387 家中小微企业“一对一”摸排，新增授信 6000 余万元，为企业复工复产提供有力的资金保障。指导县域金融机构运用再贷款政策，引导法人银行机构将支农支小再贷款快速、准确、足额投放到重点领域，帮助企业缓解资金压力。全年,执行5000亿元再贷款政策发放贷款1926万元,平均利率为4.17%;执行1万亿元再贷款政策发放贷款8200万元,平均利率为4.63%。

组织开展“3•15”金融消保、“守住钱袋子”、金融知识普及月等主题宣传活动,引导金融机构在疫情防控期间创新宣传方式。完善国库岗位职责和督查机制,启动应急机制,开通防疫资金“绿色通道”,确保防疫应急资金第一时间拨付到位。做好“两直”补助资金拨付工作,全年共办理“两直”补助资金1391笔,合计2.98亿元。与公检法等部门沟通对接,配合做好扫黑除恶相关工作,开展整治拒收人民币现金、电信网络新型违法犯罪涉案银行卡倒查和存量风险整治等活动,提升反洗钱和货币发行工作成效。定期发布行政许可、纪念币预约兑换等公告信息,提升基层央行依法履职透明度,全年发布公示信息22批(次)共363条。 (李帅霖)

【中国工商银行股份有限公司景宁支行】 2020年,中国工商银行股份有限公司景宁支行(以下简称工行景宁支行)全体干部员工统一思想、扎实作风,坚定走高质量发展之路,坚持抗疫和经营两手抓两手硬。以“优、精、强”为目标,讲实干、重实际、求实效,强化“比”的思想、“拼”的意识、“实”的干劲、“智”的举措和“恒”的决心,部分业务在复杂形势下实现稳步发展。

2020年,工行景宁支行社保资金因招标净流出巨大,机构存款面临空前困难。为做好机构客户存款揽存,工行景宁支行保持与县财政、社保部门对接,加强与政府及相关职能部门沟通,找源头拓新户,增加新开机构户存款。积极关注小微客户,抢占优质客户资源。重点拓展个人贷款市场,特别是个人住房按揭贷款,做实个贷压舱石。年底各项存款余额11.75亿元,较年初新增1951万元。其中,公司存款余额2.25亿元,较年初新增5300万元;储蓄存款余额5.65亿元,较年初增1200万元;机构存款余额3.84亿元,较年初下降4400万元。拨备前利润完成2704万元,任务完成率100%。其中净利润完成2942万元,任务完成率184%;人均EVA完成2506万元,任务完成率228%。各项贷款余额4.49亿元,较年初下降7838万元。其中,公司贷款余额3200万元,较年初下降3000万元。公司贷款下降的主要原因是:不良贷款转让清收,不良现金清收,抵押合同到期分证未能续贷,主动提前还贷,到期后转到个人贷款。个人贷款余额4.17亿元,较年初下降5000余万元。下降主要原因是个人消费贷款和个人信用贷款下降。全年共处置不良资产2023万元,达到年初制定的控制目标。中间业务收入572万元,较上年增长12%。

基础类个人有效客户净增1099户,个人日均金融资产1万—5万元个人客户净增335户,日均5万元以上客户增加142户。手机银行活跃客户净增7348户。对公有效客户净增46户。新开有效对公结算账户86户,其中基本结算户新开72户。企业手机银行活跃客户净增229户。公司客户e支付活跃商户净增21户。

开展“十大重点领域和关键环节”风

险专项治理。落实岗位履职职责，排除案件风险隐患，确保内控合规治理成效。构建安全生产长效管理机制。加强廉政案防宣传培训，提高员工防范意识，以总行廉洁文化理念为指导，营造“全员有责”的合规文化氛围。（梅亚萍）

【中国农业银行景宁县支行】 2020年，中国农业银行景宁县支行围绕县委县政府中心工作，支持项目建设，助推“两山”发展；推进抗疫复产，助力“六稳”“六保”；坚定服务“三农”，助力乡村振兴和脱贫攻坚；主动融入地方发展，创金融服务责任银行“标杆行”。通过抓法人贷款投放，加大个贷营销力度；强化精细化和过程管理，依法合规经营；加强社会形象建设，提升品牌形象。核心业务县域优势再扩大，综合竞争力得到有效提升。全年无经济案件和违法违纪案件发生，实现连续30年安全经营。2020年，荣获“第五届全国农行文明单位”称号。

2020年年底，各项存款余额21.75亿元，比年初增加3.48亿元，域内四行(工行、农行、建行、中行)占比37.79%，余额新增占比59.93%。各项存款日均余额18.35亿元，比上年增加5082万元，四行占比34.68%。其中，对公存款余额14.68亿元，比年初增加2.32亿元，四行占比39.88%，余额新增占比73.47%；个人存款余额7.08亿元，比年初增加1.16亿元，四行占比34.09%，余额新增占比43.82%。上述存款各项指标均居四行之首。

各项贷款余额17.68亿元，比年初增加4.04亿元，四行占比37.33%，余额新增占比63.27%。其中，对公贷款余额8.07亿元，比年初增加4.02亿元，四行占比52.8%，余额新增占比70.95%；个人贷款总量9.62亿元，四行占比29.97%。上述贷款各项指标均居四行之首。不良贷款余额409万元，比年初下降616万元，不良贷款率0.27%，比年初下降0.55个百点，实现“双下降”，资产质量持续向好。（汤力成）

【中国银行景宁县支行】 2020年，面对突如其来的新冠肺炎疫情和严峻复杂的经营形势，中国银行景宁县支行(以下简称中行景宁支行)坚持自身经营发展与服务实体经济共振合拍，创新服务手段，以服务中小企业为重点，助企减费让利，支持实体经济，保障金融稳定，加快金融创新，扩大信贷投放。

截至年末，本外币存款时点余额7.52亿元，较年初负增8322万元；本外币存款日均余额8.34亿元，较年初负增5119万元。本外币贷款时点余额11.68亿元，较年初新增1.12亿元，增幅10.57%。贷存比155.23%，位列四大行第一。

不良贷款余额504.21万元，较年初下降1750.76万元。其中，信用卡不良余额155.21万元，个人贷款不良余额349万元。累计实现不良贷款清收1750.76万元，不良率由年初的2.23%下降到0.42%，下降1.81个百分点。

2020年，新增贷款投放1.57亿元。成功获批丽水地区首个民营房地产开发贷款额度2.5亿元，投放1亿元；成功获批大搬快聚项目;保持翡翠湾、天元碧水山居、梧桐雨等楼盘的主办行地位。为域外企业浙江泰信物产有限公司办理“汇利达”业务50万美元,进口信用证163.5万美元,跨境人民币汇款1.5亿元,为企业提供综合多元服务,实现银企双赢。充分利用景宁民族自治县的税收招商政策,紧密联系招商局、工商联等部门,争揽域外企业、股权投资企业、个人投资者等到景宁开立账户,先后开立海寰琨公司、克顿文化、可以文化等200多家企业账户,回笼股权转让资金累计10亿元,落地中行账户。

积极担当社会责任,助力企业复工纾困。从利率优惠、信贷资源配置等方面加大对受疫情影响企业的扶持力度,推出“战疫贷”“复工贷”等产品,为浙江景宁大自然食品有限公司、景宁畲族自治县惠明茶业有限公司等农业龙头企业提供金融支持,降低利率,延期还贷,切实减轻企业经营压力。全年为各类企业减免费用合计300余万元。 (张海美)

【中国建设银行股份有限公司景宁支行】 2020年年末,中国建设银行各项存款余额16.39亿元,日均余额14.72亿元,四行占比27.82%,排名第二;日均新增0.51亿元,新增占比76.66%,四行排名第一。各项贷款余额13.58亿元,较年初新增2.08亿元,四行占比28.04%,排名第二。实现中间业务收入957万元,四行占比28%,排名第二。不良贷款从年初960万元下降到390万元,减少570万元。不良率从年初0.84%下降到0.29%。逾期贷款从年初1044万元下降到447万元,减少597万元。逾期贷款率从年初0.94%下降到0.33%。

继续与省级经济薄弱村——景宁县梧桐乡同心村党支部开展党建共建活动,制订脱贫攻坚计划。全年为同心村投入项目资金近13万元,销售黑木耳5050份,为村集体净增收入7.97万元。通过丽水分行党费收缴资金,捐助同兴村党群服务中心教育培训设备缺口资金5.4万元。支持地方重点项目建设,为县地质灾害避让搬迁包风项目发放贷款1.28亿元,累计为金山垟项目投放1.65万元,发放大搬快聚项目贷款余额500万元。全年累计发放信用惠农贷82笔1373万元,惠及全县37个行政村。加大企业信贷支持,减费让利,助力小微企业做好新冠肺炎疫情防控和复工复产,体现大行担当。

扛实主体责任,层层签订《全面从严治党(治行)责任书》《安全管理责任书》,落实党风廉政建设与内控合规、安全运营管理。按季召开案件防控和预防腐败联席会议,确保全年无重大案件及事故发生。

2020年,建行景宁支行获“丽水市分行个人金融业务旺季营销活动个人存款先锋奖”“浙江省分行‘兴建旺行’首季综合金融服务活动个人存款先锋奖”“2020第二阶段个人存款拓展先锋二级支行奖”。 (吴光明)

【中国农业发展银行景宁县信贷组】 根据总行《关于撤销在无分支机构县设立的客户服务组的通知》(农发银发〔2020〕102号)文件要求,中国农业发展银行景宁畲族自治县信贷组(以下简称县农发行),于2020年10月撤销。

2020年1月至10月,县农发行各项存款余额5571万元。各项贷款余额1.93亿元。其中,粮食储备贷款1731万元,支持当地小微企业——浙江奇尔茶叶有限公司贷款200万元、景宁立勤香榧产业园有限公司贷款300万元,322国道景宁段改建工程PPP项目农村路网建设中长期贷款1.5亿元。(朱剑敏)

【景宁农商银行】 2020年年末,景宁农商银行各项存款余额37.63亿元,比年初增加4.38亿元。各项贷款余额31.3亿元,比年初增加5.36亿元。时点存、贷款市场份额分别为29.19%和29.45%,继续保持地方金融小冠军地位。不良贷款3409.62万元,比年初增加838.8万元;不良贷款率1.09%,比年初上升0.1%。各项贷款拨备覆盖率516.22%,贷款拨备率5.62%,贷款损失准备充足率1063.95%,各项贷款拨备计提充裕,贷款风险抵补能力持续增强。

全年营业收入2.18亿元,同比增加1976.07万元;实现利润6599.22万元,同比增加218.85万元。2020年度,共缴纳税金2663.98万元,继续居全县各金融机构之首。

实施"互动""走出去"发展和"错位"竞争战略。加强金融服务供给,助力战疫复工,创新推出"畲乡防疫贷"。累计发放复工复产贷款9.59亿元。其中,重点行业贷款累计发放6.47亿元,支持小微企业再贷款174笔5613万元,支农再贷款65笔2000万元,扶贫再贷款84笔2000万元。大力推广农户小额普惠贷款,开办"小微易贷""税易贷"等产品。完成农户小额贷款授信2.49万户24.97亿元,已用信9601户,贷款余额14.90亿元。"浙里贷"签约客户4546户,比年初增加3097户,增幅213.73%。建立线上融资服务专项工作机制,在省金融综合服务平台发布产品5个,办理授信276户,授信1.41亿元,完成线上总对总抵押登记业务549笔,金额4.79亿元。为客户经理配置Pad,实现30万元以下到期信用贷款全部转入"浙里贷"线上平台,自助贷款占比99.9%。在启文中学上线"云上校园"系统,在"亲亲家园"推广社区金融云,举办端午节主题活动,启动"社区银行"建设。上线"丰收联盟"系统,开展优惠购买活动。与县医保局合作,增设"医保经办业务专窗",综合办结30项医保服务。创新推出以GEP预期增长补贴收入为质押物的全国首笔"生态贷",以"综合生态信用评价"挂钩差异化金融支持。建立全国首个"两山"(绿水青山就是金山银山)转化金融服务站,被人民银行丽水中心支行评定为市分行(总行)级"两山银行"。将农户小额普惠贷款与生态产品价值相结合、同推广,全面打造"两山"转换的金融样板。为改善经营环境,将大漈分理处从大漈乡西岸底村288号迁址至大漈乡西岸底村115号。

与市场监管局共同推进放心消费商户建设,为每户商户配备维护人员,开展"一码通"网格化维护管理,新增"一码通"商户1000户。以发行第三代社保卡为契机,开展社保卡扩面行动,配套专项活动,拓展养老金代发客户等优质客群,抢占社保卡业务制高点。开展“存量客户”提质行动，打造客户“主结算银行”，提高“丰收互联”使用率。以“随心花”、医保电子凭证申领为抓手，加大信贷客户交叉营销和管理力度，提升客户黏性和价值。持续深耕“三农”“小微”，通过做普惠，强基础，牢牢掌握市场竞争主动权。加大“景商先锋贷”“拥军贷”等红色金融产品推广力度。

2020年，持续推行不良贷款责任听证制度。用技术手段监测上线员工行为管理系统，整理更新员工及其关系人信息，录入离退员工信息，实现日常行为账户系统管理全覆盖。在审计辅助系统疑点数据分析中，增加信贷资金违规流入房市、股市分析模型取数分析频率，督促信贷资金流向，加强员工风险管理。开展绩效考核及薪酬机制建设和执行情况，贷款及信用卡核销情况，消费者权益工作制度建设及执行情况等专项审计。运用计算机辅助审计系统，强化疑点数据分析和审计事前介入。专项审计和自选审计相结合，发现问题、分析原因、提出意见，提升审计分析能力。建设合规联络员队伍，填补违规漏洞，优化制度流程。与县法院合作，开展不良贷款专项清收活动，截至2020年年末，共处置不良贷款4447万元。

2020年，景宁农商银行参加全省农信系统劳动竞赛，总分排名第三名，荣获二等奖；获评2020年度全县“大赶考”综合考核垂直管理部门序列优秀等次；获评“2020年度全市普惠金融服务乡村振兴改革工作先进基层集体”和“2020年丽水银行业保险业金融支持乡村振兴先进单位”。 （吴晓晓）

【中国邮政储蓄银行股份有限公司景宁县支行】 2020年年底，中国邮政储蓄银行股份有限公司景宁畲族自治县支行（以下简称邮储银行景宁县支行）各项存款余额11.91亿元。各项贷款余额9.7亿元。全年办理“无还本续贷”5笔2380万元，实现企业转贷零成本。新冠肺炎疫情期间，向6家企业发放“应急贷”1250万元。

5月，邮储银行景宁县支行在市、县人民银行的指导下开启“两山转化”试点工作。在大均乡伏叶村发放“生态贷”13笔，累计金额328万元，缓解农户融资难、融资贵问题。生态贷试点工作在《丽水日报》《处州晚报》专题报道。2020年，“政银保”低收入农户贷款项目荣获总行年度脱贫攻坚奖优秀项目。 （朱训锋）

【浙江景宁银座村镇银行】 2020年，面对疫情后经济增长困难局面，浙江景宁银座村镇银行（以下简称景宁银座银行）紧紧围绕“三农”总体任务，继续推进“深化、创新”，贯彻“扎基础、调结构、稳增长、促合规、降不良”十五字方针，“深扎村居，深耕行业”。通过村居建档、网格化营销、行业专业营销，规范客户联系，提高产品熟悉度，实施精准营销，提升经营客户能力。以“有利于提高服务效率、有利于提高风险控制水平、有利于提高服务附加值”为衡量工作价值标准，倡导“创造价值、奋斗者为先”绩效文化，主动践行普惠金融理念，一手抓疫情防控，一手抓业务发展。开展客户大拜访，开发“帮扶贷”和“接力贷”等新产品，实行专项贷款利率减免措施，支持实体经济，助推复工复产。强化信用风险、操作风险管控，提升内控治理水平。各项业务发展总体平稳。

年末，各项存款余额9.36亿元，较年初减少1.19亿元。其中，活期存款余额2.06亿元，占比22.02%，较年初减少1.2亿元；定期存款余额7.3亿元，占比77.98%，较年初上升90万元。各项贷款余额77512万元，较年初下降2.06亿元。贷款户数3458户，户均22.42万元。其中，涉农贷款余额6.89亿元，较年初减少1.98亿元；涉农贷款户数3133户，较年初减少988户；年末涉农贷款占比88.92%。小微企业贷款余额4.56亿元（与涉农贷款余额有部分重叠统计），较年初减少1.06亿元；贷款户数1150户，较年初减少318户；年末小微企业贷款占比58.82%。不良贷款余额493.25万元，较年初减少452.58万元，不良贷款率0.64%。

完善支付结算渠道建设，继续利用移动Pad进行信贷调查全流程操作，通过人机结合，实现信贷全流程现场作业和客户“零次跑”服务。将贷款业务线上申请与线下信贷调查高效结合起来，实现线上线下联动一体化。截至12月底，移动工作站为景宁县域周边及偏远农村办理现场开卡、网银签约、征信查询、信贷全流程等各类业务1.21亿笔，累计通过移动工作站办理业务超过3.5万笔。新技术的应用让原来1—2天的贷款时间缩短到90分钟。

不断健全电子银行体系，针对性开发“视频柜员”，实现线上互动，将传统柜面网点的高品质服务搬到线上，突破时空限制，让村民“足不出户”24小时享受“面对面”有温度的金融服务。至年底，景宁银座银行有7891用户使用移动营业厅App，客户通过视频柜员呼入2266笔，交易260笔。其中，资金类交易249笔，金额2004.9万元；非资金类11笔。互联网渠道贷款业务累计申请1533笔，发放269笔，金额7019万元。

2020年，浙江景宁银座村镇银行探索、打造“金融服务引导乡风道德培育和绿色生态可持续发展”政银合作模式，推出“两山”绿色生态产品价值转化的金融产品“生态·人文贷”，并分别与大均乡、梅岐乡签订GEP价值转化政银合作。通过“金融+生态·人文评议+信用农户”模式，让生态环境保护、乡风民风建设与金融扶持乡村振兴有机融合，实现农村有效治理。具体操作：建立“生态银行”户籍档案并开立“生态·人文银行”存折，把农户的文明善行量化成积分存进存折。而“生态·人文贷”则可用积分来衡量“等值价格”，积分可以兑换生活物品，也可以享受优惠利率，同时也是评定该农户是否可发放纯信用的依据。村民通过积分兑换景宁银座银行利息抵用券，或直接以积分申请优惠的贷款利率（最低可以凭积分下降11档）。通过该项产品较好地解决了农户融资贵、担保难等问题。截至12月底，已在3个试点村发放“生态·人文贷”，签约51户，授信金额共445.8万元。

（梅灵芳）

【泰隆银行景宁支行】 2020年，浙江泰隆商业银行股份有限公司丽水景宁支行（以下简称泰隆银行景宁支行）紧紧围绕总行八大体系建设、两大报告及分行年初重点工作战略方针，各项业务稳健发展。

年底，各项存款余额3.36亿元，较年初增加1.01亿元。各项贷款余额6.49亿元，较年初增加6007.25万元。信用卡（包含随贷通）有效卡1761张，较年初增加286张。信用卡透支额750.66万元，较年初新增272.13万元。不良贷款余额682.81万元，不良率1.05%。人均有效存款118户，金额1669万元。人均贷款管户169户，金额5319万元。子社区66个，综合社区版块4个，社区有效客户3960户，占比37.4%。（梅　丹）

【浙江稠州商业银行景宁支行】 2020年12月底，浙江稠州商业银行丽水景宁小微企业专营支行（以下简称稠州银行景宁支行）各项存款余额5.01亿元，较年初新增1.2亿元。各项贷款余额3.67亿元，较年初新增6200万元。

2020年，走访调研全县236个行政村，建设乡村振兴金融服务站2家，结合互联网，融入党建、普惠、扶贫、文化四大功能，服务农村市场。利用“乡村振兴贷”，推行整村授信，推助农村经济稳步增长。全年“乡村振兴贷”整村授信6个村，贷款户100户，年底贷款余额960万元。

在新冠肺炎疫情防控期间，稠州银行景宁支行成立工作领导小组，制定工作方案，严格执行“三管理、三询问、三引导、三报告”制度。疫情得到控制后，实地走访域内重点企业，及时给予信贷，支持企业复工复产。通过无还本续贷方式给予企业和个人信贷4985万元。让利助企，加大制造业、批发零售业、住宿餐饮业、租赁商务服务业等四个行业的中型企业以及普惠小微企业减息力度，全年减息299.45万元。其中，新增贷款让利156.32万元，减息129.09万元，利用央行再贷款利率优惠减息13.57万元。（杨海燕）

【中国人民财产保险股份有限公司景宁支公司】 2020年，中国人民财产保险股份有限公司景宁支公司（以下简称人保财险景宁支公司）始终履行人民保险服务人民初心，让人民切身感受到人民保险的温度。围绕县委县政府工作部署，在新冠肺炎疫情防控常态化前提下，助推实体经济复苏，助力乡村振兴，有序推进脱贫攻坚项目。积极开展政保合作项目，为加快建设“诗画畲乡·和美景宁”添砖加瓦。

继续做好政策性农险、农房保险、水稻种植保险、自然灾害公众责任保险、校园方责任保险、养老服务机构综合保险等。全年，政策性农业保险参保农民3.69万户，风险保障金额8亿元。开展“政银保”合作，继续做好低收入农户扶贫小额贷款保证保险、低收入农户小额意外伤害保险、扶贫救助责任保险（脱贫保、防贫保）。全年为贫困人群及需防止返贫人员提供1亿元救助保障，助力贫困户脱离贫困线。“脱贫保、防贫保”理赔205万元，受益农户578人，着力解决因病、因灾、因意外等致贫返贫问题。开展“一户一策一干部”低收入农户结对帮扶工作，结对干部带队入村入户走访慰问，到鸬鹚乡、云和便民服务中心等地，宣传扶贫救助政策，了解低保群众实际困难，提供针对性帮扶。

联合县交警大队，推广电动车综合保险，

设立乡镇理赔服务站点，提高理赔服务质量，助推法治景宁建设。

成立疫情防控小组，克服人员少，轮值时间长等困难，在保障公司一线正常值班，确保运营安全的同时，积极投身抗疫一线。2020年2月2日起，人保财险景宁支公司负责责任网格小区的人员出入管理、入户排查宣传、巡查劝导等工作，并落实全天24小时值守。疫情稳定后，通过走访、培训、宣讲、座谈等活动，了解企业复工复产的保险需求和风险痛点。

11月17日，“浙丽保”项目正式启动，人保财险景宁支公司组织干部职工走访全县各乡镇街道，利用宣传资料、网络媒体、培训会议等宣传媒介，宣传“浙丽保”产品特点，提升“浙丽保”影响力。截至年底，“浙丽保”参保12.11万人，参保率80.34%。（陈　勇）

【中国人寿保险景宁支公司】 2020年，中国人寿保险股份有限公司景宁县支公司（简称中国人寿保险景宁县支公司）统筹抓好疫情防控、脱贫攻坚、经营管理“四位一体”工作。坚持高起点规划、高标准建设，以务实的态度、求实的作风，发挥自身优势，改善经营管理，提高服务品质。致力于“最多跑一次”改革，在优化传统服务的同时，提供线上服务。推进“无证明化”改革，落地14项“无证明化”改革事项，将“减证为民”落到实处。发挥科技力量，强化运营、销售和客户融合，为百姓办好事，让百姓好办事。

2020年，对内各项业务考核指标实现全面正增长，从2015年起至2020年系统内全市综合考评连续6年第一名。2020年，实现总保费8954.72万元，比上年增加1761.12万元，同比增长24.48%。景宁寿险市场占比85.59%。全年提供长险新单服务2585人次，提供保险保全服务1.72万人次，提供理赔服务3314人次，办理线上理赔1246件，充分发挥保险的社会保障作用。在抗击疫情期间，专门成立工作领导小组，总经理任组长，部门经理成组员，党员带头，人人参与，排班值守网格大门，排查到户，体现央企担当。“浙丽保”（浙江丽水全民健康补充医疗保险）推广期间，公司每天分三组与县医保局、财政局到各乡镇开展宣传活动，上门讲解，提升广大群众认识度、知晓度，引导全民参保。助力打好脱贫攻坚战，走访11个贫困户，向英川镇岗粗岭村（结对村）捐赠帮扶资金3万元。（陈　川）

【中国太平洋财产保险股份有限公司景宁支公司】 2020年，中国太平洋财产保险股份有限公司景宁支公司（以下简称太保财险景宁支公司）坚持“以客户需求为导向”的经营理念，全面贯彻“稳增长、转方式、防风险、强队伍、促和谐”工作方针。坚定信心，迎难而上，持续推进转型优化，转变发展方式。理赔服务考核领先同行业，结案率考核连续5年全市排名第一。承保的非车险种有：企业财产保险125户，家庭财产保险176户，工程保险35户，责任保险233户，政策性企业保险526户，船舶险19户。全年保费收入1480万元。其中，车险877万元，非车险603万元。受理赔款案件788件，赔款支出332.1万元。当年结案率97.46%，简单赔率41.09%，综合成本率77.39%。

8 月，成功中标政府招投标的“景宁全县污水管网财产综合保险”（独家承保），承保景宁县域农村生活污水处理终端、管网、接户等设施设备及隔油池、公厕接户等配套设施。保险金额 8351 万元。

根据《丽水市人民政府办公室关于运用商业保险助推扶贫工作的实施意见》（丽政办发〔2020〕51 号）文件精神和县委县政府关于切实做好精准脱贫、防贫工作要求，太保产险景宁支公司与景宁县政府探索新型金融扶贫模式，针对“建档在内的低收入户”容易因病、因灾、因学致贫返贫的现状，引进 2019 全国脱贫攻坚组织创新的“防贫保”和“脱贫保”两项精准扶贫救助责任保险。保障 5.84 万农村贫困户，有效防范和化解风险，守住来之不易的脱贫成果。（陈　丽）

住房公积金

【概况】 2020 年，丽水市住房公积金管理中心景宁分中心，有正常缴存住房公积金单位567家，职工 1.4 万人，当年净增缴存人数 295 人。归集住房公积金 3.43 亿元，归集余额 8.25 亿元；提取公积金 2.95 亿元；发放个人住房公积金贷款 279 户 9604 万元；贷款余额 7.35 亿元，存贷比为 89.02%，贷款逾期率为零。实现增值收益 1536.17 万元，增值收益率 1.91%。2020 年，获评全县大赶考综合考核“良好单位”。

【缴存基数调整】 根据《丽水市住房公积金管理中心关于调整 2020 年度市区企业单位住房公积金缴存基数的通知》（丽公积金〔2020〕24 号），决定 2020 年 7 月 25 日至 8 月 10 日开展 2020 年度全县企业单位住房公积金缴存基数调整工作。缴存住房公积金的工资基数为职工本人上一年度月平均工资，工资总额按《国家统计局关于工资总额组成的规定》计算。2020 年度住房公积金月缴存基数上限为全市职工月平均工资的 3 倍，即 27720 元，月缴存基数下限为 1660 元。行政、事业单位的基数调整按《景宁畲族自治县人民政府办公室关于调整 2020 年度住房公积金缴存基数的通知》（景政办发〔2020〕25 号）文件规定执行。1. 公务员（含参公人员）：以月职务工资+级别工资+规范津补贴+特殊岗位津贴（有关单位或人员）+通信补助费+畲乡补贴+月度考核奖（2019 年 12 月发放数）+〔一次性奖金（第 13 个月工资）+年终综合考核奖（2019 年度实际发放数）+年休假补贴（2019 年度实际发放数）〕÷12 作为每月缴存基数。2. 工勤人员：以月技术等级工资+岗位工资+规范津补贴+特殊岗位津贴（有关单位或人员）+通信补助费+畲乡补贴+月度考核奖（2019 年 12 月发放数）+〔一次性奖金（第 13 个月工资）+年终综合考核奖（2019 年度实际发放数）+年休假补贴（2019 年度实际发放数）〕÷12 作为每月缴存基数。3. 事业单位：以月岗位工资+薪级工资+基础性绩效工资+奖励性绩效工资+特殊岗位津贴（有关单位或人员）+通信补助费+畲乡补贴+月度考核奖（2019 年 12 月发放数）+〔年终综合考核奖（2019 年度实际发放数）+年休假补贴（2019 年度实际发放数）〕÷12 作为每月缴存基数。4. 企业根据实际情况，按单位和个人各 5%—12%执行，单位缴存比例应一致。同一单位实行同一缴存比例。

【既有住宅加装电梯提取住房公积金有关政策】 《丽水市住房公积金管理委员会关于落实既有住宅加装电梯提取住房公积金有关政策的通知》（丽公积金管委〔2020〕4 号）规定：丽水市行政区域内既有住宅的所有权人出资为该住宅加装电梯的，可在加装电梯建设工程规划许可证发证后两年内申请提取本人及配偶的住房公积金；住宅所有权人及配偶提供身份证、银行卡、结婚证、不动产权证、加装电梯建设工程规划许可证、加装电梯项目协议书等材料可提取一次，合计提取额度不得超过截至加装电梯建设工程规划许可证发证当月的账户余额，且不超过实际分摊的加装费用；加装电梯项目协议书内容应包括但不限于房屋坐落、资金估算及资金分摊比例等。

根据《丽水市住房公积金管理委员会关于〈约定提取住房公积金还贷服务指南〉的通知》（丽公积金管委〔2020〕35 号），于 2020 年 9 月 23 日正式推出个人住房商业贷款约定提取业务办理，给提取住房公积金用于偿还商业按揭贷款的缴存人员以最大的便利。

根据《丽水市住房公积金管理委员会关于调整市场租赁自住住房提取住房公积金限额的通知》（丽公积金管委〔2020〕5 号），决定自 2021 年 1 月 1 日起，将市场租赁自住住房提取住房公积金限额调整为每人每月 1000 元。

【住房公积金阶段性支持政策】 根据《丽水市住房公积金管理委员会关于妥善应对新冠肺炎疫情实施住房公积金阶段性支持政策的通知》（丽公积金〔2020〕3 号）规定：一、受新冠肺炎疫情影响的企业，在与职工充分协商并制定补缴方案的前提下，经职工代表大会或工会讨论通过后，可申请在 2020 年 6 月 30 日前缓缴住房公积金。二、受新冠肺炎疫情影响的企业，在与职工充分协商的前提下，经职工代表大会或工会讨论通过后，可申请在 2020 年 6 月 30 日前在 12%以内自主确定缴存比例。三、受新冠肺炎疫情影响的职工，2020 年 6 月 30 日前，住房公积金贷款不能正常还款的，不作逾期处理，不作为逾期记录报送征信部门，已报送的予以调整；职工缓缴期间缴存时间连续计算，不影响正常提取和申请住房公积金贷款。四、对市场租赁自住住房且支付房租压力较大的职工，2020 年 6 月 30 日前租房提取限额由 800 元/月上调至 1000 元/月；租房提取频次由每间隔 12 个月可提取一次调整为每间隔 6 个月可提取一次，提取金额为实际间隔期间的总额，但不得超过 12 个月的总额。五、受新冠肺炎疫情影响的职工，未能在规定时限内申请办理住房公积金提取、贷款业务的，可延期至 2020 年 6 月 30 日前办理。

（吴春燕）

经济管理与监督

计划管理

【概况】 初步核算，2020年，全县实现地区生产总值(GDP)74.76亿元，按可比价格计算，同比增速3.5%，全市排名第三。其中，第一产业实现增加值6.8亿元，同比增长2.7%；第二产业实现增加值16.86亿元，同比增长0.1%；第三产业实现增加值51.1亿元，同比增长4.8%。三项产业结构优化为9.1:22.6:68.3。

根据年度规划编制工作要求，通过部门申报、发改立项、监管部门审查和县政府审议发布等程序，印发《景宁畲族自治县"十四五"专项规划和2020年度规划编制计划》。完成《景宁畲族自治县"十四五"规划思路研究》《景宁畲族自治县乡村振兴发展规划》《景宁畲族自治县城镇生活垃圾分类和资源回收利用中长期规划》《景宁畲族自治县2019年温室气体清单报告》等。启动《景宁畲族自治县生态工业发展"十四五"规划》《景宁畲族自治县现代服务业发展"十四五"规划》等一系列规划编制工作。

撰写完成《景宁畲族自治县2020年国民经济和社会发展计划执行情况与2021年国民经济和社会发展计划草案的报告》，并通过景宁畲族自治县第九届人民代表大会第五次会议审议。定期开展全县经济运行分析工作，实时掌握全县经济运行动态，根据掌握的情况撰写每季度的经济运行分析报告，并印发经济运行汇编本，为县领导和各单位决策提供参考依据。建立经济运行数字化平台，归集县级经济相关指标。（汤慧娟）

物价管理

【概况】 2020年，景宁畲族自治县发改局认真落实国家和省各项价费政策，有序完成各项工作任务。

做好减税降费工作，助力企业复工复产。落实国家、省发改委关于阶段性降低企业用电、用气、用水成本有关措施。自2020年2月1日至12月31日，电费计收执行一般工商业、中小企业及其他电价（除高能耗行业外），统一按原价到户电价水平95%结算；降低企业（不含天然气发电企业）到户气价10%；降低非居民用水中的工业、经营服务业用水价格

10%(不含污水处理费、水资源费)。对疫情期间中小企业生产经营用水、用气,实施阶段性缓缴费用,缓缴期间实行“欠费不停供”措施。根据《省发改委关于放开机动车检测检验服务收费的通知》(浙发改价〔2020〕193号)文件,于2020年7月1日放开景宁畲族自治县机动车检测检验服务收费。根据《省发展改革委关于组织开展行业协会商会经营服务性收费清理规范工作的通知》(浙发改价格函〔2020〕379号)文件,组织开展对行业商会经营服务性收费清理、规范工作,全县各商会除会费外无其他经营服务性收费。为确保景宁民办教育有序发展,会同县教育局制定景宁畲族自治县幼儿园放学后托管收费标准(200元/生/月)。

每月逢5日、15日和25日,对成品粮市场价格定时监测;每月25日,对粮、油、肉、蛋、禽、蔬菜等70余种日常生活必需品和建筑材料、化肥农药等品种价格进行监测上报及分析。

全年,价格认证中心办理县公安局委托的刑事案件涉案物品价格认定28件,行政案件1件,认定标的总额32万余元。 (季 俊)

市场监督管理

【概况】 2020年年底,全县共有在册市场主体1.77万户,同比增长13.57%。其中企业3364家,同比增长15.92%;个体户1.39万户,同比增长15.32%;农民专业合作社419户,同比减少33.7%。全县注册资金416.5亿元,同比增长28.5%。其中企业390.06亿元,同比增长30%;个体户23.49亿元,同比增长18.25%;农民专业合作社2.96亿元,同比减少30.8%。

2020年,东坑镇农贸市场开业,成为景宁畲族自治县第五家登记在册的农贸市场,并成功创建为省级“放心农贸市场”和省“三星级农贸市场”。景宁中心菜市场成功创建为省“五化”农贸市场(便利化、智慧化、人性化、特色化、规范化),并作为全市唯一一家“五化”市场入选省典型“五化”市场创建。新增浙江省民生实事送药上山便民服务点4家,建设网订店送药房4家。实施化妆品百千万提升工程10家。

2020年,全县专利申请量379件,授权量217件,其中发明专利授权量18件,“每万人发明专利拥有量”达到6.33件。

2020年,景宁畲族自治县市场监督管理局对辖区内在用的10个加油站点、81把加油枪全面实施计量检定。对县城农贸菜市场,便民摊位使用的电子台秤、计价秤,乡镇医院医疗计量器具进行免费检定。稳步推进水表轮换检定工作。运用“互联网+计量”的数字化管理模式,全面推进“国家强检e-cqs平台”和“浙里检平台”的使用,帮助企业用户注册,建立强检档案,开展预约委托业务。引导企业在线申请,线上下单、线下服务,为客户提供管家式送检服务。全年,国家强检平台检定718批次,检定完成率100%;浙里检订单量90个批次,检定477台件,检定完成率100%。共完成计量器具检定3439台(件),为企业减免检定费用14.82万元。

2020年9月8日,县食品药品检验检测

中心取得419项检测能力参数扩项资质。该中心具备900个检测参数、1200个检测方法的检测能力。

全年，共办理涉及药械行政审批事项81件，监督检查涉药涉械单位236家，责令整改10家，立案查处6家。在2020“药剑”行动中，开展防疫物资、中药饮片、疫苗、处方药凭处方销售、高风险植入类医疗器械整治等专项检查，同时接受省市“飞行检查”11家次，接受省药监局药械化平安暗访2次。宣传贯彻《化妆品监督管理条例》，抽取20家化妆品经营企业，开展化妆品流通领域“双随机、一公开”试点检查，共抽样检查药械化产品75批次。召集辖区内涉药单位开展《中华人民共和国药品管理法》《中华人民共和国疫苗管理法》学习培训，增强涉药单位的法律意识。

开展涉企收费、医疗服务收费、教育收费、银行机构收费专项检查，并联合医保、教育等部门开展跨部门双随机检查。督促转供电企业退还转供电终端用户17万元。督促13家单位对686户经营者减免疫情期间房屋租金420万元。查处价格违法案件一起，实施经济制裁69万元。责令整改价格违规行为一起，为企业减负40万元。建立健全企业缴费监测配套制度，新增企业缴费监测点3家，发挥监测定点企业违规收费行为的预警吹哨作用，违规行为及时发现，及时处置。深化餐饮业明码标价示范创建工作，融入放心消费、厉行节约等多种元素，营造“明白消费、放心消费”的消费环境。创建示范店37家，餐饮明码标价示范区1个，放心工厂43家。是年8月5日，县市场监督管局集体约谈15家通信行业经营单位，要求各单位做好明码标价工作。

开展成品油市场专项集中整治。其间抽检5批次，没收加油点不合格车用柴油452升，违法所得1553.2元，罚款1.5万元。立案查处苏CQ9503油罐车走私成品油案(当事人在现场不能按规定出示该油品合法来源进口证明，也不能出示出库单、运单、购买发票等境内成品油的合法有效证明)，没收油品11.35吨，对当事人罚款4.48万元。开展保健食品乱象整治，查处保健品虚假宣传案件1起，罚没款2万元。开展侵害消费者个人信息集中执法专项行动，立案查处涉及消费者“楼号”“单元”“姓名”“手机号码”和备注等大量个人信息案件3起，罚没款1.5万元。开展野生动物保护专项整治行动，会同森林公安对农贸市场、超市、餐饮单位等经营场所开展重点检查摸排，严格落实野生动物交易场所关停措施，收缴非法狩猎工具19付。开展“亮剑2020”食品安全百日执法专项整治。其间，出动执法人员359人次，检查食品经营单位790家，立案查处19起。组织全县联席会议成员单位开展公平竞争审查，以互评互审方式对各单位涉及滥用行政权力限制竞争行为进行审查。发现违反公平竞争文件10余份，现场解答疑问30余个。线上线下同步开展“3·15”国际消费者权益日系列活动。出动380余人次，张贴自制海报及“小城大爱”放心消费微电影宣传海报共1700份，签订复工复产经营者主体责任承诺书1700份。积极引导消费者健康消费、理性维权，制作知识专栏6个，利用《畲乡报》专题1版，发布涉疫消费纠纷有关法律法规知识5期。制作H5宣传页，开展“凝聚你我力量 共促放心消费 共享幸福畲乡”宣传活动，共500余人参加承诺。及时总结分析消费投诉举报咨询情况，公示消费投诉情况3期，落实经营者主体责任，发挥公众监督、信用约束和提示预警作用。

加强产品监管力度，全年组织抽检建筑胶水、无缝钢管、眼镜、食品相关产品等生产领域产品35批次，合格35批次，合格率100%；组织抽检汽油、柴油、文具、电动车等流通领域产品62批次，合格45批次，不合格17批次。开展儿童玩具、学生用品、电动自行车、塑料污染、防护口罩等产品监管专项行动，共出动执法人员356人次，查处产品质量违法案件11件。

是年，大漈茭旅融合市级服务标准化试点通过验收；市级标准化项目——中华蜜蜂活框标准化养殖推广示范和《茭白田土壤酸化改良技术规程》《生态茶园网格化养羊控草技术规范》《香榧采收及加工技术规程》3项市级地方标准成功立项。开展标准化统计监测工作，22家规上制造企业完成统计监测。开展“百城千业万企对标达标”质量提升专项行动，以景宁特色农产品加工行业（茶叶、蜂蜜）为重点，推进12家企业完成对标达标。

“质量强县”工作全市考核排名第三。产品、工程、服务、环境四大领域质量指标全面超额完成。推进农产品加工行业质量提升工作，开展行业调研，从标准、品牌、商标、计量、检测等方面做好精准帮扶。

景宁畲族自治县宏强竹制品有限公司的竹砧板产品获得“浙江制造”品牌认证证书。浙江九曲茶业开发有限公司等4家企业通过“丽水山耕”认证。景宁畲族自治县新星雪梨专业合作社入选首批24家“品字标浙江农产”品牌企业。

2020年，面对突如其来的新冠肺炎疫情，景宁畲族自治县市场监管局按照疫情防控的总体要求，严格履职，紧盯疫情防控动态，抓紧、抓细、抓实每一项疫情防控工作任务。每日组织巡查药店两次，检查抗病毒、退热、止咳等药品及口罩、酒精等防疫物资的质量，督促药店落实实名登记销售制度，做好测温、戴口罩等防控工作。疫情期间，累计巡查涉药涉械经营单位1245家次，实名登记销售退热、止咳类药品3.57万人次，上报县疫情防控指挥部发热人员购药21人次，湖北旅居史7人，有效发挥药店“哨点”监测作用。疫情平稳后，积极指导督促企业开展日常健康码核查、疫情常态化监测警戒系统上报等工作，共上报四大类药品疫情常态化监测数据2.92万条。全面加强对口罩、抗病毒药品等防疫用品及粮油肉菜等生活必需品的价格监管，严厉打击串通涨价，哄抬物价行为。加强对食品经营单位的日常监督检查，确保肉蛋奶、米面粮油等群众生活必需品的质量安全。针对一些无良商贩违法销售假冒伪劣商品行为，严查严打，共查获假冒伪劣口罩案5件。以打假治劣的高压态势，筑牢市场监管防疫阵线。成立县级层面和局内部两个工作专班开展“两直”补助工作，为小微企业和个体工商户纾困。对全县1.38万户小微企业和个体工商户逐一核查、比对、公示，确认1048户补助对象（其中小微企业273户，每户直补2万元；个体户775户，每户直补6000元），共兑付金额1011万元。开展房租减免政策落实情况督查。按照政策规定给予相关租户减免3个月租金，全县共减免租金464.49万元，惠及租户735户。其中，小微企业3户，个体工商户732户。

【“亮剑2020”食品安全百日执法行动】 按照食品安全“四个最严”工作要求，制定《景宁畲族自治县市场监督管理局“食品安全大整治行动”区域责任包干工作实施方案》，在全县范围内扎实开展“亮剑2020”食品安全百日执法行动，严厉打击市场销售长江流域非法捕捞渔获物和食品、商品流通领域虚假宣传乱象。实行领导挂帅、区域负责、全局参与、任务包干的工作机制，将全县划分为五大区块进行全面排查，一把手作为第一责任人，各党组成员为各网格负责人，同时抽调精干力量加入专班队伍，推行问题清单认领制，由专人负责具体点位整改落实情况，明确整改措施和整改时限。共出动执法人员359人次，检查食品经营单位790家。其中，流通329家，餐饮单位435家，生产企业（小作坊）26家。现场发放监督意见书495份、责令整改通知书13份、立案查处19起。行动期间，累计在“景宁市场监管”微信公众号发布“红黑榜”4期，行动报道2期，阅读量达1.2万人次。同时，《畲乡报》、景宁电视台专题报道整治行动纪实，在全县范围内形成打击食品安全违法犯罪的高压态势。

【商业秘密保护示范单位创建】 2020年，县市场监督管理局为提升企业商业秘密保护意识和能力，营造良好的营商环境，致力于打造商业秘密保护样本，纵深推进商业秘密保护工作，成功培育浙江洁净钢管有限公司为省级商业秘密保护示范点。根据商业秘密保护示范点量化验收标准，筛选景宁商业秘密保护示范培育单位12家。其中，省级商业秘密保护示范点1家，市、县级商业秘密保护示范点3家，企业商业秘密保护专项辅导8家。

【“国学体验消费教育基地”建立】 2020年12月10日，景宁畲族自治县消费者权益保护委员会为景宁福从心觅传统文化交流中心颁发该县首个“国学体验消费教育基地”牌匾。

（刘卫美）

审计监督

【概况】 2020年，景宁畲族自治县审计局，共完成审计项目15个，查出违规资金4556万元，管理不规范金额5.56亿元。完成政府投资结算审计尾留项目24个，项目资金3.88亿元，核减价款4481万元，平均核减率11.56%。审计移送问题线索4件，免予刑事处罚1人，撤职处分2人，开除党籍1人，留党察看处分2人，谈话提醒2人。“景宁经济开发区管委会主任何向平2016年12月至2018年12月任期经济责任审计”项目获评“丽水市优秀审计项目”。县审计局获评“丽水市文明单位”。成功创建景宁县规范型“清廉机关”。

完成景宁畲族自治县2019年度财政预算执行和其他财政收支审计，聚焦“三保”支出、就业政策落实、清理拖欠民营企业中小企业账款和减税降费政策落实等重点工作，促进财政资金使用管理规范。完成景宁畲族自治县2019年度部门预算执行情况审计，实现县本级68家一级预算单位及86家下属单位预算执行审计全覆盖。

完成7个单位11名领导干部的经济责任审计，重点聚焦领导干部权力运行和责任落实情况，查明共性问题38个，个性问题21个。完成领导干部自然资源资产审计和生态产品价值机制试点情况专项审计调查，发现问题27个，提出审计建议7条。配合县委组织部完成27个乡镇街道和部门单位的28名主要负责人离任交接工作。

开展新冠肺炎疫情防控资金和捐赠款物专项审计，发现专项资金支出进度缓慢、物资管理不够规范等问题。开展重大水利项目实施情况专项审计调查，发现规划项目未实施、水利工程推进缓慢、融资工作未及时开展等问题，其中2个问题被浙江省审计厅综合报告采用。在水库移民后期扶持政策落实情况专项审计中，发现大中型水库库区基金执收不到位、直补资金发放不及时、培训费支出失实等问题。

构建内部审计工作新格局，推动国家审计与内部审计协同发展。制定《丽水市内部审计协会景宁分会内部审计工作奖励办法（试行）》，促进县内审会员单位积极有效地开展内部审计工作。在浙江省内部审计项目评比中获得表彰项目1个；在丽水市内部审计项目评比中获得优秀项目1个，表彰项目1个。在丽水市内部审计论文评比中获二等奖1个，三等奖3个。（黄　茹）

统计管理

【概况】 2020年，景宁畲族自治县统计局以习近平新时代中国特色社会主义思想为指导，深入贯彻落实中央、省委、市委、县委领导关于统计工作的指示批示精神，持续优化统计服务，狠抓统计数据质量，为全县复工复产和推进“六稳”“六保”提供坚实的统计保障。打造主要经济指标专题研判“红橙黄三色”预警机制（2.0版）。坚持链条式服务、闭环式对接，每月精准分析、科学预测，提出可行性建议供县委县政府决策参考，完成各类专报78篇，当好“经济卫士”和“发展智囊”，十大主要经济指标综合排名全市第五。2020年，地区生产总值74.76亿元，比2015年增长28.6亿元，年均增长7.4%。“十三五”期间，三次产业结构从12.8:27.8:59.4调整为9.1:22.6:68.3；农村居民人均可支配收入从13663元提高到21625元，城镇居民人均可支配收入从28296元提高到41735元，城乡收入比缩至1.93:1。低收入农户人均可支配收入从6084元提高到12857元。农村居民人均可支配收入、GDP、固定资产投资三个主要经济指标同比增速连续两年保持全市第三。县统计局在年度综合考核中获参照优秀等次。

第七次全国人口普查工作亮点纷呈，圆满完成市级综合试点工作。带领全县1120名普查指导员和普查员，完成30755个建筑物标绘，95864户247565人的摸底，239241人的短表登记，4119户12373人的长表登记，36164条复查比对，6426条行职业编码，并以“零”差错通过上级验收。“景宁人普的这一天”“家乡话大点名”等宣传作品，被国家统计局、省人普办、学习强国、微信公众号和抖音等平台采用并推广。

以“单位主动上门”与“调查员主动下访”相结合方式，配合各部门做好准上规企业的监测跟踪工作，全年共升规入库38家。其中，月度升规27家，年度入库11家。出台《加强农业农村统计调查基层基础建设》文件，在21个乡镇(街道)聘任首席统计员，落实乡、村两级职责和网格，健全乡镇(街道)统计队伍。加强城乡住户收支调查和低收入农户统计监测工作，出台辅助调查员考核管理办法，提高辅助调查员待遇，激励辅助调查员工作积极性。“少数民族地区农民增收课题”获丽水市党政系统优秀调研成果一等奖。

实施“素质提升青蓝接力”人才培育工程，以班子结对优秀年轻干部“综合提素”、师徒“鲁班学艺”“榫卯互助”统计无休日三个层面立体式推进干部综合提素。把9月定为“统计精准培训月”，提升部门、企业统计人员业务能力。组织开展第七次人口普查、工业、服务业、建筑业、名录库、两项收入和低收入统计监测培训50余场。开展“大国点名，没你不行”统计开放日活动，共发放人口普查各类业务统计法治宣传单1240份，营造良好的统计氛围。

对17家企业开展执法检查，其中“双随机”执法检查13家，即时检查4家，对3家没有建立统计台账的企业进行警告处罚。对统计员、人口普查指导员、普查员、辅助调查员等进行统计法律法规知识培训2162人次，着力提高统计人员知法、用法、普法、执法能力。利用网络媒体、普查调查、统计开放日、业务培训等关键节点，发放宣传《中华人民共和国统计法》《中华人民共和国统计法实施条例》《统计相关法律法规汇编资料》等手册、折页1.8万份。 (俞英杰)

综合行政执法

【概况】 2020年11月17日，县政府下发《景宁畲族自治县人民政府办公室关于成立景宁畲族自治县综合行政执法改革领导小组的通知》(景政办〔2020〕41号)文件，成立以县长钟海燕为组长的综合行政执法改革领导小组。将《划转县综合行政执法事项统一目录》在向全社会和有关部门公开征求意见的基础上，通过县司法局合法性审核，经县政府常务会议审议通过，于11月30日《景宁畲族自治县人民政府通告》(〔2020〕5号)，通告《景宁畲族自治县综合行政执法事项统一目录》。12月1日，把涉及全县12个部门20个方面300项(后被细化拆分为488项)事项划转至县综合行政执法局。至2020年年底，景宁畲族自治县综合行政执法局(以下简称县行政执法局)共有行政执法事项541项。其中，划转448项，原职权尚未划出3项、地方性法规授权50项。

2020年，累计拆除违建24.3万平方米，拆后土地利用率84.7%，累计完成旧住宅区改造2.97万平方米。是年，鹤溪街道被命名为“无违建街道”，至2020年年底，全县21个乡镇街道成功创建“无违建乡镇（街道）”，创建率100%。

精准部署、联防联控打赢疫情防控阻击战。新冠肺炎疫情发生后，县综合行政执法局高度重视，迅速进入战时状态，制定“方言、普通话、畲语”三个版本的语音广播在6辆巡逻车上“白+黑”播报疫情防控注意事项，安排执法人员劝离聚集人群2000人次。开展活禽交易整治行动，劝离30起，抓捕流浪犬16只。巩固高等级景区城创建成果，优化市容市貌管理。抓拍违停车辆3000辆次，罚款金额4.5万元，拖移僵尸车20辆。联合多部门开展百街千巷美丽提升行动，整治点位200余处。拆除天境工棚1个，占地面积约300平方米；拆除乱搭乱建钢结构雨棚2起约60平方米；拆除外舍片区鸡鸭棚8个，占地面积约2000平方米；清运垃圾30余吨。

新建全市首个秸秆焚烧烟雾智能识别系统并投入使用，实现秸秆焚烧智能化管理。创新推出“一人一居”社区服务模式。与红星街道、鹤溪街道、澄照乡进行深入合作，在每个社区设立综合执法联络员铭牌，标注联系方式和管理内容，并规定每月18日入驻社区现场解决问题，在明确综合执法工作职责和执法范畴的同时，变“被动处置”为“主动治理”。

2020年，县综合行政执法局获评丽水市2020年度工作目标考核良好单位；被评为2020年度县人大代表建议办理工作先进单位和2020年度县政协工作优秀提案承办单位及2020年度县政府门户网站信息报送先进集体。夏培莲获县政府门户网站优秀信息员、融媒体中心优秀通讯员称号。柯洁、王彦获丽水市综合行政执法系统“办案能手”称号。

【全市首个秸秆焚烧烟雾智能识别系统】 2020年11月，县综合行政执法局投资36.4万元，在石印山、外舍、王金垟油田、新田、金农小区、景宁中学、半垟、民族小学、花园岗、通天门、金惠、城北、张村13个地点建成秸秆焚烧烟雾智能识别系统并正式投入使用。该系统以视频监控为核心，构建起监测、立体化巡检于一体的可视化监管体系。全年，累计处理秸秆焚烧报警事件120余次，服务群众1万余人，对露天秸秆焚烧行为形成有效震慑。

【开展全市首个店外经营路段试点】 为落实上级要求做好疫情防控和复工复产的战略部署，积极响应和有效盘活“地摊经济”，激发“夜市经济”，进一步提振消费、保障民生和稳定就业。2020年6月1日，景宁畲族自治县综合行政执法局在县城环城北路路段有条件地允许沿街餐饮店越门设摊经营，给店外占道经营“松绑”，成为全市首个店外经营试点县。

（毛妙霞）

教 育

综 述

【概况】 2020年，景宁畲族自治县教育局始终围绕“小县大教·学在畲乡”发展战略，引导学校因地制宜寻求自主发展方向，提升办学品位，办出个性和特色。完成丽水市教育提质行动专项督导和初中强校计划三年行动规划。县民族小学成功创建现代化学校。启动创新型人才培养专项计划，建立创新型人才早期培养基地，打出“初中壮腰、高考竞争”新招。继续实施“互联网+义务教育”，发挥教育资源的影响、辐射、示范和引领作用。通过对接长三角，利用五县(海盐、海宁、温岭、上虞和景宁)联盟，持续实施双导师制培养模式，探索适合景宁畲族自治县名师培养路子。全面开展校内托管服务，为有刚性需求的学生家庭提供基本托管服务。景宁教育工会首次在省教育工会九届二次全体(扩大)会议上作典型发言(全省6个代表之一)。

2020年，景宁畲族自治县把安全工作作为学校工作的重中之重来抓，落实责任，层层分担，形成一张“张弛有度、把控有力、实施有效”的校园安全防护网。推进校园安全“排雷”、饮食安全放心、交通安全保障、护校安全提升、“防火墙”六项工程建设。通过信息化手段，全年合计开展学校安全巡检49395次，网格员检查上报隐患925项。针对社会青年校园周边欺凌和敲诈学生、校门口路段移动摊点多、学生饮食安全、预防溺水安全教育等热点难点问题，坚持“预防为主、警钟长鸣、落实制度、加强监管”16字工作方针，及时发布“四维预警”。定期开展大排查大整治，重点对消防、交通、饮食、防溺水、身心健康、校园安保等安全工作实施攻坚，做好重点时段、重点人员的稳控工作，消除各类安全隐患。招考工作，克服疫情影响，组织平稳、准确、高效，考务工作零差错，实现安全、公平、公正、考生家长满意的目标要求。重视初信初访工作，全年接待来访40余人次，化解初访问题12项、初信问题5项。依法依规办理上级部门交办信访事项4件，办理政务咨询举报投诉平台信访事项160余件。

推进“一校一品”德育特色建设，依托丰富的红色教育资源，突出爱国主义教育。开展先锋榜样选树教育活动，推选出市“新时代好少年”10名，县“新时代好少年”100名。鹤溪小学雷俊杰当选为中国少年先锋队第八次全国代表大会代表（丽水市唯一参会代表），同时荣获“全国优秀少先队员”称号。加大少先队辅导员培养力度，组织开展第七届景宁畲族自治县少先队活动课评比暨“红领巾学院”思政微队课评比大赛。组织开展青少年畲语大赛、红歌大赛、少年非遗说、“致敬抗疫先锋绘写最美逆行”主题黑板报评比等各类活动20余场，参与5000余人次。

推进“清廉学校”建设，打造一批以“品牌塑造”为引领的“清廉学校”规范型和示范型基地。县职业高中实行“校监会月报告”制度、民族小学开展“清廉故事”推送、实验一小开展“弟子规”公益活动、红星小学开设“红色诵读”课程、民族幼儿园开设“清廉儿歌”课程、郑坑乡校开设“清廉剪纸”课程。经县纪委监委评估验收，全县建成“清廉学校”示范校3所、规范校5所；被市教育局认定“清廉学校”示范校8所（“清廉食堂”4所）。景宁畲族自治县“清廉学校”建设的做法和经验，先后在省市纪委监委网站专题报道。

对实验幼儿园、澄照学校、职业高中、特教中心、沙湾中学、鸬鹚乡校、大地乡校、标溪乡校8所学校，组织实施校长任期经济责任审计；对景宁中学等18所基层学校工会和所有学校劳务外包用工情况、食堂和营养餐收支结余情况、民办幼儿园财政专项资金管理使用情况进行专项审计调查。审计调查全面结束后，共提出整改建议58条，并及时召开审计整改工作会议，建立审计存在问题销号制，全面落实审计问题整改。

积极探索党组织领导下的校长负责制试点学校工作。根据市教育局文件精神，2020年景宁畲族自治县确定职业高中、澄照学校、实验二小、中心幼儿园等四所中小学（幼儿园）为党组织领导下的校长负责制试点学校，并组织实施。

扎实推进互联网+义务教育工作。全年组织参加浙江省中小学实验教学说课大赛、丽水市2020年教育技术论文评比活动、教育资源公共服务平台2020年度网络学习空间普及应用活动、浙江省“基于技术的教与学方式变革”优秀案例评比活动等相关评比和竞赛20余次，省市级比赛参与率和综合获奖率创历年新高，参赛教师600余人次，获县级及以上奖励490余人次，其中获省、市及以上奖励100余人次。义务教育阶段学生转学工作实现网上办理，高考、学考等6项考试成绩证明实现“掌上办理”，95%以上专业自学考试报名、缴费、准考证下载、成绩查询、证明补办等实现在线办理。与有关部门协同合作，建成中高考加分申报平台，为身份类加分条件的中考考生简化申请手续，完成高考加分政策宣传和信息录入上报工作（1162名景宁籍考生享受中高考政策优待）。

民办教育改革走出决定性的一步，公民同招改革平稳落地。启文中学从报名的372名学生中随机摇号录取192人，启文小学摇号录取82人（含补招3人），市属3所民办学校摇号录取24人。出台《景宁县民办中小学报备全额教师管理办法》，稳定民办中小学校的生源优势与师资队伍。

立足学生技能素养培育，新增中小学生运动技能、艺术特长、技术操作市级达标标准

5个，覆盖音体美、劳动、信息5个类别。学生运动技能、艺术特长、技术操作达标率分别达到86.12%、88.8%、66.58%。继续开展“一会二乡三赛四节”（运动会、畲乡之春、畲乡之秋、篮球赛、乒乓球赛、足球赛、体育节、艺术节、科技节、读书节）活动，推进体艺赛事。组织学生参加省、市比赛，获省一等奖1个，省二等奖3个，市一等奖6个，二等奖3个。

实施中小学生身心健康提升工程，实现全县中小学校校医、心理辅导室和中学专职心理辅导老师配备率100%，在景宁中学建立县级心理辅导中心，切实维护广大学生身心健康；配备专业营养师进行配餐指导和营养知识普及。

规范留守儿童档案建设，推进“1+N”结对帮扶模式，投入19万元，对各乡镇学校留守儿童之家进行更新和升级，民族小学“儿童之家”被推荐为省级“示范型儿童之家”，红星小学“儿童之家”被推荐为市级“示范型儿童之家”。

全年共资助困难学生1.74万人次，资助资金1243.33万元。慈善助学、关心下一代、军民共建、聚贤手拉手、送温暖等社会力量资助资金约110万元。疫情期间，经学校和多部门努力为因家庭困难等原因不能正常参加线上学习的学生，赠送网络、流量、机顶盒、平板、手机等设施设备，确保每位学生正常参加线上学习。

2020年，财政预算安排教育系统经费6.2亿元。其中，中小学校教育经费3.83亿元，教育局本级人员经费和项目经费9679.7万元，教育基本建设项目经费1.4亿元。生均公共财政预算教育事业费支出和生均公用经费实现三连增。完成义务教育教师工资收入补差，确保教师平均工资水平不低于当地公务员平均工资水平。落实学前教育普及普惠政策，补助公办幼儿园劳动合同制教师、民办幼儿园专任教师工资，确保年人均工资收入达到相应标准。

学校教育

【学前教育】 2020年，全县有幼儿园25所，在园幼儿3016人。新建实验幼儿园集团分园——王金垟园区投入使用。取消准办园1所，新评、复评省二级园各2所。全县等级园100%，省二级以上幼儿园覆盖面76.9%。教师资格证持证率100%（丽水市唯一、全省26个加快发展县唯一）。重新调整3个幼教联盟，进一步提升乡镇幼儿园、民办幼儿园的保教质量，实现全县两教一保（每班配齐两名教师和一名保育员）。申报全国首批学前教育普及普惠县创建，并通过浙江省学前教育普及普惠县创建评估组评估上报教育部。继续推行“第三方评价”机制，在充分听取学校意见的基础上对内容设计、督评方式、评估工具等方面进行调整，力求使评估科学、清晰、准确。6月，县教育局组织督导人员对第一批8所幼儿园进行督导评估。民生实事幼儿园放学后园内托管服务，6月1日实现有刚性需求的幼儿园全覆盖。

【义务教育】 2020年，全县有小学14所，在校学生7584人。普通初中6所，在校学生

4859人，初中毕业升入高中的比例98.85%。继续开展全国义务教育优质均衡发展县创建工作，至2020年年底大部分指标均已达成。新冠疫情期间，全力抓好线上教育教学工作，确保教育教学质量不因疫情而下降。复学后，通过推进“品味”教育、初中壮腰工程、课改基地建设、精品课程开发、拓展课程实施、精准教学改革、常规管理攻坚、质量评价改进、实证诊断研究、教师全员晒课、教师暑期大备课、教学资源库建设以及基于“核心素养•学为中心”的“改课”系列教学研究培训举措，提升学校办学品质。继续巩固提升小班化教育改革成果，启动实施创新型人才培养基地建设。义务教育阶段教学质量继续保持较强竞争力，处于全市中等水平。

【普高教育】 全县有普通高中1所(景宁中学)，在校学生1806人。景宁中学以“生态教育”为办学理念，以“生态课堂”为抓手，秉承“共生、向上”的全面发展观，强化学生综合素养培养，在教育教学质量突飞猛进的同时，学生的综合能力得到提升，成了多所知名高校的优质生源基地，也成了“低进高出、特色发展”的丽水样板学校。2020年，景宁中学高考一段上线151人，实现“九连增”；73位考生被985、211高校录取，人数位居全市第四。高考一段上线率27.6%，比全市平均高出8.3个百分点，高考一段万人比与浙江省高考强县东阳市缩小到仅差1.4。刘涛同学获全省体育状元。

【职高教育】 全县有职业高中1所，在校学生1764人。2020年，全面推进普职融通，结合景宁中学优质管理与职业高中专业优势，让融通班学生考上优质的本科和高职院校，走出一条中等职业教育和普通高中教育“融通”之路。与浙江省机电集团签订合作意向，推进职业高中产教融合工作。2020年高考，本科上线24人，全市排名第二，实现“七连增”。旅游服务与管理专业被评为“浙江省名专业”，被确立为2021—2023年浙江省高水平建设专业。职高迁建工程于12月10日破土动工，项目位于澄照乡四格村，总投资约4.45亿元，总面积10.47公顷，将按省一类中职校标准建设。

【成人教育】 2020年，在沙湾新建老年大学(学堂)，改建景宁雅峰老年大学，完善老年教育服务体系。全县有省现代化成人学校2所，占比40%。克服疫情等不利影响，全年开展各类人员培训1.03万人次，超额完成年初提出的目标。其中老年学位考试培训2594人，完成市局考核任务的129.7%；学分银行成果录入3.79万条，占全县常住人口35.4%，超出省厅14%为考核优秀近22个百分点。

【特殊教育】 2020年，全县共入学安置239人，超出全省入学率平均水平。景宁特殊教育继续秉承“适性教育”办学理念，以“适性育人、适性课程、适性课堂、适性营养、适性康复”为抓手，打造全国民族地区特殊教育“特进普出、特色引领”窗口学校。制定特殊教育三年规划，有序推进特殊教育学校科学发展。全年资源设备建设共投入62.4万元，在全市领先完成资源教室“乡镇(街道)全覆盖”和

“有5人随班就读学生的学校全覆盖”两项指标。是年，景宁特殊教育获省论文三等奖1人，市论文三等奖1篇，市优质课一等奖1人，市微课二等奖1个，县课题一等奖1个。送教上门常态化，为37名送教对象组建7支送教队伍，通过“片区集中、协同送教”方式，进村入户，累计送教242节次，形成具有景宁特色的残障学生入学安置新模式。组织景宁县首届特殊教育晒课观摩活动、特殊教育“送教上门”模式探讨研训活动，推进精准教学，提升教研效果。新建资源教室3个，存量9个，完成双覆盖目标。资源教师队伍参加浙江省首届随班就读资源教师基本功大赛，取得全市最好成绩。

【民办教育】 2020年，景宁民办教育主要集中在学前教育和义务教育阶段。学前教育阶段，全县民办幼儿园5所，在园幼儿847人。其中，省二级园1所，省三级园4所。义务教育阶段，有民办初中1所（景宁启文中学），设12个教学班，在校学生497人；民办小学1所（启文中学附属小学），设15个教学班，在校学生490人。民办九年一贯制学校1所（景宁英华实验学校），设8个教学班，在校学生100人。民办文化类校外培训机构11家。年底，启动景宁二中建设项目前期工作。

教师队伍建设

【概况】 2020年，全县学校教职工1879人，其中学校专任教师1464人。优化中小学教师资源配置。开展在职人员人事档案专项审核，在三定方案基础上，完成局属5个事业单位的机构编制核定和3所学校（局属事业单位）清理规范整合工作。全年招聘教师57人，其中人才引进研究生1人、浙师大校园直招25人、定向培养14人、公开招聘17人。教师职称自主评聘试点学校由原来的1所扩大到13所。评出高级职称20人（正高级1人），中级职称26人，初级职称47人。深化“十年磨一剑鸿雁归巢”教师定向培养机制，2020年定向培养20人。对委培生进行导师结对、业绩跟踪、信息服务，确保能够让优秀的毕业生回乡任教。安排55位教师校长带编交流。

制订校长队伍建设专项计划，推行校长研习营。8位校长被列入“绿谷名校长”培养，10名校长纳入综合部门锻炼，40名校长赴上海、江苏等教育发达地区进行为期一周的专题研修，90名学校后备干部参加论坛交流。开展湖州市名校长工作室助力畲乡景宁初中强校提质指导活动。出台《关于加强中小学班主任队伍建设的实施意见》，班主任队伍进一步加强。

与5名特级教师合作建立名师工作室，引导学科组、专业组教师建设。3位老师与宁波特级教师结成导学对子，1名老师到江苏南京市琅琊路小学挂职交流研修。选派26位名优教师参加“绿谷名教师”培养工程，采用“双班主任制”管理、双导师制全程指导、集聚优质教育资源、分类开展研修的方式进行培养。建立青年教师成长研修站21个，289名教师参与业务成长研修。依托研训中心，发挥教研员的作用，开展日常教师队伍研训工作；以学校为单位自主开展校内日常研训活动，促进教师专业化成长。是年，全系统获评省市县各类先进90人，省、市先进教研组11个；获丽水市基础教育教学成果一等奖3项；教师课堂教学、精品课程、教研论文、课题成果等在国家、省、市级累计获奖300余项。

推进实证教研，利用大数据精准分析学生学情，提升课堂教学效率。教研员“进群入班”进行课堂跟踪，足迹遍布227个班级。教研活动以钉钉直播、同步课堂等方式开展，教学智慧向乡镇学校辐射，提高课堂教学效果和教师的执教能力。初步建成“赛、研、评”结合，“城、郊、乡”联动，“理念、思考、行动”合一的教研模式，为品学课堂构建探索一条行之有效的路径。景宁教育研究培训中心被评为“2019年度浙江省先进教研集体”，5个教研组被评为“浙江省先进教研组”，6个教研组被评为“市先进教研组”。

举办首届全县教职工书画大赛、首届教工趣味运动会、首届教职工文艺会演，提高教师职业幸福感、工作生活获得感。举办最美教师评比、三育人先进个人集体评比，树立典型引领教师高尚师德。

开展师德师风专项整治“七个一”活动。即召开一次全校师德师风专项整治教师动员大会、签订一份师德承诺书、开展一次教师违反师德情况排查、学校开展一次党风廉政建设主体责任和“一岗双责”履行情况及意识形态工作落实情况述职、在学校显眼处安装一个举报电话或电子信箱、组织一次纪律规矩教育或清廉教育讲座、建立一个常态化的学习制度。每次教师工作例会，先开展教师思想政治教育，以案明纪，提醒警示。“七个一”活动中，全体教师签订师德承诺书，开展各类有损教师形象违反师德规范的言行个人自查1700余人次，经过排查发现教师违反师德10余人次并督促及时整改，约谈提醒40余人次。

全面梳理教师队伍建设过程中发现的问题，召开全系统队伍建设工作会议，开展“1+6”行动，明确有偿补课、证照管理、微商经营、廉洁从教等专项整治工作举措。开展教育系统领导干部亲属违规经商办企业、党员干部违规兼职取酬、违规民间借贷、违规收送礼品礼金、定期向组织报告个人重大事项变动、办公用房超标、局机关经费管理使用和公务接待支出、津贴补贴和奖金福利发放情况、扶贫领域资金使用情况、党员干部移风易俗等问题的自查自纠工作。廉政谈话常态化，班子开展各类谈话提醒100余人次。针对各类问题线索，查处违纪案件3件，党纪处分3人次，政务处分1人次，诫勉谈话组织处理2人次。

改善办学条件

【概况】 2020年，全县统筹安排，完成景宁中学文化长廊修建工程、学校围墙维修工程、体育馆改造及学生床铺更换工程等93个小额维修改造项目建设，累计投入资金1980万元，惠及学校29所。其中，用于校园文化建设资金244万元，基础设施提升959万元，资源教室建设413万元，“儿童之家”建设56万元，“清廉学校”建设69万元。王金垟幼儿园于8月通过竣工验收，正式交付使用(3个教学班共80名幼儿入园学习）。翠涛居幼儿园通过内部装饰装修，基本完成建设内容。澄照学校成功创建标准化学校。景宁二中新建工程，确定了用地红线，规划用地面积5.1541公顷；完成土地报批、压覆矿备案、地质灾害评估、林地征用可行性报告等相关手续；完成项目可行性报告批复、设计方案会审、初步设计报批、地勘公开招标等前期工作。职业高中整体迁建工程，投入资金514.98万元，完成设计方案优化、监理招标、地勘施工、土方工程进场施工、林地报批、公路恢复施工图批复等相关工作，于12月10日开工建设。城北中学食堂、宿舍楼扩建工程，于12月中旬开工建设。

2020年，景宁被教育部遴选为首批“民族地区教育智能化试验区”（试验周期三年）。按省教育厅下达的薄弱学校改造具体要求，对21所学校33个新型教学空间实行提升建设，总投入达660万元。全县所有中小学参与智慧校园建设。其中，民族小学为市级示范学校，红星小学、鹤溪小学为市优质学校，其余中小学全部为达标学校，创建率100%，提前完成目标任务。年度总投资2414.6万元，年度生均投入1994元，生均设备值7466元，创历年新高。实现教育系统全网络万兆升级改造，班级多媒体一体机配备率100%。（高树文）

科学技术 · 气象 · 体育

科技工作

【概况】 2020年，完成全社会研发资金投入3979.3万元，同比增长17.4%。全县高新技术产业增加值1.47亿元，同比增长7.3%，占规上工业增加值的33.21%（规上工业增加值4.41亿元，累计增长1.1%）。是年，景宁畲族自治县经济商务科技局荣获丽水市“创新引领”工作先进集体称号，被评为“2019—2020年度浙江省科技特派员工作成绩突出单位”。

2020年，新增1家重点农业企业研究院——青风现代农业工厂化重点农业企业研究院。新增1个市级产业创新综合体——景宁幼教产业创新服务综合体。省级畲药创新平台通过验收。推荐申报国家高新技术企业2家，其中通过评审1家；推荐省级科技型中小企业11家，全部通过评审。年底，全县共有省级科技型中小企业54家，国家级高新技术企业15家。全县规模以上工业企业30家，其中有研发活动的企业21家，占比70%。

2020年，先后出台《景宁畲族自治县企业研发经费投入后补助实施办法》《关于推进科技创新引领高质量绿色发展的若干意见》《景宁畲族自治县科技计划项目验收管理办法（修订）》。全年有16家企业申领创新券71万元，实际使用20.6万元（奖补类20万元，一般类0.6万元）；补助企业研发经费86万元；验收县级科技计划项目33个，涉及资金100余万元。成功申报国家“科技助力经济2020”重点专项1个，省级重点研发项目1个，共争取国家、省级项目资金164万元。

组建“特派员之家”，出台科技特派员考核办法，推进22个特派员项目和2个团队项目深入实施。申报绿谷精英项目5个，入选项目3个（创业类人才1个，创新类人才2个）。有3人入选2020年度绿谷精英·创新引领行动计划（丽委人〔2020〕2号文件），完成储备2021年市“绿谷精英”人才候选。 （叶承娟）

气　　象

【概况】 2020年，景宁畲族自治县气象局（以下简称县气象局）继续推进气象现代化建设。以气象灾害监测预警全覆盖县建设为载体，以开展创新实干大赶考活动为抓手，优化监测站网布局。是年，新建雁溪、澄照等6个自动站，改造杨斜、吴山头等5个华云自动站，并对家地自动站进行设备升级。全县累计建成58个多要素区域自动气象观测站、2个水位雨量站、1个农业气象观测站、1套天气现象仪，县域内地面自动气象站平均站间距5.8千米。发挥资源优势，加强应对气候变化，推进生态气象服务工作。2020年，人工影响天气物联网安全监控实现全覆盖；建立人工影响天气作业空域现场申报录音存档制度，且新购置火箭信息在省级物联网系统入库率100%。完成沙湾镇后塘村人工影响天气作业点升级改造，全年开展1次火箭作业、2次烟炉作业。

开展美丽气象工作。成功申报景南上标入选全省“乡村氧吧”。在抖音平台与红星街道联合开展以“乡村振兴、富民兴村”为主题的助农活动。完成《景宁畲族自治县国家气象公园建设项目实施方案》的编制，邀请杭州方卓文化创意有限公司对景宁气象科普展厅进行了方案的初步设计。

2020年，进一步完善“政府主导、部门联动、社会参与”的气象防灾减灾体系建设。坚持政府主导，乡镇(街道)设分管领导、气象协理员，行政村设气象信息员，建立《重大气象灾害“叫应”服务制度》《业务工作留痕规范》《农村应急广播体系使用细则》《重要天气预通报和实况通报实施细则》《气象灾害预警服务效益评估工作要求》五项制度，完善气象防灾减灾综合显示平台数据录入，开展全县专职网格员业务培训，完成基层防灾减灾“六个一”(一本账、一张图、一张网、一把尺、一队伍、一平台)标准化建设自评估。全面完成13个气象防灾减灾标准化村(社区)的创建工作。

县气象局坚持把公共气象服务的基础业务工作放在首位，各项业务质量达到市气象局指标。坚持长、中、短期、短时预报服务相结合，预报服务与实况服务相结合。不断完善周年气象服务方案，严密监测、精心分析、及时预警、滚动预报，全力以赴做好决策气象服务工作。通过电视、政府网站、“96121”、国突平台全网发布、手机短信、多媒体预警终端、村级气象预警信息发布终端、农村应急大喇叭、微信公众号和抖音新媒体等途径做好公众气象服务。全年，共发布《预警信号》46期，《气象内参》32期，《气象专题报告》13期。为特定服务对象发布“异常天气短信”71批次、逢周一周五发送“中期天气预报”短信97期、《气象旬报》34期。根据天气形势的演变及时滚动预报，并发布专题天气趋势分析内参，气象短信71批次服务9万余人次。

落实行政审批制度改革工作，优化气象行政审批“最多跑一次”“互联网+监管”等服务事项清单，开展工程建设项目审批制度改革试点，全部审批事项纳入一窗受理平台和全域一证通办等统建系统，真正让企业便利，让群众满意。

深化防雷减灾体制改革工作，履行防雷监管职能，落实“平安景宁”防雷安全考核工作。6月，与平安办、应急管理局联合下发《关于公布2020年气象灾害(雷电)防御重点单位的通知》，公布防雷重点单位99家。根据省局下发的防雷“四个体系”建设和“双随机”工作要求，运用“浙政钉”掌上执法平台，推广应用行政执法办案系统，履行好社会防雷监管职能。完成“双随机、一公开”监管抽查，事项覆盖率100%，平台应用率100%，掌上执法检查率100%。对全县易燃易爆等场所开展防雷安全隐患的检查，对检查发现的问题，督促相关企业按要求限期整改。全年未发生严重的雷电灾害。

【气候评价】 2020年，景宁畲族自治县平均温度18.7℃，平均最高温度24.3℃，平均最低温度15.1℃，月极端最高温度38.4℃，出现在7月13日，月极端最低温度-3.9℃，出现在12月31日；年降水量1495.3毫米，年日照时数为1339.1小时。2020年，景宁畲族自治县气温异常偏高，气温历年最高。年降水量比常年同期偏少177.7毫米。各乡镇降水分布不均匀，主要集中在西南、中部，最大降水量出现在英川镇梨树宊村。日照比常年平均偏少208.8小时。

【主要天气气候事件】 2020年，景宁气温异常偏高、高温日数明显偏多、低温日数明显偏少，降水较常年略偏少、暴雨日数略偏多，日照显著偏少。气温历年最高，日照显著偏少寒潮过程多、范围大，年底出现大范围严寒天气，3月局地暴雨过程多，月底部分地方出现春汛，入梅早、出梅迟，降水集中期持续时间长、暴雨强度强，台风“黑格比”对景宁东部地区造成严重影响，台汛期影响景宁的台风少，7月空台属中华人民共和国成立以来首次，秋季暴雨范围广、强度强，部分地方出现明显的秋汛，秋季雨水少，气象干旱范围大、持续时间长。总体来看，在气候变暖的大背景下，景宁的天气气候仍较异常，而且气象要素变幅大，多个时段的多个气象要素接近或突破历史极值，而且寒潮低温严寒、超长梅汛期降水集中期、台风“黑格比”、春季暴雨、春夏季短时强天气、秋季大范围暴雨、秋季长时间的气象干旱等灾害性天气造成了较明显的不利影响。（吴耀健）

体　　育

【概况】 2020年，上半年受新冠肺炎疫情影响，省内所有体育赛事暂缓开展，景宁畲族自治县文化和广电旅游体育局（以下简称县文广旅体局）在做好疫情防控的同时，提前谋划赛事方案。下半年，以举办浙江省全民健身运动汇（景宁站）、中国畲乡最美绿道接力赛、景宁首届人民运动会等活动为牵引，通过各类体育社会组织带动全民健身，共举办省级赛事5次，市级赛事2次，县级赛事30余次，形成“月月有赛事、季季有高潮”的良好局面。是年，全县共有22个单项体育社会组织，其中AAA社会组织10个，体育社会组织AAA达标率40%以上。有登记在册三级以上社会体育指导员373名。

2020年，县委、县政府把实施“四提升四覆盖”[提升群众身边的体育场地建设水平，努力实现便民体育设施全覆盖；提升群众身边的体育组织水平，努力实现“乡镇（街道）”“1+5”体育社会组织网络全覆盖；提升群众身边的健身活动水平，努力实现常态化健身活动全覆盖；提升群众身边的健身指导水平，努力实现行政村(社区)社会体育指导员及乡镇(街道)体质测试网点全覆盖]全民健身工程建设工作纳入重要议事日程，多次召开专题会议研究。同时,将该项工作列入对乡镇(街道)、部门的年度大赶考考核内容之一。借此契机,把体育场地设施建设纳入乡村振兴、健康景宁、大花园建设、美丽城镇建设等重点工作内容,全力保障健身场地需求。建成畲乡全民健身中心，内含社区多功能运动场1个、拆装式游泳池1个、笼式足球场1个,总占地面积3800多平方米。2020年,全县新建1个拆装式游泳池、2个笼式足球场,2个百姓健身房、3个社区多功能运动场、11个小康体育村提升工程。其中正达小区城市百姓健身房作为推动全民健身的典型惠民工程,多次受到省、市主流媒体的采访报道。景宁畲族自治县全民健身地图升级为2.0版本,并接入浙里办系统。2020年,全县体育场地面积超过26万平方米,人均公共体育场地面积2.33平方米。

2020年，景宁籍运动健儿王景飒和海南籍运动员搭档参加2020年全国青年帆船锦标赛，获女子470级别长距离赛第一名和场地赛第二名，这也是景宁运动员在帆船项目上取得的最好成绩。7月,运动员吴柏恒在浙江省青少年田径锦标赛上,获13岁以下组男子400米第一名和男子100米第三名。11月,在丽水市青少年羽毛球锦标赛团体赛上,畲乡健儿取得11岁男子团体第二名,11岁女子团体第三名;10岁男子团体第三名、10岁女子团体第三名;畲乡健儿在个人赛中获11岁女子单打亚军。在丽水市青少年田径锦标赛中，畲乡健儿取得4金13银8铜和11个第四、12个第五、10个第六的成绩。

【征战全国珍珠球比赛】 2020年12月7日至10日,由国家民委文化宣传司、广西壮族自治区民族宗教事务委员会联合举办的“2020年民体杯全国珍珠球比赛”在广西壮族自治区崇左市举行。景宁畲族自治县派出13名运动员代表浙江队参赛,经过3天角逐,力克众多强队,获该赛事二等奖。

【“我要上全运”2020年浙江省少儿国际跳棋棋王棋后赛】 2020年11月6日,“我要上全运”2020年浙江省少儿国际跳棋棋王棋后赛在景宁举行,共有来自省内6个地市18支代表队、153名运动员参赛。比赛设100格、64格两项,分为男女U7、U9、U11、U13四个年龄段共16个组别。比赛中参赛选手相互切磋棋艺、加深了解、增进友谊,共同推动全省国际跳棋竞技水平的提高和国际跳棋文化的传播与发展。

【景宁第十三届领导干部篮球赛】 2020年11月8日,由县委组织部、县文广旅体局、县卫生健康局主办的景宁第十三届领导干部篮球赛在城北中学篮球馆开赛。全县有13支队伍200余人参赛。最终凤凰队、沙湾片、经贸系统获得比赛前三名。

【“景宁农商银行杯”浙江省全民健身运动汇景宁站开幕】 2020年9月25日,“景宁农商银行杯”浙江省全民健身运动汇丽水景宁站在畲乡古城开幕。浙江省体育局群体处副处长徐杰，丽水市体育发展服务中心副主任潘智慧，景宁畲族自治县领导夏培玲、严伟华、叶金堂出席开幕式。全省各地的50支队伍500余名运动员参加。运动会融入了畲族传统体育竞技游戏，设置了“最多跑一次”(每队4名队员，结合垃圾分类知识进行40米往返接力跑)、全民奔小康(每队5名队员，接力完成30米往返跳绳跑)、摇锅、操石磉等4个竞赛项目。其中，摇锅是最受选手欢迎的项目，选手双脚站在锅内，通过身体重心的变化和四肢腰腹的力量将锅摇至终点。 (柳毛毛)

2020年景宁畲族自治县体育赛事一览表

表11 单位:人

序号	赛事名称	时　间	参与人数
1	2020年景宁中学第一届“鸿鹄”杯体育素养大赛	6月19日	150
2	2020国家体育锻炼标准达标赛	9月11日	206
3	2020年金仙寺社区“金农杯”乒乓球团体友谊赛	9月12日	92
4	景宁足协第二届周末足球联赛	9月15日至11月末	60
5	景宁第二届老年人体育运动会	9月至11月	182
6	2020环敕木山越野赛	9月19日	270
7	“幸福1+1”第二届“成长杯”职工乒乓球比赛	9月24日至25日	323
8	浙江省全民健身运动汇	9月25日至26日	454
9	2020年秋炉乡浙闽两省三县登山文化节	10月17日	170
10	景宁首届人民运动会气排球联赛	10月22日至25日	261
11	2020年中小学生田径运动会	10月30日至11月1日	260
12	2020年景宁武术协会武术展示赛	10月31日	200
13	2020年浙江省少儿国际跳棋棋王棋后赛	11月6日至8日	151
14	景宁第十三届领导干部篮球赛	11月8日至19日	216
15	云景第七届中小学生篮球联赛	11月19日	700
16	2020年丽水市“畲乡小吃杯”象棋邀请赛	11月21日至22日	93
17	第六届“千峡情·渤海垂钓渔乐”休闲文化节	11月29日	1000
18	景宁畲族自治县第四届中小学生校园足球联赛	12月3日至5日	400
19	中国畲乡2020年最美绿道跑接力赛	12月16日	272
20	2020景宁干部职工趣味运动会	12月25日	280
21	首届人民运动会“高速杯”羽毛球比赛	12月25日至27日	155

文　化

群众文化

【概况】 2020年，县文化馆实施场馆提升改造工程，新增2个排练厅和1个多媒体教室，完成数字文化馆的平台建设、国家一级文化馆复评和省级评估工作。承办国家扶贫日浙江主场活动开幕式。举办了“诗画畲乡·年味景宁”乡村春晚启动仪式、暑期公益免费培训景宁文化掌上课堂、“我们的节日”端午节线上知识竞答活动、七夕传统手工艺传承培训、中秋国庆八天乐等活动62场。全年向基层送戏140场、送书2.28万册、送电影1600场、送服务363场次、文化走亲21场、送讲座展览241场。在小剧场、露天舞台等场地为全县各单位提供文化艺术支持、组织大小会议(活动)40余场。深化“一乡一品”品牌建设，通过项目答辩的形式，推选出优质乡镇节庆品牌23场，推动乡镇节事+乡村游精品路线打造，实现基层文化品牌建设和社会效益相统一。

全年，创作防疫歌词、曲、舞蹈、小品、音乐快板等33个，与海盐举办了线上的抗疫作品展活动。原创歌曲《如果没有星星来作伴》和《回忆是一本长篇故事集》分别获全市原创歌曲大赛创作金奖、表演银奖和创作银奖、表演铜奖。小品《凤凰飞回来》获全市第五届原创戏剧小品大赛创作银奖、表演铜奖。原创情景表演《唱说畲乡》受邀参加浙江省“我们的村晚”节目录制。原创情景歌舞剧《畲歌传唱颂清廉》获丽水市“清廉文化进村晚”文化成果展演比赛一等奖。原创舞蹈《畲乡丽影》参加第五届畲族才艺大赛获一等奖。创编节目《高皇歌》参加2020“池州杯”长三角民歌邀请赛并获“最佳传承奖”。选送多幅视觉艺术类作品在市第十三届乡村文化艺术节大赛中获奖。畲族博物馆精选200余件文创产品参展第15届中国义乌文化和旅游产品交易博览会，其中，《凤凰霓裳》获工艺美术金奖，畲卡通(佛生崽、佈妮崽)获“最佳趣味奖”和“文创产品优秀奖”。畲族民歌《抗疫畲歌》、畲族彩带《方寸之间显真情》疫情防控作品，获浙江省“安吉杯”疫情防控主题非遗作品优秀奖。

2020年，畲族博物馆增加馆藏品94件(套)，总量6253件(套)。其中，二级文物1

件，三级文物122件。全年，成功举办展览7个，观众27.1万人次，全程讲解710场次。其中重要展览有：景宁—莱西尼亚友好交流主题活动暨抗疫主题画展；“传承革命精神 赋能和美景宁”——浙西南革命文物展；“千峡竞秀 中国峡湾”——千峡湖全省摄影大赛作品展。畲族博物馆充分利用自身优势，在其大众性和社会性上做足文章，采用“走出去、迎进来”的方式，引进浙江自然博物院浙江未成年人生态教育巡展“迸发——寒武纪大爆发与来自云南的例证”和“绿水青山就是金山银山”，并把流动博物馆搬进学校、社区和文化礼堂等。连续9年举办“小小讲解员培训班”，把呆板的博物事业办得活灵活现深入人心。5月9日，浙江省文物局公布第四届全省博物馆免费开放最佳做法推荐入围项目名单，景宁畲族博物馆名列其中。经项目评审组评议及网上公示，景宁畲族博物馆从全省65个申报项目中脱颖而出获最佳文旅融合奖。

2020年，县图书馆在做好疫情防控常态化工作的同时，以“打造满意图书馆”为目标，以“公共图书馆服务大提升行动”为契机，全面提升人民群众对图书馆服务的满意度，更好满足人民精神文化需求。推进总分馆服务体系建设，开通“全域一卡通”服务。县图书馆和分馆、城市书房、畲乡特色书房等实现通借通还。构建“图书馆+”模式，建成全市首家军民融合的武警中队自助书房；与民宿、社区、大均乡政府等单位合作建成大均主题分馆、城南社区24小时自助书房、消防书房、古城书房、江月书房、小筑书房、招商书房、畲电书房等各类畲乡书房8个。完成图书馆大数据智慧墙、智能视频到馆人次统计系统建设，实现RFID自助借还。进一步通过“移动图书馆”、微信公众号、小程序、歌德电子阅读机、智能互动视窗一体机等数字资源平台开展数字文化服务。引进超星读书、爱上简笔画、书香诗词数据库等为读者提供图书、期刊、名师视频、有声读物等海量数字资源，开展“扫码看书”“扫码听书”等服务，2020年数字资源读者访问量150万人次，下载量6万余册次。

县图书馆大力推广免押金“信阅”服务，开通实体借阅证、电子读者证、支付宝、身份证等多种方式的借阅服务。改变传统的办证模式，以信用积分取代押金进行免押金注册，实行借阅服务零门槛。全面推行免逾期费，并将最大借阅册次提高为10册。同时，在线上依托省图书馆的支付宝“信阅”平台，让广大群众均等享受足不出户在线选书借阅的“点单式”借书服务。线下，开展“你点书我买单”活动，即读者在本地新华书店免费借阅选中的新书，由县图书馆买单，阅完后归还给县图书馆的方式宣传推广阅读。实现阅读资源的精准供给，消除城乡阅读资源差别，使基层和农村群众也能均等享受足不出户在线选书借阅、快递到家的“点单式”借书服务。2020年，图书馆读者总流通22.34万人次，文献借还12.37万册次，送书下乡2.28万册。

2020年，县图书馆根据疫情防控需要，积极探索线上线下相结合的模式，围绕“4·23”世界读书日及“我们的节日”“三服务”等主题开展形式多样的阅读活动，为基层群众、留守儿童、老年人、视障读者等不同群体量身定制策划系列接地气、聚人气、喜闻乐见的阅读活动。根据疫情防控需要，积极探索线上线下双管齐下的模式，线下举办“书香浙里、云享阅读”浙江省全民阅读月系列活动、第十六届浙江省未成年人读书节、阅读马拉松、“喜迎双节，乐享中秋”猜谜、小小图书管理员培训、“阅读温暖人生——第37个国际盲人节阅读体验”等阅读体验和文化活动；线上举办“元宵灯谜”、“答题战役”、“阅读马拉松线上快闪”为地球朗读打卡、“阅新知 不孤读”读书分享会、“国家印迹线上展览”等20余项活动，让阅读走进学校、走进乡村、走进机关和企业，将阅读的触角伸向畲乡各个角落，营造“书香景宁”的全民阅读氛围，促进市民养成良好的阅读习惯。

2020年，浙江畲族歌舞团实施文化产业富民工程，打造全省“民族文化+旅游”的知名文化产业。大型畲族风情旅游剧《印象山哈》是为推动景宁旅游发展而精心打造的一部民族演艺精品剧目。2020年受疫情的影响，《印象山哈》演出活动在9月正式开展，全年演出41场次，接待游客7000余人次，市场反应良好。为确保《印象山哈》剧常态化演出，进一步提升知名度和影响力，浙江畲族歌舞团加强与其他省、市、县旅游界的合作交流，加大市场营销与宣传的力度，拓展旅游客源市场。分别以“乘着高铁游丽水”“诗画畲乡 和美景宁”为旅游宣传品牌，先后到杭州、江苏、苏州、长沙、北京、温州等地开展旅游市场推广与宣传活动23场次，送出宣传册5500余份。

深化文旅融合，正式启动“文化基因解码工程”，成立文化基因解码工程工作领导小组和专家团队，完成200余项“一张清单”普查并项录入系统，启动15项重点元素解码工作。推动文化基因解码成果现代化转化运用，将畲族文化基因同景区规划设计、旅游产品及文创产品研发等相结合，策划提升歌舞剧《印象山哈》、畲乡之窗景区婚嫁表演等演绎剧目，实现“畲家十大碗”“畲乡十小碟”“畲家十药膳”市场化运作，完成蓝延兰彩带馆、畲语畲歌传承馆、畲族布鞋馆3家场馆提升项目的验收工作。举办2020年乡村节庆精品线路发布会暨一乡一品项目申报答辩，邀请相关旅行社参与评审，通过旅游营销推广，实现文化产品和旅游市场并轨发展。

2020年，根据中共中央办公厅、国务院办公厅《关于深化市场监管综合行政执法改革的指导意见》及各级有关文化市场综合行政执法改革的实施意见，深入贯彻落实文化市场综合行政执法改革工作。编制印发《景宁畲族自治县文化市场综合行政执法队职能配置、内设机构和人员编制规定》，完成机构设置、人员编制锁定，整合原文化、旅游执法队伍，基本完成改革任务。2020年，县文化市场综合行政执法队采取日常检查与双随机检查相结合、现场检查与网络监管相结合、独立执法与联合执法相结合，不断加大对全县文化市场检查的频度、密度和力度。在全国“两会”、国庆、中秋、元旦、春节等重要节假日期间开展安全巡查，积极落实疫情防控措施，落实安全生产监管职责。全年，共出动执法人员1033人次，检查各类文化经营场所834家次，共立案4起，成功结案4起。坚持法治和德治并行，大力开展法规宣传教育。2020年，开展“护苗2020”“扫黑除恶”“安全生产月”等主题宣传活动，联合多部门打响非法卫星电视接收设施整治攻坚战，拆除非法卫星地面接收设施60余套，组织全局干部职工及全县文化经营单位开展安全生产培训及大型消防安全演练。

推进文旅市场行政审批规范化建设，全年梳理办事事项129项，基本信息准确率100%，材料准确率100%，网上受理率100%，“零次跑”率100%。

【凤舞畲山大舞台“乡村春晚”】 2020年1月9日，由“诗画畲乡·年味景宁”活动组委会办公室主办，景宁畲族自治县文化广电新闻出版局承办，景宁畲族自治县文化馆执行承办的“诗画畲乡·年味景宁”——2020凤舞畲山大舞台“乡村春晚”暨年味景宁启动仪式在包凤文化广场举行。该“乡村春晚”别开生面，乡土味十足，全场洋溢浓浓的年味。

【书画大咖齐聚畲乡共绘“中国好畲画”】 8月25日至26日，开展2020年浙江省艺术家走进少数民族文化扶贫暨“中国好畲画”——民间书画作品创作采风活动，浙江省文化和旅游厅二级巡视员戴言，县委常委、宣传部部长季建标参加。在25日下午举行的浙江省艺术家走进少数民族文化扶贫书画美育讲堂公开课上，浙江省国际美术交流协会副主席余晖从中国书法绘画的传承与发展两个方面进行授课，以提升全县书画爱好者的艺术修养和创作水平。来自省市的30余位艺术家对景宁书画协会会员的作品进行了逐一点评。活动中，艺术家们现场挥毫泼墨，创作了20余幅书画作品，并全部捐赠给县文化馆用于后期书画展览。26日，艺术家们走进东弄畲家田园综合体和大均畲乡之窗，围绕畲乡山水风光、人文景观、畲族风情进行畲族书画作品采风和研讨。

【县文化馆志愿者小分队下基层开设美育课堂】 8月11日，县文化馆志愿者小分队一行6人到东坑镇马坑村，开展联合2020“圆梦青苗·以艺育美”浙江省百名文艺志愿者面向农村未成年人开设美育课堂下基层“文化物流”派送活动。该活动安排了声乐，畲舞课程以及畲族民俗展。让孩子们得到更多关爱，为他们送去畲歌、绘画、少儿书法等学习课程，帮助山里的孩子们快乐成长。

【“诗画畲乡 和美景宁”畲乡风情摄影巡展】 2020年11月16日至20日，由县文化馆组织的“诗画畲乡 和美景宁”畲乡风情摄影巡展相继走进莲都、龙泉、青田等8个县市区，圆满完成2020年民俗文化巡展暨文化走亲活动。该畲乡风情摄影巡展内容丰富，共展出畲族特产、绝技绝活、特色体育、旅游节庆、畲家名菜等摄影作品108幅。

【“我们的节日”系列活动——不一样的“七夕”节】 2020年8月24日，县文化馆举办“我们的节日·七夕”主题活动。活动主要内容有剪纸、织彩带、传统捏塑，传播“七夕”传统节日人文精神。

【"我心中的英雄"——景宁第二届少年儿童才艺大赛】 2020年7月22日,"我心中的英雄"——景宁畲族自治县第二届少年儿童才艺大赛在畲乡古城三月三广场圆满落幕。决赛当晚共演出大赛作品44个,最终角逐出金奖作品15个,银奖29个。

【丽水市第十五届原创歌曲大赛】 2020年11月9日,丽水市第十五届原创歌曲大赛在景宁举办。参加大赛的有9个县(市、区)文化馆等单位选送的21个原创音乐作品。大赛设置了创作、表演和辅导金奖4个、银奖6个、铜奖若干个。所有作品均由丽水市各文化馆专业干部、社会音乐爱好者作词、作曲及表演。作品题材多样,形式丰富。经过激烈的比拼,由县文化馆选送的《如果没有星星来作伴》和《回忆是一本长篇故事集》分别获创作金奖、表演银奖和创作银奖、表演铜奖。同时,景宁畲族自治县文化馆获最佳组织奖。

【"我们的节日"系列活动——"月满华诞 情满双节"】 2020年10月1日,既是国庆节,也是中秋节,景宁文化中心广场挂满七彩花灯,景宁畲族自治县文化和广电旅游体育局在这里主办"我们的节日"系列活动——"月满华诞 情满双节"。该活动由县文化馆、图书馆、浙江畲族歌舞团联合承办,以购买服务的方式由业余团队在露天舞台上开展文艺会演,历时8天,丰富了群众的文化生活。

【景宁非遗保护发展指数排名全省第八】 2020年,景宁非遗工作在全省非物质文化遗产保护发展指数评估指标数据中位列全省(89个县市区)第八。这是继2016年起连续5年位于全省前列,系丽水市唯一一个位列前十的县。

【非遗进校园案例入选全国十大优秀实践案例】 2020年10月24日,由文化和旅游部非遗司支持,《中国青年报》、中国青年网主办的第二届全国"非遗进校园"优秀实践案例发布活动在山东济南举行。景宁畲族自治县推出的"银杏树下共成长 畲乡红领巾永传承"非遗走进青少年宫案例入选全国十大优秀实践案例,成为全国唯一县级入选单位和浙江唯一入选案例。

2020年,县文广旅体局、团县委创设载体,精心组织,将畲族民歌、畲族彩带编织技艺等非遗项目列入青少年宫课程大纲,组织开展非遗教学和非遗实践30余期,3000余人次参与,培养各类非遗小小传承人100余名。

【"畲药膳"获"非遗薪传"浙江传统美食展评"薪传奖"】 2020年6月28日,"非遗薪传"浙江传统美食展现场终评活动在浙江旅游职业学院举行。经组织评审,评出"薪传奖"10个,"优秀展演奖"20个,"优秀组织奖"10个。由景宁畲族自治县选送的畲医畲药(畲药膳)获"非遗薪传"——浙江传统美食展评活动的最高奖"薪传奖",系全市2个入选非遗项目之一。

【景宁非遗衍生品"会友茶"入选第二批浙江省优秀非遗旅游商品】 2020年7月22日,根据《浙江省文化和旅游厅关于公布第二批浙江省优秀旅游商品名单的通知》(浙文旅非遗〔2020〕13 号），景宁非遗项目——惠明茶手工制作技艺的非遗衍生品“会友茶”入选第二批浙江省优秀非遗旅游商品，系全市入选的 6 项非遗旅游商品之一。

惠明茶手工制作技艺 2012 年被列入第四批浙江省非物质文化遗产代表性名录，“会友茶”是浙江奇尔茶业有限公司研发的惠明茶系列产品之一，是非遗旅游商品，也是主销产品。

【承办浙江省民族乡村振兴示范建设推进现场会非遗展示活动】 2020 年 9 月 21 日，由县文化和旅游广电体育局主办，县文物和非遗保护中心承办的“浙江省民族乡村振兴示范建设推进现场会非遗展示活动”在畲乡古城举行。参加现场会的有来自全省 18 个民族乡（镇）代表，会上集中展示畲乡传统手工技艺、非遗特色小吃制作技艺共 20 余项非遗项目。

【开展首届“红领巾爱传承”暨“少年非遗说”畲乡传说故事讲述大赛】 2020 年 9 月 23 日，景宁首届“红领巾爱传承”暨“少年非遗说”畲乡传说故事讲述大赛在景宁青少年宫举行。参加大赛的有来自全县的小学和幼儿园推选的学生 100 多名。大赛以“讲好非遗故事，争当小小传承人”为主题。旨在进一步加强景宁民间口头文学保护传承，鼓励广大少年儿童了解非遗、学习非遗、传承非遗，争当“小小传承人”。通过比赛，评选出一等奖 6 名、二等奖 11 名、三等奖 15 名，优秀指导教师 6 名，优秀组织奖单位 2 个。

【首届全域旅游讲解员培训班】 2020 年 5 月 18 日至 20 日，景宁畲族自治县畲族博物馆举办首届全域旅游讲解员培训班。来自全县各景区、旅行社的讲解员、民宿负责人共 25 人，系统学习畲语畲歌，畲族舞蹈，茶道礼仪，以及讲解技巧等方面的基本知识。

【景宁—莱西尼亚友好交流主题活动暨抗疫主题画展】 2020 年 4 月 29 日，畲族博物馆举行“景宁—莱西尼亚友好交流主题活动暨抗疫主题画展”开幕式。画展汇集中国著名大写意花鸟画家何水法和意大利威尼托大区知名艺术家 Giorgio Grossi 等中、意艺术家在“抗疫”这一共同主题下，用画笔全方位、多角度声援和支持抗疫工作的感人画面，画展作品有绘画、摄影和影像等。开幕式结束后，举办中意友好主题讲座和亲子绘画活动。

【“传承革命精神　赋能和美景宁”——浙西南革命文物展】 2020 年 1 月 16 日，景宁畲族博物馆举办“传承革命精神　赋能和美景宁”——浙西南革命文物展。共展出浙西南革命文物 100 余件。既有革命军用过的弹匣、子弹、行军服和挎包等，又有陈兴谅、潘耀荣等中国人民解放军的功劳证、勋章，以及畲汉群众救护红军，拥护中国共产党的革命印记。

（林　丽）

文　物

【概况】 2020 年，景宁畲族自治县文物和非遗保护中心始终坚持文物工作“保护为主、抢救第一、合理利用、加强管理”的方针，积极开展文物安全大排查大整治，对木质结构的34处文物保护单位进行重点消防安全检查，更换消防器338只。联合消防等相关部门，不定期开展文保单位消防安全检查，共检查文物保护单位31家次，及时发现处置各类问题隐患11起，整改到位11起。加强汛期文物单位维护工作，对国保单位——东坑下桥，省保单位——潘家大屋、孔庙、敕木山村畲族民居，县保单位——驮垟源尾殿等6处文保单位进行维修，确保文物安全度过汛期。完成国保单位——高演环胜桥和省保单位——潘家大屋的维修设计方案、施工图纸、预算测算、经费申请等前期工作。完成国保单位——东坑上桥修缮设计方案的制作，并通过省文物局的审查。

【景宁第十三期承德《弟子规》学习班开班】 9月26日，景宁第十三期承德《弟子规》免费学习班在国保单位——孔庙正式开班，共有100余名学生和家长参加。学习班的学习主题为“促家风·行礼仪”。开班仪式上，文物和非遗中心主任颁发了文物和非遗中心的新一期文创产品——国学札记笔记本和孔庙祈福签字笔。为传承弘扬优秀传统文化，打造畲乡国学教育品牌奠定良好基础。 （陈　燕）

畲族文化传承与发展

【概况】 2020年，景宁畲族自治县畲族文化发展中心（以下简称县畲文中心）紧抓中国共产党百年华诞和第六届全国少数民族文艺会演这一历史机遇，打造畲族文化精品。与浙江歌舞剧院合作，创编了大型民族歌舞剧《畲山黎明》。该剧重现了畲族老大妈勇救红军战士的革命故事，完美展现畲族人民对党的赤胆忠诚和家国情怀。10月，《畲山黎明》在丽水大剧院首演，得到了观众的高度认可。同时，县畲文中心通过与国家民委、省民宗委、省文旅厅的汇报对接，成功争取到县政府安排预算经费500万元。将《畲山黎明》上报第六届全国少数民族文艺会演组委会参加遴选，并最终被确定为代表浙江省唯一参演剧目赴京参加全国会演，向中国共产党百年华诞献礼。

2020年，县畲文中心围绕全县中心工作，应对突如其来的新冠肺炎疫情防控形势，探索“2020中国畲乡三月三”网络办节新模式。围绕“体验古老风情　云享诗画畲乡”这一主题，由传统的线下活动转为线上活动。及时制作推出2020中国畲乡三月三官网，对2020中国畲乡三月三活动进行全方位报道。以三月三传统节日为平台，挖掘节庆文化内涵，突出畲族民族特色，宣传畲乡古老风情、百年金奖惠明茶等，展示景宁经济社会发展情况和畲乡风土人情。浏览量达1242万人次，点击量近30万人次。其中，云享中国畲乡三月三“H5”浏览量274.5万人次；中国畲乡App参与抽奖人数1648，中奖人数442，注册人数580；景宁“600”精品馆在活动期间的点击量3515人次，共下单317单，销售金额1.48万元，中奖券使用1.05万元。

全国畲族文化总部建设有序推进。牵头制订畲族文化发展五年行动计划，进一步明确“十四五”畲族文化发展的方向和目标。三月三广场、山哈大剧院、千年山哈宫等重点畲族文化项目建设进展顺利，畲乡之窗、畲乡古城、东弄畲家田园综合体等的畲族文化融入和业态植入有新起色。对接民族出版社编印《畲族文化研究文集》第二集。对接长三角企业参与畲族文化名片的打造，绘编《画说景宁》连环画。引入畲族文化创意公司畲设计联盟，其文创产品“蓝牙音箱”获得全省最高奖项，反映畲族忠勇精神的网络电影《畲山谍影》在郑坑开拍。协助完成浙江省重点影视项目电视剧《春风又绿江南》在景宁拍摄，该剧将于2021年全国“两会”期间在央视一套黄金档播出。（雷露露）

档案、党史、地方志

【概况】 2020年，县档案馆严格落实新冠肺炎疫情防控措施，确保疫情防控和业务工作“两手抓、两手硬”。全年，共接收59家单位档案11.37万卷（件）。2020年接收全县部门乡镇2007—2010年文书数字化档案、业务档案、土地确权档案等共3.6万卷6.36万件，并开展电子数据检测，做好馆藏系统挂接、离线备份等工作。征集到新冠肺炎疫情防控档案照片64张，视频4个，故事稿件15件，实物22件（包括援鄂医务人员王国嗣、许娟的火线入党申请书、各医护人员请战书、抗疫日记、社会各界捐赠物资资料凭证、小区出入通行证及新冠肺炎个人防护手册指南等）。从浙江省图书馆、上海市档案馆、上海市图书馆等单位征集到《清雍正十三年景宁县志》1套3册、《乾隆戊戌年景宁县志》4册，并制作成仿真件馆藏；征集到光绪二十年的《刘氏家谱》及其2019年修订本和《高氏家谱》；征集到老干部书画作品10余幅，整理了一批地方特色档案及图书资料，并消毒入库上架。

2020年，县档案馆设定37个历史文化村落建档目标，对接乡镇、联系中介，于是年6月底完成省档案局名单库中的22个历史文化村落建档工作。10月底，37个历史文化村落建档任务全面完成，并将历年60个村落352G档案数据上报至省档案馆备份。转化“千村档案”建档成果，编纂了历史文化（传统）古村落系列丛书《山村记忆》。采集制作了《抗美援朝老兵张永传》《大张坑村的兵四代》《百岁女民兵唱红歌》《景宁畲族第一党支部书记雷福体》等4个“红色记忆”口述档案。完成了汆木、老船工、外舍埠头、上圩埠头、竹排漂流、橡皮筏漂流、港航管理等7个水运文化口述档案建档工作。寻找掌握畲族民间文化的艺人技人，采集录制了“拔伤”“做圣”“许福”“做全家福”“送船”“接香火”“做插田福”“林山村的福文化”等8个口述视频档案。拍摄录制了展示畲族传统习俗真实面貌的《传师学师》纪录片，丰富县档案馆的特色档案资源。

全年，接待社会各界档案咨询查阅1297人次，实地到馆利用1233人次，受理他馆异地查档9人次，网上社会公众查档40次，查阅档案5784卷（册）、件，复制档案件8897份。

2020年，县党史研究室加强革命遗址保护，挖掘红色文化资源。先后到英川、毛垟、九龙、梅岐等乡镇开展调研，帮助挖掘红色文化资源，促进“红绿融合”，助推经济发展。是年，《中国共产党景宁历史》第二卷通过初审，并根据初审意见和专家审稿意见进行修改完善。

组织人员整理景宁畲族自治县成立以来历次党代会相关资料，编印中国共产党景宁畲族自治县历次党代会资料汇编。

《景宁年鉴（2020）》出版。2020年年初，景宁年鉴编辑部根据地方综合年鉴的编纂要求，结合景宁实际制定了《景宁年鉴（2020）篇目大纲》，由县委办、县府办联合发文部署落实。9月，《景宁年鉴（2020）》书稿形成（64.3万字），并通过了县地方志编纂委员会成员审核审查和方志出版社的初审、复审、终审。编辑部根据方志出版社和编委会成员的审核审查意见进一步修改和完善后报送县主要领导审定，于12月出版发行。

【“民生查档一网通”平台建设前期工作完成】 2020年，县档案馆对接中介开发档案查询共享平台，邀请上级主管部门指导，与大数据中心等相关部门沟通协调，听取有关意见和建议，梳理整改平台运行中存在的问题，并逐步优化完善，为深化“最多跑一次”改革，提供档案经验、档案服务。

【省级规范档案馆通过测评验收】 2020年10月22日，省档案局评审专家组根据细则62项指标，经过实地查看档案用房、翻阅工作台账、系统操作演练等方式，对景宁畲族自治县档案馆的档案业务进行全面检查、量化评分后，验收通过。

【《瓯江小溪》初稿完成】 2020年，县档案馆根据历年采集建立的小溪流域水运文化口述档案，整合资源，编辑《瓯江小溪》一书。年底初稿完成，计划2021年正式出版。

【“丹碧畲乡”系列书册初稿完成】 2020年，县档案馆收集红色文化、绿色生态和产业、地方典故和名人等方面的资料，编辑以“红+绿+地方特色”为主题的“丹碧畲乡”系列书册。是年年底初稿完成，计划2021年正式出版。

【《中国共产党景宁历史》第三卷编纂工作启动】 2020年，县档案馆聘请熟悉景宁情况的6位退休老干部组成编辑部，启动《中国共产党景宁历史》第三卷的编纂工作。是年，组织编辑人员到海宁、桐乡等地学习取经；形成了《景宁畲族自治县改革开放以来党史专题征编规划（征求意见稿）》（共183个专题），向全县各单位征求意见；召开了全县党史三卷专题编写动员会，对各单位、部门编写党史专题工作进行相关部署。（季慧彪）

融 媒 体

【概况】 2020年，景宁畲族自治县融媒体中心（以下简称县融媒体中心）紧紧围绕县委县政府中心工作，坚持互联网思维、全媒体视角，深化改革深度融合，发挥全媒体传播平台作用。全年，共播出广播《景宁新闻》235期

2800余条。播出电视《畲乡新闻》253期2000余条、《畲语新闻》48期。《畲乡报》安全出报141期，5100余篇新闻、280多万字。制作播出专题节目《畲乡风》50期、《畲乡新农村》51期、《视野》30期、《诗画畲乡》49期。被中央广播电视总台、人民日报、新华社等国家级媒体录用刊播194篇（条）。其中，中央电视台《新闻联播》录用6条，是历年之最。被浙江卫视、《浙江日报》、浙江之声等省级媒体录用刊播497篇（条）。被市级媒体录用刊播3000余篇（条），在市级以上媒体刊登头版、专版36个。推出百度“数说景宁”初级版，在“In Zhejiang”、环球网等国际平台发布景宁相关报道7条，为景宁擦亮“数字名片”和“国际名片”。“中国畲乡”客户端、景宁新闻网等新媒体全平台全年共发稿2.6万余条，两微一端抖音粉丝数达12万+人次，同比增长5倍。全年发布阅读量1万+条的作品542条，同比增长10倍，10万+人次的作品有31条，100万+人次的作品有3条，1000万+人次的作品有2条。其中，《别让“水花”溅湿文明》系列成为爆款，播放量达1.5亿人次，点赞量270万+人次，并登上当天抖音热门和微博热搜。推出全市唯一的“畲视频”短视频品牌和“畲城故事”H5品牌，全年发布“畲视频”468条，H5“畲城故事”5篇，以受众喜闻乐见的形式讲述畲乡故事，阅读点击量超200万人次。2020年，县融媒体中心获评2020年度畲乡铁军“志不求易、事不避难”创新实干大赶考综合考核良好单位；获2020年度浙报集团县级融媒体中心共享联盟最佳合作奖；获2020年度全省广播电视新闻融合传播协作蓝媒联盟新媒体协作二等奖；获2020年度全省广播电视新闻协作县级广播二等奖；获2020年度全省广电新媒体新闻协作二等奖；获2020年度浙江省广播电视节目技术质量金鼎奖三等奖。获评丽水市广播全媒体传播协作先进单位一等奖，丽水市电视全媒体传播协作先进单位三等奖，丽水市先进基层报道单位、先进记者站。

年初，应对突如其来的新冠肺炎疫情，县融媒体中心闻令而动，积极作为，肩负起打通抗疫宣传“最后一公里”的使命，充分挖掘前线医务人员、基层干部、公安民警、社区工作者、志愿者连续作战、无私奉献的感人事迹，用普通人同舟共济、守望相助的感动事迹和凡人善举，陆续推出各类有思想、有温度、有品质的原创、本土化融媒体作品。录制通俗易懂、便于群众接受的方言提醒，通过广播、客户端、微信，传播到全县各个社区、村庄。全年，充分利用广播、电视、报纸、网站、微信、客户端、短视频等强大的媒体矩阵，发布疫情权威信息和防控动态信息3000余篇（条），制作发布短视频作品30余个，点击量达500余万次。

2020年，县融媒体中心全力打造有影响力的“新闻+服务”平台。配合完成东方卫视《我们在行动》和浙江广电集团小康村24小时等大型融媒直播带货活动7场，自主开展直播带货5场，创新推出电视栏目“我的产品我代言”，农产品累计销售额达8050万元。承接新时代文明实践中心建设工作，打造融思想引领、道德教化等多种功能于一体的基层综合平台。在全市率先实现本地两个高清频道正式播出，得到省广电局领导肯定。继续保障敕木山无线覆盖，免费为百姓提供15套数字电视节目；继续实施广电惠民政策，做好低保等群体免费收看数字电视工作。

2020年，县融媒体中心实行并完善"轮值总编"、新闻晨会、稿酬考核、业务培训等机制，试行"风云榜"、"首席采编制"、广告创收等激励制度，统筹新闻选题策划、采写、编发，提高新闻的时效性和精准度，不断激发采编团队的创造力。全面优化采编融合，打通考核渠道和用稿平台。先后加入浙江日报报业集团县级融媒体中心共享联盟，浙江省广播电视集团"蓝媒联盟"，完善与央视浙江记者站、浙报集团、浙江广电集团记者轮训锻炼、稿件合作挖掘等机制。与上海静安区融媒体中心签订《战略合作协议》，达成采编互访、节目互动等合作机制，与上海古凡交响乐团成功举办"惠明茶歌童声原创歌曲活动"，并邀请30多名全国知名的儿童作曲家到景宁采风走访。（刘柳俊）

图书发行

【概况】 2020年，景宁畲族自治县新华书店上架图书5.11万个品种，在架图书25.77万册。全年，图书总销售2951.72万元(其中购书中心卖场销售图书金额580.78万元)，同比增长11%。

县新华书店常年坚持开展"新春书福""畲娃周末绘本故事""畲娃美文阅读沙龙""畲娃手工""红领巾驿站"等系列文化公益活动，吸引众多读者参与，丰富人民文化生活。同时开展创新阅读体验活动，传递品牌服务价值，使县新华书店购书中心真正成为读者的阅读之家。

2020年，是抗击新冠肺炎疫情的特殊年份，县新华书店购书中心按照疫情防控要求，每天进行环境消杀，坚持对入店人员采取戴口罩、测温、亮码、控制人流等措施，确保人员安全。在"新时代杯"2020时代出版·中国书店年度致敬活动中获"2020特别致敬抗疫"书店称号。（徐慧芳）

卫　生

综　述

【概况】 2020年，景宁卫生健康工作以深入推进“八八战略”再深化、改革开放再出发为统领，持续推进综合医疗卫生体制改革、基层公共卫生体制建设，提升卫生健康综合服务能力，做好新冠肺炎疫情防控工作。全面完成6件省、市、县政府民生实事(省民生实事：新增3岁以下婴幼儿照护服务机构2家、新增3岁以下婴幼儿照护托位57个、70岁以上老年人流感疫苗免费接种、高危人群大肠癌筛查；市民生实事：60岁以上老年人肺炎疫苗免费接种；县民生实事：儿童眼健康筛查)群众满意度100%，进一步强化“三医联动”(医疗、医保、医药)，“六医统筹”(医疗、医保、医药、医院、医生、中医)联动改革，不断提升卫生健康县域治理现代化水平。

2020年，全县有各类医疗卫生机构102家。其中，公办77家、民办25家。公立医疗卫生机构中，有7个县直属医疗卫生单位(县人民医院、疾病预防控制中心、妇幼保健和计划生育服务中心、卫生监督所、健康促进和爱国卫生服务中心、医疗卫生服务中心、老龄健康服务中心)；19个乡镇卫生院；2个社区卫生服务中心；5个学校(幼儿园)设卫生室；45个村卫生室。民营医疗卫生机构中，有民营综合医院1家、专科医院1家、个体门诊部及诊所23家。全县有卫生技术人员940人。其中，初级职称人员694人，中高级职称人员239人。是年，全县常住人口11.21万人，各医疗卫生机构执业(助理)医师422人，每千人拥有医生3.74人；注册护士335人，每千人拥有护士2.88人；开放医疗床位650张，每千人拥有医疗床位5.85张。

全年，全县各级医疗门诊治疗96.51万人次，急诊治疗病人1202人次，家庭卫生服务3.28万人次。2020年，以全省卫生行业综合监管督查为契机，着力开展系统内“扫黑除恶”专项斗争；打击“非法行医”，强化医疗安全管理；成立医患纠纷人民调解委员会，配置专职调解员3人。全年无等级医疗事故发生，组织医疗纠纷调解6起，调解成功率100%。2020年，共受理信访92件，同比增长155.56%。全年，全系统无违法违规违纪行为发生。

继续深化医药卫生体制改革。全年转诊1403人次(其中县人民医院转“浙大一院”26例),县域内就诊率92.52%。深化“双下沉、两提升”(人才、资源下沉,服务能力、服务效率提升)工作,对接省级优质医疗向县乡下沉。县医院连续四年“双下沉、两提升”工作在全省考核中被评为优秀。县医院成功创建全省第五批医学龙头学科(骨外科学)。打造“智慧医院”,提供智慧型医疗服务,推动医疗卫生服务领域“最多跑一次”向基层医疗卫生机构延伸,全面优化服务流程、改进服务方式、提升医疗卫生服务规范化、人性化、智慧化、便利化、特色化水平。年度受理行政许可398件,办结398件,办结率100%。其中,公共场所许可事项129件,医疗卫生许可事项134件,医师执业注册67件,护士执业注册68件。推进医疗机构、医护人员电子化注册系统使用,电子化注册系统医师激活率99.78%,护士激活率92.57%;实现门诊智慧结算、病区结算、检查预约等功能;继续开展中药代煎代送到家服务;“互联网+医疗”延伸到乡镇村社,建立县乡两级医疗机构之间的双向转诊通道。

县域医共体建设逐步推进。深化人事制度改革,统一设置岗位、统一公开招聘、统一岗位竞聘、统一自主评聘、统一人员使用,统盘做好“全员一家人”工作。建立健全医共体财务管理制度,实行医共体统一预算管理。落实基层医疗卫生机构补偿机制改革,实现制度、账户、预算、资产、价格的统一管理。推进医保协同,制定出台医共体医保支付方式改革配套文件,县医疗保障局与县人民医院(县域医共体)签订医保服务协议,将医共体整体作为医保定点机构和医保基金预算单位,科学核定和合理安排预算总额实施“总额预算、结余留用、超支分担”的激励约束机制。根据《景宁畲族自治县卫生健康局关于进一步加强县域医共体公共卫生工作的通知》,县疾控中心选派9名业务骨干分别作为公共卫生联络员、公共卫生指导员,对县域医共体公共卫生工作开展指导、业务培训、检查等,协同强化公共卫生体系建设、能力提升、风险管理、监测评价、绩效考核、落实措施和保障服务等工作。信息化建设工作,依托丽水市区域信息平台,实现医共体内医学影像、心电诊断的资源共享,形成“分院检查、总院诊断、结果互认”的分级诊疗模式;依托互联网+,健全和完善县域内医学检验共享中心,实行县域内检查检验结果互认共享。在医共体内搭建双向转诊平台,架起信息互通的桥梁,畅通渠道,减少环节,为转诊患者提供全程、连续的诊疗服务。借力钉钉平台,建立县域医共体钉钉组织架构,并上架清廉医院、智慧党建、公文管理、智能人事、会议管理、工资条管理、学习强院、一站式保修平台、不良事件上报、OA审批、值班排版等多个医共体应用。设立医共体远程视频会诊中心,为及时有效地给疑难疾病患者、出行不便患者提供最佳治疗方案。开展基层医疗卫生机构中医诊疗区(中医馆)服务能力建设,逐步满足基层群众对中医药服务的需求。基层医疗卫生机构基层中医馆创建率100%。2020年,全县中医处方总数4.9万张,32.46万帖,处方金额786.48万元，均贴费用 24.23 元。

【新冠肺炎疫情防控】 2020 年，景宁畲族自治县确诊新型冠状病毒肺炎病例 2 例(其中 1 例归属杭州市桐庐县)，无症状感染者 2 例(均归属青田)，无医务人员感染，无二代病例发生。1 月 27 日，成立景宁畲族自治县疫情防控指挥部；2 月 2 日，全县小区(城中村)设卡口 67 个、边界高速国道卡口 6 个，实行“网格化+大数据” 封闭式管理。设立综合服务点 1 个、集中医学观察隔离点 3 个、后备隔离点 1 个。先后抽调 124 名医护人员赴隔离点开展防控工作。建设规范化发热门诊 1 个、方舱医院 2 个、后备医院 1 个。建立驻企驻校卫生指导员制度，协助全县 135 家企业、41 家学校顺利复工复产复学。3 月 22 日起，全县进入新冠肺炎疫情常态化管控。全年，派出援鄂医护人员 2 名、援疆医护人员 2 名；处置新冠肺炎疫情防控可疑(包括确诊疫情)事件 7起，流行病学调查 219 人；集中隔离 469 人，居家硬隔离 5080 人；重点人群核酸检测 2.46 万人次，环境检测 850 份，食品检测 250 份；重点人群接种疫苗 1955 针剂；开展疫情防控应急演练 8 次。

【民族医院启用】 2020 年 8 月 13 日，景宁畲族自治县人民医院(浙大一院民族分院)新院区启用。12 月医院正式挂牌。县医院新院区项目于 2015 年 7 月 1 日开工建设，按国家三级乙等综合性医院的标准建设，其中一期工程占地面积 6.84 万平方米，建筑面积 7.67 万平方米，总投资 4.7246 亿元，包含门诊楼、急诊楼、医技楼、住院楼、健康管理中心及配套设施等。

【无偿献血任务超额完成】 2020 年，组织开展“迎新春　献热血”“助力抗疫　你我同行”“迎国庆　献热血”等爱心献血活动，大力加强无偿献血宣传，营造无偿献血氛围、宣传普及献血知识。全年，全县累计全血献血 1899 人次，献血量为 537.45 升。

(陈小慧　黄伟光)

卫生监督

【概况】 2020 年，县卫生监督所坚持新冠肺炎疫情防控工作和重点工作两手都要抓的原则，积极投身各项疫情防控工作，利用微信、视频连线、拍摄宣教片和在线监控等信息化手段，对全县医疗机构、公共场所等进行督导检查，助力疫情防控工作落到实处。

根据政府数字化转型的工作要求，推进“互联网+监管”工作。其中，涉及“双随机、一公开”(随机抽取检查对象，随机选派执法检查人员，抽查情况及查处结果及时向社会公开)抽查事项 16 项，实现监管事项入住率 100%，抽查事项覆盖率 100%。同时，建立联合执法、协同监管、信息共享机制，实现双随机抽取应用信用规则率 100%，开展跨部门双随机监管 7 条，实现跨部门监管率 28%。共抽取省级双随机 82 条，完成率 100%，实现执法全过程记录，“掌上执法”使用率 100%。

充分开展信息化监管，打造智慧卫监。爱

乐动游泳馆完成水质在线监测系统的安装并投入使用；建成集中消毒餐饮具智慧管理系统，实现餐饮具监管全程追踪溯源；全县二级以上医疗机构和20家社区卫生服务中心（乡镇卫生院）配备医疗废物采集终端设备全部接入省系统，并完成33起预警监测任务；充分利用各类信息系统开展非现场执法，处置各类预警信息63起，立案查处13起。

景宁朴宿民宿客栈创成全县首家“公共场所卫生信誉度等级量化A级单位”。对冶金、建材等重点尘毒防治行业开展尘肺病防治攻坚行动，共立案6起，罚款13.2万元。加大非法行医违法行为的打击力度，全年未发生一起非法行医致人死亡、伤残事件。

全年发放卫生许可证127本，行政处罚案件共立案147起，无行政复议和诉讼案件，罚没金额26.67万元。在全县案卷评查中，县卫生监督所被评为行政执法办案优秀单位；在全市卫生监督应急演练技能竞赛中获团体二等奖。（吴　芳）

疾病预防控制

【概况】 2020年，景宁畲族自治县疾病预防控制中心（以下简称县疾控中心）获评丽水市“丽水之干”先进模范单位；在全市县级疾病预防控制业务重点工作评估中获综合优秀；综合管理、健康教育与健康促进、计划免疫三项获单项优秀。吴淑君获“浙江省抗疫先进个人”称号。朱芝娟获“丽水市优秀共产党员”“丽水市抗疫先进个人”“最美援疆医师”称号。胡颖敏获“丽水市抗疫杰出医师”称号。有3人获得县级抗疫先进个人，1人的抗疫事迹在浙江卫视党建专栏、《丽水日报》、丽水电视台等多个媒体报道宣传。

2020年，县疾控中心紧跟全省的部署，迅速建立疫情防控工作领导小组和流调、消杀、检测、健康教育、后勤保障5个专业组，开展疑似病人面对面流调、采样检测、疫点消杀、密接者医学观察等工作。在4个集中隔离医学观察点派驻8名专业技术人员工作了180余天。县疾控中心被批准成为全市县级首批开展新冠核酸病毒检测单位，承担全县新冠病毒核酸检测任务，全年检测样本3488份，为疫情精准防控提供保障。全年，县疾控中心负责疫点现场、集中隔离点等特定场所全面消杀总面积20万余平方米，指导公共场所、企事业单位开展消毒300余个；派驻专业人员到学校、养老院、企业等机构开展复工复产指导近200家，巡回指导450多次。全年，共处置新冠肺炎疫情防控相关应急处置7次，其中确诊病例1例，无症状感染者2例，无二代病例发生。派出核酸检测人员朱芝娟支援新疆新和县新冠疫情防控工作，历时22天，参与完成新和县18万多人大规模核酸检测工作。

2020年，县疾控中心实验室能力得到快速提升，食品风险监测仪器配置率90.2%，完成PCR实验室的升级装修，面积从原来60平方米扩大至200平方米。新冠核酸检测设备增至2套，日常规检测能力从40份提至540份，核酸检测能力大幅度提升，为大规模核酸检测做好积极准备。

2020年，全县共报告乙、丙类传染病12种，无甲类传染病报告。报告发病1100例，总发病率为639.53/10万，同比下降47.94%。其中，乙类传染病发病数194例，发病率为112.79/10万，同比下降30.75%；丙类传染病发病数906例，发病率为526.74/10万，同比下降49.41%。发病率居前3位的病种依次为手足口病、流行性感冒、梅毒。新冠肺炎、人感染H7N9禽流感外环境、手足口病及其他肠道病毒监测完成率100%。应急处置新冠肺炎疫情等突发公共卫生事件，流行病学调查可疑病例200余例，撰写流行病学调查报告13篇；开展“新冠肺炎防控卫生应急演练”及桌面推演3次，培训新冠肺炎流行病学调查人员及消毒人员300余人次；开展“新冠肺炎疫情专题风险评估”及季度风险评估工作6次。H7N9禽流感外环境采样50份，手足口病例采样监测70份，流感样病例采样检测85例。7月10日，开展全县洪涝灾害应急消毒处置，确保灾后无腹泻等传染病数据发生。全年无食物中毒事件发生，没有因控制措施不规范而造成传染性疾病流行。

2020年，实施市民生实事“60岁以上老年人肺炎疫苗免费接种项目”。全年依托全县21个省市级规范化预防接种门诊开展免费接种，为60岁以上景宁户籍老年人免费接种肺炎疫苗7228人，两年共接种18421人，全县该年龄组接种覆盖率达到79.76%。实施省民生实事“70岁以上老年人流感疫苗免费接种项目”，70岁以上老年人任务指标数为2500人，接种量为7581人。该项目摸底符合接种的70岁以上老年人数为13517人，总目标人群接种率为56.08%。全年累计卡介苗接种771人次，接种率99.48%；脊髓灰质炎疫苗接种3145人次，接种率99.23%；百白破接种3206人次，接种率99.41%；含麻疹类疫苗1744人次，接种率99.64%；新生儿乙肝疫苗接种2381次，接种率99.36%，乙肝首针及时接种率97.83%；甲肝接种907人次，接种率99.67%；乙脑接种1721人次，接种率99.53%；流脑A群疫苗接种1644人次，接种率99.63%；流脑A+C群疫苗接种2311人次，接种率99.66%；白破接种1090人次，接种率99.63%；五苗接种率97.87%；接种狂犬疫苗736人份。

全年，全县共上报户籍死亡卡片1062张，粗死亡率(指综合因素对一定时间和空间范围内的全部人群生命威胁程度的统计量)为6.28‰。2020年，景宁畲族自治县人均期望寿命80.54岁，较2019年增长0.05岁。全县高血压管理患者1万人，管理率44.31%,规范管理7278人，规范管理率72.63%，血压控制达标7229人，控制率72.14%；糖尿病管理患者2614人，管理率40.76%，规范管理1880人，规范管理率71.91%，血糖控制达标1722人，控制率65.89%。登记在册的严重精神障碍患者585人，2020年在管584人，规范管理578人，在册管理率99.83%，规范管理率98.80%。重性精神病报告患病率5.35‰。

2020年，开展新冠肺炎疫情防控健康教育及其他传染病防控宣传，多项措施齐头并进全力推进“健康中国”建设。全年，依托县电视台开展“健康畲乡行”“小课堂、大健康”“健康专栏”等专题栏目共刊播健康宣传96期；重组健康宣讲队伍70余人，进文化礼堂、进学校等宣讲156期，覆盖1.17万人；开展计划免疫、结核病、营养周等专题知识竞赛3场1.68万人参加。健康素养巡展进中小学校24所；播映电影前播放健康宣传视频共960余场，覆盖100多个村庄文化礼堂、学校和广场，受益2.8万余人；通过“健康促进中心”开展第二届职业人群“科学吃动、健康体重”激励大赛活动，把宣传健康元素融入公共场所，覆盖到136个村。

2020年，开展鼠疫监测，共捕获鼠类604只，共检鼠血清604份。病媒监测：捕鼠12只，诱集成蚊113只、诱集苍蝇86只、捕获蟑螂261只。新布监测捕获外环境游离蜱15匹，动物体表寄生蜱46匹。全年平均布雷图指数9.25。开展重点高危人群HIV抗体检测1256人，扩大检测2.42万人。收治肺结核病患者51例，其中病原学阳性32例，阳性率62.75%。初治菌阳肺结核耐药筛查率100%(24/24)。发生学生结核病人2起，患者同班师生、同宿舍同学症状筛查、结核菌素皮肤试验和胸部X光片检查100%。

2020年，开展省级监测项目——铁酱油项目、学生营养干预项目，完成食品、水质等采样、检测，食品风险监测251份，食源性疾病监测病例197人。完成全县210名学生及105名孕妇的食用盐、随机尿碘含量监测。监测结果显示：景宁居民食用盐中碘盐覆盖率93.65%，合格碘盐食用率86.03%；儿童尿碘含量中位数为201.35微克/升，孕妇尿碘含量中位数为155.91微克/升；儿童及孕妇尿碘水平均处于碘营养水平适宜水平。开展碘缺乏病健康教育项目。其中，通过电视台播放公益广告及科普节目7次，通过畲乡报及公众号发表图文4篇，培训家庭主妇135人次、学生212人次。开展学校卫生监测，学生健康体检合计1.09万人。开展全县2020年儿童青少年近视调查工作，共调查3026人，其中男生1633人、女生1393人。根据近视筛查标准，共检出近视1713人，近视率为56.61%。实施国民营养计划，开展全民营养周、“5•20”学生营养日系列宣传活动。全县21个乡镇（街道）均以各种形式开展全民营养周活动，共组织营养知识进社区活动6场次，进校园15场次，开展营养科普讲座3场次，线上宣传3场次，直接受众9000余人次。全民营养周系列活动开展乡镇覆盖率100%，疾控中心对乡镇的培训率及指导率均为100%。县民族小学建成“营养健康教育示范基地”。公开招募确定119名国民营养志愿者，志愿者开展营养科普活动150余次。通过多种形式对养老机构、中小学、幼儿园等重点人群开展营养知识科普活动，总覆盖率为55.10%。其中，养老机构营养健康科普覆盖率为100%(1/1)，中小学营养科普覆盖率53.85%(14/26)，幼儿园营养科普覆盖率为54.54%(12/22)。融入农村饮用水达标提标工程，高质量开展生活饮用水卫生监测，县级审核率准确率、及时上报率、指标完成率和项目县乡镇覆盖率均达到100%。全年开展农村饮用水验收、现场指导等14频次。开展职业卫生监测，完成53家企业、重点行业职业病危害因素现状调查

和27家企业工作场所职业病危害因素监测以及6家企业、重点行业职业健康风险评估工作。　（朱芝娟）

妇幼保健

【概况】 2020年，景宁畲族自治县妇幼保健计划生育服务中心（以下简称县妇计中心）坚持"两手抓、两战赢"政策和目标引领，深入推进妇幼健康重点工作，积极开展新冠疫情防控工作，落实实施妇幼健康民生实事项目与妇幼公共卫生服务项目等工作，保障妇女儿童健康。

全年，未发生孕产妇死亡，孕产妇死亡率为零。孕产妇系统管理959人，系统管理率95.14%。高危孕妇住院分娩1008人，住院率100%。严格妊娠高风险孕产妇管理筛查，筛出黄色风险孕产妇228人，橙色风险49人，紫色风险2人。对较高以上风险孕产妇规范实行县乡联管，县级或县级以上医疗保健机构治疗。2020年，剖宫产率39.98%（发生地）。全年，免费婚前医学检查370对，婚检率85.25%，疾病检出率31.35%；孕前优生检测456人，优生检测率93.83%。开展"艾梅乙"母婴阻断免费检测，检测634人，检测率100%。发放免费叶酸745人。加强产前筛查服务，筛查924人，筛查率93.62%。妇女病普查17327人，普查率85.50%。全年，5岁以下儿童死亡率3.97‰，婴儿死亡率1.98‰。3岁以下儿童系统管理3198人，系统管理率96.04%。7岁以下儿童保健管理8646人，保健管理覆盖率96.25%。规范管理城镇托幼机构13所，卫生保健合格率100%。完成春季新生入园体检337人，"六一"儿童体检2120人，秋季新生入园体检1613人。幼托机构儿童检出的疾病和缺点主要为龋齿、视力异常、骨密度异常、轻度贫血等。其中，龋齿患病率29.65%，视力不良发生率5.73%。在园教职工体检473人。保育员、保健员培训2期150余人。加强托幼机构的新冠肺炎防控和春季传染病防控指导工作。开展新生儿疾病筛查482例（发生地），筛查率100%。其中，确诊G-6-PD（葡萄糖-6-磷酸脱氢酶）异常2例、甲状腺功能减退症（CH）1例、高TSH血症2例。新生儿听力筛查482例，未发现确诊病例。新生儿出生缺陷发生率（发生地）14.52‰。开展0—36个月儿童中医药健康管理，管理率76.16%。开展"两癌"筛查。其中，宫颈癌筛查5164例，确诊宫颈癌6人；乳腺癌筛查5660例，确诊乳腺癌2人。开展计划生育技术服务，完成计划生育四项手术。加强药具管理，完成免费药品发放工作。

2020年，开展"'红船领航'党建联盟共建•孕产妇心理健康促进"专项行动，建立嘉兴市妇保院汤雪娟主任医师专家人才工作室，在全市率先开展围产心理专科建设和服务。全年开展孕产妇心理健康有关量表筛查565人，筛查出孕期情绪不良21人，产后抑郁状态10人，均予积极干预治疗。

2020年，开展妇幼健康方面省民生实事1项、县民生实事1项。省民生实事：在红星街道建成"景宁畲族自治县民生托育园"，全县合计新增托育机构2个；增加托位57个。县民生实事：实施儿童眼健康促进工程，完成

0—2岁儿童视力、斜视筛查3209例，3—6岁儿童视力、斜视筛查5241例，婴幼儿眼底筛查51例，合计8501例，查出屈光不正157人、斜视可疑26人。2020年，继续深入开展国家级农村儿童早期发展试点工作，完成0—3岁儿童发育筛查和儿童早期发展咨询指导6989人次,家庭养育风险筛查3595人，筛查出阳性193人。开展养育照护小组活动174场1092人次，进行家访服务71人147人次，儿童早期发展促进工作多次在省、市工作会议上作交流。

2020年，建成“心灵伙伴”心理云平台，组建县“心灵伙伴”心理援助志愿者服务队伍，开通心理咨询专线落实24小时心理咨询热线日值制度，提供实时在线服务。全年推送“新冠肺炎疫情心理健康知识问答”等各类心理健康知识15期；发放《心理保健知识问答30问宣传手册》1000多册；热线电话服务500余人次，电话干预40人，现场干预20人；线上心理健康测评95人次。2020年，县妇计中心建成省级儿童早期发展优质服务基地，成为全省唯一创建成功的县级妇计中心；被评为丽水市文明单位和丽水市抗击新冠疫情先进集体。（蓝义欣）

计生服务

【概况】 2020年，全县户籍人口169502人，育龄妇女48056人，已婚育龄妇女34724人。全年上报出生人口(包括补报)1256人。其中，一孩475人，一孩率37.82%；二孩684人，二孩率54.45%；多孩97人，多孩率7.73%。出生婴儿性别比为103.9（卫计国统报表中出生婴儿性别比100），出生率为7.39‰，人口自然增长率为1.32‰。全县34724名已婚育龄妇女中采取避孕节育措施24291人，综合节育率69.95%。开展病残儿医学鉴定1例。累计确认农村部分计划生育家庭奖励扶助1129人、计划生育家庭特别扶助60人，发放奖励扶助金160.46万元。农村部分计划生育独生子女和双女家庭城乡居民医疗保险、浙丽保减半资格确认2万多人，确认补助资金540多万元。计划生育公益金困难家庭补助39户，共发放补助金5.5万余元。“春苗计划”结对助学行动资助6个计划生育贫困家庭学生，发放资助金6400元。全县有计划生育特殊家庭60人，计划生育特殊家庭联系人制度、就医“绿色通道”和家庭医生签约服务三项制度落实率100%。加强健康全员人口信息系统建设，全员人口信息入库率100%，主要信息字段信息完整率、准确率99.96%。深化“最多跑一次”改革，优化生育登记服务和再生育审批，实现“一证通办”和“婚育户一证联办”。全年办理生育登记872件、再生育审批96件，实现群众办事零跑。民族医院新建母婴设施1家，全县公共场所母婴设施12家，配置率100%。开展“5•29”会员活动日、“9•26”世界避孕日、“12•1”世界艾滋病日等主题宣传活动，同时利用电视、广播、村公开栏等载体，普及卫生计生法律法规、优生优育及生殖健康等知识，提高群众对卫生健康知识知晓率和计划生育服务满意度。

积极应对人口老龄化，全面推动医养结合，全县11所乡镇卫生院(社区卫生服务中心）开展医养结合服务。全县8家养老机构、85家居家养老服务照料中心与医疗机构签订合作协议。为补齐医中延养短板，先后组织人员到宁波市、金华市磐安县等实地考察学习，启动澄照卫生院基层医疗机构院内开展医养结合服务试点项目，出台试点实施方案。东坑镇卫生院被市“康养600”小镇发展推进工作领导小组办公室列为“康复医院进森林”市级试点单位（全市仅景宁东坑镇卫生院、遂昌县高坪卫生院两家入围试点项目）。

【景宁再获国家级计划生育优质服务先进单位】 2020年，国家卫生健康委发文认定426县（区、市）为2018—2020年全国计划生育优质服务先进单位。其中，浙江省14个，景宁畲族自治县系丽水市唯一县。景宁自2013年、2016年连续两轮获此荣誉后，2020年再次获此荣誉。　（王伟芬）

爱国卫生

【概况】 2020年，国卫县城创建成果2019年通过复审考核检查，2020年7月，《全国爱卫会关于2019年国家卫生城市（区）和国家卫生乡镇（县城）复审结果的通报》（全爱卫发〔2020〕2号）文件重新确认。2020年7月，《全国爱卫会关于命名2017—2019周期国家卫生乡镇（县城）的决定》（全爱卫发〔2020〕1号）文件，其中有东坑、大漈、大均、家地、澄照5个乡镇被命名为国家卫生乡镇。在新一轮（2020—2022年周期）推荐申报国家卫生乡镇创建8个乡镇（沙湾、渤海镇，毛垟、梧桐、梅岐、景南、秋炉、大地乡），均通过县、市级评审，其中7个经市推荐并通过省级暗访。全县卫生乡镇（省、市级）覆盖率达100%，国家卫生乡镇申报创建率63.15%。

深入开展爱国卫生工作，全面推进“厕所革命”，继续改建无害化卫生户厕，全县卫生厕所普及率和无害化卫生厕所普及率均100%,数据录入省爱卫办数据系统。2020年8月，省爱卫办对景宁农村户厕改造、城乡环境卫生整洁行动、医疗卫生机构厕所整洁专项行动落实情况进行现场核查，并得到省核查组专家的充分肯定。

实施病媒生物综合防控策略，除四害消杀范围扩大到红星街道外舍新城区，有序推进新老城区公共外环境常态化开展病媒生物防控工作，加强对县城春、秋季灭鼠及灭蟑、灭蚊蝇消杀，“四害”孳生地得到有效治理和控制。2020年11月，完成市级病媒生物控制水平评估。持续巩固家地乡“市级无蚊村”创建成果，建成渤海镇（渤海村）、毛垟乡（毛垟村）两个“县级无蚊村”。

2020年，全面实施《健康景宁2030行动纲要》，建成健康家庭800户；县民族小学建成浙江省健康促进（金牌）学校，大均乡中心学校、东坑镇中心学校、郑坑乡中心学校建成浙江省健康促进（银牌）学校，澄照乡中心学校、景南乡中心学校、大际乡中心学校、标溪乡中心学校、浙江智通大地希望小学建成浙江省健康促进（铜牌）学校；景宁中学、县民族中学通过复评重新确认为浙江省健康促进(银牌)学校。根据省、市有关文件精神，印发《关于开展景宁畲族自治县无烟党政机关建设活动的通知》（健康景宁办函〔2020〕14号），推进无烟党政机关建设。充分发挥党政机关和领导干部在控烟工作中的示范引领作用，推动无烟环境建设，营造健康、文明、和谐的公共环境。围绕健康教育宣传、环境卫生整治、重点场所卫生、食品安全管理、公共卫生与医疗服务、病媒生物预防控制等工作内容，印发《景宁畲族自治县开展爱国卫生运动助力秋冬季疫情防控专项行动实施方案》《景宁畲族自治县关于深入开展冬春季爱国卫生运动助力疫情防控的通知》，进一步强化组织领导，明确目标任务，落实责任分工。为营造宣传氛围，组织开展网络“爱国卫生”有奖知识竞答活动，有奖知识点传播数达1.22万人次；印发爱国卫生宣传资料8万余份，有序推进在全县范围内大力开展爱国卫生运动，助力疫情防控专项行动。（徐伟云）

县人民医院

【概况】 2020年，是景宁畲族自治县人民医院（以下简称县医院）发展历程中具有里程碑意义的一年。新院区全面投入使用；健康管理中心全面运行，为全县17万畲汉人民健康精准把关；“双下沉、两提升”2019年度考核在全省名列前茅，全市第一；作为唯一的医疗机构成功入选第三批“省级民族团结进步重点培育单位”；成为丽水市第一家与GE（即通用电气公司）公司建立深度合作并挂牌成为专家共识万里行金标准服务培训基地；“创新驿站名中医传承工作室”“中国联通丽水分公司未来医院实践基地”“浙江工业大学产教融合基地”等项目落地，为县医院发展注入新活力。

2020年，受新冠肺炎疫情影响，县医院门诊41.08万人次，同比下降10.34%；出院1.39万人次，同比下降23.01%。门急诊均次费用203.11元，同比增长2.18%；出院均次费用9573.67元，同比增长8.77%。医疗服务收入占比29.54%，同比增长1.17%；检查化验收入占比28.52%，同比下降3.68%；药占比32.48%（不含饮片）；平均住院日8.43天，增1.09天；床位使用率84.04%。

【县医院搬迁至新院区】 2020年8月13日，县医院搬入新院区。医院搬迁是一项系统工程，为保证搬迁过程有序进行，院领导班子、相关科室负责人定期召开搬迁协调会，解决难点问题，成立各项搬迁工作领导小组，每周召开工作协调会，就搬迁时间节点、计划流程等方面进行部署、研究；对搬迁过程中的每个步骤、每个节点进行细化；在新、老院区进行30余次搬迁演练，发现问题及时整改，病人和物品的转运，器械办公用品的搬运等均明确责任人、责任领导；成立危重病人医疗急救领导小组，根据病情把病人进行分类，确保每位病人转运安全。浙大一院分管领导、医务科、护理部、呼吸治疗师及ICU、急诊科危重症救治医学团等组成的专家团队多次与院领导一起到新院区进行实地督导，并召开协调会；为搬迁流程、患者转运、路线设计等各个环节严格把关，针对道路拥堵时从哪边绕路、患者病情突发如何抢救、一旦被困电梯如何处理等问题专门制定“住院患者转运流程”等配套方案；做好搬迁突发事件的应急预案。

【抗击新冠肺炎疫情】 2020年，县医院按照上级要求开展紧急援外疫情防治工作，选派医生王国嗣、护士许娟驰援武汉，医生占伟海驰援新疆喀什。县内防控积极高效。全院干部职工携手共进，重点防控科室共投入医生19名、护士30名，向全院征集志愿者600余人次，累计核酸检测1.7万余人次，做到“应检尽检，愿检尽检”；充分发挥“应急防控智慧医疗平台”的功能作用，为患者和医护人员构筑起一条牢固的“智慧防线”，实现院内零感染、无漏诊、无误诊、无二代感染病例。

2020年，县医院被县委组织部评为“抗击新冠肺炎疫情防控先进集体”。陈运炎、赵坚峰、王国嗣被市委组织部评为“疫情防控先进典型”。“学习强国”、新华网、《浙江日报》等平台相继报道景宁畲族自治县人民医院（浙大一院民族分院）疫情防控所取得的成效，介绍景宁采用创新科技手段抗击疫情的经验。

【人才与资源双下沉】 2020年，县医院策划组织“健康梦·民族情——浙一·畲乡健康大讲堂”，将“浙一大讲堂”搬进畲乡，成为浙大一院率先授权的分院；开通“浙大一院‘互联网+’联合门诊”，实现浙大一院优质医疗资源通过互联网与基层医院资源共享。

全年，浙大一院向民族分院（县医院）共派驻专家400余人次；远程影像会诊1321次，远程病理会诊71次，远程会诊25次；共接收民族分院进修人员18人次。民族分院共举办国家级继教项目2个，培训300余人次，省级继教项目3个，培训200余人次，市级继教项目5个，培训400余人次；疑难病例讨论15例、义诊2100人次、护理学组培训12场，多层面、多角度、多形式，全面提升医疗业务能力。2020年，县医院《互联网+护理服务在紧密型医共体中的推广和运用》《3D打印技术在骨科精准治疗中的应用进展》两项省级项目通过验收。

【县域医共体建设】 2020年，县医院整合优势医疗资源，健全医共体运行管理体制，深化牵头单位资源下沉，推进并完成心电诊断、影像诊断、检验、病理、供应五大中心共享建设，实现医共体资源共享。选聘4位中级以上职称医师到成员单位担任业务院长，并由其组建团队到基层医疗机构开展“传、帮、带”工作。首先在鹤溪院区、东坑院区、沙湾院区完善、增设门诊手术室，盘活手术设施，优化手术环境。一些简单的小手术，在当地门诊即可完成。为村民提供便利、节约时间、节省费用，进一步缓解基层群众看病难、看病贵的问题。2020年，培训医共体成员单位临床医师212人次；对基层卫生机构开展服务数量、质量和成效的半年绩效评价，着力激活乡镇卫生院自身的“造血能力”，打通机构“围墙”、贯通服务“链条”、提升基层能力，努力交出让群众满意的县域医共体建设的“景宁答卷”。

【智慧医疗助力“最多跑一次”改革】 2020年，县医院引进气动物流系统、自动发药机、全自动生化免疫流水线等先进设备，为患者提供方便快捷的就医体验，也让医院进入一个新的“智慧”时代。开通医保电子凭证扫码支付功能，在手机上实现“一码支付”，享受“就医购药不带卡，看病只需医保码”的便捷服务。“两卡融合、一网通办”[基于现有电子健康卡和电子社保卡(医保卡)的应用基础，遵循两卡的国家标准，通过两卡互绑互认、关联注册、兼容使用，实现服务端应用融合，达到用户体验的“一卡效果”]项目让群众看病就医“少跑”“近跑”“不跑”。诊间、电话、自助机、手机端(微信端)等预约率稳中有升。门诊智慧结算率、病房智慧结算率位列全市县级以上医院第一。门诊智慧结算比例为76.5%；病房智慧结算比例为78.2%。检查智慧预约率为99%；分时段检查预约率为100%。提供现金、支票、银行卡、微信、支付宝、社会保障卡等6种支付途径；实现检验检查报告电子化，可通过网上查询、App查询、微信等方式获取电子化检查结果；启用“智慧食堂”，改进用餐服务方式和结算方式，缩短就餐排队时间。智慧医疗助力“最多跑一次”改革，多项考核指标在全市县级医院中名列前茅。

【护理质控管理制度】 2020年，县医院结合实际，对标“浙大一院”标准，对护理管理制度、流程预案、操作标准进行修订与完善，落实二级质控管理体系；重组护理质量与安全管理委员会，对临床护理工作开展全面检查、重点问题督查、薄弱科室重点辅导督查，对各项监测指标进行量化管控；重新修订护理部《新护士岗前培训方案》《护理分层培训方案》《专科护士管理和选拔制度》；实施在职护士分层、新护士规范化培训。是年，开展护理实习生教育和护士长岗位培训等共计206场，形成“比中学、学中进”的良好氛围。

（陈乐冰）

基层医疗

【概况】 2020年，按照县事业单位机构改革部署，原景宁畲族自治县医疗卫生服务中心和原景宁畲族自治县卫生财务核算中心组建为景宁畲族自治县医疗卫生服务中心，为县卫生健康局管理的公益一类事业单位。

2020年，加快推进“县域医共体”建设，深化医药卫生体制改革，提出“下沉、再下沉”的医疗帮扶新模式。利用智慧医疗的普及应用，构建基层首诊、双向转诊，上下联动的分级诊疗机制，再结合“县域医共体”建设开通远程专家会诊、心电中心、影像中心等会诊平台。将优质医疗延伸至景宁边远乡村，破解山区群众“看病难”，让群众就近享受优质医疗服务。全年，乡镇卫生院(社区卫生服务中心)门急诊15.37万人次。

2020年，乡镇卫生院(社区卫生服务中心)标准化建设率100%，村卫生室规范化建设率76.09%。全年，村卫生室运行经费中，基本公共卫生服务经费补助提高到26元/人，财政补助最高的村卫生室为4.7万元，最低的为2.69万元，平均3.4万元。为承担基本公共卫生服务项目和实施基本药物制度的村卫生室医生购买医疗事故责任保险，每人1000元/年；全年补助乡村医生工作经费和巡回诊疗点工作经费 215 万元。

2020 年，基层卫生院开通床位 103 张。全面落实乡村医生签约制度，全年累计签约服务人数达 6.71 万人，户籍人口签约率39.63%、常住人口签约率 60.17%，其中重点人群签约覆盖率 71.05%。全年完成低收入农户签约达 6632 人，签约率 93.4%，残疾人签约达 6286 人，签约率均 93%。

【澄照乡卫生院（创业园）新院区完成主体工程建设】 2020 年 4 月 30 日，澄照乡卫生院（创业园）新院区完成主体工程建设。5 月起，院区实施装修装饰工程。全年完成投资 835.45 万元。

澄照乡（创业园）卫生院项目由龙泉市永达建设工程有限公司承建、浙江同洲项目管理有限公司监理，于 2019 年 3 月 30 日开工建设，占地面积 3180 平方米，建筑面积 4910.37 平方米，总投资 2500 万元。

【“流动医院”巡回诊疗服务全覆盖】 2020 年，新增巡回诊疗车 2 辆，实现“流动医院”巡回诊疗服务全覆盖，累计巡诊 812 余村次、派出医务人员 1617 人次，行驶里程达 2.4 万千米、服务群众 2.13 万人次。　（陈小慧　钟景东）

畲族医药

【概况】 畲族医药是畲族人民在长期与疾病斗争中，经过不断探索、实践、积累、总结，同时吸纳汉、苗、瑶、壮等民族的医药理论精华，逐步形成的自成一体、独具民族特色的医药理论体系。景宁县域内地形复杂，水系丰富，自然生态保存较好，是天然的药用种质资源库，记载有植物 2700 余种，《中国畲药学》收录的 479 种畲药在景宁均有分布，在中医药学上也具有重要的研究价值。2008 年，畲族医药被列入第二批国家级非物质文化遗产名录。2016 年，景宁成立首个省级畲药产业科技创新平台，食凉茶、小香钓等多个畲药药理作用通过实验室研究已经具备市场开发的巨大潜力。

【中药材种植】 2020 年，景宁出台政策大力发展“海拔经济”，打造“景宁 600”区域公共品牌。根据不同药材品种按每亩 800—2000 元的标准给予种植中药材补助。至年底，全县累计完成种植中药材面积 5767 公顷。成功创建省级道地药园 1 个（雁溪大垟塆黄精道地药园省级示范基地）、市级道地中药材示范基地 2 个（渤海鲍山头铁皮石斛基地、梅岐铁皮石斛基地）。在各乡镇（街道）建成多花黄精、覆盆子、三叶青、铁皮石斛、七叶一枝花等品种百亩以上标准化示范基地 20 多个。　（黄伟光）

老龄工作

【概况】 2020 年，全县 60 周岁以上户籍老人 32652 人，占全县总人口 19%，65 周岁以上老人 24076 人，占总人口的 14%。新增百岁老人 13 人，全县共百岁以上老人 23 人。

2020 年，全县共有 9 个电大教学点，在册老年学员 3250 人，利用每周五和周六电大课程推进老年教育，开展健康宣教。

实行70岁以上老年人免费乘公交车的惠老政策，公交车内为老年人设置“爱心”专座，为老人提供各种便利，景宁公交车获浙江省“敬老文明号”称号，景宁公交公司成为全县首家省级敬老表率单位。

弘扬中华民族尊老敬老爱老的传统美德，进一步营造浓厚的尊老爱老助老社会氛围。依托各老年协会和老年文体团队，在“敬老月”期间，围绕不同主题举办爱老敬老助老的传统文化活动。红星街道老协“敬老月”期间举办第二十届老年文化艺术周活动，老人们载歌载舞，演绎精彩的旗袍秀，充分展现景宁老年人的风采。鹤溪街道老协和老年体协开展老年人体育比赛，提高老年人身体素质，丰富老年人的业余生活。沙湾镇老协举办祝寿活动，慰问百岁老人，并送上演出活动。各乡镇(街道)广泛开展睦邻颐养、邻里互助等形式多样的关爱、照护老人公益活动。　(徐丽峰)

医疗保障

【概况】 2020年，全县职工基本医疗保险参保26922人，生育保险参保18683人，城乡居民基本医疗保险参保123839人，户籍人口医疗保险参保率99.72%；全民健康补充医疗保险“浙丽保”参保121288人(含财政全额减免人员)，参保率80.44%。是年，职工基本医疗保险基金收入1.44亿元，支出8745万元，当期结余5689万元，累计结余2.43亿元，累计结余可支付月数33个月；城乡居民基本医疗保险基金收入1.99亿元，支出1.58亿元，当期结余4162万元，累计结余8598万元，累计结余可支付月数7个月。基金支付能力处于全市前列。

全年，医疗救助2.23万人次，发放救助金1013.74万元。化解困难人员个人自负5万以上高额医疗费用7人，帮扶金额27.99万元。城乡贫困人群门诊医疗综合保障率为48.89%，住院医疗综合保障率为74.54%；城乡低收入人群享受医疗救助人均值为1671.6元。省内医疗救助“一站式”结算覆盖所有医保定点医疗机构，资助困难群众参保8249人，实现两个救助100%。最大限度减少因病致贫、因病返贫现象，不断提升群众获得感、幸福感和安全感。

2020年，全力落实县级民生实事。经县人代会票决通过，在全市率先推出“困难群众高额医疗费补助政策”，对“低保”“低边”及因病困难人员予以补助。全年发放补助金106.54万元，受惠146人。

2020年，加快医保领域改革，减轻群众医疗费用负担赢取最大保障。全力推进DRGs(疾病诊断相关分组)点数法付费试改革，上传1.15万份病案首页；降低诊疗收费项106项，取消医用耗材加成空间，增加技术劳务型医疗服务项目36项；公立医院医用耗材实行“零差率”销售；实施带量采购，88种药品平均降价幅度达53%。节省基金75万元，受益1.3万人80万人次。

2020年，基金管理水平再提升，创成“示范型”清廉机关。确定2020年建设“清廉医保”大赶考标杆，出台《关于进一步规范职工医保个账基金使用的通知》等文件。明确医保刷卡“五不准”(不准出借、或持他人社会保障卡就医、购药；不准通过各种方式套取现金；不准在报销时提供虚假票据；不准刷卡购买生活用品、保健食品；不准重复、超量、不按适应证刷卡购药）、定点医药机构“十禁止”（禁止留存、盗刷参保人员社会保障卡；禁止诱导或允许以他人名义住院、购药；禁止将药品、医用耗材、诊疗项目或保健品、生活用品等串换结算；禁止挂床住院或将可门诊治疗的参保个人收治住院；禁止超量、重复、无指征或分解用药、治疗等方式进行医保结算；禁止伪造、变造医疗文书或提供虚假医疗票据骗取医保基金的；禁止为非定点医药机构提供医保结算；禁止使用医保基金支付应由工伤保险或第三方负担的医疗费；禁止违规开具药品用于倒卖、变现等行为；禁止故意删除或损毁视频监控等恶意阻挠检查等行为）、医保医师“十严禁”（严禁盗刷和冒用参保人员社会保障卡；严禁虚构医药服务；严禁协助参保人员伪造医疗文书；严禁虚假上传或多传医保结算信息；严禁为参保人员提供虚假票据；严禁为非定点医药机构提供医保刷卡记账等相关行为；严禁将应由个人负担的医疗费用记入医保基金支付范围；严禁为非参保人员办理医保待遇；严禁为参保人员提供串换药械、诊疗及其他物品服务；严禁诱导或默许参保人员挂名住院、虚假住院、无指征住院）。开展系统内审、源头管理、参保异常清理三大行动，严厉打击扶贫领域和侵害群众利益中的欺诈骗保行为。全年，查处欺诈骗保4起，追回基金8.4万元。8月，景宁医保代表丽水市在全省清廉医保研讨班上进行经验交流发言。9月，省纪委省监委网站点赞景宁医保工作。经县里验收，创成“示范型”清廉机关。

优化办事流程，提高服务效能。建立“诚信办”和“容缺受理、容缺预审”制度，医保“最多跑一次”30个子项实现“零次跑”，所有事项实现“网上办”“掌上办”，网办率92.87%。开展市、县、乡、村“四位一体”医保服务（监管）体系建设。在全县各乡镇（街道）设医保经办员21人，村级代办员244人；落实党员干部进社区服务、低收入农户“一户一策一干部”结对帮扶工作；将城居医保参保等事项延伸到天津等17个域外网格，慢性病备案等延伸至基层医疗机构办理；医保服务中心设掌上办专区、领导专窗、畲语专窗，建立“诚信办”和“容缺代办”制度，多元优化经办体系，并开展医保业务知识竞赛，营造全局“比学赶超”氛围。全年，医保事项办件量4.3万件，网办率92.98%（超额完成80%指标），好评率100%。

县人民医院、利德医院、安康医院3家医院住院医疗费用实行DRGs点数法付费管理。完成2019年度总额预算清算工作。降低大型医用设备检查治疗和检验价格收费项106项，增加技术劳务型医疗服务项目36项。公立医院医用耗材实行“零差率”销售。组织实施第二批、第三批国家集中药品带量采购工作，88种药品平均降价幅度达53%。将定点民营医药机构纳入采购范围，政府办的各级各类医疗机构在省药械采购平台的药品采购率100%。

2020年，严格按照国家、省市相关部署要求，做好新冠肺炎疫情防控和复工复产工作。全县企业执行阶段性单位缴费减半征收政策，2月至6月减半征收企业825家单位，共计减免缴费1306万元；向县人民医院拨付疫情治疗预付资金合计600万元，专项用于定点医疗机构抗疫支出；并为疫情防控人员提供最高保额10万元的健康保障，累计办理9980人次；及时落实相关政策文件，明确对因疫情接受治疗的参保人员实行综合保障，解决参保群众的后顾之忧。做好定点零售药店疫情防控亮码、测温管理工作，通过现场巡查和视频监控方式对定点药店进行监督检查，抽查暗访定点药店27家。

【智慧医保服务异地就医"一站式"结算】 2020年6月1日起，实现苏浙皖异地就医门诊费用、全省特殊病种跨区域异地就医"一站式"结算。全年，完成异地就医"一站式"结算2302人次、70.86万元，报销金额36.4万元。

（吴倩倩）

社 会 生 活

民政工作

【概况】 2020年，全县在册城乡低保对象2910户5207人(占户籍人口的3%)，累计发放低保资金3107.95万元。在册低保边缘对象1115户2679人。在册特困供养对象366人(其中集中供养253人，分散供养113人)，累计发放特困供养资金535.78万元。临时救助对象938人，共发放临时救助资金97.47万元(人均1039元)。孤儿7人，困境儿童182人，累计发放孤困儿童生活补助金171.9万元。截至12月底，在册农村“三老”人员37人，累计发放生活补助金36.93万元。全年累计发放困难群众基本生活价格补贴906.29万元，受益9.15万人次。

2020年，新建乡镇(街道)级居家养老服务中心10家，第三方机构运营协议签订率100%。截至年底，全县乡镇(街道)级居家养老服务中心共17家，覆盖率81%。完成九龙中心敬老院扩建工程，采取“公建民营”形式运营。至此，全县养老机构全部实现“公建民营”。道化、鸬鹚、北溪、际头等农村敬老院老人全部迁入县福利中心，实现特困老人“两院制”(县福利中心、九龙中心敬老院)集中供养。在百岁社区(原钢铁厂老厂房)改建社区嵌入式养老护理机构，为53户生活困难老人家庭完成适老化改造工作。全年举办家庭照护培训9期，454人取得培训合格证。

2020年，共火化遗体926具(其中外地户籍遗体32具)。殡葬基本服务费减免对象894人，总计减免费用103万元。投入229万元，完成7个告别厅地面改造和尾气处理系统建设项目，提升殡仪馆整体服务质量。投入700余万元，新建成18处乡镇公益性公墓，实现乡镇公益性公墓全覆盖。创新研发“智慧殡葬”信息化系统，得到省委改革办《竞跑者》和市委《改革先锋》登文推广。

全年办理结婚登记834对，离婚登记390对；补发结婚证265件，补发离婚证22件；跨区域办理婚姻登记9件。办理婚育户“一件事”联办619件。组织25名婚姻家庭辅导志愿者，为68人提供心理辅导，为78对新人免费举行颁发结婚证仪式。开通省婚姻家庭辅导服务平台，与司法局联合录制《离婚冷静期》宣传片，开展婚姻家庭长效辅导服务。向县档案馆移交2011—2015年库存婚姻登记档案1.25万件，数字化扫描档案1511件，补录历史婚姻登记信息77条，婚姻档案电子化完成率100%。受理虚假身份证婚姻登记案件9件(行政复议撤销2件，法院发函民政局撤销7件)。完成收养“一件事”联办1件，收养评估发出通知15件，办理收养登记13件，婚姻收养登记合格率100%。

全年登记社会组织36家，变更5家，注销1家。完成年检社会组织92家，同比增长21%。城乡社区、乡镇街道实现枢纽型、支持型社会组织全覆盖。开展11家社会组织双随机执法、4家社会组织打非活动，开展全县领导干部在社会组织中的兼职审查工作，均未发现重大问题。发动全县500余人参加国家社工师职业资格考试，128人获取资格证书。开展全市首次县级社会组织公益创投大赛，经过前期项目征集、资格审查等环节，共13个社会组织承接的扶老助老服务、救助帮困服务、青少年服务公益项目入围大赛，充分展示优秀社会组织风采。建成县级社会组织党群服务中心和2家乡镇(街道)社会工作站，成功创建省级社会组织示范园。

配合县委组织部完成21个乡镇（街道）144个村(居)民委员会换届选举工作。城市社区由6个调整为9个，投资900余万元完成城市社区用房的改造提升。新招录47名专职社区工作者，每个城市社区至少有7名社区工作者，全面落实“三岗十八级”薪酬管理制度。牵头完成2020年度温丽线文景段、泰景段的界线联检任务。

面对突如其来的新冠肺炎疫情，民政部门严密落实养老机构封闭管理，坚决把好流浪乞讨人员救助管理关、婚姻登记防控关、殡仪服务处置关。清明期间全县公墓采用“云端祭扫”+“代祭扫”，以不失温情的举措切断疫情散播的潜在渠道。疫情防控期间，县民政局为42名困境儿童赠送线上学习设备，助力“停课不停学”；县慈善总会共募集善款154.46万元，接收口罩、消毒液等防疫物资价值21.33万元，为县人民医院捐赠救护车、消毒机器人等医疗设备，将防疫物资发放给全县困难群众、留守儿童及养老机构；全县10余家社会组织3000余人参与防疫宣传动员、社区卡口值守等志愿服务，共同维护市场秩序和经济社会稳定。

有效落实“真情暖万家•关爱365”儿童关爱保护行动计划，通过把握“三个重点”、汇聚“六方面力量”、落实“五项举措”，对留守儿童与困境儿童实施全年365天全天候全方位关爱保护，让他们在“爱的陪护”下励志读书、读书励志，健康快乐成长。是年，全县完成355户家庭的“焕新乐园”项目建设，在全省率先实现低保、低边和孤困儿童家庭“焕新乐园”项目全覆盖。建成“儿童之家”39个，实现乡镇(街道)、重点村和学校示范型“儿童之家”全覆盖，提前一年完成省定目标。创新打造线上“云平台”，实现儿童信息“一人一档”动态化、精准化管理。该项工作获副省长王文序批示并在全省推广，《浙江日报》《浙江民政》报道了景宁的经验和做法，县民政局多次在全省民政会议上作典型发言。

【全县首届慈善集体婚礼活动】 2020年8月25日，由市民政局指导，县民政局、县文明办共同主办的争创省级婚俗改革试点县启动仪式暨全县首届慈善集体婚礼活动在县婚姻登记处举行。活动现场，市民政局副局长陈冬生，副县长毛华庆为6对“新人”颁发结婚证书；6对“新人”为“关爱365”儿童保护行动计划捐款；1对钻石婚老人为新人解读幸福家庭婚姻密码。县民政局全体干部职工参加活动。

【县老年医养综合服务中心项目建设启动】 2020年12月10日，县老年医养综合服务中心项目附属道路工程正式开工。县老年医养综合服务中心项目选址位于红星街道城北村山后自然村，即外舍R1地块，与新气象局毗邻。项目占地面积3.06万公顷，其中耕地1.8万公顷，园地0.99万公顷，其他土地0.27公顷。总投资1.54亿元，建筑面积2.13万平方米，将建设公寓楼、康复楼、综合楼等建筑。建成后可提供480个床位，150个停车位。 （严霖鑫）

退役军人事务

【概况】 2020年，完成21个乡镇（街道）和45个村（社）退役军人服务站的创建。东坑镇、大均乡2个服务站获评浙江省新时代枫桥式退役军人服务站。投入资金，依托新一代信息技术，打造智慧化综合服务平台。在转业安置、创业扶持、就业培训等方面按照“一人一档　一人一册”要求，实现信息化管理，为退役军人提供多维度、智能化、精准化服务。

对2020年接收的转业士官，采取部队服役期间表现量化评分和笔试考核相结合的安置办法，按综合分从高到低的顺序进行岗位选择（全额事业单位或国企岗位）。举办退役军人电商新媒体创业培训班。组织退役军人就业专场招聘会，邀请县公安局、县消防救援大队、景宁娃哈哈饮料有限公司等8家单位和企业，提供消防救援队员、公安辅警、市场管理员等岗位。

2020年，按照省、市工作部署，对符合政府安排的部分退役军人进行社会保险接续（此项工作走在全市前列）。为现役义务兵父母与烈属免费健康体检。给重点优抚对象发放抚恤补助金。发放60周岁以上农村籍退役士兵生活补助金。发放冬季退役士兵自主就业一次性经济补助金和立功奖励金。发放义务兵家庭优待金。发放医疗补助和临时救助。

巩固双拥模范县创建成果。县委、县政府主要领导亲自带队走访慰问，为全县退役军人和军属送去慰问金和慰问品。县退役军人事务局通过邮寄方式将慰问品送到退役军人手中。

开展纪念抗美援朝70周年系列宣传活动。为记载传承景宁籍老兵参加抗美援朝的战斗故事，拍摄纪录宣传片《老兵——记抗美援朝战争畲乡老兵的青葱岁月》。

（洪银生　叶思雨）

移民工作

【概况】 2020年，县移民工作中心以“大移民的视角开启移民工作新征程”为目标，以“推进移民美丽家园建设”为大赶考标杆，扎实推进库区、移民村振兴和移民后续扶持工作。

2020年，全县共有移民扶持人口9472人。其中，移民直补人口5658人。开展人脸识别认证、多部门联审复核，实现直补移民信息动态管理，年度移民认证5131人，发放直补资金359.08万元。安排资金450余万元，实施和顺村生产道路改建、新和村林道硬化等17个产业基础设施建设项目。安排资金1200万元，完成金坵村道路改造、泉坑村防洪堤建设等补短强基工程，加强移民安置区、水库影响区道路、引排水、改厕、防洪堤等基础设施建设，提高人居环境质量。安排资金389万元，整合资金920万元，建设5个村级光伏电站和5个乡级光伏电站，总装机1430千瓦。毛洋乡库头、渤海镇石塘山二期、渔际村屋顶光伏扩容、雁溪乡光伏联建、家地乡芎岱光伏联建、景南乡程田村澳头等10个光伏项目竣工验收。预计年发电量165万千瓦时，年增加村集体经济收入近70万元。

投入后扶资金2432万，整合资金4000余万元，加强村庄基础设施、房屋立面改造、休闲活动场所及洁化、绿化、亮化、美化等美丽家园项目建设。梅坑村美丽家园建设项目竣工，王湾村房屋立面改造工程有序推进，三石、上标垟等一批和美移民村建设初显成效。计划通过1—3年努力，打造一批环境优美、治理有效、生活富裕的水库移民美丽家园示范村。2020年12月28日，丽水市移民美丽家园建设现场会在景宁召开。

着力构筑移民群众防贫保障带，确保小康路上不让一个移民掉队。对移民种养业、农家乐（民宿）等，在享受普惠政策基础上，予以30%的叠加补助，培育一批移民致富领军人。加大移民学历教育、技能培训、疾病医疗等方面扶持力度，全年共计补助495人134.33万元，并为移民投保人身意外伤害险。

结合“入千访万”大走访、“三服务 破六难”等活动，走访全县水库移民，了解移民所需所求，掌握生产生活现状。落实市县各级信访维稳机制，及时摸排信访维稳情况，化解移民信访问题，维护全县水库移民和谐稳定。全年回应“两代表一委员”对库区、移民有关问题的建议1件，县移民工作中心领导班子信访接访日接访25批43人次，受理中央、省、市信访局转件来信共5件，网信9件。受理率、办结率100%，回访核实率100%，群众满意率96%。办结滩坑水库尾留二类清库对象1户，办结滩坑水库尾留调概六项补偿补助1户。梳理历史遗留问题清单（43户滩坑水库一类清库对象尾留问题），动态掌握滩坑库区尾留43户清库对象的想法和诉求，与省市移民部门和县政府对接汇报，形成解决历史遗留问题初步方案。其中，有3户清库对象接受按原政策在梅坑、金钟安置建房。

【“景宁600”小微创业园项目建设意向协议签订】 2020年12月18日，县移民工作中心下属惠移服务责任公司与县兴村富农公司签订“景宁600”小微创业园（标准厂房）建设意向协议。该项目由县农业农村局、县移民工作中心等部门协商对接，惠移服务责任公司与县兴村富农公司达成一致意见，共同投资建设“景宁600”小微创业园项目（总投资3838万元）。项目建成后，通过物业营运经营产生经济效益，增加移民村集体经济收入，助力乡村振兴。

【史济锡到景宁移民电商微创园调研指导工作】 2020年10月13日，浙江省人大常委会副主任史济锡到景宁移民电商微创园调研指导工作。史济锡表示，景宁畲族自治县移民工作中心积极作为，电商微创园既推动移民及库区群众创业就业，又带动本地产品销售，使移民集体物业发挥出经济和社会两方面效益，做法和经验很值得肯定。

景宁移民电商微创园位于王金垟村，物业大楼面积近3000平方米，是该县充分发挥移民集体物业优势，创建集电子商务培训、孵化、产品销售于一体的移民创业就业平台。 （蓝 慧）

社会保障

【概况】 2020年，全县机关事业单位养老保险参保8234人，企业职工养老保险参保4.02万人，工伤保险参保4.4万人，城乡居民养老保险参保7.2万人。基本养老保险参保率99.33%，全市排名第一。各项基金当年收入6.8亿元，支出7.78亿元，当期结余-9802万元；累计结余7.37亿元。

2020年，对1.2亿余笔业务进行内部稽核，每月业务稽核面在20%以上。全面加强对判刑人员的核查和追缴工作，对在职和退休人员分批进行处理，全年共核查927人，已处理300余人。共追回社保基金40.2万元，有效防止虚报冒领社会保险待遇的现象发生。

2020年，全县累计申领社保卡18.83万人，实际持卡人数18.07万人。新增社保卡个人申领3500多人，注销2019年前已死亡人员社保卡2500多张。六大合作银行网点即时发卡2096张；为异地参保企业开辟绿色通道，可通过网上预申领、微信等方式申领。批量制卡115个批次，共计2276张，邮寄社保卡1500多张。累计签发电子社保卡7.7万多张，新增4.33万多张。 （陈静静 潘笃尧）

2020年，各项社保待遇支出共计7.7亿元，城乡居民养老保险保障水平达12%，企业退休人员基本养老金实现“十六连增”。率先完成机关单位非领导职务退休生活补贴标准调整工作，全年开展七轮调资调待，共涉及3.6万人。11月起，全县城乡居民基本养老保险待遇全部通过社保卡发放，共涉及2.3万人，进一步拓展社保卡“一卡通”服务功能，推动社保服务数字化转型升级，让参保群众享受高效、便捷社会保障服务。

2020年，根据上级部署，需按国家统一政策执行被征地农民参加基本养老保险。县社保中心共涉及7003名被征地农民需分阶段分情形逐步过渡到新政策。为保障顺利度过政策衔接期，县人力社保局成立工作专班，组织精锐骨干力量，加班加点，完成第一阶段1015名被征地农民养老政策完善任务。

3月，在全市率先建立城乡居民养老保险社银一体化发放试点工作，实现社保信息系统与银行无缝对接，提升社保待遇发放业务财务一体化水平。构建“边界清晰、监管到位、安全可控、责任明确”的人力社保长效网络安全保障体系。进一步提升景宁人力社保专网的安全保障能力，基本满足等级保护2.0标准三级的要求。

建立工伤报告登记制度，规范用人单位工伤上报程序。做到调查取证快速严谨、工伤认定依法依规，全力化解工伤矛盾，维护社会稳定。全年共认定工伤185起（其中工亡2起，建筑类工伤112起），工伤发生率为0.56%，保持全市最低水平。全年工伤保险基金支出1156万元，当期结余32万元，实现“扭亏为盈”。

探索“百企千人·工伤预防导师”培育计划。即指导企业和建筑工地培育“3员合1”的专职安全员，做好职工与企业之间的联络员，做好职工发生工伤后的服务员，做好工伤预防的宣传员。县人力社保局安排指导员（服企专员）负责指导监督各企业安全员开展工作，形成点对点、面对面的直联模式。建立县工伤预防联席会议制度，不定期对工伤预防项目的组织实施情况进行监督指导。同时利用全省集中宣传月契机，到建筑工地、企业宣传工伤预防和工伤保险知识，形成人人懂工伤，人人预防工伤的良好氛围。全年共开展“百企千人·工伤预防导师”培育3期150人，工伤死亡率同比下降74%。（雷青阳）

组织实施2020年度“最多跑一次”省、市、县八统一工作。确定群众和企业事项33个主项105个子项26个孙项。坚持以“简化材料、共享数据、电子化”为目标，对标省市结合自身工作实际完善事项办事指南。此次梳理后，网上办、掌上办、“零次跑”实现率、材料电子化材料实现率均达到100%。即办事项132项，即办率达到100%，承诺压缩比100%。此外还推出社保卡应用状态查询、挂失、解挂、注销以及养老保险关系转移接续等群众关心的高频率“关键小事”“瞬间秒办”“跨省通办”。机关内部最多跑一次事项15个主项45个子项，网办率实现100%，零次跑实现率93.1%，即办率53.44%。（刘敏敏）

【“家·人社智慧大厅”建设】 2020年，对人社大厅进行改造升级。加强与省、市部门和县行政服务中心的沟通对接，学习杭州等先行地区的建设经验。委托浙江网新恩普软件有限公司为智慧大厅建设提供专业技术服务，初步形成《景宁社保智慧大厅方案》，明确建设思路，提出智慧大厅规划和设备配置的专业建议。率先申请成为首批政务服务2.0改革试点窗口，使用政务2.0收件、办件，推动人社业务经办与政务服务2.0改革接轨，打造“线上线下”融合一体的综合性人社服务体系，为2021年全面建成“家·人社智慧大厅”提供保障。

【城乡居民基本养老保险基金省级统筹试点】 2020年，全省城乡居民基本养老保险基金省级统筹率先在景宁开展试点。其间，通过多角度比对分析城乡居保基金运行情况，结合先进经验、理论分析、数据测算和工作实际，探索城乡居保基金由省里统一管理模式并形成景宁经验，即“4种上解模式、存在的5类问题及6项建议”。该试点工作通过省级现场验收，为全省开展城乡居保省级统筹工作提供景宁经验。

【企业职工养老保险省级统筹】 2020年，企业职工基本养老保险省级统筹制度实行“七统一”，即统一养老保险政策执行；统一基金收支管理；统一基金预算管理；统一责任分担机制；统一集中信息系统；统一经办管理服务；统一激励约束机制。其间，县人力社保局开展梳理比对省、市、县三级人社部门制定的行政规范性文件、政策和地方性法规，对存在设置条件、前置程序、执行标准不一致的情况及时整改，并向省里反映差异化、个性化需求和业务经办中发现的实际问题，助力省里集中系统功能优化升级。

【社会保险费“减免缓降”政策】 2020年，县人力社保局落实国家对企业社保费阶段性“减免缓降”政策，最大程度减少新冠肺炎疫情防控对企业的影响，联合多部门共同做好“企业划型、数据核验、退费办理”等工作，做到“应免尽免、应减尽减、应退尽退”。全年，为全县1300多家企业减负1亿元。其中，减免企业养老保险费6279万元，失业保险费226万元，工伤保险费300万元；降低机关事业单位养老保险缴费比例金额1883万元；降低失业保险缴费比例金额1119万元；降低工伤保险缴费比例金额237万元。有力纾解企业困难，助推企业复工复产，促进稳岗稳企。

【劳动维权】 2020年，向企业发放《企业劳动合同规范化操作指南》300余本，开展活动13次，消除化解苗头性、潜在性矛盾纠纷76起，199人。通过网络、电话、微信等非接触式手段调解案件15起，在线申请仲裁、送达文书、签订调解协议，实现化解纠纷“零次跑”。立案受理劳动人事争议案件63件，结案63件，结案率100%。其中，调解结案58件，裁决结案5件（其中一裁终局3件），调解率92.1%，仲裁终结率96.8%，网办率18.6%。

2020年，依法批复11家企业经营许可事项。其中，许可3家、法人变更1家、注销1家，实行特殊工时工作制企业6家65个岗位2077人（综合计算工时工作制54个岗位184人，不定时工作制11个岗位1943人）。按照“谁审批谁监管”的要求，完成3家劳务派遣公司年检，4家劳务派遣公司“双随机”专项检查工作。2卷行政许可案卷被评为丽水市人力社保系统优秀行政执法案卷，占全市优秀行政许可案卷的2/3。

2020年，完成8家样本企业2318名职工2019年企业人工成本情况和企业从业人员工资报酬情况两大类40项指标全年薪酬数据调查工作；按季上报5家样本企业1978人的人工成本监测数据；通过对40个行业5463名劳动者的调查统计，相关数据汇总分析后发文公布《2020年景宁畲族自治县部分职业（工种）人力资源市场工资指导价位》（景人社〔2020〕120号）。根据统计局来函，发文公布2019年全县在岗职工年平均工资的社会平均工资，为4.66万元，同比增长4.28%。

深入推进景宁“根治欠薪”工作，巩固“无欠薪县”创建成果。全年，县劳动保障监察大队共受理劳动争议案件217件，涉及劳动者823人，涉及金额1328万元。其中，通过人民调解63件，助力521名劳动者足额领取劳动报酬876万元；与法院诉调对接79件，涉及民工79人，涉及金额251万元；行政处罚案件1件。

摸清2016—2019年县属国企人员、工资、资产利润等基本情况，并对其进行分析整理。9月，召开深化县管国有企业负责人薪酬制度改革联席会议，研讨及审议通过《关于深化县管企业负责人薪酬制度改革的实施意见》和《景宁畲族自治县县管企业负责人薪酬核定暂行办法》。

联合县总工会，在国网浙江省电力有限公司景宁畲族自治县供电公司、浙江景宁瓯江胶囊有限公司、浙江景宁大自然食品有限公司、景宁汽车长途运输有限公司4家省级劳动关系和谐企业开展技术工人工资集体协商，并签订《2020年度技术工人工资集体合同》，覆盖职工134人。 （汤芬芬 刘海莺）

2020年，组织开展社会保险政策咨询活动20余次，发放各类宣传资料4000余份。全局行政执法证持证57人，持证率100%。组织开展“双随机、一公开”行政检查，确定抽查任务14个，共抽查对象22户次，出动执法检查人员10人次。全面应用“掌上执法”，全系统累计开通“掌上执法”账号57个，执法抽查9次。其中，跨部门执法3次，跨部门率27.27%。公开行政处罚案件1个，办结行政许可案件14个。

2020年，收到来信、来访、来电、网上投诉共200件206人次，回复群众政策咨询1058件2160人次；安排领导接访27起，做出信访处理意见6份，案件处理率及咨询回复率均达到100%。成立扫黑除恶专项行动领导小组，定期召开会议汇报工作及进展。深入农户、企业、工地150余户，发放扫黑除恶专项行动宣传资料1800余份。 （刘敏敏）

全年，组织举办首期工程建设领域劳资专管员培训班，全县建筑企业的80余名劳资专管员参加学习。开展各乡镇（街道）劳动纠纷经办人员业务培训会，落实“一窗式受理”制度，提高基层劳动纠纷接处能力。《保障农民工工资支付条例》5月1日起施行。县人力社保局通过入企入工地宣传、电子屏幕循环播放宣传视频、发送短信、在人力社保局门户网站开展宣传、办班培训、发放宣传资料等多举措贯彻落实《保障农民工工资支付条例》。

严格落实“三查两清零”（查欠薪的隐患苗头、查历史欠薪案件的存量情况、查政府投资项目和国企项目农民工工资支付情况；国企项目欠薪案件清零，政府项目投资欠薪案件清零）的工作要求，全年共巡查在建项目及企业81家，排除欠薪隐患8起，发放宣传资料800余份，接受咨询39起，督促各项目落实防欠治欠长效机制，助力劳动者足额领取劳动报酬286万余元。

继续实施农民工工资支付履约保证保险项目，县财政局落实资金51.14万元为在该县经审批许可的民间投资工程项目务工的农民工工资支付进行投保。全年，保险公司累计赔付农

民工工资 60.8 万余元，有力地保障劳动者的合法权益，维护社会的和谐稳定。 （吴 艳）

民族与宗教

【概况】 2020 年年底，景宁畲族自治县有汉族、畲族、苗族、水族、侗族、布依族、拉祜族、佤族、土家族、彝族、壮族、哈尼族、蒙古族、傣族、满族、仫佬族、瑶族、白族、回族、黎族、藏族、纳西族、维吾尔族、朝鲜族、傈僳族、羌族、布朗族、京族、高山族 29 个民族，总人口 169502 人。其中，少数民族人口 20219 人，占全县总人口的 11.93%。全县少数民族干部 506 人（公务员与事业干部），占全县干部总数的 9.94%；实职副科级以上少数民族干部 67 人，占全县科级以上领导干部的 10.06%。少数民族人均收入 21555 元，同比增长 8.8%。全县有鹤溪街道、红星街道、大均乡、东坑镇、澄照乡、梧桐乡、郑坑乡 7 个民族工作重点乡镇（街道），32 个民族村。

全县有宗教活动场所 25 处。2020 年，新冠肺炎疫情防控期间，全面暂停开放宗教活动场所，暂停一切集体宗教活动，严禁私下宗教聚会和活动。全县宗教领域为抗击新冠肺炎疫情，主动捐款捐物。其中，佛教组织向景宁防疫指挥部捐 1 万件防护服、10 万个口罩、50 万只医用手套，1000 副护目镜，价值 92 万元；基督教组织向县慈善总会疫情捐款 4.62 万元。

全年有少数民族发展资金 3398 万元，实施 80 个项目建设。其中，中央少数民族发展资金 338 万元，省级少数民族发展专项资金 570 万元，市级少数民族发展资金 45 万元，县财政安排少数民族发展资金 2100 万元。投入资金 500 余万元，推进民族乡村振兴示范带建设。东弄、金坵、吴布、桃源等 4 个民族村入选全国少数民族特色村寨命名候选村落。投入 810 余万元，实施“农光互补”（农产品种植和光伏发电）项目，助推 9 个民族村壮大村集体经济；“百村结对”帮扶民族村资金 160 万元，加快澄照乡米岩山村、金坵村，鹤溪街道惠明寺村、周湖村，梧桐乡东源村，郑坑乡吴布村，东坑镇何村村、桃源村 8 个民族村经济发展。继续在宗教领域开展“十百千万”普法工程。把党的宗教理论和方针政策纳入党委理论中心组、党校培训课程；开展宗教政策法规进场所、进机关、进学校、进社区活动，重点开展新修订的《浙江省宗教事务条例》宣讲，提升依法管理宗教事务水平，坚持宗教中国化方向。

2020 年，全县少数民族群众住院医疗自费超过 4000 元部分再补助 12%，共发放少数民族大病住院补助 62.65 万元，受益 340 人次；慰问少数民族困难群众 21 人，发放困难补助 2.1 万元；实施农村 80 岁以上少数民族群众补助政策，每人每月补助 100 元，共发放补助金 53.27 万元，受益 477 人。给 0—80 岁少数民族群众投保人身意外伤害险，落实投保资金 24.03 万元。

2020 年 6 月 29 日，浙江省第六次民族团结进步表彰大会在杭州举行。会上，景宁畲族自治县文广旅体局荣获“浙江省民族团结进步模范集体”受表彰；县委常委、县委办公室主任雷应江荣获“浙江省民族团结进步模范个人”称号。10 月 14 日，丽水市第四届民族团结进步大会召开，景宁畲族自治县民宗局获突出贡献集体受表彰。2020年11月1日，由省民宗委主办，市民宗局、县人民政府承办，县民宗局、县自然资源和规划局执行的“畲族风情馆”在第13届国际森林博览会上（义乌市国际博览中心）参加展出。

【第五届中国（浙江）畲族服饰设计展演活动】 2020年9月21日晚，以“云中幻城，凤凰霓裳”为主题的第五届中国（浙江）畲族服饰设计展演在景宁畲乡古城凤凰广场展示演出。该展演活动，由国家民族事务委员会文化宣传司指导，浙江省民族宗教事务委员会、浙江省服装行业协会主办，景宁畲族自治县人民政府、丽水市委统战部（民宗局）承办。国家民委文化宣传司副司长钟廷雄，中共浙江省委常委、统战部部长熊建平，中共浙江省委统战部副部长、省民宗委主任楼炳文，浙江省民宗委副主任钟新章，中共丽水市委常委、统战部部长王小荣等领导出席了开幕式。出席开幕式的还有相关省直单位，11个地市、32个县（市、区）统战、民宗部门和工商联的领导，各级新闻媒体记者和全省18个民族乡镇的领导和嘉宾。畲族服饰设计展演前，设计师与匠人分别在景宁进行两轮封闭式培训。设计师根据罗源式、霞浦式、福安式、福鼎式、顺昌式、景宁式、丽水式、贵州式八大样式，以“山哈凤凰”为主题，围绕“山凤寻宗”“盛世凤凰”“时尚畲风”设计方向，完成系列服饰的创作。畲族服饰设计展演评出最具匠心传承奖1名、最佳创意设计奖1名、最佳网络人气奖1名。

（雷伟燕）

慈善事业

【概况】 2020年，景宁畲族自治县慈善总会致力增资扩容增实力，深谋慈善项目提精度，弘扬慈善文化增广度，做细规范运行树口碑，加强队伍建设升水平。积极发挥慈善事业在社会保障体制外的重要补充作用。

全年通过线上线下渠道，募集到各类慈善资金540.05万元，物资价值136.13万元，比上年度分别增加222.52%和28.3%。争取到省市扶贫补助资金67.7万元。总会资金增值收益153.47万元。

接收到景宁域外商会、爱心企业、社会人士共2000余人的新冠肺炎疫情防控捐赠资金154.46万元，物资价值21.33万元。购买2辆救护车、1台消毒机器人、1套远程诊疗系统及口罩等防疫物资，分别捐赠给县人民医院和县疫情防控指挥部。赠送700余份疫情防控物资和春播种子，助力低保对象复工复产。慰问全县107名受疫情影响的农村困难对象，发放资金18.3万元。解决8所中小学和幼儿园开学急需防疫帐篷17顶。促成浙江富春控股有限公司向景宁捐赠3辆救护车，分别捐给县人民医院、县妇幼保健计划生育服务中心、景宁利德医院有限公司。

全年通过送温暖、献爱心，慰问企业困难员工等方式救助552人，支出助困资金38.78万元。开展慈善大学生、贫困在校生助学。联系落实万向集团、海盐慈善、丽水市慈善总会、云和县俊浩箱包有限公司助学结对工作，向59位中小学生和85名困难大学生发放助学金44.75万元，拉杆箱包100只。浙江智通科技公司向大地乡在校学生持续资助伙食补贴4.58万元。景宁跃泰科技有限公司为景宁中学捐赠30万元的图书。助力焕新乐园儿童停课不停学、向培智学校学生送校服等。开展慈善大病救助，为64位大病患者支付救助金26.8万元。8户残疾人危房改造支出资金19.2万元。向31个行政村发放村级帮扶资金13.51万元。助力大际西一、东坑新和等村集体经济消薄和新农村建设。

举办公益助困活动，为110户低保户发放生活用品，邀请退伍军人、社区困难对象和环卫工人参加迎春宴，送上新年慰问祝福，支出资金4.95万元。上海静安寺“大摩尼宝冬天里的温暖”活动，向景宁困难对象捐赠冬衣2000件，折合人民币110万元。助力脱贫攻坚，实施精准扶贫，完成“山海协作”四个农业产业基地建设，实行“造血式”扶持。落实帮扶资金38万元，解决28户残疾、低保、低边户就业，户均增收1.3万元。开展东西部扶贫结对，配合完成县国资公司支援四川省布拖县萨嘎、收古两个村帮扶资金90万元。

2020年，景宁畲族自治县慈善总会荣获浙江省慈善联合总会、浙江省社会工作师协会“助困春耕复产‘疫’路慈行”称号和丽水市慈善总会应急善款组织奖。廖筱芳、李晓芬、叶英雄、张陆斌、陈永军、雷霞霞、彭凤娟、沈必森被浙江省慈善联合总会、浙江省社会工作师协会授予“千名‘战疫群英’优秀个人”称号；彭岳舜荣获“慈善奉献奖”；严小庄被丽水市慈善总会授予“慈善之星”称号；叶丽荣被丽水市慈善总会授予“最美义工”称号。

县政协副主席、慈善总会会长叶金堂创作景宁畲族自治县慈善之歌《用爱去画爱的美丽》。

【支付宝平台网络募捐慈善帮扶】 2020年4月，景宁畲族自治县慈善总会，向“善行浙里”支付宝公益平台成功申报“留守老人养殖助脱贫”“畲乡留守妇女自强路”两个项目。该项目在支付宝公益平台上受到数百万爱心人士的关注和支持，共收到全国各地224万爱心人士的募捐善款76.58万元。用于5个乡镇12个行政村665户留守老人家庭养殖家猪、家鸡、家鸭补助款46.81万元，直接受益农村留守老人1265人；解决66位农村留守妇女十个月的就业技能提升补助资金29.77万元。该项目工作领先于全市，得到了省市领导的高度评价。

【第三届第四次、第五次理事会会议】 2020年1月20日，景宁畲族自治县慈善总会第三届第四次理事会会议在景宁召开。会议推选胡益选为第三届理事会副会长。

9月28日，景宁畲族自治县慈善总会第三届第五次理事会会议在景宁召开。会议增选了11位新理事成员；同意4人辞去本届理事会副会长、理事等职务。会上表彰了获得百个“战疫典型”和千名“战疫群英”优秀个人荣誉称号的集体和个人。 （廖筱芳）

乡镇·街道

红星街道

【概况】 红星街道东至渤海镇、西至大均乡、南至鹤溪街道(钟楼路—寨山桥)、北至云和县元和街道,总面积194.85平方千米,其中耕地面积1126.13公顷,林地面积16095公顷。辖仙童、红星、团结、金仙寺、外舍5个社区和城北、王金垟、岗石、岭北、和兴、岚山、杨绿湖、金钟源、小金州、金包山10个行政村60个自然村。2020年年底,有户籍人口28356人,常住人口40194人。是年,全街道村集体经济收入550.4万元,其中经营性收入336.52万元。城北村经营性收入232.7万元,岭北村经营性收入24.66万元,实现“高标准消薄”。

2020年,红星街道共有水田面积549.1公顷,金包山等5个村建设高标准农田252.2公顷。全街道新修竹林道路2.7千米;新建“金钟雪梨”基地3个,新种雪梨苗5180株,盆景式矮化改造老雪梨274棵;新建“红美人”柑橘基地2个23.5公顷,其中投产13.4公顷,亩产超万元,并成功举办首届红星“红美人”采摘尝鲜直播节;新建梅丁岗生态养殖场,年出栏生猪5000头,配套种植叶红蜜桃、覆盆子等20.1公顷。辖区有工业企业62家,其中规模以上工业企业9家,年工业总产值4.8亿元。招引温州今古建筑装饰工程有限公司丽水分公司、浙江铭恒商贸有限公司2家企业,实际到资1500万元。主动对接“长三角”,与上海华恺置业有限公司签订战略合作协议。新增来料加工点7个,带动从业者5683人,实现加工费5463万元,发放补助资金44.4万元。电子商务年销售额4.19亿元。全面摸排辖区市场主体7960余家,发放直补资金520余万元。投入700万元开展杨山省级文化古村落保护建设,修缮明清古民居3幢。岗石村成功申报省A级景区村。

新建续建项目38个。其中,投资亿元以上6个,千万元以上8个。完成金钟大桥延伸路、沈北线扩建、云景联网公路等17个项目的政策处理。在建重点工程景文高速红星段拆除房屋28幢,征收土地约6.7公顷,发放补偿款840余万元。为金村水库供排水工程化解各类矛盾纠纷个案47件,确保工程无障碍施工,用240天工期跑赢全年。县老年医养中心完成土地丈量4.7公顷并顺利开工。实施中国大唐集团太阳能产业有限公司红星街道52兆瓦光伏发电项目。

推进“党建统领社会基层治理”。搭建“横向到边、纵向到底”的四级组织体系，建成网格服务支部29个，楼栋党小组113个，选举产生网格成员87人，选聘楼栋长355人。新成立景融时代广场等3个小区业主委员会。2700余名机关党员干部持证到社区报道。仙童社区获“省级最美志愿服务社区”称号，其党建品牌“老叶工作室”获省、市、县主流媒体点赞。全年通过智慧城管、“12345”来电来访等采集信息175条，办结率100%。排查重大社会风险隐患78个，化解77个；调解矛盾纠纷53起，解决历史积案2起。创成5个“清廉村居”，其中城北、岗石2个村荣获“县级十佳”称号。村干部违纪立案数量同比下降50%，信访总量同比下降31%。

2020年，国扶系统登记在册的低收入农户308户600人，全部实现年人均收入超8000元。全年共发放低保金314.42万元，特困供养资金11.74万元，医疗救助资金13.8万元，各项临时救助资金3.46万元。“低收入农户创业联盟”申请扶助184户，发放扶贫鸡苗4780羽、兔苗427只。发放产业直补资金96户21.29万元。发放“雨露计划”补助资金13户3.9万元，完成低保边缘儿童焕新乐园改造13户。完成低收入农户危旧房修缮35户。有登记在册残障人士801人，其中重度残疾221人，共发放残疾人困难补贴66.72万元，重度残疾护理补贴40.93万元。完成残障人士无障碍设施进家庭改造4户。建成红星社区全县首个市级四星“残疾人之家”。岭北、和兴、岚山3个村首推“浙丽保”整村集体保。

继续实施“大搬快聚富民安居”工程，全年发放“大搬快聚”省直补和县补资金1100余万元。启动岭北村半岭等4个自然村105户273人安置点建房，用地面积1.78万平方米，总建筑面积2.62万平方米。启动金钟源村潘坑等自然村190户550人安置点建房，用地面积2.1万平方米，总建筑面积3.27万平方米。完成金钟源等村158户472人搬迁对象的房屋丈量和拆除工作，完成小金州、和兴、岚山3个村107户319人搬迁资格上报审批。完成王金垟山脚、岗石犁头岗安置点土地农转用、征地测量及方案设计工作。

投入1700万元实施王金垟、双坑2处城区周边农村供水管网延伸工程，铺设管道全长5.6千米，惠及群众7000余人。投入450余万元实施杨绿湖、金钟源、小金州3个行政村饮用水提标达标工程，惠及群众3000余人。投入130余万元完成岭北村双坑小区绿化、亮化、停车场、垃圾房等设施建设。建成王金垟村“全县首个村级自有公交站”。实施小区电梯加装6台。推进双拥和国防教育建设，入伍新兵大学生比例达100%。承担第七次全国人口普查市级试点工作，普查2.5万户近6万人，占全县总量的1/4。

举办岗石村“团圆迎中秋 巧手做月饼”主题活动、县城拳剑操推广培训联谊交流活动、双坑小区篮球邀请赛等文化活动70场次。新建岭北、杨绿湖2个文化礼堂，成功创建王金垟省级“小康体育村”。全年通过主流媒体发表宣传信息100余篇，其中：《景宁岭北村："大搬快聚"助推果农增收》《景宁金钟源：植梨抢种 静等花开》等23篇文章被市级媒体所录用。《景宁金包山村构建生态循环利用发展新模式 生态垦造"山生金"》专题报道刊登于《浙江日报》。

继续开展"三改一拆"工作。排查城区屋顶违建691户，拆除城北新田小区后面棚寮、天元沙场工棚寮、双坑口等点位，总面积3.15万平方米。完成新华小区、水电小区、老景中宿舍3个老旧小区改造。顺利拆除玄坛殿区块占道民用设施，完成环城东路"瓶颈路段"改造。积极巩固"五水共治"成效。合理更换河(湖)长4人，改造处理能力20吨以上污水处理设施2处。建成杨绿湖坑、双坑、王金垟坑3条"智慧河道"。开展"五水共治"文艺会演，组织"'河'我一起守护母亲河"主题活动，推广"巡河达人"绿水币，实现4万人次参与，排名全市第一。加快"垃圾分类"示范建设。创成正达、天元2个省级高标准垃圾分类示范小区，安装六分类收集桶2组，二分类收集桶28组，礼品兑换及袋子发放一体机2台。全年发放家用二分桶850组，分类袋2000捆，宣传纸巾盒2000份。实施"净土清废"行动。开展外舍区块集中整治，清理废弃垃圾物料10余吨。全年完成国土绿化造林任务107.2公顷。圆满完成第二轮中央生态环境保护督察组迎检工作。

【新冠肺炎疫情防控】 2020年年初，红星街道发生1起确诊新冠肺炎感染案例(系外地输入)。街道办事处按照县疫情防控指挥部的要求，立即采取果断措施，对33个网格实施封闭式管理。至3月底，累计居家隔离1748人，摸排出境外人员465人。红星社区、城北村、岭北村获省市疫情防控先进集体称号12人获市、县表彰。

【团结社区挂牌成立】 2020年3月12日，团结社区在景融时代广场正式挂牌成立。原红星社区8个网格常住1.94万人，平均每个网格2400人，远超社区工作的合理标准。因此，县委、县政府研究决定将原红星社区分设为红星、团结2个社区。

【村(社)组织换届】 2020年10月至12月，红星街道全面开展村(社)组织换届选举工作。选举产生村(社)党组织成员80名；村(居)委会成员78名；村(居)监会成员45名；村股份经济合作社社管会成员33名；村(居)妇联执委121名；村(居)团支部成员45名。

【"十大安置点"建设】 总投资达12.5亿元，总用地面积达39公顷余，总建筑面积72.3万平方米。其中：(1)完成建房1个，即岚头村下山移民安置点；(2)启动建房2个，即岭北村半岭等4个自然村下山移民安置点、王金垟下山移民安置点；(3)实施"三通一平"3个，即城北山后区块建房点、金村水库安置点、团结小区工程；(4)实施项目前期4个，即城北玄坛殿区块安置点、岗石村犁头岗"大搬快聚富民安居"工程安置点、王金垟安置小区项目、王金垟区块"大搬快聚"安置点。

【首届红星"红美人"采摘尝鲜直播节】 2020年11月14日，首届乡村振兴·富民兴村"红美人”(柑橘) 采摘尝鲜节在和兴村山后家庭农场举办。活动全程经“畲里云集”抖音直播平台同步播出。直播全长约 2 小时,售出“红美人”300 余箱。累计在线观看 8000 余人,点赞数超 15 万人次。

【红星街道武装部被评为市级第二批“5 星”基层武装部】 2020 年 12 月 28 日,丽水市政府、丽水军分区发文《关于公布第二批“5 星”基层武装部的通知》,红星街道武装部获评市级“5 星”基层武装部。 (杨刘宁)

鹤溪街道

【概况】 鹤溪街道东至梅岐乡、西至澄照乡、南至东坑镇、北至红星街道,总面积 98.05 平方千米。其中,耕地面积 758.49 公顷,山林面积 5989.27 公顷。辖城南、城西、百岁 3 个社区居委会和鹤溪、张村、三枝树、东弄、鹤木岭、敕木山、包凤、浮丘 8 个行政村 58 个自然村 76 个村民小组。2020 年年底,户籍人口 6751 户 16210 人(畲族人口 3918 人)。其中,城镇人口 7432 人,农村人口 8778 人。

2020 年,工业总产值 6.24 亿元,同比增长 11.2%。有规模以上企业 3 家、规模以下企业 29 家、个体企业 239 家。2020 年,完成注册企业 90 家。开展“低、小、散”企业整治,关停淘汰 20 家小微企业。

全年粮食播种面积 273.4 公顷(增加旱粮基地 1.2 公顷),粮食总产量 1760.8 吨;蔬菜种植面积 359.37 公顷,产量 1.45 万吨;水果种植面积 91.93 公顷,产量 5.14 万吨。生猪出栏 4019 头,羊出栏 137 只,牛出栏 41 头,家禽出栏 5.2 万羽。开展非洲猪瘟防疫防控工作,强制免疫率 100%。新建高效惠明茶示范基地 33 公顷。其中,示范教学基地 2 个 8.58 公顷,实现生态价值转化,增加茶叶基地的附加值。新建生态茶园基地 15 个 83.73 公顷。抚育、改造提升茶园 330 公顷。开展蔬菜基地重点农产品农残快速检测 344 次。推广测土配方施肥 1146.67 公顷、配方肥 395.5吨、商品有机肥 495.3 吨。农药减量 0.128 吨,化肥减量 27.1 吨。绿肥种植 462 公顷。病虫害统防统治 3795 公顷、绿色防控 541 公顷、绿色防控示范 32 公顷。农药废弃包装物回收 0.75 吨(16.45 万只);农作物秸秆综合利用率 95.3%。清洁能源利用率 93.35%。

更新、人工补植造林 27.22 公顷。其中,珍贵树种造林 1.71 公顷。三枝树村、东弄村、鹤木岭村完成省级万树推进村建设。首次引入农用植保无人机 2 台,安装茶园单轨运输机 3 条 1500 米。投资 609 万元,建成 348 平方米敕木山惠明茶展示中心交易长廊。新增市级示范家庭农场、合作社 5 家,创成农业绿色发展先行主体(家庭农场、合作社)8 家,新培育丽水山耕母子品牌加盟公司 2 家。

全年认定低收入农户 185 户 352 人。其中,低保五保户 149 户 252 人;低保边缘户 34 户 98 人。申报临时救助 13 户 28 人,发放救助金 5.2 万元;申报医疗救助 42 户,发放救助金 18.5 万元。发放残疾人“两项”补贴 358 人。其中,困难残疾人补贴 280 人,重度残疾人补贴 78 人(托养 9 人)。基本养老保险参保 11835 人,参保率 98.42%。其中,被征地户养老保险参保2869人。医疗保险参保16173人，参保率99.64%。低收入群众产业发展直补47户，资金补助15.76万元；低保政策兜底149户252人，补助188.16万元；脱贫保、防贫保22人补助7.69万元；教育帮扶5户5人，发放帮扶资金1.5万元。

全年调处各类纠纷300余件。其中，解决遗留10多年的双后岗安置小区不动产权证办理215本、村集体经济10多年欠款追缴、鹤溪老城41户已封房屋住户清退等问题13个。成功化解信访积案5个，受理“12345”来电198件，办结来信来访11件。

全年出生105人。免费孕前和婚前优生检查完成率89.8%；“两癌”检234人，完成率108%；两性安康保险参保2862人、保费25.13万元。

2020年，投资3086万元,有序推进双后岗、金惠C区、乌弄湾等6个安置小区工程建设；投资1000多万元，硬化产业道路11.38千米、提升20个农村饮用水达标提标工程。完成双后岗一期九重垟区块道路硬化、二期王木坑和滩岭区块排水排污工程、双后岗南区块场地平整工程。大搬快聚42户123人；分配金惠C区宅基地77直、张村农民安置小区395直，并启动建房；完成乌弄湾场地平整和资格初审177户562人；启动并完成严村安置小区项目立项。

2020年，继续推进“三改一拆”工作。拆除违法建筑9.32万平方米，拆后土地利用率90%。开展半垟规划违法用地、沐鹤小区和周湖村交办点位、张村区块等专项整治行动。全年开展垃圾分类知识培训10余次；发放垃圾分类宣传册1000余份；发放户内二分垃圾收集容器1000余只，四分垃圾收集容器400余只。与3个社区、8个村及企业签订《2020年度安全生产目标管理责任书》58份；利用村（社区）、企业宣传窗，制作安全生产板报68期、墙报30期；发放安全生产文件资料500份；对30家企业500名员工进行安全生产培训。

2020年，鹤溪街道、张村村通过省级文明村（镇）复评工作。举办景宁畲族自治县鹤溪街道第四届“非遗”节暨“寻梦鹤溪·玩趣东弄”畲族文化体验活动等各类文体活动20余场。其中，“百村闹春·乡村春晚”联欢晚会5场，文化走亲系列活动10余场次。

全年有新建、续建项目59个，即惠明禅茶产业园、景文高速、322国道、天空之城、百鸟朝凤、东弄田园综合体、包凤安置小区、水井湾项目（凤凰台项目）、人民南路延伸工程、大唐光伏升压站及电塔建设、鹤溪至沙湾110千伏线路工程、梅岐至水亭线、梅岐至古楼线、丽水至景宁10千伏宇海线、佃源线新建工程、景宁公交总站、液化气站迁建、宝石路延伸工程、鹤溪村二期农民建房安置点、惠明寺道路工程、澄照至惠明寺自来水工程、金山垟安置小区、惠明茶工坊、景宁二中新建、党校迁建、金村水库、千年山哈宫、山哈宫接待中心、山哈谷、绿道建设、畲乡体育健身中心、民间博物馆、G235改建工程、茶山路、丽水西南电网补强、张村至张三岙公路、农村水系联通治理项目、张村滩岭安置小区、王木坑下山移民安置小区、金惠C区安置小区、乌弄湾农民安置小区、严村安置小区、双后岗二期南区块安置小区、城西村饮用水提标达标工程、周湖村古村落改造项目、鹤溪村半垟文化礼堂项目、双后岗村党建教学基地项目、周湖惠明茶交易加工中心、林区道路硬化工程、鹤溪村半垟环境整治、光伏联建项目、城西村污水改造提升工程、米老窟工程治理、三枝树村活动场所、三枝树村综合大楼、鹤木岭村综合大楼、张村村综合大楼、茶旅漫游、县城排污改造、周湖村廊桥项目、环敕木山村寨建设。是年，鹤溪街道4件民生实事：建设包凤村农村家宴放心厨房；建设鹤溪街道城南社区儿童之家；鹤溪村半垟自然村道路、路灯整治提升项目；三枝树村岙丘至大背洋道路硬化工程全面竣工。

2020年，鹤溪街道办事处获评浙江省扶贫开发工作先进集体、丽水市征兵工作成绩突出单位、丽水市“无违建乡镇（街道）”、丽水市勇夺星级平安金鼎工作突出贡献集体、八百攻坚行动先进乡镇（街道）、“丽水之干”模范集体。鹤溪街道办事处食品安全办公室荣获浙江省四星级乡镇（街道）食品安全办公室称号；鹤溪街道办事处人民武装部荣获丽水市先进基层武装部称号。

【新冠肺炎疫情防控】 2020年，鹤溪街道全员到岗到位开展新冠肺炎疫情防控工作。封闭17个小区、100余个路口，设立36个监测卡点。累计摸排居民4.1万人、境外人员290人，排查返乡人员5685人，居家隔离1074人，劝导核酸检测633人。审批发放离景、采茶、食用菌销售等临时通行证4732份，助力企业、农业和市场经营主体复工复产4186家，推动申领“企业码”300余家，累计开展健康讲座10余场次，发放个人指南、健康礼包等物资3000余份。

【第七次全国人口普查】 2020年，鹤溪街道开展第七次全国人口普查工作。划分普查小区168个，招选普查指导员55人、普查员190人。普查登记人口4.66万人，比对复查常住、低龄人口5000余人，标绘建筑物3680个。发放宣传资料3.4万份，摸底调查1.76万户，长表登记1270户3830人，复查户籍人口1.65万人。

【村（社）组织换届】 2020年，鹤溪街道完成11个村、社区三委及配套组织换届选举。一次性成功率100%、村党支部书记村委主任“一肩挑”100%。选举产生新一届村社两委班子79人，班子平均年龄44.25岁。其中，大专及以上学历29人，占比40.9%，比上届提高25%，实现村村有大学生，村村有35岁以下成员。 （毛炜烨）

东坑镇

【概况】 东坑镇位于景宁县城东南，东和文成县接壤，东南与泰顺县交界，西邻景南乡、大际乡，北连澄照乡、鹤溪街道，镇驻地东坑村，海拔597米，距县城22.5千米。明属鸣鹤乡在上里，清为六都，民国20年（1931年）建乡，属一区。东坑为第二次国内革命战争、抗日战争时期革命老区。1990年建镇，1992年扩镇，原白鹤乡、北溪乡并入。全镇面积173.2平方千米，耕地面积490.4公顷，林地总面积

13300公顷，森林覆盖率81.9%，辖10个行政村。2020年年底，户籍人口8661人。其中，畲族1881人，占总人口的21.7%，是畲族比较集中的居住地。

2020年，面对突如其来的新冠肺炎疫情，东坑镇党委政府统筹做好疫情防控和经济社会发展工作，第一时间成立疫情防控工作领导小组，建立“全域覆盖、全员参与”防控机制。党委班子带头落实“包村防控”工作职责，镇村干部闻令而动，设立村级防控卡点25个，严格落实24小时轮班值守，构筑起群防群治防线。为了阻断文成、泰顺等高风险地区疫情输入路径，镇党委牵头县卫生局、公安局等部门组建疫情“防控联盟”，整合“一镇三乡”（大漈、东坑、景南、雁溪4个乡镇）资源力量，牢牢守住龙景隧道（景宁和泰顺县交界）和杨斜（景宁和文成县交界）2个县级卡口，实现镇域“零感染”目标。疫情缓和后，部署落实“八百攻坚行动”（百分小康对标补短行动、百村万户增收富民行动、百家企业注力赋能行动、百名干部入沪借力行动、百亿产业项目提速行动、百街千巷美丽提升行动、百个社会矛盾化解行动、百处隐患排查整治行动）和“三服务”活动，分片分区推进复工复产。景宁至文成高速项目有序推进；竹木、茶叶、来料加工等企业顺利复工复产；民宿农家乐、咸菜馆、水果沟等生态产业重新焕发活力。

2020年，全乡粮食播种面积447.8公顷。新建白茶、蔬菜、水果等“景宁600”农林基地21个，面积115.85公顷。引进肉兔养殖场1家，年出栏4万只；引进肉牛养殖场1家，年存栏量300头；全乡生猪出栏11845头。新建茶叶加工厂2家，代加工茶叶3955.5千克。白茶、香榧每公顷分别收入12.6万元、6.9万元，同比增长12.7%和15.5%。总投资2000余万元，完成东坑炭梅绿色生态栽培避雨大棚示范基地、飞云峡小流域综合治理工程、杨斜村高标准农田等项目提升工程。

加大生态环境保护力度，持续打响“蓝天、碧水、净土、清废”四大战役。东坑镇获评市级垃圾分类示范乡镇。东坑村打造成为省级垃圾分类示范村，桃源村打造成为市级垃圾分类示范村。深入推进“美丽河湖”“三改一拆”等工作。拆除违法建筑1.8万平方米，先后荣获“五水共治”省级先进集体、市级“乐水小镇”（辖区内美丽河湖建设已显成效，河、湖长制已全面落实，社会公众积极参与，涉水绿色产业有效发展，人水和谐相处的乡、镇、街道）、“美丽河湖”等荣誉。全面深化美丽乡村建设，成功打造北溪、新和、白鹤、深垟4个新时代美丽乡村样板村，完成5个省级美丽乡村精品村和达标村建设，建成9个市级花园乡村。对标“环境美、生活美、产业美、人文美、治理美”等“五美”建设总要求，总投资7000余万元，完成项目建设30余个，成功创建省级美丽城镇样板乡镇。

全面落实“一户一策一干部”帮扶举措，党委班子成员带头深入走访低收入农户848人次、解决问题53个。深入实施产业扶贫，全年发放创业补助款10.88万元，发放低收入农户产业扶贫项目补助款18.85万元，低收入农户增收80余万元。高标准推进桃源村果园基地等两个“造血式”扶贫项目建设。桃源村驿站边坡治理及村内道路硬化项目被评为市级扶贫开发示范项目。全力推进“大搬快聚”富民安居工程，875 人通过资格复核，全年发放补助资金 262.55 万元。全镇改造老旧房屋用电线路 313 户。是年，东坑镇被评为市级扶贫开发示范乡镇。大力推动农民健康体检，城乡居民基本医疗保险参保 8588 人，参保率 99.48%；城乡居民养老保险参保 7770 人，参保率99%；“浙丽保”参保 5747 人，参保率 80.1%。

开展高效能数字化基层治理工作。新建智慧生态治理、智慧消防、智慧垃圾分类、智安（智能安防）小区 4 个数字化信息平台，全年收集、处置各类信息 3112 条。创新“网格联调”（将党支部建到全镇 18 个网格上，发挥信访代办员、调解委员会、党员的力量）、“集体联治”（10 个行政村成立由民兵、妇女、老人和党员组成的“四支队伍”，积极参与维稳调解）、“三诊联动”（老干部坐诊调解纠纷，镇干部出诊处理纠纷，派出所、司法所等专业力量会诊解决难题）、“走访联心”（开展全域、全员、全覆盖，联村、联户、联心大走访活动，收集群众意见建议，办理民生实事）等“四联四调”治理模式，实现“事不出村”，就地解决。“四联四调”先进治理模式刊登在“学习强国”和《丽水信访》上。整合“三支队伍”（党员先锋队、靓丽东坑好主妇队、夕阳红队）、乡贤等社会各界力量，开展全域全员大治理，成功化解信访投诉 82 件、矛盾纠纷 98 个。在全市率先开展“村规民约”合法性审查全覆盖工作。桃源村创成省级民主法治村、茗源村创成市级民主法治村。探索建立“共建共管”新机制，与景南乡、泰顺县司前镇和竹里乡联合开展跨区域“畲族风情党建联盟”引领基层治理共建共享活动，构建党建联盟示范带。是年，东坑镇人民调解委员会被评为丽水市成绩突出人民调解委员会。东坑镇政府被评为丽水市平安金鼎先进集体，并创成山区民族乡镇基层治理省级标杆。

【村级组织换届】 2020 年，东坑镇完成村级组织换届选举工作，村党组织书记与村委主任选举一次性成功率 100%；“一肩挑”率 100%。全面完成村集体经济“消薄”任务，10 个村集体经济总收入 412.11 万元，其中经营性收入 180.84 万元。（韦星雨）

渤 海 镇

【概况】 渤海镇位于景宁县城东北部，浙江省第二大人工湖——千峡湖湖畔（滩坑水电站水库），距县城 23 千米。镇域面积 108 平方千米。2020 年年底，下辖 1 个居委会，6 个行政村，56 个自然村，2339 户 6488 人。其中，畲族人口 923 人。

2020 年，渤海镇扩大提升香榧基地 66.67 公顷；新增滨湖茶叶基地 6.67 公顷，提升湖茶 66.67 公顷；新增杨梅等水果基地 33.33 公顷，提升水果 13.3 公顷；新增多花黄精等中药材产业基地 23.33 公顷；养殖中蜂 130 箱。建成农旅融合基地 3 个，打造科技示范基地 2 个，成功创建“景宁 600”产业示范乡镇、绿色发展先行区。

2020年，渤海镇按照“中国畲乡·滨湖小镇”的发展定位，始终坚持生态优先战略导向，以项目建设为载体，不断完善配套基础设施，提升“最美小镇”颜值魅力。全镇共有建设项目35个，总投资9190万元。其中，梅坑至安亭联网公路建设、入城口景观廊桥、四季果园游步道、梅坑小区三期基础设施建设、旦水光伏二期等项目已竣工，完成年度投资4200万元。同时，启动农村水系改造项目、小流域综合整治、库北道路破板修复和后砻村道路等工程建设。

严格执行林木采伐限额管理，加强林地资源保护、加强森林消防、森林病虫害防治和古树名木保护等工作，全年绿化造林113.33公顷。制定渤海镇“河长制”考核办法，实行“美丽账本”(针对环境整治投入专用资金，记入“美丽账本”)管理机制，不断巩固、提升污水零直排放成果；加大垃圾分类工作力度，配置垃圾分类积分兑换机，实行垃圾分类积分兑换物品奖励制度；定期开展环境卫生整治活动，全年开展环境卫生整治14次，出动1000余人次；拆除56处乱堆乱建点位，完成一拆面积8400平方米，拆后土地利用率87.79%。2020年，获评国家级卫生乡镇、省级美丽乡村示范乡镇和市级垃圾分类示范乡镇。

全年，引进乡贤投资1000万元，建成集垂钓平台、水上娱乐、皮划艇培训于一体的千峡湾农文旅基地。投资近2000万元，建成渔文化主题展馆、渔文化广场、滨湖亲子游乐场、水上寮寨等项目。启动渔文化主题绿道建设。与浙江教育科技频道合作，开设“奔跑吧少年领袖营”研学班，开启“水上夏令营”项目。成功举办“民族杯”全国少数民族垂钓邀请赛，浙江卫视专题播出了该赛事活动，中央电视台报道点赞了该赛事。千峡湾农文旅基地被命名为“中国钓鱼俱乐部联盟景宁千峡湖休闲垂钓基地”。深入挖掘千峡神仙岛、浙南银王陈汤故里等传统文化故事，整理撰写导游词，开辟“千峡探秘”一日游线路。以“活态传承”方式创新载体，新建古畲武、古畲耕、古畲饰、古畲音等4个“十古”展厅，让千年畲寨、奏名学法、“上刀山下火海”等成为渤海旅游特色元素。

2020年，渤海镇各村成立便民服务队。由村干部、驻村干部、卫生院驻村责任医生组成送药上山服务队伍，推出送药上山便民服务升级版，实现送药上山全覆盖，切实解决“购药远、购药难”问题。创新“锦鲤代办”(各村网格员主动为村民服务，代替村民办理大小事项)机制，成立镇级代办中心、各村代办服务点，组建代办服务队7支，设置代办专车12辆，进村入户、代跑代办解决群众困难。全年受理代办事项353件，群众满意率100%。高规格建成渤海居家养老中心，荣获市级乡村居家养老示范中心称号。2020年，全镇救济临时困难13人，发放救济款2.3万元；医疗救助重病2人，发放慈善救助款0.83万元；五保户供养6人，发放供养金10.3万元；低保户140户，发放补助金128.6万元；发放残疾补助金60人28.2万元。全镇“居民养老保险4357人，参保率99.27%；参加城乡居民医疗保险6216人，参保率98.2%；浙丽保”新型保险参保率70%。严格执行聚餐申报制度，认真做好食品安全工作，扎实开展农民健康体检。全年办理生育登记证25本(其中通过APP办理18本)、办理独生子女证11本、流动婚育证明1份。继续推进“大搬快聚富民安居”工作，全年完成38户129人的资格审查工作；给17户73人发放货币安置补助资金260.6万元。

在镇域重点区位增设探头，提升360度高清天眼系统，强化线上全程监控、快速反应；整合全科网格员、森林消防员、水上巡防员队伍，强化线下动态排查、预警处置。全年报送各类事件1490余件(村镇事件代办323件，矛盾纠纷协调197件，日常汛期、防火巡查等970件)，办结率100%。深化综治工作中心建设，打造镇级“矛盾调解中心”。将全科网格管理、平安检查、视频监测、风险评估等纳入统一平台，实现一体联动、精准指挥；创新实施“扎堆聊”民情议事制度，在群众聚集区设立“议事长廊”“议事亭”等民情议事点，动员群众建言献策，在闲谈漫聊中倾听群众呼声、化解矛盾纠纷。《丽水日报》头版头条点赞渤海镇社会治理工作。全市移民美丽家园现场会在渤海召开。圆满完成村级组织换届选举，村两委干部配齐配强。

【新冠肺炎疫情防控】 2020年，渤海镇落实新冠肺炎疫情防控各项措施和要求。镇政府建立11组工作专班分工负责具体事宜，镇、村两级严格值班值守制度，保持值班电话24小时畅通，值班记录和交接班工作做到无缝衔接。对全镇6264名户籍人口，每周实行动态摸排管理；对户籍不在本地的流动人口进行登记管理。每天摸排底册由村书记主任、驻村干部、联系领导签字背书，做到摸排全面、科学、精准。落实镇包村、村包户、责任到人的责任体系。对预情重点地区往返渤海人员落实专人对接；联系不上的挂靠户、长期失联人员，利用镇级各种系统、村内各种途径做好排查工作。从人员摸排、汇总、上报，到返乡人员管理落实，都有专职干部牵头负责。协调好与县新冠肺炎疫情防控指挥部、卫生院、各村、各重点人员的对接，不漏一人不少一环。在各村的主要路口、醒目位置张贴渤海镇疫情防控“十条”宣传标语；充分利用网络微信等媒体平台，转发上级部门疫情防控相关信息；用最简洁最容易接受的渤海方言(录音)向村民宣传疫情防控政策、防控措施。 (严鑫鑫)

沙 湾 镇

【概况】 沙湾镇位于景宁县城西南部，东邻标溪乡、梧桐乡，西与鸬鹚乡毗邻，南接大地乡、毛垟乡，北连英川镇和云和县林丰乡，镇政府驻地沙湾村，距离县城38千米。镇域面积122.7平方千米。其中，耕地面积610.6公顷，山林面积8918.5公顷。下辖13个行政村，2020年底全镇户籍人口16328人。其中，畲族848人，常住人口约4000人。

2020年，沙湾镇紧紧围绕乡村振兴，着力打造“一园两带三基地”(提升严坑千亩桃园；打造道化、莲川茶叶，张庄、季庄花卉两个产业带；壮大叶桥何处高山蔬菜、仙姑水干果、本岱土猪养殖三个基地)。发展油菜与稻鱼共生种养基地80公顷，新增茶叶种植13.33公顷，新增高山蔬菜基地20公顷，新增林下套种中药材13.33公顷。全镇土猪存栏2300余头。沙湾特色“五子”(“米袋子”“果盘子”“菜篮子”“肉案子”“鱼池子”)农业体系建设取得初步成效，并搭乘“山海协作”“千企结千村”的快车，切实打通农产品购销通道。2020年，全镇有低收入户451户，914人，全部落实“一户一策一干部”扶贫结对，全镇干部每人结对5—6户。通过创业联盟开展产业直补，低收入农户人均年收入均达到8000元以上。沙湾镇把村级集体经济增收工作作为乡村振兴的“发动机工程”。通过“消薄飞地”(专有名称，一种消薄举措)项目投资、5个光伏产业项目、购置景融时代物业出租、销售“景宁600”农产品等途径，13个行政村合计村级集体经营性收入195.78万元，总收入488.82万元。全镇所有行政村都实现了经营性收入10万元以上，总收入20万元以上的目标任务。其中，6个行政村经营性收入达到15万元以上。

加大力度推动社会治理。实施“天蓝”“地绿”“水清”工程。开展人居环境“百日攻坚”三清、三整、三提升(清理废弃杂物、清理村内沟渠、清理农业生产废弃物，整治乱搭乱建、整治乱贴乱画、整治乱接乱拉，提升垃圾分类水平、提升厕所服务水平、提升庭院美化水平)点位整治，顺利通过省级卫生乡镇复评，成功创建国家级卫生乡镇。持续开展“五水共治”，完成集镇“污水零直排区”创建工作；强势推进“三改一拆”，累计拆除违法建筑面积1.46万平方米；全年完成国土绿化96.67公顷；完成域内百山祖国家公园地域权改革、管护站建设等工作。推进“清廉村居”建设。成立13个村级监察联络站，配齐联络站站长和联络员43人，按照“八八工作法”(景宁监察联络站8项工作职责和8种工作方式)开展工作。按照“四清”(班子清廉、村务清爽、民风清朗、干群清和)和“三好”(党员干部口碑好、制度机制执行好，创新工作实践好)的要求，成功创建2个示范型和4个规范型“清廉村居”。探索出微信“二维码村务”基层治理新举措，打开各村微信二维码就知道村级党务、村务、和财务情况，小微权力在微信二维码上监督、群众诉求可以在微信上办理，“微信二维码村务”在全镇实施，并在全县多个乡镇推广。是年，获评全县十佳清廉村居。建立全镇215名森林风险隐患重点人员一对一防控网络，初步建立沙湾镇域风险防控机制。建成叶桥村党群(便民)服务中心、莲川文化礼堂。沙湾村文化礼堂获评县级五星级文化礼堂。县人民法院沙湾法庭挂牌复建。沙湾镇党委牵头，公、检、法、司联合的沙湾区域矛盾调解中心，初步构建起全天候、零盲区、多维度的基层治理体系。

加强民生保障。全镇粮食播种面积649.47公顷，基本满足镇域居民的需求，部分余粮还可出售。开展“禁止餐饮浪费”宣传教育活动，全力保障村民的“米袋子”“菜篮子”不缺货、不浪费。全面完成道化、林坑、东堡、本岱、何处等村的饮用水达标提标工程，解决了2000余人的饮用水安全问题。织密“不愁穿”服务网络。通过走访、排查、摸清低收入农户吃穿住行等基本情况，全年累计为留守人群捐赠羽绒服等衣物品100余件、被子70余套。在册低保户、家庭经济困难学生享受助学金、营养餐等补助。全年，为困难家庭学生减免保教费、补助款（助学资金）等共计6.05万元，发放冬季校服学习用品价值8.7万元，全镇没有出现因贫辍学的学生。每个行政村配备责任医生，开展送医下乡活动，针对农村老年人常见病、多发病开展精准治疗，并建立电子档案。2020年，参加医疗保险16149人，实施医疗救助2382人次，救助金额89.23万元，有效解决了镇域范围内因病致贫、因病返贫的难题。动员52户困难群众进行危房改造或修缮。大搬快聚富民安居工程稳步推进。至12月底，李处、岱头垟等自然村大搬快聚资格审查完成；沙湾村平坦自然村、季庄村水塔自然村大搬快聚农户拆房工作完成；启动七里安置新区9号楼16户农户建房工作；完成七里上垟区块初步规划设计方案，并启动土地征用工作。

2020年，镇村建设有序推进。垟尾洪畈安置小区8、9幢农民公寓，七里汇休闲景观公园，沙湾村后山游步道，沙湾朝阳街景观节点等项目基本完成；完成垟尾洪畈小区农民公寓基础设施建设、垟尾洪畈安置小区道路连接线、七里安置新区（二期）等项目的前期工作。道化和小地历史古村落、莲川与仙姑美丽乡村建设项目竣工；成功创建道化、何处、张庄等3个A级景区村；道化鸬鹚口自然村畲汉同心路，张庄村道路及停车场、仙姑林斜停车场、何处李处停车场，陈司坑、旺水、上处垟、本岱等村路灯提升改造全部完成；完成七里严坑自然村的农田道路硬化；完成小地、上处垟、旺水等村党群服务中心项目前期工程。围绕“一带一路一道一岸一村”，顺利推进投资8000多万元的沙湾片区水利网建设项目和投资1.2亿元的沙湾110千伏变电所建设。

同年，沙湾镇党委、政府扛起新冠肺炎疫情防控的政治责任，发动党员和干部率先示范、冲在一线，严防死守、全员全域共同筑起一道道强有力的疫情防控“红色堤坝”。做实做细群防群控、动态跟踪，筑起卡口、守牢防线，严格落实集中隔离、居家隔离等防控措施，用辛苦指数换来人民群众“零感染”的健康指数。

2020年，沙湾镇成功创评国家级卫生乡镇；全国示范型退役军人服务中心（站）；获评浙江省农村文化礼堂建设示范乡镇、浙江省三星级食品安全乡镇、市级“四好农村路”示范乡镇。沙湾镇美丽城镇行动方案获评第二批省级优秀样板。消防救援队获全市消防救援政府专职队业务技能比武竞赛三等奖。沙湾村获浙江省文明村和市级森林康养特色村称号，沙湾村文化礼堂获评浙江省五星级农村文化礼堂和；七里村被评为省级民主法治村；道化村、张庄村成功创评浙江省AA级景区村，何处村成功创评浙江省A级景区村；沙湾村、七里村获评2019年度省级新时代美丽乡村达标村、精品村（2020年4月公布）。

【110千伏变电站项目开工】 2020年3月23日，沙湾110千伏变电站项目开工建设。该项

目属于景宁生态型现代能源电网建设项目之一，位于沙湾镇沙湾村七里汇地段，总投资8654万元，占地面积3754平方米，计划建设5兆伏安主变压器2座。建成后将有效解决景宁县城西部地区小水电输送问题，进一步提高供电可靠性，改善电能质量。

【集镇“污水零直排区”创建工作通过省级验收】 2020年12月20日，沙湾镇污水零直排区创建工作顺利通过省级验收。该项目，总投资300万元，建设内容为区域内部的雨、污、废水支管建设，排水沟修缮及河道排放口修缮，并按污水零直排要求增设地下标识、立管标识、隔油池、化粪池及毛发收集器等，持续推进全面彻底的污水纳管和严格的雨污分流。该项目的完工将实现雨水污水分流，切实改善当地水环境质量，给集镇居民一个更加干净整洁靓丽的人居环境。

【金惠茶叶加工厂投产】 2020年10月8日，沙湾镇岱根垟金惠茶叶加工厂正式投产。金惠茶叶加工厂占地面积500余平方米，现有厂房2幢、品鉴馆1个，新购置茶叶加工设备18台，项目总投资50余万元。沙湾镇岱根垟金惠茶叶加工厂实行“公司+基地+农户”的发展模式，逐步建立标准化、规模化、精细化的生产模式，切实解决沙湾及周边乡镇的茶叶加工与销售问题，为茶农持续稳定增收提供有力保障。

【县人民法院沙湾法庭挂牌成立】 2020年9月29日，沙湾法庭举行挂牌仪式。该法庭辖沙湾、英川两片区9个乡镇，年均案件总量约占全县案件的30%。

【沙湾村“老年学堂”揭牌成立】 2020年10月12日，沙湾镇沙湾村老年学堂揭牌成立。该学堂，在沙湾镇老年协会活动场地的基础进行修建，面积120平方米。设教室2个、办公室1个。配备教育管理员1人、专兼职教师10人。开设音乐、书法、养生等3个长期班和预防高血压、老年人防诈骗、智能手机使用、花卉种植、时政知识、运动健康等6个短期班。

【村级组织换届】 2020年11月2日至13日，沙湾镇13个行政村开展村级党组织和村委会换届选举工作。成功选出村“两委”干部93人。其中，大专以上学历27人，占29%；35岁以下16人，占17.2%；女干部19人，占20.4%；畲族干部5人，占5.4%。村两委干部平均年龄47.1岁，村两委交叉任职21人，村干部队伍整体年龄、学历结构得到优化。平稳推进村级组织换届选举工作。创新推出“1234”一肩挑选排摸筛选工作法，即凝聚“一肩挑”共识，聚焦镇、村“两层面”宣传，推行“三维度”谈心谈话，开展“四轮次”集体研判，实现三个“百分百”（一次性选举成功率100%，组织意图人选当选率100%，“一肩挑”人选在支委会选举中得票率100%）。 （杨利萍）

英川镇

【概况】 英川镇，位于景宁畲族自治县西南部，距县城63千米。东邻鸬鹚乡，西、北接壤龙泉市，南与庆元县百山祖镇毗邻，属高山丘陵地区，地势自西南向东北倾斜，东西宽15千米，南北长13千米，总面积为127.26平方千米，占县域面积的6.2%。辖区有耕地面积757.53公顷，林地面积9516.27公顷，森林覆盖率92.18%。2020年年底，全镇户籍人口16548人。其中，少数民族人口524人（畲族人口320人）；常住人口1490人；外出人口主要分布在云和、龙泉、杭州、温州等地。

2020年，英川镇着眼产业强镇，合力发展特色农业。新建田螺基地3.33公顷、改造提升66.67公顷；新建稻田养殖基地3.33公顷；建立水稻绿色高产高效示范基地10.33公顷、核心示范基地6.67公顷。全年新增家庭农场10家。其中，景宁秋丰家庭农场获县级示范家庭农场称号，景宁英川田鱼姑娘家庭农场获省级示范家庭农场称号。培育大学生创客1名。新建县内粉皮示范店3家、县外粉皮店示范店2家、网上销售店1家，粉皮产业年产值达500余万元。成功举办“诗画畲乡·年味景宁”英川第二届美食节暨第三届非遗菇民节活动。举办乡贤座谈会暨英川镇产业发展大会，募集爱心款73.6万元。

2020年，英川镇在做好新冠肺炎疫情防控工作的同时，稳步推进复工复产。新冠肺炎疫情期间，累计排查返乡人员3133人次。出境人员68人。疫情稳定后，第一时间开展复工复产。发动镇村干部、党员志愿者1200余人次，开展环境整治专项行动16次。拆除违章建筑3处200余平方米；种植睡莲种苗120余株，修整绿化面积1000余平方米。全年建设项目53个，总投资7500余万元。其中，交叶（景宁县交见圩、龙泉县叶村）线二期、白坦岙至大湾农村联网工程、美食展馆建造、修复古宅、水系连通治理工程，农村生活污水终端提升、饮用水达标提标、移民后期扶持项目、山海协作项目、A级景区村建设、王宅、梨树突家宴厨房建设、儿童之家建设、全国示范型退役军人服务站等工程均如期完成。是年，英华实验学校被授予“百山祖国家公园传统文化传承基地”称号。英川美丽城镇建设通过省级验收；隆川村历史文化古村落规划通过省级评审；“污水零直排区”建设项目通过市级验收。

2020年，英川镇全力推进民生工作。全镇753名困难群众，发放生活补助费377万余元，发放临时救助金5.3万余元。低收入农户家庭雨露计划助学补助7.2万元，受益24人；低收入农户产业直补80户，发放补助款18.74万元；残疾人及其子女助学补助49人，发放补助款9.5万元；残疾人产业直补47户，11.68万元；残疾人贴息贷款补助22户13.56万元。城乡居民基本养老保险参保12327人，参保率98.95%；城乡居民医疗保险参保16442人，参保率99.49%；困难群众参保率100%。全年共开展健康讲座14场，健康服务7场，健康活动8场。完成“独生子女户”意外伤害保险1143户3289人，奖励扶助对象意外伤害保险29人；完成“两性安康”投保1712人。农村困难家庭危旧房治理44户，省、市、县、镇四级补助资金194万余元。英川村处后岗、大湾自然村大搬快聚富民安居工程，搬迁10户30人。2020年，英川镇开展第七次全国人口普查，完成67个普查小区6712户16790人的摸底调查、正式登记、比对复核、建筑物标绘等工作。建立"1+2"(英川域内网格+景宁县城、云和域外网格)党员服务群众网格机制，实现814名党员联系1.7万群众。新建岗粗岭村、莲湖村级党群服务中心，修缮三川村党群服务中心。建立镇级矛盾纠纷调解室1个、村级矛盾纠纷调解室10个，充分发挥26名"两代表一委员"的作用，全年化解市级积案4件，县级积案7件，签订息访承诺书23人。设立村级监察工作联络站，共聘任联络站站长10人、成员22人。

【村级组织换届】 2020年，英川镇顺利完成村级换届选举。通过换届，全部实现村党支部书记和村委会主任"一肩挑"。10名村党组织书记平均年龄51.6岁，比上届下降3.21岁；大专及以上学历3人，实现零的突破。50名支委成员平均年龄由上届的52.19岁降至48.78岁。其中，35岁以下5人。

【百山祖国家公园延伸扩建】 2020年，百山祖国家公园景宁规划延伸扩建面积51.58平方千米，其中英川镇范围38.16平方千米，占全县的73.98%。签订地域权协议1267户，签订移民搬迁协议135户；解决山林纠纷130余起，解决了遗留近半个世纪的苹果场和香炉山山林纠纷；配合做好金坑洋电站退出百山祖国家公园延伸扩建区工作。9月，百山祖国家公园延伸扩建区顺利通过上级验收。

(鲍亚莉)

大均乡

【概况】 大均乡位于景宁县城西南，距县城12千米，乡域面积86平方千米。2020年年底，下辖5个行政村60个自然村，户籍人口4342人。其中，畲族1488人，占乡总人口34.2%。李宝、泉坑、伏叶3个村为民族村。全乡有耕地289.9公顷，林地7933.3公顷。其中，毛竹1333.3公顷。全乡森林覆盖率89.1%，活立木蓄积量29.5万立方米，有省级以上生态公益林6666.6公顷。空气负氧离子浓度6000个/立方厘米。

2020年，全乡确定低保对象105户178人，低保边缘户8户22人。医疗保险参保率99.58%；养老保险参保率98.6%。

2020年，新增黄精种植面积13.33公顷，累计种植黄精23.4公顷。开工建设全县首个黄精展示馆。加快打造李宝古法农耕、三格黄精特色农旅品牌基地。建设伏叶村花卉产业园。举办"诗画畲乡 花漾大均"首届民族乡村百花大会暨小样花园春季花展，活动第一天吸引5000余名游客进园观展。

2020年5月1日，大均水域救援科教馆正式开馆。大均成为国际搜救教练联盟体系、浙江逆浪救援基地、浙江省急流水域救援培训基地和省消防总队、省公安厅、人武部、红十字会、公羊救援队等多个部门及机构定点合作基地。全年累计开展各类水域救援培训36批次，培训学员1500人。9月，全省首届社会应急力量技能竞赛在大均开赛。

2020年，大均乡完成"畲乡之窗"AAAA

景区改造提升工程，成功创建省级旅游风情小镇、省AAAA级景区镇，大均村创成全省首批民宿特色村。打造畲族特色一条街，建成畲画馆、畲药馆、民族书屋、小样酒吧、畲乡小吃馆等一批畲族特色场馆。联合上海师范大学美术学院建立油画写生基地，与浙江师范大学音乐学院、上海古凡交响乐团等多所高校、专业机构开展院地合作。主动对接大上海，积极融入长江三角洲，成功与中国旅游集团20强企业景域驴妈妈集团建立合作联系。宁海—景宁乡村振兴示范点落户新庄村。建成新庄现代乡村旅游餐厅、居家养老服务中心综合楼、新庄景观工程、溪滩丛林咖啡屋。与安吉天荒坪镇全面确立村级一对一友好结对关系；与宁海桥头胡街道、大佳河镇、温岭泽国镇等友好结对乡镇开展交流互访。全年，接待省部级以上领导7次、厅级以上领导56次、县级领导621次。先后承办2020国家扶贫日浙江主场活动现场会、百山祖国家公园景宁分区评估验收现场考察、浙江省民族乡村振兴示范建设推进现场会等各类省级活动5次。全乡接待游客148.12万人次，同比增长4.33%；实现营业收入2379.74万元，同比增长4.21%；农家乐民宿营业收入1650万元，同比增长3.13%。

建成全县水系连通工程；用以色列MABR（膜曝气生物膜反应器）技术，新建生活污水治理设施。全年拆除违章建筑16处4041平方米，改造利用面积2436平方米。投资4000余万元，推进美丽城镇建设项目27个。大均村外洋景观、伏叶村入口景观、李宝梅山古村落景观得到了提升。是年，大均乡成功创建国家级卫生乡镇；入选全国民族乡村振兴试点申报；创成省级美丽城镇建设达标城镇；获丽水市文明乡镇荣誉称号。大均乡退役军人服务中心（站）创成省级“新时代枫桥式（站）”示范样板。小溪流域大均段获评省级“美丽河湖”。大均乡食安办获评浙江省三星级食安办。伏叶村荣获国家森林乡村称号；大均村、泉坑村获评浙江省新时代美丽乡村精品村；李宝村获评市级美丽乡村示范村；大均村获评省级民主法治村；李宝村获评省级善治示范村。

2020年，大均乡全面落实“一户一策一干部”低收入农户结对帮扶工作机制，实现全乡低收入农户走访结对帮扶全覆盖。完成C级危房修缮提升，D级危房人员腾空到位。整治伏叶、新庄地质灾害点；改造95户农村老旧住房电气线路，并配备相应消防安全设施。大均、泉坑、新庄、李宝、伏叶5个村级饮用水达标提标项目竣工，切实解决3000余人的饮用水安全问题。发放低收入农户产业扶贫补助金20余万元，受益70户。全乡行政村集体经济经营性总收入达81.39万元。其中，大均村14.25万元、泉坑村26.16万元、新庄18.19万元、李宝10.64万元、伏叶12.15万元。

2020年，大均乡积极与省发改委对接，争取各类帮扶资金2000余万元。完成大均村灯光球场和儿童之家建设、泉坑村水碓洋安置小区三期路面硬化、均洋水电站立面改造、李宝村路灯亮化、大门坑道路修整与路面硬化、伏叶坑头竹林道硬化项目；修复叶坑至南林村水毁道路、建成梅花圩停车场。

大均村成功打造全市智慧生态治理平台，亮相2020年世界互联网大会。央视《新闻联播》专题播出《浙江：改革推动两山转化 加快高质量绿色发展》，点赞大均乡GEP（生态系统生产总值）试点工作。全力配合县委第一巡察组巡察任务，落实整改任务。完成伏叶村清廉村居设；打造泉坑清风长廊。继续推行“清风茶室”谈话教育“三杯茶”制度；“掌上三务”转型升级“智慧村务”，进一步规范村级“小微权力”运行。全年累计开展不稳定因素和矛盾纠纷排查24次，调处各类矛盾纠纷43件，调处率100%。深化“全科网格”建设，组织开展网格员业务培训12次；全科网格员通过平安通手机上报信息962余件，按时受理办结率100%。全年未发生较大的群体访和越级访案件，重大节日、重点时段实现“零上访”。

【村级组织换届】 2020年，大均乡圆满完成村级组织换届工作。全乡选举产生28名村“两委”成员。其中，村党支部书记、村委主任“一肩挑”人选均高票当选。新一届村“两委”干部大专以上学历9人、平均年龄46岁。一批优秀人才选进村“两委”班子，为各村社会经济发展提供坚实的组织保障。

【生态信用评定体系建立】 2020年，大均乡在丽水市绿谷分（个人生态信用积分）管理办法评级基础上，结合大均乡村生态治理5个方面18个大项（5个方面：生态保护、生态经营、绿色生活、生态文化、社会监督；18个大项：生态资源保护、环境治理、清洁能源、生物多样化保护、生态品牌、食品安全、绿色生产、产研结合、垃圾处理、绿色消费、绿色出行、绿色建筑、文明祭祀生态殡葬、先进示范、文化公益、群众监督、承诺监督、媒体监督）农户生态行为的正负面清单，把农村常住人口评定为一星到五星等级。联合景宁农商银行、邮政储蓄银行等金融机构，各自创新生态贷款产品，依据评定等级对农户实施的生态保护和价值转化产业予以贷款支持。是年，评定生态信用农户559户；发放“两山贷”99笔606.88万元。 （吴盛向）

澄 照 乡

【概况】 澄照乡位于景宁县西南方向，处洞宫山山脉地区，高山峡谷相间，地势自西南向东北倾斜，诸山之水注大赤坑入小溪。东邻东坑镇，西连梧桐乡、大均乡，南倚大际乡，北接鹤溪镇。乡人民政府驻地三石村，距县城4.3千米，海拔403米。辖澄和居委会及东升、东畔、三石、金坵、际头5个行政村，69个自然村，3313户7922人。全乡总面积84.8平方千米。其中，耕地面积422.13公顷，山林面积5566公顷。

2020年，全乡粮食播种面积469.2公顷（单季稻播种面积270.2公顷）。培育种粮大户4户，种植面积32.72公顷。开展科学种田，白沙岱村、朱排村引进浙蜜10号、黑甜糯168、甬优7860等40余个西瓜、玉米、水稻新品种。水稻种植户均购买政策性保险。新建有机茶园160公顷。其中，11户茶农开发85.13公顷生态茶园基地通过验收，发放补助资金

38.33 万元。全乡有累计茶叶总面积 1333.33 公顷，以养羊控草、引鸟捉虫等措施培育有机绿色茶园 200 公顷，实现茶产业收入超亿元[新冠病毒肺炎疫情期间，全乡 6 家茶企代加工茶叶 8748.5 千克名优茶（其中卷曲形名优茶 6204 千克，扁条形名优茶 2544.5 千克），发放补助资金 24.21 万元]。仙山村新建猕猴桃大棚基地 0.13 公顷，引入菊花套种，让果园更具有观赏性；东畔村畲药谷种植黄精、覆盆子 2 公顷；全乡种植蔬菜 66.67 公顷，食用菌 180 余万袋。全乡现有 6 个规模生猪养殖场，存栏生猪 5380 头，出栏生猪 7723 头；兔子存栏量 8 千只，家禽存栏量 1 万余只，鸽子存栏量 10 万羽，鹌鹑存栏量 6 万羽，全年累计出栏兔子 2 万只，家禽 2 万余只，鸽子 25 万羽，鹌鹑 4 万羽。

2020 年，全乡实施项目 45 个，总投资 1.1 亿元。推进三石村“使命之行”考察点、天堂湖水连通工程、茶叶茶青市场提升工程、惠明问茶馆、清廉村居展示馆、茶文化广场、文化礼堂、金坵村蓝氏宗祠、彩虹滑道等项目的建设。澄照乡“红绿畲”（红——新时代红色文化发扬地·三石村茶山“使命之行”现场教学点。绿——景宁惠明茶主产区。畲——畲族文化旅游重点区）融合发展示范区成型，成为丽水市清廉建设推进会景宁现场考察点。三石村成为全县“清廉村居”的样板村。《畲乡“记账人”——雷岳舜》入选全省 50 个《学榜样、践初心》系列微视频典型事例，荣获《第十五届全国党员教育电视片观摩交流活动优秀作品》二等奖。金坵村党支部书记兰文忠被评为丽水市担当作为好支书。

全力推进景宁至文成高速公路项目、G235 景宁溪口至澄照段公路改建工程、垃圾分类资源处理站、第三污水处理厂、创业园二期场地平整、靶场建设等重点工程项目政策处理。澄照乡区域内的三石、金坵、漈头 3 个村均完成体土地征收。澄照卫生院分院正式开工建设。澄照乡农村生活污水处置设施标准化运维项目和三石村农村避灾安置点通过验收。组织实施三石至黄山“四好农村路”建设；改造提升东升、东畔、漈头三个村的 4 条联村公路；推进三石至金坵游步道项目建设；推进升级农村生活垃圾分类处理项目政策处理；申报创建省级农村公路规范管理站。全年建成创业园安置房 13 幢 280 套；大搬快聚项目 273 户 821 人入居新房。首创“政府补助+村级补贴+户主自筹”的农民自建房外立面改造新模式。用时 8 个月，完成 94 幢 879 直 13.56 万平方米的房屋外立面改造工程。截至 2020 年年底，澄照创业园区签约入驻企业 26 家，总投资 9.5 亿元，就业岗位突破 1000 个。

全年共承接省、市 24 个民生实事项目，让群众享受更多的改革红利。完成规范化一站式服务大厅建设，一窗受理平台接件办件 560 件。金坵村创成省级乡镇示范性居家养老中心。

2020 年，继续开展“五水共治”（河长制）、“三改一拆”和“六边三化三美”工作。全年拆除违章建筑 29 处，拆除建筑面积 1.56 万平方米，占地面积 2.43 万平方米；拆后土地利用面积 1.21 万平方米，拆后土地利用率 90.98%。整改违法建筑 4 处，横幅广告 17 处。

2020 年，澄照乡创成国家级卫生乡镇；获全市民族团结工作突出贡献集体称号。金垟村被评为全市“五水共治”(河长制)“五进五个一”专项工作示范单位。

2020 年，全乡基本养老保险新增 168 人，共参保 5630 人，参保率 99.54%；城乡居民医疗保险参保 7435 人，参保率 99.73%。开展低保核查工作，做到动态管理。澄照幼儿园成为县教育局直属公办幼儿园，小学教育质量位列全县同类学校第一；初一初二成绩位列丽水市 50 所同类学校第一；初三上重点高中率位列全县公办学校第一。澄照卫生院完成农民健康体检 1306 人，45—70 岁低保人群免费胃癌筛查率 100%。

2020 年，成功创建封金山 AAA 级景区，创新推出“茶宴十碟”等一批“旅游+”融合项目，全年接待游客 16 余万人次，旅游经济收入超 1000 万元。澄照乡村集体增收项目 9 个，累计投资 1500 万元。5 个行政村全年共实现村集体经营性收入 235 万元。其中，三石村经营性收入超百万元。

【新冠肺炎疫情防控】 全面贯彻中央、省、市、县会议精神，及时成立领导小组和排摸统计组、宣传组、后勤物资组、应急组、统筹协调组等工作组，实施网格化管理，分片包干，责任到人。全年召开疫情防控工作部署会 12 次、研判会 6 次；通过 LED 屏、广播、横幅、微信、钉钉等多种方式宣传疫情防控信息，提高村民自我防控能力。全年共计发放预防宣传单 3000 余份。乡村齐抓共管，联防联控，科学设卡，严格控制人员和车辆流动。乡级设卡 2 处(金垟、际头路口)，村级设卡 13 处(东升 2 处、三石 7 处、际头 3 处、东畔 1 处)。制定全面排查预案，累计排查外来及返乡人员共计 1058 人。联合乡卫生院开展上门服务，实现点对点随访 2350 次，并做好随访记录，签订隔离承诺书 235 份，实行分类隔离 235 人。(林春芝)

梅岐乡

【概况】 梅岐乡位于景宁县城东南，与文成县铜铃山镇(铜铃山国家森林公园)交界，距县城 37 千米。全乡总面积 86.7 平方千米。其中耕地面积 570.9 公顷，山林面积 6000 公顷，森林覆盖率 91.7%。下辖梅岐、岳崇、东文楼、桂远、竹山 5 个行政村，1689 户 4494 人。全乡建档立卡贫困户 172 户 586 人。其中，低保 93 户 146 人，低边 37 户 71 人。2020 年，实现全面脱贫，各项扶持政策“应享尽享、不漏一人”。全乡城乡居民养老保险参保 2988 人，参保率达 97.76%；城乡居民基本医疗保险参保 4218 人，参保率达 99.63%。其中，困难人员 495 人，享受医疗保险缴费个人缴费部分全额减免，减免资金 21.78 万元。救助低保、特困、孤困儿童及其他困难人员 210 人次，发放补助款 55.96 万元。

2020 年，乡域地区生产总值 8815.72 万元。其中，农村电子商务销售额 31 万元，来料加工 65 万元。农民人均年纯收入 21625 元。聚焦绿色产业发展，提升猕猴桃基地 5 公顷、落实水稻播种面积 240 公顷、稻田养殖水产品 8.33 公顷。成功申报山羊养殖基地 1 家。

提高生猪保育养殖技术，存栏1500头。铁皮石斛、土豆片、稻鳖、猕猴桃等10余种“景宁600”生态农产品的销售，增加合作社、家庭农场等群体收入10万余元。2020年3月，322国道梅岐段全面开工建设，有外来务工人员1000多人。梅岐乡利用这一新的发展机遇，大力发展农家乐，并通过出租村集体和村民房屋，盘活闲置资源。岳崇村、东文楼村通过办公楼出租分别增加经营性收入4.2万元、2.4万元。全年乡域民宿、农家乐、个体经营户及农户房屋出租等，村民增加收入100万余元。全年红色旅游人数超过1万人次，红色教育板块营业额达100万元。全乡5个行政村集体经营性收入57.69万元。成功创建市级农村集体经济数字化管理试点乡和2020年第六批全国森林康养基地试点乡（全省仅2个乡镇）。

全乡开展百街千巷美丽提升环境整治行动。开展水源头保护、美丽乡村建设和国家卫生乡镇创建行动20余次，拆除违章搭建和废旧栏厕8557平方米，清理河道、水库垃圾50吨，劝阻纠正破坏环境、捕猎野生动物行为22起。投入320万元建设提升美丽人居环境、实施景区村改造工程，全面整治村庄“脏乱差”现象。顺利通过国家级卫生乡镇病媒生物C级评估和市级、省级评估，基本创成国家级卫生乡。

【强村公司更名】 2020年，景宁县石斛沟投资发展有限公司（强村公司）更名为景宁红岐生态发展有限公司。是年，该公司提升经营理念、整合资源、加强合作、拓展市场，分别与假日旅行社、马丁商业运营管理、弘博体育运动等多家公司签订合作协议书。合作运营红色小镇，实现多元化经营，推动“红+”引领乡村旅游发展，为村集体增收29.48万余元。

【“梅岐好乡风道德银行”运营】 2020年，梅岐乡大力推动乡风道德建设，联合景宁银座村镇银行探索、打造以“金融服务引导乡风道德培育”的政银合作平台——“梅岐好乡风道德银行”。该银行，通过道德积分兑换实物、兑换利息抵用券和道德模范享受利率优惠的方式引导和推动乡风文明建设。是年，经考核累计发放道德积分3.5万分，按照每1分兑换5元计算，已经兑换实物价值1.7万元，参与兑换的村民1500人次。

【市级农村集体经济数字化管理试点乡创建】 2020年，梅岐乡创新农村集体经济管理模式，在全乡5个行政村全面推行村集体资金支付网上审批制度，实现村集体资金支付“无纸化”审批、“非现金”支付、“大数据”管理，在破解村集体资金监管质量低、制度落实不到位等“老大难”问题，防范村级“小微权力”腐败等方面发挥了积极作用。全年通过线上审批系统审批31笔，支付报销金额252.86万元。

【全国森林康养基地试点乡创建】 2020年6月，梅岐乡申报“全国森林康养基地试点建设乡”。通过充分挖掘森林康养资源，积极开展环境整治、水源头治理和林木保护，大力培育特色种养业、农家乐、民宿，加强旅游基础设施建设，为发展森林康养产业打下坚实基础。11月，成功创建全国森林康养基地试点乡。完成全乡森林康养规划，谋划投资项目10亿元，森林康养产业的发展为梅岐实现GEP向GDP转化打开了新的通道。

【新冠肺炎疫情防控】 2020年，梅岐乡坚持人民至上、生命至上，坚定信念战疫情，及时成立疫情防控指挥部和领导小组，明确责任，细化分工，严格按照中央、省、市、县委安排部署，充分发挥各村动员能力，统筹全乡做好疫情防控工作。实施网格管理，将全乡5个行政村分为5个网格，合理布控3个防控卡点。乡村干部、志愿者配合村卡点严控人员出入，形成联防联控、群防群治局面。落实精密智控，对出国人员等重点人员全方位排查。加强宣传教育，通过宣传单、村广播、工作人员上门面对面等形式宣传疫情防控知识和通报新冠肺炎最新消息。建立长效防疫机制，保持疫情防控不放松，确保全面打赢疫情防控战。 （陈云君）

大漈乡

【概况】 大漈乡东邻东坑镇，西连标溪乡、梧桐乡，南靠景南乡、雁溪乡，北接澄照乡，东西宽约7千米，南北长约8千米，距县城48千米，辖区总面积56.9平方千米。境内有全县第一高峰——上山头，海拔1689米，山上有70公顷猴头杜鹃。下辖大漈、潘宅、彭岑、茶林4个行政村，19个自然村，35个村民小组。2020年年底，全乡人口1348户3308人。

2020年，全乡农业总产值7335万元，同比增长9.5%。农民人均纯收入2.63万元，同比增长16%。推进百村万户富民增收行动，开展农业生态套养示范项目建设。实施"茭鸭套养""茭螺共生""茭鳅套养"项目。在省级农业发展示范区（彭岑村）等6.67公顷的"茭鳅套养"示范田中投放本土泥鳅苗150千克。立足生态环境和产业优势，形成以茭白产业为核心的"1+X"（"1+X"指：以333.33公顷高山冷水茭白为1个核心产业，以黄桃、高山水果、蔬菜、生态米、中药材、花卉等种植产业和山羊、黄牛、家禽、茭鳅等养殖产业为X个特色产业）的农业产业发展模式。是年，高山冷水茭白种植稳定在333.33公顷，并从传统发展模式向增效、提质转型。生产和销售严格执行"精品+"标准。全面推进大漈茭白生产的标准化、精品化、无公害化种植。乡政府在大漈茭白销售市场预留2个摊位，专供精品收购，并委托丽水蓝城农科检测技术有限公司对大漈茭白开展送样检测。丽水蓝城农科检测技术有限公司检测报告显示，大漈茭白甲胺磷、氧乐果、对硫磷、甲基对硫磷等77个检测项都未检测出残留，确定大漈高山茭白为纯天然、可生吃的生态茭白。同时以"网络+"为切入口，成功打通宁波特土贸易网络经销渠道。实现"高山冷水茭白"独家专供杭州"世纪联华"超市130余家店面销售，收购价最高突破6.4元/千克；淘宝直播销售茭白平均价格4元/千克，高于历史同期。推进"科技+"，与省农科院深度合作，推进茭白深加工。产品处于试生产阶段，启动休闲零食市场调研。围绕"旅游+"与多家旅游公司签约，建立"一出一引"的旅游战略合作。建立精品化"出口"路线，在第一期

200人的旅游团队合作中，促销剥壳精品茭白1500千克(挂牌价24元/千克)。通过以上系列举措，促进高山冷水茭白提质增效，每公顷为茭农增加3万—4.5万元的额外收入。

2020年，全乡有农家乐76家，民宿9家，餐位4236个，床位990张。农家乐暑期入住率保持在75%以上。全年接待游客128万人次，旅游收入1905万元。大漈乡按照国家AAAA级旅游景区标准，围绕旅游交通、景区游览、旅游安全、信息化、运营管理等八个方面，加快实施智慧景区项目。投资120万元，建成电子智慧导览系统、智慧广播系统、特色标识标牌等。投资5万元，购买10辆多人协作观光自行车，绿道骑行第一期项目开始运营。每年可为村集体经济带来1万—2万元增收，年回报率超过20%。浙江大学医学院附属第一医院与大漈乡合作，实施“康养项目”(大漈各精品民宿配套智能“云”监测设备，为游客免费提供健康监测服务)。以“浙大一院”为后台技术支撑，实现“在大漈疗养就是一次健康保健”的新模式。在完善“健康小屋”建设的基础上，建设“未来乡村”，打造大漈康养基地。旅游淡季与多家旅行社签订“千人团游大漈”活动，一改往年到大漈“半日游”“避暑游”的单一旅游局面。立足省级非遗“大漈抢猪节”，开展“九月九浙里畲民庆丰收暨大漈非遗抢猪节”节庆周，将一年一次的非遗“抢猪节”打造成为旅游文化产品，实现常态化举办，喊响“游客来了就是节”的口号。利用九龙地质公园、陶艺体验、农事体验等，带领学生走进“大自然课堂”。《古树、古寺、古廊桥，跨越千年的对话》入围全市研学产品设计与实施策划大赛；成功创建首批“浙江省职工疗休养基地”“民俗文创特色村”及“丽水市中小学生研学实践基地”。

围绕“生态+，实现全域环境景区化”大赶考目标，通过统一规划、统一选址、对标AAAA景区要求，改造提升21个垃圾投放点，修建10个4分类彩绘垃圾房和安置50个垃圾桶。常态化开展美丽城镇和“无蚊乡”创建，提升景区品位。全年，投资22.2万元，改造277户旧住宅电气线路，受益群众900余人。

2020年，新型冠状病毒的肺炎疫情发生后，大漈乡认真贯彻、执行“坚定信心、同舟共济、科学防治、精准施策”疫情防控总要求，狠抓关键环节，扎实做好常态化疫情防控工作。乡域范围内新冠肺炎“零感染”。疫情防控工作缓和后，完成村级组织换届选举工作。新一届村“两委”班子成员的平均年龄47.3岁；大专以上学历9名，女性干部5名，村党组织书记与村委主任“一肩挑”比例100%。

2020年，实施精准帮扶，消除“绝对贫困”户。全乡有在册低收入农户122户210人，全部实现“一户一策一干部”贫困结对帮扶。开展低收入农户产业帮扶，发放直补资金21万元；为困难群众发放化肥10余吨(价值3万元)，发放农药价值6万元；为低收入户发放鸡苗120只、兔苗1414只。全乡参加医疗保险3303人，参保率99.24%；参加养老保险2495人，参保率99%；电子社保卡申领296张；“浙丽保”低收入户参保100%。

【“百村闹春”大漈村春晚】 2020年1月16日，大漈乡举办“百村闹春”大漈村春晚。春晚演员涵盖老、中、青。内容包括:歌舞、乐器演绎、小品、快板等。其中,快板《垃圾分类就是好》,紧紧围绕热门话题垃圾分类进行特色演绎;小品《禁狗》,紧密结合环境卫生整治,以趣味的方式开展环保科普宣传。

【景区提升工程竣工验收】 2020年5月13日,大漈景区提升工程通过乡级验收。是年,大漈乡落实县委、县政府百街千巷美丽提升行动,加快大漈景区入口及沿线短板设施建设,进一步提升人居环境、旅居环境和生态环境。该项目总投资400余万元。主要内容为园林绿化改造、建设休息公园、荷花池环境提升、路面改造铺设等。

【第一届狂欢节】 2020年7月30日,大漈乡举办第一届"我们的夏天,清爽大漈·电音啤酒狂欢节"。整场活动融合电子音乐(邀请专业乐队进行电子乐器演奏)、啤酒、美食、美景等多种盛夏元素,打造集观赏性、体验性、娱乐性于一体的盛夏派对。让1200多名游客享受到一场独特的视听盛宴,30桌卡座全数爆满,活动现场穿插多项热门互动游戏,将现场气氛推向高潮。

【"智慧农业"战略合作协议签订】 2020年5月21日,大漈乡与杭州云上山村农业科技有限公司签订"智慧农业"发展战略合作协议。重点围绕智慧农业(配套数字化设备对茭白等农业进行专业管理)产业基地、观光农业及互联网农业的开发开展合作,并在项目投资、基地建设、文旅融合及互联网营销等发展项目达成共识。

【大漈乡AAAA景区镇创建通过验收】 2020年11月30日,大漈乡AAAA景区镇创建项目通过浙江旅游职业学院验收组验收。验收组一行先后实地考察大漈两个全国文保单位、景区配套设施、产业发展区、民居生活区,并在大漈精品民宿"梅里雪乡"召开座谈会。会上,大漈就千年古韵、康养基地、产业振兴、长效治理等多方面AAAA级景区镇创建情况进行汇报。验收组对大漈乡AAAA级景区镇创建工作表示充分肯定,并希望大漈乡要进一步发挥自然生态优势和千年人文底蕴,不断追求高品质、高颜值,实现"全域景区化、景区全域化"目标。 (季子博)

景南乡

【概况】 景南乡位于景宁县城东南部,地处浙闽两省、四县的交界处。东邻东坑镇并接泰顺县,西倚雁溪乡,南接福建省寿宁县,北连大漈乡,乡政府驻地忠溪村,距县城48千米。乡域面积95平方千米。其中,耕地面积863.81公顷,林地面积6456.55公顷(其中毛竹面积1133.33公顷),森林覆盖率92%。下辖5个行政村,1721户4481人。

2020年,全乡高山水果和高山蔬菜产业实现绿色发展。全乡提升茭白基地166.67公顷,全面推广"茭鳅共生"(在茭白田里放养泥鳅)。通过"山海协作"招商引进电商企业1家。新培育家庭农场5家,发展特色水果、蔬菜(葡萄、猕猴桃、杨梅、四季豆、马铃薯)

23.33公顷，产值达2000万元。味老大工艺品有限公司产业实现绿色转型，产值达2000万元，带动农户年销售毛竹1万吨。硬化竹林道9.2千米，开发“大径竹”（大直径竹子）和冬笋基地533.33公顷，套种多花黄精53.33公顷。竹农总收入1500万元，人均增收8300元。全年生猪出栏1506头、养殖山羊300只、黄牛200头、家兔9500只、家禽2.3万羽，产值1620万元。以避暑休闲为主的乡村旅游业有新的突破，“云上天池”（景南乡上标湖）品牌效应渐露峥嵘。全年接待游客10万人，旅游收入达1000余万元。乡贤投资热情高涨，全年投资2000万元，新建农家乐综合体3家，新增床位100个。

2020年，全面落实县委县政府“两手硬、两战赢”的战略意图，全年推进项目42个，总投资达1.1亿元。其中，推进上标AAA级景区村项目建设，投资2000万元；农村饮用水达标提标建设项目、发展村集体经济项目，投资1000万元；开展“乡贤回巢、招商走亲”活动，与上海“广之旅”等3家公司和4个农业经营主体签约，实现民间投资6000万元；推进东垟古村、北垟综合整治等重点项目，投资2000余万元。围绕环境治理，全面开展“美丽庭院”“洁净家庭”升级比拼；全面发动、全员参与，开展全域整治行动30余次，拆除乱搭建1万平方米，实施家禽圈养和犬类禁养，环境面貌得到提升。

2020年，城乡居民医疗保险参保4416人，参保率99.5%；城乡居民养老保险参保3324人，参保率98.81；浙丽保参保3035人，参保率82.92%；电子社保卡申领563人，小额保险参保2256人。全乡有特困人员7户，供养人数7人，发放供养补助金8845元；低保户94户172人，发放低保资金10.13万元；大病救助5人，发放救助金1.1万元；临时救助18户58人，发放临时救助金3.95万元。投入专项资金50万元，支持低收入农户发展种养业，实现户均产业增收5000元。

落实县委书记陈重专题调研村级组织换届选举工作系列指示，做细做实换届选举工作。全乡选举产生31名村“两委”成员（8人兼职），平均年龄46.63岁。其中，新进村“两委”班子16人，女性8人，大专及以上学历8人。村党支部书记、村主任实现100%“一肩挑”。是年，村集体总收入237万元。其中，经营性收入95万元，完成“消薄”（消除集体经济薄弱村）任务。净化基层生态政治，“廉情专递”和“阳光问廉”入选全县阳光村务“清廉十法”（中共景宁畲族自治县纪委出台的阳光村务的十个办法）。

【新冠肺炎疫情防控】 2020年，景南乡在新冠肺炎疫情防控期间，对辖区内企业、农家乐、文化礼堂、学校、村委楼等人员聚集场所进行24小时值班，做好日常防护和健康监测等工作；对公厕等易出现疫情传播的重点公共场所，制定专门的消毒工作方案，设立专门人员负责消毒工作；通过微信公众号、电子显示屏、预警系统等多个平台发信息公告，向全乡群众宣传相关政策、解读普及新冠肺炎疫情防控知识。通过宣传车采用普通话、方言开展全方位宣传45次，积极帮助广大群众增强科学防控疫情的意识和能力。

【景南乡第十届人民代表大会第七次会议】 于2020年7月10日在景南乡政府会议室召开。出席代表32人，列席代表23人。会议审议并通过《景南乡人民政府工作报告》《景南乡人大主席团工作报告》《景南乡2019年财政预算执行情况和2020年财政预算报告》。

【景南乡第十届人民代表大会第八次会议】 于2020年10月27日，在景南乡政府会议室召开。出席代表31人，列席代表20人。会议审议并通过《景南乡人民政府工作报告》《景南乡人大主席团工作报告》。选举叶妮为景南乡人大主席团主席；选举林文勇为景南乡人民政府乡长。 （吴美芳）

雁溪乡

【概况】 雁溪乡位于景宁畲族自治县南部，东南临景南乡、西接家地乡、北连大漈乡和标溪乡，海拔480米，距县城63千米。乡域面积42.8平方千米。其中，耕地面积196.9公顷，山林面积3490.2公顷，森林覆盖率82.3%。下辖雁溪、浮亭岗、大坵埼、石梯和梅坞5个行政村，24个自然村，人口3534人。雁溪乡先后被评为国家级生态乡镇，浙江省卫生乡镇、浙江省体育强乡镇、“浙江省摄影创作基地”，丽水市文化强乡镇、卫生应急示范乡镇。

2020年，拆除违建面积1.28万平方米，拆后土地利用率达96.23%。前后分3批次投放9万尾白鲢、花鲢、彩鲤鱼苗，生态放养净化河湖水质。清理暴雨天气冲刷淤积的白色垃圾等漂浮物10吨。

2020年，乡党委、政府高度重视新冠肺炎疫情防控工作，全方位贯彻落实县疫情防控指挥部各项政策，全力保护人民生命安全。根据县委、县政府“两手抓、两手硬、两战赢”的目标要求，疫情缓和后马上恢复生产。全乡农作物播种面积215.8公顷，产量1600吨。新增黄精86.67公顷，累计种植黄精266.67公顷。打造2公顷畲药资源圃和0.67公顷黄精种苗培育基地，助力畲药研究推广。全面实施乡村森林康养项目，依托森林资源和生态优势，完善森林康养功能，修复森林古道50千米，AA级景区村全覆盖。成功创建省级森林康养基地、丽水市康养小镇。

2020年，6名优秀乡贤回村，3支科研队伍、5家工商资本进村，协议投资1.37亿元，实际投资2420万元。全面启动浮亭岗山地雾耕农业产业园项目；新建黄精加工厂1家。新建高山生态肉牛养殖、高山生态蛋鸡养殖等14个基地。发展高山生态白茶，完成低改扩面26.67公顷。启动2个有机茶园建设项目；推广“稻鱼稻鳖共生”“一亩田万元钱”的农业发展模式。建成基地13.33公顷，投放田鲤鱼苗5万余尾、鳖苗1000千克。是年，雁溪乡获批国家商标4个；浙江省GAP（全国农产品全程质量控制技术体系）试点主体1家；加盟丽水山耕区域品牌主体2家；梅彭春家庭农场、云中驿家庭农场获评县级示范家庭农场；参加产品外包装设计大赛获银奖和优胜奖。5个行政村筹集资金600余万元，投入光伏发电、生态公墓建设、认购瑞安农商银行股份、土地流转项目，完成消灭经济薄弱村任务。

全乡养老保险参保2655人，参保率97%；参加医疗保险3150人，参保率99.37；电子社保卡申领完成任务的164%。有低收入农户106户197人，全部实施“一户一策一干部”帮扶措施。有在册低保74户140人，发放低保补贴资金93.6万元；4位困境儿童申报雨露计划，给予每户3000元的补助款；特困供养人员14人，困境儿童7人，发放救助金30.35万元；低保边缘户14户41人，发放救助金1.23万元；临时救助7户，发放救助金19706元；全面推进两性安康保险，全乡358人参保；动员群众参与孕前优生健康检查，确保优生优育。

全年实施各类民生项目23个，总投资3269.75万元。全面完成雁溪、浮亭岗等5个行政村饮用水提标工程，进一步改善5个行政村1849人饮用水条件；开工建设浮亭岗至大漈联网公路项目，进一步完善基础设施，促进全域旅游发展；完成大垟塆高标准农田项目、示范型居家养老服务中心建设、雁溪村家宴放心食堂室内改造项目、生态公墓一期建设、浮亭岗光伏联建二期项目，着力解决群众最直接的问题，提升群众的幸福感。

【村级组织换届】 全乡167名党员分配到167个责任区，全年调解矛盾纠纷41起。圆满完成基层组织换届选举。5个行政村选举产生31名村两委干部。其中，女性6名，占比19.35%；大专及以上文化程度12人，占比38.7%。两委干部平均年龄43.7岁。全面实现书记、主任“一肩挑”。书记、主任平均年龄46岁，大专以上文化占比80%。

【第十四届雁溪康养古风摄影节】 2020年11月29日，雁溪乡成功举办第十四届雁溪康养古风摄影节暨“雁溪十三韵”征集评选活动。该活动，共设置征集雁溪古风代言人、现场摄影视频大赛、传统舞龙迎宾、雁溪农产品美食展示、木偶戏表演、古婚服写真体验等11个项目，有2000多人参与。（张金勇）

郑坑乡

【概况】 郑坑乡位于县城东部。东北、西北靠渤海镇，紧临滩坑库区，南临梅岐乡，东南与文成县交界。乡政府驻地郑坑村，海拔660米，距县城22千米。全乡面积33.5平方千米，辖郑坑、吴布、柳山、张坑下4个行政村42个自然村。2020年年底有1250户3348人。其中，畲族1480人，占总人口的44%，是全县畲族人口比例最高的乡镇。

2020年，郑坑乡把“兴产业、促增收”作为全乡的工作重点，立足“景宁600”产业发展。全力打造“米袋子”“菜篮子”“油罐子”“肉案子”“茶铺子”为主的“五子登科”产业格局。全乡水稻种植面积233.33公顷（海拔600米以上“丽水山耕”绿色有机粮食基地33公顷），产量2275吨；“景宁600”基地154公顷（高山雨雾茶33公顷、高山蔬菜33公顷、生姜20公顷、茄子和毛豆13公顷、油菜53公顷、中药材2公顷）。养殖畲家生态年猪350头、牛150头、山羊100只、兔1000只、鸭2000羽、中蜂20箱。绿化造林21.67公顷；林木采伐进行公示，网上办理采伐证率100%；竹笋基地抚育56.67公顷，完成计划

104%；四旁绿化 0.5 万株，珍贵树发展 1 万株，保护古树 287 株；公益林总面积 2188.47 公顷，发放公益林补偿金 114.89 万元，发放公益林“一卡通”397 张。

2020 年，摸排贫困户、军人军属、未成年人和残疾人四类人员住房情况 245 户。其中，无房户 4 户；疑是危房 17 户。经专业公司鉴定 B 级危房 2 户、C 级危房 7 户、D 级危房 8 户。至 10 月底，15 户 C、D 级危房治理改造完毕，申请补助资金 38.4 万元。全乡拆除蓝色屋面 630 平方米，拆后利用率 100%。慰问退伍军人、军属、烈属、30 人次，发出慰问信 30 份；安排重点优抚对象短期疗养 2 人。全乡有低收入农户 252 户 461 人。其中，低保户 150 户 262 人，低边 101 户 198 人，特困 1 户 1 人。3 名困难学生享受低保补助，7 名低收入农户子女纳入“雨露计划”，8 名贫困学生实现企业结对助学。推进农村基本医疗全覆盖，医疗保险参保率 99.74%。

2020 年，郑坑乡成功举办农民丰收节和畲寨年猪节，电影《畲山谍影》在郑坑开机。完成 6 个自然村民房外立面改造。郑坑村、柳山村创成民族特色村寨。吴布村创成省级新时代美丽乡村示范村，并成功申报国家级民族特色村寨。郑坑村创成省级新时代美丽乡村精品村和省级“一村万树”示范村。完成 AAA 景区接待中心主体工程建设。柳山村茶园之巅筑造凤凰造型观景平台，成为游客网红打卡点；打造畲文化展示馆、茶文化体验馆、民族团结综合馆“三馆”特色平台。与宁波世代书香国际旅行社有限公司签订“研学”基地项目合作协议。依托浙江（景宁）民族干部培训基地现场教学点资源，双方在涉足文化展示体验、农事体验、教学体验等方面达成初步协议。10 月，郑坑乡迎来“山西省创业致富带头人培训班”考察团（共 430 人）。考察团现场听取浙江（景宁）民族干部培训中心郑坑现场教学点及产业发展等相关情况介绍，并参观了柳山茶文化体验馆、高山九曲红茶基地、小城镇环境综合整治成效等。该考察团，直接带动郑坑茶叶、黄精酒等农特产品销售 3.8 万元，农家乐增收 2 万余元。全年郑坑乡接待旅游、培训、研学 4085 人次，经济收入 160 余万元。

深化“最多跑一次”改革，开展代办培训、政策宣传 26 次，完成办件 275 件，弱势群体证件资料代办 137 次，真正实现农村弱势群体从“最多跑一次”到“零次跑”全覆盖。开展“真情暖万家·关爱 365 活动”，为“福彩暖万家·焕新乐园”公益项目家庭送去“家庭温暖健康包”。建成困难家庭儿童“焕新乐园”5 个，走访陪护 11 次。

【新冠肺炎疫情防控】 2020 年，郑坑乡政府在利用宣传车、村广播、微信、横幅标语等开展新型冠状病毒感染的肺炎防治宣传的同时，联合县医共体郑坑分院医护人员进村入户现场讲解及发放宣传资料帮助群众提高防控意识；开展卡点、公厕、垃圾房及居家隔离点周围消毒工作。全乡设卡 24 小时值守，管控人员流动。排摸登记外出人员 38 人对沿山路徒步从景宁返乡的 3 人进行体温检测跟踪；落实对居家隔离点发放告知书、粘贴隔离公示、设置废弃口罩红袋密封及生活垃圾投放点等，确保农村疫情防控20条落实落细；全乡5家农家乐民宿、1处民间宗教信仰场所进行全面排查，并按规定暂停运行。

【郑坑惠明茶打入北京市场】 2020年9月16日，“千年惠明 百年金奖 惠明茶北京推介会”在北京开幕。郑坑乡茶企业——浙江九曲茶叶公司在推介会现场与国资委商务中心茶馆办签订合作协议书，将畲寨郑坑惠明茶打入北京市场。是年，通过养羊控草、低产改造等措施，改造、提升惠明茶基地836公顷。依托“景宁600”线上线下销售渠道，实现产值285万元，实现村集体和农民双增收。

【“百街千巷”整治行动】 2020年3月5日，郑坑乡组织召开“聚力赋能，增色提效”八百攻坚行动工作部署会，要求乡、村两级干部以治理脏、乱、差为重点内容，突出重点、瞄准弱点、破解难点，扎实开展“百街千巷”整治行动，着力改善农村面貌、提升农民群众生活质量。发动党员干部及群众对街道沿线花坛、入乡景观口、背街小巷、卫生死角、排污管网、危旧房屋等开展“四清”(清垃圾、清违建、清危旧房、清庭院)行动。全年，出动人员60余人次，整治乱堆放8处，清理街巷7处，清运垃圾5车，清除火灾隐患点3处，修整绿化面积1200余平方米。

【党员采茶小分队】 2020年4月16日，郑坑乡机关党支部利用主题党日活动，开展党员志愿服务，组织“采茶小分队”去郑坑村毛窠自然村帮助采摘“景白2号”茶叶。解决了受疫情影响出现采摘困难的问题。

【县创业联盟帮扶行动在郑坑】 2020年5月9日，县农业农村局组织创业联盟成员到郑坑乡开展低收入农户创业帮扶行动。联盟成员现场与郑坑乡签订帮扶合作协议，给147户低收入农户发放土鸡苗2775只，兔苗530只。做好后续的技术指导、统一回购等服务。

【抗击台风“黑格比”】 2020年8月4日，郑坑乡开展防御“黑格比”台风工作。着重对辖区内农村危旧房、地质灾害风险防范区、小河流域山洪、排水沟渠等重点领域开展巡查，确保各项防御措施落实落到位。共出动巡查人员52人次，走访群众156户，项目暂停施工24个，开放避灾安置场所2处，转移群众7人。

【与海盐县通元镇签订农产品供销协议】 2020年9月11日，海盐县通元镇主要领导带队到郑坑乡开展结对帮扶。其间，在实地走访、考察吴布村、柳山村、郑坑村的基础上召开座谈会，双方就产业发展、结对帮扶进行座谈，并现场签订了农产品供销帮扶合作协议。是年，仅农产品供销为郑坑乡村集体经济增收20余万元，为在家村民人均增收2500余元。

【聘任特约监察员和村级监察联络员】 2020年，为进一步推进村级小微权力规范运行，郑坑乡通过细致排摸走访，在全乡老党员、老干部、乡贤中聘任12位有公信力、群众口碑好的特约监察员和监察联络员，并于9月12日召开特约监察员、村社监察联络员聘任会。

【郑坑乡第十届人民代表大会第七次会议】 于2020年5月29日在郑坑乡人民政府召开。出席代表28人、列席代表7人。会议审议通过《政府工作报告》和《人大主席团工作报告》；表决通过居家养老照料中心、路面连接修复等8件议案。（徐子怡）

九 龙 乡

【概况】 九龙乡位于景宁县城东北部，东临青田县，南接文成县，北靠莲都区，处于三县交界处，距离县城51千米，海拔168米。成立于2007年，乡政府驻地王湾村。总面积214平方千米。其中，耕地面积537公顷，林地面积18666.67公顷(生态公益林14800公顷，毛竹1386.67公顷)。森林覆盖78.7%。下辖1个居委，11个行政村，69个自然村。全乡有3773户9237人。其中，少数民族289人，包括畲族、哈尼族、土家族、佤族。全乡常住人口2542人，乡政府所在地约1150人。各村庄零星分布，大的自然村100多人口，小的自然村10多人口，村民下山脱贫愿望强烈。

2020年，九龙乡立足"一蜂两茶三特产"的产业格局，集中精力"扩规模、拓销路、强品牌"养殖蜜蜂7500箱；种植生态湖茶133.33公顷、油茶近200公顷。积极开拓地瓜面市场，实现出口贸易91万元，同比增长11.85倍。问海借力发展飞柜经济(在山海协作结对地的超市设立景宁本地优质农产品的销售专柜)，直播带货推动线上产品销售；借"景宁600"农产品展销与"寻味畲乡"等活动打响品牌。借助"幸福推介会"和"县长带货"淘宝直播，为"景宁600"优质农产品吆喝助力，达成采购订单6130万元，农产品零售额1893万元，九龙乡地瓜面、蜂蜜等农产品知名度显著提升。积极引进千峡龙岭笋干加工厂，新增铭城生态茶叶加工厂。全乡有景宁千峡龙岭食品有限公司、景宁诺坚农业发展有限公司、景宁探蜜农业开发有限公司三家小微企业，年产值501.3万元。形成来料加工、蜂蜜加工、笋干加工、地瓜面加工和茶叶加工"五厂并进"的生态加工业发展态势。

全面做好"旅游+"文章。总投资150万元，提升九龙革命遗址陈列馆，建设岳口村山水田园综合体、集镇水系连通项目和高沈村省级古村落保护项目。完成岭里村A级景区村创建，成功创成九龙乡市级红色示范乡镇。

2020年，九龙乡紧扣脱贫攻坚基调，扎实办实事、惠民生，决胜全面小康。因脱贫、死亡等原因注销低保户23户31人。全年救助困难群众55人次，发放救助款5.48万元；全乡290户低收入农户严格落实"一户一策一干部"工作。建成奋斗湾小区示范型居家养老服务中心；投资2100万元建设可容纳300位老人的敬老院，打造全县乡镇功能最全、管理最佳的"综合颐养中心"。完成奋斗湾下山移民小区C区及乡政府移民安置小区基础设施建设、徐垟村"放心家宴"厨房项目、第三期54户建房主体工程、后斜村口大搬快聚富民安居工程场地平整、集镇夜景灯光等项目建设。

集镇农民公寓第二期80户顺利搬迁入住。采购、种植大型乔木树种1100棵进行园林绿化。开展日常环境整治，整治“乱堆乱放”“家禽散养”等点位100余处；“三改一拆”危房改造、整治面积1万平方米；拆后利用5715平方米。建立健全公厕管理长效机制，强化日常保洁及设施运行情况日常监督考核。投资49万元全面提升集镇垃圾回收亭，增强实用性与美观性。污水处理终端严格按设计等级一级A类出水标准进行维护和升级，并正式通过达标验收，人居环境显著提升。

围绕“平安九龙”建设，维护社会治理的和谐有序。强化全科网格建设和域外网格搭建；继续推进“九龙应急服务分队”和“九龙域外服务分队”两支队伍建设；启动九龙乡五星级武装部建设，为“两支队伍”开展应急处置、矛盾化解等活动提供硬件设施。全年累计处理综合信息指挥室流转、交办的事件300起(成功化解矛盾纠纷50起)，办结率100%。深化“村级平安工作机制”，全面完成“微天网”工程建设。在各村重要场所、路口安装83个监控，构筑村级平安建设网。依托“千峡义警”平安小分队与“邻里调解工作室”，全年举办各类普法宣传活动6次，化解各类矛盾纠纷52起。其中，重大矛盾纠纷11起。聚力疫情防控。全乡设置22个大小卡口，19个码头禁航。确保公路、水路和山路防控不疏漏，不留任何“空子”和“死角”。持续做好重点地区和境外人员疫情防控工作，累计摸排群众8500余人，排查返乡人员3700余人，对境外回乡人员实行严密的居家管控，协助排查境外人员176人，并成功劝阻5人回国。

【承办上海东方卫视《我们在行动》景宁站节目拍摄】 2020年6月19日至20日，上海东方卫视《我们在行动》第5季第二站的专场助农活动在九龙乡拍摄(黄晓明、陈龙和章龄之夫妇等明星应邀参加)。公益助民直播，带动九龙乡地瓜面、蜂蜜等农产品销售金额达1893万元。

【村级组织换届】 2020年，九龙乡完成村社换届工作。村党支部换届党员参选率99.23%；村委换届村民参选率92.67%。全乡11个村，党支部书记、村委会主任“一肩挑”。村党支部书记选举平均得票率为95.86%；村委主任平均得票率为94.51%。 (彭李君)

梧桐乡

【概况】 梧桐乡位于景宁县城西南部，东临澄照乡、大均乡，西靠沙湾镇，西北界云和县境，南连标溪乡，距县城26千米。乡域面积74平方千米。其中，耕地面积316公顷，山林面积5035公顷。森林覆盖率72.4%。下辖6个行政村42个自然村。2020年年底，全乡人口5802人。其中，畲族人口1299人，占22.4%，是全县7个民族工作重点乡镇之一。工业企业主要有金坑水电站、金坑二级电站、梧桐坑水电开发有限公司等6家小水电站。

2020年，全乡农作物播种596.6公顷(其中，水稻播种142公顷，产量852吨；蔬菜播种140.2公顷，产量2582.9吨；油料播种27.4公顷，产量16.7吨)。食用菌播种3.93公顷，产量91.1吨；中草药材35.4公顷，产量29.3

吨；茶叶种植面积264.33公顷，产量122.1吨；果园32.4公顷，产量117吨。造林面积85.8公顷，森林抚育96.93公顷，封山育林3346.73公顷。年末生猪存栏136头、牛存栏32头、羊存栏33只。

2020年，全乡有低保户143户247人（比上年增加20户32人）；低保边缘户57户160人（比上年增加21户53人）；特困供养21人；困境儿童18人（含非低保低边困境儿童8人）。低收入产业扶贫项目验收86户，补助资金15.73万元。其中，低收入农户创业联盟土鸡养殖项目验收65户，补助资金9.84万元；兔子养殖项目验收6户，补助资金5600元。发放茶叶种植补助款59户（其中低收入农户15户）33.7万元。其中县级补助27.57万元、乡级补助6.12万元。建成“儿童之家”1个，改建儿童乐园15家。暖心行动项目救助4人7000元；帮扶残疾青少年1人，发放补助款1000元；助学残疾人子女40人。全乡参加房屋保险1881户；参加新型农村合作医疗保险5769人，参保率99.45%；参加养老保险4238人，参保率98.5%。

全年工程建设项目30个，总投资4250万元。其中，投资530万元的美丽城镇建设完成工程量的80%；投资300万元的金林美丽乡村建设项目完成工程量的70%；投资3000余万元的梧桐等村水系连通工程开工建设。

2020年，各村通过“光伏项目建设、温岭厂房入股、巴士投资、联建光伏、两元购平台、河道承包”等举措，增加村集体经营性收入127.54万元。全乡有4个村经营性收入超20万元（凤凰村28.98万元、同兴村21.32万元、金林村34.9万元、角耳湾20.45万元）。

【新冠肺炎疫情防控】 2020年，新型冠状病毒肺炎疫情发生后，按照县委县人民政府“两手抓、两手硬、两战赢”的总要求，建立“乡村组”三级防控体系，落实联防联控措施，构筑群防群治严密防线乡域内乡政府、村委楼、卫生院、学校、信用社、农家乐、民宿等重点场所和公共场所落实亮码（扫码）、测温等管控措施；准确掌握境外返乡人员的相关信息，有针对性地实施相应的管控措施。（梅　笑）

标溪乡

【概况】 标溪乡位于景宁县城西南，距县城32千米，东靠大际乡，西临沙湾镇、大地乡，南接雁溪乡，东北连梧桐乡，乡人民政府驻标溪村，海拔220米。地势从东南向西北倾斜，诸水汇标溪港入小溪，境内气候温和，雨量充沛，属县域中部低山区和粮、茶、果、畜、药综合农业区。乡域面积51.6平方千米。其中，有耕地面积196.7公顷，林地面积3847.7公顷。下辖4个行政村40个自然村，2020年年底全乡1246户4582人。

2020年，全面打赢脱贫攻坚收官战，实现农村居民和村集体经济“双增”收。全年扶持低收入农户种植黄精10万株，流转土地建成月子姜示范基地13.33公顷；提升黄精等中药材精品基地18公顷。新增白茶2.67公顷、提升茶叶基地53.33公顷。发展“高山蔬菜”26.67公顷。养殖意大利蜂2100箱、中蜂380箱。与“盒马鲜生”“山外山”酒楼、“雅景花卉”

多肉合作社建立战略合作，助推庭院经济优化升级。继续接轨杭州、上海等地市场，以产业带动增收。“消薄”工作继续深入，溪港村80千瓦装机光伏项目、标溪乡公墓联建项目等顺利建成；对外投资增加到300万元，村级集体经济收入实现大幅度增长，全乡村集体经济收入达到100万元。其中，东叶庄村经济收入突破35万元。

2020年，继续开展河道保洁、小微水体整治工作，全面推进省级美丽乡村精品村建设。全乡共有建设项目8个，总投资1000万元。

2020年，全乡参加城乡居民养老保险1364人。其中，续保1276人。医保应保人数4551人，参保人数4527人，参保率99.47%；一卡通发卡人数2669人；采集指纹2569人，指纹采集率96.3%。全年有低保56户184人，困境儿童9人，特困供养8人。医疗救助5人，发放救助金4.05万元；临时救助5户，发放临时救助1.35万元。强化二孩政策服务保障工作，三优教育186人，覆盖率90%；免费计划生育服务基本项目覆盖率、达标率均100%。

2020年，乡党委开展农村专业合作社（家庭农场）专项巡察；集中开展整治形式主义、官僚主义专项行动。全面推进“清廉村居”建设，建成东叶庄村规范型“清廉村居”和标章村示范性“清廉村居”。聚焦“一岗双责”（责任落实），切实将廉政风险防控融入日常工作，公共资源交易实行重点监管。定期监督检查村级“小微权力”，着力解决低保领域存在的问题，让群众明白、还干部清白。加强机关作风建设，持续狠刹“四风”，重点解决态度冷硬、不愿干事、调查研究不深入、履职尽责不到位等问题。坚持惩防并举，全年上报问题线索5件，办结5件；立案1件，办结1件。给予1名党员干部党纪处分，对9名乡村干部进行提醒谈话。发挥“两代表一委员”和乡贤作用，成功化解处基村黄山头自来水纠纷案件。

【新冠肺炎疫情防控】 2020年，面对突如其来的新冠病毒肺炎疫情，标溪乡政府第一时间动员部署，建立起智防智控、联防联控、群防群控等多重防御体系，强化“人”“物”并防。确保疫情风险点不发生失管漏管，全年未发现感染病例。

【村级组织换届】 2020年12月，标溪乡进行村级换届选举工作。在选举中，严格执行基层党组织按期换届程序，完成4个村社换届选举工作，村党组织书记、村委主任“一肩挑”率100%。

【中国畲乡第二届华东“景宁600”农产品推广节暨潮花节】 2020年10月17日，中国畲乡第二届华东“景宁600”农产品推广节暨潮花节在标溪乡标章村举行，吸引游客1000余人。其间，举行了“景宁600”特色农产品展、标溪农副产品抖音直播、“花大娘、花大伯”示范户颁奖典礼。通过抖音等媒体直播、现场售卖等形式，带动农户增收15万余元。《人民日报》、经济视野网、浙江卫视新闻联播、《浙江日报》、钱江都市频道、浙江公共·新闻频道、中国蓝新闻、浙江之声、今日头条、丽水新闻、《丽水日报》等媒体分别予以报道。（陈　超）

家 地 乡

【概况】 家地乡，位于景宁畲族自治县南部，东临雁溪乡，东南接福建省寿宁县，西南与庆元县接壤，乡政府驻地家地村，海拔430米，距县城60千米，与两省三县交界。系第二次国内革命战争时期革命老区。全乡总面积49.6平方千米。其中，耕地111.13公顷，林地4659.8公顷。森林覆盖率88.4%。家地辖家地村、坪坑村、芎岱村3个行政村，15个自然村，25个村民小组。2020年年底，有823户2315人(每年外出2000多人)。家地乡地处浙南山地南部，地貌以深切割山地为主，地势自南向北倾斜，诸水入标溪港，汇小溪，属典型的亚热带季风气候。全乡有芎岱楼、三条际、温头口、家地村等4座水电站，总装机容量1.8万千瓦。

家地乡是中蜂之乡，建有中蜂科普体验园，生产的高品质正宗中华土蜂蜜具有较高的市场知名度。2020年，新增中蜂500余箱，全乡中蜂达到3000余箱，年产值450万元，实现在家人均10箱、每人增收1万元。持续提升家地土蜂蜜品牌影响力，组织举办中华土蜂云荐会，直播带货销售家地天然成熟土蜂蜜；进一步扩大爱心认领，线上线下双管齐下拓展土蜂蜜销售渠道。积极推动家地香榧产业发展壮大，注册森姥姥香榧品牌。努力拓展多种产业，制定家地乡产业发展规划，积极推动猕猴桃、黄精、枇杷、家兔等产业发展。2020年，全乡完成消灭经济薄弱村任务。其中，家地村集体经济收入42万元(经营性收入14.88万元)；芎岱村总收入49万元(经营性收入12.99万元)；坪坑村总收入22.75万元(经营性收入11.47万元)。

2020年，家地乡党委、政府充分发挥坪坑村浙南“拥军优属第一村”的红色资源优势，新建坪坑“红色家书”展馆，完成坪坑红军路提升、游步道二期、欢乐迷宫等项目建设；与景宁马丁商业运营管理有限公司签订研学基地开发运营合作协议，双方将在资源共享、基地申报、课程研发、师资培养、生源对接等方面开展深度合作，并成功申报市级研学基地；与县委党校、县教育局等部门对接浙江(景宁)民族干部培训中心家地教学基地提升工作，谋划“中蜂+红色”研学课程开发。

2020年，开工建设农村水系综合整治工程和中小河流灾后整改项目。家地村完成道路改造提升、网红秋千、多肉花卉组合、蜂文化元素节点建设，创建成省级新时代美丽乡村精品村。芎岱村建成美丽乡村达标村和省A级景区村。

全乡建成3个村级党群服务中心；组织开展“爱心系列”活动。建立留守老人、儿童动态定期联系机制。为留守儿童举办爱心生日会、为留守老人准备甜蜜家宴、为贫困蜂农开展爱心蜂箱认领、为留守群众提供爱心义剪、组建爱心救援队。家地乡贤联谊会召开第一届二次代表大会，成立乡贤慈善爱心协会，首期募捐爱心基金10余万元，用于助老、助学、济困。首创启动乡志、村志编纂工作。

持续深化“最多跑一次”、“周六流动公章日”(周六将公章带往景宁，为群众流动办公)、“社保流动平台”(景宁家地来回流动为群众办理社保业务）等服务机制，提供便民服务。继续加大对低保户、残疾人家庭户等弱势群体的帮扶力度，建立“一户一册一干部”结对帮扶制度。常态推进“六星文明户”“畲乡好人”评选；深化生态殡葬，有效推进“移风易俗”，树立文明新风。完成13户55人大搬快聚工作任务。全面推进家地乡苎岱村至吴大岙（浙江与福建省界线）的“四好农村路”建设。该项目总概算915万元，全长4千米。创新森林防火、森林资源监测机制，打造“智慧森林安防工程”。通过“智慧+”森林安防平台建设；推进社会治理现代化。完成村党组织、村委换届。党员参选率100%，一次选举成功率100%。（林毅鹏）

大地乡

【概况】 大地乡位于景宁县城西南部，乡政府所在地距县城67千米，东邻家地乡、雁溪乡，西连毛垟乡，南连庆元县官塘乡，北接沙湾镇和标溪乡，是五乡一镇交界的高山偏远革命老区乡。乡域面积105平方千米，下辖6个行政村38个自然村，2418户6723人。耕地面积287.36公顷，林地面积9373.13公顷，森林覆盖率83.79%。其中，竹林面积909.2公顷，公益林面积3847.3公顷。2020年，财政总收入2863.28万元（农村集体经济收入274.76万元）。实现农业总产值1600万元。粮食播种面积143公顷（高山优质水稻120公顷），粮食总产量1200吨。生猪存栏1337头，出栏1317头；牛存栏135头，出栏57头；羊存栏82只，出栏71只；兔存栏1595只，出栏1045只；家禽存栏3364羽，出栏2522羽。养殖中蜂723箱，年产蜂蜜1500余千克。种植高山蔬菜135公顷、高山中药材120.6公顷。

2020年，基础设施进一步完善。投资87万元，完成净垟村高标准农田项目；投资60万元，提升垟头至余公岱4.5千米“四好农村路”；投资45万元，建成桃垟古村落项目；投资85万元修筑丁埠头至叶坑下古道；提升、规范全乡6个村级公共场所；建成孙胡、净水、大地等3个村的公厕；修建柳叶垟村文化礼堂；完成余公岱村高标准农田、林道路硬化项目。

2020年，成功引入3家工商资本1300余万元。以“村集体+家庭农场+小农户”模式，通过土地流转，建成驮垟、陈坑、净水3个中药材基地95.33公顷；开发“黄精+经济作物”套种基地37.33公顷，带动全乡小农户产业发展，实现大地支柱产业从无到有的突破。实施低收入农户创业联盟产业增收项目，为6个行政村69户低收入农户送去鸡苗1897只，为9户低收入农户送去兔苗220只，为100户低收入留守村民发放产业直补金32.85万元，为24户残疾人发放产业直补金4.98万元。村集体经济由输血式向造血式转变。投资230万元，建造320千瓦仙山光伏项目二期，每年为村集体增收20余万元。

社会保障进一步健全。全乡有4770人参加城乡居民养老保险，参保率98.5%（新增养老保险177人，有1081人领取养老金）。参加医疗保险6646人，参保率99.39%。审核确定低保对象212户384人，发放最低生活保障金224.3万元。农村特困供养对象23人，发放补助金35.9万元。孤困儿童18人，发放补助金19.2万元。困难残疾人生活补贴123人，发放补助金37.64万元；重度残疾人护理补贴165人，发放护理补贴41.64万元；残疾人子女享受助学补助19人，节日慰问残疾人13人发放慰问金8400元；残疾人保险414人，残疾人无障碍设置改造4户，残疾人就业技能培训12人；“雨露计划”惠及14人，补助资金4.2万元。

安暖服务进一步深化。对全乡512位留守群众进行全面排摸，并建立留守人员“一对一”互助机制；成立服务队，创新推出“送药进户”机制，每村设立送药上山便民服务点，接受留守群众的“用药预约”，着力打通药品供应“最后一千米”，服务队为全乡党员群众提供“点单代办”服务，全年为群众代办服务800余次。筹集“安暖大地尊老慈善基金”，26笔7万余元，用于关爱服务留守老人。继续开展浙江智通集团与大地小学“校企结对帮扶”活动；牵线西安、杭州景宁商会帮扶困难学生完成学业。

【村级组织换届】 全乡6个村“三委”换届均一次性成功。新当选的42名村两委班子中女性8名，平均年龄45.44岁。其中，17人是多年在外地经商、打拼的优秀人才。经过换届选举，村干部队伍结构进一步优化，基层组织力量进一步加强。

【大地乡域外服务中心成立】 2020年，结合大地乡外出人口多、留守老人多、历史遗留问题多的特殊乡情，大地乡政府创新推出域内域外齐抓、党员群众共管的乡镇基层社会治理新模式，为“创新县域治理”提供更多大地元素。在县城设立域外服务中心，同步推出微信小程序，为外出的群众提供“一站式”“异地办”“线上办”服务。全年为外出群众提供服务1500余人次，实现群众办事“零次跑”。

【首届“安暖”文化节】 2020年10月11日，在大地村举办大地乡“庆丰收·迎小康”暨首届“安暖”文化节。活动以“庆丰收、迎小康、安暖大地、孝老文化”为主题，设文化游园、敬老丰收宴、趣味运动会等子活动10项，同时举行农产品直供基地签约、安暖大地尊老慈善基金揭牌等仪式。 （吴振鹏）

毛 垟 乡

【概况】 毛垟乡位于县城西南部，东连大地乡，西与秋炉乡接壤，南与庆元县左溪镇交界，北邻沙湾镇。辖毛垟、库头、沙垟、炉西4个行政村，19个自然村。2020年年底，有1460户4581人。全乡参加新型农村合作医疗，参保人数3102人，上缴医疗保险费110.77万元，参保率99.7%；参加养老保险1222人，上缴养老保险费34.48万元，参保率98.8%。为32名低收入群众人提供临时救助，发放救助金额4.96万元。全乡有76个低收入户。其中，低保42户、低边25户、特困集中供养9人。所有困难群众实现“两不愁三保障”（不愁吃、不愁穿，义务教育、基本医疗、住房安全有保障）。完成困难群众C、D级危旧房拆除、腾空、修缮工作。乡卫生院每年坚持开展农民健康体检和重点人群体检。重视民生工作，实施民生实事票决制，全年完成8件票决民生实事。做好信访维稳、平安综治工作。全年信访事件25起，结案率100%。

全年整合资金3300万元，推进红色文化展示中心、旅游接待中心、红色驿站、红色古村落保护、红色主题公园、最美红色河湖等34个项目建设。进一步提升红色教育基地硬件设施。与假日旅行社携手运营，推出“中国共产党百年华诞”系列教学套餐，推行智慧+“应用+监管+服务”的运营模式，全面破解运营难题。毛垟红色教育基地成为深圳市中国科学院仙湖植物园自然教育基地、省级文艺采风基地、市级研学教育基地、市级红色乡镇。毛垟乡以红色教育赋能全面小康的做法，被纳入中国全面小康发展报告——浙江样本。

红绿融合，铺就发展之路，绿色产业助力村兴民富。创新提升传统产业，培育壮大特色产业，深入推进红绿融合发展。提升香榧基地33.33公顷、油茶基地35.33公顷、杨梅基地6.67公顷；启动章洲垟红色主题田园综合体建设，培育农业企业1家。与农业互联网企业“云粮仓”深度合作，在宁波和丽水设立“飞柜”(设立销售专柜)，毛垟农产品上了城市餐桌。是年，全乡4个行政村经营性收入达94万元，同比增长97.9%。农户存款达3.14亿元，同比增长37%。新华社、中央电视台、人民网等纷纷报道毛垟乡党委、政府带领群众增收致富的经验和做法。

【新冠肺炎疫情防控】 组建强有力的疫情防控工作指挥部，细化村组干部“责任范围”，全乡实行“乡干部包干到村、村干部包片到人”的模式。完善责任承包网，村实行全员值班制度，联络24小时不中断。同时，坚持内外死守，设卡严防，阻断疫情传播途径。2020年，全乡排查境外回国人员5个。其中，查出疑似病例1例。在做好疫情防控的同时，积极组织复工复产。全年种植粮食86.67公顷、食用菌生产17万袋；建成陈坪茶叶加工坊，制作茶叶500千克；建成毛垟苔藓文化园，扩种苔藓5公顷。

【毛垟苔藓产业园】 2020年，毛垟乡成立润生苔藓科技有限公司景宁分公司。聘请国际苔藓协会理事张力博士等乡村振兴顾问2人，引进孙越博士等苔藓高级技术人才3人。种植苔藓33.33公顷。建成集观光、体验、游购、科普为一体的毛垟苔藓文化园。苔藓挂画、苔藓盆景等文创产品实现批量生产和热销。上海植物园、杭州海创大厦、丽水市政府门口、丽阳街等地，处处可见毛垟的苔藓景观。与中国500强企业传化集团、上海物匠园林有限公司等企业开展合作，传化集团为毛垟苔藓种植提供50万元扶持资金，合作开发传化集团伴手礼；毛垟乡为上海物匠园林有限公司提供苔藓绿化原材料。2020年，苔藓产业收入937万元。　(陈丽芬)

秋　炉　乡

【概况】 秋炉乡位于县城西南部，东邻毛垟乡，西南接庆元县境，北靠英川镇、沙湾镇。

乡政府驻地秋炉村，距县城70千米，海拔390米。全乡总面积54.2平方千米。其中，林地面积4604.5公顷，耕地面积368公顷。秋炉因热得名，即便到了秋天，仍热得如火炉。全乡下辖秋炉、下圩、半山、新塘垟4个行政村，31个自然村，50个村民小组，1864户4770人。

2020年，全乡工农业总产值669万元，同比增长5.46%。农民人均纯收入2.58万元，同比增长28.5%。基本养老保险参保3516人，参保率99.07%；城乡居民医疗保险参保4742人，参保率99.5%；医疗报销63人次。全乡有低保57户123人；低边51户143人；五保户12户12人；困境儿童3人；残疾人147人(其中居家安养83人、机构托养3人)。纳入临时救助困难户48户，发放临时救助补助金5.74万元。

2020年，秋炉乡以“低收入农户创业联盟”为载体，加大产业直补力度，发动36户群众发展种植、养殖业，合计补助金额9.6万余元；持续深化“政银保”金融扶贫项目，全年共发放25户低收入农户扶贫贴息贷款165万元；建立长效帮扶机制，按照“村村有部门、户户有干部、月月有走访”的要求，全面落实“一户一策一干部”结对帮扶政策。县人力社保局、县退役军人管理局、县供销联社和县人民医院等4个结对部门，通过深入开展走访慰问、协助制定增收计划、落实消费扶贫等举措对秋炉乡开展长效精准帮扶。

2020年，秋炉乡完成饮用水达标提标、示范性居家养老照料中心、农村老旧房屋电路改造、儿童之家、公益性生态公墓、危房治理改造、笼式足球场和游泳池等省市县民生实事15项，完成半山村农田管灌工程和新塘垟村高标准农田建设，硬化梅花岗、凉水岗、山头村林道路共6.3千米，对秋炉至沙湾18.2千米的电力线路进行改造，解决了30多年电力输出短板问题。在国家级卫生乡镇创建中，秋炉乡名列全县8个乡镇市级验收第一名，并顺利通过省级暗访核查。

立足运动小镇和民族体育特色小镇发展定位制定产业发展规划。谋划建设五大垟网红民宿综合体，完成全村11幢84直农房20年流转及初步规划编制；成功吸引乡贤回归，谋划打造“云上鱼庐”清水鱼养殖和农家乐民宿综合体；加强新型农业主体培育，成功与东弄田园综合体签约，实施“乡企”战略合作；半山村流转土地33.33公顷，以包销合作、订单农业模式发展中药材等；打造半山、第一坑片区“景宁600”产业示范村，引领全乡各村实现绿色富民。全乡4个行政村提前5个月完成“消薄”任务。

开展研学基地改造提升。新建风雨操场800平方米，改造标准化接待用房11间、在建14间，谋划推出民族体育系列套餐，满足市场多元化需求；建成民族体育体验区、民族体育科普基地，完成民族体育特色小镇标识、标牌融入，不断挖掘、丰富民族体育项目，浓厚民族体育氛围；成功创成浙江省民族传统体育基地，运动小镇实现再升级。成功承办丽水市体育发展服务中心2021年体育工作务虚会，有效助推全市体育事业发展。全年，接待户外运动爱好者、军训、夏(冬)令营、工会活动、主题党日活动等群体

87批次5600余人次，进一步打响秋炉民族体育品牌。

2020年，秋炉乡紧盯长三角区域一体化的历史性机遇，深化山海协作，拓展合作交流领域，与结对单位绍兴市上虞区驿亭镇开展走访交流活动，并召开联席会议，致力于在产业发展、基础设施建设和项目协作等方面开展合作交流；主动对接在沪乡贤平台，成功与易盛客超市（上海）有限公司签订乡企战略合作协议，进一步拓宽秋炉“景宁600”农副产品销售渠道。与民建上虞区支部签订运动小镇基地共建协议，将持续3年获得宣传营销、资金技术支持，并成功获评绍兴上虞—景宁山海协作乡村振兴示范点。将示范点建设与“运动小镇”升级版打造相结合，以山海协作项目为支撑，持续助力秋炉运动小镇乡村振兴。

继续推进清廉村居建设，完成秋炉、下圩村清廉氛围节点打造和下圩村级办公场所规范化建设，创新推行“七个一”（一场廉政会演、一次村务管理培训、一次专题研讨、一张“微错误”清单、一场廉政测试、一次警示教育、一张廉政档案）廉政教育活动，村务质询评议入选全县“阳光十法”（“抖音”直播、阳光问廉、张榜公布、廉情专递、电视点播、廉情备案、码上村务、智慧村居、指尖微程序、农经E阳光）。

深化基层党建区域联盟建设，与毛垟乡，庆元县左溪乡、张村乡以及福建省寿宁县大安乡、坑底乡等10个边界乡镇建立跨区域基层治理平台，常态化开展疫情防控、森林防火、旅游合作、平安稳定、人民武装和人大代表交流等工作联动，成功创建国家级“示范型退役军人服务站”，筑牢县域边界平安基石。牵头联盟乡镇召开突发事件应急处置现场会，落实应急指挥机构，明确工作责任。组织村支部书记、人大代表、乡贤10人到福建省寿宁县大安乡开展党建联建、相互学习、分享经验。同时在原区域联盟合作协议基础上，建立“区域大联盟”长效机制，推出年度边界乡镇应急队伍演练、基层党建学习交流、毗邻市县系列运动赛事等联盟主题项目，强化“区域大联盟”作用，进一步促进边界乡镇信息互通、资源共享、治安互访、人员互动、合作共赢，增进联盟乡镇优势互补，形成区域产销链，实现共建共享，助推乡村振兴。

【新冠肺炎疫情防控】 2020年，秋炉乡严格按照县疫情防控指挥部的要求，通过“清单式推进、销号式管理”，实时掌握返乡人员动态。积极发挥党员干部作用，以党建为引领，联合毛垟、鸬鹚、英川及庆元左溪、张村等兄弟乡镇，建立两省三县边界“大联盟”防控机制，实现互联互防，共同做好疫情防控工作。全乡累计发动党员干部2300余人次，设县级卡口1个，乡级卡口2个，村级卡口8个，连续坚守岗位40余天，确保疫情防控措施扎实到位。秋炉乡政府获评全县疫情防控先进单位，有5名干部获评市、县疫情防控先进个人。防控做法、经验和典型人物事迹先后在《人民日报》、《中国组织人事报》、浙江新闻客户端、《绿谷先锋》等媒体上报道。

【百山祖国家公园创建】 秋炉乡域内有8.52平方千米纳入百山祖国家公园创建范围。2020年，秋炉乡围绕任务清单挂图作战，全面宣传发动、狠抓落实，完成权属确权登记、自然资源摸底调查、护林员岗前培训、集体土地地役权改革等工作。谋划推进国家公园+体育运动发展，形成系列品牌产品。在实施百山祖国家公园次入口社区建设中，融入采柿子、摇锅、龙接凤等民族传统体育项目元素，结合国家公园标识、标语等打造“国家公园+体育运动”氛围。

【第七次全国人口普查】 按照第七次全国人口普查工作的要求，2020年5月，成立秋炉乡第七次人口普查领导小组及办公室。全乡分为4个普查区19个普查小区。通过户口整顿、入户摸底，正式入户登记短表、长表填写等工作，圆满完成普查任务。全乡4个行政村19个普查小区建筑物绘图940个，登记1864户4770人。

【村级组织换届】 2020年7月，秋炉乡全面开展村级组织换届工作，至11月初结束。4个行政村“三委”干部全部一次性当选，书记、主任“一肩挑”，平均年龄下降16岁。

【举行第七届浙闽两省三县登山文化节暨首届民族体育运动会】 第七届浙闽两省三县登山文化节暨首届民族体育运动会，于2020年10月17日在秋炉乡举行。运动会以“畅跑古道红军路，体验秋炉民族风，助力畲乡健康行”为主题，同时设置浙闽毗邻市县气排球，畲乡足球、蹴球等系列赛事。 （严海敏）

鸬 鹚 乡

【概况】 鸬鹚乡位于景宁县城西部，东靠沙湾镇，东北界云和县境，南接沙湾镇，西南连英川镇，西北界龙泉市境，乡政府驻地鸬鹚村，距县城50千米。乡域面积57.8平方千米。其中，耕地面积405.4公顷，山林面积4735.4公顷，森林覆盖率81.93%。鸬鹚乡下辖8个行政村、61个自然村，9449人。

2020年，围绕特色产业做文章，营造全乡干事创业氛围。启动提升云顶飞鸡、油茶等4个基地工程建设。以南坑源村田鱼育苗示范基地为中心，启动15个标准田鱼养殖基地建设，形成村村养田鱼的格局。南坑源田鱼苗繁殖示范基地养殖鱼苗近30万尾，销售500余批次25万尾。引进外地资金，新建标准化生猪养殖场1家，年出栏1万余头，产值超1000万元。依托“畲·葛山”电商主体，与中国联通公司景宁分公司合作线上小程序，销售特色农产品，助农增收。

按照打好打赢防污染攻坚战和建设美丽幸福新景宁的工作要求，对辖区内涉水、气、土、废、声、辐射等可能造成环境污染隐患或较大影响的各类污染源、隐患点(面)开展全方位、地毯式大排查大整治。巩固小城镇整治成果，持续开展小城镇环境综合整治回头看，积极推进百街千巷美丽提升行动，整治点位100余处。全面深化“五水共治”“三改一拆”“六边三化三美”等工作，进一步提升城镇宜居水平。2020年，鸬鹚乡政府获评省级新时代美丽城镇建设基本达标先进单位。

坚持以社会保险、社会救助、社会福利为基础，以基本养老、基本医疗、最低生活保障制度为重点，以慈善帮扶、商业保险为补充，健全和完善社会保障体系。按照“一户一策一干部”的要求，对贫困户提供种养殖生产的动态跟踪服务。完成50户低收入户产业增收项目申报；走访全乡低收入农户134户254人，并针对性地制定帮扶措施；为8名困难家庭子女读书申报雨露计划，争取2.4万元帮扶补助资金。

谋划水系连通“幸福河”、古村落等项目建设，推进各行政村饮用水、光伏联建、路灯、公厕、旱厕改造、停车场等一批项目，持续夯实各村的基础配套设施建设。做好企岩头等6个自然村大搬快聚工作，鸬鹚安置小区（第四期）5幢88套房屋通过竣工验收，启动8幢120套新建安置房建设。总投资370万元，新建一体化自来水处理设施7座，堰坝、集水池、沉砂池等25座，有效改善4个行政村3000余人饮用水质量。投入159万元建成高标准农田45.33公顷。改造老旧房用电线路177户，实现老旧住房电气线路改造全覆盖。

启动马仙非遗文化园建设，推进马仙祖殿重建工程。完成马仙非遗文化展示中心、旅游公厕等配套基础设施建设。加大非遗传承人培养力度，继续在鸬鹚小学开展马仙文化课堂，多层面营造马仙非遗文化氛围。由马仙非遗研究会牵头，前往福建等地考察、学习文旅融合发展的先进经验。把马仙非遗文化制作影像，便于宣传。成功举办第八届马仙非遗文化节，接待游客1万余人，订出民宿床位150余张，接待用餐300余桌次，直接带动消费20余万元。

【新冠肺炎疫情防控】 2020年，鸬鹚乡成立防控工作小组，形成联防联控、群防群治、强化管控的局面。落实精准防控、精密智控的要求，切实防输入、防集聚、防扩散，用好“大喇叭”，守好“小门”，亮好“健康码”，维护社会稳定。对重点人员全方位排查并实施居家隔离、集中隔离，落实包干区域责任。疫情缓和后，做好复工复产工作，确保疫情防控和经济社会发展两不误，“两战赢”。（陈苏萍）

附　录

2020 年县和乡镇(街道)机构及负责人名录

【中国共产党景宁畲族自县委员会】

书　记:陈　重(续—)

副书记:钟海燕(女,畲族,续—)

　　潘　伟(续—2020 年 12 月)

常　委:陈　重(续—)

　　钟海燕(女,畲族,续—)

　　潘　伟(续—2020 年 12 月)

　　王　益(续—)

　　季建标(续—)

　　雷应江(畲族,续—)

　　蓝跃军(畲族,续—)

　　叶龙标(续—)

　　王　乐(续—)

　　吴建明(2020 年 11 月—)

　　夏国章(续—)

　　孔德泉(2020 年 9 月—)

　　仲建峰(2020 年 11 月—)

　　陈荣世(续—2020 年 11 月)

　　蓝景芬(女,畲族,续—2020 年 11 月)

县委办公室

主　任:雷应江(畲族,续—)

副主任:刘世宝(—2020 年 12 月)

　　刘　红(女,续—)

　　柳　彬(续—)

　　周建东(续—)

　　周奇斐(2020 年 12 月—)

　　徐隆金(兼,续—2020.4)

　　江根其(兼,续—2020 年 10 月)

　　何伟东(兼,续—2020 年 10 月)

　　叶妙青(女,兼,续—2020 年 10 月)

台办专职副主任:林　榕(女,续—)

全面深化改革服务中心主任:何世科(续—)

【景宁畲族自县人民代表大会常务委员会】

主　任:严铁华(续—)

副主任:罗德伟(续—2020 年 1 月)

　　夏培玲(女,续—)

　　吴昌亮(续—)

　　杨唐珠(女,续—)

　　余晓军(2020 年 4 月—)

　　叶玉琪(续—)

　　钟利海(畲族,续—)

委　员：毛慧芬（女，续—）
叶旭平（续—）
兰利忠（畲族，2020 年 4 月—）
严伟荣（2020 年 4 月—）
杜春红（女，续—）
李芳平（续—）
杨小兵（2020 年 4 月—）
吴一伟（续—）
沈才忠（2020 年 4 月—）
张纪恩（2020 年 4 月—）
陈　勇（2020 年 4 月—）
陈丽成（2020 年 4 月—）
陈建峰（2020 年 4 月—）
林　荣（2020 年 4 月—）
林　敏（续—）
林明可（2020 年 4 月—）
林晓洪（2020 年 4 月—）
柳一东（续—）
柳晓杰（2020 年 4 月—）
施顺民（2020 年 4 月—）
钱　江（2020 年 4 月—2020 年 8 月）
徐　敏（女，2020 年 4 月—）
梅振清（2020 年 4 月—）
雷彦文（畲族，续—）
雷真荣（畲族，续—）
雷镇海（畲族，续—）

办公室

主　任：沈才忠（续—）
副主任：吴泽忠（续—）
柳文娟（女，续—）

县人大法制（监察和司法）委

主任委员：梅振清（2020 年 4 月—）
副主任委员：雷真荣（畲族，2020 年 4 月—）

县人大法制（内务司法）委

副主任委员：陈丽海（续—2020 年 5 月）
范光明（续—2020 年 5 月）

县人大财政经济委

主任委员：陈丽成（2020 年 4 月—）
副主任委员：潘正平（续—2020 年 5 月）
潘昌德（续—2020 年 5 月）
李加兴（续—2020 年 5 月）

县人大社会建设委

主任委员：施顺民（2020 年 4 月—）

代表与选举任免工作委员会

主　任：毛慧芬（女，续—）
副主任：柳一东（续—2020 年 5 月）

法制工作委员会

主　任：叶旭平（续—）

内务司法工作委员会

主　任：李芳平（续—2020 年 5 月）

监察和司法工作委员会

主　任：李芳平（2020 年 5 月—）

财政经济工作委员会

主　任：林晓洪（续—）

农业与农村工作委员会

主　任：杨小兵（续—）

城乡建设与环境资源工作委员会

主　任：柳晓杰（续—）

教育科技文化卫生工作委员会

主　任：施顺民（续—2020 年 5 月）
徐　敏（女，2020 年 5 月—）

民族华侨工作委员会

主　任：兰利忠（畲族，续—）

社会建设工作委员会

主　任:柳一东(2020 年 5 月—)

【景宁畲族自治县人民政府】

县　长:钟海燕(女,畲族,续—)

副县长:王　益(常务,续—)

孔德泉(2020 年 9 月—)

陈荣世(续—2020 年 11 月)

仲建锋(2020 年 11 月—)

徐　瑛(女,续—2020 年 5 月)

余晓军(续—2020 年 4 月)

严伟华(续—)

饶伟贞(续—)

毛华庆(续—)

马　盈(女,2020 年 4 月—)

孙寒星(续—2020 年 5 月)

吴海东(2020 年 5 月—)

县政府办公室

主　任:刘爱忠(续—)

副主任:梅伟森(续—2020.12—)

陈　勇(续—)

何　邦(续—)

叶东明(续—)

吴卫忠(续—2020 年 4 月)

蓝海宽(畲族,续—)

杜迎春(女,2020 年 12 月—)

毛陈宇(续—)

叶尚蓉(2020 年 4 月—)

金融办

主　任:梅迎峰(续—)

【中国人民政治协商会议景宁畲族自治县委员会】

主　席:张　峰(续—)

副主席:叶金堂(续—)

尤建平(续—)

沈秀慧(女,续—)

刘德灵(续—)

秘书长:付明明(续—)

副秘书长:林清海(续—)

办公室

主　任:张思富(续—)

提案委员会

主　任:卢晓安(续—)

副主任:陈金荣(续—)

沈炎清(续—)

林方金(续—)

徐关水(2020 年 4 月—)

委员工作委员会

主　任:胡益选(续—)

副主任:朱小平(续—)

刘月方(2019 年 2 月至 2020 年 4 月)

李光松(2020 年 4 月—)

经济发展委员会

主　任:陈建民(续—)

副主任:罗德刚(续—)

潘文彬(续—2020 年 4 月)

李景武(续—)

严林平(2020 年 4 月—)

叶长过(2020 年 4 月—)

农业农村委员会

主　任:柳建军(续—)

副主任:林振球(续—)

雷云兴(畲族,续—2020 年 4 月)

沈必贵(续—2020 年 4 月)
陈华星(2020 年 4 月—)
徐关铭(2020 年 4 月—)

人口资源环境委员会

副主任:叶再仁(续—)
毛南荣(续—)
王良言(续—)
雷祖进(畲族,续—)
蔡通爱(2020 年 12 月—)

科教文卫体委员会

主　任:柳贤旺(续—)
副主任:潘文彪(续—2020 年 4 月)
蔡红央(女,续—)
刘建雄(2020 年 4 月—)

文化文史和学习委员会

主　任:梅晓春(续—)
副主任:胡华君(女,续—)
周乃忠(续—)
凌　伟(续—)
吴华标(2020 年 4 月—)

民宗台侨和社会法制委员会

主　任:金欣泉(续—)
副主任:邱松青(续—2020 年 4 月)
石盛训(续—2020 年 4 月)
蓝廷洪(畲族,续—)
蓝朝星(畲族,2020 年 4 月—)

中共景宁畲族自治县纪委检查委员会　县监察委员会

县纪律检查委员会

书　记:叶龙标(续—)
副书记:季晓东(续—)
叶秀华(女,续—)
常务委员:雷振华(畲族,续—2020 年 4 月)
严家远(续—)
魏仕明(续—)
钟　清(畲族,续—2020 年 4 月)
周加林(2020 年 4 月—)
王淑媛(女,2020 年 4 月—)

县监察委员会

主　任:叶龙标(续—)
副主任:季晓东(续—)
叶秀华(女,续—)
委　员:王根法(续—2020 年 4 月)
钟　清(畲族,续—2020 年 4 月)
魏仕明(续—)
加　林(续—)
刘设平(2020 年 4 月—)
杨旭松(2020 年 4 月—)

干部室主任:吴卫华(续—)
宣传宣教室主任:王淑媛(女,续—2020 年 4 月)
党风政风监督室主任:梅　燕(女,续—)
信访室主任:周锋平(续—)
案件监督管理室主任:李炳南(续—)
第一纪检监察主任:梅陈勇(续—)
第二纪检监察主任:吴长青(续—)
第三纪检监察主任:潘德飞(续—)
第四纪检监察主任:
周加林(续—2020 年 4 月)
雷荣峰(畲族,2020 年 12 月—)
案件审理室主任:杨旭松(续—2020 年 4 月)
徐海燕(女,2020 年 12 月—)
机关党委专职副书记:柳　俊(2020 年 6 月—)

县纪委县监委派驻纪检监察组

第一纪检监察组

组　长：陈武通（续—）

副组长：刘小青（续—）

　　　　高伟芸（女，续—）

第二纪检监察组

组　长：吴丽玲（女，续—）

副组长：沈永春（续—）

第三纪检监察组

组　长：陈海琳（女，续—）

副组长：林昌金（续—）

第四纪检监察组

组　长：毛玉海（续—）

副组长：汤旭初（续—）

第五纪检监察组

组　长：周　枫（续—）

副组长：叶梅娟（女，续—）

第六纪检监察组

组　长：雷朝进（畲族，续—）

副组长：王晓虹（女，续—）

派驻县委组织部纪检监察组

组　长：毛慧斌（续—）

派驻县人民法院纪检监察组

组　长：石玉菊（女，续—）

派驻县人民检察院纪检监察组

组　长：蔡通爱（续—2020 年 12 月）

　　　　叶旭平（2020 年 12 月—）

派驻县公安局纪检监察组

组　长：魏仕明（续—）

县委巡察工作领导小组办公室

主　任：严家远（续—）

副主任：袁奕林（续—）

　　　　张灵燕（女，2020 年 12 月—）

县委第一巡察组组长：朱剑兵（续—）

副组长：蓝丰平（畲族，续—）

县委第二巡察组组长：李　伟（续—）

副组长：夏建红（女，续—）

县委第三巡察组组长：商伟青（续—）

副组长：何振章（续—）

县委第四巡察组组长：赵慧聪（续—）

副组长：朱蔚竑（续—）

副科级巡察专员：

　　　　严松海（续—）

　　　　张灵燕（女，续—2020 年 12 月）

　　　　周海娟（女，续—）

　　　　吴云花（女，2020 年 12 月—）

　　　　雷建林（畲族，2020 年 12 月—）

【县委系统组织机构】

县委组织部

部　长：王　乐（续—）

副部长：林　敏（常务，续—2020 年 11 月）

　　　　刘世宝（常务，2020 年 12 月—）

　　　　严小红（女，续—）

　　　　金　锋（续—）

　　　　李光松（兼，续—2020 年 4 月）

　　　　徐隆金（兼，2020 年 4 月—）

　　　　梅伟森（兼，2020 年 4 月—）

　　　　徐建林（兼，2020 年 8 月—）

　　　　徐　峰（兼，2020 年 6 月—）

干部调配科科长：李朱凯（2020 年 6 月—）

人才办专职副主任：徐永伟（2020 年 12 月—）

中共景宁县委两新工委

书　记：严小红（女，续—）

副书记：彭凌飞（续—）

中共景宁县委机关工委

书　记：王　乐（2020 年 4 月—）

副书记：严小红（常务，女，2020 年 6 月—）

徐　峰（专职，2020 年 6 月—）

柳彩华（兼，女，2020 年 6 月—）

王淑媛（兼，女，2020 年 6 月—）

纪工委书记：毛慧斌（续—）

县委宣传部

部　长：季建标（续—）

副部长：陈　谢（续—2020 年 5 月）

叶金海（2020 年 4 月—）

朱益龙（续—）

吴文伟（续—）

柳彩华(女，2020 年 4 月—）

王伟飞（2020 年 4 月—）

社科联主席：朱益龙（续—）

外宣办主任：张雪萍（女，续—2020 年 12 月）

专职副主席：雷媛媛（女，畲族，续—）

网信办主任：韦　璐（女，续—）

畲族文化发展中心

党组书记、主任：刘建雄（续—2020 年 4 月）

王伟飞（2020 年 4 月—）

党组成员、副主任：罗炀坚（续—）

副主任：雷露露（女，畲族，续—）

县委统战部

部　长：蓝跃军（畲族，续—）

副部长：林旭虹（常务，续—）

钟得丰（畲族，续—）

吴建明（续—2020 年 6 月）

雷洁畅（女，畲族，2020 年 6 月—）

叶长过（续—2020 年 4 月）

叶巍巍（2020 年 4 月—）

侨联专职副主席：何火美（女，续—2020 年 8 月）

县委政法委

书　记：潘　伟（续—）

副书记：林长春（常务,续—）

王　松（续—）

刘显平（2020 年 4 月—）

政治处主任：叶尚蓉（续—2020 年 4 月）

徐飞豹（2020 年 12 月—）

县信访局

局　长：徐隆金（续—2020 年 4 月）

江根其（2020 年 4 月—）

副局长：刘显平（续—2020 年 4 月）

周伟明（续—）

督查专员：陈云燕（女，2020 年 8 月—）

县编委办公室

主　任：李光松（续—2020 年 4 月）

梅伟森（2020 年 4 月—）

副主任：任　荣（续—）

柳伟忠（续—）

县老干部服务中心

主　任：沈东庆（续—2020 年 8 月）

徐建林（2020 年 8 月—）

副主任：何火美（女，2020 年 8 月—）

叶青良（续—）

吴　建（续—）

县档案馆（党史和地方志研究室）

党组书记、馆长：何伟东（续—）

党组成员、副馆长：蓝德余（畲族，续—）

吴　伟（续—）

郑利锋（续—）

党组成员：柳海河（续—）

县委党校

校　长：王　乐（续—）

副校长：林兴国（续—）

吴学民（续—）

雷昌洪（畲族，续—）

民族干部培训中心副主任：

张礼聪（女，2020 年 12 月—）

【县政府工作系统和直属机构】

县发改局

党组书记、局长：王　庆（续—）

党组副书记、副局长：周　东（续—2020 年 4 月）

副局长：张昌勇（续—）

徐黎斌（2020 年 6 月—）

周奇斐（续—2020 年 12 月）

县重点项目服务中心

党组书记、主任：王　庆（续—）

党组副书记、副主任：周晓庆（续—）

副主任：吴跃双（续—）

柳卫香（女，续—）

县经济商务科技局

党组书记、局长：陈丽成（续—2020 年 3 月）

徐卫斌（2020 年 4 月—）

副局长：叶于传（续—2020 年 4 月）

吴万里（2020 年 4 月—）

杜迎春（女，续—2020 年 12 月）

沈必文（续—）

王　霆（挂职，续—）

总经济师：金巍彦（续—）

县经济合作交流中心

党组书记、主任：刘　健（续—）

副主任：潘海莉（女，续—2020 年 8 月）

叶吉祥（续—）

金　敏（女，2020 年 6 月—）

周　圣（挂职，续—2020 年 11 月）

吴雪栋（挂职，2020 年 12 月—）

县教育局

局　长：林建锋（续—）

副局长：陈战耕（续—）

叶有东（续—）

金益华（续—）

政府教育督学：夏卫锋（续—）

县民族宗教事务局

党组书记：吴建明（续—2020 年 6 月）

局　长：雷魏芬（女，畲族，续—2020 年 6 月）

局长、党组书记：

雷洁畅（女，畲族，2020 年 6 月—）

副局长：雷进东（畲族，2020 年 8 月—）

程荣文（续—）

县公安局

副县长、党委书记、局长、督察长：饶伟贞（续—）

党委副书记、政委：周卫林（续—）

党委副书记、副局长：沈招雄（续—2020 年 8 月）

党委委员、派驻纪检监察组组长：

魏仕明（续—）

党委委员、副局长：张昌龄（续—2020 年 4 月）

叶雁飞（续—）

沈玉成（续—）

叶传金（2020 年 4 月—）

叶宝善（2020 年 8 月—）

党委委员、副局长、交警大队长：

叶传金（续—2020 年 4 月）

叶卫民（2020 年 4 月—）

党委委员、政治处主任：黄春华（女，续—）

党委委员、办公室主任：周晓锋（续—）
党委委员、鹤溪派出所所长：
　　叶卫民（续—2020年4月）
　　陈聪敏（2020年4月—）

县民政局

党组书记、局长：李晓荣（续—）
党组副书记、副局长：
　　雷华锋（畲族，续—2020年4月）
党组成员、副局长：周利民（2020年4月—）
　　杨晓丽（女，2020年8月—）
党组成员：杨晓丽（女，续—2020年8月）
　　雷进东（畲族，续—2020年8月）

县退役军人事务局

党组书记、局长：梅振飞（续—）
副局长：吴大余（续—）
　　何雪华（女，续—）

县司法局

党组书记、局长：陈建灵（续—）
副局长：沈招雄（2020年8月—）
　　叶海华（续—）
　　柳彩玉（女，续—2020年8月）
　　刘设平（续—2020年4月）
　　吴　玲（女，续—）

县财政局

局　长：叶　峰（续—）
副局长：夏　芬（女，续—）
　　吴凌峰（2020年4月—）
　　郑文南（2020年8月—）
　　虞　斌（挂职，续—2020年12月）
总会计师：梅忠敏（续—）

县国资公司

总经理：柳　风（续—）

县人力资源和社会保障局

党组书记、局长：徐隆金（2020年4月—）
党组副书记、副局长：
　　张怀海（主持，续—2020年4月）
副局长：梅　敏（女，续—）
　　陈伟龙（续—）
社保中心主任：叶松慧（女，续—）

县自然资源和规划局

党委书记、局　长：陈培春（续—）
党委委员、副局长：陈晓梆（续—）
　　潘焕岳（续—）
　　吴渭清（续—）
　　杨仲敏（续—）
党委委员：雷赛高（畲族，续—2020年6月）
　　刘　炜（续—）
党委委员、纪委书记：吴家伟（2020年4月—）
总规划师：刘伟海（续—）
森林公安局局长：刘　炜（续—2020年10月）
国土资源监察大队队长：
　　陈小伟（续—2020年11月）
自然资源行政执法队长：
　　陈小伟（2020年11月—）
不动产登记服务中心主任：许丽蓉（女，续—）

县生态林业发展中心

主　任：杨仲敏（续—）
副主任：刘日林（续—）
　　林　坚（续—）
　　季必浩（续—）
总工程师：许元科（续—）
　　张　辉（续—）

县住房和城乡建设局

局　长：童小平（续—2020年4月）

毛南俊(2020年4月—)
党组书记:雷华锋(畲族,2020年4月—)
副局长:叶华青(续—)
林松琦(续—)
总工程师:吴希斌(续—)
县城市建设投资集团有限公司党委书记、董事长:林松琦(2020年4月—)
县城市建设发展有限公司总经理:
兰　峰(畲族,续—)
副总经理:刘海峰(2020年6月—)
总工程师:吴　芸(女,2020年12月—)

县交通运输局

党组书记、局长:毛南俊(续—2020年4月)
童小平(2020年4月—)
党组副书记:徐文权(续—)
副局长:张昌元(续—2020年6月)
刘土根(续—2020年12月)
总工程师:陈　波(续—)
综合行政执法队专职副队长:
陈枫锋(2020年6月—)
县交通发展投资有限公司总经理:
陈杭波(续—)

县交通运输发展中心

党组书记、主任:
徐关铭(续—2020年4月)
陈孟嘉(2020年4月—)
副主任:陈学敏(续—)
简卓华(续—)
章程钗(续—)
总工程师:池跃胜(续—)

县水利局

局　长:周　恩(续—)
副局长:李少吴(续—)
陈慧媚(女,续—)
胡明成(续—)
总工程师:徐海林(续—)

县农业农村局(农办)

党组书记、局长、农办主任:柳先敏(续—)
副书记、副局长:梁一春(续—2020年4月)
党组副书记:徐仕清(续—2020年12月)
党组成员、副局长:陈　芳(女,续—)
刘赵康(续—)
党组成员:严家树(续—)
纪检组长:雷朝进(畲族,续—)
党组成员、总农艺师:陈　勇(续—)
县畜牧发展中心主任:林春福(续—)
县农业综合行政执法队专职副队长:
刘志锋(2020年12月—)

县文广旅体局

局　长:蓝利明(畲族,续—)
党组书记:柳康华(续—)
党组成员、副局长:徐黎斌(续—2020年6月)
叶巍娥(女,续—)
郭凤雨(挂职,续—2020年11月)
党组成员:高伟淼(续—)
副局长:雷魏芬(女,畲族,2020年6月—)

县卫生健康局

党委书记、局长:蓝建忠(畲族,续—)
党委委员:陈海忠(续—)
党委委员、副局长:彭德伟(续—)
副局长:钟婷婷(女,畲族,续—)
蓝景艺(畲族,续—)

县医疗保障局

局　长:刘培法(续—)

副局长：占海冰（续—）

　　蓝丽芳（女，畲族，续—2020 年 10 月）

　　金建美（女，2020 年 4 月—）

县应急管理局

党组书记、局　长：杨灶松（续—）

党组副书记、副局长：吴　飞（续—）

副局长：张昌龄（2020 年 4 月—）

　　刘建海（续—）

　　叶方明（续—）

县审计局

党组书记、局长：雷李会（畲族，续—）

副局长：王世忠（续—）

　　刘小明（续—）

总审计师：魏　新（续—2020 年 4 月）

　　苏　华（2020 年 10 月—）

县统计局

局　长：严水英（女，续—）

副局长：魏　新（2020 年 4 月—）

　　刘卫美（女，续—）

　　叶巍巍（续—2020 年 4 月）

总统计师：林　峰（续—）

县市场监督管理局

党组书记、局长：林一兵（续—）

党组成员、副局长：

　　雷振华（畲族，2020 年 4 月—）

　　邱柏青（续—）

　　雷桂荣（畲族，续—）

党组成员：王育生（续—）

党组成员、市场监管综合行政执法队副队长：

　　徐兴忠（专职，2020 年 6 月—）

总工程师：金建美（女，续—2020 年 4 月）

县机关事务保障中心

主　任：徐建林（续—2020 年 8 月）

　　吴丽英（女，2020 年 8 月—）

党组书记：沈东庆（2020 年 8 月—）

副主任：吴丽英（女，续—2020 年 8 月）

　　柳杰波（2020 年 6 月—）

浙江景宁经济开发区管理委员会

主　任：何向平（续—）

副主任：周　东（常务，2020 年 4 月—）

　　林敏峰（续—）

　　梅显平（续—）

　　李海锋（2020 年 4 月—）

　　步克淼（挂职，续—2020 年 11 月）

丽水经济开发区景宁民族工业园管理委员会

党工委书记、管委会主任：夏雪松（续—）

副书记、副主任：叶文平（常务，续—）

党工委委员、副主任：刘　（续—）

党工委委员、副主任：周伟鑫（续—）

党工委委员：吴　平（2020 年 4 月—）

　　钟文景（畲族，续—）

　　吴一雪（女，2020 年 6 月—）

土地管理处处长：张　华（2020 年 4 月—）

计划财务处处长：黄蔚丽（女，续—）

综合管理处处长：雷海彬（畲族，2020 年 4 月—）

招商促进处处长：叶　群（女，2020 年 12 月—）

丽景园投资发展有限公司总经理：陈志毅（续—）

农民创业园

总指挥：严伟华（续—）

常务副总指挥：何向平（续—）

副指挥：周　东（兼，2020 年 5 月—）

　　林敏峰（续—）

办公室主任：沈必时（兼，续—）

征地动迁处处长：吴光亮（兼，续—）
安置处处长：沈必时（续—）
规建处处长：叶　兵（续—）
财务处处长：石凌燕（女，兼，续—）
维稳处处长：梅永春（兼，续—）

千峡湖景宁畲族自治县保护与开发管理中心

党组书记、主任：林　敏（2020 年 11 月—）
副主任：陈志文（续—）
　　　　吴广伟（续—）
总工程师：陈海洪（续—）
办公室主任：翁海娟（女，续—）
综合执法管理科科长：陈建伟（续—）
开发建设科科长：叶兴德（续—）

景宁畲族风情旅游度假区发展中心

主　任：张　伟（续—2020 年 6 月）
　　　　陶幸圣（2020 年 6 月—）
副主任：吴松青（续—）
　　　　薛晓龙（挂职，续—）
　　　　徐东飞（续—）

县移民工作中心

党组书记、主任：刘和平（续—2020 年 4 月）
　　　　　　　　梅根金（2020 年 4 月—）
副主任：王旭东（2020 年 4 月—）
　　　　吴卫忠（续—）
　　　　陈良娟（女，续—）

县行政服务中心

党组书记、主任：叶妙青（女，续—）
副主任：梅华青（续—）
　　　　朱伟华（续—）
　　　　吴丽勇（女，续—）

县供销社

主　任：毛锡火（续—）
副主任：雷剑锋（畲族，续—）
　　　　雷献敏（畲族，续—）
　　　　杨一平（续—）

县综合行政执法局

党组书记、局长：周乃强（续—）
党组副书记、副局长：江　啸（2020 年 6 月—）
党组成员、副局长：高卫和（续—）
党组成员：叶淑琼（女，2020 年 6 月—）

县大数据发展中心

党组书记、主任：吴敏彪（续—2020 年 6 月）
　　　　　　　　吴建明（2020 年 6 月—）
副主任：林　云（续—）
　　　　王　燕（女，续—）
总工程师：刘　恒（续—）

县融媒体中心

党组书记、主任：吴文伟（续—）
党组副书记：董作求（续—2020 年 4 月）
党组成员、副主任：
　　　　柳彩华（女，续—2020 年 4 月）
　　　　徐　杰（续—）
　　　　张卫锋（续—）
　　　　吴海敏（2020 年 6 月—）
　　　　李文皓（挂职，续—2020 年 12 月）
总工程师：王成伟（续—）
党组成员：吴伟东（续—）

【司法机构】

县人民法院

党组书记、院长：陈雪平（女，续—）
党组副书记、常务副院长：周　斐（续—）
党组成员、副院长：柳贤列（续—）
　　　　　　　　　林炜平（续—2020 年 10 月）

王海龙(2020 年 10 月—)
党组成员、纪检组长:石玉菊(女,续—)
党组成员、政治处主任:
刘国平(2020 年 10 月—)
党组成员、专职审判委员会委员:
陈孟礼(续—2020 年 10 月)
翁晓羽(续—)
陈延义(2020 年 10 月—)
党组成员、司法警察大队政委:
雷素梅(女,畲族,续—)

县人民检察院

党组书记、检察长:瞿承健(续—)
党组副书记、副检察长:叶森林(续—)
副检察长:马尚付(续一)
李　辉(2020 年 10 月—)
政治部主任:蓝丽芳(女,畲族,2020 年 10 月—)
检委会专职委员:吴东升(续—)
李　敏(2020 年 10 月—)
党组成员:潘　胜(续一)

【民主党派、群众团体、协会】

民进景宁总支部

主任委员:蓝利明(畲族,续—)

县总工会

党组书记、主席:张怀海(续—)
副主席:林华法(续—)
柳慧敏(女,续—)
张存有(挂职,续—)
李青宗(兼职,续—)
叶　菁(女,兼职,续—)

共青团景宁县委员会

书　记:潘至秦(续—2020 年 4 月)
郑　迪(2020 年 4 月—)
副书记:雷丽霞(女,畲族,续—2020 年 12 月)
蓝芸芸(女,畲族,续—)

县妇女联合会

主　席:叶魏芬(女,续—)
副主席:潘丽芳(女,续—)
蓝晓娟(女,畲族,续—)
吴云花(女,挂职,续—)
徐丽媛(女,兼职,续—)
蓝景芬(女,畲族,兼职,续—)

县科学技术协会

主　席:梅根金(续—2020 年 4 月)
梁一春(2020 年 4 月—)
副主席:刘建华(续—)
雷　蕾(女,畲族,挂职,续—2020 年 6 月)
潘正顺(挂职,2020 年 8 月—)
韦　勇(兼,续—)
陈　斌(兼,续—)
倪海鹏(兼,续—)
商培荣(兼,续—)
蓝丽芳(女,畲族,兼,续—)

县工商业联合会

党组书记、主席、会长:叶长过(续—2020 年 4 月)
党组书记:叶巍巍(2020 年 4 月—)
主席、会长:吴卫忠(2020 年 4 月—)
副主席、副会长:吴　丽(女,续—)
刘　铮(挂职,续—2020 年 7 月)
秘书长:吴启伟(续—2020 年 7 月)
副主席、副会长兼秘书长:
吴华彬(挂职,2020 年 8 月—)

县文学艺术界联合会

主　席:吴华标(续—2020 年 4 月)

陈　谢(2020年4月—)

副主席:林　伟(续—)

黄正成(挂职,续—)

叶剑飞(兼职,2020年11月—)

秘书长:张亚华(女,2020年11月—)

县残疾人联合会

理事长:徐卫东(续—)

副理事长:程小伟(续—)

潘　俐(女,2020年6月—)

陈建平(挂职,续—)

张小宝(兼职,续—)

县红十字会

会　长:毛华庆(兼,续—)

党组书记、副会长:毛黎珍(常务,续—)

党组成员、副会长:

张多金(专职,续—2020年8月)

董　海(专职,2020年8月—)

周德伍(挂职,续—)

副会长:何　邦(兼,续—)

陈华星(兼,续—)

叶有东(兼,续—)

杨晓丽(女,兼,续—)

钟婷婷(女,畲族,兼,续—)

县慈善总会

会　长:叶金堂(续一)

副会长:李晓荣(常务,续一)

胡益选(2020年1月—)

严柏林(续—2020年9月)

王奕民(续一)

叶华杰(续一)

严小庄(续一)

蒋丽娟(女,续一)

柳贤珍(女,续—2020年9月)

梅　慧(续一)

潘宣敏(续一)

李宗青(续一)

金贤松(续一)

裴　岩(续一)

秘书长:廖筱芳(女,续——)

【条管行政、企事业单位】

县税务局

党委书记、局长:季景金(续—2020年8月)

李　维(2020年8月—)

副局长:潘岳海(续—2020年7月)

张传俊(续—)

纪检组长:孙　毅(续—)

县气象局

局　长:商晓东(续—)

副局长:周敬荣(续—)

张建渔(续—)

县药草专卖局

局长、经理:练慧平(续—)

副局长:叶荣民(续—)

副经理:张林峰(续—)

县电力局

局　长:董瑞红(女,续—)

党委书记:胡洪涛(2020年11月—)

纪委书记、工会主席:刘永平(续—)

副局长:宋恩亮(续—)

詹永东(续—)

中国人民银行景宁县支行

行　长:潘华珠(女,续—)

副行长:严精敏(续—)

高　烈（续—）

丽水市住房公积金管理中心景宁分中心

主　任：张兆清（续—）

副主任：沈芳芸（女，续—）

丽水市生态环境局景宁分局

党组书记、局长：任周良（续—）

副局长：周　平（续—2020 年 6 月）

李　丰（续—2020 年 6 月）

张昌元（2020 年 6 月—）

潘海莉（女，2020 年 8 月—）

总工程师：陈建明（2020 年 6 月—）

景宁中学

校　长：陈战耕（续—）

景宁电大

校　长：潘晓明（续—）

县石油公司

经　理：雷　勇（畲族，续—）

县新华书店

总经理：李伟明（续—）

副总经理：程小萍（女，续—）

【金融、通信】

中国工商银行股份有限公司景宁支行

行　长：陈玉飞（续—）

行长助理：章后挺（续—）

中国农业银行景宁县支行

行　长：吴德龙（续—）

纪委书记：梅荣梁（续—）

副行长：虞晓春（2020 年 4 月—2020 年 11 月）

郑振科（2020 年 11 月—）

行长助理：虞晓春（续—2020 年 4 月）

中国银行景宁县支行

行　长：毛明斌（2020 年 8 月—）

副行长：柳　扬（主持，续—2020 年 8 月）

林俊杭（续—2020 年 7 月）

刘岳锋（2020 年 7 月—）

徐高峰（2020 年 10 月—）

中国建设银行景宁支行

行　长：吴智开（续—）

副行长：郑江平（续—）

朱松美（女，续—2020 年 5 月）

中国农业发展银行景宁县信贷组

主　任：张　钰（女，续—2020 年 10 月）

景宁农商银行

党委书记：王子军（续—）

行　长：朱　敏（续—）

纪委书记、监事长：高樟亭（续—）

副行长：王康明（续—）

陈全知（续—）

潘琳敏（女，续—）

中国邮政储蓄银行景宁县支行

行　长：叶　峰（2020 年 12 月—）

副行长：陈胜民（续—）

浙江景宁银座村镇银行

行　长：周俊杰（续—）

浙江稠州商业银行景宁支行

行　长：叶绍山（续—）

副行长：梅　荣（续—）

泰隆银行丽水景宁支行

行　长：邱晓青（续—2020 年 9 月）

张　涛（2020 年 9 月—）

副行长：谢航程（续—2020 年 5 月）

中国邮政储蓄银行景宁县支行

行　长：叶　峰（2020年12月—）

副行长：陈胜民（续—）

中国邮政景宁分公司

总经理、党委书记：叶黎华（续—）

副总经理：吕耀军（续—）

中国电信景宁分公司

副总经理：李　政（主持，续—）

　　　　周晓伟（续—）

中国移动景宁分公司

党支部书记、总经理：刘建锋（续—）

中国联合景宁分公司

副总经理（主持）：赖春玲（女，续—）

人保财险景宁支公司

经　理：王巧虹（女，续—）

中国人寿保险景宁支公司

经　理：吴小英（女，续—）

太平洋财产保险股份有限公司景宁支公司

总经理：叶娟珍（女，续—）

【乡镇（街道）】

红星街道办事处

党工委书记：潘利海（续—）

副书记、办事处主任：吴一飞（续—）

副书记：林文勇（续—2020年8月）

　　　曹庭盛（挂职，续—2020年12月）

党工委委员、纪工委书记：张汇勇（续—）

党工委委员、人武部长：柳　玉（女，续—）

党工委委员：柳　锋（续—）

　　　　　李　丽（女，续—）

　　　　　陈孟文（续—）

　　　　　周晓芳（女，续—）

　　　　　陈聪敏（续—2020年4月）

人大工委主任：林　荣（续—）

办事处副主任：柳　锋（续—）

　　　　　　柳贤铎（续—2020年8月）

　　　　　　雷　勇（畲，续—）

　　　　　　何盛林（续—）

　　　　　　严福林（续—）

　　　　　　潘若谷（续—）

副科级组织员：李昌锦（续—2020年8月）

　　　　　　刘丽卿（女，续—）

鹤溪街道办事处

党工委书记：吴巧玲（女，续—）

党工委副书记：柳宁波（续—）

党工委委员、纪工委书记：柳二娟（女，续—）

党工委委员、副主任：季清波（续—）

党工委委员、人武部长：王黎伟（续—）

党工委委员：林昌健（续—）

　　　　　王　娟（女，续—）

　　　　　苏延锋（续—）

人大工委主任：陈　勇（续—）

副主任：梅礼明（续—）

办事处主任：柳宁波（2020年8月—）

副主任：郑　迪（续—2020年4月）

　　　严仙田（续—）

　　　张王清（续—）

　　　严晓军（续—）

东坑镇

党委书记：吴海东（续—2020年5月）

　　　　张　伟（2020年6月—）

副书记、镇长：叶星星（续—）

副书记：杜丽燕（女，续—）

党委委员、副镇长：叶　剑（续—）

党委委员、纪委书记：蓝伟标（畲族，续—）
党委委员、人武部长：刘宗妙（续—）
党委委员：何　俊（续—2020 年 9 月）
　　鲍浪平（续—）
　　陈　伟（女，续—）
　　张忠华（2020 年 8 月—）
人大主席团主席：严伟荣（续—）
副主席：林作平（续—）
副镇长：何春平（续—）
　　蓝森华（畲族，续—）
　　陈　泽（2020 年 10 月—）

渤海镇

党委书记：吴如峰（2020 年 4 月—）
党委副书记、镇长：梅　杰（2020 年 4 月—）
　　吴如峰（续—2020 年 4 月）
党委副书记：张建妙（续—）
党委委员、纪委书记：蓝松平（畲族，续—）
党委委员、人武部长：何盛洪（续—）
党委委员：雷鸿铭（畲族，续—）
　　李成生（续—）
人大主席团主席：林明可（续—）
副主席：陈德标（续—）
副镇长：刘东平（续—）
　　吴圆圆（女，续—）
　　杨国亮（续—）
　　张雪萍（女，2020 年 12 月—）

沙湾镇

党委书记：叶金海（续—2020 年 4 月）
　　吴耀旺（2020 年 4 月—）
副书记、镇长：叶春强（续—）
副书记：刘传才（续—2020 年 8 月）
党委委员、纪委书记：严爱贵（续—）
党委委员、人武部长：李　勇（续—）
党委委员：吴应平（续—）
　　齐兴华（续—）
　　张勇峰（续—2020 年 8 月）
　　严爱贵（续—）
　　周大方（续—）
　　褚　卉（女，续—）
人大主席团主席：雷彦文（畲族，续—）
副主席：章卫荣（续—）
副镇长：柳庭武（续—）
　　雷雄凯（畲族，续—）

英川镇

党委书记：卢建民（续—）
副书记、镇长：吴耀旺（续—2020 年 4 月）
　　毛　勇（2020 年 4 月—）
党委委员、纪委书记：刘鲲鹏（续—）
党委委员、人武部长：刘俊杰（续—）
党委委员：吴晓峰（续—）
　　蔡卫华（续—）
　　雷晓勇（畲族，续—）
　　潘　斌（续—）
人大主席团主席：陈建峰（续—）
副主席：吴德贤（续—）
副镇长：蔡卫华（续—）
　　吴云兵（续—）
　　周浩勇（续—）
　　叶璟珺（女，续—）

大均乡

党委书记：王伟啸（续—）
副书记、乡长：吴名标（续—）
副书记：刘日宏（挂职，续—2020 年 12 月）
党委委员、纪委书记：赵玉珠（女，续—）

党委委员、副乡长：潘艺颢（续—）
党委委员、人武部长：严　明（续—）
党委委员：严梅冰（女，续—）
　　　　　陈娟芬（女，续—）
人大主席团主席：吴林松（续—）
副乡长：邹国梁（续—）
　　　　张建华（续—）

澄照乡

党委书记：胡卫林（续—）
副书记、乡长：吴光亮（续—）
副书记：毛　勇（续—2020 年 4 月）
　　　　徐凯翔（2020 年 10 月—）
党委委员、纪委书记：王　兵（续—）
党委委员、副乡长：夏旭东（续—）
党委委员、人武部长：张叶松（续—）
党委委员：林海明（续—）
　　　　　林春芝（女，续—）
副乡长：雷晓芬（女，畲族，续—）
　　　　王春华（续—）
　　　　罗　震（续—）
副科级组织员：刘小东（续—）

梅岐乡

党委书记：李晓锋（续—）
副书记、乡长：吴万里（续—2020 年 4 月）
　　　　　　　潘至秦（2020 年 4 月—）
副书记：严　华（续—）
党委委员、纪委书记：雷余玉（畲族，续—）
党委委员、人武部长：林建平（续—）
党委委员：叶淑芬（女，续—）
人大主席团主席：陈文良（续—2020 年 8 月）
　　　　　　　　刘传才（2020 年 8 月—）
副乡长：雷小芬（女，畲族，续—）
　　　　徐承凯（续—）

大漈乡

党委书记：刘海华（续—）
副书记、乡长：吴雯雯（女，续—）
副书记：梅　杰（续—2020 年 4 月）
党委委员、纪委书记：陈瑶良（续—）
党委委员、人武部长：周松鹤（续—）
党委委员：蓝光平（畲族，续—）
　　　　　林罗宾（续—）
　　　　　柳海明（续—）
人大主席团主席：吴　兴（续—）
副乡长：蓝红斌（畲族，续—）
　　　　林珍珍（女，续—）

景南乡

党委书记：彭伟明（续—）
副书记、乡长：叶旭瑛（续—2020 年 4 月）
　　　　　　　林文勇（2020 年 8 月—）
党委委员、副书记：叶其林（续—）
党委委员、纪委书记：王　盼（续—）
党委委员、人武部长：毛有东（续—）
党委委员：吴跃林（续—）
人大主席团主席：叶　妮（女，续—）
副乡长：梅哲凯（续—）
　　　　张克忠（续—）
　　　　傅伟红（女，续—）
　　　　雷　蕾（女，畲族，2020 年 12 月—）

雁溪乡

党委书记：叶　康（续—）
副书记、乡长：熊　焕（续—2020 年 6 月）
　　　　　　　柳忠芳（2020 年 8 月—）
副书记：刘传旺（续—）
党委委员、纪委书记：雷　杰（畲族，续—）

党委委员、人武部长：陈建成（续—）

党委委员：林艳艳（女，续—）

人大主席团主席：周家赞（续—）

副乡长：蓝　青（畲族，续—）

徐亦可（女，2020 年 12 月—）

郑坑乡

党委书记：熊　焕（2020 年 6 月—）

副书记、乡长：何伟平（续—）

副书记：陈叶敏（续—）

党委委员、纪委书记：雷　飚（畲族，续—）

党委委员、人武部长：雷洪富（畲族，续—）

党委委员：张伟龙（续—）

人大主席团主席：徐阿军（续—）

副乡长：严　峰（续—）

周　巍（续—）

九龙乡

党委书记：柳贤岳（续—）

副书记、乡长：赵卫东（续—）

副书记：毛华标（续—）

党委委员、纪委书记：林赵义（续—）

党委委员、人武部长：张雪飞（续—）

党委委员：蓝金标（畲族，续—）

人大主席团主席：郑晓芳（续—）

副乡长：陈万江（续—）

李　峰（续—）

胡根锋（续—）

夏珍珍（女，续—）

梧桐乡

党委书记：王伟飞（续—2020 年 4 月）

叶旭瑛（2020 年 4 月—）

副书记、乡长：张伟鸿（续—）

副书记：柳忠芳（续—2020 年 8 月）

党委委员、纪委书记：吴献绿（女，续—）

党委委员、人武部长：陈再锋（续—）

党委委员：吴　涛（续—）

刘悄悄（女，续—）

人大主席团主席：张必南（续—）

副乡长：梅显道（续—）

雷朱华（畲族，续—）

李兴煌（续—）

袁国良（续—）

标溪乡

党委书记：陈轶群（续—）

副书记、乡长：雷　琼（女，畲族，续—）

副书记：柳卫明（续—）

党委委员、纪委书记：吴丽平（续—）

党委委员、人武部长：陈晓方（续—）

党委委员：李　伟（续—）

人大主席团主席：张红伟（续—）

副乡长：张　健（续—）

周　烽（续—）

家地乡

党委书记：刘成伟（续—）

副书记、乡长：陈亚平（续—）

党委委员、纪委书记：胡彦锋（续—）

党委委员、人武部长：章泽龙（续—）

党委委员：洪钱玮（女，续—）

人大主席团主席：夏一海（续—）

副乡长：雷吴芬（畲族，女，续—）

严枫树（续—）

大地乡

党委书记：刘　莺（女，续—）

副书记、乡长：严益贵（续—）

副书记：陈利慧（续—）

党委委员、纪委书记：徐海坚 (续—)

党委委员、人武部长：吴建海(续—)

党委委员：张慧民(续—)

人大主席团主席：梅明义(续—)

副乡长：叶柏岳(续—)

毛垟乡

党委书记：雷晓华(女，畲族，续一)

副书记、乡长：潘景景(续一)

党委委员、纪委书记：叶海峰(续—)

党委委员、人武部长：姜早东(续一)

党委委员：李俊杰(续—)

林慧荣(续—)

人大主席团主席：任孟春(续一)

副乡长：严　清(续一)

徐晶晶(女，续一)

秋炉乡

党委书记：陶幸圣(续—2020 年 6 月)

叶　伟(2020 年 6 月—)

副书记、乡长：叶　伟(续—2020 年 6 月)

雷永伟(畲族，2020 年 8 月—)

副书记：雷永伟(畲族，续—2020 年 8 月)

雷丽霞(女，畲族，2020 年 12 月—)

党委委员、纪委书记：陈潇博(续—)

党委委员、人武部长：叶发雷(续—)

党委委员：陈丽慧(女，续—)

彭王锋(续—)

人大主席团主席：梁春波(续—)

副 乡 长：潘剑伟(续—)

鸬鹚乡

党委书记：蓝中一(畲族，续—)

副书记、乡长：杜华俊(续—)

副书记：林利伟(续—)

党委委员、纪委书记：蓝叶胜(畲族，续—)

党委委员、人武部长：毛伟东(续—)

党委委员：潘　肖(女，续—)

人大主席团副主席：刘世武(续—)

副乡长：周雄兵(续—)

雷雪松(畲族，续—)

先进集体和先进个人

2020年荣获市级以上先进集体一览表

表12

先进单位	荣誉称号	命名单位	命名时间
景宁畲族自治县人民政府	2019年度征兵工作中成绩突出县	丽水市人民政府、丽水军分区便笺〔2020〕8号	2020.1.17
鹤溪街道办事处	2019年度征兵工作中成绩突出乡（镇、街道）	丽水市人民政府、丽水军分区便笺〔2020〕8号	2020.1.17
沙湾镇人民政府	2019年度征兵工作中成绩突出乡（镇、街道）	丽水市人民政府、丽水军分区便笺〔2020〕8号	2020.1.17
雁溪乡人民政府	2019年度征兵工作中成绩突出乡（镇、街道）	丽水市人民政府、丽水军分区便笺〔2020〕8号	2020.1.17
沙湾镇人民政府	2020年征兵工作成绩突出单位	丽水市人民政府、丽水军分区	2020.12
鹤溪街道办事处	2019年度丽水市"无违建乡镇（街道）"	丽水市人民政府、丽政办发〔2020〕73号	2020.1.22
鹤溪街道办事处	丽水市勇夺星级平安金鼎工作突出贡献集体	中共丽水市委、丽水市人民政府	2020.7.7
县人民法院	丽水市勇夺星级平安金鼎工作突出贡献集体	中共丽水市委、丽水市人民政府	2020.7.7
县人民检察院	丽水市勇夺星级平安金鼎工作突出贡献集体	中共丽水市委、丽水市人民政府	2020.7.7
县司法局	丽水市勇夺星级平安金鼎工作突出贡献集体	中共丽水市委、丽水市人民政府	2020.7.7
县交通运输局	丽水市勇夺星级平安金鼎工作突出贡献集体	中共丽水市委、丽水市人民政府	2020.7.7
县应急管理局	丽水市勇夺星级平安金鼎工作突出贡献集体	中共丽水市委、丽水市人民政府	2020.7.7
东坑镇人民政府	丽水市勇夺星级平安金鼎工作突出贡献集体	中共丽水市委、丽水市人民政府	2020.7.7
县人民小学	丽水市勇夺星级平安金鼎工作突出贡献集体	中共丽水市委、丽水市人民政府	2020.7.7
县蓝天救援队	丽水市勇夺星级平安金鼎工作突出贡献集体	中共丽水市委、丽水市人民政府	2020.7.7

2020年全县荣获市级以上先进个人一览表

表13

姓名	民族	性别	所在单位	荣誉称号	命名单位	命名时间
李　辉	汉	男	县人民检察院	全省扫黑除恶专项斗争工作先进个人	中共浙江省委、浙江省人民政府	2020.4.2
王国嗣	汉	男	县人民医院	浙江省抗击新冠肺炎疫情先进个人	中共浙江省委、浙江省人民政府	2020.11.11
许　娟	汉	女	县人民医院	浙江省抗击新冠肺炎疫情先进个人	中共浙江省委、浙江省人民政府	2020.11.11
占伟海	汉	男	县人民医院	丽水市抗击新冠肺炎疫情先进个人	中共丽水市委、丽水市人民政府	2021.1.18

续表 13

姓名	民族	性别	所在单位	荣誉称号	命名单位	命名时间
姜早东	汉	男	县毛垟乡	2019年征兵工作成绩突出个人	丽水市人民政府、丽水市军分区便笺〔2020〕8号	2020.1.17
毛培光	汉	男	秋炉乡	2019年征兵工作成绩突出个人	丽水市人民政府、丽水市军分区便笺〔2020〕8号	2020.1.17
柳丽娟	汉	女	县人民武装部	2019年征兵工作成绩突出个人	丽水市人民政府、丽水市军分区便笺〔2020〕8号	2020.1.17
季必池	汉	男	县人民医院	2019年征兵工作成绩突出个人	丽水市人民政府、丽水市军分区便笺〔2020〕8号	2020.1.17

2020年度全县“大赶考”综合考核结果

2020年度部门“大赶考”综合考核结果

一、部门综合考核结果

(一)优秀等次

党群部门序列：县纪委监委机关、县委办、县人大常委会机关、县府办、县政协机关、县委政法委、县委宣传部、团县委；

经济管理部门序列：县农业农村局、县经济合作交流中心、县发改局、丽景园管委会；

社会管理部门序列：县人力社保局、县教育局、县卫生健康局、县法院；

垂直管理部门序列：县税务局、县电力局、县农商银行、中国人寿景宁支公司。

(二)良好等次

党群部门序列：县委组织部、县妇联、县委编办、县委统战部、县机关事务保障中心、县委县政府信访局、总工会、县老干部服务中心；

经济管理部门序列：县财政局、县水利局、市生态环境局景宁分局、县文广旅体局、县自然资源和规划局、县开发区管委会、县度假区发展中心、县统计局(参照优秀等次)；

社会管理部门序列：县市场监管局、县公安局、县融媒体中心、县民政局、县司法局、县检察院、县综合行政执法局、县审计局；

垂直管理部门序列：县消防大队、农行景宁支行、县公积金管理中心、移动景宁分公司、县气象局、人行景宁县支行、电信景宁分公司、县烟草局。

各序列其他单位为合格等次。

（三）赶考进步奖

市生态环境局景宁分局

（四）综合考核“一票否优”单位

根据《2020 年度“大赶考”综合考核“一票否优”办法》（景委办发〔2020〕19 号）文件规定，对县建设局、县大数据发展中心（党风廉政建设工作）进行一票否优。

二、创新标杆奖

（一）推动丽景民族工业园“二次创业”，打造民族地区“飞地”样板——丽景园管委会；

（二）打造少数民族地区和山区县对接上海融入长三角的景宁模式——县经济合作交流中心；

（三）探索“小县大教”2.0 版，打造民族地区教育品牌——县教育局；

（四）探索生态产品价值实现路径，打造 GEP 乡镇样板——大均乡、东坑镇；

（五）深化村干部履职“红线二十条”，创全市“十佳工作品牌”——县纪委监委机关；

（六）打造“一巷四区”山区县社会矛盾纠纷调处化解中心样板——县委政法委。

（景委发〔2021〕7 号）

2020 年度乡镇（街道）“大赶考”综合考核结果

一、优秀等次

第一序列：鹤溪街道、东坑镇、红星街道；

第二序列：雁溪乡；

第三序列：梅岐乡。

二、良好等次

第一序列：大均乡、澄照乡、渤海镇；

第二序列：景南乡、毛垟乡；

第三序列：家地乡、郑坑乡。

其他乡镇为合格等次。

三、赶考进步奖

渤海镇

四、综合工作先进村

澄照乡金坵村、红星街道城北村、东坑镇深垟村、鹤溪街道包凤村、雁溪乡雁溪村、大漈乡大漈村、鸬鹚乡鸬鹚村、梅岐乡梅岐村、英川镇隆川村、郑坑乡吴布村

（景委发〔2021〕5 号）